Audiovisuelle Übersetzung

D1918278

Leipziger Studien zur angewandten Linguistik und Translatologie

Herausgegeben von Peter A. Schmitt

Band 6

PETER LANG

Frankfurt am Main · Berlin · Bern · Bruxelles · New York · Oxford · Wien

Silke Nagel/Susanne Hezel
Katharina Hinderer/Katrin Pieper

Audiovisuelle Übersetzung

Filmuntertitelung in Deutschland,
Portugal und Tschechien

PETER LANG
Internationaler Verlag der Wissenschaften

Bibliografische Information der Deutschen Nationalbibliothek
Die Deutsche Nationalbibliothek verzeichnet diese Publikation in der Deutschen Nationalbibliografie; detaillierte bibliografische Daten sind im Internet über <http://www.d-nb.de> abrufbar.

Gedruckt auf alterungsbeständigem,
säurefreiem Papier.

ISSN 1862-7056
ISBN 978-3-631-58141-4

© Peter Lang GmbH
Internationaler Verlag der Wissenschaften
Frankfurt am Main 2009
Alle Rechte vorbehalten.

Das Werk einschließlich aller seiner Teile ist urheberrechtlich geschützt. Jede Verwertung außerhalb der engen Grenzen des Urheberrechtsgesetzes ist ohne Zustimmung des Verlages unzulässig und strafbar. Das gilt insbesondere für Vervielfältigungen, Übersetzungen, Mikroverfilmungen und die Einspeicherung und Verarbeitung in elektronischen Systemen.

Printed in Germany 1 2 3 4 5 7

www.peterlang.de

Inhalt

Das Übersetzen von Untertiteln
Prozess und Probleme der Kurzfilme
SHOOTING BOKKIE, WASP und GREEN BUSH
Silke Nagel

Untertitelung für Hörgeschädigte für das deutsche Fernsehen Vorgehensweisen, Forderungen, Richtlinien

Susanne Hezel

Untertitelung in Tschechien und Deutschland
Katharina Hinderer

Zensur und Untertitelung während des *Estado Novo* in Portugal am Beispiel des Films HUNDE WOLLT IHR EWIG LEBEN

Katrin Pieper

Da sich eine geschlechtsneutrale Bezeichnung in dieser Arbeit als nicht praktikabel erwiesen hat, sollen im Folgenden die Bezeichnungen „Untertitler" und „Übersetzer" für Vertreter dieser Berufszweige beiderlei Geschlechts stehen.

Auf der beigefügten DVD befinden sich zusätzliche Materialien, auf die zum Teil in den einzelnen Arbeiten verwiesen wird, wie beispielsweise Abbildungen und Filmausschnitte.

Danksagung

Die Autorinnen danken Prof. Dr. Peter A. Schmitt, Prof. Dr. Heike E. Jüngst, Martina Polster und Lena Klein für ihre Mühen im Zuge der Umsetzung dieser Publikation. Des Weiteren geht ihr Dank an ihre Betreuer Prof. Dr. Peter A. Schmitt, Prof. Dr. Heike E. Jüngst, Dr. Christa Lüdtke, Prof. Dr. Gerd Wotjak und Drª. Carla Gago sowie an ihre zahlreichen Korrekturleser. Im Einzelnen danken die Autorinnen:

Silke Nagel dankt herzlich allen Mitarbeitern der Firma SUBS, die ihr in jeglicher Beziehung mit Rat und Tat zur Seite gestanden und ihr Vorhaben unterstützt haben. Ihr besonderer Dank gilt Antje Harbeck, die mit so viel Geduld ihr Diplomarbeitsprojekt betreut hat. Danken möchte sie auch Henrike Bauer und Annika Vieweg, die ihr ein Weiterkommen auf dem Weg zur professionellen Untertitlerin ermöglicht haben. Ihr Dank geht des Weiteren an Ulrich Onken und Christoph Bauer für ihre technische Beratung, sowie an die Firmen EZTitles Development Studio Ltd. und F.A. Bernhardt GmbH, die ihr so geduldig Auskunft über ihre Untertitelungsprogramme gegeben und es ihr erlaubt haben, Screenshots ihrer Programme in dieser Publikation zu veröffentlichen. Ein herzliches Dankeschön möchte die Autorin auf diesem Wege auch den Rechteinhabern der drei Kurzfilme aussprechen, die ihr die Nutzung von Filmausschnitten gestattet haben: Rob de Mezieres (SHOOTING BOKKIE), KurzFilmAgentur Hamburg e.V. (WASP) und Kath Shelper (GREEN BUSH). Diese Arbeit wäre in dieser Form nie erschienen, wenn die Autorin nicht von Bianca Gröger, Maxi Blunck und Henrike Bauer Unterstützung bei der Bearbeitung des Filmmaterials für die Screenshots und Filmausschnitte erhalten hätte. Dafür möchte sich die Autorin herzlich bedanken. Zu guter Letzt will Silke Nagel ihren Eltern danken, die ihr dieses Studium ermöglicht haben, und allen Freunden, die sie in der Zeit der Diplomarbeit aufgemuntert und unterstützt haben.

Susanne Hezel dankt allen, die sie bei dieser Arbeit unterstützt haben. Im Besonderen möchte sie Mary Carroll danken, die es ihr durch die Arbeit bei Titelbild ermöglicht hat, das Gebiet der Untertitelung näher kennen zu lernen. Viele Anregungen und Einsichten verdankt sie den geduldigen und interessierten Teilnehmern des Internetforums Taubenschlag. Besonderer Dank geht auch an die Untertitel-Redakteure der Fernsehsender und die Mitarbeiter der Untertitelungsfirmen, Margit Bletz, Bernhard Brämswig, Martin Burike, Beatrice Caruso, Peter Endres, Andreas Heck, Kerstin Hentze, Gabriele Kletter, Gabriele Krüger und Ullrich Nicklisch, die so bereitwillig auf ihre vielen Fragen geantwortet haben bzw. Richtlinien zur Verfügung gestellt haben. Susanne Hezel dankt des Weiteren Bernd Schneider vom Deutschen Gehörlosenbund dafür, dass er sie auf die Arbeitsgruppe „Untertitel und Gebärdensprachdolmetschen" aufmerksam gemacht hat, ohne die ihre Arbeit einseitig geworden wäre. Dank geht auch an Juliane Möck, die jederzeit ein offenes Ohr hatte und immer zu einem Gespräch über Untertitelung für Hörgeschädigte bereit war.

Katharina Hinderer dankt besonders ihren Eltern für ihre unermüdliche Unterstützung in allen Phasen bis zur Fertigstellung ihrer Diplomarbeit. Sie dankt dem Deutsch-Tschechischen Zukunftsfonds, der die Recherchen zu ihrer Diplomarbeit durch die Gewährung eines Stipendiums ermöglicht hat. Des Weiteren möchte Katharina Hinderer all denjenigen danken, die ihr so großzügig Einblicke in ihre Arbeit gewährt haben und ihr bereitwillig für Auskünfte zur Verfügung standen, insbesondere Mary Carroll und den MitarbeiterInnen der Firma Titelbild, Petr Sítar und den MitarbeiterInnen der Firma Filmprint, Aleš Boštička und den MitarbeiterInnen der Filmové Laboratoře Barrandov, Jiřina Hradecká, Ludmila Clauss, Barbara Breuer, Hana Janovská, Wulf Sörgel, Jiří Josek und Jaroslava Adameit.

Katrin Pieper möchte sich sehr herzlich bei allen bedanken, die sie bei der Realisierung der Diplomarbeit unterstützt haben: Allen voran ihren Eltern, die ihr mit Rat, Tat und Korrekturlesen zur Seite standen. Andrea Bürger für erkenntnisreiche Berg- und Talfahrten. Den Bewohnern der Nordstraße für das soziale Netz. Cornelia Plag und Francisco Fontes, unter anderem für wertvolle Recherchehinweise in Portugal. Joana Rebelo, nicht nur für die Hilfe beim Transkribieren der portugiesischen Untertitel. Und auch Hugo Natal da Luz für Inspiration, Unterstützung und die gemeinsame Zeit. Besonderer Dank gilt auch den Mitarbeitern des ANIM und der Cinemateca in Lissabon.

Vorwort

In den letzten Jahren haben Verfahren der audiovisuellen Übersetzung in Deutschland an Boden gewonnen. Wurden bis vor kurzem praktisch alle Filme synchronisiert (mit Ausnahme einiger Kunstfilme für ein spezialisiertes Publikum), so hat die DVD dafür gesorgt, dass untertitelten Filme als Normalfall neben den Synchronfassungen wahrgenommen werden. Die großen Mengen an Speicherplatz machen es möglich, Untertitel in mehreren Sprachen neben Originalfassung und Synchronfassungen zu speichern. In manchen Kreisen ist es inzwischen geradezu verpönt, eine synchronisierte Fassung anzuschauen, wenn man ebenso gut das Original mit Untertiteln ansehen kann. Gleichzeitig fordern Hörgeschädigtenverbände zu Recht den verstärkten Einsatz von Untertiteln für Hörgeschädigte und werden von entsprechenden EU-Richtlinien unterstützt. Parallel dazu entwickeln sich die Hörfilme für Blinde und Sehgeschädigte, die in diesem Band jedoch nicht behandelt werden.[1]

Auch die technischen Verfahren haben sich verändert. Bei der Untertitelung heißt das: Es ist zu einer deutlichen Vereinfachung gekommen. Techniker und Untertitler arbeiten zwar nach wie vor zusammen – und das wird sich auch nicht ändern – aber der Untertitler hat sehr viel mehr Kompetenzen als früher. Untertitelungsprogramme machen es möglich, dass man einen ganzen Film am PC fertig untertitelt, ohne Umwege über Videokassetten und auf Papier übersetzten Drehbüchern. Hier sind Feinheiten und Kunstgriffe möglich, die noch vor zehn Jahren unvorstellbar waren.

Wo mehr Material vorhanden ist, in diesem Fall die große Menge an gut zugänglichen untertitelten DVDs, wird automatisch auch mehr geforscht. Bei den Arbeiten, die hier versammelt sind, wurde dieser einfache Weg jedoch nicht gegangen. Die Entstehungsbedingungen sind unbequemer und zeugen von Enthusiasmus und Engagement. Silke Nagel greift auf Praxiserfahrungen zurück, indem sie ihren eigenen Bildungsprozess als Untertitlerin darstellt. In dieser Arbeit wird der Leser außerdem exemplarisch in ein Untertitelungsprogramm eingeführt. Auch Susanne Hezels Beitrag verbindet Theorie und Empirie, hier zum Thema Untertitel für Hörgeschädigte. Katharina Hinderer schreibt über Untertitelung in Tschechien und ergänzt theoretische Überlegungen durch Erfahrungen aus der eigenen Arbeitspraxis. Katrin Pieper schließlich richtet den Blick in einer politisch orientierten Arbeit zurück: Man kann auch mit Untertiteln lügen, und im Portugal des Salazar-Regimes wurde das offensichtlich ausgiebig getan.

Diese Beiträge wurden alle als Diplomarbeiten am Institut für Angewandte Linguistik und Translatologie (IALT) der Universität Leipzig angefertigt. Sie sind viel zu schade, um im Institutsschrank zu verstauben. Die Arbeiten wurden ak-

---

1 Hier sei auf den ebenfalls an der Universität Leipzig entstandenen Band *Hörfilme* verwiesen, herausgegeben von Professor Ulla Fix (Berlin: Erich Schmitt, 2004).

tualisiert (die Autorinnen weisen in Fußnoten auf Veränderungen hin), und überdies ist es für spätere Forschungen wichtig, durch diese Arbeiten einen klareren Zeitbezug für bestimmte Entwicklungen zu erhalten. Die in den Arbeiten untersuchten Fragestellungen, die Untersuchungsmethoden und die Gedankengänge werden immer interessant bleiben und können vielfältige Anregungen für neue Arbeiten bieten.

Heike Elisabeth Jüngst

Silke Nagel

Das Übersetzen von Untertiteln. Prozess und Probleme am Beispiel der Kurzfilme SHOOTING BOKKIE, WASP und GREEN BUSH

1 Einleitung

Die Wahl des Themas dieser Diplomarbeit hat einen sehr persönlichen Hintergrund. Nach einem Einführungsseminar zur Untertitelung in Barcelona war mir klar, dass ich mich auf diese Übersetzungsform spezialisieren wollte. Während des Hauptstudiums setzte ich diesen Wunsch in die Tat um, indem ich Praktika bei den Firmen SUBS GbR und Titelbild GmbH absolvierte und neben dem Studium für eine Produktionsfirma übersetzte. Mit diesem Hintergrund musste die Wahl meines Diplomarbeitsthemas zwangsläufig auf die Untertitelung fallen.

Die Grundidee der Arbeit war es, eine Verquickung von Theorie und Praxis zu schaffen. Es sollte ein Film unter professionellen Bedingungen untertitelt werden, um dann zu untersuchen, wie man die Arbeit bewerten würde. Würde man bei der Analyse merken, dass man Dinge anders hätte machen können? Wie sah der Arbeitsprozess bei der Untertitelung aus und welche Probleme stellten sich in diesem Zusammenhang? Kirsten Herfel, eine der beiden Geschäftsführerinnen von SUBS GbR, erklärte sich bereit, mein Vorhaben zu unterstützen, und schon früher als geplant fiel der Startschuss für meine Diplomarbeit. Im Mai 2004 erhielt ich die Chance, in der Hamburger Firma die Filme SHOOTING BOKKIE und WASP für das Internationale Kurz Film Festival Hamburg zu untertiteln. Die Frage der Dokumentation des Arbeitsprozesses war eine Hürde, die ich anfangs nicht recht zu nehmen wusste. Die Dokumentation durfte nicht zuviel Zeit in Anspruch nehmen, schließlich sollten die Filme in einem professionellen Zeitrahmen bearbeitet werden. Damit mussten zeitaufwendige Untersuchungsmethoden wie Protokolle des Lauten Denkens verworfen werden. Auch die Möglichkeit von Verlaufsprotokollen konnte nicht genutzt werden, da das Untertitelungsprogramm über eine solche Funktion nicht verfügt. Daher entschloss ich mich, meine Arbeit jeden Abend als neue Datei abzuspeichern, um so die Möglichkeit zu haben, meine Vorgehensweise wenigstens in groben Zügen nachvollziehen zu können. Zusätzlich versuchte ich, mir nebenher Notizen zu machen.

Nachdem die Untertitelungsarbeit getan war, lagen meine Diplomarbeitsbemühungen erst einmal brach. Zuerst standen mir die letzten Prüfungen bevor, und danach bot mir eine kleine Berliner Untertitelungsfirma an, einen argentinischen Film für sie zu übersetzen. Diese Gelegenheit konnte ich nicht ungenutzt verstreichen lassen, und so begann ich, als freiberufliche Untertitlerin zu arbeiten. In dieser Zeit lernte ich sehr viel dazu und ich kam auf den Gedanken, die Idee der Prozesshaftigkeit um eine Nuance zu erweitern: Es sollte nicht nur der Untertitelungsprozess als solcher untersucht werden, sondern auch die Vorgehensweise einer semiprofessionellen Untertitlerin im Anfangs- und Fortgeschrittenenstadium ihres Lernprozesses. Würde man ein bestimmtes Muster bei der Arbeitsweise erkennen können? Hatte sich das Muster verändert? Da ich keinen der Filme, die ich im Lauf der Zeit untertitelt hatte, auf die gleiche Weise wie die beiden Kurzfilme dokumentiert hatte, benötigte ich einen neuen Film:

GREEN BUSH, den ich wiederum im Auftrag von SUBS für das Internationale Kurz Film Festival Hamburg (diesmal 2005) untertitelte.

Damit hatten sich nun meine zwei Hauptziele herauskristallisiert: Es sollte der Untertitelungsprozess von Anfängern und Fortgeschrittenen im Vergleich dargestellt und die Probleme, die in den Beispielfilmen auftraten, untersucht werden. Diese zwei Hauptziele sollten durch theoretische und praktische Aspekte der Untertitelung untermauert werden.

Kapitel 2 dient als Einführung und soll in die Thematik der Filmübersetzung im Allgemeinen und der Untertitelung im Besonderen einführen. Dabei wird sich dieses Kapitel mit der Geschichte und Zukunft der Untertitelung beschäftigen. Wie entstand die Idee der Untertitel? Warum wird heute in manchen Ländern fast ausschließlich untertitelt, in anderen hauptsächlich synchronisiert? Was bedeutet dies für Wahrnehmung und Akzeptanz der Untertitel? Des Weiteren soll auf das heutige Berufsbild des Untertitlers eingegangen und die Ausbildungssituation im Allgemeinen und in Deutschland beschrieben werden. Eine weitere, damit verwandte Frage ist die des Bedarfs an Untertitlern. Auch darauf wird versucht, eine Antwort zu geben. Diese Ausführungen erscheinen gerade unter dem Aspekt der Untersuchung eines Lernprozesses als sinnvoll. Abschließend werden die Übersetzungsformen der audiovisuellen Übersetzung vorgestellt, um zu klären, was es an verschiedenen Formen gibt und worin sie sich unterscheiden. Dies dient auch zur Abgrenzung zu der Form der Untertitelung, mit der sich diese Arbeit beschäftigen wird, nämlich der interlingualen Untertitelung. Das sind einige der Fragen, die in diesem einführenden Kapitel geklärt werden sollen.

Im darauffolgenden Kapitel 3 soll die Untertitelung von einem theoretischen Standpunkt aus betrachtet werden. Was genau macht die Untertitelung zu einer speziellen Übersetzungsform? Worin besteht ihre Besonderheit? Was sind die Unterschiede zur ‚normalen' Übersetzung? Die Untertitelung wird definiert und in ihrem polysemiotischen Gefüge dargestellt. Die Eigenheiten bei der Übersetzung (zeitliche und räumliche Einschränkungen durch das Medium und den Wechsel des Sprachmodus) werden eingehend erläutert. Der Rolle des Zuschauers und seiner Fähigkeit, die Untertitel zu lesen, wird besonders Rechnung getragen. Die Faktoren, die die Lesbarkeit von Untertiteln beeinflussen (Lesegeschwindigkeit, Textpräsentation bzw. Textmenge, Komplexität des Textes) werden erläutert. Die Frage nach Qualität von Untertiteln wird betrachtet. Im letzten Teil des Kapitels geht es um die untertitelungsrelevanten Übersetzungsverfahren (Textverdichtung / Textkürzung und Auslassung) sowie die Probleme, die bei der Untertitelung besondere Brisanz haben. Zu diesen Problembereichen gehören: kulturspezifische Phänomene, Dialekte und Slang, Humor und Wortspiele und interpersonale Dynamik. Diese Probleme werden als Thematik in Kapitel 5 aufgegriffen.

Im nachfolgenden praxisorientierten Teil der Arbeit soll der Untertitelungsalltag beschrieben werden. Ein Untertitelungsarbeitsplatz mit der dazugehörigen Hardware und Software wird skizziert und auf die Rolle des Timecodes für die Untertitelung wird gesondert eingegangen. Weitere Arbeitsmaterialien des Untertitlers werden vorgestellt und die Arbeitsschritte und Arbeitsmethoden der Untertitelung werden beschrieben. Auf diese Thematik wird in Kapitel 5 bei der Untersuchung des Untertitelungsprozesses zurückgegriffen werden. Es wird noch einmal eingehender auf die Erstellung der Einblend- und Ausblendzeiten der Untertitel sowie die Layoutkonventionen der Untertitelung eingegangen. Es wird versucht, die Richtlinien und Konventionen zu Timing und Layout praxisnah am Beispiel der Firmen SUBS GbR und Film und Video Untertitelung Gerhard Lehmann AG darzustellen. Die Arbeitswelt der Untertitelung, d. h. die Anforderungen an Untertitler, ihre Auftraggeber und ihre Rechte werden kurz vorgestellt. Den Schluss des Kapitels bilden Ausführungen zur Fixierung der Untertitel auf den verschiedenen Medien (Film, Fernsehen / Video / DVD).

Das letzte Kapitel ist der Untersuchung der drei Beispielfilme SHOOTING BOKKIE, WASP und GREEN BUSH gewidmet. Zuerst werden die Filme vorgestellt, Inhalt und Bild- und Tonqualität sowie andere Besonderheiten werden kurz umrissen. Darauf folgt die Untersuchung des Untertitelungsprozesses am Beispiel der Untertitelleistung einer semi-professionellen Untertitlerin. Zwei Bereiche werden hier näher betrachtet: Die Muster der Arbeitsschritte (Timing, Neuverteilung der Untertiteleinheiten, Übersetzung, Adaption, Korrektur) werden untersucht und verglichen. Die Abgrenzung der einzelnen Arbeitsschritte wird betrachtet und es wird untersucht, ob sich eine Verschmelzung der beiden Arbeitsschritte Übersetzung und Adaption feststellen lässt.

Im dritten Teil des Kapitels werden die bei der Untertitelung aufgetretenen Probleme nach der Analysemethode von Taylor (2003:191-205) analysiert. Die Problemlösungen werden erläutert und es wird versucht, auf das Zusammenspiel der semiotischen Kanäle und ihre Auswirkungen auf die Lösung der Probleme näher einzugehen. Im Anschluss daran werden die Ergebnisse der Untersuchungen zusammengetragen und diskutiert.

Ziel der Arbeit ist es in erster Linie, einen Einblick in die Welt der Untertitelung zu bieten, die eine Nische der vielfältigen Übersetzungsbranche ausmacht. Diese Arbeit versteht sich als ein kleiner Beitrag zur Darstellung der Besonderheit des Untertitelungsprozesses und der Problembewältigung bei der Untertitelung.

2 Einführung in die Materie

Dieses Kapitel ist als Einführung in die Filmübersetzung gedacht, in dem allgemeine Fragen geklärt werden sollen: Wie sahen die Anfänge des Films und seiner Übersetzung aus? Welche Lösungen versuchten die Pioniere des Films für das Problem des Sprachtransfers zu finden? Warum und mit welchen Folgen kam es zur Entwicklung von so genannten Untertitelungs- und Synchronisationsländern? Inwiefern hat die Präferenz einer bestimmten Form der Filmübersetzung Rezeption und Akzeptanz der Synchronisation und der Untertitelung durch das zielsprachliche Publikum geprägt? Wie verlief die Entwicklung in Deutschland? Welche Prognosen lassen sich für den audiovisuellen Übersetzungsmarkt stellen?

Im zweiten Teil des Kapitels wird der Frage nachgegangen, wie es um die Ausbildung zum Filmübersetzer bestellt ist. Neueste Entwicklungen in diesem Bereich sollen vorgestellt und eine Einschätzung über den aktuellen Bedarf an Untertitlern soll gegeben werden.

Da sich diese Arbeit hauptsächlich mit der Übersetzung von interlingualen Untertiteln beschäftigen wird, für die der Filmdialog von einer Sprache in eine andere übersetzt wird, soll abschließend in diesem Kapitel auf die anderen Formen der audiovisuellen Übersetzung eingegangen werden, um dem Leser einen Überblick über die unterschiedlichen Verfahren der Filmübersetzung zu bieten.

2.1 Als die Bilder sprechen lernten: Geschichte und Zukunft der Untertitelung

2.1.1 Kurzer Abriss der Filmgeschichte

Am 28. Dezember 1895 legten die Brüder Lumière den Grundstein für die Film- und Kinogeschichte. Zum ersten Mal wurde einem zahlenden Publikum das neue Medium präsentiert, das in den darauffolgenden Jahren und Jahrzehnten zu einem der wichtigsten Massenmedien avancieren sollte: der Film. Seit mehreren Jahren hatten verschiedene Erfinder, wie z. B. Thomas Edison, an einer Weiterentwicklung der Fotografie gearbeitet, die sich eine Eigenheit der menschlichen Wahrnehmung zu Nutze macht: Ab 16 Bildern pro Sekunde nimmt das menschliche Auge eine Bildfolge als Bewegung wahr. Die verschiedenen Tüftler hatten lange Zeit große Probleme, die Projektion dieser Bildabfolge reibungslos zu gestalten, bis es den Brüdern Lumière gelang, das Problem der Bildprojektion mit ihrem Kinematographen zu überwinden. Zehn Jahre später hatte sich das Konzept des Filmtheaters als Ort des Vergnügens und der Stummfilm selbst als Kunstform durchgesetzt. (Vgl. Monaco 2000:235ff.)

Doch der Stummfilm war nicht wirklich ‚stumm'. Neben dem Einsatz von Orchestern oder Pianisten zur musikalischen Begleitung kam schon bald die Idee auf, sprachliche Elemente als filmische Mittel zu nutzen. Ein Erzähler wurde eingesetzt, der das Bildgeschehen kommentierte. Der Schritt zu den so genannten Zwischentiteln war innerhalb dieser Entwicklung naheliegend. Die ersten

Zwischentitel überhaupt verwendete der Brite Robert W. Paul in OUR NEW GENERAL SERVANT (GB 1898)[1] (vgl. Robertson 1993:162). Der erste bekanntere Film, in dem diese Art der schriftlich fixierten Erzählung verwendet wurde, war UNCLE TOM'S CABIN (USA 1903) von Edwin S. Porter: Textkarten wurden gefilmt und zwischen den Filmsequenzen eingefügt. Die Übersetzung der Zwischentitel gestaltete sich vergleichsweise einfach: Sie wurden herausgeschnitten und durch Zwischentitel in der Zielsprache ersetzt. Inhaltlich handelte es sich dabei anfangs um epische Titel, erst später, mit der Verbesserung der filmischen Fähigkeiten der Regisseure, wurden die Texttafeln vorwiegend für Dialoge genutzt. Der älteste bekannte Dialog-Zwischentitel ist in Edwin S. Porters THE EX-CONVICT (USA 1904) zu sehen (vgl. Robertson 1993:162). Auch heute noch werden Texttafeln mit erklärendem Inhalt verwendet, die sich in diese Tradition einreihen und meist am Vor- bzw. Abspann des Films stehen, oder den Film in Kapitel gliedern. Bei Dokumentarfilmen, aber auch bei Episodenfilmen (z. B. PULP FICTION, USA 1994) lassen sich häufig Texttafeln finden. Vielleicht eines der bekanntesten Beispiele für diese Art von Schrift im Filmbild ist der Vorspann der STAR WARS Filme: Dort rollt der Text, der uns erklärt, wo wir uns befinden und was passiert ist, auf einer Ebene in die Weiten des Alls. Auch die frühen Zwischentitel geizten nicht mit besonderen Reizen, sei es nun durch dekorative Schrifttypen oder Ornamente.[2]

Mit der Hinwendung zur Wiedergabe von Dialogen entstand die Idee, diese gleichzeitig mit dem entsprechenden Bild zu zeigen. So kam es zu den ersten Untertitelungen, d. h. die Dialog-Tafeln wurden mit Hilfe eines Art Diaprojektors bei der Aufführung direkt und synchron auf die Leinwand unterhalb des eigentlichen Filmbilds projiziert. Damit wurde die Bezeichnung Untertitel geprägt. (Vgl. Gottlieb 2002:195f.) In der Fachwelt scheiden sich die Geister, welcher Film als Erster mit Untertiteln im heutigen Sinne aufgeführt wurde. Gottlieb (2001:93) spricht davon, dass der erste vollständig untertitelte Film MIREILLE (1922) gewesen sei. Pereira Rodríguez (2001:7) meint wahrscheinlich den gleichen Film, wenn sie Chaume Varela (2000:62) zitiert, der den ersten untertitelten Film als MIRELLE (1922) angibt. Doch leider scheint weder ein Film namens MIREILLE noch MIRELLE zu existieren, der 1922 gedreht wurde. Dafür drehte der französische Regisseur Louis Feuillade 1906 einen Film mit dem Namen MIREILLE. Doch es ist fraglich, ob es tatsächlich dieser Film war, der als Erster mit Hilfe eines Diaprojektors untertitelt wurde. Im Fall von LA NOUVELLE MISSION DE JUDEX (F 1917), ein weiterer Film von Feuillade, der Teil von dessen Filmzyklus JUDEX war, scheint es gesichert zu sein, dass Teile des Films untertitelt wurden (vgl. Gottlieb 2001:93). Der erste Stummfilm mit durchgehender Dialoguntertitelung war wahrscheinlich erst 1925 mit Fred Niblos BEN HUR (USA) in den Kinos zu sehen (vgl. Robertson 1993:162). Der ers-

1 Alle Filmtitel mit Produktionsland und Erscheinungsjahr wurden auf Webseite 3 recherchiert.

2 Siehe beiliegende DVD: Abbildung Beispiel eines dekorativen Zwischentitels.

te fremdsprachige Tonfilm mit englischen Untertiteln war laut Robertson (1993:142) ZWEI HERZEN IM DREIVIERTELTAKT (D 1930), der von dem Amerikaner Herman G. Weinberg untertitelt wurde.

Von Anfang an waren die Bastler und Tüftler unter den Filmpionieren bestrebt, den bewegten Bildern auch den Ton hinzuzufügen, um so die Illusion von Realität zu perfektionieren. Ab 1919 war der Tonfilm zwar technisch möglich, aber erst 1927 wurde der Erste in den Filmtheatern vorgeführt: THE JAZZ SINGER (USA 1927) von Alan Crosland, in dem der Hauptdarsteller Al Jolson sprach und sang (vgl. Agost 1999:42). Diese Verzögerung der Einführung hatte nicht nur technische Gründe. Viele Filmleute lehnten den Tonfilm kategorisch ab, da sie den Film als Kunstform in Gefahr sahen. Charlie Chaplin beispielsweise wendete sich erst 1936 mit MODERN TIMES (USA), eigentlich seinem letzten Stummfilm, eher zaghaft dem sprachlichen Element zu. THE GREAT DICTATOR (USA 1940) ist Chaplins erster Tonfilm, mehr als zehn Jahre nachdem der erste Tonfilm in den Kinos lief. Aber es waren nicht nur die Regisseure, Filmemacher und Künstler, die sich gegen den Tonfilm sträubten. Vor allem aus dem Lager der Studiobosse wurden Bedenken laut: Mit dem Tonfilm wurde die internationale Vermarktung ihrer Produkte zum Problem. Wie sollte das Sprachproblem möglichst ökonomisch gelöst werden?

Der Erste Weltkrieg hatte die europäische Filmproduktion fast gänzlich zum Erliegen gebracht. Damit schlug die Stunde Hollywoods und die goldene Ära des amerikanischen Films wurde eingeläutet. Bevor sich die Technik der Nachsynchronisierung durchsetzte, wurden Filme, bei denen ein Kassenerfolg zu erwarten war, in Parallel-Versionen gedreht. Man drehte einfach die einzelnen Szenen in verschiedenen Sprachfassungen mit verschiedenen Schauspielern, oder ließ die Schauspieler die Szenen in verschiedenen Sprachen wiederholen. Dazu dienten den großen Hollywood-Studios ihre Filmateliers in Frankreich, Deutschland und Italien (vgl. Luyken 1991:30). Da viele Immigranten in den Hollywood-Studios arbeiteten, war es nicht allzu verwunderlich, dass viele von ihnen mehrere Sprachen neben dem Englischen beherrschten, wie zum Beispiel die Schwedin Greta Garbo (Webseite 1). Aber auch englische Muttersprachler drehten ihre Filme in mehreren Sprachfassungen wie beispielsweise Stan Laurel und Oliver Hardy, die italienische und deutsche Parallel-Versionen ihrer Komödien drehten. (Vgl. Guardini 1998:92 und Webseite 1.)

Multilinguale (Ko-)Produktionen, bei denen die Filme auf Englisch als Lingua Franca gedreht und von der internationalen Besetzung synchronisiert werden, stehen noch heute in der Tradition der Parallel-Versionen. Das Gleiche gilt für Remakes, wobei in diesem Fall allerdings nicht mehr von einer Form von Filmübersetzung gesprochen werden kann. Bei einem Remake wird der Filmdialog nicht im herkömmlichen Sinne übersetzt. Vielmehr handelt es sich dabei um eine Adaption des Originals, meist eines Kassenschlagers, der auf ein zielsprachliches Publikum zugeschnitten wird: Es werden nicht nur Schauspieler, Schauplätze und Sprache ersetzt, sondern auch inhaltliche Veränderungen vorgenommen, die in kulturellen Unterschieden begründet sind. Ein Beispiel hierfür gibt Wehn (2001:68f.) mit ihrem Vergleich von TROIS HOMMES ET UN COUFFIN (F 1985) und dem amerikanischen Remake THREE MEN AND A BABY (USA 1987): In Wehns Analyse der beiden Filme wird deutlich, dass sie sich in der Akzentuierung bestimmter Handlungsstränge und der Darstellung von Wertesystemen und Charakteren grundlegend unterscheiden.

2.1.2 Die Filmübersetzung: Synchronisation und Untertitelung

Doch zurück zu den 1930ern und den Anfängen des Tonfilms. Das Drehen von Parallel-Versionen hatte nicht nur finanzielle Nachteile, auch das Publikum übte Druck auf die Filmindustrie aus. Die Zuschauer hatten ihre Stars und Lieblinge und wollten diese auf der Leinwand sehen. Es genügte nicht, dass einige wenige ihre Filme in Parallel-Versionen drehten. Unter diesem Druck und mit Hilfe technischer Fortschritte bildeten sich Untertitelung und Synchronisation als Hauptformen der Filmübersetzung heraus. In den 1930ern wurden die ersten Verfahren entwickelt, um die Untertitel auf dem Film zu fixieren. Die Lippensynchronisation scheint in den USA entwickelt worden zu sein und kam 1936 nach Europa. (Vgl. Luyken 1991:31.)

In Ländern, die einer großen Sprachgemeinschaft angehörten, schossen die Synchronisationsstudios wie Pilze aus dem Boden und boten der Filmindustrie eine Alternative zur Untertitelung als traditionelle audiovisuelle Übersetzungsform. Aber nicht nur allein aufgrund der Sprache wurde die Synchronisation in diesen Ländern bevorzugt. Der nötige ökonomische Hintergrund und die Existenz einer bereits mächtigen und leistungsstarken Filmindustrie spielten dabei auch eine entscheidende Rolle. Zudem war das politische Klima dieser Zeit, die starken nationalistischen Strömungen in Europa, dieser Entwicklung zuträglich. In Spanien, Deutschland und Italien setzte sich dieser politische Teil der Gesellschaft für die Synchronisation ein. Als die Faschisten in diesen Ländern an die Macht kamen, wurden Gesetze eingeführt, die die Synchronisation begünstigten und die Untertitelung verboten oder einschränkten. In Spanien beispielsweise wurde 1941 ein Gesetz zum Schutz der spanischen Sprache verabschiedet und damit die Synchronisation staatlich verordnet (vgl. Pereira Rodríguez 2001:7). Von 1941-1946 war es verboten, in Spanien ausländische Filme im Original oder mit Untertiteln zu zeigen (vgl. Ballester 2001:166f.). Nicht allein der Erhalt der eigenen Sprache und Kultur, den sich die Faschisten in Europa auf die Fahne geschrieben hatten, war dafür der Grund – die Synchronisation ließ auch einen größeren Spielraum für Zensur und war damit ein Mittel der Propaganda und Machtausübung. In Italien gab es schon 1913 das erste Zensurgesetz für das Kino: Außer den ins Italienische übersetzten Zwischentiteln war keine Schrift im Film erlaubt. Ab 1923 durfte zwar die Schrift im Bild gezeigt werden, aber nur wenn sie ins Italienische übersetzt wurde. (Vgl. Guardini 1998:91.) Ein weiterer, ökonomischer Aspekt sollte nicht unterschätzt werden: In Spanien, wie auch in Italien, erfreute sich das Kino gerade unter Arbeitern großer Beliebtheit. Viele von ihnen waren Analphabeten. Da laut einer Statistik von 1931 21,6 % der italienischen Bevölkerung weder lesen noch schreiben konnten (vgl. Guardini 1998:93), war es nur logisch, auf die Synchronisation zurückzugreifen, um weiterhin die Kinos zu füllen. Gleichzeitig wirkte sich der Aufbau einer Synchronisationsindustrie positiv auf den Arbeitsmarkt aus, da damit ein neuer Bedarf an Arbeitskräften geschaffen wurde. Nach dem Krieg und der Zerschlagung der faschistischen Diktaturen wurde die Synchronisation in Deutschland und Italien mit der Begründung beibehalten, dass das Publikum für Untertitel zu bequem sei und Untertitel nicht wolle. Tatsächlich aber war die Beibehaltung der Synchronisation zu großen Teilen ein Verdienst der einflussreichen Synchronisationsbranche. Bis heute wird in diesen Ländern hauptsächlich synchronisiert. (Vgl. Ivarsson/Carroll 1998:10f. und Guardini 1998:91-95.)

Staaten, die kleineren Sprachgemeinschaften angehörten, also Sprachgemeinschaften mit weniger als 25 Millionen Sprechern (vgl. Gottlieb 2001:85), blieben aus wirtschaftlichen Gründen der Untertitelung treu, da sich die Investition in eine vergleichsweise teure Synchronisationsindustrie für sie nicht rentierte. Sie wurden zu Vorreitern der Weiterentwicklung der Untertitelung, allen voran die skandinavischen Länder, die Niederlande und Belgien. Doch nicht nur die Tatsache, dass die Synchronisation um ein Vielfaches teurer ist als die Untertitelung, war für diese Entwicklung ausschlaggebend. Auch eine stärkere Tradition hinsichtlich des Fremdsprachenlernens in diesen Ländern wirkte sich auf die Entscheidung zugunsten der Untertitelung aus. (Vgl. Reid 2001:18.)

Laut Luyken (1991:31ff.) gehören in Europa Frankreich, Deutschland, Österreich, Italien, Spanien und die Schweiz zu den so genannten Synchronisationsländern. Belgien, Zypern, Dänemark, Finnland, Griechenland, die Niederlande, Norwegen, Portugal und Schweden werden als Untertitelungsländer verstanden. Die USA, Großbritannien und Irland können in keine dieser beiden Kategorien eingeordnet werden. Bis heute werden von diesen Ländern nur wenige nichtenglischsprachige Filme importiert. Aufgrund ihres größeren Absatzmarktes und ihrer größeren Eigenproduktion konnte sich keine der beiden Übersetzungsformen als Präferenz herausbilden. Eine Ausnahme stellt hierbei Wales dar. Dort werden zum Erhalt der eigenen Sprache, dem Walisischen, seit längerem Untertitel auf dem walisischen Sender eingesetzt. Als Sonderform wird in manchen Ländern, die zwei offizielle Landessprachen haben, in zwei Sprachen gleichzeitig mit jeweils einer Zeile für eine Sprache untertitelt. Zu diesen Ländern gehören: Finnland (Finnisch, Schwedisch), Lettland (Lettisch, Russisch) und Belgien (Flämisch, Französisch). (Vgl. Gottlieb 2001:94 und Luyken 1991:31ff.) Diese Liste von Gepflogenheiten einzelner Länder ließe sich natürlich noch um unzählige weitere Staaten erweitern und soll in erster Linie als Überblick für die Situation in Europa dienen.

Aufgrund dieser in den 1930er Jahren des letzten Jahrhunderts getroffenen Entscheidungen entwickelte das zielsprachliche Publikum Präferenzen, was zu einer unterschiedlichen Wahrnehmung und Akzeptanz von Untertitel- bzw. Synchronfassungen in den Synchronisations- und Untertitelungsländern führte. Während in traditionellen Untertitelungsländern die Untertitel in Film und Fernsehen zum täglichen Leben gehören und nur Kinderfilme in synchronisierter Fassung auf den Markt kommen, haben in Ländern, in denen hauptsächlich synchronisiert wird, untertitelte Fassungen ganz andere Konnotationen. In Synchronisationsländern haftet der Untertitelung immer etwas Exklusives an. Sie ist die Form der Filmübersetzung, die von Kinofreaks bevorzugt wird, die sich beispielsweise für Woody Allen oder Monty Python begeistern. In Frankreich zum Beispiel gilt sie als ein Markenzeichen für Qualität und zieht ein Cineasten-Publikum an. Dagegen hat die Synchronisation in Untertitelungsländern einen schlechten Stand und wird als ‚Kinderkram' wahrgenommen. In Großbritannien und den USA, den führenden Exportländern der Filmindustrie, haben fremdsprachliche Filme, ob in synchronisierter oder untertitelter Fassung, einen exotischen Touch. Als filmische Übersetzungsform stellt damit die Untertitelung eine noch größere Hemmschwelle dar. (Vgl. Gottlieb 2002:185f.)

2.1.3 Die Wiege der Untertitelung und ihre Weiterentwicklung

Als Erster ließ der Amerikaner M.N. Topp 1909 einen Art Diaprojektor patentierten, ein so genanntes Scioptikon, mit dem man die Untertitel auf die Filmleinwand projizieren konnte. Diese Methode war schwer zu koordinieren und konnte sich aus diesem Grund nicht durchsetzen, aber das Prinzip hat sich bis heute erhalten und wird beim so genannten Live-Subtitling[3] genutzt (weiteres dazu in Kapitel 4). Doch schon bald gab es neue Impulse. Während in Frankreich, Italien, Deutschland und Spanien an neuen Techniken der Synchronisation gefeilt wurde, entwickelten sich die skandinavischen Länder, Holland und Ungarn zum treibenden Motor der Untertitelung. Norwegen, Schweden, Ungarn und die Niederlande waren schnell an der Spitze der Technik zur Filmuntertitelung. In diesen Ländern wurden neue Techniken zur Eingravierung der Untertitel entwickelt. Norwegische und schwedische Filmlaboratorien wie Filmtekst in Oslo und Ideal Film in Stockholm, aber auch die Firma Titra-Film der Brüder Kagansky in Paris besaßen einen Großteil der wichtigen Patente und dominierten so den europäischen Untertitelungsmarkt von 1933 bis Mitte der 1950er Jahre. 1930 erfand der Norweger Leif Eriksen einen mechanischen Prozess, mit dem die Untertitel direkt in das Filmmaterial eingestanzt werden konnten. Die Emulsionsschicht auf dem Positivfilm wurde befeuchtet und damit aufgeweicht. Die Emulsion wurde von den Druckplatten weggeschoben, sodass weiße Untertitel zum Vorschein kamen. Jedes Filmbild, das einen Untertitel tragen sollte, wurde auf diese Weise behandelt. Am Ende des Eingravierungsprozesses wurde der Film getrocknet. Die Lesbarkeit der Untertitel war mit dieser Methode allerdings nicht optimal. Auf der Suche nach einer Methode, mit der die Lesbarkeit

3 Unter Live-Subtitling wird eine Untertitelung verstanden, bei der die Untertitel live mit Hilfe eines Videobeamers auf die Kinoleinwand projiziert werden. Für diese Art der Präsentation finden sich in Literatur und Praxis unterschiedliche Namen. Die Untertitelungsfirma SUBS GbR spricht von Live-Subtitling, während das Untertitelungsunternehmen Titelbild GmbH dieses Verfahren beispielsweise Beamtitling® nennt.

der Untertitel verbessert werden könnte, meldeten der ungarische Erfinder R. Hruska und der Norweger Oscar I. Ertnæs 1932 gleichzeitig Patente für einen photochemischen Prozess an, mit dem deutlich besser lesbare Untertitel erzielt wurden. Auf die mit Emulsion beschichtete Filmseite wurde eine Schicht Wachs oder Paraffin aufgetragen. Die Druckplatten wurden auf ca. 100 °C erwärmt. Die Wachsschicht wurde beim Einstanzen weggeschmolzen und legte so die Emulsion frei. Diese wurde dann in einem Bleichbad aufgelöst, so dass die Untertitel als weiße Lettern zu sehen waren. Danach wurden die Wachsreste und die Bleichflüssigkeit abgewaschen. Ungefähr zur gleichen Zeit kam die so genannte optische Methode auf, bei der die fotografierten Untertitel auf die Filmkopie selbst kopiert wurden. Beim Kopieren des Negativfilms auf Positivfilm wurden Dias mit den einzelnen schwarzen Untertiteln an den gewünschten Stellen platziert. Auf diese Weise erhielt man weiße Untertitel auf dem Positivfilm. 1935 machte sich der Ungar O. Turchányi einen thermischen Prozess zunutze. Prinzipiell ging er ähnlich vor wie Eriksen, aber er erhitzte die Druckplatten, sodass es nicht mehr nötig war, die Emulsion aufzuweichen. All diese Verfahren kommen heute noch teilweise zur Anwendung. Die Vorgehensweise hat sich über die Jahrzehnte kaum verändert. Zwar sind die Prozesse mittlerweile automatisiert, aber dennoch bleiben sie sehr arbeitsintensiv und produzieren dabei Untertitel von minderer Lesbarkeit. Die Einführung der Laseruntertitelung, die von Denis Auboyer 1988 für die LVT in Paris entwickelt wurde, bedeutete die Revolution für die Eingravierung der Untertitel. Mit keiner der alten Methoden ließen sich vergleichbare Ergebnisse erzielen: Bei der Laseruntertitelung sind die Buchstaben gestochen scharf und daher leicht lesbar. Da es sich dabei heute um die Standardmethode der Fixierung von Filmuntertiteln in Deutschland handelt, wird in Kapitel 4 noch genauer auf diese Methode eingegangen. (Vgl. Ivarsson/Carroll 1998:9-17.)

Firmen, die sich ausschließlich mit der Filmuntertitelung beschäftigten, suchte man lange vergeblich. Die erste Untertitelungsfirma im eigentlichen Sinne wurde 1937 in Luzern gegründet. Die Filmverleiher Hermann und Jean Weber schufen mit Cinetyp den Prototyp einer Untertitelungsfirma, die noch heute von der Übersetzung bis zur Fixierung der Untertitel auf dem Filmmaterial die ganze Bandbreite der Untertitelungsarbeit anbietet. (Vgl. Webseite 4.) In den ersten Fernsehanstalten in Holland und Skandinavien wurden Untertitelungsabteilungen integriert. Besonders das staatliche holländische Fernsehen NOS (*Nederlandse Omroep Stichting*) und das staatliche schwedische Fernsehen SVT (*Sveriges Television AB*) haben mit ihrer Arbeit und Erfahrung zur Verbesserung der Untertitelungstechnik und der Übersetzungsqualität bei der Untertitelung beigetragen. In diesen Sendeanstalten wurden schon früh Untersuchungen und Experimente im Rahmen der Publikumsforschung durchgeführt. Seit 1987 werden dort auch Experimente zur Simultan-Untertitelung von Nachrichten mit Hilfe einer besonderen Tastatur (Velotype) gemacht. (Vgl. Luyken 1991:35f.)

Wie in Kapitel 3 deutlich werden wird, hat sich in diesen Ländern nicht nur die professionelle Untertitelungswelt mit dem Thema beschäftigt, sondern auch viele Theoretiker der audiovisuellen Übersetzung stammen aus diesen Breitengraden.

2.1.4 Geschichte der Filmübersetzung im Fall Deutschlands

Wie wurde Deutschland zum Synchronisationsland? Während Hollywood seine fremdsprachigen Versionen in Joinville bei Paris drehte, gab es bereits 1930 die erste Uraufführung eines deutsch synchronisierten Filmes: ALL QUIET ON THE WESTERN FRONT (USA 1930) wurde vom Berliner Synchronstudio Rhythmographie bearbeitet und kam am 4. Dezember 1930 in die deutschen Kinos. Nach der Machtübernahme der Nazis wurde die Firma „arisiert" und in Lüdtke, Rohnstein und Co. umbenannt. 1932 rüstete Hollywood die Studios in Joinville bei Paris zu Synchronateliers um und ließ neue Synchronstudios in den verschiedenen europäischen Ländern bauen. Mitte der 1930er hatten US-Firmen wie Metro-Goldwyn-Mayer Inc. (MGM) eigene Synchronstudios in Berlin eröffnet. In dieser Zeit wurde viel experimentiert: Es wurde versucht, die Kulissen für die Synchronsprecher nachzustellen, und die Auswahlverfahren für die Sprecher waren sehr aufwendig. Die größten Probleme jener Zeit waren jedoch die schlechte Tonqualität und die oft absurden Übersetzungen. Mit dem Ausbruch des Zweiten Weltkrieges endete dieses Kapitel der deutschen Synchronisationsgeschichte und das deutsche Publikum bekam für die nächsten Jahre nur die eigenen Produktionen zu Gesicht. Ähnlich wie in Spanien war von 1941-1945 die Aufführung ausländischer Filme in Deutschland verboten. Nach dem Krieg wurde Deutschland allerdings sofort mit einer Welle fremdsprachiger Filme überschwemmt. In dem in Zonen eingeteilten Deutschland entwickelte sich eine starke Synchronindustrie mit Zentren in Berlin, Hamburg, Remagen und München. (Vgl. Webseite 1.) Die Schwemme ausländischer Filme und der damit einhergehende Synchronisations-Boom nach 1945 hatten mehrere Gründe. Die deutsche Filmwirtschaft lag brach und musste unter alliierter Kontrolle erst wieder in Schwung gebracht werden. Die Alliierten verfolgten mit dem Zeigen ihrer eigenen Produktionen noch andere Ziele als die der Unterhaltung und der Ablenkung der Massen. Der Film stellte auch ein geeignetes Mittel zur *Reeducation* und Kulturpropaganda dar. Des Weiteren spielten auch wirtschaftliche Gründe eine Rolle. Die USA wollten sich den deutschen Markt sichern und wehrten sich daher gegen ein Erstarken der deutschen Filmwirtschaft. In der amerikanischen Zone wurden deshalb die ersten Lizenzen für deutsche Produktionen erst 1947 vergeben, die Filmtheater hatten aber schon 1945 wieder ihre Tore geöffnet und zeigten hauptsächlich amerikanische Filmproduktionen. In der russischen Zone wurden dagegen schon 1945 wieder Lizenzen vergeben. Die Synchronisation wurde vom breiten Publikum akzeptiert und begrüßt, nur vereinzelt wurden Einwände unter Cineasten und Kritikern laut, die sich über eine Verunstaltung des Originals beklagten. Dabei war „die Filmsynchronisation alles andere als ein Tummelplatz von Dilettanten und Barbaren" (Bräutigam, Webseite 1). Unter den Synchronsprechern und Dialogautoren von damals waren viele große Namen aus der Theater- und Filmszene, z. B. Erich Kästner, der das Dialogbuch für ALL ABOUT EVE (USA 1950) schrieb. Er und viele andere bescherten der deutschen Filmsynchronisation in den 1950ern und teilweise 1960ern ihre Glanzzeit. SOME LIKE IT HOT (USA 1959) von Billy Wilder führt Bräutigam zu Recht als ein Beispiel für die sagenhaften stimmlichen Leistungen der Synchronsprecher von damals an. (Vgl. Bräutigam, Webseite 1.)

Zu den großen Synchronstudios in Deutschland zählen Studio Hamburg, Berliner Synchron Wenzel Lüdecke GmbH und Bavaria Synchron. Durch die Privatsender, die seit Mitte der 1980er Teil der deutschen Fernsehlandschaft geworden sind, hat sich die Menge der zu synchronisierenden Filme und Fernsehproduktionen gesteigert, sodass auch viele kleinere Firmen in diesem Bereich gegründet wurden. (Vgl. Luyken 1991:33.)

In den 1990ern hat sich das starre Bild von Synchronisations- und Untertitelungsländern gewandelt. Auf die Gründe soll unter Punkt 2.1.5 näher eingegangen werden, da dieser Wandel ein globales und kein deutschlandspezifisches Phänomen ist.

Lange Zeit hatte Deutschland keine eigene Untertitelungsbranche. Als Ende der 1970er Jahre der Teletext eingeführt wurde und damit die Möglichkeit für Untertitelungen für Gehörlose und Hörgeschädigte gegeben war, wurden diese Untertitel in den Sendeanstalten erstellt (vgl. Webseite 5). Erst Mitte der 1980er wurden eigene Untertitelungsfirmen gegründet, was sicher auch mit der Entwicklung der Untertitelungstechnik und der Nutzung von PCs zu tun hatte. Ein Pionier scheint Gerhard Lehmann gewesen zu sein, der seine Firma Film und Video Untertitelung Gerhard Lehmann AG 1985 gründete (vgl. Webseite 17). Die Konkurrenz ließ nicht lange auf sich warten und schon fünf Jahre später erblickte die Titelbild GmbH von Mary Carroll das Licht der Untertitelungswelt, die heute mit Lehmann zu den deutschen Marktführern im Bereich der Filmuntertitelung gehört (vgl. Webseite 7). Die Untertitel-Werkstatt Münster GmbH wurde im gleichen Jahr wie Titelbild gegründet (vgl. Webseite 18). Kleinere Firmen wie SUBS GbR in Hamburg (Gründung: 1999) folgten in den letzten Jahren. Dies ist keine vollständige Liste der Firmen, die Filmuntertitelung in Deutschland anbieten, sondern stellt nur eine Auswahl einiger Vertreter in diesem Bereich dar. In den Fernsehanstalten, die über Untertitelungsabteilungen verfügen, werden auch heute meist ausschließlich Untertitel für Gehörlose und Hörgeschädigte erstellt.

Deutschland muss heute immer noch als Synchronisationsland bezeichnet werden. Die Rolle der Untertitel hat sich jedoch gewandelt: Sie sind nicht mehr ein Garant für einen hohen Kunstanspruch oder kommerziellen Misserfolg. Warum das so ist, soll im nächsten Teilkapitel erläutert werden.

2.1.5 Gegenwart und Zukunft der Untertitelung

Wie vorstehend bereits angedeutet, hat die starre Einteilung in Untertitelungs- und Synchronisationsländer heute keine volle Gültigkeit mehr. Vieles spricht dafür, dass die Untertitelung auch in traditionellen Synchronisationsländern zunehmen wird. Das hat mehrere Gründe, die hier kurz umrissen werden sollen.

Zum einen sind ökonomische Gründe zu nennen: Die Synchronisation war schon immer aufgrund der dafür nötigen Technik und Arbeitskräfte und des damit einhergehenden Zeitaufwands teurer als die Untertitelung. Auch die technischen Entwicklungen und Neuerungen, die beide audiovisuellen Übersetzungsformen in den letzten Jahrzehnten erfahren haben, haben die Synchronisation immer teurer, die Untertitelung dagegen immer billiger werden lassen. Mitte der 1990er Jahre schätzte man die Kosten einer Synchronisation auf das Zehn- bis Zwanzigfache einer Untertitelung (vgl. Webseite 14), heute ist die Differenz wahrscheinlich noch größer. Gegenwärtig wird es immer schwieriger, die nötigen Fördergelder für Filme zu bekommen, die keine Hollywood-Blockbuster sind. Daher bietet der übersetzerische Bereich der Postproduktion Potenzial für wichtige Einsparungen. Mit Hilfe der Untertitelung können Regisseure ihre Filme auf Filmfestivals und dem internationalen Markt präsentieren. Des Weiteren kann ein Regisseur mit den heutigen technischen Möglichkeiten bis zur letzten Sekunde an seinem Film arbeiten. Da der Zeitaufwand bei der Untertitelung vergleichsweise gering ist, bietet sie sich als Präsentationsform für Filmfestivals an. Gerade Filme mit künstlerischem Anspruch und Filme aus kleineren Sprachgemeinschaften wählen die Untertitelung als Übertragungsform, auch in den Ländern in denen normalerweise synchronisiert wird. Englisch als Lingua Franca wird gern als Marketing-Tool eingesetzt, um Produktionen aus ungewöhnlicheren Sprachen zu vermarkten und Interesse an ihnen zu wecken. (Vgl. Ivarsson/Carroll 1998:1f. und 8.)

Ein weiteres Vermarktungsmittel ist die DVD, die in den letzten Jahren auf den Markt gekommen ist und seitdem zunehmend an Beliebtheit gewinnt. Sie kurbelt die Nachfrage nach untertitelten sowie synchronisierten Fassungen eines Kinofilms an. Eine DVD kann neben der Originalfassung bis zu acht Synchron- und bis zu 32 Untertitelfassungen anbieten. (Vgl. Gottlieb 2002:198.) Leider werden diese Möglichkeiten aus rechtlichen Gründen meist nicht ausgeschöpft. Digitales Fernsehen und DVB (Digital Video Broadcasting), das für Kino und Fernsehen angewendet werden kann, sind weitere Bereiche, in denen der Bedarf an Untertitelungen und Synchronisationen zunehmen wird. Damit kann nicht nur eine Vielfalt an thematischen Sendern, wie beispielsweise der Theaterkanal des ZDF, angeboten werden, sondern es besteht auch die Möglichkeit, verschiedene Sprachen bzw. Übersetzungsformen auszuwählen. 1989 gab es europaweit 47 Fernsehsender, 2002 waren es schon 1500 (vgl. Gambier 2003:182). Aber nicht nur im traditionellen Bereich von Kino und Fernsehen besteht ein Bedarf an Synchron- und Untertitelfassungen. Viele Multimedia-Produkte haben Elemente, auf die diese Übersetzungsformen angewendet werden können. (Vgl. Pereira Rodríguez 2001:9.)

Neben diesen ökonomischen Aspekten gilt es, die sprachpolitischen und publikumsbezogenen Aspekte zu betrachten: Seit es Ende der 1970er Jahre die ersten Teletext-Untertitel für Gehörlose und Hörgeschädigte im Fernsehen zu sehen gab (vgl. Webseite 6), wächst die Akzeptanz gegenüber Untertiteln im Fernsehen langsam, aber stetig. In vielen Ländern ist die Bereitstellung einer bestimmten Zahl von Filmen, die mit Teletext-Untertiteln im Fernsehen ausgestrahlt werden, wie im Falle Großbritanniens, schon gesetzlich verankert. (Vgl. Reid 2001:18f.) Neben der Untertitelung für Gehörlose und Hörgeschädigte werden Untertitel auch vermehrt für die Erhaltung und das Lernen von Minderheitensprachen (wie z. B. in Wales), zur Verbesserung der Fremdsprachenkompetenz und der Lesefähigkeit der Muttersprache sowie des Lernens einer offiziellen Amtssprache genutzt. Der Medienbereich wird immer globaler, Filme werden weltweit gezeigt und die Zuschauer schätzen die Authentizität des Originals. Gleichzeitig sind für viele Fremdsprachenkenntnisse essentiell geworden. (Vgl. Ivarsson/Carroll 1998:1f.) Die genannten Entwicklungen haben dazu geführt, dass gerade im Fernsehen viel mehr Untertitel, die sich nicht ausschließlich an Gehörlose und Hörgeschädigte richten, zu sehen sind als noch in den 1970ern und 1980ern. Nicht nur Dokumentarfilme, die traditionell häufig mit einer Mischung aus Untertitelung und Voice Over gezeigt werden, sind dafür ein Beispiel. Auch in Reality-Shows und Magazinen über das Leben der Stars und Sternchen wird diese Form der Übersetzung langsam zum Standard. Ein Vorreiter dieser Untertitelungswelle in Deutschland sind dabei Musiksender wie MTV und VIVA. Die OmU-Fassung scheint von Jugendlichen vermehrt akzeptiert und gewünscht zu werden.

Allgemein lässt sich sagen, dass aufgrund dieser Entwicklung das Interesse am Beruf des Untertitlers als Arbeitsfeld des Übersetzers auch in traditionellen Synchronisationsländern in den letzten Jahren zugenommen hat. Aber auch von Übersetzern, die sich nicht ausschließlich auf Filmübersetzung spezialisiert haben, wird zunehmend ein kompetenter Umgang mit audiovisuellen Texten verlangt. Doch welche Möglichkeiten bieten sich, eine solche Kompetenz zu erlangen? Im nächsten Unterkapitel soll auf diese Frage und damit auf die Ausbildungsmöglichkeiten und die Marktaussichten in diesem Bereich näher eingegangen werden.

2.2 Untertitelung heute: Ausbildung und Marktaussichten

2.2.1 Das Berufsbild des Untertitlers im Wandel

Wir leben in einer visualisierten Welt. Kino, Fernsehen und neue Medien wie Multimedia-Produkte bestehen alle aus auditiven und visuellen Elementen. Der audiovisuelle Text hat als Textform an Boden gewonnen. Daher ist es heute für Übersetzer wichtig, einen kompetenten Umgang mit dieser Textform zu erlernen. Das Berufsbild des Untertitlers hat sich in den letzten zwei Jahrzehnten stark gewandelt. Im Gegensatz zu den Prognosen von Luyken (1991:167), der davon ausging, dass die damalige Arbeitsteilung in Spotter[4] und Übersetzer beibehalten werden würde und dies auch befürwortete, hat sich Ende der 1980er und in den 1990ern ein eigenes Berufsprofil des Untertitlers entwickelt. Ein Untertitler ist heute für den gesamten Arbeitsprozess vom ersten Sichten des Filmmaterials bis zur Übersetzung und zeitlichen Festlegung der Untertitel, dem so genannten Spotting oder Timing, zuständig. Erst das Einlasern der Untertitel in den Film wird in die Hände von Technikern gelegt. (Mehr dazu siehe Kapitel 4.)

2.2.2 Ausbildung zum Medienübersetzer in Europa

Die Medienübersetzung im Allgemeinen ist von der Übersetzungswissenschaft lange Zeit stiefmütterlich behandelt worden. Dieses geringe Interesse zeigt sich auch im Mangel an universitären Ausbildungsmöglichkeiten. Fernsehsender und Untertitelungsfirmen kümmerten sich bis Mitte der 1980er ausschließlich selbst um die Ausbildung ihrer Untertitler. Heute werden nicht nur dort, sondern auch an Universitäten und Übersetzerinstituten Kurse zur Medienübersetzung angeboten. (Vgl. Ivarsson/Carroll 1998:2f.) Dieses erst jetzt in den Übersetzungsinstituten einsetzende Interesse an der Medienübersetzung hat dazu geführt, dass sich Untertitler aus ganz unterschiedlichen Bereichen rekrutieren. Unter ihnen sind Übersetzer, Philologen, Journalisten, Filmwissenschaftler etc., nur die Beherrschung einer oder mehrerer Fremdsprachen ist ihnen gemein. Bis vor noch nicht allzu langer Zeit musste der gesamte Arbeitsprozess während der Arbeit und ohne theoretisches Hintergrundwissen erlernt werden. Da es sich aber um eine hochkomplexe Tätigkeit handelt, ist eine formale Ausbildung wünschenswert. (Vgl. Luyken 1991:168.) Nicht nur Desinteresse hat zum Mangel an universitären Modulen für audiovisuelle Übersetzung geführt, auch hohe Software-Preise und mangelnde Fachkompetenz gehörten zu den Faktoren, die die Einführung von Ausbildungsangeboten behinderten und teilweise immer noch behindern. Die Université de Lille (Frankreich) war eine der ersten universitären Ausbildungsstätten, die 1983/84 ein Seminar zur Untertitelung anbot. Ab 1985 folgten Seminare zur Synchronisation. (Vgl. Luyken 1991:169f.) Heute, mehr als zwanzig Jahre später, sind diese Angebote keine Seltenheit mehr. Viele Universitäten integrieren Seminare zur Medienübersetzung in ihrem Curriculum, wie beispielsweise das ISTI (Institut Supérieur de Traducteurs et Interprètes) und die Erasmus Hogeschool in Brüssel, Dublin City University, Hogeschool Antwerpen und die Universitäten in Barcelona, Helsinki, Kopenhagen und Leeds. Meist werden diese Seminare im Rahmen der Diplom- bzw. Bachelor-Studiengänge im Fach Übersetzen angeboten. Postgraduierten-Studiengänge im Bereich der audiovisuellen Übersetzung bieten die Universidad Autónoma in Barcelona (UAB), die Université de Lille, das ISTI in Brüssel, die University of Manchester, die University of Surrey und die University of Leeds an. (Vgl. Díaz Cintas/Orero 2003:371f.)

---

4 Ein Spotter legt die Ein- und Ausblendzeiten der Untertitel fest.

Meistens sind diese Kurse sehr praxisorientiert. Es gibt theoretische Einführungen und praktische Übungen zu Untertitelung, Synchronisation und Voice Over in Form von Vorlesungen, Workshops und Seminaren. Teilweise wird auch mit professioneller Untertitelungs- und Synchronisationssoftware gearbeitet. Aber gerade dadurch entstehen die hohen Kosten in diesem Bereich, sodass in vielen Universitäten ganz auf den Softwareeinsatz verzichtet oder nur mit wenigen Computerarbeitsplätzen für viele Studenten gearbeitet werden muss. (Vgl. Díaz Cintas/Orero 2003:372f.) Doch gerade erst durch die Simulation der realen Arbeitsbedingungen lässt sich ein effizienter Unterricht im Bereich der audiovisuellen Übersetzung (AVÜ) gestalten. Zwar können Kurse, die mit gar keinen oder nur spärlichen professionellen Mitteln auskommen, den Studierenden einen Einblick in die Welt der audiovisuellen Übersetzung bieten und sie für die Problematik dieser Übersetzungsform sensibilisieren, aber sie versetzen sie nicht in die Lage, tatsächlich in diesem Bereich zu arbeiten. Die hohen Kosten für die nötige Software haben oft einen Riegel vor eine effektive Ausbildung geschoben. Als Antwort auf diese Misere haben die UAB und das ISTI ihre eigene Software entwickelt. Am Beispiel der UAB soll kurz umrissen werden, wie ein innovativer Unterricht im Bereich der Medienübersetzung aussehen kann.

2.2.2.1 Ausbildung zum Medienübersetzer an der UAB

Seit 1983 bietet die UAB im Rahmen ihres Übersetzungsstudiengangs Seminare zur Synchronisation an. Ein paar Jahre später folgten auch Kurse zur Untertitelung. Lange Zeit war die nötige technische Ausstattung für eine Simulation realer Arbeitsbedingungen nicht verfügbar. Auf der Suche nach Abhilfe wurden 2001 in Zusammenarbeit mit dem damaligen Informatikstudenten Toni Cumplido Software-Programme entwickelt, um den Unterricht zu erleichtern: Subtitul@m ist eine Untertitelungssoftware, die den Studierenden das Spotten, Übersetzen, Schreiben und Simulieren der Untertitel ermöglicht und damit professionelle Arbeitsbedingungen schafft. Mit REVOice lässt sich ein komplettes Synchronstudio auf einem Computer installieren, was zur Unterstützung des Unterrichts in Synchronisation und Voice Over genutzt wird. Im Oktober 2001 konnte der erste Postgraduierten-Studiengang für audiovisuelles Übersetzen (AVÜ) an der UAB angeboten werden: Postgrado de Traducción Audiovisual (PTAV). Der Studiengang war für spanische Muttersprachler mit einem Bachelor in Übersetzung, Anglistik oder einer anderen Fachrichtung und exzellenten Englischkenntnissen konzipiert. Die Dauer des Studiengangs betrug 24 Wochen. (Vgl. Díaz Cintas/Orero 2003:373-382.) In Zusammenarbeit mit Dr. Miguel Amador, der seit 1998 Postgraduierten-Studiengänge online an der UAB anbietet (vgl. Díaz Cintas/Orero 2003:384), wurde im Januar 2003 der Postgraduierten-Studiengang PTAV zum ersten Mal im E-Learning-Format angeboten: PTAV on-line. Der größte Unterschied zur PTAV besteht im linearen Unterrichtsaufbau: Die vier Module (Theorie der AVÜ, Synchronisation, Untertitelung und Multimedia-Übersetzung) werden nacheinander und nicht gleichzeitig belegt. Sie sind in jeweils 10 Unterrichtseinheiten unterteilt. Für jede Unterrichtseinheit wird eine

Woche veranschlagt. Montags bekommen die Studierenden ihre Aufgaben für die folgende Woche und ein persönliches Feedback über die erbrachte Leistung der vorherigen Woche. Zusätzlich zu diesem Lehrerkontakt besteht auch noch die Möglichkeit, mit anderen Studierenden an Gruppendiskussionen via Chat oder Internetforen teilzunehmen. Neue Studierende werden alle elf Wochen aufgenommen. Das Lehrmaterial mit den Software-Programmen erhalten die Studenten auf CDs. Auf dem Universitätsserver stehen ihnen weitere Informationen zur audiovisuellen Übersetzung zur Verfügung (Literaturverzeichnis des Studiengangs, Praktikum- und Jobbörse etc.). (Vgl. Amador / Dorado / Orero 2004:142f.) Seit 2005 wird der Postgraduierten-Studiengang nur noch online angeboten: Postgrado de Traducción Audiovisual Virtual (PTAV). Zwar können Studierende die Technik an der UAB nutzen, der Unterricht erfolgt aber virtuell. PTAV lässt sich entweder auf Diplom oder auf Master studieren. Der einjährige Diplomstudiengang umfasst die gleichen Module wie das frühere PTAV online: Theorie der AVÜ, Synchronisation, Untertitelung und Multimedia-Übersetzung. Der zweijährige Master beinhaltet außer diesen vier Modulen noch Untertitelung für Gehörlose und Hörgeschädigte, Übersetzung von Videospielen und eine Abschlussarbeit. Zusätzlich zu den Online-Kursen werden verschiedene Kolloquien und Konferenzen angeboten. (Vgl. Webseite 8.)

Das Einzigartige an diesem Studiengang ist die geglückte Verquickung der Vermittlung von theoretischem und praktischem Wissen. Die Theorieeinheiten integrieren filmwissenschaftliche und translatologische Erkenntnisse. In den Praxiseinheiten werden die räumlichen und zeitlichen Beschränkungen der Untertitelung, die Konventionen ihrer Präsentation, die Strategien zur Textreduzierung sowie semantische und syntaktische Aspekte behandelt, die die Rezeption der Untertitel beeinflussen. Durch die Möglichkeit der Simulation realer Arbeitsbedingungen und die enge Zusammenarbeit mit Praktikern und Wissenschaftlern werden die Studierenden bestens auf die Arbeitswelt vorbereitet.

2.2.2.2 Die Ausbildungssituation in Deutschland

In Deutschland gibt es bedauerlicherweise noch keinen vergleichbaren Studiengang. Nur zwei Universitäten bieten Kurse zur AVÜ an, die sich an Theorie und Praxis orientieren und gleichzeitig mit professionellen Mitteln arbeiten.[5]

Da ist zum einen der Fachbereich Angewandte Sprach- und Kulturwissenschaft (FASK) Germersheim der Universität Mainz zu nennen, der im Rahmen seines Wahlpflicht-Moduls II *Literatur- und Medienübersetzung* Vorlesungen und Seminare zur AVÜ anbietet. Der Schwerpunkt liegt dabei aber auf der literarischen Übersetzung, die Untertitelung macht nur einen geringen Teil des Moduls aus. Es sind zwar Untertitelungsarbeitsplätze vorhanden, aber diese sind nicht auf dem neusten Stand der Technik. (Vgl. Webseite 9.) Zum anderen ist die Universität Saarbrücken mit einer neueren Entwicklung in diesem Bereich zu nennen.

5 Dies war zumindest noch 2005 der Fall. Es ist gut möglich, dass sich in dieser Hinsicht in den letzten Jahren viel getan hat.

Seit 2004 bietet Frau Prof. Gerzymisch-Arbogast in Zusammenarbeit mit Mary Carroll, Geschäftsführerin der Titelbild GmbH, Vorlesungen, Seminare und Workshops zu Theorie und Praxis der Untertitelung für Studierende der Universität Saarbrücken an. Es werden Vorträge und Workshops mit führenden Persönlichkeiten der audiovisuellen Übersetzerszene (z. B. Carroll, Gambier, Gottlieb) organisiert. Damit wird ein sehr realitätsnaher und interessanter Einblick in die Arbeitswelt der Untertitler geboten. Die theoretischen Grundlagen der Untertitelung werden an der Universität Saarbrücken vermittelt. Für die praktischen Untertitelungsübungen können die Kursteilnehmer direkt an den professionellen Arbeitsplätzen der Firma Titelbild in deren Berliner Büro arbeiten. (Vgl. Webseite 10 und 11.) An den Übersetzerinstituten anderer Hochschulen wird dieser Bereich meist nur durch Gastvorträge und dann zumeist in theoretischer Form abgedeckt, da die nötige Technik nicht zur Verfügung steht. So ist in Deutschland für angehende Untertitler ein Praktikum in einer Untertitelungsfirma unverzichtbar, um das Handwerk der Untertitelung zu erlernen. Die Ausbildungsansätze, wie sie in Barcelona an der UAB oder in Saarbrücken zu beobachten sind, erscheinen besonders erfolgversprechend. Angebote ohne Einbezug eines professionellen Untertitelungssystems können nur einen Einblick in die Untertitelung und damit in die Übersetzungsproblematik der AVÜ geben. Die Studierenden können auf diese Weise lediglich für diese Übersetzungsform sensibilisiert werden. Erst eine realitätsnahe Ausbildung garantiert, dass die nötigen Fertigkeiten für die Filmuntertitelung erworben werden können.

Neben den universitären Angeboten organisieren Berufsverbände, wie z. B. der ADÜ Nord[6], Seminare zur Medienübersetzung (vgl. Webseite 12). Außerdem werden Seminare auf Konferenzen, wie z. B. *Languages and the Media*, angeboten, die sich aber in erster Linie an Praktiker, nicht an Untertitelungseinsteiger richten.

2.2.2.3 Modul *Audiovisuelles Übersetzen* – eine Bereicherung?

Wie schon in 2.1.5 dargestellt, ist zu erwarten, dass der audiovisuelle Übersetzungsmarkt an Bedeutung gewinnen und der Bedarf an kompetenten Übersetzern in diesem Bereich ansteigen wird. Auch wenn diese Prognosen sich durchaus positiv anhören, darf nicht unterschätzt werden, wie heiß umkämpft und vergleichsweise schlecht bezahlt dieser Markt ist. Eine Ausbildung im Bereich Medienübersetzung, die sich nicht auf die Filmübersetzung beschränkt, sondern andere audiovisuelle Bereiche (Software-Lokalisierung, Übersetzung von Multimedia-Produkten wie Videospiele etc.) mit einbezieht, ist von daher wünschenswert. Es darf nicht vergessen werden, dass dieser Bereich der Übersetzung trotz allem eine Nische auf dem breiten Übersetzungsmarkt darstellt.

Von ökonomischen Gründen ganz abgesehen, gibt es aber auch noch andere Gründe, die eine Integration der Untertitelung in klassische Übersetzungsstudiengänge sinnvoll erscheinen lassen. So kommt Neves (2004:129-138) durch

---

6 Assoziierte Dolmetscher und Übersetzer in Norddeutschland e.V.

ihre Erfahrungen mit Untertitelungsseminaren an der portugiesischen Universität Leiria zu dem Schluss, dass die Untertitelung als ein Mittel zur Verbesserung des Sprachbewusstseins eingesetzt werden kann. Die Verbesserung der Sprachkenntnisse mit Hilfe der Untertitelung beschränkt sich nicht auf das Lernen von Vokabeln und Grammatik. Vokabeln werden im Kontext gelernt, idiomatische Ausdrücke werden mit Hilfe von Ton und Bild besser verstanden. Paralinguistische (Kinesik, Stimmqualität etc.) und prosodische (Intonation etc.) Elemente müssen miteinbezogen werden und zu einem besseren Textverständnis führen. Die sprachliche Ausdrucksvielfalt wird durch die Untertitelung geübt, da der Zwang besteht, immer wieder umzuformulieren, bis der Text in den räumlichen und zeitlichen Rahmen passt. Um die Lesbarkeit der Untertitel zu gewährleisten, ist eine klare Textstrukturierung vonnöten, die auch für die anderen Textsorten wichtig ist und auf diese Weise geübt werden kann. Das Transkribieren des Filmdialogs verbessert das Hörverstehen enorm. Die Filmanalyse verbessert die Fähigkeit zur Interpretation im Allgemeinen. (Vgl. Neves 2004:138.) Demzufolge erscheint eine Einführung solcher realitätsnaher Untertitelungskurse in vielerlei Hinsicht als sinnvoll.

2.2.3 Marktaussichten der AVÜ

Bisher wurde Vieles über die Ausbildung im Bereich der AVÜ gesagt. In den vorangegangenen Unterkapiteln wurde eine zumeist positive Bilanz bezüglich der Entwicklung des audiovisuellen Übersetzungsmarktes gezogen und auf die Gründe dieser Entwicklung eingegangen. Aber wie sieht der audiovisuelle Markt aus ökonomischer Sicht eigentlich wirklich aus? Was sind die Verdienstmöglichkeiten und wie viele Arbeitskräfte werden tatsächlich benötigt?

Als Einstieg in dieses Thema soll die empirische Untersuchung von Luyken (1991:30ff.) herangezogen werden. Für das Jahr 1991 ergab sich dieses Bild typischer Untertitelungs- und Synchronisationsländer:

Land	Untertitelung	Synchronisation	Voice Over
Niederlande	94 %	1 %	5 %
Finnland	92 %	8 %	0 %
Dänemark	77 %	0 %	23 %
Schweden	71 %	0 %	29 %

Tabelle 2.1 Typische europäische Untertitelungsländer (Vgl. Luyken 1991:33.)

In diesen Ländern lässt sich eine sehr eindeutige Präferenz der Untertitelung als Übersetzungsform erkennen. In den Niederlanden und in Finnland wird nur in geringem Maße synchronisiert, in Dänemark und Schweden wird sogar fast ganz darauf verzichtet und Voice Over der Synchronisation vorgezogen. Die einzige Ausnahme bilden Kinderfilme, die auch hier synchronisiert werden. Der Prozentsatz an synchronisierten Filmen ist jedoch damit in diesen Ländern so gering, dass er sich in dieser Untersuchung nicht prozentual niederschlägt. Generell lässt sich sagen, dass in Untertitelungsländern eher Voice Over als Alternative zur Untertitelung genutzt wird.

Land	Untertitelung	Sychronisation	Voice Over
Italien	0 %	100 %	0 %
Österreich	0 %	97 %	3 %
Frankreich	8 %	90 %	2 %
Deutschland	10 %	80 %	10 %
Spanien	0 %	80 %	20 %

Tabelle 2.2 Typische europäische Synchronisationsländer (Vgl. Luyken 1991:30.)

In den Synchronisationsländern sehen die Tendenzen etwas anders aus. Italien fällt zwar mit einer quasi absoluten Verwendung der Synchronisation aus dem statistischen Rahmen[7], aber bei den anderen lässt sich eine gewisse Vermischung der Übersetzungsformen feststellen. Von den Synchronisationsländern wird in Deutschland am meisten untertitelt, was der deutschen Untertitelungsbranche Grund zur Hoffnung geben sollte.

Leider liegen keine neueren Vergleichsdaten zu diesem Thema vor, sodass über eine Zunahme der Untertitelung in Deutschland und in den Synchronisationsländern europaweit in den letzten 14 Jahren nur spekuliert werden kann. Eine neuerliche empirische Erhebung des Europäischen Medieninstituts wäre wünschenswert. Die Vermutung liegt aber nahe, dass sich durch die technischen Entwicklungen der 1990er Jahre, vor allem aufgrund der digitalen Revolution, der Bedarf an Übersetzungen im Bereich der Filmbranche im Allgemeinen und der Bedarf an Untertitelungen im Besonderen angestiegen ist. Ein weiteres Indiz für die Annahme, dass die Untertitelung in Deutschland an Boden gewinnt, ist die Neuansiedlung eines der britischen Marktführer im Untertitelungsbereich. Im Januar 2005 hat die Untertitelungsfirma Voice & Script International Inc. (VSI) eine Niederlassung in Berlin eröffnet.

Die Synchronisation ist und bleibt die teurere der beiden Varianten. Frankreich und Deutschland gehören hinsichtlich der Qualität ihrer Synchronisationen zur obersten Liga. Und Qualität hat ihren Preis. In Deutschland kann die Synchronisation eines Kinofilms laut Dries (1995:14) bis zu 90.000 DM kosten. Herbst (1994:17) spricht bei den Gesamtkosten für eine Synchronisation von 35.000-40.000 DM, wobei die Kosten für die Rohübersetzung mit zwischen 800-1.000 DM nur einen geringen Teil des Gesamtbetrags ausmachen[8]. Die Bearbeitungszeit für die Rohübersetzung veranschlagt er mit vier bis fünf Tagen. Sie nimmt damit nur einen geringen Teil der zwei- bis dreiwöchigen Bearbeitungszeit ein.

Bei der Untertitelung gehen 60 % des Gesamtpreises der Untertitelung an den Übersetzer (vgl. Dries 1995:29). Zwar hört sich das nach viel an, aber es muss dabei bedacht werden, dass erstens der Arbeitsaufwand bei einer Untertitelung für den Übersetzer höher und der Preis, der für die Untertitelung gezahlt wird,

7 Wie schon im Falle Schwedens ist davon auszugehen, dass in Italien zwar untertitelt wird, jedoch in so geringem Maße, dass die Untertitelung in dieser Untersuchung nicht prozentual erfasst wurde.

8 Leider liegen mir für die Synchronisationsbranche keine aktuellen Euro-Preise vor.

niedriger ist. Laut Dries (1995:30) werden für eine Untertitelung lediglich 1-2 % der Produktionskosten veranschlagt, wohingegen sich eine Synchronisation mit 10 % in den Produktionskosten niederschlägt.

Die Film und Video Untertitelung Gerhard Lehmann AG veranschlagt für die Untertitelung eines 90-minütigen Kinofilms mit einer normalen Dialogdichte ca. 3.100 Euro. Der Preis erhöht sich, wenn der Film dialogreicher ist, wenn aus einer exotischen Sprache übersetzt werden muss, oder wenn kein oder nur ein unzureichendes Postproduktionsskript vorhanden ist. In dem oben genannten Preis sind die Kosten für die Fixierung der Untertitel auf dem Film (entweder Laser- oder Videountertitelung) mit 900 Euro enthalten. In der Regel dauert der gesamte Untertitelungsprozess eines 90-minütigen Kinofilms mit 900-1000 Untertiteln 10-14 Arbeitstage. Davon nehmen Übersetzung und Timing der Titel fünf bis zehn Tage und die Fixierung der Untertitel ein bis zwei Tage in Anspruch. (Vgl. Buhr 2003:144.)

Es ist nicht ganz einfach, sich einen Überblick über die Preise in der Untertitelungsbranche zu verschaffen, da über dieses Thema nicht gerne gesprochen wird. Teilweise hängt das auch damit zusammen, dass der Preis für eine Untertitelung sehr variabel ist. Er hängt stark davon ab, was gewünscht und was an Arbeitsmaterial geliefert wird. Die finnische Übersetzer- und Dolmetschervereinigung rät beispielsweise, 30 % mehr für Übersetzung und Timing der Titel zu verlangen, wenn ein Skript nur teilweise vorhanden ist, und sogar 50 % mehr, wenn gar kein Skript vorhanden ist (vgl. Dries 1995:30). Auch konkrete Mitarbeiterzahlen sind nur schwer zu bestimmen. Titelbild gibt auf ihrer Webseite an, mit 20 Festangestellten und über 70 Freelancern zusammenzuarbeiten (vgl. Webseite 7).

Die SUBS-Firmengeschichte soll als Exempel für die Branche dienen[9]. Die Firma wurde im Juni 1999 von Kirsten Herfel und einer Partnerin gegründet. Im gleichen Jahr hatte SUBS mit einer live projizierten Untertitelung für das Kurz Film Festival Hamburg den ersten größeren Auftrag. Ihre Auftragslage stieg im Januar 2000 durch Mund-zu-Mund-Propaganda und durch DVD-Aufträge rapide an. Heute bewegt sich die Auftragslage auf einem gleichbleibenden Level mit Hoch-Zeiten während der Filmfestivals. SUBS hat mit vier Mitarbeitern angefangen. Diese Zahl hat sich bis heute nicht geändert, aber es sind einige freie Mitarbeiter hinzugekommen. Der Bedarf an freien Mitarbeitern beläuft sich normalerweise auf ca. acht Personen, während der Festivalzeiten sind es ca. zehn bis zwölf. Die Mitarbeiter, die sich mit der Untertitelung beschäftigen, sind fast ausschließlich Übersetzer oder Philologen. Die Bezahlung freier Mitarbeiter erfolgt pro Filmminute, pauschal oder auf Zeilenbasis.

Manche Firmen zahlen nicht pro Filmminute, sondern pro Untertitel. Auch Dries (1995:27) berichtet von dieser Praxis. Für den Untertitler ist weder die eine noch

---

9 Die folgenden Informationen wurden mir in einem persönlichen Gespräch mit Jeannette Wolf, einer der beiden Geschäftsführerinnen der Firma, im Juli 2005 mitgeteilt.

die andere Form der Bezahlung von großem finanziellem Vor- oder Nachteil. Es stellt sich allerdings die Frage, ob diese Form der Bezahlung nicht vielleicht den Untertitler verlockt, möglichst viele einzeilige Untertitel zu setzen, obwohl zweizeilige Untertitel an manchen Stellen angebrachter wären.

Wie die oben genannten Zahlen zeigen, wird die Untertitelungsarbeit im Vergleich zu herkömmlichen Übersetzungen relativ gering entlohnt. Der Grund hierfür liegt wohl darin, dass die Untertitelung als Teil der Postproduktion ganz am Ende einer Filmproduktion steht und die Auftraggeber von Untertitelungen diese Dienstleistung aus Gründen der Wirtschaftlichkeit möglichst billig einkaufen möchten. Es gibt sicher Auftraggeber, für die Qualität im Vordergrund steht und die eine gute Übersetzung für die Vermarktung ihrer Filme als essentiell erkannt haben und daher auch bereit sind, die Arbeit angemessen zu entlohnen. Oft ist jedoch entweder das Budget knapp bemessen, wie es bei kleineren Produktionen häufig der Fall ist, oder es wird kein so großer Wert auf Qualität gelegt, da der Erfolg einer Produktion nicht vorhersehbar ist. Ein Beispiel hierfür ist der DVD-Markt, auf dem starkes Preisdumping betrieben wird.

Ein weiterer Faktor, der die Preise auf dem Untertitelungsmarkt drückt, ist die Vielzahl von Praktikanten. Zwar sind Praktika für angehende Übersetzer im audiovisuellen Bereich äußerst wichtig, aber gleichzeitig stellen sie ein Problem für den audiovisuellen Übersetzungsmarkt dar. Der häufige Einsatz von „billigen“ Arbeitskräften, d. h. Studenten und Praktikanten, die mit ihren niedrigen Preisforderungen die Preise an diesem umgekämpften Markt noch weiter drücken, führt dazu, dass diese hochkomplexe Arbeit immer geringer entlohnt wird. Dennoch profitieren die Universitäten und die Industrie gleichermaßen von einer Zusammenarbeit: Den Studierenden wird ein Einstieg in dieses Arbeitsfeld ermöglicht. Die Forscher können praxisnahe Untersuchungen durchführen und ihren Unterricht an den Marktanforderungen orientieren. Und die Praktiker können sich die Forschungsergebnisse zunutze machen, Einfluss auf die Ausbildung nehmen und ihre Anforderungen an zukünftige audiovisuelle Übersetzer äußern. (Vgl. Díaz Cintas/Orero 2003:373.)

Fazit dieser Ausführungen ist, dass ein Bedarf an Untertitel- und Synchronfassungen und damit an qualifizierten Filmübersetzern besteht. Leider wird diese Arbeit nicht unbedingt angemessen bezahlt, was unter Umständen Auswirkungen auf ihre Qualität haben kann. Wie für die Übersetzungsbranche generell, so gilt auch in der Filmübersetzungsbranche, dass sich Praktiker und Theoretiker zusammentun müssen, um Qualitätsmaßstäbe festzulegen und diese zu überwachen, um auf diese Weise einen Wandel in der Einstellung gegenüber ihrer Arbeit zu erreichen.

2.3 Weitere Formen der audiovisuellen Übersetzung

Es gibt folgende Formen der audiovisuellen Filmübersetzung: interlinguale, intralinguale, bilinguale Untertitelung, Pivot-Untertitelung, Audiodeskription, Übertitelung, simultane Untertitelung, Lippensynchronisation, intralinguale Synchronisation, Voice Over, Erzählung, Kommentar, Simultan-, Konsekutivdolmetschen und Gebärdendolmetschen. Wie man an dieser Liste unschwer sehen kann, handelt es sich um eine Vielzahl an Varianten, die sich durch unterschiedliche Eigenschaften voneinander abgrenzen. Die vorliegende Arbeit beschäftigt sich nur mit einem Teil dieser Fülle an Möglichkeiten, nämlich mit interlingualen Untertitel. Darunter werden Untertitel verstanden, die den fremdsprachigen Filmdialog in der Zielsprache in maximal zwei Zeilen am unteren Bildrand wiedergeben. An dieser Stelle soll zunächst ein kurzer Blick über den Tellerrand geworfen werden, bevor sich diese Arbeit ausschließlich dem Prozess und den Problemen der interlingualen Untertitelung zuwendet.

2.3.1 Gesprochene Sprache → geschriebene Sprache

Zum einen sind da die Übersetzungsformen zu nennen, unter die auch die interlinguale Untertitelung fällt, bei denen dem Zuschauer ein schriftlich fixiertes Übersetzungsangebot für den verbalen Filmdialog gemacht wird, während dieser gleichzeitig zu hören ist.

Interlinguale Untertitel beschränken sich normalerweise auf maximal zwei Zeilen. In manchen Ländern wird diese Form der Untertitelung jedoch für zwei Sprachen gleichzeitig eingesetzt. Bei dieser so genannten bilingualen Untertitelung wird die obere Zeile von der einen Sprache, die untere Zeile von der zweiten Sprache belegt, was natürlich mit noch größeren räumlichen und zeitlichen Einschränkungen für den Untertitler einhergeht. Diese Form der Untertitelung wird beispielsweise in Finnland, Belgien und Israel angewandt. (Vgl. Gambier 2003:172.)

In diese Sparte fällt auch die Pivot-Untertitelung (vgl. Webseite 10). Die „pivot languages" oder so genannte „Schaltsprachen" (Luyken 1991:181), zu denen Englisch, Deutsch, Französisch, Italienisch und Spanisch gehören, werden als Hilfsmittel für die Übersetzung von Minderheitensprachen europaweit eingesetzt. Produktionen, die eine kleinere Sprache als Ausgangssprache haben und denen das nötige Geld fehlt, um Untertitelungen in allen Sprachen anzubieten, nutzen eine der genannten Sprachen, meist Englisch, um ihr Produkt international zu vertreiben. Gerade bei Filmfestivals kommt die Pivot-Untertitelung oft zum Einsatz.

Bei der intralingualen Untertitelung wird der Filmdialog verschriftlicht, ohne dass dabei eine Sprachgrenze überschritten wird. Intralinguale Untertitel werden zur Erlernung von Sprachen genutzt, finden aber vor allem als Untertitel für Gehörlose und Hörgeschädigte bzw. als Teletext-Untertitel Anwendung. Untertitel für Gehörlose und Hörgeschädigte unterscheiden sich von interlingualen Untertiteln in mancherlei Hinsicht. Diese Form der Untertitelung wird fast ausschließlich im Fernsehen und auf DVDs angeboten, nur selten werden sie auch im Kino gezeigt. Es wird in diesem Zusammenhang meist von geschlossenen Untertiteln gesprochen, da der Zuschauer die Untertitel mit Hilfe der Videotexttafel 150 (vgl. Wahl 2001:11) ein- und ausschalten kann, sie also damit frei wählbar sind.

Neuerdings wird hierfür auch das DVB-Format (Digital Video Broadcasting) genutzt, für das ein Decoder benötigt wird (vgl. Gambier 2003:174). Sie unterscheiden sich in drei Hauptpunkten von interlingualen Untertiteln: In einer dritten Zeile werden weitere Informationen über Geräusche, z. B. Schritte, angeboten. Die Hauptcharaktere werden durch unterschiedliche Schriftfarben markiert. Gemeinhin wird davon ausgegangen, dass für von Geburt an Gehörlose die Sprache der Gesellschaft, in der sie leben, ihre erste Fremdsprache ist. Diese unterscheidet sich fundamental von ihrer eigentlichen ‚Muttersprache', der Gebärdensprache. Auf dieser Annahme fußt die These, dass möglichst einfache Syntax und Lexik genutzt und die Untertitelgeschwindigkeit weiter reduziert werden sollte. (Vgl. Ivarsson/Carroll 1998:129.) Es darf aber nicht vergessen werden, dass es sich bei Gehörlosen und Hörgeschädigten mitnichten um eine homogene Gruppe handelt. Es bestehen starke Unterschiede zwischen von Geburt an Gehörlosen und Menschen, die hörend geboren wurden und aus bestimmten Gründen ihren Hörsinn ganz bzw. teilweise verloren haben. Durch die unterschiedlichen sprachlichen Fähigkeiten kommt es zu verschiedenen Ansprüchen, die an Untertitel gestellt werden. (Vgl. Gambier 2003:175.)

Wie die Gehörlosen und Hörgeschädigten fordern auch Blinde und Sehbehinderte ihr Recht auf ungetrübten Film- und Fernsehgenuss. Eine neuere Entwicklung ist die Audiodeskription, also ein blindengerechter Hörfilm, bei dem ein Sprecher auf einer weiteren Tonspur zusätzliche Informationen zum Bildinhalt gibt, die für die Handlung wichtig sind. Wie die geschlossenen Untertitel für Gehörlose und Hörgeschädigte sind auch Hörfilme über eine Videotexttafel anwählbar. Es wird an der Entwicklung eines Geräts gearbeitet, das Untertitel in gesprochene Sprache umwandeln kann, doch diese Technik steckt noch in den Kinderschuhen. Auch hier gilt, wie für Gehörlose und Hörgeschädigte, dass das blinde Publikum alles andere als homogen ist und sehr unterschiedliche Ansprüche an den Audiokommentar hat (vgl. Gambier 2003:176). Die Zahl der Hörfilme im deutschen Fernsehen wächst: 1997 wurden gerade einmal 8 Hörfilme ausgestrahlt, nur drei Jahre später waren es bereits 147 und im Jahr 2002 mit 234 beinahe doppelt so viele (vgl. Webseite 10).

Im Theater werden so genannte Übertitel schon seit langem als Übersetzungsform genutzt. Schon Berthold Brecht arbeitete gelegentlich in seinen Inszenierungen mit der Übertitelung als dramatischem Element. In den letzten Jahren hat die Übertitelung, vor allem bei Opern, sehr an Beliebtheit gewonnen. Die übersetzten Titel werden über der Bühne mit Hilfe eines Videobeamers an die Wand geworfen. (Vgl. Ivarsson/Carroll 1998:19f.) Eine weitere Möglichkeit sind einzeilige LED-Anzeigetafeln, auf denen die Titel am laufenden Band zu sehen sind, vergleichbar mit einem Newsticker. In manchen Theatern oder Opernhäusern wird der Text auch direkt an der Rückenlehne der Sitze auf LED-Anzeigetafeln gezeigt. (Vgl. Gambier 2003:176.)

Die simultane Untertitelung wird in manchen Ländern für Nachrichtensendungen via Teletext oder als offene Untertitel angeboten. Diese Untertitel werden unter extremem Zeitdruck geschrieben und von einem Untertitler live eingeblendet. Es ist auch möglich, mit Hilfe von speziellen Velotype-Tastaturen Untertitel direkt einzugeben. Es ist aber fraglich, ob sich diese Methode aufgrund der immensen Anforderungen an die Untertitler durchsetzen wird. (Vgl. Ivarsson/Carroll 1998:129ff.)

Abschließend sind noch Übersetzungen zu nennen, die im Verlauf des Produktionsprozesses anfallen, wie Übersetzungen von Drehbüchern, Treatments und ähnlichen Unterlagen, die für Förderungsanträge benötigt werden. (Vgl. Gambier 2003:175.)

2.3.2 Gesprochene Sprache → gesprochene Sprache

Zu den audiovisuellen Übersetzungsformen, bei denen der verbale Filmdialog durch einen übersetzten Verbaltext ersetzt wird, zählen folgende:

Die wichtigste Vertreterin dieser Sparte ist ohne Zweifel die Synchronisation. Bei der Synchronisation wird der übersetzte Dialog den Lippenbewegungen der Schauspieler so weit wie möglich angepasst, die Tonspur des Originals wird vollständig durch die Übersetzung ersetzt, sodass die Illusion entsteht, der Film sei ein heimisches Produkt.

Zuerst wird der Dialog vom Rohübersetzer möglichst wortgetreu übersetzt. Meist arbeitet dieser unter Zeitdruck, ist schlecht bezahlt und hat oft nicht die Möglichkeit, den Film zu sehen. Daraus entstehen häufig Stilblüten, Anglizismen und Übersetzungsfehler, die sich dann auf die endgültige Version übertragen. Die Rohübersetzung wird anschließend vom Synchronautor, der meist auch als Synchronregisseur fungiert, überarbeitet, um den Text möglichst genau an die Mundbewegungen anzupassen. Bevor die Synchronsprecher mit ihrer Arbeit beginnen können, wird der Film im Synchronstudio in viele kurze Schnipsel zerschnitten: 45 Filmminuten werden zu ca. 200-300 Takes von 1-2 Sätzen Länge. Die Reihenfolge ist dabei nicht chronologisch, sondern so aufgeteilt, dass die Sprecher ihren Text im Ganzen aufnehmen können. Diese Art der Bearbeitung hat zwei Nachteile: Erstens lässt sich so nur noch an einzelnen Sätzen feilen, nicht mehr an ganzen Filmsequenzen. Zweitens wirken die deutschen Stimmen im Vergleich zum Original oft fade, weil es für die Sprecher mitunter schwer ist, sich in den zerstückelten Film einzufühlen. (Vgl. Blum, Webseite 2.)

Die Qualität einer Synchronisation hängt aber auch stark vom Film ab und davon, wie viel der Auftraggeber bereit ist, für die Synchronisation auszugeben. Einige Regisseure zeigen großes Interesse an einer qualitativ hochwertigen Übersetzung ihrer Filme. Woody Allen beispielsweise ist sich der Übersetzungsproblematik bewusst und aus diesem Grund sehr darauf bedacht, dass die für die Übersetzung seiner Filme zuständigen Firmen mit ausführlichen Postproduktionsskripten ausgestattet werden.

Ein Teilbereich der Synchronisation, der nicht vergessen werden sollte, ist die intralinguale Synchronisation: TRAINSPOTTING (GB 1996) und HARRY POTTER AND THE SORCERER'S STONE (GB/USA 2001) wurden beispielsweise für die USA synchronisiert, L'AMORE MOLESTO (IT 1995), ein süditalienischer Film, musste für Norditalien synchronisiert werden. (Vgl. Gambier 2003:173.)

Beim Voice Over wird der Dialog übersetzt, wobei kein Wert auf Lippensynchronität gelegt wird. Am Anfang und Ende des Dialogs ist der Originalton meist kurz zu hören. Diese Übersetzungsform wird hierzulande meist für Dokumentarfilme, Interviews und Reality-Shows genutzt. Sie trägt zu einem Gefühl von Authentizität bei. Die Bearbeitungszeit für eine Stunde Programm gibt Luyken (1991:81) mit 1/2-3 Arbeitstagen an. In Polen und Russland werden auch Spielfilme mit Voice Over übersetzt. (Vgl. Luyken 1991:80f.)

Voice Over hat zwei Subgattungen, zum einen die Erzählung, zum anderen den freien Kommentar. Von Erzählung wird gesprochen, wenn der Ausgangstext im Film vorbereitet und von einem professionellen Sprecher im Original gesprochen wurde. Daraus ergibt sich meist eine formalere grammatische Struktur, als man sie bei der normalen Verbalsprache findet, was wiederum die Übersetzung beeinflusst. Der freie Kommentar ist eine Adaption für ein neues Zielpublikum: Es werden Textelemente, Erklärungen und Kommentare hinzugefügt bzw. weggelassen. Es wird auf mehr Synchronität mit den Bildern als mit dem Ton geachtet, der Originaldialog wird vollständig ausgeblendet. Diese Form der Übersetzung wird vor allem bei Kinderprogrammen, Dokumentationen und Firmenvideos eingesetzt. (Vgl. Gambier 2003:174 und Luyken 1991:81f.)

Auch das Simultandolmetschen und das Konsekutivdolmetschen kommen in den Medien zu Einsatz. Das Simultandolmetschen, wozu auch das Gebärdendolmetschen gehört, wird oft bei Debatten, aber auch bei Diskussionsrunden und Unterhaltungsprogrammen im Fernsehen (z. B. auf ARTE) genutzt. In Thailand, Polen und auf internationalen Filmfestivals sieht man diese Form der Übersetzung auch im Kino (vgl. Agost 1999:46). Das Konsekutivdolmetschen ist eher Fernsehinterviews vorbehalten. (Vgl. Gambier 2003:173.)

Heute gibt es eine große Palette an Übersetzungsformen, und es scheint gut möglich, dass der Zuschauer schon bald auch im Fernsehen selbst wählen kann, was für ein Übersetzungsangebot er in Anspruch nehmen möchte. (Vgl. Gambier 2003:173.)

3 Theoretische Aspekte der Untertitelung

> *„Untertitelung als interkulturelle Übertragung filmischer Zeichen."*
> *(Gottlieb 20012:12)*

In diesem Kapitel soll die Untertitelung von der theoretischen Seite betrachtet werden. Der erste Teil des Kapitels wird sich mit der Beziehung von Translationswissenschaft und Untertitelung beschäftigen. Die Eigenheiten der Untertitelung, ihre Semiotik, die Beschränkungen durch das Medium und der Wechsel von gesprochener zu geschriebener Sprache werden erläutert und erklärt.

Im zweiten Teil wird auf die Zuschauerorientiertheit dieser Übersetzungsform eingegangen. Wie werden Untertitel gelesen, und wie wirkt sich das Lesen von Untertiteln auf ihre Erstellung aus? Des Weiteren wird der Frage nachgegangen, was Qualität im Rahmen der Untertitelung bedeutet.

Im dritten und letzten Teil des Kapitels werden die übersetzerischen Verfahren und Probleme aufgezeigt, die sich bei der Untertitelung feststellen lassen. Es wird besprochen, welche Verfahren sich für die Untertitelung anbieten und in diesem Kontext die höchste Priorität haben. Am Beispiel von vier Bereichen, in denen Probleme bei der Untertitelung gehäuft auftreten, soll ein Einblick in das übersetzerische Problempotential der Untertitelung geboten werden.

3.1 Untertitelung: Stiefkind der Translationswissenschaft

Lange Zeit hat die Translationswissenschaft die Filmübersetzung, und damit auch die Untertitelung, als Forschungsgegenstand weitgehend ignoriert. Ein Grund für diese Nischenexistenz war wohl nicht zuletzt die Unsicherheit darüber, ob die Filmübersetzung überhaupt in den Bereich der Übersetzung fällt oder ob es sich dabei nicht doch um eine Bearbeitung handelt.

Letztendlich ist die Beantwortung dieser Frage abhängig davon, wie Übersetzung definiert wird. Luyken (1991:153ff.) zeigt anhand der Definition von Newmark, dass sich der audiovisuelle Sprachtransfer in vier wesentlichen Merkmalen von der Übersetzung unterscheidet. Laut Newmark (1981:3, zit. nach Luyken 1991:153) ist die Vorgabe für eine Übersetzung „[to] replace a [...] message and/or statement in one language by the same message and/or statement in another language". Beim Film sind aber Bild, Ton und Sprache gemeinsam die Träger der Botschaft. Bei der Untertitelung wird demzufolge nicht eine Botschaft in einer Sprache durch die gleiche Botschaft in einer anderen Sprache ersetzt, sondern nur ein Teil der gesamten Botschaft vermittelt. Bei der Untertitelung kommt noch hinzu, dass der Film intakt bleibt und ihm sozusagen noch ein weiterer Botschaftsträger mit den Untertiteln hinzugefügt wird, der mit dem Film zusammen die Botschaft übermittelt. Im Vergleich dazu bleibt bei der Synchronisation der Film zwar auch als Botschaftsträger erhalten, aber bei der Synchronisation wird nicht ein weiteres sinntragendes Element hinzugefügt, sondern das eine (der Originaldialog) durch ein anderes (den Synchrondialog) ersetzt. Da der Film im ausgangskulturellen Kontext verhaftet ist, wird die Botschaft durch die Übersetzung verändert, damit sie auch für das zielsprachliche Publikum verständlich ist. Der Raum für Erläuterungen ist im Filmkontext begrenzt, Erläuterungen können nur zum Einsatz kommen, wenn dafür andere Komponenten des Ausgangstexts weggelassen werden. Bei der Untertitelung muss zwangsläufig gekürzt werden, was ebenso gegen die Gleichheit der Botschaft spricht. Es werden teilweise Elemente hinzugefügt, während andere weggelassen werden. Dadurch leistet die Untertitelung einerseits mehr, andererseits weniger als eine konventionelle Übersetzung. Der Untertitler muss noch mehr als der „konventionelle" Übersetzer einschätzen können, ob und wie viele zusätzliche Informationen das Zielpublikum benötigt, um den Film verstehen und genießen zu können. (Vgl. Luyken 1991:153ff.) Aber sind diese Unterschiede wirklich ausreichend, um der Untertitelung den Status als Übersetzung abzusprechen?

Betrachtet man Nidas Anforderungen an eine Übersetzung, zeigt sich ein anderes Bild: Laut Nida (1964:164, zit. nach Buhr 2003:46) soll eine Übersetzung Sinn ergeben, den Geist und Stil des Originals vermitteln, natürlich und leicht im Ausdruck sein und eine ähnliche Reaktion beim zielsprachlichen Leser (im Falle des Films: dem Zuschauer) hervorrufen. Diese Anforderungen kann eine gelungene Untertitelung erfüllen. (Vgl. Buhr 2003:46.)

Schreiber erklärt,

> [...] dass es auch Fälle der *Übersetzung*[10] gibt, bei denen ähnliche Phänomene auftreten wie bei der Zusammenfassung [...], die ich jedoch nicht zur Bearbeitung zähle, da die jeweiligen Kürzungen nicht auf Varianzforderungen beruhen, sondern inhärent, d. h. praktisch unvermeidlich, sind [...]. (Schreiber 1993:305)

Er zählt damit auch die Filmuntertitelung zur Übersetzung, da

> [...] sich der (inhärente) „Informationsverlust durch Kürzung und Textresümierung" in erster Linie „aus dem Wechsel von phonemischen in graphischen Code" und der damit zusammenhängenden „unterschiedliche(n) Informationsdichte und Rezeptionsgeschwindigkeit" (Spillner 1980:74), also vor allem aus den Rezeptionsbedingungen und nicht aus dem Veränderungswillen eines Bearbeiters [ergibt]. (Schreiber 1993:305f.)

Explizit in die Reihen der Forschungsthemen der Translationswissenschaft wurde die Filmübersetzung mit der Texttypologie von Reiß aufgenommen. Reiß (1971:34) war die Erste, die mit ihrem audio-medialen Texttyp der Existenz von Texten, die im Verbund mit audiovisuellen Elementen übermittelt werden, Rechnung trug. Später erweiterten Reiß und Vermeer diese erste Typologie und integrierten sie in ihre allgemeine Translationstheorie. In ihrer Texttypologie unterscheiden sie nun zwischen informativen, expressiven, operativen und multimedialen Texttypen. Zu dieser Erweiterung der Texttypologie bemerken sie Folgendes:

> Schrifttexte, die erst zusammen mit bildlichen Darstellungen [...] oder mit Musik [...] das vollständige Informationsangebot ausmachen, weisen alle eine Interdependenz der verschiedenen Medien bei der Textgestaltung auf. Ohne Beachtung dieser Interdependenzen können solche Texte nicht adäquat übersetzt werden. Wir fassen solche Texte in einem eigenen Typ, dem multi-medialen Texttyp, zusam-

10 Hervorhebung wie im Original.

> men [...]. Dieser vierte Typ überlagert die drei Grundtypen, denn sowohl informative als auch expressive und operative Texte können in der Gestalt des multimedialen Texttyps auftreten. (Reiß/Vermeer 1991:211)

Damit wurde der multi-mediale Text für übersetzungsrelevant erklärt, aber es fehlte weiterhin ein Ansatz zur Untersuchung solcher Texte.

Die Medien, ob darunter nun Film und Fernsehen oder auch Multimedia-Produkte wie Videospiele verstanden werden, und damit auch ihre Übersetzung haben heute immens an Bedeutung gewonnen. Aufgrund dieser Tatsache ist es für die Translationswissenschaft wichtig, ihre Forschungsaufgaben auch auf diesen Bereich auszudehnen.

Und das ist auch geschehen: Wissenschaftler in den so genannten Untertitelungsländern wie Schweden, Holland und Dänemark, aber auch in Spanien und Deutschland haben ihre Forschungsschwerpunkte auf die Untertitelung und Synchronisation gelegt. Zum 100-jährigen Jubiläum des Kinos 1995 richtete der Europarat ein Forum für audiovisuelle Kommunikation und Sprachtransfer ein. Damit war der Weg für Kolloquien, Konferenzen, Seminare und Publikationen zum Thema Medienübersetzung bereitet. (Vgl. Gambier 2003:171.)

Gerade der dänische Übersetzungswissenschaftler Henrik Gottlieb hat Grundlagen zur Untersuchung der Untertitelung geschaffen, indem er die Untertitelung als Teil eines semiotischen Gefüges beschrieb. Auf seine semiotische Theorie der Untertitelung soll im Folgenden eingegangen werden.

3.1.1 Definition der Untertitelung

Zur Definition der Untertitel schreibt Henrik Gottlieb Folgendes:

> Untertitel als Übersetzungsmittel können definiert werden als
> Übertragung in eine andere Sprache
> von verbalen Nachrichten im filmischen Medium
> in Form ein- oder mehrzeiligen Schrifttextes,
> die auf der Leinwand erscheinen
> und zwar gleichzeitig mit der originalen gesprochenen Nachricht.[11]
> (Gottlieb 2002:187f.)

Untertitel haben demzufolge mit der herkömmlichen Vorstellung von Übersetzung gemein, dass Nachrichten in eine andere Sprache übertragen werden. Aber es lassen sich auch drei fundamentale Unterschiede aus dieser Definition ableiten: Die verbale Nachricht wird in einen ein- oder mehrzeiligen Schrifttext übertragen, demzufolge wird also der Sprachmodus geändert sowie der Raum eingeschränkt, der für die Wiedergabe der Nachricht zur Verfügung steht. Des Weiteren sind Original und Übersetzung gleichzeitig für das zielsprachliche Publikum präsent. Dies bedeutet einen weiteren Bruch mit der traditionellen Vorstellung von Übersetzung, bei der der Ausgangstext durch den Zieltext ersetzt wird, demnach also keine Koexistenz von Original und Übersetzung besteht. Damit leistet, wie es bereits Buhr (2003:44) formulierte, die Untertitelung gleichzeitig mehr

---

11 Hervorhebungen wie im Original, Erläuterungen wurden außer Acht gelassen.

und weniger als eine ‚gewöhnliche' Übersetzung. Sie leistet weniger, da sie den Dialog nur teilweise wiedergeben kann. Und mehr, da der Sprachtransfer auf drei Ebenen durchgeführt wird: von einer Sprache in eine andere, von langen in kürzere Einheiten und von gesprochener Sprache in geschriebenen Text.

3.1.2 Der audiovisuelle Text: Semiotik der Untertitelung

Wie schon Reiß/Vermeer (1991:211) bemerken, bestehen Interdependenzen zwischen den Bedeutungsträgern im Film. Der Filmkontext zwingt uns, die Konzepte 'Text' und 'Bedeutung' neu zu überdenken. Um den Film als audiovisuellen Text erfassen zu können, erscheint eine Schilderung des semiotischen Gefüges, wie Gottlieb (2002:188-192) es beschreibt, als hilfreich. Die Semiotik unterscheidet zwei Arten von Texttypen: monosemiotische und polysemiotische. In die Kategorie des monosemiotischen Texttyps fallen beispielsweise literarische Texte, d. h. sie nutzen nur einen Kanal, die Schrift. Bei der Übersetzung solcher Texte wird die Schriftsprache des Originals in die Schriftsprache der Zielsprache übertragen. Polysemiotische Texte dagegen nutzen mehrere Kanäle, um eine Nachricht zu übermitteln. Der Filmdialog, der dem zielsprachlichen Publikum mit Hilfe der Untertitel verständlich gemacht werden soll, ist nur einer der Kanäle, der von einem filmischen Medium genutzt wird. Daneben lassen sich drei weitere Kanäle bestimmen: Ton (Musik, Geräusche), Bild und zu einem geringen Teil Schrift, d. h. Bauchbinden und Einblendungen[12], in seltenen Fällen auch Untertitel, also jede Art von Schrift im Filmbild.

Demzufolge handelt es sich beim Filmdialog um einen polysemiotischen Texttyp. Bei seiner Übersetzung müssen folglich auch „Inhalte non-verbaler Kanäle" (Gottlieb 2002:188) berücksichtigt werden. Gottlieb (2002:189) unterscheidet zwischen isosemiotischen und diasemiotischen Übersetzungen. Isosemiotische Übersetzungen benutzen denselben Kanal wie das Original: Bei der Synchronisation wird Rede durch Rede, bei der literarischen Übersetzung Schrift durch Schrift ersetzt. Die Untertitelung hingegen übersetzt Rede in Schrift, sie nutzt also nicht denselben Kanal für die Übersetzung, sondern der hörbare Filmdialog wird in Form von Schrift visualisiert. Es handelt sich demnach um eine diasemiotische Übersetzung. Der ausgangssprachliche Filmdialog wird nicht wie bei der Synchronisation durch eine gesprochene Fassung in der Zielsprache ersetzt, sondern fügt dem Originalfilm noch ein weiteres Element im schriftlichen Sprachmodus hinzu.

Aufgrund dieser Unterschiede beschreibt Gottlieb (2002:190) den Übersetzungsvorgang im Fall der Untertitelung als vertikal oder diagonal, im Falle der Synchronisation oder der literarischen Übersetzung als horizontal. Beim horizontalen Übersetzungsvorgang wird der Ausgangstext in die Zielsprache übertragen,

12 Unter Bauchbinden (oder auch Captions) werden Einblendungen am unteren Bildrand verstanden, die Informationen zur Person im Bild oder zum Geschehen im Allgemeinen enthalten. Unter Einblendungen (oder Inserts) wird Schrift im Filmbild verstanden, die für die Handlung wichtig ist, wie z. B. Ortsschilder, Zeitungsartikel oder Briefe.

ohne den Sprachmodus zu verändern. Intralinguale Untertitel, d. h. Untertitel für Gehörlose und Hörgeschädigte, sind laut Gottlieb einem vertikalen Übersetzungsvorgang unterworfen: Ein Wechsel des Sprachmodus, aber kein Wechsel der Sprache findet statt. Interlinguale Untertitel wiederum sind diagonal, da nicht nur der Sprachmodus, sondern auch die Sprache geändert wird.

Aufgrund dieser Diagonalität bietet die Untertitelung einerseits Zündstoff für die Diskussion ‚Was ist eine Übersetzung?', wie im vorangegangen Unterkapitel schon angedeutet wurde. Andererseits entsteht aus diesem Spannungsfeld die besondere Problematik der Untertitelung. Aber bevor in den folgenden Unterkapiteln die Eigenheiten behandelt werden, die sich aus dieser Diagonalität ergeben, soll noch einmal näher auf die Kommunikation und die Generierung von Bedeutung im filmischen Kontext eingegangen werden.

Watzlawick et al. (2000[10]) nennt fünf pragmatische Axiome, die als Grundzüge jeder Kommunikation verstanden werden können: 1. „Man kann nicht *nicht* kommunizieren"[13]. 2. „Jede Kommunikation hat einen Inhalts- und einen Beziehungsaspekt [...]". 3. „Die Natur einer Beziehung ist durch die Interpunktion der Kommunikationsabläufe seitens der Partner bedingt". Das heißt, jeder der Beteiligten gewichtet die Kommunikationsabläufe individuell. 4. „Menschliche Kommunikation bedient sich digitaler und analoger Modalitäten". Diese beiden Modalitäten laufen stets gleichzeitig ab: Analog beschreibt hier die nonverbale Kommunikation, wie Stimmlage, Pausen, Sprechtempo und Gestik. Mit digitaler Kommunikation ist die Bedeutung der Wörter gemeint, die in grammatikalischer Folge vermittelt werden. 5. „Zwischenmenschliche Kommunikationsabläufe sind entweder symmetrisch oder komplementär, je nachdem, ob die Beziehung zwischen den Partnern auf Gleichheit oder Unterschiedlichkeit beruht". (Vgl. Watzlawick et al. 2000[10]:53-70.)

Diese Grundzüge der Kommunikation gelten auch für die Kommunikation auf der Leinwand – mit einer Besonderheit: Die Kommunikation findet einerseits zwischen den Personen auf der Leinwand statt, anderseits aber ‚kommuniziert' der Film auch mit dem Zuschauer, der die passive Rolle eines Beobachters inne hat, gleichzeitig aber der eigentliche Zielrezipient der Kommunikation ist. Daraus ergibt sich eine kommunikative Dreiecksbeziehung.

Die Bedeutung wird zwischen den Personen auf der Leinwand und mit dem Zuschauer ausgehandelt, der Informationen aus allen semiotischen Kommunikationskanälen des Films zusammensetzt und daraus eine mögliche Bedeutung dekodiert. Der Untertitler sieht sich gezwungen, sich mehr als bei jeder anderen Art der Übersetzung in den Zuschauer mit seinem Weltwissen hineinzufühlen, um zu entscheiden, welche Teile des Dialogs für das Verständnis des Zuschauers wichtig sind und welche sich aus den nonverbalen Elementen herauslesen lassen.

13 Meine Hervorhebung. Das gilt für alle weiteren Zitate in diesem Abschnitt.

Es ist nicht selbstverständlich, dass nonverbale Elemente über Kultur- und Sprachgrenzen hinweg gleichermaßen verstanden werden. Normalerweise nutzt ein Sprecher Mimik, Gestik und Körperhaltung, um seine Äußerungen zu gewichten. Die Körpersprache wird sprachbegleitend, sprachsubstituierend und autonom eingesetzt und insbesondere zur Darstellung eigener Emotionen und Einstellungen sowie zur Verdeutlichung der eigenen Identität oder zur Spezifizierung von Beziehungsaspekten gebraucht. Verbale Mittel werden eher eingesetzt um inhaltliche Aspekte zu übermitteln, nonverbale Mittel werden zur Kommunikation von Affekten und interpersonalen Haltungen bevorzugt. (Vgl. Apeltauer 1997:19.) „In jeder Kultur gibt es bestimmte Präferenzen für verbale und nonverbale Kodierungen" (Apeltauer 1997:21), die jedoch je nach Situation und kommunikativem Zweck variieren können. „Gesten [sind] Teil unseres Ausdrucksverhaltens [...], das wir genau wie unsere Sprache einst erlernt haben und das unserem Kulturkreis eigen ist" (Manhart 2000:174). Dadurch kann bei der Kommunikation zwischen Kulturen scheinbar Vertrautes (Gestik, Haltung, Blicke, Stimme) etwas anderes bedeuten, und Aspekte, die irrelevant erscheinen, da sie keine Entsprechung im eigenen System haben, können übersehen werden. (Vgl. Apeltauer 1997:29.)

Betrachtet man einen Aspekt der Körpersprache, die Gestik, lässt sich erkennen, dass bewusst und unbewusst verwendete Gesten meist regional begrenzt und nur einige international bekannt bzw. gebräuchlich sind. Nehmen wir zum Beispiel das Nicken mit dem Kopf als Zeichen für Zustimmung. Man könnte behaupten, dass dieses nonverbale Zeichen von den meisten Menschen auf diese Weise interpretiert wird. Aber es gibt Ausnahmen. In Indien wird zur Bejahung nicht genickt, sondern der Kopf wird hin- und hergeneigt. In Bulgarien wird dazu mit dem Kopf gewackelt, manchmal aber auch genickt. Ein weiteres Beispiel sind die Fingercodes, die von Football- oder Baseballspielern genutzt werden, um sich auf diese Weise unauffällig über ihre nächsten Spielzüge zu informieren. Der ausgangssprachliche Zuschauer kann diese Codes genauso wenig wie der zielsprachliche Zuschauer deuten, aber er weiß, um was es bei diesen Zeichen geht, er kann sie in den Kontext einordnen. Ein weiteres Beispiel ist die vulgäre Geste, die in Deutschland mit dem erhobenen Mittelfinger ausgedrückt wird. In England wird das gleiche durch eine andere Geste ausgedrückt: Es handelt sich dabei um ein Victory-Zeichen, wobei aber die Handfläche nach innen zeigt und die Hand aus dem Gelenk nach oben und unten bewegt wird. (Vgl. Manhart 2000:173f.)

Aber nicht nur der Dialog und die Interaktion der Darsteller kommunizieren die Handlung im Film, die einzelnen Kanäle vermitteln die Botschaft im Verbund. Dabei nutzen die Kanäle wiederum bestimmte Codes, um Bedeutung zu generieren. Praktisch alles kann im Film eine codierte Bedeutung haben. Sei es nun das romantische Zirpen eines Streichorchesters, um dem Zuschauer das sich anbahnende Liebesglück zu signalisieren, ein verschwommenes Bild, um einen Traum anzudeuten oder das Bild einer Uhr, um das Verstreichen der Zeit zu visualisieren. Diese Codes dienen nicht nur dem Untertitler, sondern auch dem Zuschauer zur Interpretation des Films. Gleichzeitig muss der Untertitler aber auch entscheiden, ob eines dieser Elemente in seiner Übersetzung hervorgehoben werden sollte, um dem Zuschauer das Verstehen zu erleichtern.

Aus diesen Ausführungen lässt sich schließen, dass die semiotischen Kanäle den Untertitler zwar einerseits einschränken, ihn aber andererseits in seinem Interpretationsprozess unterstützen. Gleichzeitig wird deutlich, dass teilweise nicht nur der Dialog übersetzt werden muss, sondern auch nonverbale Codes, wenn diese für die Handlung wichtig sind und sonst nicht vom Zuschauer erkannt oder verstanden werden können. Dem Zuschauer und seinen Bedürfnissen kommt demzufolge eine nicht unerhebliche Rolle bei der Untertitelung zu. Auf die Bedeutung des Zuschauers für die Untertitelung soll im zweiten Teil dieses Kapitels näher eingegangen werden.

3.1.3 Die verschiedenen Rhythmen des Films

Wie bereits gesagt, übermittelt der Filmdialog den Filminhalt nicht allein, sondern im harmonischen Zusammenspiel mit den anderen semiotischen Kanälen des filmischen Mediums. Einerseits tragen demnach die Untertitel nicht allein die Last der Erklärung des gesamten Inhalts, sondern werden durch die audiovisuellen Elemente unterstützt. Andererseits darf die vom Regisseur beabsichtigte Komposition nicht zerstört werden. Zwar trägt die intersemiotische Redundanz, die durch die Wiederholung von visuellen Signalen durch schriftliche Signale entsteht, dazu bei, dass der Film für das Publikum leichter zu verfolgen ist (vgl. Gottlieb 2002:194). Die Untertitel können jedoch auch einen gegenteiligen Effekt auslösen, wenn sie gegen den Filmrhythmus arbeiten.

Der Filmrhythmus wird zum einen von Filmschnitt und Kamerabewegung, zum anderen vom Sprachrhythmus der Charaktere bestimmt. Bei der Festlegung der Untertitelzeiten, die den zeitlichen und räumlichen Rahmen für den Untertiteltext bilden, sollten Schnitte besonders beachtet werden und Untertitel sollten möglichst nicht über Schnitte hinweg stehen. Der Untertitel sollte synchron mit dem Sprecher einsetzen, sodass eine Zuordnung von Untertitel und Sprecher gewährleistet wird. (Näheres zum Thema Timing siehe 4.2.2.1.) Der Filmdialog muss so segmentiert werden, dass dieser Rhythmus unterstützt wird. Gleichzeitig muss darauf geachtet werden, dass der Zuschauer den Film sehen und genießen kann. Er sollte sich nicht gezwungen sehen, gehetzt den Blick zwischen Bild und Schrift schweifen zu lassen, um nichts zu verpassen.

Helen Reid (1990:100ff., zit. nach Gottlieb 2002:203), Chefin der niederländischen Untertitelungsfirma Subtext Translations, unterscheidet zwischen der grammatischen Segmentierung, die von den semantischen Einheiten des Dialogs abhängig ist, der rhetorischen Segmentierung, die dem Sprachrhythmus folgt und der visuellen Segmentierung, die von Schnitt und Kamerabewegung diktiert wird. Da sich der Filmschnitt meist am Sprachrhythmus orientiert und ein Sprecher im Allgemeinen dann Pausen macht, wenn sie auch grammatisch akzeptabel sind, ist die rhetorische Segmentierung nach Reid die bevorzugte Variante der Segmentierung. Ein solches rhetorisches Segment entspricht einem Dialogsegment, wenn man dieses als die gesprochenen Wörter zwischen zwei Atempausen definiert. Sprechpausen treten gewöhnlich in Intervallen von fünf bis sechs Sekunden auf, was wiederum der Standzeit eines Untertitels mit zwei Zeilen entspricht, also der Zeit, die dieser auf der Leinwand zu sehen ist. (Vgl. Gottlieb 2002:203f.)

Die Abfolge der Untertitel muss sich nicht nur dem Rhythmus des Films anpassen, sondern jeder Untertitel muss eine eigenständige semantische Einheit bilden, um dem Zuschauer das Lesen und Begreifen der Untertitel zu erleichtern. Geht eine Aussage über mehr als ein Segment, darf der rote Faden nicht verloren gehen, andererseits sollte aber auch die dramatische Dynamik der Filmsequenz nicht zerstört, also der Handlung nicht vorgegriffen oder eine Pointe vorweggenommen werden. Zur Verbesserung von Verständlichkeit und Lesbarkeit tragen auch logische Zeilenumbrüche bei. Dementsprechend sollten keine semantischen Einheiten auseinandergerissen werden. Darüber hinaus muss der Text grammatisch korrekt sein, nicht zuletzt da manche untertitelte Programme auch zu Lehrzwecken verwendet werden. (Vgl. Gottlieb 2002:204 und 207ff. sowie Ivarsson/Carroll 1998:90f. und 72f.)

Karamitroglou (1998, Webseite 15) fordert für die Textsegmentierung eine Segmentierung am höchsten syntaktischen Knotenpunkt. Was er damit meint, illustriert er in der Graphik auf der nachfolgenden Seite.

Bei einer Segmentierung am 5. Knotenpunkt (N5) sähe ein zweizeiliger Untertitel wie folgt aus:

The destruction of the
city was inevitable.

Am 2. Knotenpunkt (N2) würde sich folgender Zweizeiler ergeben:

The destruction of the city
was inevitable.

Die zweite Dialogsegmentierung erleichtert das Lesen des Untertitels, da das Gehirn bei einem Zeilenwechsel eine gewisse Zeit braucht, um den Verstehensprozess wieder aufzunehmen. Die zweite Segmentierung unterstützt diesen Prozess, indem sie die semantischen Einheiten nicht auseinanderreißt. Erleichtert wird das Verstehen auch, indem möglichst nicht mehr als zwei vollständige Sätze in einem zweizeiligen Untertitel erscheinen. (Vgl. Karamitroglou 1998, Webseite 15.) Vielleicht der wichtigste Rhythmus, an dem sich die Untertitel orientieren müssen, und der die anderen auf gewisse Weise überlagert, ist der Leserhythmus der Zuschauer. Bevor im nächsten Unterkapitel auf dieses Thema näher eingegangen wird, soll die Problematik der Änderung des Sprachmodus bei der Untertitelung eingehender beleuchtet werden.

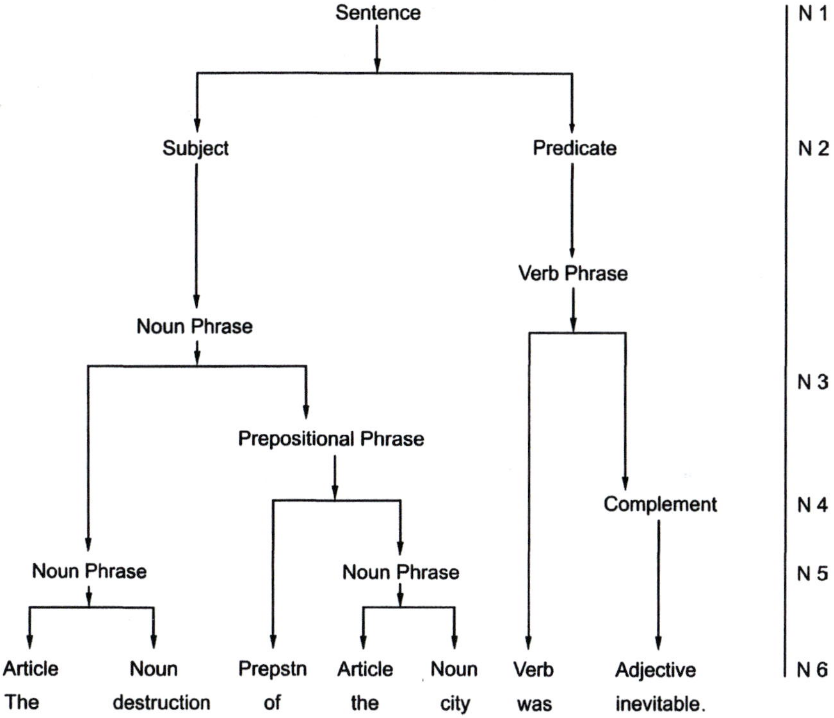

Abbildung 3.1 Textsegmentierung (Karamitroglou 1998, Webseite 15)

3.1.4 Eigenheiten der gesprochenen Sprache

Wie schon erwähnt, ist der Wandel des Sprachmodus von Verbal- zu Schriftsprache ein weiterer Aspekt, aufgrund dessen der Originaltext verändert und gekürzt werden muss. Gesprochene und geschriebene Sprache unterscheiden sich in vielerlei Hinsicht: Viele Sprachinhalte werden in der gesprochenen Sprache durch den direkten Kontakt der Gesprächspartner nicht ausgesprochen. Daher müssen geschriebene Texte viele Inhalte expliziter ausdrücken, als dies für gesprochene Dialoge der Fall ist. Die beiden Sprachmodi unterscheiden sich des Weiteren in ästhetischen Normen und stilistischen Mustern, es gibt unterschiedliche Wahrnehmungen, was in den verschiedenen Modi als korrekt oder inkorrekt, formell oder informell verstanden wird. Die gesprochene Sprache umfasst in höherem Maße umgangssprachliche Elemente und Slang, wohingegen die Schriftsprache strengeren Regeln folgt. Charakteristischerweise wird die gesprochene Sprache von Dialekt, Soziolekt und Ideolekt der einzelnen realen oder fiktiven Personen geprägt. Diese sprachlichen Nuancen können nur schwer in der gültigen Orthographie wiedergegeben werden. Die spontane Rede, sei sie gespielt oder real wie in einem Dokumentarfilm, weist bestimmte Muster auf, die die Arbeit des Untertitlers erschweren. Unter diesen Mustern werden Pausen, falsche Redeanfänge, Selbstkorrekturen, Unterbrechungen, überlappende Rede, die besonders schwierig wiederzugeben ist, nicht beendete Sätze, grammatisch inakzeptable Konstruktionen sowie Versprecher oder Widersprüche verstanden. Bei der interlingualen Untertitelung muss demzufolge nicht nur ein Wandel von einer Sprache in eine andere vollzogen werden, sondern auch von einem Sprachmodus zum anderen. Geschieht dies nicht, wird der Zuschauer durch die Eigenheiten des verbalen Sprachmodus gestört. Gerade Flüche, Slangausdrücke und Schimpfwörter sind häufig Opfer dieser Kürzungen, auch wenn sie für den Filminhalt von Relevanz sein könnten. Dadurch wird der Text standardisiert, so dass sich der Untertitler auch den Vorwurf der Zensur gefallen lassen muss. (Vgl. Gottlieb 2002:191f.)

Bei der Besprechung der untertitelungsrelevanten Übersetzungsprobleme wird auf die Problematik der Übersetzung von Dialekt, Slang und anderen verbalsprachlichen Eigenheiten noch näher eingegangen werden. Außer den Eigenheiten der Verbalsprache muss des Weiteren auch bedacht werden, dass es sich beim Filmdialog meistens nicht um spontane Sprache handelt, sondern die Dialoge eines Films im Regelfall vorher schriftlich festgehalten wurden.[14] Die linguistischen Eigenheiten, die man bei Filmtext feststellen kann, sind also nicht nur die der spontanen, gesprochenen Sprache. Filmtext, im Fall von Filmen mit fiktivem Inhalt, soll nur die Illusion von Verbalsprache vermitteln. Eigentlich handelt es sich bei diesen Texten um einen vorgefertigten Dialog, der durchdacht ist und dessen Interpretation durch den Schauspieler vom Regisseur kontrolliert wurde. Die Struktur solcher Texte ist klarer, kohäsiver und kohärenter als die normaler gesprochener Sprache. (Vgl. Chaume Varela 2001:78f., 81, 86.)

Die Illusion der gesprochenen Sprache sollte in den Untertiteln möglichst erhalten bleiben. Schriftsprachliche Elemente sollten demzufolge nur in dem Maße eingesetzt werden, wie sie für die Akzeptanz des geschriebenen Wortes durch den Zuschauer vonnöten sind. So sollte beispielsweise das Imperfekt, ein Merkmal des gehobenen schriftsprachlichen Stils, eher sparsam verwendet werden, auch wenn durch die Verwendung des Perfekts kostbarer Platz verloren geht.

3.2 Der Zuschauer im Fokus

Aber nicht nur die bereits genannten Faktoren, d. h. die Eigenheiten des audiovisuellen Textes, die zeitlichen und räumlichen Einschränkungen der Untertitelung und der Wandel des Sprachmodus, beeinflussen das Übersetzen von Untertiteln. Vor allem die Zuschauer und ihre jeweiligen Bedürfnisse spielen eine große Rolle, vielleicht sogar die Hauptrolle, bei der Erstellung von Untertiteln. Der Untertitler muss immer für den Zuschauer mitdenken, für den er den Film interpretiert und ein Informationsangebot formuliert. Der oberste Skopos, wenn man so will, ist das Erreichen einer möglichst gleichen bzw. ähnlichen Wirkung beim zielsprachlichen Zuschauer. Wird beispielsweise im Original ein Witz gemacht,

---

14 Zumindest bei Spielfilmen ist das in der Regel der Fall. Bei Dokumentarfilmen handelt es sich jedoch meist um spontane Sprache.

dann sollte auch im Untertitel ein Witz erscheinen. Dabei geht es aber nicht nur um die sprachliche Gestaltung der Untertitel. Denn der schönste Scherz ist nutzlos, wenn der Zuschauer keine Zeit hat, ihn zu lesen. Deshalb ist, neben der sprachlichen Gestaltung, das Timing ein essentieller Faktor, wenn man bei der Untertitelung von einer publikumsorientierten Übersetzungsform spricht. Denn sonst wird, wie es Ulrike Schubert (2001:27) schon so treffend formulierte, „aus OmU-Lust schnell OmU-Frust".

3.2.1 Das Lesen von Untertiteln

Das Lesen von Untertiteln unterscheidet sich vom Lesen eines Textes ohne audiovisuelle Elemente in vielerlei Hinsicht. Der Filminhalt wird dem Zuschauer nicht nur durch einen Kanal, wie im Falle eines Romans durch einen Schrifttext, sondern durch die bereits benannten vier semiotischen Kanäle übermittelt. Das Lesen von Untertiteln ist ein Lesen unter erschwerten Bedingungen, da nicht nur der Sinn der Untertitel in kurzer Zeit erfasst werden muss, sondern auch die Informationen der anderen semiotischen Kanäle aufgenommen und verarbeitet werden müssen. Einerseits entsteht dadurch eine intersemiotische Redundanz, die das Verstehen erleichtern kann, andererseits bedeutet die Fülle an Informationen eine Herausforderung für die Verarbeitungsfähigkeiten des Zuschauers (vgl. Gottlieb 2002:194). Tests haben ergeben, dass 90 % der Zuschauer für einen zweizeiligen Untertitel weniger als vier Sekunden, manche sogar nur zwei Sekunden Lesezeit benötigen, wenn ihnen der Untertiteltext ohne audiovisuelle Elemente präsentiert wird (vgl. Ivarsson 1992:37). Da aber Untertitel im Gefüge der anderen filmischen Zeichen funktionieren, muss für das Lesen dieser Zeichen eine gewisse Zeitspanne eingeräumt werden. Aus diesem Grund benötigt man für das Lesen eines einzeiligen Untertitels mehr Zeit, als für das Lesen einer vergleichbaren Textzeile ohne audiovisuelle Elemente. Untersuchungen haben gezeigt, dass Zuschauer langsamer auf Reize reagieren, wenn sie bei einem Film mit Originaldialog und Untertiteln gleichzeitig konfrontiert werden (vgl. d'Ydewalle 1992:419). Daraus lässt sich schließen, dass die Zuschauer versuchen, nicht nur die Untertitel zu lesen, sondern auch gleichzeitig dem Dialog zu folgen. Dies deutet wiederum darauf hin, dass bei der Untertitelung dem Zusammenspiel der einzelnen Kommunikationskanäle Rechnung getragen werden muss.

Der Leserhythmus des Zuschauers ist, im Gegensatz zu dem eines Textlesers, dem Rhythmus der Untertitel unterworfen. Er kann keinen Untertitel noch einmal lesen, falls er ihn nicht gleich beim ersten Mal verstanden hat. Mit einer Reaktionszeit von ca. 0,35 Sekunden lässt der Zuschauer seinen Blick von der Bildmitte zum Untertitel schweifen, nachdem er den Sprecheinsatz des Darstellers gehört hat (vgl. Ivarsson 1992:38). Wenn die Untertitel einem bestimmten Rhythmus folgen, der sich am Filmrhythmus orientiert (siehe 3.1.3), wird dem Zuschauer das Lesen und Verstehen der Untertitel und das Zuordnen der Sprecher erleichtert. Der Zuschauer stellt sich auf den Rhythmus des Übersetzungsangebots ein, solange er sich in einem Rahmen bewegt, dem er mehr oder minder problemlos folgen kann.

3.2.2 Faktoren der Lesbarkeit von Untertiteln

Die Lesbarkeit von Untertiteln, die den oben genannten Bedingungen unterworfen sind, wird durch drei Faktoren beeinflusst: Lesegeschwindigkeit, Textpräsentation und Textmenge der Untertitel sowie Komplexität des Untertiteltextes. Der wichtigste Faktor ist dabei die durchschnittliche Lesegeschwindigkeit, die durch die Textpräsentation der Untertitel, die Textmenge und die Komplexität des Untertiteltextes verlangsamt bzw. beeinträchtigt werden kann. (Vgl. Luyken 1991:43f.) Wie lange ein Untertitel auf der Leinwand zu sehen ist, wird von der Länge des Dialogs, der Lesegeschwindigkeit der Zuschauer, der visuellen Information und dem Filmschnitt begrenzt (vgl. Guardini 1998:98).

3.2.2.1 Lesegeschwindigkeit

Die Lesegeschwindigkeit des Zuschauers ist ein wichtiger Faktor, der durch die räumlichen und zeitlichen Beschränkungen der Untertitelung sowie durch die wahrnehmungsphysiologischen Voraussetzungen des Zuschauers bedingt wird. Sie entscheidet darüber, wie lange ein Untertitel mit einem bestimmten Textvolumen auf der Leinwand stehen muss, damit der Zuschauer den Untertitel lesen und seinen Sinn erfassen kann. Was die räumlichen Beschränkungen der Untertitel anbelangt, ist das Textvolumen, das in einem Untertitel erscheinen kann, begrenzt. Wie viele Zeichen pro Zeile zulässig sind, hängt davon ab, für welches filmische Medium untertitelt wird, da sich die Leinwandbreite des Kinos und die Bildschirmbreite des Fernsehens stark unterscheiden. Laut Buhr (2003:23) sollten die Untertitel maximal 2/3 der Leinwandbreite einnehmen, um den Weg für das Auge nicht unnötig zu verlängern und so die Lesbarkeit der Untertitel einzuschränken. Die konkreten Angaben zu den Zeichen pro Zeile variieren bei den mir bekannten Firmen und in der Literatur um ca. 1-2 Zeichen. Die Firma SUBS beispielsweise hat folgende firmeninterne Richtlinie festgelegt: Bei Fernsehen, Video und DVD stehen maximal 40 Zeichen pro Zeile zur Verfügung. Bei der Filmuntertitelung beträgt die maximale Zeichenzahl für 35 mm-Filme 42 und für 16 mm-Filme 32 Zeichen bzw. 40 Zeichen bei der Verwendung von Schmalschrift. Beim Live-Subtitling sind sogar bis zu 45 Zeichen möglich.

Die zeitlichen Beschränkungen schlagen sich in den Standzeiten der Untertitel nieder. Die Richtlinien der einzelnen Firmen sowie die Hinweise in der Literatur weichen auch in dieser Hinsicht nicht sonderlich voneinander ab. Daher können die Richtlinien von SUBS als gutes Beispiel für die Standzeiten von Untertiteln dienen. Bei SUBS gelten folgende Durchschnittswerte: Sätze mit einem Wort (z. B. „Halt!“) stehen 1 Sekunde, ein halbe Zeile 1-2 Sekunden, eine volle Zeile 2-3 Sekunden und zwei volle Zeilen 3-6 Sekunden.

Die Minimal- bzw. Maximalangaben einer Standdauer von 1 Sekunde respektive 6 Sekunden hat wahrnehmungsphysiologische Gründe: Da das Auge ca. 0,35

Sekunden braucht, um von der Bildhandlung zu den Untertiteln zu schweifen, bleibt bei einer Standzeit von 1 Sekunde nur ungefähr eine halbe Sekunde um den Titel zu lesen und zu verarbeiten. Bei einer Standzeit von unter einer Sekunde kann das Lesen und Verstehen kaum noch gewährleistet werden. Das Auge nimmt den Untertitel als kaum lesbares oder unlesbares Flackern wahr. Andererseits besteht die Gefahr, dass ein Untertitel, der mehr als 6 Sekunden auf der Leinwand zu sehen ist, vom Zuschauer ein zweites Mal gelesen wird. Der Zuschauer liest den Untertitel und lässt den Blick in das Bildzentrum schweifen, sobald er denkt, den Titel erfasst zu haben. Wenn der Titel nun länger steht, besteht die Möglichkeit, dass der Blick des Zuschauers wieder nach unten geht und er den Titel erneut zu lesen beginnt. Das kann zu Verwirrung führen, die bei der Untertitelung jedoch gänzlich vermieden werden sollte, da die Anstrengung einen untertitelten Film mit allen Zeichen der verschiedenen Kanälen zu lesen, an sich schon eine Herausforderung darstellt. Die Titel sollen sich möglichst so in den Film integrieren, dass sie als Teil des Ganzen wahrgenommen werden. (Vgl. auch Buhr 2003:97.)

Die Lesegeschwindigkeit der Untertitel lässt sich als ein ungefährer Wert aus der Anzahl der Zeichen pro Zeile und der Durchschnittszeit errechnen, die zum Lesen einer solchen Zeile veranschlagt wird. Ein Beispiel: Ein Film soll mit maximal 40 Zeichen pro Zeile untertitelt werden. Ein Zuschauer braucht ca. 3 Sekunden, um eine volle Zeile zu lesen: 40 : 3 = 13,33. Daraus ergibt sich eine Lesegeschwindigkeit von ca. 13 Zeichen pro Sekunde. Die meisten mir bekannten Untertitelungsfirmen runden diese Zahl jedoch auf 12 Zeichen pro Sekunde ab, um dem Zuschauer noch mehr Lesezeit einzuräumen. Diese Zahl (12) wird als Richtwert für die angesetzte Lesegeschwindigkeit mit den erwünschten Zeichen pro Zeile (40) unter den Eigenschaften der Untertitelungsdatei eingetragen. Ausgerüstet mit dieser Information zeigt das Programm dem Untertitler in einer Symbolleiste an, ob das Textvolumen für die festgelegte Ein- und Ausstiegszeit angemessen ist. (Mehr dazu siehe 4.1.2.)

Die Entscheidung, wie lange ein Untertitel auf der Leinwand zu sehen sein sollte, kann aber nicht allein dem Programm überlassen werden, da sich, wie bereits erwähnt, die Textpräsentation und die Komplexität des Textes auf die Lesegeschwindigkeit auswirken. Als Faustregel gilt, dass ein Untertitel dann lang genug steht, wenn der Untertitler ihn zwei bis drei Mal in der von ihm festgelegten Zeit lesen kann (vgl. auch Ivarsson 1992:44).

Ein weiterer Grund zu der Annahme, dass eine Lesegeschwindigkeit, die sich als bloßer Rechenwert aus Zeichen und Standdauer ergibt, unter Umständen nicht ausreichend sein kann, zeigt sich in der Untersuchung von d'Ydewalle. Seine Untersuchungen haben ergeben, dass Wörter nicht Buchstabe für Buchstabe gelesen und manche Wörter (z. B. Artikel) gar nicht vom Auge fixiert werden (vgl. d'Ydewalle 1992:416).

3.2.2.2 Textpräsentation und Textmenge der Untertitel

Für das Lesen von Untertiteln sind zentriert gesetzte Untertitel am unteren Bildrand am besten geeignet, da sich die Filmhandlung meist im Zentrum des Filmbilds abspielt und somit der Weg zu den Untertiteln für das Auge am kürzesten ist (mehr dazu unter 4.2.2.2).

Interlinguale Untertitel sind auf zwei Zeilen beschränkt. Ein offensichtlicher Grund hierfür ist, dass möglichst wenig vom Filmbild durch die Untertitel bedeckt werden soll. Außerdem verweilt der Blick des Zuschauers bei einem zweizeiligen Untertitel schon knapp 22 % der gesamten Filmzeit am unteren Bildrand, während sein Blick bei einem Film ohne Untertitel nur ca. 2 % der Zeit auf den unteren Bildrand gerichtet ist (vgl. d'Ydewalle 1991, zit. nach Pruys 1997:78). Bei mehr als zwei Zeilen würden die Untertitel zu sehr vom Rest des Films als Gesamtwerk ablenken. Wie Versuche gezeigt haben, wird das Lesen von zweizeiligen Untertiteln als weniger anstrengend empfunden. Je mehr Wörter in einem Untertitel stehen, desto weniger Zeit wird auf das Lesen jedes einzelnen Wortes verwendet. Dies bedeutet, dass das Lesen von kurzen Untertiteln relativ viel Zeit in Anspruch nimmt (vgl. Ivarsson 1992:38). Andererseits dauert es länger, bis das Auge zu einem zweizeiligen Untertitel wechselt und es verweilt länger darauf, weil der Zuschauer ‚weiß', dass Zweizeiler länger stehen. Dieses Wissen ergibt sich aus dem Untertitelrhythmus, an den sich der Zuschauer in den ersten paar Minuten des Films anpasst. Da er weiß, dass Zweizeiler länger stehen, nimmt er sich mehr Zeit zum Lesen. Es wird, objektiv betrachtet, auch tatsächlich mehr Zeit benötigt, um einen Zweizeiler zu lesen, weil das Auge erst vom Ende der ersten zum Anfang der zweiten Zeile wandern muss. Versuche haben jedoch gezeigt, dass zweizeilige Untertitel schneller gelesen werden, da sie semantisch und syntaktisch komplexer sind als einzeilige. Dadurch und durch eine gewisse Redundanz im Satz wird der Verarbeitungsprozess erleichtert. Demnach sind Zweizeiler besser zu lesen als Einzeiler. (Vgl. D'Ydewalle 1992:423f.)

Eine wie in 3.1.3 beschriebene Segmentierung der Untertitel, die logische Einheiten bildet, ist ein weiterer Faktor der Textpräsentation, der die Lesbarkeit und Verständlichkeit von Untertiteln verbessert.

Layout-Konventionen wie beispielsweise die Verwendung von kursiver Schrift, um einen Sprecher aus dem Off anzuzeigen, erleichtern das Verständnis von Untertiteln ebenfalls enorm (siehe mehr dazu unter 4.2.2.2).

3.2.2.3 Komplexität des Textes

Weitere entscheidende Faktoren für die Lesbarkeit und Verständlichkeit von Untertiteln sind eine einfache Syntax und Lexik. Einfache Satzstrukturen sind verschachtelten Strukturen vorzuziehen.

Ein Beispiel: Wenn du mir das Glas reichen würdest, wäre das sehr nett von dir.
→ Gib mir bitte das Glas.

Derselbe Gedanke kommt auch in der kürzeren Fassung zum Ausdruck.

Auch bei der Lexik sollte eher auf geläufigere Wörter zurückgegriffen werden, da diese leichter zu verarbeiten sind. Doch hier ist Vorsicht geboten, denn die Wortwahl wird stark vom Kontext und vor allem von den Erwartungen der Zuschauer und deren Vorwissen beeinflusst. Bei Dokumentarfilmen und Kunstfilmen beispielsweise ist es nicht immer ratsam, sich für das umgangssprachliche und damit vertrautere Synonym zu entscheiden, da der Zuschauer bestimmte Erwartungen an einen solchen Filmtext hat. (Vgl. u. a. Buhr 2003:97f.)

3.2.3 Länder- und Gruppenspezifik der Lesegeschwindigkeit

Wie schon in Kapitel 2 angerissen, werden OmU-Fassungen in typischen Synchronisations- bzw. Untertitelungsländern vom Publikum unterschiedlich wahrgenommen. Einer Umfrage zufolge empfinden 63 % der befragten Deutschen das Lesen von Untertiteln als schwierig, im Vergleich zu gerade mal 14 % der befragten Holländer. Die Frage, ob das Verständnis eines Films durch Untertitel ausreichend gewährleistet wird, bejahte wiederum die Mehrheit der Befragten aller beteiligten Länder. Daraus lässt sich schließen, dass ein großer Faktor für die Wahrnehmung von Untertiteln letztendlich die Gewohnheit ist. (Vgl. Buhr 2003:120.) Zuschauer aus Untertitelungsländern haben sich die Fähigkeit, Untertitel zu lesen, von klein auf angeeignet und können durch die ständige Präsenz des meist englischen Originals ihre Fremdsprachenkenntnisse soweit verbessern, dass sie auf die Hilfe der Untertitel nur teilweise oder im Extremfall gar nicht angewiesen sind. Sie sind in einem größeren Maße in der Lage, Informationen auch aus dem Originaldialog zu beziehen als Zuschauer aus Synchronisationsländern. Mayoral Asensio (2001:40) macht daher den Vorschlag, die Untertitel und damit auch die Lesegeschwindigkeit noch mehr an bestimmte Zuschauergruppen, in seinem Fall das spanische Publikum, anzupassen. (Vgl. Mayoral Asensio 2001:40ff.)

Aber es gibt unabhängig von dem Aspekt der präferierten Übersetzungsform des einzelnen Landes auch noch weitere Zuschauergruppen, die sich in ihren Bedürfnissen unterscheiden. Ein weiterer Faktor, der nicht nur die Lesegeschwindigkeit des Zuschauers, sondern auch die Wahl der maximalen Zeichenzahl beeinflusst, ist das Medium. Für das Kino können mehr Zeichen pro Zeile verwendet und gegebenenfalls ein flotterer Untertitelrhythmus angeschlagen werden als für das Fernsehen. Das hängt mit mehreren Faktoren (Gegebenheiten der Rezeptionssituation, personenspezifische Faktoren) zusammen: Im Kinosaal ist der Zuschauer konzentrierter, es herrschen meist optimale Licht- und Sichtverhältnisse, die Schrift ist größer und klarer definiert. Der Fernsehzuschauer wird eher abgelenkt, der Bildschirm ist kleiner, die Lichtverhältnisse sind oft nicht optimal und die Untertitel sind häufig nicht besonders klar definiert. Aber vor allem sprechen die beiden Medien unterschiedliche Bevölkerungsgruppen an. Während das Kino vor allem eine Domäne der Jüngeren ist, bedient das Fernsehen alle Bevölkerungsgruppen. Das Fernsehpublikum ist heterogener, was Alter, Herkunft, Beruf und mögliche Einschränkungen des Gehörs, des Sehens und der Lesefähigkeit betrifft. (Vgl. Buhr 2003:99 und Mayoral Asensio 2001:37.)

Aufgrund der genannten Unterschiede ist eine Anpassung der Lesegeschwindigkeit, sowie der Untertitel im Allgemeinen, an bestimmte Gruppen ratsam. Leider weiß man darüber immer noch zu wenig, sodass weitere Studien in diesem Bereich wünschenswert wären (vgl. Bartrina 2004:161). In den europäischen Untertitelungsländern wie z. B. Schweden wird schon heute vermehrt die Lesegeschwindigkeit an die zu erwartende Zielgruppe von Fernsehzuschauern angepasst. Bei Programmen, die beispielweise für eine älteres Publikum gedacht sind, wird die Lesegeschwindigkeit entsprechend der zu erwartenden Leseschwierigkeit aufgrund von Seh- und Hörproblemen sowie einem verlangsamtem Reaktionsvermögen herabgesetzt. (Vgl. Ivarsson 1992:44.) In Deutschland ist eine Differenzierung nach dem zu erwartenden Zielpublikum noch nicht üblich. Das hat auch damit zu tun, dass untertitelte Programme im deutschen Fernsehen immer noch eine Randerscheinung sind (vgl. Buhr 2003:102).

3.2.4 Die Frage der Qualität von Untertiteln

Wie lässt sich feststellen, ob Untertitel von hoher oder minderer Qualität sind? Wie lässt sich Qualität im Rahmen der Untertitelung definieren? Ich möchte zu diesem Thema drei Versuche, das Phänomen zu erfassen, zitieren:

> When our team talks about translation quality, we tend to take the view that quality refers to the total viewer experience and the translation's role in or contribution to it. Consequently, when we assess translation quality, we very often express it in terms of whether or not the translation functions or "works" in its audiovisual context. What we are looking for could also be expressed in terms of functional adequacy, and we sometimes use terms such as optimal and minimal quality, to stress the fact that we are dealing with a relative, not an absolute concept. (Gummerus/Paro 2001:138)

Die Untertitel müssen demzufolge im audiovisuellen Kontext zur Zufriedenheit des Zuschauers funktionieren, dabei bleibt Qualität aber immer relativ, da diese Einheiten schwer zu messen sind.

Ein weiterer Versuch dem Konzept näher zu kommen:

> Ultimately, the aim is to fashion subtitles which are attuned so thoroughly to their audiovisual environment that they appear to "melt" into the total fabric of the programme. By making the linguistic sign as unobtrusive as possible, the very best subtitling seeks to foster the illusion of unmediated comprehension on the part of the viewer. When an audience stops being aware of reading the subtitles, the subtitler has achieved a major goal. In effect, the material substance of the subtitles shrinks and vanishes before our very eyes, leaving only the message." (McCormick 1997:5.) By its very nature, unobtrusiveness is difficult, if not impossible to measure and is thus hardly suitable as a quality standard. Quality in subtitles is not easy to define – its absence is far more noticeable than its presence, as I have illustrated above. (Mueller 2001:147)

Auch hier geht es wieder darum, dass sich die Untertitel möglichst in den audiovisuellen Kontext eingliedern müssen. Mueller zitiert McCormick, der dabei betont, dass die Untertitel das Verstehen und das Erlebnis des Filmsehens in erster Linie nicht stören sollen. Doch inwiefern Untertitel als Störfaktor wahrgenommen werden, lässt sich nur schwer messen.

Der dritte Versuch einer Definition stammt von Gottlieb (2002:192). Er schreibt:

> [Es] sollte die Synthese aus den vier synchron verlaufenden semiotischen Kanälen, also Bild, (nicht-verbaler) Ton, Dialog und Untertitel, mit dem originalen drei-kanaligen Diskurs verglichen werden. [...] Um also die Qualität von Untertiteln beurteilen zu können, muss man untersuchen, bis zu welchem Grad die untertitelte Version als Ganzes die semantische Gestalt des Originals vermitteln kann. (Gottlieb 2002:192)

Gottlieb konkretisiert die vagen Stellungnahmen der vorstehend genannten Definitionsversuche und geht darauf ein, dass dem polysemiotischen Charakter des Mediums Film bei einer Untertitelungskritik Rechnung getragen werden muss. Die Übersetzungsqualität der Untertitelung kann nicht durch einen bloßen Vergleich von Originaldialog und Untertitel beurteilt werden. Aufgrund des polysemiotischen Charakters des Mediums Film ist es notwendig zu untersuchen, wie die Untertitel zum filmischen Ganzen beitragen und dieses unterstützen. Die Übersetzungsqualität muss hoch sein und idiomatischen sowie kulturellen Nuancen Rechnung tragen, gleichzeitig aber muss dem Zuschauer auch genug Zeit zur Verfügung stehen, die Übersetzung lesen zu können.

Oft üben Kinogänger harsche Kritik an Untertiteln. Zuweilen zu Recht, wenn es sich dabei um Rechtschreibfehler, unidiomatische Wendungen und nicht synchrone Einblendung der Untertitel handelt. Oft werden aber auch die Kürzungen in der Übersetzung bemängelt. Gerne wird mit der eigenen Kenntnis der Ausgangssprache aufgetrumpft und behauptet, dass ‚das doch gar nicht gesagt wurde'. Es ist zwar richtig, dass bei der Übersetzung von Untertiteln nie der ganze linguistische Gehalt des Ausgangstextes erhalten bleiben kann, da dies aufgrund der notwendigen Kürzungen unmöglich ist. Aber aufgrund dieser der Untertitelung inhärenten Einschränkungen können die Kürzungen nicht als ‚Übersetzungsfehler' angekreidet werden. Durch die Synchronität von Original und Untertitel wird der Zuschauer dazu verleitet, die Übersetzung ständig zu kontrollieren. Dadurch kann es zu diesen Missmutsäußerungen kommen, die in manchen Fällen vielleicht ihre Berechtigung haben, in den meisten Fällen aber nur darauf zurückzuführen sind, dass der Zuschauer nicht bereit ist, sich auf das Kinoerlebnis einer OmU-Fassung einzulassen. Der Untertitler kann diesem Unmut nur insofern vorbeugen, indem er sich die eingangs genannten Fehler nicht erlaubt und versucht, sich an den oben genannten Definitionsversuchen der Qualität von Untertiteln zu orientieren. Das heißt, er versucht seine Untertitel möglichst in den Gesamtkontext des Films einzubetten und dabei immer den Zuschauer im Blick zu behalten.

3.3 Probleme und Strategien im semiotischen Spannungsfeld

Die bereits beschriebenen Eigenheiten des audiovisuellen Textes und die Beschränkungen der Untertitelung werfen die Frage nach den Strategien auf, die bei der Untertitelung zum Einsatz kommen, sowie den Problemen, mit denen Untertitler konfrontiert werden.

3.3.1 Untertitelungsrelevante Übersetzungsverfahren

Um den optimalen Filmgenuss des Zuschauers zu garantieren, muss der Untertitler eine „korrekte pragmatische, phonemische und semantische Dekodierung des Dialogs" (Gottlieb 2002:203) leisten. Es stellt sich nun die Frage, welche Übersetzungsverfahren bei der Enkodierung der Untertitel Anwendung finden.

Zu den Übersetzungsverfahren zählen laut Schreiber (1998:152f.) lexikalische Entlehnung, lexikalische Ersetzung oder Substitution, lexikalischer Strukturwechsel, Wort-für-Wort-Übersetzung, Permutation, Expansion, Reduktion, intrakategorialer Wechsel, Transposition, Transformation, semantische Entlehnung, Modulation, Explikation/Implikation, Mutation und Hilfsverfahren wie Anmerkungen und Vor- bzw. Nachworte. Aufgrund der beschriebenen Einschränkungen bei der Untertitelung sind nicht alle Verfahren für die Untertitelung gleichermaßen geeignet. Das trifft vor allem auf die Verwendung von Hilfsverfahren zu, die in der Untertitelung nicht eingesetzt werden können. Die Beschränkung der Untertitel auf zwei Zeilen sowie die Orientierung am Lesefluss des Publikums machen diese Verfahren unmöglich. Auch die Explikation, d. h. die „Erhöhung [...] des Explikationsgrades" (Schreiber 1998:152), kann aus den oben genannten Gründen nur in geringem Maße genutzt werden. In Bezug auf die anderen Verfahren kann gesagt werden, dass sie sehr wohl Anwendung in der Untertitelung finden. Dennoch sind es zwei weitere Verfahren, wenn man sie denn so nennen kann, die im Rahmen der Untertitelung die größte Bedeutung haben und im Folgenden beschrieben werden sollen.

Auch wenn eines der von Schreiber genannten Verfahren für eine Übersetzung des Dialogs passend wäre, kommt es oft vor, dass das Verfahren aufgrund der genannten Beschränkungen nicht verwendet werden kann. Der Untertitler muss unablässig entscheiden, was das Zielpublikum an zusätzlichen Informationen benötigt und welche Informationen wegfallen können, da sie entweder für die Handlung nicht wichtig sind oder durch die Bildinformation, d. h. durch das Bild selbst oder das Agieren der Schauspieler inklusive ihrer Mimik, Gestik etc. erklärt werden. Die intersemiotische Redundanz, d. h. die Ergänzung des Untertitelinhalts durch Informationen der anderen Kanäle (vor allem durch das Bild und die prosodischen Eigenschaften des Dialogs) sowie die intrasemiotische Redundanz, die innerhalb des Dialogs abläuft und es dem Zuschauer ermöglicht, aus dem Ausdruck und der Charakterisierung der Sprecher den vollständigen Inhalt des Kommunizierten zu erfassen, spielen bei der Auswahl der zu übersetzenden Textelemente eine große Rolle (vgl. Gottlieb 1994:273, zit. nach Buhr 2003:54). Die textlichen Inhalte müssen komprimiert, paraphrasiert und nicht selten ganz eliminiert werden. Aufgrund der Änderung des Sprachmodus, der technischen und wahrnehmungsbedingten Einschränkungen sowie der Unterschiede zwischen Ausgangs- und Zielsprache, die zu einer Vergrößerung der Textmenge in der Zielsprache führen können, wie es bei der Übertragung vom Englischen ins Deutsche der Fall ist, geht es bei der Übersetzung von Untertiteln in erster Linie um Textreduktion. Der Originaldialog wird meist um 20-40 % reduziert. (Vgl. Gottlieb 2004:87 und Kovačič 1994:245.)

Buhr (2003:56) benennt als die zwei Möglichkeiten der Textreduktion Verdichtung und Auslassung von Textsegmenten. Ivarsson (1992:90f.) gibt in diesem Zusammenhang folgende Einschätzung: „These two processes are undoubtedly the most difficult elements of the art, and mastering them is what distinguishes a good subtitler from a bad one." Es stellt sich die Frage, wie Untertitler entscheiden, was sie weglassen oder kürzen können. Einerseits können Wiederholungen das Verständnis erleichtern, anderseits können Verdichtung und Auslassung auch zu leichterer Verständlichkeit beitragen, denn eine knapp und präzise formulierte Aussage ist leichter zu verstehen und zu verarbeiten als eine lange. (Vgl. Buhr 2003:64.)

Kovačič (1994:245-251) hat als Erste das Prinzip der Relevanz als einen Faktor der Textreduktion bei der Untertitelung angesprochen. Ihr Ansatz basiert auf der Relevanztheorie von Sperber/Wilson (1986), ein kognitiver Ansatz, der Sprache als eine mentale Aktivität sieht, die innerhalb bestimmter kognitiver Schemata abläuft. Wir können kommunizieren, da wir aus dem Verhalten des anderen Schlüsse ziehen können, denn wir erwarten, dass der Sprecher dem Prinzip der Relevanz folgt: „Every act of ostensive communication communicates the presumption of its own optimal relevance" (Sperber/Wilson 1986:158, zit. nach Kovačič 1994:246). Die Relevanz einer Aussage ist immer kontextabhängig. Dabei wird von Sperber/Wilson (1986:15, zit. nach Kovačič 1994:246) der Kontext nicht in linguistischer, sondern in psychologischer Hinsicht als Teilmenge der Annahmen des Hörers über die Welt angesehen. Der Kontext eines Satzes ist die Menge der Prämissen, die für seine Interpretation herangezogen werden. Eine Annahme ist nur dann in einem Kontext relevant, wenn sie einen kontextuellen Effekt in diesem Kontext hat (vgl. Sperber/Wilson 1986:122, zit. nach Kovačič 1994:246). Der Grad der Relevanz wird dadurch bestimmt, wie groß oder klein die kontextuelle Wirkung in diesem Kontext ist (vgl. Sperber/Wilson 1986:125, zit. nach Kovačič 1994:246). Es existieren drei Arten der kontextuellen Wirkung: Die Zunahme der kontextuellen Implikationen, die Stärkung alter Annahmen und das Eliminieren falscher kontextueller Annahmen (vgl. Sperber/Wilson 1986:108-116, zit. nach Kovačič 1994:246). Der Kosten-Nutzen-Faktor spielt nach diesen Ausführungen bei der Relevanz eine große Rolle: Es soll eine möglichst große Wirkung (Nutzen) mit möglichst wenig Verarbeitungsaufwand für den Hörer (Kosten) erreicht werden. Das Ziel bei der Untertitelung ist es, eine möglichst ähnliche oder gleiche kontextuelle Wirkung zu erreichen. Die Entscheidung, welche Teile des Dialogs verdichtet oder ganz weggelassen werden sollen, ist vom Kontext und vom Urteil des Untertitlers abhängig, der die Aussage/Teilaussage interpretiert und Annahmen über das Weltwissen der Zuschauer und ihr durch den Film geliefertes Vorwissen erstellt. (Vgl. Kovačič 1994:245-251.)

3.3.1.1 Textverdichtung und Kürzung

Die Textverdichtung wird durch Paraphrasierung, Zusammenfassung, Umschreibung oder Zusammenziehen zweier Ausdrücke erreicht, ohne dabei den Sinn zu verändern (vgl. Buhr 2003:57f.). Wie diese Kürzungsmanöver im Einzelnen aussehen können, soll im Folgenden kurz aufgeführt werden:

- Die Syntax wird verkürzt (z. B. aus einem temporalen Nebensatz wird eine temporale Präpositonalphrase):
  Wir werden darüber reden, nachdem wir gegessen haben.
  → Wir reden nach dem Essen darüber.
- Die platzraubende Passiv-Konstruktion wird zu Aktiv:
  Das wird von unserem Mitarbeiter erledigt.
  → Unser Mitarbeiter erledigt das.
- Indirekte Fragen werden zu direkten Fragen:
  Ich frage mich, ob Sie es schaffen werden.
  → Werden Sie es schaffen?
- Doppelte Verneinung wird in eine positive Äußerung umgewandelt:
  Ich kann mir nicht vorstellen, dass er nicht lügt.
  → Ich denke, er lügt.
- Eine negative wird zu einer positiven Aussage:
  Wir gingen an einen Ort, an dem wir noch nie waren.
  → Wir gingen an einen neuen Ort.
- Der Sinn wird zusammengefasst:
  Seien Sie mal ehrlich: Ist es unbedingt notwendig, dass Sie das tun?
  → Müssen Sie das unbedingt tun?
- Auslassung bei einer doppelten Verwendung eines Verbs:
  John möchte in Deutschland arbeiten, Bill möchte in Frankreich arbeiten.
  → John möchte in Deutschland arbeiten,
  Bill in Frankreich.
- Indikative pragmatische Fragen werden als einfache Fragen formuliert:
  Ich wüsste gerne, ob du kommst.
  → Kommst du?
- Einfache Imperativ-Sätze anstelle von pragmatischen Fragen im Indikativ:
  Ich möchte, dass du mir meine Schlüssel zurückgibst.
  → Gib mir meine Schlüssel zurück.
- Kohärente Satzaufteilung bei syntaktischem Wirrwarr:
  Dass ein Mann mit langen Haaren kommen würde,

hat mich nicht überrascht.
→ Es hat mich nicht überrascht,
dass ein langhaariger Mann kam.

(Vgl. Ivarsson/Carroll 1998:85-91 und Karamitroglou 1998, Webseite 15.)

Kürzungsverfahren wie die Verwendung des Imperfekts statt des Perfekts und die Ersetzung von Eigennamen durch Pronomina sollten eher sparsam eingesetzt werden. Das Imperfekt gehört eher der gehobenen Schriftsprache an und ist daher stilistisch in Untertiteln nicht unbedingt angemessen, da trotz aller Schriftlichkeit Untertitel Verbalsprache repräsentieren. Die Verwendung von Pronomina erschwert dem Zuschauer die Zuordnung der Sprecher zusätzlich. (Vgl. Buhr 2003:57ff.)

Beim Vereinfachen der Syntax muss darauf geachtet werden, dass es nicht zu inhaltlichen Verschiebungen kommt, die leicht bei solchen Textmanövern entstehen können. Es muss eine Balance zwischen semantischen Aspekten (Erhaltung der semantischen Aussage des Originals), pragmatischen Aspekten (Erhaltung der Funktion des Originals) und stilistischen Aspekten (Erhaltung der stilistischen Eigenheiten des Originals) gefunden werden (vgl. Karamitroglou 1998, Webseite 15).

Verdichtung kann nicht nur innerhalb eines Untertitels angewandt werden. Auch über die Grenze eines einzelnen Untertitels hinaus kann eine Aussage komprimiert werden. Dazu gehören Frage und Antwort in einem Dialog. Sie sollten möglichst in einem Untertitel erscheinen. Das Frage-Antwort-Spiel in kurzen Dialogen kann unter Umständen zusammengezogen werden, wie man in diesem Beispiel gut sehen kann:

„Sie wohnen in Leipzig?“ – „Ja.“
„Wohnen Sie schon lange hier?“– „Ja.“
„Gefällt es Ihnen hier?“ – „Ja.“
„Das freut mich zu hören.“

Um die Information in dieser Form auszudrücken, wären mindestens vier Untertitel notwendig, wobei es höchstwahrscheinlich zu Problemen mit etwaigen Schnitten, sowie der bevorzugten Pyramidenform kommen würde (siehe dazu auch 4.2.2.2). Daher ist es von Vorteil, diese Information auf zwei Zweizeiler zu verteilen:

Sie wohnen schon lange in Leipzig.
Gefällt es Ihnen hier?

Ja.
- Das freut mich zu hören.

Generell lässt sich über die Dialogkomprimierung sagen, dass sie einen größeren Eingriff in den Text bedeutet als eine reine Auslassung. Erstens kann eine starke Komprimierung für Zuschauer, die der Originalsprache mächtig sind, verwirrend sein, zweitens besteht immer die Gefahr, dass der Untertitler beim nötigen Interpretationsvorgang die falschen Schlüsse zieht. (Vgl. Buhr 2003:60 und siehe auch Ivarsson/Carroll 1998:93-96.)

3.3.1.2 Auslassung

Die radikalste Form der Textverkürzungsstrategien ist die Auslassung. Wie vorstehend bereits ausgeführt, ist es nicht ratsam, alles, was gesagt wird, in einen Untertitel zu packen, auch wenn die räumlichen und zeitlichen Parameter es zulassen. Denn so bleibt den Zuschauern umso weniger Zeit, auch die Informationen der anderen Kommunikationskanäle aufzunehmen. Die Auslassung ist demzufolge kein unumgängliches Übel, sondern eine Notwendigkeit, um das Filmverstehen und den Filmgenuss des Zuschauers zu erhöhen. Andererseits sollten nur dann Sätze und Satzteile eliminiert werden, wenn der Zuschauer durch das Fehlen dieses Satzes bzw. Satzteils nicht verwirrt oder die Charakterfärbung der Figuren verfälscht wird.

Die gesprochene Sprache ist voller Füllmaterial (siehe auch 3.1.4). Sprecher wiederholen sich, nutzen Füllwörter wie ‚ich denke', ‚äh' und ‚hm'. Diese typischen Elemente bieten sich gut für die Auslassung an, solange sie nicht sinntragende Funktion haben oder der Sprecher durch sie charakterisiert wird. Dann wäre es unter Umständen angebracht, wenigstens einen Teil dieser Elemente auch mit in die Untertitel aufzunehmen. Gerade in Dokumentarfilmen sind die Sprecher häufig rhetorisch nur wenig versiert und ihre Sprache lässt oft keine Struktur erkennen. Dies sollte nicht übernommen, sondern es sollte das Wesentliche herausgefiltert werden, solange die Charakterisierung, die durch die Art des Vortrags zum Ausdruck kommt, nicht für den Inhalt wichtig ist. Weitere Elemente, die dazu geeignet sind, dem Rotstift zum Opfer zu fallen, sind tautologische Steigerungsadjektive bzw. –adverbien (z. B. ‚riesengroß') sowie Aufzählungen. Begrüßungsformeln wie ‚hallo' und kurze Antworten wie ‚okay', ‚ja' und ‚nein' können auch weggelassen werden, aber nur wenn sie klar verständlich sind und es sich dabei nicht um umgangssprachliche Abwandlungen (wie z. B. ‚okey-dokey') handelt. Linguistische Einheiten, die von den Zuschauern leicht erkannt und verstanden werden, sollten erhalten bleiben, da psychologische Untersuchungen zum Sehen gezeigt haben, dass der Zuschauer sie durch das Gehör aufnimmt und dann auch im Untertitel erwartet. Durch die gleichzeitige Präsenz von Original und Übersetzung kontrolliert der Zuschauer unbewusst unablässig die ‚Richtigkeit' der Übersetzung. Daher sollten Eigennamen wie Los Angeles oder Lehnwörter, die unter Umständen aus einer dritten Sprache in die beiden relevanten Sprachen übernommen worden sind, wie beispielsweise ‚Mathematik', in den Untertiteln unverändert erscheinen. Bei den Namen der Hauptcharaktere ist die Nennung nur zur Orientierung am Anfang wichtig. Später kann je nach Bedarf auf die Nennung verzichtet werden. Abhängig von der Einschätzung des Untertitlers gilt: Je vertrauter die Sprache dem Zuschauer ist, desto mehr kann weggelassen werden. Je fremder die Sprache dem Zuschauer ist, d. h. je mehr er von der Übersetzung als Verständnishilfe abhängig ist, desto weniger kann weggelassen werden. Bei dem Zuschauer weniger geläufigen Sprachen gilt die Faustregel: Wird etwas gesagt, gibt es auch einen Untertitel. Sonst könnte beim Zuschauer der Eindruck erweckt werden, ihm werde etwas vorenthalten. (Vgl. Buhr 2003:61ff. und Karamitroglou 1998, Webseite 15.)

Unter die Rubrik ‚Untertiteln oder nicht?' fällt auch Schrift im Film. Bei Schrift im Film wird zwischen Einblendungen, d. h. Schrift, die Teil des Films ist (z. B. Briefe, Straßenschilder), und Bauchbinden, d. h. Schrift, die später ähnlich wie Untertitel dem Film hinzugefügt wurde (z. B. Angaben über Name und Beruf des Interviewpartners), unterschieden. Die Entscheidung, ob Einblendungen untertitelt werden, hängt davon ab, ob sie für die Handlung wichtig sind. Bauchbinden müssen meist untertitelt werden, außer sie sind auch ohne Übersetzung verständlich. Es ist möglich, die Untertitel vom unteren Bildrand zu versetzen, um so beide Informationen lesen zu können, auch wenn für eine nicht untertitelte Einblendung oder Bauchbinde keine gesonderte Lesezeit miteinberechnet wird. Die Übersetzung von Schrift im Film wird durch Versalien markiert. Der Untertitel sollte möglichst gleichzeitig mit der Schrift ein- und ausgeblendet werden, es sei denn, es kommt zu Überlappungen zwischen Schrift und Dialog.

Lieder fallen auch in die oben genannte Rubrik. In Deutschland werden Lieder nur untertitelt, wenn sie für den Inhalt des Films relevant sind und der Auftraggeber ihre Untertitelung explizit fordert. Der Liedtext wird kursiv gesetzt, um ihn optisch vom Dialog abzusetzen. (Vgl. Ivarsson/Carroll 1998:97 und Buhr 2003:87f.)

3.3.2 Untertitelungsrelevante Übersetzungsprobleme

Nord (1989:115, zit. nach Stolze 19972:214) unterscheidet vier Kategorien von Übersetzungsproblemen. Zum einen sind da die ausgangstextspezifischen Übersetzungsprobleme zu nennen, z. B. individuelle Stil- oder Ausdrucksmittel oder Mittel der inhaltlichen Gestaltung, die nicht verallgemeinerbar sind. Zum anderen gibt es pragmatische Übersetzungsprobleme, die unabhängig vom Kulturpaar vorhanden sind, wie beispielsweise die Übertragung von Zitaten, kulturspezifischen Anspielungen, Metaphern, Präsuppositionen (Empfängerbezug) und Deixis (Ort-, Zeitbezug). Drittens wird der Übersetzer mit kulturpaarspezifischen Übersetzungsproblemen konfrontiert, bei denen es sich in erster Linie um Probleme handelt, die sich aus verschiedenen Textsortenkonventionen ergeben. Und viertens sind sprachenpaarspezifische Übersetzungsprobleme zu nennen, die textinterne Faktoren wie Lexis, Syntax und suprasegmentale Merkmale (wie z. B. Eigennamen, Konnotationen, Wortbildung, Attributierung, Fokussierung) betreffen.

Prinzipiell können alle diese Übersetzungsprobleme auch bei der Untertitelung auftreten. Aber dennoch gestaltet sich die Lösung dieser Probleme bei der Untertitelung unter Umständen schwieriger, da die genannten filminhärenten Beschränkungen der Untertitelung als das Chili in der Übersetzungsproblemsuppe wirken. Gerade die Übertragung von Dialekten und Akzenten, die ein altes Problem bei der Dialogübersetzung in Romanen und Theaterstücken darstellt, ist auch der Filmdialogübersetzung nicht fremd. Des Weiteren ist es die Übersetzung von Metaphern, Wortspielen, Humor und kulturspezifischen Phänomenen, die den Untertitler am meisten ins Schwitzen bringt und die daher eingehender betrachtet werden soll. Außerdem stellen sich dem Untertitler Probleme bei der Übertragung der interpersonalen Dynamik, die aufgrund der notwendigen Kürzung bei der Untertitelung in Mitleidenschaft gezogen werden kann. (Vgl. auch Zabalbeascoa 2001:52.)

3.3.2.1 Kulturspezifische Phänomene

Nord definiert kulturspezifische Phänomene wie folgt:

> A social phenomenon of a culture A that is regarded as relevant by the members of this culture and, when compared with a corresponding social phenomenon in a culture B, is found to be specific to culture A. (Nord 1997:137.)

Da kulturspezifische Phänomene Teil einer bestimmten Kultur sind, können sie nicht ohne weiteres in eine andere Kultur übertragen werden. Das Ziel ist nicht eine genaue Entsprechung, sondern eine Lösung zu finden, die möglichst präzise beschreibt, was implizit gemeint ist. Reid (1987:29f.) gibt dafür ein sehr gutes Beispiel: Eine ‚public school' ist ein kulturspezifisches Konstrukt, für das sich im Deutschen keine Entsprechung finden lässt, die alle damit ausgedrückten Konnotationen trägt. Die wichtigste Frage, die sich der Untertitler stellen muss, lautet: Welcher Teilaspekt des kulturspezifischen Konstrukts ‚public school' ist im aktuellen Kontext der wichtigste? Wenn mit ‚public school' erklärt werden soll, warum eine Person sich in höheren Kreisen bewegt, wäre ‚Privatschule' eine adäquate Entsprechung. Soll der Aspekt hervorgehoben werden, dass er als Teenager kaum seine Eltern gesehen hat, wäre ‚Internat' die richtige Wahl. Soll erklärt werden, warum er im Umgang mit Frauen Schwierigkeiten hat, wäre ‚reine Jungenschule' angebracht. Wenn davon ausgegangen werden kann, dass dem Zielpublikum die Bedeutung von ‚public school' zur Genüge bewusst ist, da es sich z. B. um einen Dokumentarfilm handelt und der Begriff bereits erklärt wurde, kann ‚Public School' als Entlehnung übernommen werden. Letztendlich entscheidet demzufolge der Kontext, zu dem auch das vom Untertitler vermutete Vorwissen der Zuschauer zählt, über die Übersetzung. (Vgl. Reid 1987:29f.)

Karamitroglou (1998, Webseite 15) nennt fünf Übersetzungsverfahren, die für die Übersetzung von kulturspezifischen Elementen verwendet werden können: kultureller Transfer, Transposition, Transposition mit Erklärung, Neutralisation (einfache Erklärung) und Auslassung. Er erläutert diese Strategien am Beispiel ‚10 Downing Street'. Beim kulturellen Transfer wird dieses kulturspezifische Phänomen beispielsweise durch ‚Kanzleramt' ersetzt. Bei der Transposition wird ‚10 Downing Street' übernommen. Bei der Transposition mit Erklärung folgt auf die Nennung eine Erklärung, z. B. ‚10 Downing Street, der Sitz des Premierministers'. Bei der Neutralisation wird es als ‚Premierminister' übertragen. Die Wahl einer dieser Strategien hängt vom kulturspezifischen Element und der kontextuellen, linguistischen oder audiovisuellen Situation ab, in die es eingebettet ist. Zu bedenken ist dabei, dass Untertitel nur selten Platz für Erläuterungen bieten. Aber in diesem Fall kommt unter Umständen dem Untertitler auch der außersprachliche Kontext zur Hilfe. (Vgl. Karamitroglou 1998, Webseite 15.) Wendet man diese fünf Übersetzungstechniken auf Reids vorstehend genanntes Beispiel an, handelt es sich bei den ersten drei Lösungsvorschlägen um kulturellen Transfer, beim letzten Vorschlag um eine Transposition. Bei Kulturspezifika ist der Untertitler noch mehr als sonst auf ein profundes Wissen über Ausgangs- und Zielkultur angewiesen, um adäquate Übersetzungsentscheidungen zu treffen. Für Europa kann davon ausgegangen werden, dass ein größerer gemeinsamer Kulturschatz und eine größeres Wissen über andere europäische Länder unter dem Publikum vorherrscht (z. B. Schiller, Boris Becker), als dies bei einer Untertitelung für ein außereuropäisches Publikum der Fall ist. Damit wird die Arbeit des Untertitlers in dieser Hinsicht erleichtert. (Vgl. Buhr 2003:81f.)

3.3.2.2 Dialekt, Slang, Akzente und Kraftausdrücke

Dialekte, Slang und Akzente oder gebrochene Sprache sagen viel über den sozialen Status und die regionale Herkunft des Sprechers aus. Im Film sind sie Mittel der Charakterisierung der Figuren.

> The job of the translator is to find the corresponding word, the word that carries the same social charge, the same connotations, the word that reflects the same characteristics of the speaker. [...] This is not just variety for the sake of variety. A character is born into and out of his vocabulary. (Whitman 2001:155)

Für Dialekte gibt es keine Äquivalente in anderen Sprachen. Vergleicht man beispielsweise deutsche und britische Dialekte, zeigt sich, dass sie unterschiedliche Konnotationen haben. In Deutschland stehen Dialekte für eine Herkunft aus ländlichen Gegenden oder für ein starkes Zugehörigkeitsgefühl zu einer bestimmten Region oder Stadt. Deutsche Dialekte haben demnach eine starke geographische Komponente. In Großbritannien werden Dialekte viel stärker mit Klassenzugehörigkeit in Zusammenhang gebracht. Ein Sprecher mit ausgeprägtem Dialekt wird der Arbeiterklasse zugeordnet und hat geringere Aufstiegschancen in der Gesellschaft. Britische Dialekte haben demnach eine starke soziale Komponente. Die unterschiedlichen Konnotationen, die durch Dialekte bei Deutschen und Briten hervorgerufen werden, machen die Ersetzung eines britischen durch einen deutschen Dialekt in der Übersetzung heikel. In der Synchronisation finden sich Beispiele für Versuche, die in diese Richtung gehen. Ein Erfolg wie die Ersetzung des Cockney in MY FAIR LADY (USA 1964) durch das Berlinerische ist eher selten. Die Ersetzung des britischen Dialekts durch einen deutschen ist fast schon zwingend notwendig, da sonst die ganze Geschichte, die vor allem auf der sprachlichen Verwandlung der Blumenverkäuferin Eliza Doolittle in eine Dame von Welt beruht, in sich zusammenfällt. Auch wenn diese Art der Umsetzung ein großer Publikumserfolg war und als gelungen betrachtet werden kann, gilt es doch zu bemerken, dass der starken sozialen Komponente des britischen Dialekts auf diese Weise nicht Rechnung getragen wurde. Eine phonetische Wiedergabe des Dialekts in den Untertiteln (z. B. ‚Was hasch denn?') ist nicht ratsam, da Untertitel der geschriebenen Sprache angehören und dadurch der Zuschauer Erwartungen an die grammatikalische und orthographische Korrektheit der Untertitel hat. Eine solche Wiedergabe würde entweder nicht verstanden oder dem Untertitler als Fehler angekreidet werden. Gallagher (1998:16, zit. nach Buhr 2003:73) nennt drei Möglichkeiten der Dialektübersetzung: Die erste Möglichkeit besteht darin, den Dialekt in normale Umgangssprache zu übersetzen und das Vorgehen in einer Anmerkung zu rechtfertigen. Zweitens kann versucht werden, funktionale Äquivalenz herzustellen, indem „unauffällige Zusätze, normwidrige Elisionen und populär markierte Lexeme in den Dialogen" (Gallagher 1998:16, zit. nach Buhr 2003:73) integriert werden. Drittens kann der Schauplatz der Handlung verlegt werden. Alle drei Möglichkeiten sind bei der Untertitelung nicht oder nur begrenzt einsetzbar. Eigentlich lässt sich nur die zweite Möglichkeit in Betracht ziehen, solange es Kontext und Timing erlauben. Meist kann Dialekt demnach nur durch eine umgangssprachlich gefärbte Sprache wiedergegeben werden. Es besteht dabei aber immer die Gefahr unbeabsichtigter Assoziationen. Der Untertitler muss genau überprüfen, was durch eine Sprachvariante ausgedrückt wird. Wenn der Dialekt zum sinntragenden Element wird, reicht es nicht aus, Umgangssprache zu verwenden, wie man an dem Beispiel von Herbst (1994:105f.) sehen kann: Eine junge Frau in Nordirland, deren Mann verhaftet wurde, beklagt sich bei einem Freund, dass ihr Mann sein Versprechen gebrochen hatte, nicht der IRA beizutreten. Durch ihren Dialekt erfährt der ausgangssprachliche Zuschauer sofort, dass sie Britin ist. Diese Information ist für das Verständnis der Handlung und die Tragweite, die das Handeln ihres Mannes für die Frau hat, von immenser Wichtigkeit. Wird kein Versuch in den Untertiteln unternommen, diese Tatsache zu vermitteln, erfährt der zielsprachliche Zuschauer diese wichtige Information erst 20 Minuten später. In diesem Fall wäre es angebracht, die Information, die der Muttersprachler durch den Dialekt erhält, in den Untertiteln einfließen zu lassen. Beispielsweise durch einen Untertitel, der mit einem ‚Du als Engländerin...' beginnt. (Vgl. Buhr 2003:71ff.)

Slang markiert die Zugehörigkeit zu bestimmten Gruppen. Grundsätzlich ist die Übertragung möglich, da es in der Ausgangs- sowie der Zielsprache durch Slang definierte sprachliche Untergruppen gibt, die als *tertium comparationis* dienen können. Aber auch bei Slang ist die Zuordnung zu einzelnen Gruppen nicht eins zu eins möglich. Aus diesem Grund gilt für die Wiedergabe von Slang das Gleiche wie für die Wiedergabe von Dialekt. Es sollte versucht werden, durch nicht regional gefärbte Umgangssprache Wirkungsäquivalenz zu erreichen. Um Dialekt oder Slang darzustellen, können auch enklitische Formen verwendet werden, wie z. B. ‚Ich geh', ‚Ich hab's', ‚Hast du's'. Aber bei Slang stellt sich die Frage, ob eine Äquivalenz auf sprachlicher Ebene wirklich notwendig ist, da die Zugehörigkeit zu einem bestimmten Milieu und der dazugehörigen Sprache auch durch außersprachliche Mittel (z. B. Kleidung) ausgedrückt wird. (Vgl. Buhr 2003:111f.)

Akzente und gebrochene Sprache sollten in der Regel nicht in den Untertiteln wiedergegeben werden, es sei denn, das Element ist für die Handlung wichtig. Dann können Akzente bis zu einem gewissen Grad in den Untertiteln imitiert werden, solange die Verständlichkeit der Untertitel noch gewährleistet werden kann. Es sollten nur gerade so viele ‚Fehler' wie nötig integriert werden, um darzustellen, dass nicht fehlerfrei gesprochen wird. Die Lesbarkeit und Verständlichkeit der Untertitel dürfen dabei nicht beeinträchtigt werden. Bei allen Versuchen, Dialekt zu übersetzen, muss aber auch bedacht werden, dass dem Untertitler teilweise die Fremdsprachenkenntnisse der Zuschauer zu Hilfe kommen. Zumindest für das Englische lässt sich behaupten, dass die Zuschauer erkennen können, wann Hochsprache, Dialekt oder Slang gesprochen wird. Und sei es nur dadurch, dass sie den Dialog nicht verstehen können, obwohl sie doch eigentlich von sich denken, die Ausgangssprache ausreichend zu beherrschen. Verständigungsschwierigkeiten, wie sie durch gebrochene Sprache oder ähnliches entstehen können, werden auch oft aus dem Kontext ersichtlich. (Vgl. Buhr 2003:70-112 und Whitman 2001:152-155.)

Kraftausdrücke und Obszönitäten wirken in geschriebener Form deutlich drastischer als in gesprochener Form. Ein möglicher Grund hierfür ist, dass gesprochene Sprache einen flüchtigeren Eindruck hinterlässt als das geschriebene Wort. Ein weiterer möglicher Grund sind die strikteren Normen der Schriftsprache, gegen die der Gebrauch von Schimpfwörtern verstößt. Bei der Übersetzung von Kraftausdrücken sollte dieser unterschiedlichen Wahrnehmung Rechnung getragen werden. Tendenziell werden aber heute auch vermehrt deftige Schimpfwörter in Untertiteln gebraucht, was sicher mit einem Wandel der Akzeptanz in der Gesellschaft zu tun hat. Wie weit man dabei gehen darf, gibt in Untertitelungskreisen häufig Anlass zu regen Diskussionen. (Vgl. Ivarsson/Carroll 1998:126f. und Buhr 2003:113f.)

3.3.2.3 Humor und Wortspiele

Humor ist ein wichtiger Bestandteil vieler Filme, schließlich ist Unterhaltung eine der wichtigsten Aufgaben des Mediums. Da die OmU-Fassung möglichst die gleiche Wirkung wie das Original erzielen sollte, ist es wichtig, humorvolle Elemente wie beispielsweise Wortspiele in der Übersetzung zu erhalten. Das ist mitunter keine einfache Aufgabe, denn wie Gottlieb (1997:211) bemerkt, besteht eine Diskrepanz zwischen den beiden Rezipientengruppen und eine weitere zwischen den verschiedenen Formen der Rezeption. Die eine Gruppe hört den Dialog in ihrer Muttersprache, die andere Gruppe liest den Dialog in ihrer Muttersprache, während sie gleichzeitig den Originaldialog hört. In Zusammenhang mit der Übersetzung von Wortspielen und damit von Humor spricht Gottlieb (1997:216) von drei Faktoren, die für die Einbuße bei der Übersetzung von Wortspielen, und bei Übersetzungen im Allgemeinen, verantwortlich sind. Zum einen sind die medienspezifischen Einschränkungen zu nennen, die schon in den vorangegangenen Kapiteln beschrieben wurden, zum anderen die sprachspezifischen Einschränkungen und diejenigen, welche durch menschliches Unvermögen entstehen. Der Untertitler muss die Komik der Situation analysieren, um trotz der genannten Einschränkungen eine befriedigende Lösung zu finden. Er muss sich fragen, worauf die Komik basiert und ob das Zielpublikum die Anspielungen verstehen kann. Beruht ein Wortspiel auf Homophonie, Homonymie, Doppeldeutigkeit oder einem Versprecher? Bezieht sich der Witz auf die Filmhandlung? Auf die Geste eines Schauspielers oder auf etwas, das im Bild zu sehen ist? Was muss in der Zielsprache nachgebildet werden, um eine ähnliche komische Wirkung zu erreichen? Es muss also das kontextuelle polysemiotische Umfeld betrachtet werden. (Vgl. Whitman 2001:143.) Demzufolge muss analysiert werden, ob sich das Wortspiel auf textinterne oder auf textexterne Einheiten bezieht. Textinterne Elemente bezeichnen alles, was auf der Leinwand gesagt oder gezeigt wird. Textexterne Elemente bezieht sich auf das Wissen der Zuschauer über Berühmtheiten, das gesellschaftliche Leben, kulturelle Institutionen und ähnliches, demnach auf Wissen, das die Zuschauer schon vor dem Film hatten. (Vgl. Gottlieb 1997:209f.)

Im Folgenden sollen einige Phänomene betrachtet werden, die im Allgemeinen zur Erzeugung von Humor genutzt werden. Das wichtigste Beispiel sind in diesem Rahmen Wortspiele. Gottlieb (1997:209) definiert Wortspiele nach Grassegger (1985:43) wie folgt: "Utterances using wordplay are seen as form-based texts, where the recreation of formal and stylistic features is more important than rendering their content in case of conflicts in translation." Die Doppeldeutigkeit ist beim Wortspiel ein wichtiges Konzept: Bei vertikalen Wortspielen sind für den Zuschauer oder Leser beide Bedeutungen auf den ersten Blick klar, bei horizontalen Wortspielen wird die zweite Bedeutung durch die Wiederholung in einem anderen Kontext offenbart bzw. verdeutlicht. Gottlieb (1997:210) unterscheidet zwischen mehreren Formen des Wortspiels: Homonymie auf lexikalischer, kollokativer und phrasaler Ebene, Homophonie, Homographie und Paronomasie. Es gibt mehrere Möglichkeiten, ein Wortspiel in einer Untertitelversion wiederzugeben: Einmal wörtlich, mit dem oder ohne den gewünschten komischen Effekt; an die zielsprachlichen Zuschauer angepasst, um die Komik zu erhalten; ersetzt durch einen Scherz, dem kein Wortspiel zugrunde liegt; gar nicht übersetzt und anstelle eines Wortspiels andere Elemente des Dialogs übersetzt oder an einer anderen Textstelle eingesetzt, an der die Zielsprache ein Wortspiel zulässt. (Vgl. Gottlieb 1997:209f.)

Ein weiteres humoristisches Mittel sind verdrehte Redewendungen, wie z. B. wenn die kleine Maus zur Katze in STUART LITTLE (USA 1999) sagt: "I think we got off on the wrong paw." Häufig werden in solchen verdrehten Redewendungen kulturspezifische Referenzen genutzt. Whitman nennt als Beispiel eine Textzeile aus THE BIRDCAGE (USA 1996): "We are in Enquirer heaven." Die eigentliche Redewendung lautet: "I'm in pig heaven." Damit wird ausgedrückt, dass man nicht glücklicher sein könnte. Die Vermischung dieser Redewendung mit dem Enquirer, einem amerikanischen Skandalblatt, kommt durch die deutsche Übersetzung „Wir sind im siebten Skandalhimmel." optimal zum Ausdruck. (Vgl. Whitman 2001:148f.)

Vor ähnliche Schwierigkeiten wird der Untertitler gestellt, wenn z. B. Vergleiche mit berühmten Persönlichkeiten gezogen werden, die nur in der Ausgangskultur ausreichend bekannt sind und deren Nennung damit in der Zielkultur keinerlei, schon gar keine komische, Wirkung hat. In diesem Fall sollte sich der Untertitler aber dennoch nicht zu weit von der Ausgangskultur entfernen. Es sollte keine Person als Äquivalent gewählt werden, von der der Zuschauer annehmen muss, dass sie in der Ausgangskultur unbekannt ist. Spricht der Protagonist in einem amerikanischen Film plötzlich von Stefan Raab anstatt von Jay Leno, wird der Zuschauer möglicherweise zu sehr aus dem amerikanischen Kontext des Films herausgerissen und die Illusion des Films zerstört. (Vgl. Whitman 2001:147f.)

Weitere Hürden für die Übersetzung von Humor im filmischen Kontext sind außersprachliche Filmelemente, die über den auditiven oder den visuellen Kanal übertragen werden. Zum einen sind das Scherze, die sich auf Bildinformationen beziehen oder mit ihnen gekoppelt sind. Wie soll das Sprichwort ‚It's raining cats and dogs.' übersetzt werden, wenn es zusätzlich zum Sprichwort eine bildliche Darstellung gibt, aus der die Komik entsteht (so geschehen in: MONTY PYTHON'S FLYING CIRCUS)? Ähnlich verhält sich die Problematik mit Akzenten (siehe 3.3.2.2), durch die Komik übermittelt wird und die, wie zuvor besprochen, nicht im Untertitel wiedergegeben werden können. Die Lösung in diesem Fall ist eine Veränderung des Textes, um den gleichen Effekt wie beim Ausgangspublikum durch den paralinguistischen Effekt des Akzents zu erreichen. (Vgl. Whitman 2001:151ff.)

Dieses Thema lässt sich treffend mit Whitmans (2001:149) Worten abschließen: "We should remember that the audience's reaction to a funny line is far more important than any literal fidelity to the original sense."

3.3.2.4 Interpersonale Dynamik

Als letztes Beispiel für eine besondere Problematik bei der Untertitelung soll das Problem der Übersetzung von interpersonaler Dynamik, die durch linguistische Mittel ausgedrückt wird, beschrieben werden. Unter interpersonaler Dynamik wird die Beziehung der Menschen zueinander verstanden. Mit Hilfe nonverbaler und verbaler Kommunikation handeln Personen ihr Verhältnis zueinander aus: Dabei geht es u.a. um Machtverhältnisse, Zuneigung/Abneigung und Nähe. Diese Dynamik wird einerseits über Gestik, Mimik, Handlungen usw. dargestellt, andererseits durch linguistische Mittel erzeugt. Bei der Untertitelung muss gekürzt werden und oft fallen dabei interpersonale Marker den Textkürzungen zum Opfer. Dadurch kann es zu Verschiebungen in der Charakterdarstellung und damit auch zur Veränderung der interpersonalen Dynamik kommen. Der Untertitler muss sich also pragmatische Fragen stellen, um herauszufinden, ob die Zuschauer die unausgesprochenen beabsichtigten Bedeutungen verstehen können.

Die Zuschauer nehmen in einem konstanten Prozess den Untertiteltext zusammen mit den audiovisuellen Informationen auf. Dazu gehören auch die paralinguistischen, kinesischen und proxemischen Eigenheiten der Charaktere sowie das Bewusstsein über den fiktionalen Kontext. Das Aushandeln der interpersonalen Dynamik geschieht über ganze Filmsequenzen, nicht über einzelne Dialogteile. Daher sollte eine ganze Sequenz betrachtet werden, um zu erkennen, ob die interpersonale Dynamik beibehalten werden konnte. Masons Hypothese (2001:26) sieht folgendermaßen aus: Wenn ein gutes intersemiotisches Paar gefunden wurde, ist die Verarbeitungslast zu handhaben. Wenn das Paar problematisch ist, wird auch die Verarbeitung schwierig, da die kognitiven Aufgaben, die gleichzeitig ausgeführt werden müssen, Überhand nehmen. Inwiefern die Zuschauer hinsichtlich der interpersonalen Dynamik tatsächlich vollen Nutzen aus allen semiotischen Kanälen ziehen können, wurde noch zu wenig untersucht. Es ist aber anzunehmen, dass bei Sprachen wie z. B. Englisch, Spanisch und Deutsch, die einige nonverbale Eigenheiten teilen, die Sprecher dieser Sprachen in der Lage sind, Bedeutung aus diesen Elementen zu ziehen. (Vgl. Mason 2001:21-30.)

Hatim/Mason (1997:78-96) haben einen Aspekt der interpersonalen Dynamik, der oft bei der Untertitelung unter den Tisch fällt und zu inhaltlichen Verschiebungen führen kann, eingehender untersucht. Dabei handelt es sich um die Höflichkeit als Ausdrucksmittel einer Beziehung. Der Grad der Höflichkeit zeigt an, wie nah sich zwei Menschen stehen und wie sie sich hierarchisch zueinander in Bezug setzen. Als Beispiel für interpersonale Markierungen der Höflichkeit dienen in Sprachen wie Französisch und Deutsch bestimmte Pronomen (tú/vous, Sie/du), die die Beziehung zwischen Personen deutlich machen. Wird nun beispielsweise aus einer Sprache, die solche Pronomen nicht kennt, wie das Englische, ins Deutsche übersetzt, sieht sich der Untertitler vor dem Problem, wie die Anrede in der Zielsprache wiederzugeben ist. Im Englischen gibt der Gebrauch von Titeln (z. B. Sir) oder die Anrede mit Vor- oder Nachnamen Aufschluss über den Grad der Vertrautheit. Doch wenn sich zwei Menschen im Verlauf einer Geschichte näher kommen, sich beispielsweise eine Affäre anbahnt, wird die Entscheidung schwieriger. Wann soll zum ‚du' übergegangen werden, wenn dieser Übergang im Originaldialog nicht explizit gemacht wird, da er ja auch keine Relevanz für diese Sprache hat? Diese Entscheidung liegt allein in der Intuition und dem Ermessen des Untertitlers, der sich in die Filmsituation einfühlen muss. (Vgl. Hatim/Mason 1997:78-96 sowie Buhr 2003:82.)

4 Praktische Aspekte der Untertitelung

> *„The attempt to achieve perfect subtitling*
> *has some affinity to the search for the Holy Grail."*
> *(Baker/Lambourne 1982:7, zit. nach Luyken 1991:41)*

Nachdem im vorangegangenen Kapitel die theoretischen Aspekte der Untertitelung besprochen wurden, gilt es nun, einen Blick auf die praktischen Seiten zu werfen. Die Untertitelung hat eine ausgeprägte technische Seite, mit der Untertitler täglich konfrontiert werden und mit der sie umzugehen imstande sein müssen. Aus diesem Grund soll in diesem Kapitel die Technik der Untertitelung eingehend betrachtet werden. Des Weiteren werden die einzelnen Arbeitsschritte beleuchtet sowie Formfragen, Regeln und Gebote erläutert. Es existiert keine international anerkannte Norm für die Untertitelung. Alle Regeln und Richtlinien beruhen auf Erfahrungswerten, vereinzelt auch auf Studien. Inwieweit sie von Untertitelungsfirmen eingehalten werden, hängt von deren Ermessen ab. Der erste Versuch, ein Regelwerk zu erstellen, wurde 1987 auf der Konferenz der European Broadcasting Union (EBU) in Stockholm unternommen (vgl. Ivarsson/Carroll 1998:160 und EBU 1987:31). Dabei handelte es sich um einen Vorschlag zur Standardisierung des Untertitelungsprozesses für das Fernsehen, wobei es hauptsächlich darum ging, festzulegen, was die Auftraggeber den Untertitelungsfirmen an Arbeitsmaterial zur Verfügung stellen sollten. 1991 wurde eine EBU-Richtlinie veröffentlicht, die zur Standardisierung der Dateiformate führte (vgl. Waters 1991:3). Die Einhaltung dieser EBU-Normen wird von manchen Sendern, wie beispielsweise ARTE, verlangt. Doch die Reglementierung, die in diesem Rahmen verlangt wird, bezieht sich mehr auf technische Aspekte, wie die Datei- und Videoformate, die den Untertitelungsfirmen von den Auftraggebern zur Verfügung zu stellen sind. Der aktuellste Versuch eines internationalen Standards, der sich stärker auf Richtlinien zur Erstellung von Untertiteln bezieht, wurde 1998 von Fotios Karamitroglou in Angriff genommen.

Bei den Beispielfilmen habe ich mich an die Richtlinien gehalten, wie sie bei SUBS GbR angelegt werden. In diesem Kapitel sollen die Richtlinien verschiedener deutscher Firmen diskutiert werden. Ich beziehe mich in diesem Kapitel auf Mary Carrolls und Jan Ivarssons praxisorientierten Leitfaden *Subtitling* (1998), auf das Buch der Lehmann-Mitarbeiterin Vanadis Buhr *Untertitel – Handwerk und Kunst* (2003) und auf die Erfahrungen, die ich bei meinen beiden Praktika und als freiberufliche Untertitlerin sammeln konnte.

Des Weiteren wird in diesem Kapitel auf die Anforderungen an Untertitler, ihre Auftraggeber und ihre Rechte eingegangen.

Um den Prozess der Untertitelung im Ganzen darzustellen, wird abschließend auf die Verfahren eingegangen, die heute bei den unterschiedlichen Medien zur Fixierung der Untertitel zur Anwendung kommen.

4.1 Der Untertitelungsarbeitsplatz

4.1.1 Technische Ausstattung: Hardware

Ein gewisses technisches Verständnis ist zur Erstellung qualitativ hochwertiger Untertitel unbedingt notwendig. Wie schon in Kapitel 2 erwähnt, werden seit den 1980er Jahren Untertitel in der Regel an einem PC erstellt, der mit einer speziellen Untertitelungssoftware ausgerüstet ist. Der Computer ist mit einem Fernseher und einem Videorekorder verbunden. Er ist mit Lautsprechern und Kopfhörern ausgestattet, um eine möglichst gute Tonqualität zu gewährleisten.[15]

Manche Computer sind auch zusätzlich mit einem externen Gerät ausgestattet, mit dem die Untertitel durch Knopfdruck festgelegt werden können, meistens aber ist diese Timing-Funktion über eine Tastenkombination verfügbar. Ein Timecode-Reader ist entweder als Karte in den Computer integriert oder als externes Gerät an diesen angeschlossen. Das zu untertitelnde Filmmaterial liegt als VHS-Kassette mit aufgespieltem Timecode vor. Am Computer kann der Untertitler mit Hilfe des Videorekorders, der mit einem Jogshuttle[16] ausgestattet ist, seine Untertitel vorbereiten, d. h. spotten und übersetzen, um sie dann entweder auf dem Computer selbst oder auf dem Fernsehbildschirm zu simulieren. Auf diese Weise kann er kontrollieren, wie sie im Zusammenspiel mit Bild und Ton wirken.

Die neueste Errungenschaft im Bereich der Untertitelung sind Programme, die das Filmmaterial in digitalisierter Form bearbeiten können. Dabei ist der Anschluss eines Fernsehbildschirms und eines Timecode-Readers nicht mehr nötig, da dieser in der Software enthalten ist. So kann ein ganzes Untertitelungssystem auf einem PC bzw. Laptop integriert werden, ohne dass zusätzliche Geräte notwendig sind. Das bildgenaue Vor- und Zurückspulen kann mit Hilfe einer Tastenkombination bewerkstelligt werden. Da die Beispielfilme auf diese Art untertitelt wurden, werde ich im Verlauf diese Kapitels vermehrt auf die digitale Form der Untertitelung eingehen. Die analoge Bearbeitung soll aber nicht außer Acht gelassen werden.

4.1.2 Technische Ausstattung: Software

Es gibt ein großes Angebot an Untertitelungssoftware mit unterschiedlichen Funktionen, die über das bloße Festlegen und Übersetzen der Untertitel hinausgehen, was sich auch im Preis niederschlägt. Der Preis für eine solche Software liegt zwischen €1.200 und €5.000 pro Softwarelizenz[17]. Prinzipiell sind diese Programme ähnlich aufgebaut. Die Videodatei und die dazugehörige Untertitelungsdatei können gleichzeitig geöffnet werden. Beide Dateien werden durch die

15 Siehe beiliegende DVD: Abbildung Untertitelungsarbeitsplatz, SUBS Hamburg.

16 Der Jogshuttle ist ein Bedienungselement des Videorekorders, mit dessen Hilfe es möglich ist, Bild für Bild vor- bzw. zurückzuspulen.

17 Informationen über Preise stammen aus einer Email-Korrespondenz mit den Firmen EZTitles Development Studio Ltd. und F.A. Bernhardt GmbH (FAB).

Timecode-Information synchronisiert, auf die im nächsten Unterpunkt dieses Kapitels näher eingegangen wird. Der Film, ob analog oder digital, muss für die Untertitelung einen Timecode haben. Dieser Timecode wird von der Untertitelungssoftware erkannt, sodass mit Hilfe des Timecodes die Zeiten für die Untertitel, und damit der Rahmen für die Übersetzung des Originaldialogs, festgelegt werden können. Wird mit einer VHS-Kopie gearbeitet, wird das Videosignal des Fernsehers auf den Computerbildschirm übertragen, sodass das Videobild auf PC- wie Fernsehbildschirm zu sehen ist. Die Untertitel werden ebenfalls auf beiden Bildschirmen angezeigt. Wird mit digitalem Filmmaterial gearbeitet, steht dafür nur der PC-Bildschirm zur Verfügung. Dabei kann auf einen Vollbild-Modus umgeschalten werden, sodass eine ähnliche Wirkung wie die Ansicht auf einem Fernsehbildschirm erreicht und die Kontrolle der Untertitel erleichtert wird. Manche Programme, wie beispielsweise FAB, können mit allen digitalen Filmformaten (MPEG 1-4, wvm etc.) arbeiten. EZTitles hingegen erkennt nur MPEG 1, das es dann in ein AVI-Format konvertiert, um damit arbeiten zu können. Zur Vereinfachung des Datenaustausches hat die EBU ein Normformat entwickelt, das so genannte .stl-Format (vgl. Waters 1991:3). Es gibt auch noch andere international verwendete Untertitelungsformate wie beispielsweise .PAC und .890 (vgl. Webseite 20). Manche Programme, wie EZTitles, arbeiten mit einem eigenen Dateiformat, d. h. bei jedem Datenaustausch ist eine Konvertierung in eines der international anerkannten Dateiformate notwendig. Es sind nicht nur diese kleinen Besonderheiten, sondern auch noch andere Zusatzfunktionen, wie beispielsweise ein Audiograph oder eine Schnitterkennungsfunktion, die sich im Software-Preis niederschlagen.

Alle Beispielfilme wurden digitalisiert untertitelt: SHOOTING BOKKIE und WASP mit FAB, GREEN BUSH mit EZTitles. Da ich selbst hauptsächlich mit EZTitles arbeite, möchte ich die weiteren Erklärungen in diesem Kapitel am Beispiel von EZTitles durchführen.

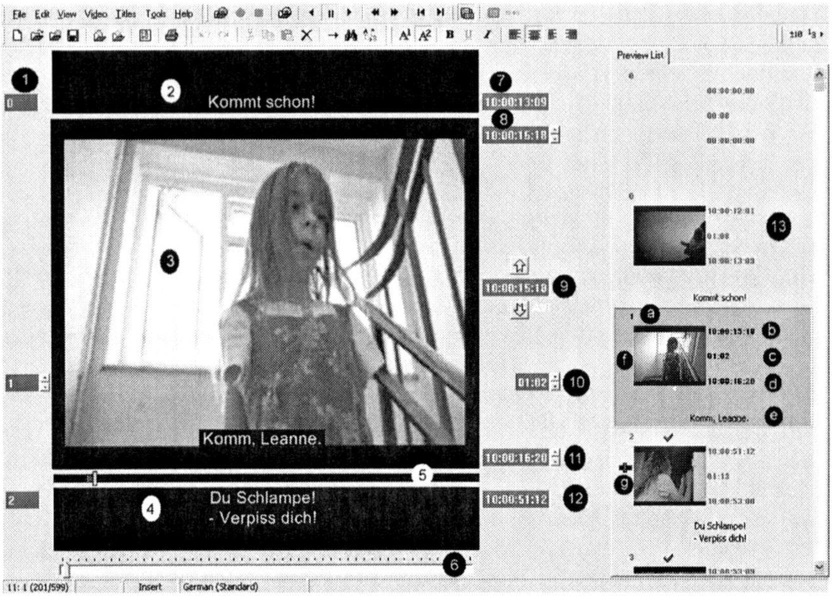

Abbildung 4.1 Bildschirmmaske EZTitles[18]

1 Nummer des Untertitels

2 Vorheriger Untertitel

3 Untertitel, der gerade bearbeitet wird (mit Bild und Untertiteltext).

4 Nächster Untertitel

5 Symbolleiste zur Anzeige der Einhaltung der Lesegeschwindigkeit: Roter Bereich: Standdauer zu kurz. Grüner Bereich: Standdauer richtig. Die Standdauer lässt sich unter den Eigenschaften der Untertitelungsdatei eintragen. Erst durch das Setzen dieses Parameters kann das Programm in der Symbolleiste anzeigen, ob die Standzeit eines Untertitels der gesetzten Lesegeschwindigkeit entspricht oder ob sie darunter liegt und daher korrigiert werden sollte.

6 Symbolleiste zur Anzeige der Filmdauer. Der Pfeil kann mit dem Cursor bewegt werden, damit der Film schnell vor- und zurückspult werden kann.

7 Time OUT (Ausblendzeit) des vorherigen Titels

8 Time IN (Einblendzeit) des zu bearbeitenden Titels. Mit Hilfe der Pfeile kann die Einblendzeit bildgenau verändert werden. Mit dem oberen Pfeil wird vorgegangen (aus :00 wird :01), mit dem unteren zurückgegangen (aus :00 wird :24).

9 Die Timecode-Angabe zeigt bildgenau an, an welcher Stelle der Film sich gerade befindet. Mit den Pfeilen oben bzw. unten kann diese Timecode-Angabe in den Time IN bzw. OUT übernommen und damit der Time IN bzw. OUT verändert werden.

---

18 Siehe beiliegende DVD: Abbildung Bildschirmmaske EZTitles als Screenshot.

10 Standzeit des Untertitels (im Beispiel ist der Untertitel für eine Sekunde und zwei Bilder zu sehen). Mit den Pfeilen kann die Standzeit verkürzt (Pfeil oben) bzw. verlängert (Pfeil unten) werden. Dabei wird der Time OUT verändert.

11 Time OUT des zu bearbeitenden Titels (siehe auch 8)

12 Time IN des nächsten Untertitels

13 Liste aller Untertitel: a) Nummer des Untertitels, b) Time IN, c) Standzeit, d) Time OUT, e) Untertiteltext, f) Erstes Bild des Untertitels[19], g) Symbol für ‚Standdauer zu kurz'.

4.1.3 Der Timecode

Unter den technischen Elementen, die für den Untertitelungsprozess besonders wichtig sind, kommt dem Timecode eine besondere Rolle zu. Erst der Timecode ermöglicht es, die Untertitel bildgenau und synchron mit dem Dialog festzulegen und einzublenden. Daher forderte die EBU 1987 auf ihrer Konferenz in Stockholm auch, dass ein lückenloser Timecode immer auf dem Filmmaterial aufgespielt sein muss (vgl. EBU 1987:31).

Auf die zu untertitelnde Videokassette, die dem Untertitler als Arbeitsmaterial dient, wird der Timecode aufgespielt. Er besteht aus 8 Ziffern, die von dem Timecode-Reader gelesen und wenn nötig angezeigt werden können. Die Anzeige des Timecodes im Filmbild sollte möglichst am oberen Bildrand stehen, da sie am unteren Bildrand von den Untertiteln überdeckt wird. Bei digitalem Filmmaterial ist der Timecode nur virtuell vorhanden und wird beim Aufrufen des Films in der Untertitelungssoftware jedes Mal neu gesetzt. Mittels besonderer Software lässt sich der Timecode auch auf dem Filmmaterial, das auf DVD vorliegt, einbrennen und kann damit dann auch mit im Bild erscheinen[20].

Es gibt zwei verschiedene Timecodes, die zurzeit genutzt werden: *Longitudinal Time Code* (LTC) und *Vertical Interval Time Code* (VITC). Der LTC wird auf eine der Tonspuren oder auf eine zusätzliche Timecode-Spur aufgenommen. Er hat einige Nachteile und wird deswegen eigentlich nicht für die Untertitelung verwendet. Es ist nicht möglich, den LTC bei einem Standbild zu lesen. Des Weiteren lässt sich der LTC auch nicht kopieren, sodass für jede Kopie der Timecode neu aufgespielt werden muss. Außerdem kann das Band nicht mehr geschnitten werden, da sonst der Timecode beschädigt wird. Der VITC ist für Untertitelungszwecke der bessere Timecode. Er ist außerhalb des sichtbaren Bildes „in die vertikale Austastlücke des Videosignals integriert“ (Webseite 17). Er hat gegenüber dem LTC einige Vorteile: Erstens kann er bei sehr langsamer Jogshuttle-Geschwindigkeit, sogar bei einem Standbild, gelesen werden und zweitens wird er nicht beschädigt, falls der Film noch einmal geschnitten werden sollte, da er in jedem Bild enthalten ist. (Vgl. Ivarsson/Carroll 1998:141f.)

---

19 Das Bild korrespondiert mit dem Time IN, d. h. genau dieses Bild ist zu sehen, wenn der Untertitel eingeblendet wird.

20 Informationen aus einem Gespräch mit Ulrich Onken, Untertitler bei SUBS GbR.

Bei einem Timecode von 10:40:32:06 stehen die beiden ersten Ziffern für Stunden, die folgenden zwei für Minuten, die nächsten zwei für Sekunden und die letzten zwei für Bilder. Manche Systeme zeigen auch noch eine weitere Ziffer (eins oder zwei) für jedes halbe Bild an. Ist eine Videokassette mit Timecode vollständig zurückgespult, lautet der Timecode 10:00:00:00. Die Ziffer 1 am Anfang bei einem zurückgespulten Band ist eine Eigenheit des VITC. (Vgl. auch Ivarsson/Carroll 1998:141.)

Die in den letzten zwei Ziffern enthaltene Bildanzeige ist für den Untertitler von besonderem Interesse, da er mit ihrer Hilfe die Untertitel möglichst synchron mit dem Filmdialog auf der Leinwand oder dem Video erscheinen lassen kann. Die Anzahl der Bilder pro Sekunde beträgt bei Filmmaterial 24, bei Fernsehen, Video und DVD 25. Die Bilderanzahl (oder Anzahl der Frames) variiert auch entsprechend der verwendeten Fernsehnorm für die Farbübertragung. In Deutschland beispielsweise wird PAL benutzt (25 Bilder pro Sekunde), in Frankreich SECAM (auch 25 Bilder pro Sekunde) und in den USA der NTSC-Standard, der 30 Bilder pro Sekunde unterstützt. (Vgl. Webseite 16.)

Da ein Untertitler in Deutschland fast immer mit Videomaterial bzw. digitalisiertem Filmmaterial, das sich auf PAL stützt, arbeitet, hat sein Arbeitsmaterial 25 Bilder pro Sekunde. Das bedeutet, dass auf :24 ein Timecode mit den Endziffern :00 und darauf wiederum einer mit den Endziffern :01 folgt. Ein Beispiel: Auf 10:30:29:24 folgt 10:30:30:00 und darauf 10:30:30:01.[21] Bei der Laseruntertitelung wird für das Filmmaterial ein weiteres Bild generiert, damit die erstellten Untertitel wie vorgesehen erscheinen können. Auf die Fixierung der Untertitel auf dem Film wird im Verlauf des Kapitels noch näher eingegangen werden.

4.1.4 Arbeitsmaterial des Untertitlers

Bei der Einführung der DVD 1997 kann man von einer digitalen Revolution sprechen, die auch vor der Untertitelungsbranche nicht Halt machte (vgl. Buhr 2003:162). Wie bereits erwähnt, kann mit analogem und digitalem Filmmaterial gearbeitet werden. Die meisten Firmen arbeiten mit beidem, kleinere Firmen und Freiberufler bevorzugen oft digitalisiertes Filmmaterial, da die Anschaffungskosten für digitale Untertitelungssysteme geringer sind. Es wird kein Fernseher mit Videorekorder mehr benötigt, das ganze System lässt sich auf einem PC installieren. Außerdem wird das Verschicken des digitalisierten Filmmaterials durch schnelle Internetverbindungen erleichtert. Damit entfallen die Versandkosten für VHS-Kassetten.

Es gibt mehrere Möglichkeiten, wie der Kunde das Filmmaterial liefern kann: Entweder wird es auf Filmrollen (zu je 15-20 Minuten), als Digibeta, als VHS oder als digitalisiertes Filmmaterial (z. B. als MPEG 1) zur Verfügung gestellt. Die Filmrollen müssen mittels eines Filmscanners eingelesen werden, damit von

21 Für NTSC sähe dieses Beispiel folgendermaßen aus: 10:30:29:29 folgt 10:30:30:00 und darauf 10:30:30:01.

ihnen eine VHS-Arbeitskopie gezogen werden kann. Dabei wird der „Film entweder punktmäßig, zeilenweise oder Bild für Bild abgetastet" (Buhr 2003:35). Es ist auch möglich, das Filmmaterial, das auf VHS vorliegt, zu digitalisieren. Meistens wird heute das Filmmaterial aber zuerst in digitalisierter Form gespeichert. Bei Bedarf werden davon VHS-Kopien gefertigt. Unabhängig vom verwendeten Filmmaterial ist es unbedingt notwendig, dass ein Timecode auf dem Filmmaterial vorhanden ist. (Vgl. Buhr 2003:35.) Untertitelungsfirmen verfügen meist selbst über die nötige Technik, um das gelieferte Filmmaterial in für sie verwertbares Arbeitsmaterial umzuwandeln. Andernfalls beauftragen sie Postproduktionsfirmen damit oder bitten den Auftraggeber um die Lieferung des benötigten Arbeitsmaterials. Die EBU fordert außerdem von den Auftraggebern oder Filmschaffenden, dass die Untertitelung schon während der Produktion miteingeplant wird. So fordern sie, dass Bauchbinden nicht den unteren Bildrand bedecken, da dieser für die Untertitel gedacht ist. (Vgl. EBU 1987:31.)

Doch nicht nur das Filmmaterial ist für die Erstellung qualitativ hochwertiger Untertitel absolut ausschlaggebend. Dem Untertitler sollte auch ein Skript vorliegen, um gute Arbeit leisten zu können. Zwischen der Idee zu einem Filmprojekt und dem Final Cut liegen Unmengen Papier. Von Exposés, Treatments und dergleichen abgesehen, gibt es eine ganze Reihe von Dialoglisten jeglicher Art, die in den verschiedenen Stadien der Produktion entstehen. Am besten für die Zwecke der Untertitelung ist das Postproduktionsskript geeignet, da es im Idealfall den Dialog widerspiegelt, der tatsächlich im Film gesprochen wird und zusätzlich dazu noch weitere Anmerkungen über Szenenwechsel, -beschreibungen, -dauer und Timecode-Informationen enthält.

28	ECU Kenny presses button on console and inserts promo cart	6:11	5. Kenny: From all the men in Block 4, there's the Tableland Drifters. 6. Voice on cart: You are listening to Country Radio -	00:05:39:14
29	MS Kenny beside console at mic, inserts new cart	18:12	Aboriginal Radio in Aboriginal Country. 7. Kenny: Yeah. That's right, Aboriginal Radio in Aboriginal country. Next up we have a cheerio going out to all the Napa family from George Napa – "Only 9 months to go", he reckons. Music	00:05:46:00

Tabelle 4.1 Beispiel: Postproduktionsskript von GREEN BUSH

1. Spalte: Nummer der Szene
2. Spalte: Bildbeschreibung[22]
3. Spalte: Dauer der Szene in Sekunden und Bildern

22 ECU steht für *extreme close-up*, MS steht für *medium shot* (vgl. Webseite 19).

4. Spalte: Dialog mit Sprecher- und Geräuschangabe
5. Spalte: Timecode-Angabe des Szenenanfangs

In ihrem Vorschlag zur Standardisierung der Untertitelungsprozesse für das Fernsehen fordert die EBU noch weitere Angaben für Postproduktionsskripte: Alle Namen müssen überprüft und korrekt geschrieben sein. Lateinische Bezeichnungen für Flora und Fauna, über die im Film gesprochen wird, sollten im Skript enthalten sein. Neue Slang-Ausdrücke und lokale Witze sollten im Skript erklärt werden. (Vgl. EBU 1987:31.)

Bedauerlicherweise steht dem Untertitler aber oft kein Postproduktionsskript, wie es hier im Beispiel zu sehen ist, zur Verfügung. Meist handelt es sich um pure Dialoglisten, die nicht unbedingt den tatsächlichen Dialog der Endfassung beinhalten. Deshalb ist es für den Untertitler wichtig, die Dialogliste am Film zu kontrollieren und sich gegebenenfalls nach dem zu richten, was er tatsächlich hört. Manchmal wird gar keine Dialogliste mitgeliefert, was den Untertitler in Bedrängnis bringen kann, da oft gerade in diesen Fällen der Filmton nicht besonders gut ist. Der Mehraufwand sollte natürlich finanziell entschädigt werden. Im Beispielfilm SHOOTING BOKKIE war dies der Fall. Bei der Besprechung der Filme im folgenden Kapitel soll noch näher auf diese Problematik eingegangen werden.

Als weitere Arbeitsmittel dienen dem Untertitler die gleichen Recherchemöglichkeiten wie dem Übersetzer. Zwei- bzw. einsprachige Wörterbücher und ein schneller Internetzugang sind ein Muss für jeden Untertitler, wie auch für jeden Übersetzer. Gerade Slangwörterbücher sind für die Untertitelungsarbeit von besonderer Wichtigkeit, da Slang ein Element der gesprochenen Sprache und damit von großer Relevanz für die Untertitelung ist.

4.2 Arbeitsschritte der Untertitelung

4.2.1 Damals...

Bis in die 1980er Jahre bestand die Untertitelung aus zwei getrennten Arbeitsprozessen: Die Festlegung der Ein- bzw. Ausblendzeiten der Untertitel, das so genannte Timing oder Spotting, wurde von einem Techniker erstellt, der meist keinerlei oder nur geringe Kenntnisse der Originalsprache besaß. Dieser notierte den Anfang und das Ende jedes gesprochenen Satzes auf der Dialogliste, gemessen an der Filmlänge oder den Bildern. Diese Einheiten nummerierte er, um sie mit dem Ton in Einklang zu bringen. Die daraus resultierenden Zeiten wurden in eine bestimmte Anzahl von Zeichen umgewandelt, die als Basis für die Länge der Untertitel dienten. Die darauffolgende Übertragung in die Zielsprache anhand dieser Liste wurde von einem Übersetzer durchgeführt. Er übersetzte und kürzte den Text, um die geschätzte Zahl der Zeichen nicht zu überschreiten, meist ohne den Film jemals gesehen zu haben. Dieser Text wurde wiederum von einem Techniker oder einer Schreibkraft eingegeben. Durch diese Methode waren Rechtschreibfehler, inhaltliche Fehler und Fehler bei der Synchronisation von Text und gesprochenem Dialog an der Tagesordnung. Trotz der Einführung des PCs Ende der 1970er Jahre blieb man dieser Arbeitsweise treu, da man dem schöngeistigen Übersetzer das nötige technische Verständnis absprach. (Vgl. Ivarsson/Carroll 1998:11f.)

4.2.2 ... und heute

Mitte der 1980er Jahre wurde der Untertitelungsprozess durch die Entwicklung des Timecodes revolutioniert. Durch Fortschritte in der Computertechnik wurde es möglich, ein ganzes Untertitelungssystem auf einem PC zu installieren. Mit der Erfindung des Timecodes wurde es nun endlich möglich, einem Übersetzer den gesamten Arbeitsprozess anzuvertrauen. (Vgl. Ivarsson/Carroll 1998:26.)

In welche Arbeitsschritte der Untertitelungsprozess gegliedert wird, hängt stark von den Richtlinien der jeweiligen Firmen und natürlich auch von den Untertitlern selbst ab. Diana Sánchez (2004:9-17) beschreibt vier Untertitelungsmethoden, die sich aus ihrer langjährigen Erfahrung als Untertitlerin bei der Untertitelungsfirma Imaginables SCCL in Barcelona herauskristallisiert haben. Sie unterteilt dabei den Arbeitsprozess in drei Arbeitsschritte: 1) Rohübersetzung, d. h. eine Dialogübersetzung, bevor Untertitel kreiert werden. 2) Adaption, worunter sie die Einteilung des Textes in Untertiteleinheiten versteht. Und 3) das Timing, also die Festlegung des Ein- und Ausblendzeiten der Untertitel (Time IN und Time OUT). (Vgl. Sánchez 2004:9f.)

Als eine mögliche Methode der Untertitelung beschreibt sie die Durchführung der Untertitelung durch eine Person, die alle drei Arbeitsschritte durchführt. Übersetzung und Adaption sind dabei keine klar getrennten Arbeitsschritte, sondern werden mehr oder minder gleichzeitig durchgeführt. Ob der Untertitler zuerst den Film spottet und dann übersetzt bzw. adaptiert, bleibt dabei unerheblich. (Vgl. Sánchez 2004:16f.)

Da sich diese Vorgehensweise mit dem deckt, was ich selbst kennen gelernt habe, möchte ich an dieser Stelle näher beschreiben, wie meiner Erfahrung nach vorgegangen wird.

Als ersten Arbeitsschritt schaut sich der Untertitler den zu untertitelnden Film an, der ihm als VHS-Kopie oder digitalisiertes Filmmaterial mit Timecode vorliegt. Bei diesem ersten Sichten des Filmmaterials ist es wichtig, einen Gesamteindruck des Films, vor allem des Filmrhythmus, zu bekommen. Dabei werden Dialogliste und Glossar überprüft, die im Idealfall vom Auftraggeber mitgeliefert wurden. Sind diese nicht vorhanden, wird eine eigene Dialogliste und unter Umständen auch ein Glossar erstellt. Er notiert Begriffe, die Recherche verlangen, z. B. die Schreibung von Namen, und andere technische oder sprachliche Punkte, die möglicherweise mit dem Auftraggeber geklärt werden müssen. Dann beginnt der Untertitler mit dem Timing. Während er den Film ansieht, kann er per Tastatur oder durch ein externes Gerät die Zeiten der Untertitel grob bestimmen: Beim Sprecheinsatz wird die Tastatur gedrückt und bei der nächsten sinnvollen Pause losgelassen. Es bietet sich an, kurze Abschnitte grob zu timen, um diese dann zu verfeinern. (Mehr zu diesem Thema im nächsten Unterkapitel.) Ist der Untertitler vorläufig mit dem Timing einer Sequenz zufrieden, macht er sich an die Übersetzung und Adaption des Textes. Sicher erstellen manche Untertitler erst das Timing des gesamten Films, um sich dann der Formulierung der Untertitel zu widmen. Sinnvoll erscheint es jedoch etappenweise vorzugehen. Bis zur Endfassung wird sowohl an der Übersetzung als auch am Timing gefeilt. Hat der Untertitler Timing und Übersetzung für den gesamten Film erstellt, sieht er sich sein Werk noch einmal an, nimmt letzte Korrekturen vor, wobei er darauf achtet, dass die Untertitel die Bildinformation optimal unterstützen. Danach liest er seine Untertitel auf Papier Korrektur. Dann ist für ihn die Untertitelung vorerst abgeschlossen und er gibt seine Arbeit zur Korrektur an einen Redakteur weiter.

Laut Sánchez (2004:16f.) findet diese Methode in der Praxis nur selten Anwendung, auch wenn ihrer Meinung nach damit die qualitativ besten Untertitel erzielt werden, da eine Person alle Arbeitsschritte durchführt und so die Möglichkeit hat, die bestmögliche Lösung im Rahmen der Beschränkungen durch das Medium zu finden. Andererseits behauptet sie aber auch, dass die meisten Übersetzer nicht in der Lage sind, die nötigen Kompetenzen für die Untertitelung zu entwickeln und aus diesem Grund eine Arbeitsteilung besser ist. Meines Erachtens hat Sánchez Recht, wenn sie sagt, dass mit dieser Methode die besten Ergebnisse erzielt werden. In den anderen Punkten muss ich ihr aber widersprechen. Erstens ist diese Methode meines Wissens in der Untertitelungsbranche hierzulande gang und gäbe. Und zweitens sind meines Erachtens Übersetzer sehr wohl fähig, Untertitelungskompetenzen zu entwickeln.

Die nächste von Sánchez genannte Methode wird häufig angewandt, wenn ein Film in verschiedene Sprachen untertitelt werden soll. Dabei wird der Dialog erst in Untertitel aufgeteilt und gespottet, bevor er übersetzt wird. Zwei Möglichkeiten bieten sich dem Untertitler: Entweder kürzt er den zu übersetzenden Text, sodass er den Anforderungen an die Lesegeschwindigkeit schon gerecht wird, oder der ganze Text wird beibehalten, sodass der Übersetzer über Textkürzungen entscheiden kann. Die Untertitelungsdatei wird dann als Textdatei mit Time IN, Time OUT, Standzeit und Originaldialog exportiert. Meist arbeiten die Übersetzer dann nicht mit einer Untertitelungssoftware, sondern in einem Textverarbeitungsprogramm. Der Originaltext wird überschrieben, wobei die maximale Zeichenzahl pro Zeile eingehalten wird. Mit dieser Methode lassen sich Filme in mehrere Sprachen gleichzeitig untertiteln, ohne dass jede Sprache neu gespottet werden muss (Master Subtitles). Der Übersetzer kann einen größeren Einfluss auf das Endprodukt nehmen, da er entscheiden kann, wie die Information adaptiert und welche Informationen weggelassen werden sollen. Die Nachteile dieser Methode sind dennoch nicht von der Hand zu weisen. Ein Nachteil liegt in der unterschiedlichen Struktur der Sprachen. Aufgrund der syntaktischen Eigenheiten der verschiedenen Sprachen bietet sich für verschiedene Sprachen auch eine unterschiedliche Aufteilung der Untertitelungseinheiten an. Eine Möglichkeit, die durch die normierte gespottete Datei zunichte gemacht wird. Die gleichzeitige Untertitelung eines Films in verschiedene Sprachen ist meist für den DVD-Markt interessant. Leider fehlen bei DVD-Produktionen oft Dialoglisten für die Extras (Bonusmaterial, Interviews, Making Of usw.). Diese müssen transkribiert werden, da, schon allein aus technischen und organisatorischen Gründen, nicht jeder Übersetzer den Dialog abhören kann. Dieser nötige Zwischenschritt ist sehr zeitaufwändig. (Vgl. Sánchez 2004:15f.)

Eine weitere Methode besteht darin, zuerst eine Rohübersetzung zu erstellen, dann den übersetzten Text in Untertiteleinheiten einzuteilen, um im Anschluss den Film zu spotten und den Untertiteltext einzufügen. Diese Vorgehensweise wird beispielsweise angewandt, wenn ein übersetztes Skript geliefert wird oder nur eine Dialogliste da ist und eine Filmkopie noch nicht zur Hand ist, aber die Untertitelung sehr dringend ist. (Vgl. Sánchez 2004:11.)

Bei der letzten der von Sánchez beschriebenen Methoden wird zuerst übersetzt, dann gespottet und erst danach der Text adaptiert. Ein Vorteil dieser Methode ist, dass die Dialogeinheiten besser erkannt werden. Ein Nachteil aber ist, dass der Untertitler danach meist weniger flexibel mit den festgelegten Zeiten umgeht und diese eher nicht mehr verändert, auch wenn dadurch ein besseres Ergebnis erzielt werden könnte. (Vgl. Sánchez 2004:11.)

Der Vorteil der beiden letztgenannten Methoden ist, dass auf diese Weise auch freiberufliche Übersetzer ohne Untertitelungserfahrung hinzugezogen werden können. Nachteilig ist dabei aber, dass der Übersetzer keine richtige Kontrolle über das Endprodukt hat. Für den Untertitler ist das ebenfalls von Nachteil, da er sich vollkommen auf die Dialoglisten verlassen muss, die, wie bereits angedeutet, häufig unvollständig sind. Dadurch kann die Zusammenarbeit von Untertitler und Übersetzer erschwert werden. (Vgl. Sánchez 2004:12.)

Am Ende jeder Untertitelung steht die Korrektur. Die Aufgabe des Redakteurs ist es, die Untertitel auf „inhaltliche und stilistische Angemessenheit der Übersetzung, orthographische Richtigkeit und richtiges Timing zu überprüfen" (Buhr 2003:37). Die Korrektur erfolgt in zwei Schritten: Erst werden die Untertitel ausgedruckt und auf Rechtschreibung, einheitliche Schreibung von Namen und logische Zusammenhänge etc. Korrektur gelesen. Ohne den Filmkontext können die Untertitel konzentrierter gelesen und logische Fehler leichter erkannt werden. Der Untertiteltext sollte sich auch ohne die Bild- und Toninformationen des Films als ein in sich schlüssiger Text lesen lassen. Danach schaut sich der Redakteur die Untertitel mit dem Film an, um zu sehen, ob die Titel lange genug stehen, um lesbar zu sein, ob die Richtlinien für ein gutes Timing (so wie sie von der Untertitelungsfirma festgelegt wurden) eingehalten wurden, ob die Übersetzung stilistisch und inhaltlich passt und ob die Richtlinien für das Layout der Untertitel beachtet wurden. (Vgl. auch Buhr 2003:37f.) Der Redakteur erstellt für die technische Abteilung bzw. für die Firma, die mit der weiteren Verarbeitung der Untertitel betraut wird, eine Liste der Bauchbinden, sodass verhindert wird, dass die Untertitel über diese geschrieben und damit beide unleserlich werden. An diesen Stellen sind entweder schon vom Untertitler selbst einzeilige

Untertitel gesetzt worden, oder der zuständige Techniker wird darauf hingewiesen, die betroffenen Titel so zu versetzen, dass Bauchbinde und Titel lesbar sind. Bei möglichen Ungereimtheiten wird der Untertitler hinzugezogen und gemeinsam wird über die beste Lösung diskutiert. Inhaltliche Änderungen sollten nur in Rücksprache mit dem Untertitler durchgeführt werden, da er letztlich mit seinem Namen für die Übersetzung bürgt. Zum Abschluss der Korrektur liest ein anderer Redakteur die korrigierte Fassung ein weiteres Mal auf Papier Korrektur. Nach dem Eintragen der letzten Korrekturen wird die Untertitelungsdatei nach Rechtschreibfehlern und nach so genannten ungültigen Untertiteln durchsucht (z. B.Untertitel, die weniger als eine Sekunde stehen).[23] Die Redaktion der Untertitel ist eine wichtige Kontrollinstanz, bevor der untertitelte Film als Ansichtskassette an den Kunden geht. Der Untertitler selbst ist mit seiner Arbeit so sehr vertraut, dass er Fehler (Sinnfehler, Rechtschreibfehler, zu kurze Standdauer der Untertitel etc.) nicht mehr als solche wahrnehmen kann. An dieser Art der Qualitätssicherung sollte nicht gespart werden. Leider ist das in der Realität dennoch oft der Fall, wie das Beispiel der Schweizer Firma Cinetyp zeigt (vgl. Bodmer, Webseite 5). (Vgl. auch Buhr 2003:37f.)

Bevor die Untertitel auf dem Originalfilmmaterial permanent eingraviert werden, erhält der Auftraggeber zur Abnahme der Arbeit eine Videokassette mit den Untertiteln. Er kann dann noch eventuelle Korrekturwünsche äußern, die der Redakteur und der Untertitler zu berücksichtigen versuchen.

In Kapitel 5 soll auf das Thema des Arbeitsprozesses noch näher eingegangen und die Thematik am Beispiel der drei Kurzfilme untersucht werden.

Da über zwei der drei Arbeitsschritte, die Übersetzung und Adaption, in Kapitel 3 schon vieles gesagt wurde, soll an dieser Stelle der dritte Arbeitsschritt, das Timing oder Spotting, eingehender betrachtet werden.

4.2.2.1 Timing

Mit dem Begriff Timing, der von mir bevorzugt verwendet wird, wird die Festlegung der Ein- und Ausgangszeiten der Untertitel sowie die festgelegten Zeiten der Untertitel bezeichnet. Im Folgenden steht Time IN für das Einblenden eines Untertitels, Time OUT für das Ausblenden eines Untertitels.

Im Untertitelungsprogramm lassen sich die Untertitel simulieren, sodass das Timing immer wieder überprüft werden kann, indem der Film mit den Untertiteln synchron abgespielt wird. Es gibt zwei Möglichkeiten, das Timing zu erstellen. Entweder wird jeder einzelne Untertitel manuell festgelegt oder es wird erst grob getimt und dann ein Recut gemacht. Ein Recut ist eine Funktion des Untertitelungsprogramm, mit der einzelne Untertitel oder die ganze Datei um eine angegebene Bildzahl verschoben werden kann. Im Anschluss werden die Untertitel auf Tonsynchronität überprüft. Geübte Untertitler kennen ihre eigene Reaktionszeit und können auf diese Weise Zeit sparend ein gutes Timing erstellen. Meist

23 Siehe beiliegende DVD: Abbildung Bildschirmmaske EZTitles: Kontrollfunktionen.

muss nur noch an manchen Stellen das Timing verbessert werden.[24] Der Jogshuttle wird für das feinere Timing benutzt, um Schnitte bildgenau zu lokalisieren. Zu diesem Zweck dient bei Untertitelungsprogrammen, die mit digitalem Filmmaterial arbeiten, eine bestimmte Tastenkombination. Bevor sich dieses Unterkapitel mit den Richtlinien bezüglich des Timings befasst, sollen noch drei Bemerkungen allgemeiner Natur vorangestellt werden, die im vorangegangen Kapitel schon eingehend besprochen wurden. Ein gutes Timing ist das A und O jeder Untertitelung. Die Übersetzung kann noch so gut gelungen sein – wenn der Zuschauer nicht die Chance hat sie auch zu lesen, ist sie wertlos. Deshalb orientiert sich der Untertitler an drei verschiedenen Rhythmen: Er folgt dem Sprechrhythmus der Figuren, dem Rhythmus des Films, der durch die Schnitte bestimmt ist, und er orientiert sich am Leserhythmus der Zuschauer (vgl. Webseite 10). Aber nicht nur die verschiedenen Rhythmen sind wichtig, sondern auch die Aufteilung der Untertitel in logische Einheiten und zwar auf der Textebene im Untertitel wie auch auf der Timing-Ebene. Das Aufteilen in logische Einheiten wird dadurch vereinfacht, dass Sprechpausen meist schon einer logischen Aufteilung des Gesagten folgen. (Vgl. Buhr 2003:17.) Was inhaltlich in einen Untertitel integriert werden kann, wird nicht von der tatsächlichen Dialogmenge bestimmt, sondern vom vorhandenen Platz, den das Timing der Übersetzung des Dialogs zur Verfügung stellt (vgl. auch Buhr 2003:21).

Wie in den meisten Bereichen der Untertitelung gibt es auch hierfür keinen allgemein anerkannten Standard, sondern nur firmeninterne Richtlinien, nach denen Untertitler arbeiten. Diese Richtlinien haben sich aus Erfahrungswerten und vereinzelten Studien zum Thema herauskristallisiert. Da die Beispielfilme nach den bei SUBS geltenden Vorgaben untertitelt wurden, möchte ich ihre Richtlinien vorstellen und sie im Verlauf mit der Vorgehensweise anderer Firmen kontrastieren.

Ein Untertitel sollte möglichst mit dem Sprecheinsatz eingeblendet werden. Gerade bei schnellen Dialogen ist eine hohe Synchronität mit dem Gesprochenen von Vorteil, um zuordnen zu können, wer was sagt. Oft kommt dem Zuschauer dabei auch der Kontext zur Hilfe. (Vgl. auch Buhr 2003:20.) Um diesen Sprecheinsatz zu erkennen, braucht es eine gewisse Übung. Manche Untertitelungssoftware (wie hier im Beispiel FAB markiert mit der Ziffer 1) hat als weiteres Feature einen Audiographen integriert. Dieser Balken gibt Aufschluss über den Sprecheinsatz der Darsteller und kann für das Timing hilfreich sein.[25] Ob man sich, wenn so ein Hilfsinstrument zur Verfügung steht, allein darauf oder auf die eigenen Ohren verlässt, kann jeder Untertitler selbst entscheiden.

Das Ausblenden der Untertitel kann möglichst synchron mit dem Ende des Sprecheinsatzes erfolgen, es ist aber für den Zuschauer angenehmer, wenn der Titel nicht sofort wieder ausgeblendet wird. Auch wenn der Ton eigentlich bei einem bestimmten Bild nicht mehr hörbar ist, existiert dennoch ein gewisser

24 Siehe beiliegende DVD: Abbildung Bildschirmmaske EZTitles: Recut.
25 Siehe beiliegende DVD: Abbildung Bildschirmmaske FAB: Audiograph.

Nachhall, dem im Untertitel Rechnung getragen werden sollte. Ein Untertitel kann bis zu 1 Sekunde über das Audio ‚drüberhängen', wenn die Lesbarkeit des Untertitels dadurch verbessert wird. Generell sollte immer dann ein Untertitel erscheinen, wenn im Film Dialog zu hören ist. Inwiefern Begrüßungen oder ähnliches untertitelt werden müssen, hängt stark von der zu erwartenden Vertrautheit des Zielpublikums mit der Ausgangssprache ab. Herrscht eine gewisse Vertrautheit mit der Ausgangssprache vor und ist die Begrüßung deutlich zu verstehen, kann unter Umständen auf einen Untertitel verzichtet werden.

Der Mindestabstand zwischen zwei Titeln beträgt 6 Bilder. Dieser Parameter kann im Untertitelungsprogramm festgelegt werden, sodass eine Unterschreitung dieser Zahl als Fehler gekennzeichnet wird. Die meisten anderen mir bekannten Firmen arbeiten mit einem Mindestabstand von 4 Bildern. Dieser Mindestabstand ist wichtig, damit das Auge den Sprung zum nächsten Untertitel registrieren kann. Bei einem Abstand, der unter 4 Bildern liegt, kann dieser Sprung nicht mehr wahrgenommen werden. Allgemein wird gesagt, dass die Untertitel ruhiger wirken, wenn mehr Bilder als die sechs (bzw. vier) Bilder Mindestabstand eingehalten werden. Eine Ausnahme dazu bildet ein durchgehender Monolog. In diesem Fall ist eine kontinuierliche Aneinanderreihung der Untertitel empfehlenswert, d. h. der Time OUT kann bis auf den Mindestabstand an den nächsten Untertiteleinsatz herangezogen werden.

Schnitte sollten als vom Regisseur eingesetzte filmische Mittel respektiert werden, d. h. es sollte vermieden werden, Untertitel über Schnitte auf der Leinwand stehen zu lassen. Was als Schnitt erkannt wird, ist manchmal nicht ganz so einfach, beispielsweise wenn ein Fade zum Szenenwechsel benutzt wird. Dabei wird von der einen Szene langsam zur nächsten übergegangen, sodass die eine Szene Bild für Bild in die nächste Szene überwechselt. Erst wenn das Bild der Ausgangsszene nicht mehr richtig zu erkennen ist und das Bild der nächsten Szene dominiert, wird dieses Bild als Schnitt angesehen und als solcher behandelt. Für den Umgang mit Schnitten gilt generell, dass der Zuschauer durch den Schnitt den Eindruck bekommt ein neuer Untertitel hätte begonnen und von neuem den Untertitel zu lesen beginnt. Daher sollte es vermieden werden, Untertitel über Schnitte gehen zu lassen. Leider ist dies im Normalfall meist nicht möglich. Aus diesem Grund ist gerade die Verfahrensweise mit Schnitten besonders wichtig bei der Erstellung des Timings. Als Regel gilt, dass harte Schnitte, die einen Szenen- oder Ortswechsel einleiten, beachtet werden sollten, und der Untertitel entweder nach oder vor dem Schnitt eingeblendet werden sollte, auch wenn unter Umständen dann keine absolute Synchronität mit dem Sprecher erreicht werden kann.

Geht ein Titel über einen Schnitt, sollte er mindestens zehn Bilder vor dem Schnitt und mindestens zehn Bilder nach dem Schnitt zu sehen sein. Wird ein Titel kurz vor dem Schnitt ausgeblendet oder kurz nach dem Schnitt eingeblendet, müssen zwischen dem Schnitt und dem Time IN bzw. Time OUT mindestens vier Bilder Abstand sein. Wird diese Bildspanne nicht eingehalten, nimmt das Publikum ein störendes Flackern wahr. Manche Firmen gehen sogar noch weiter und verlangen, dass ein Untertitel, der über einen Schnitt geht, eine Sekunde vor und nach dem Schnitt zu sehen ist, um den Flackereffekt zu vermeiden, der entsteht, wenn das Ein- bzw. Ausblenden eines Untertitels zu eng mit dem Schnitt zusammentrifft.

Generell gilt, dass ein Untertitel nicht vor dem Sprecheinsatz eingeblendet wird, sondern synchron mit ihm erscheinen sollte, da das Publikum sonst Schwierigkeiten bei der Zuordnung von Untertitel und Sprecher bekommen oder eine Pointe vorweggenommen werden könnte. Wie die Problematik der Beachtung von Schnitten erkennen lässt, muss manchmal auf diese Synchronität verzichtet werden. In der Regel erscheint der Untertitel, wenn der Sprecheinsatz unter zehn Bildern vor dem Schnitt erfolgt, vier Bilder nach dem Schnitt, d. h. nach dem eigentlichen Sprecheinsatz. Im absoluten Notfall kann ein Untertitel auch vor dem Sprecheinsatz eingeblendet werden, wenn der filmische Kontext es verlangt. Dies sollte höchstens vier Bilder vor dem Sprecheinsatz geschehen, da so ein ‚Frühstart' sonst als störend wahrgenommen wird. Des Weiteren sollte diese Methode nur angewandt werden, wenn es sich nicht vermeiden lässt, da sie sonst zu einem Störfaktor werden kann.

Bei den mir bekannten Firmen wird, mit den genannten Abweichungen, nach diesen Richtlinien untertitelt. Ganz anders sieht es bei einer weiteren großen deutschen Untertitelungsfirma aus: Film und Video Untertitelung Gerhard Lehmann AG. Die Lehmann-Mitarbeiterin Vanadis Buhr beschreibt in ihrem Buch *Untertitel – Handwerk und Kunst* (2003) die Richtlinien für das Timing der Untertitel wie folgt: Der Mindestabstand zwischen den einzelnen Untertiteln beträgt 10 Bilder, also fast doppelt so viele Bilder, wie bei SUBS veranschlagt werden. Laut Buhr kann das Auge erst bei diesem Abstand die einzelnen Untertitel als solche erkennen. Der Time IN sollte immer mit dem Sprechanfang beginnen. Eine Ausnahme dazu bildet ein Sprechanfang, der kurz vor oder nach dem Schnitt liegt. Zwischen Time IN bzw. Time OUT eines Untertitels und einem Schnitt sollten mindestens 10 Bilder (im Vergleich zu SUBS: 4 Bilder) liegen oder der Untertitel sollte genau mit dem Schnitt beginnen oder enden. Als Grund für dieses Vorgehen, das absolut der Verfahrensweise von SUBS und anderen widerspricht, wird der Flackereffekt genannt, den wir als Begründung für Regeln und Gebote des Timings schon kennen gelernt haben. Laut Buhr (2003:18) entsteht dieser Effekt, wenn das Bild und der Untertitel direkt nacheinander wechseln. Liegt der Sprechanfang wenige Bilder vor dem Schnitt, wird der Time IN mit dem Schnitt zusammengelegt. Liegt der Sprechanfang weniger als 10 Bilder nach dem Schnitt, wird der Untertitel entweder 10 Bilder nach dem Schnitt oder genau mit dem Schnitt eingeblendet. Die Entscheidung hängt davon ab, ob der Sprecher gleich nach dem Schnitt zu sehen ist oder erst später, wie viel Zeit für den letzten Untertitel vor dem Schnitt und wie viel Zeit bis zum nächsten Schnitt bleibt. Wenn der Sprecher nicht gleich im Bild erscheint, wird ein späteres Einblenden des Untertitels sogar als besser angesehen, damit das

Gesagte leichter dem Sprecher zugeordnet werden kann. Allein der filmische Kontext entscheidet darüber. Was das zu frühe bzw. zu späte Erscheinen der Untertitel anbelangt, ist sich Lehmann mit den anderen Firmen wieder einig. Die Untertitel sollten präzise mit dem Sprechanfang eingeblendet werden, da Untertitel die konsequent zu früh bzw. zu spät erscheinen, dem Zuschauer als unangenehm auffallen. Auch beim Ausblenden der Untertitel nach dem Audio sind sich die Firmen einig: Bis zu einer Sekunde darf ein Untertitel über den Dialog überlappen. (Vgl. Buhr 2003:18-21.)

Die Art zu Timen unterscheidet sich bei der Firma Lehmann also vor allem im Mindestabstand zwischen den einzelnen Untertiteln und in der Behandlung von Schnitten. Es ist interessant, dass die Firmen ihre Vorgehensweise mit der gleichen Begründung (Flackereffekt) rechtfertigen. Auch ist es auffällig, dass weder Untertitel von Lehmann noch Untertitel von SUBS als besonders ‚schlecht' in Erinnerung bleiben. Im Gegenteil ist es so, dass man es meist mit sehr guten Untertitelungen zu tun hat, wenn man diese Firmennamen im Abspann liest. Es wäre interessant und sicherlich hilfreich im Rahmen einer weiteren Forschungsarbeit, die unterschiedliche Vorgehensweise der Firmen und ihre Wirkung auf das Publikum zu untersuchen. Wenn sich herausstellen sollte, dass die unterschiedlichen Richtlinien der einzelnen Firmen keinen nennenswerten Einfluss auf die Wahrnehmung der Untertitel haben, ließe sich daraus die These ableiten, dass es nicht so sehr auf eine globale Standardisierung der Richtlinien ankommt, sondern vielmehr darauf, dass ein gewisser Satz an Richtlinien durchgehend für einen Film Verwendung findet. Leider kann diese Forschungsarbeit hier nicht geleistet werden, sodass dies nur als Vorschlag für weitere Untersuchungen in dieser Richtung gesehen werden kann.

Abschließend soll noch kurz auf die Thematik ‚Schrift im Film' eingegangen werden. Für das Lesen von Schrift im Film wird gemeinhin keine Extrazeit veranschlagt. Wenn aber Schrift im Film, seien es nun Bauchbinden oder Einblendungen, übersetzt und damit untertitelt werden soll, gilt, dass Untertitel synchron mit der originalen Bauchbinde oder Einblendung ein- und ausgeblendet werden, um den vielzitierten Flackereffekt zu vermeiden.

4.2.2.2 Layout und Konventionen der Untertitelung

In diesem Unterkapitel soll es um Fragen des Layouts und um die Konventionen der Untertitelung gehen. Dabei erscheint es sinnvoller, sich an einzelnen Punkten zu orientieren, als das Thema an den Layout-Richtlinien einer Firma abzuarbeiten. Natürlich werden vor allem die SUBS-Richtlinien berücksichtigt, da sich diese ja auch in den Untertitelungen der Beispielfilme niedergeschlagen haben.

Die Lesbarkeit und Verständlichkeit von Untertiteln wird durch drei Säulen beeinflusst: Erstens durch ein Timing, das Sprech-, Film- und Leserhythmus beachtet, zweitens durch eine relativ einfache Satzstruktur und Lexik bei der Übersetzung und drittens durch ein Layout, das den Bedürfnissen der Zuschauer entgegenkommt und ihnen das Lesen der Untertitel so angenehm wie möglich macht. (Siehe dazu auch 3.2).

Die Untertitel werden in bis zu zwei Zeilen am unteren Bildrand positioniert, es sei denn, sie verdecken in dieser Position wichtige Bildinformationen. In diesem Fall werden sie entweder an eine andere Stelle gesetzt oder es sind an diesen Stellen nur Einzeiler möglich. Die Positionierung am unteren Bildrand ist von Vorteil, da sich der wichtigste Teil des Bildes (wie z. B. Gesichter) normalerweise im mittleren Bildbereich befindet (vgl. Ivarsson 1992:64f.). Ein Einzeiler sollte ganz unten am Bildrand positioniert werden, um möglichst wenig Bildinformation zu verdecken.

Der Text wird meist zentriert gesetzt, da der Weg des Auges vom Bildzentrum, wo sich meist die Haupthandlung abspielt, zum Zentrum des unteren Bildrandes kürzer ist als zur Seite. Die Zentrierung der Untertitel geht auf die Anfänge der Untertitelung zurück, als das Bild an den Rändern aufgrund der Projektionsverfahren noch unscharf war. Diese Probleme bei der Projektion gehören jedoch heutzutage der Vergangenheit an. Teilweise werden Untertitel auch links- oder rechtsbündig gesetzt. (Vgl. Ivarsson 1992:63.)

Manche Firmen setzen Dialog-Untertitel linksbündig oder linkszentriert, um sie vom Rest der Untertitel abzugrenzen. Auch Karamitroglou (1998, Webseite 15) fordert eine linksbündige Positionierung von Dialogen. Es steht jedoch zur Diskussion, ob es von Vorteil für den Zuschauer ist, wenn die Position der Untertitel sich im Verlauf eines Films häufig verändert oder nicht.

Bei Zweizeilern sind die beiden Zeilen idealerweise gleich lang, da der Zuschauer an ein Lesen von Texten im Blocksatz gewöhnt ist (vgl. Karamitroglou 1998, Webseite 15). Häufig ist diese Aufteilung aber aus Gründen, die im folgenden erläutert werden sollen, nicht möglich, sodass eine Zeile kürzer als die andere sein muss. Vorzugsweise ist die obere Zeile kürzer als die untere (Pyramidenform). Wenn aber dadurch unsinnige Zeilenumbrüche entstehen, ist der semantischen Einheit Vorzug vor der geometrischen Form zu geben.

Ein Satz sollte nicht über zu viele Untertitel fortgeführt werden, da die Gefahr besteht, dass der Zuschauer den Zusammenhang nicht mehr durchschauen kann (vgl. Buhr 2003:26). Es sollten auch nie anderthalb oder zwei halbe Sätze in einem Untertitel stehen. Karamitroglou (1998, Webseite 15) geht sogar soweit zu fordern, dass nicht mehr als zwei Sätze für einen Untertitel zulässig sind und jeder Satz jeweils eine Zeile in Anspruch nehmen sollte. Das ist zwar eine sehr ästhetische Aufteilung, doch leider ist es oft kaum möglich, eine solche auch anzuwenden.

Eine serifenlose Schrift, wie Helvetica oder Arial, ist am besten für das Lesen von Untertiteln auf einer Leinwand oder einem Bildschirm geeignet. Bei Fernsehen, Video und DVD wird üblicherweise eine größere Schriftgröße gewählt, da die Bildauflösung aufgrund des zeilenweisen Bildaufbaus schlechter ist und die

Kontraste auf dem Bildschirm geringer sind. (Vgl. Karamitroglou 1998, Webseite 15 sowie Buhr 2003:26.)

Bei der Untertitelung für Fernsehen, Video und DVD kann die Lesbarkeit der Untertitel durch einen Schattenwurf, einen halbtransparenten oder schwarzen Kasten (Black Box) oder durch die Verwendung von Farben für die Schrift verbessert werden. Über die ästhetische Wirkung dieser Maßnahmen lässt sich streiten. Die Lesbarkeit von farbigen Untertiteln wird nicht wirklich erhöht, da sich jeder Bildpunkt aus den drei Primärfarben zusammensetzt. Weiße Buchstaben setzen sich aus einer Kombination der drei Farben zusammen und sind daher heller und klarer definiert als farbige Buchstaben. Auch der Farbwechsel kann je nach Hintergrund das Auge irritieren. Demnach sollten farbige Untertitel nur als Zuordnungshilfe für Gehörlosenuntertitel verwendet werden. Durch die Zuordnung von Farben zu den Darstellern wird es für gehörlose und hörgeschädigte Zuschauer möglich zu erkennen, wer spricht. (Vgl. Ivarsson 1992:58-62.)

Bedingt durch die Art der Fixierung auf dem Filmmaterial, sind Filmuntertitel immer weiß. Dadurch kann es zu Leseschwierigkeiten kommen, wenn Untertitel auf hellem Untergrund stehen. Meist sind die Filmuntertitel gerade noch lesbar, da der Film selbst nie reinweiß ist, die Laseruntertitel hingegen fast immer weiß sind. (Vgl. Buhr 2003:26f.)

Die Möglichkeiten der Texthervorhebungen sind beschränkt. Fettschreibung und Unterstreichung sind nicht zu empfehlen und werden grundsätzlich nicht verwendet. Die Betonung sollte durch die Syntax erreicht werden, meist gibt auch die Intonation des Sprechers Aufschluss über die Akzentuierung der Aussage. Kursive Schrift ist die einzige der drei bekannten Hilfsmittel zur Texthervorhebung, die bei der Untertitelung zum Einsatz kommt. Aber auch dieses Mittel sollte eher sparsam verwendet werden, da kursiver Text schwerer zu lesen ist. (Vgl. auch Buhr 2003:26.) SUBS benutzt die Kursivmarkierung ausschließlich für Stimmen aus dem Off und für die Untertitelung von Liedern. Wird in dem Film hauptsächlich gesungen (z. B. bei Opern, Musicals usw.), kann auf diese Form der Markierung verzichtet werden, um die Lesbarkeit der Untertitel zu verbessern. Um den Liedtext noch weiter vom gesprochenen Dialog abzusetzen, wird der Anfangsbuchstabe jeder Zeile groß geschrieben und auf alle Satzzeichen verzichtet. Die Untertitelung von Liedern erfolgt für den deutschen Markt nur auf Wunsch des Kunden. Wenn der Untertitler die Lieder als wichtig für den Inhalt des Films bewertet, kann er dem Kunden auch den Vorschlag machen, sie zu untertiteln.

Andere Firmen setzen außer Stimmen aus dem Off und Liedern auch Markennamen und nicht geläufige fremdsprachige Ausdrücke kursiv. Karamitroglou (vgl. 1998, Webseite 15) plädiert dafür, nur Off-Stimmen und nicht geläufige fremdsprachige Ausdrücke kursiv zu setzen, Lieder fallen für ihn nicht in diese Sparte.

Überraschungs- und Spannungsmomente müssen, wie schon des Öfteren erwähnt, betont und erhalten werden. SUBS nutzt auch noch andere Mittel der graphischen Betonung, wie z. B. ‚Du' für eine leichte Betonung und ‚DU' für eine starke Betonung, z. B.: Woher willst DU denn das wissen? Manche Untertitler empfinden diese Art der Betonung aber als unästhetisch und halten sie für unangebracht. Meines Erachtens kann ein Großteil der Betonung durch die Syntax und die Intonation des Sprechers übermittelt werden, aber es ist natürlich möglich, dass sich aus einem bestimmten Situationskontext diese Wahl der graphischen Betonung anbietet.

Generell ist die Nutzung von Versalien für die Markierung von Bauchbinden oder Einblendungen reserviert. Darüber ist man sich in Literatur und Praxis einig.

Wie in jedem Schriftmedium sollten Orthographie und Interpunktion beachtet werden. Gerade orthographische Fehler werden oft als störend empfunden und bieten häufig Anlass für Publikumsbeschwerden. Kurzformen wie ‚Wie geht's?' und ‚So machen wir's.' usw. können verwendet werden. Gerade da sie eher der gesprochenen Sprache als der Schriftsprache zuzuordnen sind, unterstützen sie die Illusion der gesprochenen Sprache im Untertitel. Dennoch sollte auf Zeichen verzichtet werden, die nicht zwingend notwendig sind und den Lesefluss stören könnten. Ein Beispiel hierfür ist das Semikolon, das auf der Leinwand oder dem Bildschirm leicht mit dem Doppelpunkt verwechselt werden kann. Wenn bestimmte Zeichen als Signale verwendet werden, wie z. B. die Spiegelstriche als Markierung eines Dialogs, sollten sie ausschließlich zu diesem Zweck eingesetzt werden. Buhr (2003:26) rät von der Nutzung mehrfacher Satzzeichen (‚!!' oder ‚?!') ab. Da die Sprecher Überraschung und Erstaunen meist durch ihre Gestik oder Mimik zum Ausdruck bringen, ist eine zusätzliche Verdeutlichung unnötig. Auch darüber lässt sich natürlich streiten. Karamitroglou (1998, Webseite 15) schlägt vor, dass Klammern in seltenen Fällen für erklärende Einschübe im Untertitel genutzt werden können. Meines Erachtens würde dadurch nur Verwirrung entstehen, und es sollte daher davon abgesehen werden. Doppelte Anführungszeichen werden von SUBS für direkte Rede und damit auch für Zitate und Gedichte verwendet. Wichtig ist vor allem die logische Einheitlichkeit innerhalb eines Films. Bei Gedichten wird, wie auch bei Liedern, der Anfangsbuchstabe jeder Zeile groß geschrieben und auf Satzzeichen verzichtet. Zieht sich die direkte Rede, das Zitat oder Gedicht über mehrere Untertitel steht ein doppeltes Anführungszeichen am Anfang des ersten und am Ende des letzten Titels. Die wörtliche Rede wird durch ‚Ich dachte' etc. gefolgt von einem Doppelpunkt eingeleitet, z. B.: Er sagte: "Hau ab." Die Anführungszeichen stehen immer oben, da sie in dieser Position leichter wahrgenommen werden.

Drei Auslassungspunkte werden von SUBS, wie auch von den anderen Firmen, beim Abbruch eines Satzes („Ich würde dir sagen, wenn...“), eines Worts („Ihr verdammten Schwei...“) und bei einer Pause im Satz verwendet („Sagen wir mal... 200 Mark.“). Soll eine Pointe nicht vorweggenommen werden, können auch zwei Untertitel daraus gemacht werden. In diesem Fall stehen drei Punkte am Ende des ersten und am Anfang des zweiten Untertitels. Bei kurzen Sprechpausen sind keine Auslassungspunkte nötig, auch wenn ein Satz über mehrere Titel geht.

Ein Sprecherwechsel im Untertitel wird bei SUBS durch einen Spiegelstrich gefolgt von einem Leerzeichen in der zweiten Zeile angezeigt:

Kommt ihr wirklich allein zurecht?
- Klar, Tante Audrey.

Auch bei Lehmann (s. auch Buhr 2003:24) wird mit Dialogen auf diese Art verfahren. Karamitroglou (vgl. 1998, Webseite 15) verlangt zwei Spiegelstriche für jeden Sprecher, ohne Leerzeichen, wobei der Dialog entweder linkszentriert oder linksbündig steht. Andere setzen entweder einen Spiegelstrich ohne Leerzeichen in die zweite Zeile, oder zwei Spiegelstriche gefolgt von einem Leerzeichen. Gerade hier scheint es nur wichtig zu sein, dass im ganzen Film einheitlich vorgegangen wird. Spiegelstriche sollten ausschließlich zur Markierung des Sprecherwechsels verwendet werden. Die Verwendung von Spiegelstrichen zur Markierung von Einschüben oder gar zur Silbentrennung ist zu vermeiden. Es sollte auf keinen Fall Silbentrennung in der Untertitelung verwendet werden. (Vgl. auch Buhr 2003:26.)

Oft kommt es vor, dass mehr als zwei Personen gleichzeitig reden. Generell sollten dennoch nur zwei Sprecher in einem Untertitel erscheinen, um die Zuordnung nicht zu kompliziert zu gestalten. In absoluten Ausnahmen sind laut Buhr (2003:25) aber bis zu vier Sprecherwechsel in einem Untertitel möglich.

Ziffern und Zahlen von 1-12 sollten, wenn möglich, ausgeschrieben werden. Ab 13 kann auch die Ziffer geschrieben werden. Aber dabei ist trotzdem noch der Kontext zu beachten, z. B.: Es heißt zwar ‚unter vier Augen', aber das Schulkind will ‚5 Euro' Taschengeld. Währungssymbole sollten, wie das Beispiel zeigt, möglichst auch ausgeschrieben werden.

Für die Konventionen des Layouts gilt in erster Linie, dass auf Einheitlichkeit in einem Film unbedingt geachtet werden sollte, damit der Zuschauer das System durchschauen kann und ‚weiß', wie beispielsweise die kursive Hervorhebung zu deuten ist.

4.3 Der Untertitler und die Arbeitswelt

4.3.1 Anforderungen an Untertitler

Die Untertitelung (und damit der Untertitler) leistet einerseits mehr und andererseits weniger als eine ‚normale' Übersetzung. Weniger, da nicht alles übersetzt wird, mehr, da der Übersetzer zusätzliche Informationen einfügen und in das filmische Gesamtwerk einbetten muss. Dadurch entsteht ein Prioritätenkonflikt zwischen der Treue zum Zuschauer, der Treue zum Regisseur und der Treue zum Text. Ein großer übersetzerischer Erfahrungsschatz, profunde Kenntnisse von Ausgangs- und Zielsprache sowie deren Konnotationen und kulturellen Unterschiede, Terminologie- und Recherchekompetenz sind nicht ausreichend, um der Aufgabe der qualitativ hochwertigen Untertitelung gerecht zu werden.

> [Ein Untertitler braucht] das musikalische Ohr eines Dolmetschers, die nüchterne Urteilsfähigkeit eines Nachrichtenredakteurs und den Sinn eines Designers für Ästhetik [...]. Um die Untertitel auch synchron mit dem Leinwandgeschehen zu präsentieren, braucht er überdies die sichere Hand eines Chirurgen und das Zeitgefühl eines Schlagzeugers. (Gottlieb 2002:211)

Wie Übersetzer auch, müssen Untertitler unter Zeitdruck und Stress arbeiten können. Außerdem wird von ihnen eine besondere Kompetenz für das Schreiben von Medientexten verlangt. Sie müssen in der Lage sein, den Filmtext zu analysieren, umzuschreiben, zu verkürzen und ihn den Beschränkungen durch Zeit und Raum anzupassen. Sie müssen ein gewisses technisches Verständnis mitbringen und dürfen keine Scheu vor dem Umgang mit neuen Technologien haben. Sie müssen sehr gute Selbstevaluierungsfähigkeiten haben, um schnelle Übersetzungsentscheidungen treffen zu können. Sie müssen fähig sein, die Verantwortung für die Qualität ihrer Arbeit zu übernehmen und im Team zu arbeiten. (Vgl. Gambier 2003:184 und Gottlieb 2002:211.)

4.3.2 Kunden des Untertitlers

Der Großteil der Untertitler arbeitet entweder freiberuflich oder in Festanstellung für Untertitelungsfirmen. Meist werden Untertitelungen im Auftrag einer Verleih-, Vertriebs- oder Produktionsfirma oder einer Fernsehanstalt erstellt. In den seltensten Fällen ist der Regisseur selbst der Auftraggeber. Der Verleih ist für den nationalen Markt zuständig, d. h. er verleiht entweder Filme inländischer Produktionsfirmen oder Filme ausländischer Produktionsfirmen an deutsche Kinos. Verleiher geben also die Untertitel für den nationalen Markt in Auftrag. Der Vertrieb ist für den internationalen Markt zuständig, d. h. er gibt die Untertitel für Filme inländischer Produktionsfirmen für den Vertrieb im Ausland in Auftrag. (Vgl. Buhr 2003:124f.)

Konflikte mit den Kunden sind in der Untertitelungsbranche keine Seltenheit, da der Kunde sich oft nicht über die besonderen Begrenzungen der Untertitelung im Klaren ist. Es wird über Textreduktionen und stilistische Fragen diskutiert, wobei der Untertitler dem Kunden die besonderen Einschränkungen der Untertitelung nahe bringen sollte. Besonders schwierig wird es, wenn der Kunde eine Übersetzung oder eine Untertitelliste liefert. Meist sind diese gar nicht oder bestenfalls teilweise verwendbar. Dem Kunden muss in solchen Fällen erklärt werden, dass Timing und Übersetzung eng miteinander verwoben sind, sodass eine bereits erstellte Übersetzung oft nicht verwendbar ist. Das Berufsethos des Übersetzers, der nicht verändern darf, was eine Person gesagt hat, damit es den Absichten des Produzenten entspricht, ist oft eine Quelle von Konflikten (vgl. Ivarsson 1992:79). Leider wird in diesen Fällen zu oft den Wünschen des Produzenten nachgegeben. Konfliktpotential bietet häufig auch die Tatsache, dass der Verleiher über die Vorstellungen des Regisseurs nicht genau informiert ist. So kommt es vor, dass nach einer positiven Abnahme durch den Auftraggeber Kritik von Seiten des Filmemachers laut wird. Häufig arbeitet der Regisseur noch an dem Film weiter, sodass die Untertitel teilweise oder vollständig neu gemacht werden müssen. Das verlängert den Untertitelungsprozess ungemein und führt dazu, dass Termine nicht eingehalten werden können. Es ist wichtig, solche Probleme im persönlichen Gespräch mit dem Kunden zu lösen. Ein Teil des Konflikts beruht auf der Tatsache, dass der Untertitler Interesse an aus seiner Sicht guten Untertiteln hat, weil er mit seinem Namen für die Qualität der Untertitel steht. Falls der Konflikt zwischen Auftraggeber und Untertitler nicht gelöst werden kann, bleibt dem Untertitler als einzige Lösung, seinen Namen nicht unter die Untertitelung zu setzen. (Vgl. Buhr 2003:127ff.)

4.3.3 Rechte des Untertitlers

Der Untertitler hat das Recht auf Namensnennung am Ende des Films, aber er wird nur für den Auftrag bezahlt und kann keine Urheberrechte für seine Übersetzung geltend machen. Er erhält normalerweise nicht das Urheberrecht an seiner Untertitelung und wird nicht finanziell an der Erstellung weiterer untertitelter Filmkopien sowie an der Ausstrahlung im Fernsehen und dem Vertrieb von untertitelten Videobändern beteiligt. Das liegt hauptsächlich daran, dass der Kunde keine Verträge aushandeln will, die ihn verpflichten, für jede weitere Kopie oder Ausstrahlung eines Films Tantiemen an den Übersetzer abzuführen. Die Forderung, den Preis so hoch anzusetzen, dass auch eine weitere Verwendung abgegolten wird, ist genauso wenig im Kundeninteresse, da der Erfolg eines Films in der Regel nur schwer abzuschätzen ist. Laut Dries (1995:27) gibt es eine Tendenz zur Gründung professioneller Organisationen zum Schutz der Rechte von Untertitlern, doch bis jetzt sind noch keine positiven Veränderungen in diesem Bereich zu erkennen. (Vgl. Buhr 2003:130.)

4.4 Die Fixierung der Untertitel auf dem Filmmaterial

4.4.1 Beim Film

Aus Sicht des Zuschauers hat das Kinoerlebnis einer OmU-Fassung, abgesehen von verbesserter Lesbarkeit und höherer Synchronität, keine grundlegenden Veränderungen erfahren. Doch hinter den Kulissen hat sich einiges getan. 1930 entwickelte der Norweger Leif Eriksen als erster eine Methode, mit deren Hilfe die Untertitel auf dem Filmmaterial selbst eingestanzt werden konnten. Weitere Methoden zur Eingravierung der Untertitel wurden im Laufe der Jahre entwickelt, doch erst Ende der 1980er Jahre konnte mit der Laseruntertitelung eine entscheidende Verbesserung der Lesbarkeit erzielt werden. Die in Kapitel 2.1.3 bereits erwähnte mechanische Untertitelung von Eriksen, die thermische Untertitelung von Turchányi, die photochemische Untertitelung von Hruska und Ertnæn und die optische Untertitelung werden heute vereinzelt in manchen Filmlaboren in Osteuropa und Südamerika genutzt. Allerdings gilt heute die Laseruntertitelung als das Nonplusultra. Die erste Laseruntertitelungsmaschine für 35mm-Film kam 1988 auf den Markt, Maschinen für 16mm folgten ein paar Jahre später. Heute gibt es verschiedene Anbieter in Europa, China, Israel, USA etc., die Laseruntertitelungssysteme in unterschiedlicher Qualität (und Preislage) anbieten. (Vgl. Buhr 2003:40.)

Bei dem Lasereingravierungsprozess werden die vorbereiteten Untertiteldateien in ein Format konvertiert, das die Maschine lesen kann. Der Eingravierungsprozess wird mit Hilfe zweier Spiegel-Galvanometer kontrolliert. Ein hochpräziser, starker Laserstrahl schreibt dann, dem Timecode folgend, die Untertitel auf den Film, indem er die Emulsion, mit der der Film bedeckt ist, wegschmilzt. Die Untertitel werden Bild für Bild auf den Film geschrieben, alle Bilder innerhalb eines Untertitels tragen die Schrift, nicht zu untertitelnde Sequenzen werden vorgespult. Die Lesbarkeit der Buchstaben ist normalerweise exzellent und die Konturen der Buchstaben werden durch eine leichte Schattierung hervorgehoben, die aus den Partikeln entsteht, die von der weggeschmolzenen Emulsion an den Rändern der Buchstaben hängen bleiben. Die Schrift an diesen Stellen ist absolut weiß. Da dort der Film völlig transparent ist, sind die Buchstaben klar und scharf. Die Lasermaschine kann Titel so platzieren, dass sie nicht mit Einblendungen oder Bauchbinden im Bild in Konflikt geraten. Der Vorgang dauert, je nach Anzahl der Untertitel und der Qualität des Filmmaterials, ungefähr zehn Mal so lange wie die eigentliche Projektionszeit. Für einen zweizeiligen Untertitel braucht der Laser weniger als eine Sekunde. Zwar sind die Kosten für die Anschaffung einer Laseruntertitelungsmaschine sehr hoch, aber dafür ist der Prozess stark automatisiert und erfordert nur wenig Personal. Da sich Unstimmigkeiten wie Verschiebungen zwischen gesprochenem Text und Untertitel ergeben können, muss ein Techniker den Laserprozess überwachen, damit er bei Fehlern den Film sofort stoppen kann. Die Untertitel müssen vor dem Lasern genau geprüft werden. Danach können keine Fehler mehr ausgebessert werden. Die Kosten für ein neuerliches Lasern aufgrund eines Fehlers kostet die Untertitelungsfirma ca. €600 pro Filmrolle (ca. 20 min Film). Nach dem Lasern wird der Film in einer speziellen Maschine gewaschen, gespült und getrocknet, damit die weggeschmolzenen Partikel entfernt werden. Folgende Vorteile machen die Laseruntertitelung so beliebt: Die Untertitel sind sehr exakt und daher gut lesbar, da der Film an den gelaserten Stellen völlig transparent ist. Sogar gegen hellen Hintergrund setzen sich gelaserte Untertitel noch gut ab. Es werden keine Chemikalien verwendet, was die Kosten senkt und gleichzeitig die Umwelt nicht belastet. Der einzige Nachteil sind die hohen Anschaffungskosten der benötigten Maschinen. (Vgl. Ivarsson/Carroll 1998:12-18 und Buhr 2003:40f.)

4.4.2 Bei Fernsehen, Video und DVD

Bei der Untertitelung für Fernsehen und Video dienen Betacam-SP oder Digibeta als Medium, auf das die Untertitel fixiert werden. Die Untertitel werden in ein Videosignal umgewandelt und in das Videoband gemischt. Für das Einfügen der Untertitel in ein Videosignal werden so viele Bildzeilen aus dem Videobild herausgenommen, wie für die Untertitel benötigt werden. Zur Verbesserung der Lesbarkeit können die Untertitel in einen schwarzen Kasten, die so genannte Black Box, gesetzt werden. Mittels eines Schriftgenerators wird die Schrift in das Videosignal eingefügt und kann bearbeitet werden. Zu den Bearbeitungstools gehören die Überschneidung oder das Kerning. Beim Kerning werden die Buchstabenzwischenräume zugunsten der Lesbarkeit verändert, die Position der Untertitel kann an den Film angepasst werden, d. h. bei Bauchbinden kann der Untertitel beispielsweise an einer anderen Stelle im Bild platziert werden. (Vgl. Buhr 2003:39.)

Bei der DVD-Produktion werden die Untertitel wiederum auf andere Weise auf dem Trägermaterial fixiert[26]. Die Untertitel sind als Graphikdateien auf der DVD gespeichert und werden, wenn nötig, über das Filmbild gelegt. Ein Beispiel: Der Hintergrund (in diesem Fall grün) wird transparent geschaltet, so dass nur der Text zu sehen ist. Des Weiteren ist eine Steuerungsdatei vorhanden, die festlegt, welche Grafik zu welchem Timecode ein- und ausgeblendet wird. So können die Untertitel nach Belieben ein- und ausgeschaltet werden.

4.4.3 Beim Live-Subtitling[27]

Beim Live-Subtitling werden die Untertitel entweder mit Hilfe eines Videoprojektors auf die Kinoleinwand projiziert oder auf einer LED-Anzeige unter der Leinwand angezeigt. SUBS benutzt für das Live-Subtitling ein Untertitelungsprogramm, das 1999 von Christopher Mondt entwickelt wurde. Das Programm wandelt .stl- oder Worddateien in ein programmeigenes Dateiformat um. Die maximale Zeichenzahl beträgt 45 Zeichen pro Zeile. Das Programm ist ähnlich aufgebaut wie die FAB-Untertitelungssoftware. Zur Vorbereitung der Live-Projektion misst der Vorführer die Projektorgeschwindigkeit, die im Idealfall 24 Bilder pro Sekunde beträgt. Die Projektionsgeschwindigkeit kann sich, wenn der Projektor heiß läuft, im Verlauf der Vorführung verändern, sodass die Untertitel während der Vorführung ständig kontrolliert, und wenn nötig, angepasst werden müssen. Der Zähler des Computers wird mit der gemessenen Projektionsgeschwindigkeit des Projektors synchronisiert. Der Computer ist mit dem Videobeamer verbunden. Der Vorführer startet den ersten Untertitel über eine Tastenkombination. Mit Hilfe einer Tastenkombination kann er seine Reaktionszeit und etwaige Verschiebungen, die sich daraus ergeben haben, anpassen, sodass die Titel wie vorgesehen zu sehen sind. Damit der Beamer nicht das ganze Filmbild erhellt, ist eine Klappe vor den Beamer montiert, die sich nur öffnet, wenn ein Untertitel erscheinen soll. Die Klappe ist mit dem Computer verbunden. Da es sich dabei um ein eher störanfälliges Verfahren handelt, wurde eine neue Methode entwickelt. Ein zweiter virtueller, schwarzer Bildschirm wird zwischengeschaltet. Die Klappe ist nicht mehr nötig, und die Untertitel werden gesendet, ohne dass es zu einer so großen Aufhellung kommt. Durch einen Filter vor der Linse des Beamers lässt sich das Bild noch weiter verdunkeln.

---

26 Die folgenden Informationen stammen aus einer Email-Korrespondenz mit Christoph Bauer, Projektleiter bei Digital Images (Halle/Saale).

27 Die folgenden Informationen wurden mir in einem persönlichen Gespräch mit Jeannette Wolf, einer der beiden Geschäftsführerinnen der Firma SUBS GbR, im Juli 2005 mitgeteilt.

Das Live-Subtitling wird meistens vom Festival bezahlt. Will der Filmemacher die .stl-Dateien weiter verwenden, beispielsweise für eine Laseruntertitelung, zahlt er noch einmal eine bestimmte Summe für die Rechte an der Untertitelung.

5 Untertitelanalyse: SHOOTING BOKKIE, WASP und GREEN BUSH

Was mich bei der Fragestellung meiner Arbeit in erster Linie interessiert hat, war der Untertitelungsprozess und die Probleme, die sich dem Untertitler in diesem Prozess stellen. Als weiteres Element kam im Verlauf meiner Arbeit an diesem Thema der Aspekt ‚Anfänger vs. Fortgeschrittener' hinzu. Gleichzeitig war es mir ein Anliegen, die Untertitelung in einem professionellen Rahmen zu beschreiben. Zum Zweck der Untersuchung des Untertitelungsprozesses und der Probleme, die dabei auftauchen können, habe ich drei Filme in verschiedenen Stadien meines Lernprozesses als angehende Untertitlerin bearbeitet.

Auf eine kurze Vorstellung der Beispielfilme, die für die Studie herangezogen wurden, folgt die Untersuchung des Untertitelungsprozesses nach zwei Hauptfragestellungen: Gibt es ein Muster in meiner Vorgehensweise bei der Untertitelung? Wie stark lassen sich die einzelnen Arbeitsschritte der Untertitelung voneinander abgrenzen? Im darauffolgenden Teil des Kapitels werden Beispiele für Probleme bei der Untertitelung untersucht und ihre Lösung besprochen. Abschließend werden die Untersuchungsergebnisse zusammengetragen und diskutiert.

5.1 Vorstellung der Beispielfilme

Bei den drei Beispielfilmen handelt es sich um Kurzfilme. Diese Gattung lässt sich als die Urform des Films bezeichnen, da zu Beginn der Filmära aus technischen Gründen nur kurze Filme gedreht werden konnten. Die ersten Filme hatten dokumentarischen Charakter, doch schon bald wurden auch fiktive Geschichten mit dem neuen Medium erzählt. Mit der Weiterentwicklung der Filmtechnik wurden die Filme immer länger. Der Kurzfilm wurde vom Langfilm verdrängt. Heute sind 90 Minuten die Länge, die bei einen Film als ‚normal' angesehen werden. Eine Weile fungierte der Kurzfilm noch als Vorfilm, doch bald wurde er aus dem regulären Kinoprogramm verbannt. Trotz allem erfreut sich die Gattung Kurzfilm auch heute noch großer Beliebtheit, was sich an den zahlreichen Filmfestivals, die ausschließlich Kurzfilme zeigen, sehen lässt. Oft wird der Kurzfilm auch mit dem Kunstfilm gleichgesetzt. In der Erzählweise ist der Kurzfilm der Kurzgeschichte verwandt. Die Dauer kann wenige Sekunden bis zu einer Stunde betragen. (Vgl. auch Webseite 21.)

SHOOTING BOKKIE und WASP wurden für das Internationale Kurz Film Festival (IKFF) Hamburg, das jedes Jahr im Juni stattfindet, im Mai/Juni 2004 von mir im Auftrag der Untertitelungsfirma SUBS GbR untertitelt. Bei der Untertitelung für SHOOTING BOKKIE handelt es sich um eine Laseruntertitelung, WASP wurde live projiziert. GREEN BUSH wurde ein Jahr später von mir für das gleiche Filmfestival und den gleichen Auftraggeber untertitelt. Wie bei WASP handelte es sich dabei um Live-Subtitling.

Alle drei Filme wurden mit Erfolg auf internationalen Festivals gezeigt.

5.1.1 SHOOTING BOKKIE

Südafrika 1999, Regie: Rob de Mezieres

De Mezieres selbst bezeichnet seinen Kurzfilm als *Mockumentary*. Darunter wird ein Spielfilm verstanden, der wie ein Dokumentarfilm wirken soll, aber keiner ist. Die Filmemacher Adam Rist und Rob de Mezieres spielen sich selbst in diesem Film. Sie wollen einen Dokumentarfilm über einen Bokkie drehen. Ein Bokkie ist ein minderjähriger Auftragskiller, der für die Gangs in den schwarzen Slums in Kapstadt arbeitet. Sie versuchen ihr Filmteam und verschiedene Geldgeber bzw. Produktionsfirmen von ihrer Idee zu überzeugen und stoßen dabei, wie zu erwarten, auf Widerstand. Nur die beiden Regisseure und Christo Davids, der den Bokkie spielt, wissen anfangs, dass dieser Film gestellt sein wird. Durch diese Art des Drehens wird eine große Glaubwürdigkeit erreicht. Die Reaktionen sind echt und es wird nicht nur das Bokkie-Phänomen auf diese Weise beleuchtet, sondern auch auf die Frage eingegangen, was ein Dokumentarfilm darf und was nicht.

Der Film spielt mit den typischen Merkmalen eines Dokumentarfilms. Die Aufnahmen sind oft wacklig und grobkörnig. Das Bild wechselt zwischen Schwarzweiß- und Farbaufnahmen. Gelegentlich wurde mit einem Blaufilter gefilmt. Der Ton variiert stark und ist an manchen Stellen extrem schlecht. Die Dialoge sind hauptsächlich in Englisch, teilweise in Afrikaans. Für die Übersetzung aus dem Afrikaans standen englische Untertitel zur Verfügung. Teilweise ist der Film auch an englischen Dialogstellen, die akustisch schwer zu verstehen sind, mit englischen Untertiteln im Original versehen. Die Untertitel entsprechen aber nicht den SUBS-Standards und konnten aus diesem Grund nicht für die Untertitelung als Vorlage dienen. Der Film ist in Kapitel eingeteilt, die durch einleitende Texttafeln grob skizziert werden. Die einzelnen Kapitel werden durch die Einblendung eines flackernden Fernsehbildschirms weiter unterteilt. An diesem Film lässt sich deutlich sehen, wie die semiotischen Kanäle zusammenarbeiten, um den gesamten Filminhalt zu übermitteln. Und zwar gerade dadurch, dass die Informationen, die der Zuschauer aus den verschiedenen Kanälen herauslesen kann, unterschiedlich sind und sich teilweise widersprechen. Beispielsweise ist der Film bewusst so geschnitten, dass der Zuschauer die Filmcrew sieht, die sich vehement gegen das Vorhaben von Adam und Rob ausspricht. Während die Tonspur weiter dem Streitgespräch folgt, sieht der Zuschauer Bilder, die die Worte der Crew Lügen strafen, denn sie zeigen sie bei den Dreharbeiten zu SHOOTING BOKKIE. Diese zwei Informationen lassen sich nicht vereinen und für den Zuschauer kommen Zweifel an der ‚Echtheit' des Dokumentarfilms auf.

Die Voraussetzungen für die Untertitelung des Films waren nicht gerade optimal. Es war kein Skript vorhanden, der Dialog musste transkribiert werden, was aufgrund des mangelhaften Tons keine leichte Aufgabe war. Glücklicherweise erklärte sich der Regisseur zur Korrektur des erstellten Skripts bereit. Für die Gattung Kurzfilm, die oft ohne viele Worte auskommt, herrscht in diesem Film eine hohe Dialogdichte. Die Dialogdichte und die vielen Schnitte und Überblendungen machten die Untertitelung dieses Films zu einer Herausforderung.

5.1.2 WASP

Großbritannien 2003, Regie: Andrea Arnold

Zoe ist eine junge, alleinerziehende Mutter von vier Kindern, die ohne Geld, Arbeit und Mann mehr schlecht als recht über die Runden kommt. Als sie ihre Jugendliebe David zufällig wiedertrifft, verleugnet sie ihre Kinder, aus Angst sonst unattraktiv für ihn zu sein. Sie kann keinen Babysitter für ihre Kinder finden und muss sie zu ihrem Date mit David mitnehmen. Sie lässt ihre Kinder unbeaufsichtigt vor dem Pub spielen, während sie sich der Hoffnung auf eine neue Liebe hingibt. Ihrem Versteckspiel wird durch eine Wespe, die in den offenen Mund ihres jüngsten Sohnes Kal krabbelt, ein jähes Ende bereitet. David reagiert freundlich, lädt die Kinder zum Essen ein und fährt sie nach Hause, um dort über alles zu reden. Ein Happyend? Es scheint so.

Andrea Arnolds war mit ihrem Kurzfilm sehr erfolgreich. Nachdem sie schon mehrere Festivalpreise gewonnen hatte, wurde ihr Erfolg 2005 durch einen Oscar in der Kategorie ‚Bester Kurzfilm' gekrönt. Diese Mischung aus Liebesgeschichte mit möglichem Happyend und Sozialstudie, die schonungslos die britischen Zustände anprangert, wurde von der Jury und dem Publikum mit großem Enthusiasmus aufgenommen. Sie wirft dabei sozialkritische Fragen auf und entlässt den Zuschauer dennoch mit einem positiven Gefühl aus dem Kinosaal.

Der Ton ist zwar auch bei diesem Film nicht besonders gut, aber da ein Postproduktionsskript vorhanden war, ließ sich der Filmdialog gut verstehen. Die Musik spielt in diesem Film eine Rolle, dennoch wurde auf die Untertitelung der Lieder verzichtet, da der Text die Handlung lediglich unterstreicht und nicht vorantreibt. Der Dialog ist ausschließlich in Englisch. Alle Personen kommen aus dem Milieu der englischen Arbeiterklasse, was sich nicht zuletzt an ihrer stark dialektal gefärbten Sprache erkennen lässt. Generell ist der Film eher ruhig geschnitten, nur bei der Schlägerei zwischen den beiden Frauen, mit der der Film beginnt, kommt es zu einem hektischen Bildwechsel, der Auswirkungen auf die Untertitel hat.

Die Voraussetzungen für die Untertitelung waren bei diesem Film gut. Leider blieb nur wenig Zeit für die Untertitelung, da die Bearbeitung von SHOOTING BOKKIE viel Zeit in Anspruch genommen hatte. Da es offensichtlich war, dass SHOOTING BOKKIE ein arbeitsintensiveres Projekt werden würde, hatte ich mit diesem Film zuerst begonnen.

5.1.3 GREEN BUSH

Australien 2004, Regie: Warwick Thornton

Kenny ist Radiomoderator der Green Bush Show, in der Aborigines ihre Wünsche und Nachrichten an ihre Freunde und Verwandten hinter Gittern richten können. Jeden Abend erfüllt er ihre Musikwünsche und jeden Abend kriegt er

Besuch von alten und jungen Aborigines, die sich in seiner Küche zum abendlichen Plausch und zum Teetrinken versammeln. Diese Nacht kommt Rose, die von ihrem Sohn Steven krankenhausreif geschlagen wurde. Nachdem Rose von den Sanitätern ins Krankenhaus gebracht wurde, erscheint Steven. Kenny legt sich mit ihm an. Bevor die Situation eskaliert, geht Tjilpi, ein älterer Aborigine, dazwischen. Der Film erzählt von Gewalt und Menschenrechten und dem Kampf gegen Ungerechtigkeit im Kleinen.

Der Ton ist gut. Der Dialog ist, nicht zuletzt mit Hilfe eines Postproduktionsskripts, leicht zu verstehen. Das Englische ist in Lexik und Aussprache australisch gefärbt (z. B. ‚aunty', ‚no worries'). Kurz hört man die Aborigines auch in ihrer eigenen Sprache murmeln, aber das erscheint für die Handlung nicht wichtig. Im englischen Original wurde diese Stelle nicht untertitelt, aus diesem Grund wurde auch bei der deutschen OmU-Fassung darauf verzichtet. Lieder sind zwar wichtige Elemente im Film, werden aber zum Großteil nicht untertitelt. Die einzige Ausnahme ist eine Live-Aufnahme eines Clash-Konzerts aus dem Jahr 1982, bei dem Gary Foley, der sich für die Rechte der Aborigines einsetzte, als Gast auftrat und eine Rede hielt (vgl. Webseite 22). Drei Gründe sprechen für eine Untertitelung: Erstens ist Foleys Kampfrede wichtig für den Film, zweitens wird sie eigentlich mehr zur Musik gesprochen als gesungen und drittens kann Kenny sie auswendig und spricht sie mit. Nicht nur der Ton ist leicht zu verstehen, auch die Bildqualität ist gut. Der Film ist ruhig geschnitten.

Die Voraussetzungen für die Untertitelung waren sehr gut. Das Text- und Filmmaterial war vollständig vorhanden.

5.2 Der Untertitelungsprozess

5.2.1 Methodik und Zielsetzung

Wie in Kapitel 4.2.2 beschrieben, lassen sich laut Sánchez (2004:9-17) vier Untertitelungsmethoden unterscheiden. Im Fall der drei Beispielfilme wurden die drei Arbeitsschritte Rohübersetzung, Adaption und Timing von einer Person durchgeführt, so wie es als erste Untertitelungsmethode in Kapitel 4 beschrieben wurde (vgl. Sánchez 2004:16f.).

Eine der Grundideen der Arbeit war es, die Arbeitsweise einer semi-professionellen Untertitlerin zu untersuchen. Nach einer zweijährigen Abstinenz von der Untertitelung waren SHOOTING BOKKIE und WASP die zwei ersten Filme, die ich untertitelt habe. Zwar war mir die Untertitelungsarbeit durch meine zwei Praktika 2001 und 2002 vertraut, aber es fehlt mir an Übung mit der Übersetzungsform. Bei diesen zwei Untertitelungen lässt sich demzufolge von den Werken einer Anfängerin sprechen. Im September des vergangenen Jahres, also nur ein paar Monate nach der Untertitelung der beiden Filme, bekam ich die Gelegenheit einen Spielfilm untertiteln. Darauf folgte ein halbes Jahr reger Untertitelungsarbeit. In dieser Zeit habe ich viel gelernt und ich erkannte, dass sich meine Vorgehensweise bei der Untertitelung verändert hatte. Es schien mir lohnenswert, dies genauer zu untersuchen. Daraus entstand die Idee, einen weiteren Film für meine Diplomarbeit zu untertiteln, die Untertitelung auf gleiche Weise, wie die anderen beiden Filme zu dokumentieren, und das Ergebnis dieser Untertitelung mit den vorangegangenen zu vergleichen. Man kann also bei der Untertitelung von GREEN BUSH von einer fortgeschrittenen, semi-professionellen Untertitelungsleistung sprechen.

Daraus ergaben sich nun die folgenden zwei Fragestellungen: Welche Unterschiede zeigen sich in den Mustern der Arbeitsschritte, die zur Untertitelung der drei Filme vorgenommen wurden? Wie stark lassen sich die einzelnen Arbeitsschritte jeweils voneinander abgrenzen und gibt es tatsächlich eine Verwischung der Grenzen zwischen den Arbeitsschritten Übersetzung und Adaption, wie sie von Sánchez (2004:16f.) beschrieben wurde? Durch die Beantwortung dieser Fragen erhoffte ich mir Erkenntnisse darüber, wie der Lernprozess bei der Untertitelung aussehen kann und in welchen Bereichen der Lernprozess unterstützt werden sollte. Einschränkend galt zu bedenken, dass Lernen ein individueller Prozess ist und somit nur sehr allgemeine Schlüsse zulässig wären, die nicht für jeden Lerner zuträfen.

Die Suche nach einer passenden Untersuchungsmethode für mein Vorhaben gestaltete sich schwierig. Die Modelle, die es zur Untersuchung von Übersetzungsprozessen gibt, wie zum Beispiel die Protokolle des Lauten Denkens, sind in der knapp bemessenen Zeit, die bei der Filmuntertitelung zur Verfügung steht, nicht durchführbar. Außerdem würden diese Modelle zu weit gehen und wären aufgrund des komplexen audiovisuellen Textrahmens nicht einfach durchzuführen. Eine weitere Überlegung, die wieder verworfen werden musste, war die Erstellung von Verlaufsprotokollen, mit denen sich jeder Korrekturschritt in Textverarbeitungsprogrammen nachvollziehen lässt. Diese Funktion ist in der Textverarbeitung von Untertitelungssoftware nicht integriert. Beide Methoden mussten aus den genannten Gründen verworfen werden.

Es musste eine andere Herangehensweise her, mit der sich die genannten Arbeitsschritte messen ließen und damit verschiedene Muster erkennbar wurden. Zu Dokumentationszwecken speicherte ich jeden Abend eine Tagesversion der Untertiteldateien ab, ungeachtet dessen, wie lange an der Datei gearbeitet worden war. So ergab sich eine ungefähre Vergleichsgröße. Um eine differenzierte Bewertungsgrundlage zu schaffen, fügte ich den von Sánchez genannten drei Arbeitsschritten (Rohübersetzung, Adaption, Timing) weitere Parameter hinzu. Die Tagesversionen wurden auf Änderungen in den Teilbereichen Übersetzung (ÜS), Adaption (A), Korrektur (K), Neuverteilung der Untertiteleinheiten (NV) und Timing (T) untersucht. Mit Übersetzung wurde alles bezeichnet, was neu übersetzt worden war. Unter Adaption fielen alle Änderungen, die entweder nur eine Abwandlung der schon übersetzen Fassung darstellten oder als Kürzung zu verstehen waren. Veränderungen des Timings wurden mit Timing markiert. Dabei wurde keine weitere Unterteilung in Veränderungen des Time IN oder Time OUT gemacht. Mit Korrektur wurden Fehlerbehebungen und Änderungen der orthographischen Eigenheiten, die bei der Untertitelung eingesetzt werden (z. B. kursiv für Stimmen aus dem Off und Lieder), bezeichnet. Mit dieser weiteren Untersuchungseinheit konnte der Arbeitsschritt Adaption, unter den die Korrektur bei Sánchez gefallen wäre, klarer definiert werden. Damit wurde die Untersuchung der Arbeitsschritte Übersetzung und Adaption erleichtert. Mit der Neuverteilung der Untertiteleinheiten wurden Änderungen gekennzeichnet, bei denen das Timing und damit meist auch der Untertiteltext angepasst wurden. Für die Kategorie Timing hielt ich die Aussage über die Neuverteilung der Untertitel als aussagekräftiger, als die bloße Beschreibung, wann ein Time IN oder Time OUT verändert wurde. Die Neuverteilung der Untertitel ist letztendlich ein Zwitter aus den Arbeitsschritten Adaption und Timing. Denn meist wird in diesem Arbeitsschritt das Timing und der Untertiteltext verändert, d. h. adaptiert.

Die einzelnen Versionen oder Phasen für den Vergleich wurden in einer Tabelle nebeneinandergestellt. So fiel es leicht, die einzelnen Versionen miteinander zu vergleichen und festzustellen, wann welcher Arbeitsschritt stattgefunden hatte und ob sich dabei ein Muster erkennen ließ.[28]

Phase 1	Phase 2	Phase 3	Phase 4	Phase 5	Endfassung
			01: 00:00:37:15 00:00:40:23 ABORIGINE-MUSIK IM ABORIGINE-LAND	01: 00:00:37:15 00:00:40:23 ABORIGINE-MUSIK IM ABORIGINE-LAND	01: 00:00:37:15 00:00:40:23 ABORIGINE-MUSIK IM ABORIGINE-LAND
01: 00:00:50:13 00:00:54:09 ...has triggered an inquiry looking into issues surrounding the young man's death.	01: 00:00:50:13 00:00:54:09 <... was zu Ermittlungen im > <Todesfall des Jugendlichen führte.>	01: 00:00:50:13 00:00:54:09 <... was zu Ermittlungen im > <Todesfall des Jugendlichen führte.>	02: 00:00:50:13 00:00:54:09 <... was zu Ermittlungen> <im Todesfall des Jungen führte.>	02: 00:00:50:13 00:00:54:09 <... was zu Ermittlungen> <im Todesfall des Jungen führte.>	02: 00:00:50:13 00:00:54:09 <...und der Tod des jungen Mannes> <führte zu Ermittlungen.>

Tabelle 5.1 Auszug aus dem GREEN BUSH Vergleich

In ihrem Aufsatz über die verschiedenen Untertitelungsmethoden schreibt Sánchez (2004:9-17), dass die Arbeitsschritte Übersetzung und Adaption nicht getrennt durchgeführt werden. Es galt nun zu untersuchen, ob dies auch auf meine Herangehensweise zutraf. Einen ersten Eindruck erhoffte ich mir aus den Ergebnissen der Untersuchung der Muster. Um die Arbeitsschritte Übersetzung und Adaption näher zu untersuchen, wurden die Dateien nach Untertiteln mit zu kurzer Standdauer und Untertiteln, die über mehr als zwei Zeilen gingen, durchgegangen. Diese beiden Parameter sollten möglichst nicht in einer Endfassung erscheinen. Eine zu kurze Standdauer ist zwar noch zulässig, da nicht nur die vor-

28 Aufgrund des Textvolumens ließ sich das Untersuchungsmaterial nicht in einem Anhang integrieren. Auf das gesamte Material lässt sich auf der beiliegenden DVD zugreifen.

gesehene Lesegeschwindigkeit ein Faktor für die Lesbarkeit von Untertiteln darstellt (Näheres zur Lesbarkeit von Untertiteln siehe 3.2.2). Ein Untertitel, der über mehr als zwei Zeilen geht, ist bei der interlingualen Untertitelung jedoch unzulässig. Diese beiden Parameter sind ein Indiz dafür, wann der Text lediglich übersetzt und wann er adaptiert und damit gekürzt wurde.

Die Validität der Untersuchungsmethode wird durch zwei Faktoren eingeschränkt. Erstens sind die Tagesversionen als Vergleichgrößen relativ ungenau, da nicht immer eine bestimmte Stundenzahl an den Filmen gearbeitet worden war. Zweitens führte ich den Untertitelungsprozess bei SHOOTING BOKKIE und WASP nicht ganz alleine durch. Antje Harbeck, Untertitlerin bei SUBS, die meine Arbeit als Redakteurin betreute, griff mir unter die Arme, sodass die letzten Tagesversionen eine Gemeinschaftsarbeit darstellen. Bei GREEN BUSH wurde die Untertitelung von mir im Ganzen durchgeführt, Antje Harbeck erhielt als Redakteurin meine Endfassung, die sie korrigierte. Trotz dieser Einschränkung sind die Untersuchungen meines Erachtens dennoch verwertbar, denn diese Einschränkungen reflektieren letztendlich den von mir angestrebten Praxisbezug und zeigen überdies einen Teil meines Lernprozesses.

5.2.2 Der Untertitelungsprozess einer semi-professionellen Untertitlerin

5.2.2.1 Muster der Arbeitsschritte im Vergleich

SHOOTING BOKKIE wurde als erster Film untertitelt. Die Transkription nahm zwei Tage, die Untertitelung selbst acht Tage in Anspruch. Es gilt dabei aber einschränkend zu bedenken, dass nicht an jedem dieser Tage acht Stunden an dem Film gearbeitet wurde. Daher wird im Folgenden von Phasen oder Versionen, nicht von Tagesversionen gesprochen werden. Ein professioneller Untertitler hätte wahrscheinlich die Hälfte der Zeit gebraucht. Für die Untertitelung eines drei Mal so langen Films (90 Minuten) wird normalerweise eine Bearbeitungszeit von ca. zehn Tagen veranschlagt. Im Folgenden sollten die erbrachten Arbeitsschritte, wie in 5.2.1 beschrieben, skizziert werden. Welche Ar-beitsschritte in den einzelnen Untertitelungsphasen von SHOOTING BOKKIE angewendet wurden, lässt sich aus der Tabelle auf der nächsten Seite ersehen.

In der ersten Phase wurden nur Untertitel 1-45 bearbeitet. Erst in der zweiten Bearbeitungsphase wurde der Film vollständig untertitelt. Von Phase 3-6 wurde der Film nicht vollständig bearbeitet, sondern immer nur in Teilen: Phase 3 Untertitel 1-162, Phase 4 Untertitel 1-202, Phase 5 Untertitel 1-208 und Phase 6 Untertitel 209-353. In Phase 7 und 8 sowie in der Endfassung wurde der Film jeweils ganz bearbeitet.

Phase 1: In dieser Phase wurde nur ein geringer Teil der Datei bearbeitet. Es wurde für die Untertitel 1-45 das Timing festgelegt, nur 6 Untertiteleinheiten wurden auch tatsächlich übersetzt.

	T	NV	ÜS	A	K	Gesamt: Änderungen	Gesamt: Untertitel
Phase 1	45	-	6	-	-	51	398
Phase 2	378	2	384	1	1	766	397
Phase 3	117	21	10	85	5	238	386
Phase 4	103	8	1	94	58	264	370
Phase 5[29]	109	23	1	97	17	247	358
Phase 6	77	15	2	49	8	151	353
Phase 7	6	2	-	15	7	30	348
Phase 8	6	1	-	20	10	37	346
Endfassung[30]	-	-	-	22	1	23	345

Tabelle 5.2 SHOOTING BOKKIE: Arbeitsschritte

Phase 2: Timing und Übersetzung waren die vorherrschenden Arbeitsschritte, die bis zum Ende des Films durchgeführt wurden. Ingesamt wurden zwei Untertitel zusammengelegt. Eine Korrektur und eine Adaption wurden vorgenommen.

Phase 3: Diese Phase kann als erste Bearbeitungsphase betrachtet werden. Die vorherrschenden Arbeitsschritte waren die Veränderung des Timings und die Adaption. Ingesamt 21 Mal wurden die Untertiteleinheiten verändert. Vereinzelt kam es auch zu Korrekturen und Übersetzungen. Die Datei wurde nur bis Untertitel 162 richtig bearbeitet, nach diesem Untertitel gab es nur noch wenige Veränderungen, was daraus schließen lässt, dass ab da die Datei nur noch überflogen wurde.

Phase 4: Sie ähnelt in der Gewichtung der Arbeitsschritte stark der Phase 3. Wieder kam es vor allem zu Änderungen im Bereich des Timings und der Adaption. Es lässt sich aber eine deutliche Zunahme der Korrekturen erkennen. Eine Neuaufteilung der Untertitel kommt nur noch 8 Mal vor. Auch die Übersetzung geht stark zurück.

Phase 5: Es zeigt sich immer noch eine starke Aktivität im Timing und Adaptionsbereich. Die Zahl der Korrekturen ist wieder zurückgegangen, dafür hat die Neuverteilung der Untertitelungseinheiten wieder zugenommen. Die Übersetzung ist gleichbleibend mit 1 sehr niedrig.

Phase 6: Timing und Adaption sind immer noch die wichtigsten Arbeitsschritte, aber sie nehmen langsam ab. Auch die Neuverteilung nimmt wieder leicht ab. Korrektur und Übersetzung sind gleichbleibend gering.

Phase 7: In dieser Phase sind kaum noch Änderungen festzustellen. Die höchste Bewegung lässt sich bei der Adaption vermerken, gefolgt von Korrektur und Änderungen des Timings. Es gibt nur noch 2 Neuverteilungen und keine Übersetzung mehr.

---

29 Ab Phase 5 handelt es sich um eine Gemeinschaftsarbeit von Antje Harbeck und mir.

30 Bei SUBS wird jede Untertitelung von zwei Redakteuren abgenommen.

Phase 8: Hier steigen die Adaptionen sowie die Korrektur noch einmal leicht an. Veränderungen des Timings sind wie in Phase 7 gleichbleibend gering. Es gibt eine Neuverteilung und keine neue Übersetzung.

Endfassung: In der Endfassung werden nur noch geringfügig Adaptionen und Korrekturen durchgeführt.

Für den Untertitelungsprozess von SHOOTING BOKKIE lässt sich folgendes Muster erkennen: In der ersten Phase spielt das Timing eine große Rolle, in der zweiten Timing und Übersetzung. Von Phase 3-6 waren es vor allem Timing und Adaption, die durchgeführt wurden. Die anderen Arbeitsschritte kamen nur begrenzt zum Einsatz. Erst stand an dritter Stelle der Häufigkeit die Neuverteilung (Phase 3), dann die Korrektur (Phase 4), dann wieder die Neuverteilung (Phase 5 und 6). In den Phasen 7 bis zur Endfassung wurde hauptsächlich adaptiert und korrigiert. Es ließe sich demzufolge von einer Timing- und Übersetzungsphase (Phase 1 und 2), einer Timing- und Adaptionsphase (Phase 3-6) und einer Adaptions- und Korrekturphase (Phase 7 bis Endfassung) sprechen.

Die Untertitelung von WASP hatte unter den Schwierigkeiten, die bei SHOOTING BOKKIE auftraten, zu leiden. Es blieb nur wenig Zeit dafür, insgesamt habe ich ca. fünf Tage daran gearbeitet. Das Bild des Arbeitsprozesses lässt sich in Zahlen folgendermaßen darstellen:

	T	NV	ÜS	A	K	Gesamt: Änderungen	Gesamt: Untertitel
Phase 1	227	-	196	-	-	423	227
Phase 2	125	23	26	40	16	230	219
Phase 3	202	22	4	78	7	313	204
Phase 4	103	12	-	55	7	177	198
Phase 5[31]	60	3	-	73	9	145	191
Endfassung	-	-	-	9	2	11	191

Tabelle 5.3 WASP: Arbeitsschritte

Von Vorteil war, dass bei jeder Bearbeitungsphase der Film im Ganzen durchgegangen werden konnte. Ab Phase 5 erhielt ich Unterstützung von Antje Harbeck.

Phase 1: In Phase 1 wurde ausschließlich das Timing festgelegt und übersetzt.

Phase 2: Diese Phase war vor allem von Veränderungen am Timing geprägt. Es wurden aber auch viele Adaptionen vorgenommen und teilweise Text übersetzt. Die Neuverteilung der Untertitelungseinheiten war mit 23 verhältnismäßig hoch, was auch für die Anzahl der Korrekturen gilt.

Phase 3: Hier stechen Timing und Adaption hervor. Die Neuverteilung ist relativ häufig, Korrektur und Übersetzung sind eher selten.

31 Ab Phase 5 habe ich mit Antje Harbeck zusammengearbeitet.

Phase 4: Wieder wurden vor allem Änderungen an Timing und Adaptionen vorgenommen. Die Neuverteilungen sind zurückgegangen, wenige Korrekturen wurden vorgenommen und keine Übersetzungsaktivität ist zu verzeichnen.

Phase 5: Hier wurde in erster Linie adaptiert, aber auch relativ viel am Timing verändert. Ein paar Korrekturen wurden gemacht, ein leichter Anstieg im Vergleich zu Phase 4 und ein starker Rückgang bei den Neuverteilungen ist zu bemerken. Es gibt keine Übersetzungsaktivität mehr.

Endfassung: Bei der Endfassung wurde nur noch eine geringe Anzahl von Adaptionen und Korrekturen durchgeführt.

Über den Untertitelungsprozess von WASP lässt sich Folgendes sagen: In der ersten Phase wurden ausschließlich Timing und Übersetzung erstellt. In Phase 2-4 wurde in erster Linie das Timing verändert, die Adaption war zwar an zweiter Stelle der Bearbeitungsaktivitäten, aber im Verhältnis zu den Veränderungen des Timings um einiges geringer vertreten. Die anderen Arbeitsschritte kamen wiederum nur begrenzt zum Einsatz. Erst stand an dritter Stelle der Häufigkeit die Übersetzung (Phase 2), dann die Neuverteilung (Phase 3 und 4). In Phase 5 spielte die Adaption, dicht gefolgt vom Timing, die Hauptrolle. In der Endfassung waren nur noch geringe Veränderungen in den Bereichen Adaption und Korrektur zu vermerken. Es ließe sich demzufolge bei dieser Untertitelung von einer Timing- und Übersetzungsphase (Phase 1), einer Timing- und Adaptionsphase (Phase 2-4), einer Adaptions- und Timingphase (Phase 5) und einer Adaptions- und Korrekturphase (Endfassung) sprechen.

Ein Jahr später und um einige Erfahrung reicher ließ sich ein Wandel feststellen. Durch die Erfahrung, die ich als freiberufliche Untertitlerin sammeln konnte, hat sich meine Methode zu untertiteln und damit mein Arbeitsprozess verändert. Die folgende Tabelle über die Untertitelung von GREEN BUSH, die fünf Tage in Anspruch nahm, soll das veranschaulichen:

	T	NV	ÜS	A	K	Gesamt: Änderungen	Gesamt: Untertitel
Phase 1	178		-	-	-	178	178
Phase 2	-	-	172	-	-	172	178
Phase 3	153	27	5	10	3	198	176
Phase 4	63	11	1	103	39	217	167
Phase 5	10	2	-	15	6	33	165
Endfassung	63	21	-	48	6	138	173

Tabelle 5.4 GREEN BUSH: Arbeitsschritte

Die einzelnen Versionen wurden immer vollständig bearbeitet. Diesmal waren Antje Harbeck und eine zweite Redakteurin erst mit der Endfassung betraut. Alle anderen Fassungen stammen von mir.

Der Untertitelungsprozess von GREEN BUSH lässt folgendes Muster erkennen: In der ersten Phase wurde nur das Timing erstellt. In der zweiten Phase nur übersetzt. In Phase 3 wurde vor allem das Timing verändert, die anderen Bearbeitungsschritte waren nur sehr gering, die Neuverteilung war dabei noch am häufigsten vertreten. Die vierte Phase war hauptsächlich der Adaption gewidmet, an zweiter Stelle folgte das Timing, an dritter Stelle die Korrektur. In Phase 5 wurde nur noch wenig verändert. Am meisten im Bereich der Adaption und des Timings, an dritter Stelle stand die Korrektur. In der Endfassung wurde vor allem das Timing verändert und Adaptionen vorgenommen. Es gab auch einige Neuverteilungen. Es lässt sich hier also von einer Timingphase (Phase 1) und einer Übersetzungsphase (Phase 2) sprechen. Die Phasen 3 bis Endfassung können als Bearbeitungsphasen verstanden werden, die sich in folgende Arbeitsschritte untergliedern: In Phase 3 wird vor allem das Timing korrigiert, in Phase 4 überwiegt die Adaption, in Phase 5 sowohl Adaption als auch Timing. In der Endfassung herrschen Timing und Adaption vor, gefolgt von der Neuverteilung.

Stellt man die Ergebnisse dieser Untersuchungen in einer Tabelle dar, ergibt sich folgendes Muster:

	SHOOTING BOKKIE	WASP	GREEN BUSH
Phase 1	T	T/ÜS	T
Phase 2	ÜS	T/A	ÜS
Phase 3	T/A	T/A	T (NV)
Phase 4	T/A	T/A	A (T)
Phase 5	T/A	A/T	A/T
Phase 6	T/A		
Phase 7	A/K		
Phase 8	A/K		
Endfassung	A/K	A/K	T/A

Tabelle 5.5 Muster der Untertitelungsprozesse

Die Einteilung in Timing- und Übersetzungsphase und Bearbeitungsphasen waren als solche von Sánchez (2004:9-17) beschrieben worden und waren demzufolge zu erwarten. Aber im Vergleich der Untertitelungen wird deutlich, dass bei den beiden ersten Filmen noch stark auf alle Arbeitsschritte gleichzeitig geachtet wurde, meist mit einer Gewichtung auf zwei unterschiedlichen Arbeitsschritten. In der jüngsten Untertitelung wird klar, dass sich zwar an der groben Vorgehensweise (Timing, Übersetzung, Bearbeitung) nichts geändert hat, aber betrachtet man den Prozess genauer, lässt sich erkennen, dass bei der Untertitelung von GREEN BUSH viel mehr eine starke Konzentration auf einen der Arbeitsschritte vorlag. Ganz klar lässt sich das in der deutlichen Unterteilung der ersten beiden Phasen in Timing- und Übersetzungsphase beobachten, bei denen keine anderen Arbeitsschritte durchgeführt wurden.

Vergleicht man die Anzahl der von den Redakteuren durchgeführten Korrekturen, lässt sich feststellen, dass bei GREEN BUSH deutlich weniger Verbesserungen vonnöten waren.

	SHOOTING BOKKIE	WASP	GREEN BUSH
Anzahl der Korrekturen durch die Redakteure	488	156	138

Tabelle 5.6 Redaktionelle Veränderungen

Diese Tatsache lässt darauf schließen, dass sich meine Untertitelungskompetenz verbessert hat. Für eine Verbesserung der Untertitelungsfähigkeiten spricht auch, dass in diesem Fall die Untertitelungsarbeit von mir allein und in der vorgegebenen Zeit durchgeführt worden war.

5.2.2.2 Abgrenzung der Arbeitsschritte Übersetzung/Adaption

Die Erkenntnisse aus dieser ersten Untersuchung haben gezeigt, dass bei GREEN BUSH eine deutlichere Abgrenzung der einzelnen Arbeitsschritte zu verzeichnen ist, als dies bei den beiden anderen Filmen der Fall war. Im Folgenden soll untersucht werden, ob bei den Untertitelungen der Arbeitsschritt Übersetzung mit einer gleichzeitigen Adaption einherging.

Zu diesem Zweck wurden die Untertitelungsdateien der verschiedenen Fassungen nach zu kurzen Untertiteln (d. h. nach Untertiteln, die unterhalb der durch das Programm empfohlenen Standzeit liegen, und nach Untertiteln, die weniger als eine Sekunde stehen) durchsucht. Des Weiteren wurden die Dateien nach Untertiteln durchforstet, die mehr als zwei Zeilen Text enthalten und zwangsläufig gekürzt werden müssen. Diese beiden Parameter erlauben Rückschlüsse über den Grad der Adaption, der in den einzelnen Bearbeitungsphasen erreicht wurde. Es ergibt sich folgendes Bild:

SHOOTING BOKKIE	Phase 2[32]	Phase 3	Phase 4	Phase 5	Phase 6	Phase 7	Phase 8	Endfassung
Standzeit zu kurz	291	226	166	97	43	43	45	45
Mehr als 2 Zeilen	65	44	24	16	-	-	-	-

WASP	Phase 1	Phase 2	Phase 3	Phase 4	Phase 5	Endfassung
Standzeit zu kurz	168	93	32	23	13	12
Mehr als 2 Zeilen	5	4	-	-	-	-

32 Da in Phase 1 nur das Timing bis zu Untertitel 45 erstellt und die Übersetzung nur bis Untertitel 8 durchgeführt worden war, erschien diese Phase für die Untersuchung als unerheblich.

GREEN BUSH	Phase 1	Phase 2	Phase 3	Phase 4	Phase 5	Endfassung
Standzeit zu kurz	76	85	89	7	5	14
Mehr als 2 Zeilen	8	1	-	-	-	-

Tabelle 5.7 Untersuchungen der Arbeitsschritte Übersetzung und Adaption

Bei SHOOTING BOKKIE und WASP zeigen die Zahlen, dass für die nötige Anpassung des Textes verhältnismäßig viel Zeit benötigt wurde. Es kann daher davon ausgegangen werden, dass die zwei Arbeitsprozesse Übersetzung und Textadaption getrennt vollzogen wurden.

Bei GREEN BUSH ist auffällig, dass schon in Phase 2, die ausschließlich der Übersetzung gewidmet ist, auch Text gekürzt und demzufolge adaptiert wurde. Es findet sich nur ein Dreizeiler in der ganzen Datei. Daraus lässt sich schließen, dass Übersetzung und Adaption nicht mehr als zwei getrennt verlaufende Prozesse angesehen werden können, sondern dass es zu einer Verschmelzung der Arbeitsprozesse Übersetzung und Adaption gekommen ist.

5.3 Aufgetretene Probleme im Untertitelungsprozess[33]

5.3.1 Methodik und Zielsetzung

Nachdem im Theorieteil Probleme, die bei der Untertitelung vorkommen können, theoretisch umrissen wurden (siehe 3.3.2), soll in diesem Kapitel der Brückenschlag zur Praxis vollzogen und untersucht werden, welche Probleme tatsächlich im Untertitelungsalltag auftreten.

Die herkömmlichen Methoden der Textanalyse werden dem polysemiotischen Charakter des Films nicht gerecht. Taylor (2003:191-205) hat auf der Basis der multimodalen Transkription nach Thibault/Baldry (2000, zitiert nach Taylor 2003:191ff.) eine Analysemethode entwickelt, mit der sich die Gegebenheiten der Untertitelung darstellen lassen. Denn hier werden alle vier semiotischen Kanäle des Films untersucht (zur Semiotik der Untertitelung siehe 3.1.2). Mit Hilfe dieser Methode lassen sich die einzelnen Einstellungen, in die sich eine problematische Filmsequenz einteilen lässt, darstellen. Auf diese Weise kann ein Übersetzungsproblem im audiovisuellen Kontext analysiert werden. Gleichzeitig kann auch untersucht werden, wie und ob die einzelnen semiotischen Kanäle zur Problemlösung beitragen. Die vier Spalten der Tabelle bezeichnen folgende Einheiten: Bild, Bildbeschreibung und Einstellungsdauer, Beschreibung der Handlung, Soundtrack und Untertitel. Problematische Sequenzen der Filme sollen auf diese Weise exemplarisch untersucht und ihre Lösung erläutert werden.

33 Auf der beiliegenden DVD befinden sich für alle in diesem Kapitel genannten Filmbeispiele die folgenden Tabellen mit Filmstills der jeweiligen Einstellungen. Außerdem stehen Filmausschnitte der betreffenden Filmsequenzen zur Verfügung.

5.3.2 Probleme SHOOTING BOKKIE

Wie schon erwähnt und wie man sicher auch in den Untersuchungen zum Untertitelungsprozess gesehen hat, war die Untertitelung dieses Films mit Problemen behaftet. Die ersten Probleme ergaben sich aus dem Nichtvorhandensein eines Skripts und der Transkribierung, die darauf folgte. Der schlechte Ton erschwerte diese Arbeit und auch für die zeitliche Festlegung der Untertitel war der mangelhafte Ton eine Hürde. Zusätzlich war der Film relativ unruhig geschnitten, gleichzeitig war aber die Dialogdichte verhältnismäßig hoch, was zwangsläufig drastische Kürzungen unumgänglich machte. Des Weiteren war der Dialog, im Gegensatz zu den anderen beiden Filmen, viel mehr der natürlichen, gesprochenen Sprache verhaftet. Bei den anderen Filmen war mit einem Dialogskript gearbeitet worden, hier war der Dialog dagegen spontan, denn viele der Aufnahmen haben dokumentarischen Charakter.

5.3.2.1 "... with the emphasis on rec-tor."

Diese Szene spielt in der Werkstatt eines Künstlers, den Christo mit Drogen beliefert. Die Crew folgt ihm bei seinen Geschäften und dabei entspinnt sich dieses Gespräch:

Bild und Einstellungsdauer[34]	Handlung	Soundtrack	Untertitel
Christo in schwarzer Jacke von hinten, sieht sich eine Schiffsskulptur an. Im Hintergrund ein großes Fenster. Der ganze Raum wirkt dunkel und grau. Englische Untertitel. 05:01	Christo läuft durch die Werkstatt und sieht sich um.	(Rascheln im Hintergrund) Künstler: Don't tell me about being a fucking star, man. I've been there,	Erzähl mir nichts über Stars. Ich war in
Nahaufnahme einer Skulptur mit einem Strick um den Hals, eine Metallkette, ein Fenster im Hintergrund, der Raum ist dunkel und grau. Englische Untertitel. 00:18	Keine Handlung.	(Hintergrundgeräusche) I've been in that industry.	der Branche.
Gleiches Bild wie in der ersten Szene der Sequenz, nur sieht man jetzt, dass das Fenster offen ist. Es hängen viele Seile und Eisenketten von der Decke und an den Wänden. Englische Untertitel. 00:19	Schnitt auf Christo, der sich in der Werkstatt umsieht.	(Hintergrundgeräusche) Been everything from a fucking PA,	Als Regisseur,
Eine graue Figur, die in der einen Hand einen Be-	Keine Bewegung.	(Hintergrundgeräusche)	

34 Die Länge der Szene in Sekunden und Bildern.

sen hält und die anderen bittend dem Zuschauer entgegenstreckt. Im Hintergrund ein undefinierbarer Schutthaufen. Englische Untertitel. 01:00		to a damned if I know	als persönlicher
Das Bild ist grau und leicht unscharf. Auf der rechten Bildseite sieht man eine kleine Figur. Im Hintergrund zwei Fenster, einige Sachen, die an den Wänden lehnen, und ein Plastikvorhang, der durch den Raum gespannt ist. Englische Untertitel. 05:03	Christo von vorne, er läuft seitlich durchs Bild, schaut sich immer noch um. Dann sieht man nur noch die Wand. Man sieht den Raum und eine Bewegung hinter einer Skulptur.	(Hintergrundgeräusche) 'Direc-tor'. With the emphasis on 'rec-tor'.	Assi-stent... Mit der Betonung auf "Assi".
Der Künstler trägt eine Wollkappe, Schweißerbrille und eine Lederjacke. Die Sonne scheint auf ihn. Im Hintergrund sieht man eine Werkbank mit seinen Skulpturen. Englische Untertitel. 01:24	Der Künstler sitzt vor einem Tisch. Er redet, schaut dabei aber nicht in die Kamera, sondern arbeitet an etwas mit einem Hammer.	(Hintergrundgeräusche) It's all a bunch of shit, man,	Ist doch Scheiße.
Das Bild ist schwarzweiß. Man sieht den Plastikvorhang, diesmal von der anderen Seite. Werkzeuge, die an den Wänden hängen. Teile von einem Baugerüst an die Wand gelehnt. Die großen Fenster. Englische Untertitel. 01:08	Rob und Christo laufen mit dem Rücken zur Kamera auf den Künstler an seiner Werkbank zu.	(Hintergrund--geräusche) I'd rather be doing this, this is real fucking art.	Ich mach lieber richtige Kunst.

Tabelle 5.8 SHOOTING BOKKIE: Beispiel 1

Das Übersetzungsproblem in dieser Filmsequenz besteht in der Anspielung darauf, was der Künstler von der Arbeit eines Regisseurs hält. Zwei Möglichkeiten der Interpretation bieten sich an: Entweder ist es eine Anspielung auf ‚rectify' oder auf ‚rectum'. Die letztere Möglichkeit erscheint in diesem Kontext wahrscheinlicher. Diese besondere Betonung von ‚director with the emphasis on rector' lässt sich nicht in dieser Weise auf das deutsche ‚Regisseur' übertragen. Es wäre nun möglich gewesen entweder die Anspielung explizit zu machen, z. B. mit einer Übersetzung wie: ‚Als Regisseur ist man doch der letzte Arsch.', oder einen Ausdruck zu finden, der ähnliche Konnotationen wachrufen würde wie im Original. Ich habe mich für die Nachformung entschieden, da auf diese Weise der Rhythmus der Sequenz leichter beizubehalten war und die Charakterfärbung des Künstlers besser zu Geltung kam.

5.3.2.2 Christos Streit mit dem Tonmann und dem Kameraassistenten

Christo sitzt mit Rob in einer Bar. Rob fragt ihn nach seinen Gefühlen, ob er Mitleid für seine Opfer empfindet, ob er manchmal auch Angst hat. Daraufhin erzählt ihm Christo, wovor er sich wirklich fürchtet:

Bild und Einstellungsdauer	Handlung	Soundtrack	Untertitel
Christo und Rob sitzen sich in einer Bar an einem Tisch gegenüber. Rob zeigt dem Zuschauer den Rücken. Die hintere Wand ist aus grobem Stein gehauen, die seitliche Wand ist rot gestrichen und mit Bildern dekoriert. Eine Bierflasche steht auf dem Tisch, aus der Christo gelegentlich einen Schluck nimmt. Die Kamera schwenkt nach rechts, wo der Tonmann und der Kameraassistent stehen. Man sieht mehr von der Steinmauer. Jetzt sind vier Personen im Bild. Englische Untertitel. 31:22	Christo erklärt ihm sein Weltbild und unterstreicht es mit großer Mimik und Gestik. Er trinkt aus einer Flasche. Das Mikrophon senkt sich vor Christos Blickfeld, er stößt es weg. Rob hebt die Hände und schimpft. Der Kameraassistent und der Tonmann brüllen Christo an. Er starrt sie erst an und wehrt sich dann heftig.	(Restaurantgeräusche, Christo spricht Afrikaans mit Rob) Christo: 'cause the system in jail changes all the time. Rob: System? What system are you talking about? Christo: I'm thirteen now, right? If they catch me now then they try me as a juvi, you see? Then I only get 4 or 5 years. But sometimes they wait until you're 18. Then they try you as an adult, you see? Then you get one thing and that's life, brother. (undeutlich, keine klare Zuordnung möglich) Hey, are you fucked? You must catch a wake up! (undeutlich)	 Das System im Knast wird ständig geändert. System? Von welchem System redest du? Ich bin 13. Wenn sie mich jetzt kriegen, komm ich vors Jugendgericht. Dann kriege ich nur 4 bis 5 Jahre. Aber manchmal warten sie, bis du 18 bist. Dann bist du erwachsen. Dann gibt es nur noch eins: lebenslänglich. Tickst du nicht richtig?! Wach auf! Ich knall dir eine! - Sei froh,
Ein weicher Schnitt, nur	Sie streiten sich. Rob	(undeutlich, keine	

die Perspektive hat sich ein wenig verändert. Christo ist jetzt wieder mehr im Bild. Englische Untertitel. 03:04	dreht sich zur Kamera um und macht dem Kameramann ein Zeichen abzuschalten.	klare Zuordnung möglich) That thing's always in my face. You can be glad you're in this movie. I'll plug one in your arse.	 dass du überhaupt gefilmt wirst!

Tabelle 5.9 SHOOTING BOKKIE: Beispiel 2

Im letzten Teil der Sequenz war die Entscheidung schwierig, was untertitelt werden sollte. Da der Dialog undeutlich war und die Zuordnung des Gesagten zum jeweiligen Sprecher so gut wie unmöglich erschien, habe ich hier stark vereinfacht und nur so viel untertitelt, wie zum Verständnis des Streits nötig war. Durch die Informationen der audiovisuellen Kanäle wird die Heftigkeit des Streits zusätzlich unterstützt.

5.3.2.3 „Coon Carnival"

Christo verkleidet sich als Clown, um einen Mord zu begehen. Er erklärt, warum er sich als Clown verkleidet:

Bild und Einstellungsdauer	Handlung	Soundtrack	Untertitel
Nahaufnahme: Christos Auge. Er ist weiß geschminkt, sein Auge ist schwarz umrandet. 01:17	Christo schminkt sich.	(Summen, leise Musik)	Kein Untertitel.
Nahaufnahme seines Mundes: Er ist rot geschminkt und mit einem schwarzen Clownsgrinsen umrandet. 02:12	Christo schminkt sich.	(Summen, leise Musik)	Kein Untertitel.
Christo trägt einen hellblauen, glänzenden Anzug mit einem rosa Zylinder. Die Sonne scheint, blauer Himmel. Die Straße ist leer und ruhig. 02:03	Christo läuft mit dem Rücken zur Kamera eine Straße hinunter, auf eine Straßenecke zu.	(Summen, leise Musik)	Kein Untertitel.
Christo betrachtet sich in einem Spiegel. Seine Augen sind schwarz umrandet, der Mund rot geschminkt, die Augenbrauen schwarz nachgezogen und ein großer schwarzer Clownsmund ziert sein Gesicht. Der Raum, den man nicht sehen kann, ist in rotbraunes Licht getaucht. 06:23	Christo schminkt sich und singt.	Christo singt: Heathcliff, Heathcliff never would... terrorise the neighbourhood.	*Heathcliff,* *Heathcliff würde niemals* *das Viertel terrorisieren...*

Die gleiche Straße wie vorhin. Christo trägt wieder den Anzug und ist geschminkt. Bauchbinde: MOOSA'S BARBER SHOP – WOODSTOCK NEW YEARS DAY '99 – 14:00. 06:21	Christo läuft mit Rob die Straße hinunter. Rob läuft rechts neben ihm. An der Ecke bleiben sie stehen. Christo dreht sich zu Rob, er zeigt auf etwas. Rob wendet sich ihm zu.	(leise Musik) Sometimes we live	 *Manchmal ist unsere Welt*
Wieder steht Christo vor dem Spiegel. 02:10	Christo schminkt sich und singt.	(leise Musik) in a world full of hatred and fear...	 *voller Hass und Angst...*
Wieder auf der Straße. Rob und Christo an der Straßenecke: Christo schaut bittend. Rob mit Sonnenbrille schaut unsicher in die Kamera, dann bedeutet er der Kamera nach links in die Straße zu schwenken. Die Kamera läuft auf einen Laden zu. Eine Frau mit Einkaufstüte läuft links aus dem Bild. Ein Mann betrachtet die Schaufensterauslagen. Englische Untertitel. 07:01	Keine Handlung außer der Bewegung der Kamera.	(leise Musik) My cousin is a Coon.	 Mein Cousin macht beim "Coon Carnival" mit.
Wieder der Raum mit dem Spiegel. Christo ist als Clown geschminkt, er hat die Hand gehoben und blickt in die Ferne, als er zuende gesprochen hat, wendet er sich mit entzücktem Blick der Kamera zu. Englische Untertitel. 04:08	Christo spricht so, als rezitiere er ein Gedicht.	(leise Musik) But, today they don't call them Coons anymore. No.	 Man nennt es heute aber nicht mehr "Nigger-Karneval".
Die Kamera läuft auf den Laden zu und in ihn hinein auf einen Barbier zu. Ein Kunde sitzt auf einem Stuhl. Der Barbier scheint zu fragen, was die Kamera soll, er schaut verwundert. Englische Untertitel. 12:01	Keine Handlung außer der Bewegung der Kamera.	(Leise Musik, die lauter wird.) That's not politically correct. They're called Minstrels now.	 Das ist politisch nicht korrekt. Heute heißt es "Minstrel Carnival".

Tabelle 5.10 SHOOTING BOKKIE: Beispiel 3

Bei den Begriffen ‚coon' und ‚minstrel' handelt es sich um kulturspezifische Begriffe, deren Bedeutung sich für den zielsprachlichen Zuschauer nicht auf den ersten Blick erschließt. Aus diesem Grund musste eine Erklärung her, die trotz der Begrenzungen durch Raum und Zeit ausreichend die kulturspezifischen Begriffe verdeutlicht. Die Verdeutlichung durch den sprachlichen Zusatz ‚carnival' wird durch die Bildinformationen weiter unterstützt, da der Zuschauer sieht, wie sich Christo verkleidet. Der Abfälligkeit des Begriffs ‚coon' wird durch den Zusatz des ‚Nigger-Karnevals' Rechnung getragen.

5.3.3 Probleme WASP

Die Schwierigkeiten, die bei SHOOTING BOKKIE aufgetreten waren, trafen so auf WASP nicht zu. Ein Skript war vorhanden und Ton- und Bildqualität waren befriedigend. Aber der Zeitdruck war immens, da die Untertitelung von SHOOTING BOKKIE viel Zeit in Anspruch genommen hatte. Ich möchte im Folgenden wieder drei Sequenzen nach Taylor vorstellen, die bei der Untertitelung besonders problematisch waren.

5.3.3.1 "McCains oven chips keep the fat on the baking tray."

Nachdem sich Zoe mit einer anderen Mutter geprügelt hat, ist sie mit ihren Kindern auf dem Heimweg. Im Eifer des Gefechts hat ihre älteste Tochter Kelly die Frau beschimpft und ihre Mutter mit Victoria Beckham verglichen. Zoe liegt das schwer im Magen:

Bild und Einstellungsdauer	Handlung	Soundtrack	Untertitel
Eine Siedlung in einer englischen Kleinstadt: Zoe mit ihren Kindern. Sie trägt Kal. Kelly läuft links von ihr. Sinead und Leanne folgen den beiden. 04:23	Zoe läuft mit ihren Kindern die Straße runter. Sie guckt bedrückt.	(Schritte, Straßenlärm) Zoe: Kelly...	 Kelly,
Nahaufnahme: Kelly von der Seite. 02:19	Kelly blickt trotzig vor sich auf den Boden.	(Schritte, Straßen-lärm) Don't say that thing about me looking like Victoria Beckham again, will ya?	 sag das mit Victoria Beckham bitte nicht mehr.
Kelly und Zoe mit Kal auf dem Arm leicht schräg von der Seite. 04:12	Kelly antwortet ihr in beleidigtem Ton, sieht sie dabei nicht an. Zoe wendet sich ihr zu.	(Schritte, Straßen-lärm) Kelly: You said it, not me. Kelly: I know	 Du hast das gesagt, nicht ich. Ja,
Nahaufnahme: Kelly, die immer noch auf den Boden guckt. Schwenk zu Sinead, die hinter Kelly läuft. Neben Sinead läuft ihre Mutter mit Kal. 02:20	Sinead streicht sich das Haar hinter die Ohren und schaut zu ihrer Mutter hoch.	(Schritte, Straßen-lärm) but I don't want you telling anyone. Sinead: Can we have chips?	 aber das geht niemanden was an. - Kriegen wir Pommes?
Nahaufnahme: Zoe (leicht von unten) mit Kal auf dem Arm. 01:07	Sie will antworten, guckt dann aber nach rechts unten.	(Schritte, Straßenlärm) Leanne: McCains	 McCain 1-2-3 Frites:

		oven	
Im Vordergrund der Oberkörper von Zoe mit Kal auf dem Arm. Rechts von ihr läuft Leanne. 03:08	Leanne spricht und guckt durch die Gegend.	(Schritte, Straßen-lärm) chips keeps the fat on the baking tray not on your waist.	 Da bleibt das Fett auf dem Blech statt auf den Hüften.
Nahaufnahme: Zoe, leicht seitlich von vorne. 00:23	Zoe sieht genervt aus.	(Schritte, Straßen-lärm) Zoe: Just wait till we get in.	 Zu Hause kriegt ihr was.
Nahaufnahme: Leanne (leicht von oben). Am linken Bildrand sieht man Sineads Arm. 02:02	Leanne guckt traurig auf den Boden.	(Schritte, Straßenlärm) You're always bloody hungry, you are.	 Ihr seid so verfressen!
Alle fünf im Bild, sie laufen auf die Kamera zu. Die Kamera schwenkt leicht nach rechts, Zoes Blick folgend. 02:13	Zoe blickt sich nach einem Geräusch um. Sinead streicht sich die Haare aus dem Gesicht und sagt:	(Schritte, Straßen-lärm) Sinead: We haven't had anything yesterday	 Wir haben ja auch schon zwei Tage
Nahaufnahme: Zoe mit Kal (von der Seite). Im Bildhintergrund: Ein Auto von vorne, dann ein weißer Lieferwagen. 06:15	Zoe läuft die Straße entlang.	(Straßenlärm, Autohupe) or today. David: Zoe, it is you, innit.	 nichts gegessen! He, bist du nicht Zoe?
Zoe mit Kal läuft von links ins Bild. Im Hintergrund das graue Auto und der weiße Lieferwagen. Die Kamera folgt ihrer Bewegung. Die Kinder, die sich auf den Bordstein gesetzt haben, kommen ins Bild. Kelly hält Kal im Arm. 14:03	Zoe dreht sich zu ihren Kindern um, sie gibt Kelly den schlafenden Kal.	(Straßenlärm) Zoe: Alright, Kelly sit down ok. Just wait here for mummy, take Kal, I'm gonna go and chat with the man in the car for a minute alright?	 - Setzt euch hin, ja? Wartet hier auf Mama. Nimm Kal. Ich rede nur ganz kurz mit dem Mann im Auto, ja?

Tabelle 5.11 WASP: Beispiel 1

Das Problem ist in dieser Sequenz der Werbeslogan, der als solcher erhalten bleiben musste, weil dadurch Leanne charakterisiert wird, die ständig Werbefernsehen guckt, und gleichzeitig die Armut der Familie unterstrichen wird. Hier erschien es wichtig zu kontrollieren, ob erstens der Werbeslogan bekannt war und ob es ein Pendant im Deutschen dazu gibt. Das war nicht der Fall, sodass sich eine möglichst nahe Übersetzung, die das gleiche Bild heraufbeschwor, anbot. Durch den Audiokanal ist der Markenname ‚McCains' deutlich zu verstehen. Dadurch verbot sich eine zu klare Abweichung vom Original.

5.3.3.2 Der Flirt

Die Flirt-Sequenz folgt direkt auf die vorstehend beschriebene Sequenz. Zoe setzt ihre Kinder auf dem Gehweg ab und läuft zu dem wartenden Auto:

Bild und Einstellungsdauer	Handlung	Soundtrack	Untertitel
Die Kamera folgt Zoe auf ihrem Weg zum Auto. Sie trägt ein türkisfarbenes Nachthemd. Ihre Haare sind von der Schlägerei zerzaust, Gras hängt darin. 06:11	Zoe läuft auf das Auto zu und stützt sich mit der rechten Hand am Rahmen der Autotür ab. Sie schaut durch das geöffnete Autofenster.	(Die Popmusik, die aus dem Autoradio erklingt, wird abgeschaltet, als Zoe zum Auto kommt.)	Kein Untertitel.
Am rechten Bildrand sieht man Zoes Hinterkopf. Die Kamera folgt ihrem Blick in das Auto. Ein Mann in einem weißen T-Shirt mit schwarzen Streifen und einem Kettchen um den Hals hat sich ihr lächelnd zugewandt. 05:05	David spricht mit ihr und lächelt sie an, er wirft einen befremdeten Blick auf die Kinder und nickt abfällig in ihre Richtung.	David: I knew it was you, what are you doing with all them fucking kids?	Wusste doch, dass du's bist. Was sind das für Bälger?
Zoe von der Seite, sie stützt sich auf das Auto. Die Handkamera dreht sich so, dass mehr von ihrem Gesicht zu sehen ist. 06:14	Zoe stützt sich auf das Auto und spricht mit David.	(Straßenlärm, Vogelgezwitscher) Zoe: They're me mates, I'm looking after them for her.	 Die sind von 'ner Freundin. Ich pass auf sie auf.
Nahaufnahme: David. Er schaut etwas ungläubig. 01:14	Keine Handlung.	(Straßenlärm, Vogelgezwitscher) She's working.	 Sie muss arbeiten.
Nahaufnahme: Zoes Gesicht (seitlich). 00:20	Sie leckt sich nervös über die Lippen.	(Straßenlärm, Vogelgezwitscher) David: What, on a Saturday?	 - Am Samstag?!
Nahaufnahme: Zoes nackte Beine und Füße. 00:21	Zoes Zehen krallen sich in die Bordsteinkante.	(Straßenlärm, Vogelgezwitscher)	Kein Untertitel.
Nahaufnahme: Zoes Gesicht (seitlich). 04:10	Zoe spricht und mustert David.	(Straßenlärm, Vogelgezwitscher) Zoe: Didn't you go into the army or something? David: I come home last week. I'd had enough.	 Wolltest du nicht zur Armee? - Bin gerade zurückgekommen.
David sitzt im Auto (frontal). 07:07	David spricht, er lächelt, beim Thema Mark verfins-	(Straßenlärm, Vogelgezwitscher)	

	tert sich sein Gesicht.	I got me HGV. I gonna try and get me a job driving a lorry or something, what about you? Still with that prick Mark?	Ich such mir lieber 'nen Job als LKW-Fahrer oder so. Und du? Gehst du noch mit diesem Idioten?
Zoe steht vor dem Autofenster (schräg seitlich). 01:12	Zoe blinzelt beim Sprechen nervös, lächelt.	(Straßenlärm, Vogelgezwitscher) Zoe: Mark? I ain't seen him for years.	 - Mark? Schon ewig nicht mehr.
David sitzt im Auto (frontal). 02:17	David lächelt.	David: What you doing later?	Was machst du nachher?
Nahaufnahme: Zoes Gesicht (seitlich). 04:14	Zoe schaut besorgt, beißt sich auf die Lippen, wendet sich der Kamera zu und schaut über die Schulter zu ihren Kindern.	(Straßenlärm, Vogelgezwitscher) Fancy a drink or something? Zoe: I don't know.	 Sollen wir was trinken gehen? Ich weiß nicht.
Die vier Kinder sitzen auf dem Gehweg, hinter ihnen ist eine Wiese, eine Mauer und Autos. Ein Hund läuft von links ins Bild auf die Kinder zu, dreht dann aber ab. Ein Auto fährt von rechts durch das Bild. 02:24	Kelly dreht sich zu dem Hund um.	(Straßenlärm, Vogelgezwitscher)	Kein Untertitel.
Nahaufnahme: Zoes Gesicht. 02:16	Wie in der vorigen Einstellung schaut sie zu ihren Kindern, dreht sich dann zu David um.	(Straßenlärm, Vogelgezwitscher) I don't know what time	 Ich weiß nicht,
Das Auto von vorne, man sieht David durch die Windschutzscheibe. 01:18	David schaut in die Richtung der Kinder.	(Straßenlärm, Vogelgezwitscher) the kids are getting picked up.	 wann die Kinder abgeholt werden.
Nahaufnahme: Kelly (mit Blick zur Kamera), die Kal auf dem Arm hält. 01:22	Kelly tätschelt Kals Rücken.	(verhaltener Straßenlärm, tätschelndes Geräusch)	Kein Untertitel.
Extreme Nahaufnahme: Davids Gesicht. 01:14	Erst schaut David in Richtung der Kinder, dann wendet er sich Zoe und damit der Kamera zu.	(Straßenlärm, Vogelgezwitscher) David: Well, I can wait.	 Ich kann warten.
Nahaufnahme: Zoes Gesicht (seitlich). 09:04	Zoe fährt sich nervös über die Lippen, lächelt, legt aber schon bald wieder die	(Straßenlärm, Vogelgezwitscher)	

	Stirn in Falten.	Zoe: Alright, I'll work something out. David: Sweet, I'll pick you up later. Zoe: Alright...	Gut, ich lass mir was einfallen. Schön, ich hol dich dann nachher ab. - Gut...
Nahaufnahme: David, der Zoe mit offenem Mund etwas verwirrt ansieht. 03:04	David nickt leicht.	(Straßenlärm, Vogelgezwitscher) No, um, no, no cause I don't know what time they are going.	Nein... Ich weiß nicht, wann sie abgeholt werden.
Nahaufnahme: Zoes Gesicht (seitlich). 06:16	Zoe lächelt, nagt an ihrer Unterlippe und sieht sich wieder nach ihren Kindern um.	(Straßenlärm, Vogelgezwitscher) I'll meet you. David: Well, shall we go to The Farmers? I haven't been there in fucking ages.	Wir treffen uns. Im "Farmers"? Da war ich schon ewig nicht mehr.
Extreme Nahaufnahme: Davids Mund. Kamera fährt dann weiter hoch, sodass man auch seine Augen sieht. 02:16	David lächelt.	(Straßenlärm, Vogelgezwitscher) Bring back a few memories.	Der alten Zeiten wegen.
Nahaufnahme: Zoes Gesicht (seitlich). 01:15	Zoe lächelt zurück.	(Straßenlärm, Vogelgezwitscher) Zoe: Yeah.	Ja.
David im Auto (frontal). 01:03	David spricht mit einem leichten Lächeln auf den Lippen.	(Straßenlärm, Vogelgezwitscher) David: Do you play pool?	Kannst du Billard spielen?
Nahaufnahme: Zoes Gesicht (seitlich). 01:14	Zoe neigt ihren Kopf zur Seite und lächelt.	(Straßenlärm, Vogelgezwitscher) Zoe: I used to	- Früher war ich
David sitzt im Auto (frontal). 03:23	David lächelt, dreht sich kurz weg, macht die Handbremse los, wendet sich dann wieder Zoe zu und lächelt sie an.	(Straßenlärm, Vogelgezwitscher) be alright. David: Still are.	nicht schlecht. Heute auch nicht.
Nahaufnahme: Zoes Gesicht (seitlich). 04:07	Zoe lächelt, steckt sich verschämt die Haare hinter die Ohren und geht zurück auf den Gehweg.	(leises Lachen von Zoe, Starten des Autos)	Kein Untertitel.
David sitzt im Auto (frontal). 01:12	David versucht sein Auto anzulassen. Schaut nach vorne, dann wieder durch das Fenster zu Zoe.	(leises Lachen von Zoe, Starten des Autos)	Kein Untertitel.

Zoe steht auf dem Gehweg (frontal, leicht von der Seite). 03:03	Zoe lächelt, beißt sich auf die Lippen, zwirbelt an ihren Haaren rum, blinzelt in die Sonne.	(Starten des Autos)	Kein Untertitel.
Nahaufnahme: David (seitlich). 03:07	David schaut nach vorne, wendet sich Zoe zu und zwinkert ihr zu.	(Autogeräusche) David: See ya later.	 Bis später.
Zoe steht auf dem Gehweg (frontal, leicht von der Seite). 01:13	Zoe lächelt, grüßt mit der Hand.	(Autogeräusche) Zoe: Bye.	 Bis dann.
Davids Auto von hinten, die Kamera folgt dem wegfahrenden Auto. 09:08	David fährt die Straße runter.	(Geräusche des wegfahrenden Autos)	Kein Untertitel.

Tabelle 5.12 WASP: Beispiel 2

In der ganzen Szene wird geflirtet, deshalb war es auch so wichtig eine Lösung für das letzte Dialogstück zu finden, das als Kompliment gewertet werden konnte. Über dieses Problem wurde lange diskutiert. Mehrere Lösungen wurden vorgeschlagen:

Variante 1:

Kannst du Pool spielen?
- Früher war ich ganz gut.
Bist du immer noch.

Variante 2:

Kannst du Billard spielen?
- Früher war ich ganz schön gut.
"Schön" bist du noch immer.

Der erste Lösungsvorschlag war als Kompliment zu schwach und auch nicht klar als solches erkennbar. Der zweite Vorschlag war dagegen wiederum zu explizit in seiner Aussage, denn im Original ist es vor allem das Implizite des Kompliments, das Zoe lächeln lässt. Gleichzeitig war darin auch eine inhaltliche Verschiebung zu erkennen, da so impliziert wurde, sie sei zwar schön, aber könne nicht gut spielen. Daher erschien die Lösung, auf die wir uns letztendlich geeinigt haben, als die beste der drei Varianten. Diese Problem könnte dem Problembereich Humorübersetzung, aber auch dem Problembereich der interpersonalen Dynamik zuordnen, denn der richtige Ton im Untertitel gibt der Beziehung der beiden eine gewisse Färbung. Gleichzeitig werden die beiden dadurch auch charakterisiert.

5.3.3.3 "It's summer madness at McDonald's."

Nachdem Zoes Suche nach einem Babysitter erfolglos war, hat sie sich aufgedonnert und ist auf dem Weg zum Pub – mit ihren Kindern:

Bild und Einstellungsdauer	Handlung	Soundtrack	Untertitel
Zoe (seitlich): Man sieht erst nur ihre Beine. Dann schwenkt die Kamera zu ihrem Hintern im abgeschnittenen Jeans-Mini. Im Hintergrund: eine Wiese. 05:05	Zoe läuft.	(Klappern von Zoes Absätzen, Gebrüll im Hintergrund)	Kein Untertitel.

Nahaufnahme: Zoes Nacken, sie trägt ein rotes Top und einen Pferdeschwanz. 02:12	Sie senkt den Kopf.	(Schuhklappern, Männerlachen)	Kein Untertitel.
Der schlafende Kal (frontal, leicht von oben). 02:11	Keine Handlung.	(Klappern der Buggyräder, Rufe)	Kein Untertitel.
Zoes Beine und Hintern mit dem Kinderwagen von der Seite. Kelly tritt mit auf dem Rücken verschränkten Armen von rechts ins Bild. 03:19	Kelly holt ihre Mutter ein.	(Klappern vom Kinderwagen in der ganzen Szene) Kelly: Where're	 Wohin
Zoe und ihre Kinder (frontal), ein Weg der an einer Siedlung aus roten Backsteinhäusern entlang führt. 05:03	Zoe und ihre Kinder laufen einen Berg hinunter. Zoe schiebt Kal im Buggy, Leanne ihre Puppe.	we going? Zoe: Down the pub. It's Saturday night,	gehen wir? In den Pub. Samstagabends
Sinead (seitlich, frontal), am linken Bildrand läuft Kelly. 02:12	Sinead guckt traurig auf den Boden.	there will probably be other kids around.	sind da sicher auch andere Kinder.
Zoe und Kelly (frontal). 03:05	Zoe und Kelly gucken sich immer wieder an. Zoe beugt sich vertraulich zu ihr hinunter.	Kelly: We going to meet Dave? Zoe: Yeah, but it's a secret.	Treffen wir Dave? - Ja, aber das bleibt unter uns.
Nahaufnahme: Leanne (von vorne). 03:07	Leanne guckt zu ihrer Mutter hoch (nach rechts) und streicht sich das Haar hinters Ohr.	Leanne: Can we go to McDonald's? It's summer madness at McDonald's.	Gehen wir zu McDonald's? Der Sommer ist heiß!
Zoe mit Kal im Buggy in der Mitte. Rechts neben ihr läuft Kelly, links von ihr Leanne. Leanne fährt aus dem Bild, die Kamera folgt ihr. Dann sind wieder Zoe, Leanne und Kal im Bild, sie rennen auf die Kamera zu und an ihr vorbei, sodass die Kamera ihren Lauf nun von hinten einfängt. Dabei sind dann wieder alle im Bild. 27:19	Zoe geht in die Knie und brüllt Leanne an. Die erschreckt sich und fährt mit ihrem Wagen nach links aus dem Bild. Zoe nimmt Leanne an die Hand. Sie rennen alle gemeinsam den Berg hinunter. Zoe und Leanne fahren übermütig Kurven mit ihren Buggys.	They're virtually giving food away! Zoe: No, they're fucking not, are they? Look, you get something when we go to the pub, alright? Leanne: Alright. Zoe: Alright. They'll probably have chips or something, won't they? Leanne: Alright. Zoe: Alright. Come on. Last one to the bottom of the hill is a plonker.	Aber die Preise bei McDonald's sind noch heißer! Das ist doch Quatsch! Du kriegst was im Pub, ja? - Okay. Ja? Die haben sicher Pommes. - Okay. Gut. Na, komm. Wer als Letzter unten ist, hat verloren!

Tabelle 5.13 WASP: Beispiel 3

Wie in 5.3.3.1 ist das Problem in dieser Filmsequenz die Übersetzung des Werbeslogans. Eine erste Übersetzungsversion klammerte sich inhaltlich ans Original:

McDonald's ist im Sommerfieber.
Sie verschenken praktisch ihr Essen.

Doch die Verbindung von Sommerfieber und Essenverschenken schien nicht besonders logisch. Nach einigen (undokumentierten) Versuchen, kam dann die vorstehend genannte Lösung zustande, die sich vor allem an dem Aspekt Sommer und Hitze orientiert und so inhaltlich nur einen Teilaspekt des eigentlichen Slogans in die Zielsprache überträgt. Doch hier ist die Verknüpfung der beiden Aussagen deutlicher und von daher leichter zu verstehen. Wieder ist durch die Rückkoppelung mit dem Audiokanal eine Nennung der Fast-Food-Kette unumgänglich.

5.3.4 Probleme GREEN BUSH

Die Voraussetzungen dieser Untertitelung waren optimal. Ein Skript wurde mitgeliefert, die Bild- und Tonqualität war gut und die Deadline problemlos einzuhalten. Doch nur in den seltensten Fällen finden sich keine Probleme in einem Text. Das gleiche gilt auch für den audiovisuellen Text. Wieder wurden drei problematische Stellen untersucht.

5.3.4.1 Radionachrichten

Hier handelt es sich um die Anfangssequenz des Films. Kenny fährt zu seinem Arbeitsplatz, der Radiostation von Country Radio:

Bild und Einstellungsdauer	Handlung	Soundtrack	Untertitel
Aufblende. Eine sonnenbeschienene Graslandschaft, ein Schotterweg, vier Birken. Ein schwarzer Punkt am Horizont auf dem Weg. 16:22	Der Punkt bewegt sich von links oben nach rechts unten im Bild. Er kommt immer näher.	(Grillenzirpen, Klappern von einem Fahrrad, Fahrgeräusche eines Rads)	Kein Untertitel.
Wieder die Graslandschaft. Der Weg führt von links nach rechts durchs Bild. Am rechten Bildrand ist ein Berg. Im Hintergrund sind Bäume zu sehen. 09:15	Ein Radfahrer (Kenny) fährt von links nach rechts auf dem Weg durchs Bild.	(Grillenzirpen, Klappern von einem Fahrrad, Fahrgeräusche eines Rads)	Kein Untertitel.
Der Weg führt auf eine Toreinfahrt. Wiese und Bäume im Hintergrund. 06:10	Kenny fährt auf dem Weg entlang auf die Kamera zu.	(Grillenzirpen, Vogelgezwitscher, Klappern von einem Fahrrad, Fahrgeräusche eines Rads)	Kein Untertitel.
Perspektivwechsel: Der Weg führt zu einem Haus, mit einer Satellitenschüssel im Garten, Kenny von hinten. 03:12	Kenny fährt auf das Haus zu.	(Vogelgezwitscher, Klappern von einem Fahrrad, Fahrgeräusche eines Rads)	Kein Untertitel.

Am Zaun hängt ein Schild: COUNTRY RADIO 8 CR 98.7 fm ABORIGINAL MUSIC IN ABORIGINAL COUNTRY. 03:15	Kenny fährt von links nach rechts durchs Bild.	(Vogelgezwitscher, Klappern von einem Fahrrad, Fahrgeräusche eines Rads)	ABORIGINE-MUSIK IM ABORIGINE-LAND
Das Haus hat eine Terrasse und ist bemalt. 02:10	Kenny fährt von links unten ins Bild, bremst, steigt ab und hebt sein Rad an.	(Bremsenquietschen, Klappern des Kindersitzes)	Kein Untertitel.
Perspektivwechsel: Das Haus von der Seite. 04:04	Kenny hebt sein Rad auf die Terrasse, steigt hoch und läuft damit zur Tür.	(Vogelgezwitscher, Klappern des Rads)	Kein Untertitel.
Nahaufnahme: Die Tür und Kennys Hand, die den Schlüssel ins Schloss steckt. 02:14	Kenny steckt den Schlüssel ins Schloss und öffnet die Tür.	(Vogelgezwitscher, Klappern des Rads, Schlüsselklappern)	Kein Untertitel.
Ein dunkler, großer Raum. Kenny macht Licht: Holzvertäfelung, viele Poster an den Wänden, überall stehen Regale, ein Tisch mit mehreren Stühlen, ein Computer. 13:22	Die Tür geht auf und Kenny schiebt sein Fahrrad hinein, stellt es an die Wand, schließt die Tür und macht das Licht an. Er läuft in den Raum rein und damit auf die Kamera zu, dabei steckt er seinen Schlüssel in die Tasche. Er geht zu einem Regal.	(Türquietschen, metallisches Geräusch der Neonröhren) Nachrichtensprecherin: Has triggered an inquiry looking into issues surrounding the young man's death. Nachrichtensprecher: Turning to other news. The Territory Government has welcomed the Liquor Commission's recent decision allowing alcohol to be sold through service station outlets across the Territory.	 ...und der Tod des jungen Mannes führte zu Ermittlungen. Die Regierung des Northern Territory begrüßt die Entscheidung, den Verkauf von Alkohol an Tankstellen zu erlauben.
Nahaufnahme: Mehrere offene Kartons auf einem Regal. Poster und Postkarten an der Wand. 01:21	Kennys Hand greift in den mit GREEN BUSH REQUESTS beschrifteten Karton.	(Papierrascheln) A spokesperson from Territory	 Ein Regierungssprecher
Kenny steht vor dem Regal mit den Kartons (von der Seite, leicht von unten). 01:20	Kenny nimmt ein Blatt aus dem Karton und liest es stirnrunzelnd. Dann läuft er rechts aus dem Bild.	(Papierrascheln) Government was quoted saying:	 des Territory sagte:
Nahaufnahme: Tonbandgerät. 02:08	Die Tonbandspulen laufen.	(Schleifen des Tonbands) "Every Territorian has the right to drink.	 "Jeder darf Alkohol trinken.

Eine Aufnahme des Studios. Im Bildvordergrund: Der Schreibtisch des Moderators mit Mikro, Plattenspieler, usw. Im Hintergrund: Eine E-Gitarre hängt an der Wand. Ein Regal mit Kassetten. 13:09	Kenny kommt rein und legt die Blätter auf den Tisch. Er läuft nach hinten zur Wand mit den Kassetten, hebt etwas vom Boden auf und schmeißt es in den Müll.	(Schritte, Papierrascheln) To be able to buy alcohol from a service station makes it much easier; you can fill the car up and grab a carton at the same time."	 Durch den Verkauf an Tankstellen ist Alkohol leichter zu bekommen. Man kann tanken und sich einen Kasten Bier mitnehmen."

Tabelle 5.14 GREEN BUSH: Beispiel 1

Problematisch war in diesem Fall die Übersetzung von ‚Territory Government' und ‚Liquor Commission'. Eine erste Rohübersetzung sah folgendermaßen aus:

Die Regierung des Territory begrüßte die
Entscheidung der Alkohol-Kommission,

die den Verkauf von Alkohol an
Tankstellen im ganzen Territory erlaubt.

Für den deutschen Zuschauer musste diese Information angepasst werden, da ihm mit der Nennung des vollen Namens die Verbindung mit einem australischen Bundesstaat vermutlich erleichtert wird. Des Weiteren war die Übersetzung mit ‚Alkohol-Kommission' zu stark an das ausgangssprachliche, kulturspezifische Phänomen angelehnt, als das der deutsche Zuschauer diese Bezeichnung nicht als Kuriosum empfinden würde. Durch die Begrenzungen des Mediums, die keine weiteren Erklärungen zuließen, schien eine Auslassung die einzige Möglichkeit, den Sinn der Mitteilung zu übertragen.

5.3.4.2 Football-Spiel

Das nächste Problem trat in der gleichen Sequenz auf:

Bild und Einstellungsdauer	Handlung	Soundtrack	Untertitel
Eine Aufnahme des Studios. Im Bildvordergrund: Der Schreibtisch des Moderators mit Mikro, Plattenspieler, usw. Im Hintergrund: Eine E-Gitarre hängt an der Wand. Eine Regal mit Kassetten. 13:09	Kenny kommt rein und legt die Blätter auf den Tisch. Er läuft nach hinten zur Wand mit den Kassetten, hebt etwas vom Boden auf und schmeißt es in den Müll.	(Schritte, Papierrascheln) Nachrichtensprecher : Now to Sports. In a thrilling football	 Zum Sport. Bei dem spannenden
Die Regalwand mit Kassetten ist am linken Bildrand zu sehen. Kenny läuft von rechts ins Bild. Im Bildhintergrund: Eine Wand mit Plakaten. 05:03	Kenny läuft zur Regalwand, nimmt ein paar Kassetten raus, dreht sich um und läuft aus dem Bild.	(Klappern der Kassetten) game at Centre Park Oval on Sunday, Norths came back from a six goal deficit	 Football-Spiel am Sonntag holten die Norths ihren Rückstand auf

		to create a draw	und erzielten ein Unentschieden
Gleiche Einstellung wie in der ersten Szene: das Studio. 14:16	Kenny läuft zum Tisch zurück. Er steckt eine Kassette in das Tonbandgerät auf der rechten Seite. Er schiebt den Stuhl weg, setzt die Kopfhörer auf und bringt das Mikro in Stellung.	(Schritte, Klappern mit den Tonbändern, Rollen des Stuhls) against last years Premiers Easts. Seven players from both teams were reported after a free for all fight at three quarter time. They will face the Tribunal on Wednesday. Steve Naper was named man of the match. That's the Country News for Today.	gegen die Easts. Im dritten Quarter kam es zwischen sieben Spielern zu einer Prügelei. Am Mittwoch stehen sie vor Gericht. Steve Naper wurde 'Bester Spieler'. Das waren die Country News.
Nahaufnahme: Tonbandgerät. Kennys Hand kommt von rechts ins Bild. 02:01	Kenny schaltet das Tonbandgerät aus.	(Klicken der Tonbandtaste) Catch ya.	Bis bald.

Tabelle 5.15 GREEN BUSH: Beispiel 2

Wie die erste Rohübersetzung zeigt, war mein Wissen über Football nicht ausreichend:

Bei einem spannenden Football-Spiel
am Sonntag im Centre Park Oval

holten die Norths
mit einem sechs Punktedefizit auf,

und siegten damit gegen die Easts,
die Gewinner des letzten Jahres.

Recherche war gefragt, um diese kulturspezifische Hürde zu nehmen. Dabei wurde in der Übersetzung die Beschreibung des Spielausgangs vereinfacht, da auch vom zielsprachlichen Zuschauer nicht das nötige kulturspezifische Wissen über die Punkteregeln des Footballs zu erwarten war.

5.3.4.3 "You've been a captive audience, eh?"

Der Abend hatte viele Überraschungen für Kenny auf Lager: Eine verletzte Rose und ihr Sohn, der unbedingt als erwachsener Mann behandelt werden will. Kenny ist müde, erschöpft und ein bisschen melancholisch. In dieser Stimmung verabschiedet er sich von seinen Hörern:

Bild und Einstellungsdauer	Handlung	Soundtrack	Untertitel
Eine Aufnahme des Studios. Im Bildvordergrund: Der Schreibtisch des Moderators mit Mikro, Plattenspieler, usw. Im Hintergrund: Eine E-Gitarre hängt an der Wand. Eine Regal mit Kassetten. 19:24	Kenny kommt mit einem Tonbandgerät unterm Arm ins Studio. Er bleibt in der Zimmermitte stehen und reibt sich den Nacken Er läuft zu dem Turm mit Tonbandgeräten, um das Gerät dort abzustellen.	(Traditionelle Aborigine-Musik, Schritte, Kennys Schnaufen)	Kein Untertitel.
Nahaufnahme: Kennys Arm, wie er das Gerät wieder in das vorgesehene Fach stellt. 02:09	Kenny stellt das Gerät in das Fach.	(Traditionelle Aborigine-Musik, Klappern, als er das Gerät einsetzt)	Kein Untertitel.
Gleiche Einstellung wie in der ersten Szene: das Studio. 13:22	Er läuft vom Geräteturm weg nach hinten und sucht eine Kassette. Er läuft mit der Kassette zurück zum Tisch.	(Traditionelle Aborigine-Musik, Schritte, Kennys Schnaufen)	Kein Untertitel.
Nahaufnahme: Kassettendeck. Kennys Hand. 03:08	Er legt die Kassette ein.	(Traditionelle Aborigine-Musik, Schritte, Klicken vom Kassettenrekorder)	Kein Untertitel.
Nahaufnahme: Erst Kennys T-Shirt, dann Kenny am linken Bildrand, dahinter sieht man die Regalwand mit den Kassetten. 43:22	Er setzt sich und lauscht der Musik. Er beugt sich vor, macht die Musik aus, holt sich das Mikro ran und beginnt zu sprechen. Er lächelt traurig, seine Mimik wird, während er redet, fröhlicher.	(Traditionelle Aborigine-Musik, Stuhlrücken, Kennys lautes Ausatmen, Stuhlquietschen) Kenny: And that's it tonight. That's it for the Green Bush Show. Sorry we didn't get through all your requests, but you know what - - there's always tomorrow night, and the next, and the next. Because, you know, when you think about it you mob, you've been a captive audience, eh?	 Das war's für heute Abend. Das war die Green Bush Show. Leider konnten wir nicht alles spielen. Aber auf jede Nacht folgt die nächste. Und die nächste, und die nächste. Denn ihr habt ja auch gar keine andere Wahl.

		Just like me. Here's Frankie Yama	Genau wie ich. Hier kommt Frankie Yama
Nahaufnahme: Kassettendeck. Kennys Hand. 01:22	Kenny schaltet es ein.	(Klicken vom Kassettenrekorder) with "No More Spear".	mit 'No More Spear'.
Zurück zur vorletzten Einstellung, in der Kenny in seinem Stuhl sitzt. 25:13	Kenny hört sich die Musik an, er schaut müde und traurig. Dann schließt er die Augen und lehnt sich zurück.	(Musik)	Kein Untertitel.

Tabelle 5.16 GREEN BUSH: Beispiel 3

Problematisch war in dieser Filmsequenz die Übersetzung von ‚captive audience'. Kennys spielt dabei mit der Doppeldeutigkeit von ‚captive', das zum einen ‚gefangen', zum anderen aber auch ‚gebannt' oder ‚aufmerksam' bedeuten kann. Er spricht zu seinen Hörern, den Gefängnisinsassen, meint damit aber auch sich selbst, denn auch er ist ein Gefangener. Ein Gefangener seiner Arbeit bzw. der Gesellschaft, in der er lebt. Vielleicht spielt er auch auf eine weitere Bedeutung von ‚captive' an: ‚Sklave'. Denn er ist der Sklave seiner Sendung. Einer der ersten Übersetzungsversuche zeigt, dass die Übertragung alles andere als leicht war:

Denn ihr seid wirklich
ein "gefesseltes" Publikum.

Genau wie ich.

Diese Lösung führt zu einer inhaltlichen Verschiebung. Zwar ist darin eine Doppeldeutigkeit enthalten, die auf ‚gefangen' und ‚gespannt' beruht. Aber genau letzteres ist nicht gemeint. Es geht nicht um ‚Spannung', sondern vielmehr um einen Fatalitätsgedanken. Um ein Leben, in das man sich fügen muss.

5.4 Ergebnisse und Diskussion

Bei den Untersuchungen zum Untertitelungsprozess wurden folgende Ergebnisse erzielt: Zwischen den Untertitelungen, die im Anfängerstadium bzw. Fortgeschrittenenstadium meines Lernprozesses entstanden waren, ließ sich ein deutlicher Unterschied in der stärkeren Abgrenzung der Arbeitsschritte bei der Untertitelung von GREEN BUSH im Vergleich zu der von SHOOTING BOKKIE und WASP erkennen. Bei der Untertitelung von GREEN BUSH konzentrierte ich mich bei den jeweiligen Bearbeitungsdurchgängen hauptsächlich auf jeweils einen der Arbeitsschritte. Die Erstellung des Timings zu Anfang war von Vorteil, da so der Rahmen für die Untertiteleinheiten gesteckt worden war. Dieses Vorgehen erleichterte die Übersetzung und Textadaption ungemein. Deutlich sichtbar war auch, dass bei GREEN BUSH die Arbeitsvorgänge Übersetzung und Adaption gleichzeitig vorgenommen wurden. Auch dies lässt auf eine größere Kompetenz und Effizienz schließen.

Es gilt nun zu überlegen, wie diese Einsicht in den Lernprozess eines Individuums für den Untertitelungsunterricht genutzt werden kann. Als Lehrregeln ließe sich unter Umständen ableiten, dass die Lernenden darauf trainiert werden sollten, sich die einzelnen Arbeitsschritte bewusst zu machen und diese nacheinander durchzuführen. Des Weiteren sollte darauf geachtet werden, dass bei der Übersetzung von Anfang an versucht werden sollte, gleichzeitig auch den Text zu adaptieren. Doch gerade darin liegt für angehende Untertitler die Schwierigkeit, denn für die Entscheidungen, die bei der Untertitelung verlangt werden, benötigt man eine gewisse Routine. Die Analyse einer Filmsequenz nach Taylor erscheint ein gutes Mittel für einen Untertitelungsunterricht, um aufgetretene Probleme im Detail zu besprechen. Zwar ist die Ableitung allgemeiner Grundsätze aus einem individuellen Lernprozess schwierig, dennoch erscheinen diese Grundsätze als hilfreich in der Ausbildung von Untertitlern.

Wie in Kapitel 3.3.2 dieser Arbeit beschrieben, treten bei den Untertitelungen im Allgemeinen Übersetzungsprobleme im Bereich der Kulturspezifik, der Übersetzung von Wortspielen und Humor, der Dialektübersetzung und der interpersonalen Dynamik vermehrt auf. Die Untersuchung der aufgetretenen Probleme in den Beispielfilmen hat gezeigt, dass diese Aussage zutrifft. Die meisten Probleme traten im Bereich der Wortspiel- und der Humorübersetzung auf (vgl. 5.3.2.1, 5.3.3.1-5.3.3.3 und 5.3.4.3). Auch im Bereich der Kulturspezifik ließen sich einige Probleme finden (vgl. 5.3.2.3, 5.3.4.1 und 5.3.4.2). Nur ein Problem fiel aus dem in Kapitel 3.3.2 gesteckten Rahmen: Christos Streit mit dem Kameraassistenten und dem Tonmann. Es passt in keinen der genannten Bereiche. Aber die Problematik der Zuordnung, wenn mehrere Personen sprechen, ist sicher ein Problem in der Untertitelung, mit dem es sich zu beschäftigen gilt. Die einzige mögliche Lösung in dieser Situation war, stark vereinfachend zu übersetzen.

Im Bereich der Wortspiele und des Humors wurde meist versucht, Wirkungsäquivalenz zu erreichen. Zum Beispiel mit der Nachformung des Wortspiels mit ‚director with the emphasis on rector'. Hier wurde die negative Sicht auf die Arbeit eines Regisseurs und der Vergleich mit einem Rektum durch ein Wortspiel mit einem anderen Beruf aus der Medienbranche zum Ausdruck gebracht. Der persönliche Assistent wurde zum Assi verballhornt. Bei der Problemlösung im Bereich der Kulturspezifik wurden meist entweder Sachverhalte weggelassen oder neue zu Erklärungszwecken hinzugenommen.

6 Schlussbetrachtung

Die Beliebtheit und Faszination der bewegten Bilder hat seit der Erfindung der Kinematographie nie nachgelassen und Kultur und Gesellschaft entscheidend geprägt. Dementsprechend hat auch der Übersetzungsbedarf in diesem Bereich nie abgenommen. In dieser Arbeit wurde eine Art der Leinwandübersetzung vorgestellt: die Untertitelung. Ziel der Arbeit war die Untersuchung zweier Aspekte der Untertitelung. Der Untertitelungsprozess und die bei der Untertitelung auftretenden Probleme wurden am Beispiel semi-professioneller Untertitelungsleistungen analysiert. Diese zwei Aspekte wurden durch theoretische und praktische Erkenntnisse untermauert.

Die Untertitelung wurde aufgrund von politischen, ökonomischen und kulturellen Faktoren nicht von der Synchronisation verdrängt, sondern hat sich als eigenständige Form der audiovisuellen Übersetzung weiterentwickelt. Die Tatsache, dass in den einzelnen Ländern kein gleichberechtigtes Nebeneinander der zwei primären Übertragungsformen des Filmdialogs existiert, sondern von traditionellen Untertitelungs- und Synchronisationsländern gesprochen werden kann, beeinflusst Wahrnehmung und Akzeptanz von Untertiteln in den verschiedenen Ländern. Dies wiederum hat Auswirkungen auf die Arbeitsweise des Untertitlers, der einen Balanceakt zwischen der Treue zum Text, zum Regisseur und zum Zuschauer vollführt. In den letzten Jahren jedoch wurden die Begriffe Untertitelungs- und Synchronisationsland zusehends aufgeweicht. Aufgrund der zunehmenden Akzeptanz, den niedrigen Kosten und der Schnelligkeit, mit der Untertitel im Vergleich zu einer Synchronisation erstellt werden können, wird die Nutzung von Untertiteln auch in Synchronisationsländern wie Deutschland deutlich zunehmen. Somit wird die Untertitelung als Arbeitsbereich des Übersetzers auch weiter an Beliebtheit gewinnen, die gerade wegen ihrer Einschränkungen einen gewissen Reiz ausübt. Daher erscheint eine eingehende Beschäftigung mit dem Thema Untertitelung als notwendig, sei sie theoretischer oder praktischer Natur, um die Qualität in diesem Bereich zu garantieren. In den letzten Jahren haben sich die Ausbildungsinstitute für Übersetzer und Dolmetscher auf diesen neuen Bedarf eingestellt. Denn nicht nur die Untertitelung, auch der audiovisuelle Text an sich, ist auf dem Vormarsch (z. B. in Videospielen) und damit auch seine Übersetzung. Eine möglichst praxisnahe Ausbildung ist für diesen Bereich erstrebenswert, da ein theorielastiger Unterricht dieser Übersetzungsform nicht gerecht wird. Aufgrund der Sprachmittlerrolle, die dem Übersetzer eigen ist, befasste sich diese Arbeit zwar ausschließlich mit der Problematik interlingualer Untertitel, dennoch erschien mir eine kurze Einführung in andere Arten der audiovisuellen Übersetzung als sinnvoll.

In Kapitel 3 wurde auf die theoretischen Aspekte der Untertitelung eingegangen. Anhand der Definition Henrik Gottliebs (2002:187f.) lassen sich die drei wichtigsten Unterschiede der Untertitelung zu einer ‚normalen' Übersetzung ableiten. Nicht nur die Sprache, sondern auch der Sprachmodus wird bei der Untertitelung gewechselt. Der Raum für die Wiedergabe wird auf zwei Zeilen begrenzt.

Original und Übersetzung werden dem Zuschauer gleichzeitig präsentiert. Die Untertitel vermitteln nicht allein, sondern im Zusammenspiel mit den anderen Kanälen (Dialog, Ton, Bild und Schrift), die dem Film als polysemiotisches Medium eigen sind, dem Publikum den Filminhalt. Der Verbund aus den verschiedenen Kanälen ist für die zeitlichen und räumlichen Einschränkungen der Untertitelung verantwortlich, denn die Untertitel müssen dem Filmrhythmus folgen, gleichzeitig sind sie aber räumlich auf zwei Zeilen begrenzt. Der Wechsel des Sprachmodus birgt weitere Einschränkungen: Die Eigenheiten der gesprochenen Sprachen brechen teilweise mit den Gesetzen der Schriftsprache. Gleichzeitig sollte aber die Illusion der gesprochenen Sprache auch im Untertitel erhalten bleiben und nicht durch einen zu gehobenen schriftsprachlichen Stil ersetzt werden. Eine weitere Besonderheit der Untertitelung, die sie von anderen Übersetzungsformen unterscheidet, ist die Koexistenz von Übersetzung und Original. Bei der Untertitelung steht der Zuschauer im Mittelpunkt. Denn die Qualität der Untertitelung steht und fällt damit, ob er den Untertitel lesen kann. Drei Faktoren beeinflussen die Lesbarkeit von Untertiteln: die Lesegeschwindigkeit, die Textpräsentation / Textmenge und die Komplexität des Textes. Weitere Einschränkungen lassen sich an bestimmten Gruppen festmachen (z. B. die Bedürfnisse von Kindern). Die Vertrautheit mit der Übersetzungsform hat außerdem Einfluss auf die Fähigkeit, Untertitel zu lesen. Es ist anzunehmen, dass Zuschauer aus Untertitelungsländern einen Untertitel schneller erfassen können als Zuschauer aus Synchronisationsländern. In diesem Zusammenhang stellt sich auch die Frage nach der Qualität bei der Untertitelung. Eine Definition von qualitativ hochwertigen Untertiteln gestaltet sich schwierig, die Bewertung sollte immer nur im Verbund mit dem polysemiotischen Text geschehen. Untertitel müssen sich in das polysemiotische Gefüge des Films integrieren und den Film bestmöglichst in der Vermittlung seiner Aussage unterstützen. Bei der Übersetzung im Rahmen der Untertitelung können, abgesehen von Hilfsverfahren wie beispielsweise Anmerkungen des Übersetzers in Fußnoten, alle herkömmlichen Übersetzungsverfahren angewandt werden. Aber dennoch ist die Untertitelung hauptsächlich durch zwei Verfahren geprägt, die sich nicht unter diesen Übersetzungsverfahren finden lassen. Aufgrund der vorstehend beschriebenen Einschränkungen ist eine Textverdichtung, Textkürzung oder Auslassung von Textteilen unumgänglich. Daraus ergeben sich die Übersetzungsprobleme, die bei der Untertitelung von besonderer Brisanz sind: kulturspezifische Phänomene, Dialekt, Slang, Akzente und Kraftausdrücke, Humor und Wortspiele und interpersonale Dynamik.

In Kapitel 4 wurde auf die Praxis der Untertitelung eingegangen. Die Untertitelung arbeitet heute mit Computertechnik. Es wurden Untertitelungsprogramme entwickelt, mit denen der gesamte Untertitelungsprozess (Timing und Übersetzung) an einem PC durchgeführt werden kann. Der Untertitler kann den Film (analog oder digital) in das Programm laden und eine Untertiteldatei erstellen, die die Timing- und Übersetzungsinformationen enthält. Die Film- und die Untertiteldatei sind durch eine Timecode-Information synchronisiert. Als weiteres

Arbeitsmaterial des Untertitlers können das Dialogskript und Recherchemöglichkeiten, wie Wörterbücher und Internet, angesehen werden. Früher wurde die Untertitelungsarbeit auf einen Übersetzer und einen Spotter aufgeteilt. Seit den 1980er Jahren wird die Arbeit meist von einer Person durchgeführt, dem Untertitler, der für beide Arbeitsprozesse (Timing und Übersetzung) zuständig ist. Eine nähere Untersuchung der Richtlinien für das Timing und das Layout der Untertitel hat gezeigt, dass sich die Vorgehensweise in einigen der deutschen Untertitelungsfirmen unterscheiden, ohne dabei jedoch anscheinend großen Einfluss auf die Wahrnehmung der Untertitel zu nehmen. Eine weitere Untersuchung in diese Richtung wäre interessant. Die Anforderungen an einen Untertitler gehen über eine allgemeine Übersetzungskompetenz hinaus. Zudem sollten Untertitler über ein gewisses technisches Verständnis und Rhythmusgefühl verfügen sowie die Fähigkeit mitbringen, Sachverhalte möglichst kurz auszu-drücken. Die meisten Untertitler arbeiten als Freiberufler für Untertitelungsfirmen. Deren Auftraggeber sind zumeist Verleih-, Vertriebs- oder Produktionsfirmen, in seltenen Fällen gibt der Regisseur die Untertitelung direkt in Auftrag. Untertitler erhalten keine Tantiemen, aber sie haben ein Recht auf Copyright. Die Fixierung der Untertitel hängt vom Medium ab. Bei Kinofilmen wird heute meistens die Laseruntertitelung verwendet, die die Untertitel in das Filmmaterial mit einem Laser eingraviert. Beim Fernsehen und bei Videoproduktionen werden die Untertitel in ein Videosignal umgewandelt und dann in das Videoband gemischt. Bei DVDs sind die Untertitel als Grafikdateien mit einer Steuerungsdatei auf dem Medium gespeichert. Beim so genannten Live-Subtitling werden die Untertitel direkt mit Hilfe eines Videobeamers auf die Kinoleinwand projiziert.

Kapitel 5 war der Analyse der drei Beispielfilme gewidmet. Dabei handelte es sich um Kurzspielfilme. SHOOTING BOKKIE fiel dabei etwas aus dem Rahmen, da die Handlung zwar auch fiktiv ist, der Film aber Dokumentarfilmcharakter hat. Dies hatte auch Auswirkungen auf die Untertitelung. Zuerst wurde der Untertitelungsprozess betrachtet. Zu diesem Zweck wurden die einzelnen Tagesversioen der Untertitel der drei Filme auf Veränderungen in den Bereichen Timing, Neuverteilung der Untertiteleinheiten, Übersetzung, Adaption und Korrektur untersucht. Dabei ergab sich ein Muster, das für alle drei Prozesse ähnlich war: Auf eine Timing- und Übersetzungsphase folgten mehrere Bearbeitungsphasen. Im Vergleich lassen sich dennoch einige Unterschiede in der Vorgehensweise feststellen. Bei SHOOTING BOKKIE und WASP wurde in beinahe jeder Phase eine hohe Anzahl von Veränderungen vorgenommen. Dabei wurde zumeist auf zwei Arbeitsschritte gleichzeitig besonderes Augenmerk gelegt. Bei GREEN BUSH hingegen wurde der Hauptschwerpunkt auf jeweils einen Arbeitsschritt in den einzelnen Phasen gelegt. Zwei Punkte sprechen dafür, dass die letztere Vorgehensweise effizienter ist und bessere Ergebnisse erzielt. Erstens wurden im Vergleich zu den anderen Filmen in der Endfassung von GREEN BUSH weniger Verbesserungen und Korrekturen durchgeführt und zweitens war es mir möglich, die Untertitelung innerhalb des Zeitlimits zu beenden. Bei einer weiteren Untersuchung der Arbeitsschritte Übersetzung und

Adaption mit Hilfe der Parameter ‚Standdauer zu kurz' und ‚mehr als zwei Zeilen' zeigte sich, dass bei den beiden ersten Untertitelungen die Übersetzung und Textadaption getrennt durchgeführt wurden. Bei GREEN BUSH hingegen wurde der Text schon während des Übersetzungsprozesses adaptiert, was wiederum auf eine effizientere Vorgehensweise schließen lässt. Die bei der Untertitelung aufgetretenen Probleme wurden nach Taylors (2003:191-205) Analysemethode untersucht. Die in Kapitel 3.3.2 geäußerte Vermutung über die Art der Probleme, die bei der Untertitelung auftauchen, wurde bestätigt. Die einzige problematische Übersetzungsstelle, die aus dem in 3.3.2 gesteckten Rahmen fällt, ist der Streit zwischen Christo, dem Tonmann und dem Kameraassistenten. Hierbei handelte es sich um eine Problematik, die in besagtem Kapitel nicht weiter ausgeführt wurde: Das Problem der Sprecherzuordnung, wenn mehrere Personen gleichzeitig sprechen. Meist ist die einzige Lösungsmöglichkeit, vereinfachend zu übersetzen, wie es in diesem Fall geschehen ist. Die meisten Probleme traten im Bereich der Wortspiel- und Humorübersetzung auf. Bei der Übersetzungslösung wurde der Wirkungsäquivalenz oberste Priorität eingeräumt. Der zweite Bereich war die Kulturspezifik. Die Übersetzungslösungen gingen meist mit dem Weglassen oder dem erklärenden Hinzufügen von Sachverhalten einher.

Diese Arbeit soll nur einen kleinen Einblick in die Untersuchung des Untertitelungsprozesses und der Probleme bei der Untertitelung bieten. Weitere und tiefgreifendere Untersuchungen in diesem Bereich, auch unter dem Aspekt der späteren Nutzung für Lernzwecke, wären wünschenswert. Ein weiterer Forschungsansatz, der in dieser Arbeit aufgeworfen wurde, ist eine eingehendere Untersuchung der Timing-Richtlinien deutscher Firmen und ihre Auswirkungen auf die Wahrnehmung der Untertitel durch die Zuschauer und damit auf die Qualität der Untertitel. Auch in diesem Bereich wären neue Erkenntnisse hilfreich, um einen Beitrag zur Verbesserung der Qualität von Untertiteln zu leisten.

7 Bibliografie

Agost, Rosa (1999): *Traducción y doblaje: palabras, voces e imágenes*. Barcelona: Editorial Ariel.

Agost, Rosa / Chaume, Frederic (2001) (Hrsg.): *La traducción en los medios audiovisuales*. Castelló de la Plana: Univ. Jaume I.

Amador, Miquel / Dorado, Carles / Orero, Pilar (2004): "e-AVT: A perfect match. Strategies, functions and interaction in an on-line environment for learning audiovisual translation." Orero (2004): 141-153.

Apeltauer, Ernst (1997): "Zur Bedeutung der Körpersprache für die interkulturelle Kommunikation." Knapp-Potthoff, Annelie / Liedke, Martina (1997) (Hrsg.): *Aspekte interkultureller Kommunikationsfähigkeit*. München: Iudicium, 17-39.

Ballester, Ana (2001): "Doblaje y nacionalismo: El caso de *Sangre y arena*." Agost/Chaume (2001): 165-175.

Bartrina, Francesca (2004): "The challenge of research in audiovisual translation." Orero (2004): 157-167.

Buhr, Vanadis (2003): *Untertitel – Handwerk und Kunst*. Trier: WVT.

Chaume Varela, Frederic (2001): "La pretendida oralidad de los textos audiovisuales y sus implicaciones en traducción." Agost/Chaume (2001): 77-88.

Díaz Cintas, Jorge / Orero, Pilar (2003): "Postgraduate Courses in Audiovisual Translation." Gambier (2003): 371-388.

Dries, Josephine (1995): Dubbing and subtitling. Guidelines for production and distribution. Düsseldorf: Europäisches Medieninstitut.

D'Ydewalle, Géry / Gielen, Ingrid (1992): "Attention allocation with overlapping sound, image and text." Rayner, Keith (1992) (Hrsg.): *Eye Movements and Visual Cognition. Scene Perception and Reading*. New York: Springer-Verlag, 415-427.

European Broadcasting Union (1987) (Hrsg.): "Towards a standardization of dubbing and subtitling procedures." *EBU Review. Programmes, Administration, Law*. Vol. XXXVIII, Nr. 6 11/1987, 31.

Gambier, Yves / Gottlieb, Henrik (2001) (Hrsg.): *(Multi) Media Translation. Concepts, Practices, and Research*. Amsterdam/Philadelphia: Benjamins.

Gambier Yves (2003): "Introduction: Screen Transadaptation: Perception and Reception." Gambier (2003): 171-189.

Gambier, Yves (2003) (Hrsg.): *Screen Translation*. Manchester: St. Jerome.

Gottlieb, Henrik (1997): "You Got the Picture? On the Polysemiotics of Subtitling Wordplay." Delabastita, Dirk (1997) (Hrsg.): *Traductio. Essays on punning and translation*. Manchester: St. Jerome, 207-232.

Gottlieb, Henrik (2001): "Subtitling: Visualising Filmic Dialogue." Lorenzo García/Pereira Rodríguez (2001): 85-110.

Gottlieb, Henrik (2001)2: "Authentizität oder Störfaktor." *Der Schnitt*, Nr. 21 1/2001, 12-15.

Gottlieb, Henrik (2002): "Untertitel: Das Visualisieren filmischen Dialogs." Friedrich, Hans-Edwin (2002) (Hrsg.): *Schrift und Bild im Film*. Bielefeld: Aisthesis, 185-214.

Gottlieb, Henrik (2004): "Language-political implications of subtitling." Orero (2004): 83-100.

Guardini, Paola (1998): "Decision-making in subtitling." *Perspectives: Studies in Translatology* 6:1, 91-112.

Gummerus, Eivor / Paro, Catrine (2001): "Translation Quality. An Organizational Viewpoint." Gambier/Gottlieb (2001): 133-142.

Hatim, Basil / Mason, Ian (1997): *The translator as communicator*. London: Routledge.

Herbst, Thomas (1994): Linguistische Aspekte der Synchronisation von Fernsehserien: Phonetik, Textlinguistik, Übersetzungstheorie. Tübingen: Max Niemeyer.

Ivarsson, Jan (1992): *Subtitling for the media. A handbook of an art*. Stockholm: Transedit.

Ivarsson, Jan / Carroll, Mary (1998): *Subtitling*. Simrishamn: TransEdit.

Kovačič, Irena (1994): "Relevance as a factor in subtitling reductions." Dollerup, Cay / Lindegaard, Annette (1994) (Hrsg.): Teaching translation and interpreting 2. Insights, aims, visions; papers from the Second Language International Conference, Elsinore, Denmark, 4 - 6 June 1993. Amsterdam/Philadelphia: Benjamins, 245-251.

Lorenzo García, Lourdes / Pereira Rodríguez, Ana Mª (2001) (Hrsg.): *Traducción subordinada (II). El Subtitulado (inglés-español/galego)*. Vigo: Univers. Vigo.

Luyken, Georg-Michael (1991): Overcoming language barriers in television: dubbing and subtitling for the European audience. Manchester: European Institute for the Media.

Manhart, Sibylle (2000): "'When words collide': Betrachtungen über fremde Kulturen im filmtranslatorischen Handlungsgefüge." Kadric, Mira / Kaindl, Klaus / Pöchhacker, Franz (2000) (Hrsg.): *Translationswissenschaft: Festschrift für Mary Snell-Hornby zum 60. Geburtstag*. Tübingen: Stauffenburg, 167-181.

Mason, Ian (2001): "Coherence in Subtitling: The Negotiation of Face." Agost/Chaume (2001): 19-31.

Mayoral Asensio, Roberto (2001): "El espectador y la traducción audiovisual." Agost/Chaume (2001): 33-46.Monaco, James (2000): *Film verstehen. Kunst, Technik, Sprache, Geschichte und Theorie des Films und der Neuen Medien; mit einem Lexikon der Fachbegriffe*. Hamburg: Europa Verlag.

Mueller, Felicity (2001): "Quality Down Under." Gambier/Gottlieb (2001): 143-150.

Neves, Josélia: "Language awareness through training in subtitling." Orero (2004): 127-140.

Nord, Christiane (1997): Translating as a purposeful activity: functionalist approaches explained. Manchester: St. Jerome.

Orero, Pilar (2004) (Hrsg.): *Topics in Audiovisual Translation*. Amsterdam/Philadelphia: Benjamins.

Pereira Rodríguez, Ana Mª (2001): "Subtitulado y traducción en España y en Galicia: su historia." Lorenzo García/Pereira Rodríguez (2001): 5-10.

Pruys, Guido Marc (1997): Die Rhetorik der Filmsynchronisation: Wie ausländische Spielfilme in Deutschland zensiert, verändert und gesehen werden. Tübingen: Narr.

Reid, Helen (1987): "The semiotics of subtitling, or Why don't you translate what it says?" *EBU Review. Programmes, Administration, Law.* Vol. XXXVIII, Nr. 6 11/1987, 28ff.

Reid, Helen (2001): "Synchronisation oder Untertitel – Ein Überblick." *Der Schnitt*, Nr. 21 1/2001, 16-19.

Reinart, Sylvia: "Zu Theorie und Praxis von Untertitelung und Synchronisation." Kohlmayer, Rainer / Pöckl, Wolfgang (2004) (Hrsg.): *Literarisches und mediales Übersetzen. Aufsätze zu Theorie und Praxis einer gelehrten Kunst.* Frankfurt/Main: Peter Lang, 73-112.

Reiß, Katharina (1971): Möglichkeiten und Grenzen der Übersetzungskritik. Kategorien und Kriterien für eine sachgerechte Beurteilung von Übersetzungen. München: Hueber.

Reiß, Katharina / Vermeer, Hans J. (1991): *Grundlegung einer allgemeinen Translationstheorie.* Tübingen: Max Niemeyer.

Robertson, Patrick (1993): Das neue Guinness Buch Film: Studios, Stars & Sensationen. Frankfurt/Main: Ullstein.

Sánchez, Diana (2004): "Subtitling methods and team-translation." Orero (2004): 9-17.

Schreiber, Michael (1993): Übersetzung und Bearbeitung: zur Differenzierung und Abgrenzung des Übersetzungsbegriffs. Tübingen: Gunter Narr.

Schreiber, Michael (1998) "Übersetzungstypen und Übersetzungsverfahren." Snell-Hornby, Mary et al. (1998) (Hrsg.): *Handbuch Translation.* Tübingen: Stauffenburg, 151-154.

Schubert, Ulrike (2001): Audiovisuelle Übersetzung. Eine Untersuchung zu Synchronisation und Untertitelung aus der Perspektive des Übersetzers. Diplomarbeit. Leipzig: IALT, Prof. Peter A. Schmitt / Prof. Heike Herting.

Stolze, Radegundis (19972): *Übersetzungstheorien: eine Einführung.* Tübingen. Gunter Narr.

Taylor, Christopher J. (2003): "Multimodal Transcription in the Analysis, Translation and Subtitling of Italian Films." Gambier (2003): 191-205.

Wahl, Chris (2001): "Die Untertitelung – Eine Einführung." *Der Schnitt*, Nr. 21 1P2001, 7-11.

Waters, George T. (1991) (Hrsg.): Specification of the EBU subtitling data exchange format / European Broadcasting Union. Grand-Saconnex (Genf): EBU.

Watzlawick, Paul / Beavin, Janet H. / Jackson, Don D. (2000[10]): *Menschliche Kommunikation: Formen, Störungen, Paradoxien.* Bern: Verlag Hans Huber.

Wehn, Karin (2001): "About Remakes, Dubbing and Morphing: Some Comments on Visual Transformation Processes and their Relevance for Translation Theory." Gambier/Gottlieb (2001): 65-72.

Whitman, Candace (2001): "Cloning Cultures: The return of the movie mutants." Agost/Chaume (2001): 143-157.

Zabalbeascoa, Patrick (2001): "La traducción de textos audiovisuales y la investigación traductológica." Agost/Chaume (2001): 49-56.

Webseite 1:
http://osiris2.pi-consult.de/view.php3?show=57900120&NoAccount=1&Frame=unten
Bräutigam, Thomas: "Synchron-Nation Deutschland."
(Stand: August 2008)

Webseite 2:
http://osiris2.pi-consult.de/view.php3?show=57800126&NoAccount=1&Frame=unten
Blum, Wolfgang: "Der frühe Vogel fängt den Wurm."
(Stand: August 2008)

Webseite 3:
http://www.imdb.com
(Stand: August 2008)

Webseite 4:
http://www.sochorek.cz/archiv/artikel/untertitelung/holland.htm
(Stand: August 2008)

Webseite 5:
http://www.sochorek.cz/archiv/artikel/untertitelung/schweiz.htm
Bodmer, Michel: "Wenn Filme „übersetzt" werden."
(Stand: August 2008)

Webseite 6:
http://de.wikipedia.org/wiki/Teletext
(Stand: August 2008)

Webseite 7:
http://www.titelbild.de/de/TITELBILD/Uber_uns/uber_uns.html
(Stand: Oktober 2005)

Webseite 8:
http://www.fti.uab.es/onptav/angles/index_ang.htm
(Stand: Oktober 2005)

Webseite 9:
http://www.fask.uni-mainz.de/ze/medien/literatur.html
(Stand: Oktober 2005)

Webseite 10:
http://fr46.uni-saarland.de/atrc/hga/de/GAL %20- %20Film %20und %20Uebersetzen.pdf
(Stand: Oktober 2005)

Webseite 11:
http://www.atrc.de/atrc/de/aktuell_frueher.html
(Stand: Oktober 2005)

Webseite 12:
http://www.adue-nord.de/infoblatt/infoblatt-1998-04.pdf
(Stand: Oktober 2005)

Webseite 13:
http://www.movie-college.de/filmschule/filmtheorie/filmarchive.htm
(Stand: August 2008)

Webseite 14:
http://www.transedit.se/history.htm
(Stand: August 2008)

Webseite 15:
http://accurapid.com/journal/04stndrd.htm
Karamitroglou, Fotios (1998):
"A proposed set of subtitling standards in Europe."
(Stand: August 2008)

Webseite 16:
http://de.wikipedia.org/wiki/TimeCode
(Stand: August 2008)

Webseite 17:
http://www.untertitel-ag.de/
(Stand: August 2008)

Webseite 18:
http://www.untertitel.de/FRAMES-D/FR-WIR1-D.HTM
(Stand: Oktober 2005)

Webseite 19:
http://photoinf.com/General/NAVY/Composition_and_Basic_shots_or_sequences.htm
(Stand: Oktober 2005)

Webseite 20:
http://www.eztitles.com
(Stand: Oktober 2005)

Webseite 21:
http://de.wikipedia.org/wiki/Kurzfilm
(Stand: August 2008)

Webseite 22:
http://www.sensesofcinema.com/contents/01/17/backroads.html
(Stand: Oktober 2005)

Susanne Hezel

Untertitelung für Hörgeschädigte für das deutsche Fernsehen Vorgehensweisen, Forderungen, Richtlinien

1 Einleitung

Die Motivation für das Schreiben dieser Diplomarbeit mit dem Thema „Untertitelung für Hörgeschädigte“ entstand aus einem Praktikum bei der Untertitelungs- und Übersetzungsfirma Titelbild GmbH in Berlin. Dort hatte ich die Gelegenheit, die deutsche Synchronfassung eines Zeichentrickfilms für Kinder mit Untertiteln für Hörgeschädigte[1] zu versehen. Ich musste feststellen, dass mir dies bei Weitem schwerer fiel, als einen Film aus dem Englischen ins Deutsche zu untertiteln, da ich kontinuierlich bemüht war, die gleichen Wörter auch synchron im Untertitel erscheinen zu lassen. Die Untertitelung eines Dokumentarfilms stellte sich als noch schwieriger als die des Zeichentrickfilms heraus, da die Adressatengruppe noch weniger eingrenzbar war, und ich somit oft vor der Frage stand: Kann dieses sprachliche Segment so übernommen oder muss es vereinfacht werden? Häufig mussten sprachliche Umformungen nicht nur aus Gründen einer Anpassung an eine eventuell eingeschränkte Lesekompetenz des Publikums, sondern auch aus Zeit- oder Platzmangel vorgenommen werden. Ich beschloss mich für meine Arbeit auf Richtlinien für die Erstellung von Teletext-Untertiteln[2] zu konzentrieren. Dabei stellte sich heraus, dass den Fernsehsendern, die auf mein Anschreiben reagierten, zumeist keine oder nur sehr alte Richtlinien zur Vorgehensweise bei der intralingualen Untertitelung[3] vorliegen. Dieses Manko will ich in meiner Arbeit aufgreifen.

Diese Arbeit führte ursprünglich zunächst allgemein in das Thema der Untertitelung ein, um auch interessierten Lesern ohne Vorkenntnisse die Lektüre dieser Arbeit zu ermöglichen. Da meiner Arbeit nun jedoch mit Silke Nagels Arbeit unter anderem eine sehr gute Einführung in die Thematik voransteht, wurde auf ein diesbezügliches Kapitel verzichtet und geht nun zu Beginn auf intralinguale Untertitelung ein. Im danach folgenden Kapitel wird die Adressatengruppe vorgestellt, um zu verdeutlichen, welche Schwierigkeiten hörgeschädigte Menschen bei der Textrezeption haben können. Im Hauptteil wird ein Überblick über die aktuell in Deutschland praktizierte Vorgehensweise in der Teletext-Untertitelung für Hörgeschädigte gegeben und den Forderungen der Adressatengruppe, sofern vorhanden, gegenüber gestellt. Dabei steht besonders das Kriterium der Wörtlichkeit im Vordergrund. Im letzten Kapitel wird versucht, Vorschläge für Richtlinien als Hilfsmittel für die Erstellung von intralingualen Untertiteln zu

1 Die Bezeichnung „Hörgeschädigte“ umfasst Menschen mit allen Formen einer Hörschädigung. Darunter können sowohl schwerhörige als auch gehörlose und / oder ertaubte Menschen subsumiert werden. Ebenso umfasst die grammatisch maskuline Form, z. B. bei Berufbezeichnungen, in dieser Arbeit gleichermaßen Vertreter des männlichen und des weiblichen Geschlechts.

2 Bei Teletext-Untertitelung handelt es sich immer um Untertitelung für das Medium Fernsehen, die in der Regel für hörgeschädigte Zuschauer erfolgt.

3 Da sich intralinguale Untertitel an hörgeschädigte Menschen wenden, werden die Bezeichnungen „intralinguale Untertitel“ und „Untertitel für Hörgeschädigte“ synonym verwendet.

unterbreiten. Diese Vorschläge sind an Untertiteler aller Institutionen in Deutschland gerichtet.

Zur Vorgehensweise bei dieser Arbeit ist Folgendes anzumerken. Für Deutschland existieren keine Richtlinien, die für alle untertitelnden Institutionen verbindlich sind. Die Handhabung der Untertitelerstellung geht vielmehr auf die Empfehlungen der Hörgeschädigtenpädagogen (damals Taubstummenlehrer genannt) zur Erstellung von Untertiteln zurück (vgl. z. B. Näfken 1983). Fernsehsendern liegen entweder keine oder nur veraltete explizite Richtlinien zur Untertitelung vor. Die Vorgehensweisen, nach denen in der Praxis untertitelt wird, beruhen zumeist auf sehr allgemeinen, internen Vorgaben, die mitunter beträchtlich variieren. Dennoch soll ein Überblick über die im deutschen Fernsehen angewandten Vorgehensweisen bei der Erstellung intralingualer Untertitelung gegeben werden. Ich habe versucht, so viele und so präzise Vorgaben wie möglich zu sammeln. Dazu war es nötig, alle deutschen Sender anzuschreiben, die derzeit Untertitel ausstrahlen, und in Erfahrung zu bringen, welche Redaktion oder Firma die Untertitel erstellt. Daher wurden auch Untertitelungsagenturen angeschrieben. Die einzelnen Ansprechpartner erwiesen sich als unterschiedlich kooperativ, was jedoch in Anbetracht meines umfangreichen Fragenkatalogs verständlich ist. Da ich es für unerlässlich halte, die Adressaten in den Prozess der Erstellung von Richtlinien einzubeziehen, wurden auch der Deutsche Schwerhörigenbund e. V. (DSB) und der Deutsche Gehörlosenbund e. V. (DGB) zu ihrer Meinung und eventuellen Vorschlägen befragt. Nach Kontaktaufnahme mit dem DGB stellte sich heraus, dass bereits eine Arbeitsgruppe „Untertitel und Gebärdenspracheinblendung" existiert, die in Zusammenarbeit mit Untertitelern und den Untertitelungsredaktionen der Fernsehanstalten einen Entwurf für Untertitelungsrichtlinien herausgegeben hat[4]. Trotz dieser Zusammenarbeit weichen die praktischen Vorgehensweisen teilweise in nicht zu vernachlässigendem Maße von dem Richtlinienentwurf ab. Diesem Entwurf sollen im vierten Kapitel die Vorgehensweisen der untertitelnden Institutionen vergleichend gegenübergestellt werden. Ziel ist es zudem, aufzuzeigen, bei welchen Punkten die Vorgaben der verschiedenen Fernsehsender am weitesten auseinander gehen, und wo die Kluft zwischen der tatsächlichen Handhabung bei der Untertitelerstellung und den Forderungen seitens der Adressaten und ihrer Vertreter am größten ist. Das

---

4 Am 22.6.2002 gründete die „Deutsche Gesellschaft zur Förderung der Gehörlosen und Schwerhörigen e. V." die Arbeitsgruppe „Untertitel und Gebärdensprachdolmetschereinblendung", die sich aus Vertretern der folgenden Verbände / Organisationen zusammensetzt: Deutsche Gesellschaft zur Förderung der Gehörlosen und Schwerhörigen e. V., Deutscher Gehörlosenbund e. V., Deutscher Schwerhörigenbund e. V., Bundesarbeitsgemeinschaft hörbehinderter Studenten und Absolventen e. V., Bundesverband der GebärdensprachdolmetscherInnen Deutschlands e. V. und Taubenschlag. Ziel der Arbeitsgruppe ist ein barrierefreies Medienangebot. Durch das Bundesbehindertengleichstellungsgesetz, das am 1. Mai 2002 in Kraft getreten ist, haben Behindertenverbände die Möglichkeit, mit Firmen Zielvereinbarungen abzuschließen, um Barrierefreiheit herzustellen. Zu den Aufgaben der Arbeitsgruppe gehört das Erarbeiten von Lösungsvorschlägen zur quantitativen und qualitativen Erhöhung der Untertitelungen (vgl. UM 3).

Hauptziel dieser Arbeit ist es, diese Kluft mittels praktikablen Vorschlägen für Richtlinien, zumindest annähernd, zu schließen. Diese Arbeit erhebt keinen Anspruch auf Vollständigkeit der Vorgaben, wenngleich die Mehrheit der Untertitel ausstrahlenden Sender letztlich zu den wichtigsten Punkten Stellung nahm.

2 Die Bedeutung von Ton und Bild im Film

Nach dem Filmsemiotiker Christian Metz (vgl. Monaco 2002:215) stehen dem Film die folgenden fünf Informationskanäle zur Verfügung: das visuelle Bild, Schrift und andere Grafiken, Dialog, Musik und Geräusch (Toneffekte). Entgegen der anzunehmenden Vermutung, Filme seien vorwiegend visuell geprägt, stellt sich bei näherer Betrachtung heraus, dass dieses Medium mehrheitlich auditive Kanäle besitzt: Dialog, Musik und Toneffekte. Allerdings sind nur der Geräuschkanal und das visuelle Bild stetig präsent. Die übrigen drei Kanäle werden nach Belieben des Regisseurs an- oder abgestellt. Das bedeutet, Bild und Toneffekten kommt die größte Bedeutung im Film zu. Da die Geräusche einer Szene dem Zuschauer oft nicht bewusst sind, können sie subtileren Einfluss auf ihn ausüben. Auch Monaco hebt die Wichtigkeit des Tons hervor, wenn er schreibt:

> Die zwei fortlaufenden Kanäle selbst kommunizieren auf eindeutig unterschiedliche Weise. Wir <<lesen>> Bilder durch Steuerung unserer Aufmerksamkeit, wir lesen den Ton nicht, zumindest nicht auf die gleiche bewußte Art. Der Ton ist nicht nur zeitlich allgegenwärtig, sondern auch örtlich. Da er ständig präsent ist, neigen wir dazu, ihn zu unterschätzen. [...] Es ist die Allgegenwart des Tons, die seine attraktivste Qualität ist. Er bewirkt den Aufbau von Raum wie Zeit. Er ist wesentlich für das Schaffen eines Schauplatzes; die <<Raumatmosphäre>>, die auf der Echo-Zeit, den Schwingungen und so weiter eines bestimmten Ortes beruht, ist kennzeichnend für ihn. Ein tonloses Bild wird lebendig, wenn ein Soundtrack hinzugefügt wird, der eine Vorstellung vom Ablauf der Zeit hervorrufen kann. Der Ton erweist sich dadurch als nützlich, daß er eine Basis der Kontinuität schafft und so die Bilder unterstützt, die im allgemeinen mehr bewußte Beachtung erfahren. Dialog und Musik erfahren natürlicherweise Beachtung, da sie eine spezifische Bedeutung haben. Aber das <<Geräusch>> des Soundtracks – <<Toneffekte>> – ist am wichtigsten. Hier findet der wirkliche Aufbau des akustischen Umfeldes statt. (Monaco 2002:215)

Das bedeutet auch, dass das Bild ohne den Ton[5] nur unzureichend wirkt. Der Ton trägt das Bild. Zwar ist ein Film ohne Musik für einen Hörenden vorstellbar, jedoch nicht ein Film ohne Geräusche. Tatsächlich gilt der Ton als der beste Freund des Regisseurs, da er, vielfältig einsetzbar, unbewusst auf den Zuschauer wirkt (vgl. Koebner 2002:562).

Was bedeutet es für hörgeschädigte Zuschauer, insbesondere für Gehörlose, einen Film ganz ohne auditive Unterstützung zu sehen? Jemand, der nie hören konnte, empfindet dies sicher weniger als Verlust als jemand, der seinen Hörsinn erst später im Leben verloren hat. Gehörlose verfügen demnach besser als Spätertaubte über die jeweiligen Kompensationsstrategien, wie z. B. das

5 Der Ton wird unterschieden in synchronen Ton, der seine Quelle im Bild hat und logisch zum jeweiligen Bild gehört, und asynchronen Ton, der nicht logisch mit dem Bild verbunden ist. Der synchrone Ton ist der Geräuschkanal, der die Szene akustisch aufbaut und dem Zuschauer das notwendige Raum- und Zeitgefühl vermittelt (vgl. Koebner 2002:562).

Absehen von den Lippen des Sprechers und die Interpretation von Gestik und Mimik.

Der Sehsinn spielt für Hörgeschädigte eine besondere Rolle. Er kann und muss in der Alltagskommunikation teilweise die Funktion des Hörsinns übernehmen, z. B. beim Ablesen von den Lippen des Kommunikationspartners (Absehen) oder beim Deuten der Mimik und Gestik des Gegenübers. Demzufolge sind Menschen mit einem starken Hörschaden mehr oder weniger existenziell auf das Visuelle angewiesen, da sie in erster Linie über den Sehsinn Informationen aufnehmen, sei es in Form von Schriftsprache, Absehen, Gebärdensprache oder Bildern. Obwohl hörgeschädigten Menschen das stark Ton gestützte Medium Film aufgrund ihres Hörschadens nur mangelhaft zur Verfügung steht, sind sie doch starke Nutzer audio-visueller Medien. Eine Studie mit etwa 2.500 hörgeschädigten Teilnehmern zeigte, dass 22 % der Zuschauer bei einem Film ohne Untertitel den Fernseher ausschalten, 38 % versuchen zu raten, 29 % versuchen abzusehen und 36 % versuchen, ihre Hörhilfen zu nutzen (vgl. de Linde/Kay 1999:10)[6]. Die Nutzung audio-visueller Medien zeigt sich auch darin, dass in vielen Internet-Foren für Hörgeschädigte diesbezügliche Themen diskutiert werden (vgl. ER 4). Auch Prillwitz stellt fest, dass Gehörlose, die noch mehr in einer visuellen Realität leben als Schwerhörige, einen relativ hohen Fernsehkonsum haben und dieser auch nicht auf die Ton substituierten Sendungen beschränkt ist (vgl. Prillwitz 2001:295). Dass auch Schwerhörige davon nicht auszunehmen sind, beschreibt Krug mit folgenden Worten:

> Jede Art von Bildern übt auf den Schwerhörigen gleichsam einen magnetischen Zug aus, sei es als farbiges Gemälde, als Zeitung, Foto Film, Theaterkulisse, Briefmarke oder illustrierte Zeitung, da er [...] als Augenmensch von ihrer anschaulichen Fülle angesprochen wird. (Krug 1993:214)

Damit die akustischen Informationen, die zum Verstehen des Films nötig sind, auch hörgeschädigten Menschen zugänglich sind, muss der Ton substituiert werden. Dies kann in Form von Gebärdensprachdolmetschereinblendungen oder Untertiteln erfolgen. Dolmetscher übertragen das Gesprochene in die Gebärdensprache und schließen somit die Hörgeschädigten aus, die die Gebärdensprache nicht beherrschen. Untertitel erreichen mehr Betroffene, da in der Regel alle Hörgeschädigten die Schriftsprache erlernen. Gerade bei Filmen bevorzugen auch Gehörlose Untertitel, da sie das Bild weniger stören als eine Dolmetschereinblendung (vgl. ER 4[7] und 34). Weder Gebärdensprache noch Untertitel können jedoch alle Geräusche wiedergeben. Daher werden im Untertitel nur die Geräusche verschriftlicht, die für die Handlung und das Verstehen des Films wich-

---

6 Die Entscheidung variierte je nach Hörstatus: Sprecher der Gebärdensprache (in der Regel Gehörlose) tendierten zum Ausschalten und zum Raten, wohingegen Schwerhörige dazu tendierten, ihr Restgehör mittels der Hörhilfen zu nutzen. Offenbar waren Mehrfachnennungen möglich, da alle im Text genannten Zahlen addiert 125 % ergeben (vgl. de Linde / Kay 1999:10).

7 ER 14 steht für Elektronische Ressource Nr. 14, die eine Internetquelle darstellt. Diese Art des Verweisens wird für Internetquellen in der gesamten Arbeit verwendet.

tig sind oder erheblich an der Atmosphäre des Films oder einer Filmszene mitwirken. Auch wenn die Wirkung des Films nie die gleiche sein kann wie bei Hörenden (bei denen sie allerdings auch nicht homogen ausfällt), erleichtert bzw. ermöglicht die Untertitelung dennoch das Verstehen, wenn nicht gar den Genuss der Sendung.

2.1 Erfordernisse verschiedener Sendeformate

Das Fernsehen produziert Sendungen in verschiedenen Formaten. Diese unterscheiden sich neben dem Sendeplatz in Form, Inhalt und Zielgruppe. Darauf nimmt die in den Sendeformaten verwendete Sprache in der Regel Bezug, so dass dies auch der Untertitel berücksichtigen muss. In Anlehnung an Prillwitz (2001:11) wird folgende Kategorisierung der Sendeformate vorgenommen: Spielfilme, Serien und Reihen, Kindersendungen, Ratgeber und Dokumentation, Magazine und Reportagen, Naturfilm und Tierdokumentation, Religiöse Sendung und Nachrichten. Spielfilme sind im Unterschied zur Dokumentation Filme mit durchgehender Handlung. Die Kategorie Serien / Reihen umfasst Fernsehserien und Fernsehfilme in Folge wie unter anderem Krimis, Arzt- und Familienserien, Soap Operas. Diese Kategorien stellen die prototypischen Sendeformate für die Teletext-Untertitelung dar, da hier das größte Untertitelvolumen vorliegt (vgl. Prillwitz 2001:15-26). Die im letzten Kapitel vorgestellten Richtlinien beziehen sich daher größtenteils auf diese Sendeformate, so dass dort nur am Rande auf andere Formate eingegangen wird. Wenngleich die Breite der Sendeformate die Erstellung allgemeingültiger Richtlinien besonders erschwert, dürfen die übrigen der oben genannten Formate nicht völlig vernachlässigt werden. Daher soll an dieser Stelle kurz auf besondere Erfordernisse seltener untertitelter Sendeformate eingegangen werden.

Kindersendungen werden bisher kaum untertitelt (vgl. Prillwitz 2001:19-20), was vor allem daran liegen dürfte, dass Kinder der angesprochenen Altersklasse oft noch nicht lesen können. In einigen Fällen, z. B. bei der „Sendung mit der Maus", trifft dies jedoch nicht zu, da diese Sendung von allen Altersklassen konsumiert wird (vgl. Brämswig 1998:105). Hierbei wäre besonders darauf zu achten, dass möglichst viel Lesezeit gegeben wird. Die Untertitel-Werkstatt Münster geht speziell für diese Sendung von maximal 70 Buchstaben (entspricht etwa einem Zweizeiler) in acht Sekunden aus (vgl. Brämswig 1998:105). In der Regel ist das sprachliche Niveau ohnehin auf das Alter der Zielgruppe abgestimmt, so dass auch die Sprache im Untertitel relativ einfach gehalten ist. Andererseits sind die Themen mitunter so komplex, dass eine hohe Textdichte erreicht wird. Aus diesem Grund und aufgrund der relativ niedrigen Lesegeschwindigkeit der Zielgruppe kommt es jedoch wahrscheinlich zu mehr oder weniger umfangreichen Auslassungen bzw. Zusammenfassungen[8]. Auch sollte möglichst viel Zeit zum Verfolgen des Bildgeschehens gegeben werden.

8 Nähere Informationen zur Untertitelung der „Sendung mit der Maus" finden sich bei Brämswig 1998.

Ratgeber und Dokumentationen können sehr verschiedene Inhalte haben und thematisch von Tipps für den Garten bis hin zu Erkundungsexpeditionen in den Himalaja reichen. In der Regel gibt es jedoch einen Moderator bzw. Sprecher, der durch die Sendung führt. Im Gegensatz zum Moderator ist ein Sprecher in Dokumentationen sowie in Tierfilmen und Naturdokumentationen oft nicht im Bild, so dass das Einsetzen des Untertitels zwar auch tonsynchron erfolgen, jedoch in erster Linie an das Bild und die Schnitten angepasst werden sollte. Moderator und Sprecher können mit einer Farbe zur Sprecheridentifizierung belegt sein. Im Normalfall weisen Ratgeber und Dokumentationen nicht so viele Schnitte pro Minute auf wie Spielfilme und Serien / Reihen (vgl. de Linde/Kay 1999:51). Darüber hinaus sprechen Moderator und Sprecher langsamer und artikulierter als Darsteller in Spielfilmen und Serien / Reihen, was mehr Freiraum für die Standzeiten der Untertitel lässt. Auch die Wiedergabe von Sprecherbesonderheiten und besonderen phonetischen Mitteln entfällt im Normalfall. Andererseits können Informationen, die vor allem Sprecher in Dokumentationen geben, relevanter für das Verstehen des Sendeinhalts und / oder komplexer sein als dies bei Darstellern in Serien / Reihen und in Spielfilmen der Fall ist. Dies erschwert den Kürzungsprozess des Untertiteltextes, so dass hier der Kohäsion und Kohärenz des Textes besondere Aufmerksamkeit geschenkt werden sollte. Gleiches gilt für befragte Personen in Ratgebern und Dokumentationen, bei denen es sich häufig um Experten auf einem bestimmten Gebiet handelt, die mitunter in ihrer Fachsprache und / oder in komplizierten Satzstrukturen antworten. In der Regel ist es zwar Aufgabe des Moderators, dies in die Allgemeinsprache zu dolmetschen, wird jedoch nicht immer in ausreichendem Maße geleistet. Es kann nicht schaden, an dieser Stelle bessere Lesbarkeit und Verständlichkeit herbeizuführen, sofern der Rechercheaufwand vertretbar bleibt.

Bei Naturfilmen und Tierdokumentationen handelt es sich um Sendungen, deren Informationen stark Bild gestützt sind, so dass davon auszugehen ist, dass diese Sendeformate von Hörgeschädigten mit einer niedrigen lautsprachlichen Kompetenz bevorzugt werden. Hier sollte nicht durch wortreiche Erklärungen vom Bild abgelenkt werden. Dem kommt in der Regel auch der Erzähler nach, so dass der Untertitel diesem nur zu folgen braucht. Martin Burike von der Westdeutschen Programmentwicklungsgesellschaft schreibt zur linguistischen Gestaltung von Untertiteln für die Sendungen „Erlebnisreisen“ und „Tiere im Meer“ Folgendes:

> Vieles erklärt sich da durchs Bild und wir halten die UT [Untertitel, Anm. d. Autorin] sprachlich möglichst einfach, um alle „mitzunehmen“. Und diejenigen, die dann sprachlich unterfordert sind, können sich wenigstens durch schöne Bilder inspirieren lassen. (Hervorhebung im Original; E-Mail 12a)

Zu Magazinen und Reportagen gehören unter anderem die untertitelten Sendungen „Quarks & Co“ (WDR) sowie „Monitor“ (ARD). Wie bei Nachrichtensendungen ergibt sich auch hier die Besonderheit, dass sich der Kürzungsprozess aufgrund der hohen Informationsdichte schwierig gestalten kann. Auch hier erfolgt in der Regel eine Farbzuordnung für den Moderator im Studio, Originaltöne und Kommentare aus dem Off.

Derzeit wird im deutschen Fernsehen lediglich eine religiöse Sendung untertitelt.[9] Dabei handelt es sich um „Das Wort zum Sonntag“ (ARD). Dieses Sendeformat zeichnet sich durch wenige Schnitte aus, was sich positiv auf die Einstiegs- und Ausstiegszeiten auswirkt. Der Sprecher ist gut sichtbar, so dass damit gerechnet werden muss, dass gehörlose Zuschauer von den Lippen absehen. Daraus ergibt sich eine möglichst wortgetreue Untertitelung oder zumindest die Einhaltung der Vokalfolge. Sind, wie bei „Glockenläuten“ (MDR), mehrere Sprecher vorhanden, bietet sich auch hier die Verwendung farbiger Untertitel zur Sprecheridentifikation gemäß Magazinen und Reportagen an. Mitunter ist der Sprecher auch nicht im Bild, so dass das Timing der Untertitel nur an den Schnitten orientiert sein muss. Bei diesem Sendeformat wäre es, vor allem im Zuge des digitalen Fernsehens, sicher sinnvoll, Gebärdensprachdolmetscher einzusetzen, da die vermittelten Informationen nicht oder nur geringfügig dem visuellen Kanal zu entnehmen sind.

Inwiefern vereinfacht wird, kann selbst innerhalb eines Sendeformats, und mitunter innerhalb einer Reihe, unterschiedlich sein. Martin Burike von der WPEG schreibt in diesem Zusammenhang über die Reihe Tatort:

> Bei den Kölner Tatorten […] werden häufig soziale und gesellschaftliche Themen verarbeitet. D. h., um diese Tatorte überhaupt zu verstehen, bedarf es oft einer profunden Kenntnis unserer Gesellschaft, die man sich wiederum nur mit einem entsprechenden Sprachschatz angeeignet haben kann. Da wäre es dann falsch, auf den Konjunktiv, Fremdwörter oder sonst was zu verzichten, da sowieso nur die Zuschauer mit einem weit entwickelten Sprachschatz der Story folgen können. (E-Mail 12a)

Das Sendeformat kann sich demnach vielfältig auf die Untertitelungsstrategie auswirken, insbesondere jedoch auf die Entscheidung über die Wörtlichkeit der einzelnen Untertitel. Daher sind Richtlinien, die für alle Sendeformate Gültigkeit besitzen sollen, schwer zu formulieren und müssen im Zweifelsfalle recht allgemein gehalten werden, um allen Formaten gerecht werden zu können.

2.2 Heterogenität der Zielgruppe

Die Zielgruppe oder Adressatengruppe der Untertitelung für Hörgeschädigte sind in erster Linie Hörgeschädigte, deren Hörvermögen so stark beeinträchtigt ist, dass sie große Probleme beim Verstehen von Sprache haben. In der Regel trifft dies auf stark schwerhörige und gehörlose Menschen zu. Leicht- und mittelgradig schwerhörige Zuschauer verfügen üblicherweise über Hörgeräte oder andere technische Hilfsmittel (Kopfhörer, Induktionsschleifen, Kinnbügelhörer), die es ihnen erleichtern, Sprache zu verstehen (vgl. Abb. 3a und b). Sie sind

---

9 Nach eigenen Angaben untertitelt der BR (vom Juni 2008) seit 2006 regelmäßig die Fernsehgottesdienste, die im Bayerischen Fernsehen ausgestrahlt werden. Außerdem wird seit 2005 die Reihe „Stationen“ der Redaktion „Kirche und Welt“ untertitelt (mittwochs 19:00).

nicht unbedingt auf Untertitel angewiesen. Andererseits gehören sie mitunter dennoch zu den Empfängern bzw. zum Nutzerkreis der Untertitel, wenn sie zum Beispiel (zeitweilig) keine technischen Hilfsmittel nutzen wollen oder können.

Weitere potenzielle Nutzer einer untertitelten Sendung als Lernmittel sind Deutschlerner, Legastheniker, Analphabeten (in Deutschland ca. 4 Millionen), zweisprachige Haushalte und Zuschauer, die den Film in Originalsprache sehen möchten (vgl. ER 25; vgl. Buhr 2003:105). Wie bereits erwähnt, sind diese Nutzer keine Adressaten. Die Untertitel werden nicht für sie erstellt, da sie nicht auf die Tonsubstitution angewiesen sind. Dennoch muss der Untertitel-Autor sich bewusst sein, dass viele Menschen Untertitel zum Vertiefen von Sprachkenntnissen nutzen. Besonders die Hörgeschädigten, deren Muttersprache die deutsche Gebärdensprache ist, wollen mit Hilfe der Untertitel ihren Wortschatz erweitern. So sollen Untertitel einerseits wörtlich, andererseits aber auch grammatikalisch korrekt sein. In vielen Fällen kollidieren beide Ansprüche, so dass ein individueller Kompromiss gefunden werden muss.

Aber auch innerhalb der Adressatengruppe herrscht eine große Heterogenität. Diese bezieht sich auf die Anforderungen an die Untertitel und persönlichen Vorlieben sowie auf die Lesekompetenz der Hörgeschädigten. Wie in der normal hörenden Bevölkerung gibt es auch unter Hörgeschädigten einerseits Schnell- und Vielleser und andererseits Langsamleser. Somit stellt es für den Untertitel-Autor eine besondere Herausforderung dar, zu entscheiden, wie viel Text, linguistisch vereinfacht oder nicht, in wie viel Zeit über den Bildschirm gehen darf, damit auch langsame und / oder schwache Leser die Möglichkeit haben, der Sendung zu folgen.

2.3 Die Teletext-Untertitelung

Im deutschen Fernsehen handelt es sich bei Untertiteln für Hörgeschädigte immer um geschlossene Untertitel[10], die über den Teletext (auch bekannt als Videotext[11]) an einen im Fernsehgerät befindlichen Decoder gesendet werden. Die Untertitel können vom Zuschauer über die entsprechende Seite im Teletext (in der Regel Seite 150) aufgerufen werden. Geschlossene Untertitel können im Gegensatz zu offenen Untertiteln auf Wunsch ein- und ausgeblendet werden. Offene Untertitel sind auf dem Filmmaterial eingraviert und, wenn im Fernsehen gezeigt, in der Regel interlingual. Sie werden in Deutschland zum Beispiel von dem deutsch-französischen Kultursender ARTE ausgestrahlt.

---

10 In den USA werden intralinguale Untertitel „captions" oder „closed captions" genannt; nur interlinguale Untertitel heißen „subtitles". In Großbritannien dagegen sind intralinguale Untertitel „subtitles". Im Deutschen heißen beide Arten „Untertitel", und unter „Captions" sind Bildunterschriften oder eingeblendete Zusatzinformationen im Bild zu verstehen (vgl. Buhr 2003:12).

11 Der frühere gemeinsame Teletext von ARD und ZDF trug den Namen Videotext, um Verwechslungen mit dem damaligen Teletext (Telex-Dienst) zu vermeiden. Daher werden in Deutschland umgangssprachlich alle Teletextangebote nach wie vor als Videotext bezeichnet (vgl. ER 12).

Obwohl der erste untertitelte Film im Fernsehen ein Kinofilm war[12], stellt die Untertitelung für Hörgeschädigte im Kino nach wie vor eine Ausnahme dar. Das Fernsehen ist derzeit das Medium mit dem größten Anteil an Untertiteln für Hörgeschädigte (vgl. Prillwitz 2001:43-46 und Melgarejo-Weinandt 2005:31). Gleichzeitig ist es neben den Printmedien auch das Fernsehen, zu dem hörgeschädigte Personen am leichtesten Zugang haben. Diese beiden Faktoren, Untertitelrate und Zugänglichkeit, machen das Fernsehen für Hörgeschädigte attraktiv (vgl. Prillwitz 2001:294-295). Es ist demnach das wichtigste Medium der Untertitelung für Hörgeschädigte. Da die Übertragung der Ton substituierenden Untertitel über Teletext erfolgt, soll an dieser Stelle auf die Entwicklung des Teletextes eingegangen werden.

2.3.1 Der Teletext

Beim Teletext wird ein begrenztes Datenvolumen in der Austastlücke des analogen Fernsehsignals eines Fernsehsenders übertragen. Die Austastlücke wird nicht zur Übertragung von Bildinformationen genutzt und kann daher für die Textdaten verwendet werden. Auf Empfängerseite können mit Hilfe eines Decoders die Daten in Form einfacher Grafiken und Texte sichtbar gemacht werden – entweder statt des laufenden Fernsehbildes oder darüber eingeblendet (vgl. ER 12).

Die Textdaten im Teletext sind seitenweise organisiert, und bieten Platz für 24 Zeilen zu je 40 Zeichen Text (vgl. Buhr 2003:182). Die einzelnen Seiten oder Tafeln werden über einen dreistelligen Code angesprochen, der auch Buchstaben enthalten kann. Frei zugängliche Tafeln verfügen jedoch über eine rein numerische Kennung zwischen 100 und 899. Die Seiten werden nacheinander in einer Endlosschleife übertragen. Da in jede einzelne Austastlücke nur wenige Daten passen, dauert es nach Anwahl einer Seite eine gewisse Zeit, bis diese wieder angezeigt werden kann. Für umfangreichere Inhalte bieten dahinter liegende Rollseiten zusätzlichen Platz. Mit den acht Farben des Teletexts und einem Zeichengenerator lassen sich Grafiken und Texte auf dem Bildschirm darstellen (vgl. Abb. 1 und 2). Inhalt des Teletextes sind vor allem Programm bezogene Zuatzinformationen, das Fernsehprogramm, Nachrichten oder Untertitel (vgl. ER 12). Bei den meisten Sendern werden die Untertitel über die Seiten 150 (ARD, ZDF, MDR, BR, Premiere) oder 149 (Pro 7, Kabel 1) übertragen. Live-Untertitel werden über Seite 777 (ZDF) übertragen (vgl. ER 24a).

Um die über den Teletext übertragenen Untertitel empfangen und auf dem Bildschirm sichtbar machen zu können, muss das Fernsehgerät mit einem Decoder ausgestattet sein. Doch selbst dann können Untertitel nicht per Videorekorder aufgezeichnet werden. Dazu bedarf es eines Videorekorders mit einem Decoder.

---

12 Der erste untertitelte Film in der Geschichte des Fernsehens wurde am 14. August 1938 vom britischen Fernsehsender BBC ausgestrahlt. Es handelte sich dabei um die deutsche Originalversion von Arthur Robinsons „Der Student von Prag“ mit englischen Untertiteln, der eigens für das Kino gedreht worden war.

Die Produktion von Videorekordern mit Untertitelaufzeichnung wurde allerdings vor circa fünf Jahren eingestellt. Aus technischen Gründen können DVD-Rekorder keine Untertitel aufzeichnen. Es gibt jedoch einen Festplattenrekorder (FAST PVR 100-UT), der die Aufzeichnung von Untertiteln bei Empfang per Kabel ermöglicht. Des Weiteren haben schwerhörige und gehörlose Techniker der Arbeitsgruppe „Barrierefreie Medien" ein Gerät entwickelt, das Untertitel auch ohne Teletextdecoder im Fernseher automatisch einblendet. Dieses Teletextuntertitel-Einblendungsgerät (TUEG) sucht unabhängig vom Empfangsweg (Antenne, Satellit, Kabel) automatisch die entsprechende Untertitelseite im Teletext des momentan eingestellten Senders, blendet die Untertitel sofort bei Sendungsbeginn ein, so dass diese auch mittels herkömmlichem Videorekorder oder DVD-Rekorder aufgenommen werden können. Zudem können Teletext und Untertitel gleichzeitig eingeblendet werden. Das Gerät ist mit allen Endgeräten kompatibel (alte und neue Fernsehgeräte, Video- und DVD-Rekorder, PC mit TV-Karte, Beamer usw.) Da das Teletextsystem europaweit und teilweise darüber hinaus einheitlich ist, kann das Gerät auch im europäischen und teilweise auch im außereuropäischen Ausland benutzt werden. Somit stellt das TUEG eine echte Alternative zu teuren Zusatzgeräten dar, wird aber leider noch nicht in Massenproduktion hergestellt (vgl. ER 23).

2.3.2 Die Live-Untertitelung als ein Sonderfall der Untertitelung

Die Live-Untertitelung[13] wird vor allem bei Sendungen zu aktuellen Themen angewendet. In Deutschland werden beispielsweise die ARD-Sendungen „Tagesschau" und „Monitor" und die ZDF-Sendungen „heute", „heute-Journal"[14] und „Berlin Direkt" nach eigenen Angaben live untertitelt[15]. Auch die Ereignisse des 11. Septembers 2001 sowie die Fussball-WM 2002, die von ARD und ZDF übertragen wurde, wurde inklusive Studiosendungen, Interviews und Spielen live untertitelt. Vorläufer der Live-Untertitelung ist die Semi-Live-Untertitelung, bei der nur das Sendematerial untertitelt wird, das schon rechtzeitig vor der Sendung vorliegt. Material, das vor der Sendung nicht vorliegt oder unvorhergesehen gesendet wird, wird nicht untertitelt.[16] Diese Lücke will die Live-Untertitelung schließen. Sie soll gewährleisten, dass hörgeschädigte Zuschauer ebenso

---

13 Die Live-Untertitelung wird auch Real-time-Untertitelung oder Echtzeit-Untertitelung genannt. Ein Kurzvideo über den Produktionsablauf bietet das ZDF online in seiner Mediathek (vgl. ER 36).

14 Beide Sendungen werden seit dem 07. Juni 2001 live untertitelt (vgl. ER 3).

15 Mittlerweile (seit April 2008) untertitelt das ZDF auch die Sendung „Leute Heute" live (vgl. ER 37).

16 Beim RBB wurde inzwischen mit sprachgesteuerter Untertitelerstellung begonnen. Aktuelle Sendungen werden mittlerweile semi-live untertitelt. Dabei verliere der Timecode laut RBB an Wichtigkeit. Der Textumfang und die Anzahl der Takes würden vor allem von der Erfahrung der Autoren bestimmt. Die Takes werden zur Sendung von Hand abgefahren und für die Wiederholungen einfach aufgezeichnet. Es ginge immer weniger um Bilder und Sekunden und mehr um das Empfinden und die Erfahrung des Redakteurs (E-Mail 21).

zeitnah über aktuelle Ereignisse informiert werden wie normal hörende Zuschauer. Da sie im Zuge der neuen Gesetzeslage an Bedeutung und Umfang zunehmen wird, wird hier tiefer darauf eingegangen.

Bei der Live-Untertitelung wird ein spezielles Redaktions-Tool benutzt, das einen schnellen Zugriff auf den Sendeablauf und die Moderationstexte erlaubt. Beim ZDF arbeiten beispielsweise insgesamt sechs Redakteure in der Untertitel-Redaktion, von denen jeweils drei Redakteure eine Schicht übernehmen. Ihre Vorbereitung auf die Nachrichtensendungen besteht darin, dass sie sich über die aktuelle Nachrichtenlage informieren und sich anschließend vergewissern, dass die Spracherkennungssoftware[17] das Gesprochene auch korrekt realisiert. Vor jeder Sendung muss die individuelle Aussprache und Atmung des jeweiligen Redakteurs mit der Software abgestimmt werden, da anderenfalls die Gefahr besteht, dass die Wörter nicht richtig erkannt und demzufolge in falscher Schreibweise oder als komplett anderes Wort im Untertitel erscheinen (vgl. ER 3).

Material, das rechtzeitig vor der Sendung in der Redaktion ist, wird wie bei der Semi-Live-Untertitelung in Untertitelform aufbereitet. Da jedoch die meisten Skripte erst 15 Minuten vor Sendebeginn vorliegen, müssen sie live eingesprochen werden. Während der Sendung sitzt der Redakteur in einer abgeschirmten Kabine, in der er den Spracherkennungscomputer bedient. Wenn der Nachrichtensprecher die Zuschauer begrüßt, beginnt der Redakteur, dem PC die zu sendende Version langsam zu diktieren. Dabei muss auch die Interpunktion in das Mikrofon gesprochen werden. Gesprochen wird demnach folgendermaßen: „Guten Abend KOMMA meine Damen und Herren PUNKT Die Liberalen haben ihr Herz für den Kanzler entdeckt PUNKT".

Zur Unterscheidung der Textsorten im Untertitel wird eine farbliche Kennzeichnung benutzt: Moderationstexte sind weiß, Berichtstexte sind gelb, und Originaltöne sowie Zitate sind grün (vgl. Abb. 5). Mit Hilfe einer Spracherkennungssoftware werden die diktierten Texte automatisch umgesetzt. Das ZDF schreibt dazu:

> Ein Team der ZDF.text-Redaktion, das sich in die Verständniswelt von hörbehinderten Zuschauern hineindenkt, verkürzt und „übersetzt" sowohl die Moderationstexte als auch die Kommentare und Originaltöne aus den Nachrichtenbeiträgen. (Hervorhebung im Original; ER 35)

Mit dieser Art der Untertitelung bieten ARD und ZDF einen in Deutschland bisher einzigartigen sowie den fortschrittlichsten Service für das hörgeschädigte Publikum. Die Nutzer kritisieren jedoch mehrere Punkte. Die Kritik betrifft zum einen die Ausfallrate der Untertitel. Zum anderen wird moniert, dass die Untertitel größtenteils vorproduziert sind und demnach keine Live-Untertitelung, son-

---

17 In einigen Ländern wird ein phonetisches Übertragungsgerät benutzt, das Gerichtsreporter einsetzen, um Zeugenaussagen in Verhandlungen aufzunehmen. Dieses Gerät hilft auch hörgeschädigten Anwälten im Gerichtssaal und hörgeschädigten Besuchern einer Lesung, wo das Gesprochene dann von einem Bildschirm abgelesen werden kann (vgl. ER 8).

dern nur eine Semi-Live-Untertitelung, darstellen (vgl. auch Melgarejo-Weinandt 2005:87). Oft wird dabei auf den Service der Live-Untertitelung in den USA verwiesen. Ein Teilnehmer des Hörgeschädigten-Forums LB-Magazin schreibt dazu[18]:

> Live-Untertitel (z. B. HEUTE-Nachricht bei ZDF) ist unter aller Sau. Da werden viele Untertitel-Sätze verschluckt. Ich war schon mehrmals in USA, da läuft Untertitel perfekt und alle Untertitel im TV läuft über Closed-Caption-Verfahren. Sogar Werbung werden untertitelt. Verschluckte UT [Untertitel, Anm. d. Autorin] oder ähnliches habe ich in USA nix feststellen können. Wirklich alles wurde untertitelt, auch LIVE-Sendungen und 1:1 wird in Echtzeit untertitelt. Nachteil in USA: Closed Caption, nur in weiß, manchmal zu viel, so daß man sehr schnell lesen muß! Nachteil in Deutschland: UT-Störung bei Live-Sendungen ohne Ende, viel zu wenig Angebote. Vorteil in USA: Fast alles wird untertitelt: Vorteil in Deutschland: farbige UT und besser lesbar, auch mehr Zeit zum lesen. (ER 14)

Ein weiterer Teilnehmer des LB-Magazins merkt am 7. Juni 2001 an:

> Ich habe nicht das Gefühl, dass dies LIVE- Untertitlung ist, also eher vorher geschrieben und nachher gesendet, wie LB schon schrieb. In den USA sieht man was LIVE Untertitlung ist. (ER 14)

Ein anderer Teilnehmer dieses Forums antwortet darauf am 8. Juni 2001:

> Alles wie gehabt: verzögerte, abgehackte, verstümmelte, ausgefallene und natürlich vorherhergeschriebene UT [Untertitel, Anm. d. Autorin]. DAS versteht ZDF unter "Live-Untertitelung"? Da lachen nicht nur die Amis.... (Hervorhebung im Original; ER 15)

Ein weiterer Teilnehmer dieses Forums schreibt am 11. Juni 2001:

> Unter LIVE-Untertitlung verstehe ich, dass neue Themen, die reingeschoben werden, auch SOFORT untertitelt wird, und nicht dass man lange warten muss und auch noch dann lesen muss "Wir entschuldigen uns für die Unangenehmlichkeit" etc. (Hervorhebung im Original; ER15)

Es ist allerdings zu beachten, dass diese Kritik sehr kurz nach der Einführung der Live-Untertitelung abgegeben wurde. Dennoch bieten die genannten Punkte auch heute noch Anlass zur Kritik. Warum vorproduzierte Untertitel auf so harte Kritik stoßen, ist allerdings nicht vollständig nachvollziehbar, da davon auszugehen ist, dass diese aufgrund des größeren redaktionellen Aufwands eine höhere sprachliche und orthographische Qualität aufweisen. Es ist anzunehmen, dass es bei der Kritik vielmehr um die Deklaration der Untertitel geht, d. h. das zu bekommen, was versprochen wird: Live-Untertitel. Der Name kann allerdings auch so gedeutet werden, dass bezeichnet wird, was (und nicht wie) untertitelt wird, nämlich Live-Sendungen, zumindest wenn es sich um Nachrichtensendungen handelt.

Äußerst gespalten ist die Meinung der hörgeschädigten Nutzer über die Qualität der Live-Untertitel. Einigkeit herrscht allerdings darüber, dass die Live-Unterti-

18 Aus Gründen der Lesbarkeit wurde bei Zitaten aus Internetforen und E-Mails darauf verzichtet, Fehler im Original mit „(sic)" zu kennzeichnen. Die Zitate wurden zeichengenau übernommen.

telung ein Schritt in die richtige Richtung ist, im Allgemeinen mehr untertitelt werden muss und vor allem mehr Sendungen mit aktuellen Themen (inklusive Talk-Shows, Late-Night-Shows und Sportsendungen) untertitelt werden müssen[19]. So schreibt ein Teilnehmer des Gehörlosen-Internetforums Taubenschlag am 12. Dezember 2004:

> Ich habe gerade Berlin direkt im ZDF mit Echtzeit-Untertitelung gesehen und war ganz angetan davon. Wie viel dabei weggelassen wurde, kann ich nicht beurteilen. Dem ZDF ist es aber hoch anzurechnen, aktuelle Sendungen live zu untertiteln. Zu gern hätte ich das z. B. bei Sabine Christiansens Sendung. (ER 27)

Am 14. Januar 2005 schreibt derselbe Teilnehmer:

> Gestern Abend lief im ARD leider etwas spät, die Sendung Monitor. Diese bei mir sehr beliebte Sendung war schon immer untertitelt. Die Qualität der Untertitelung war bisher nicht so toll, zu langsam, zu viele Lücken, hängender Text. Gestern Abend war das aber spürbar anders. Die Schrift war etwas kleiner, der Text kam schneller und viel ausführlicher und kaum Hänger! Durch die schnelle Textfolge dürften aber manche Langsamleser nicht ganz mitgekommen sein. Mir hat diese neue UT-Form [Untertitelform, Anm. d. Autorin] von Monitor aber sehr gut gefallen. Trotzdem ist das ZDF bei Nachrichten mit seiner (gekürzten) Realtime-Untertitelung immer noch viel besser als ARD. [...] Manche Krimi-Untertitelung bei ARD ist eine Katastrophe für die erste Reihe. (ER 27)

Prillwitz (2001:90) kommt bei seiner Untersuchung zu dem Schluss, dass die schwankende Qualität der „Übersetzung" der wichtigste Kritikpunkt für Gehörlose ist. Er schreibt über die Untertitelung von Nachrichtensendungen:

> Manchmal wird sehr genau übertragen, manchmal aber auch nur in reduzierender Zusammenfassung. Aufgrund des Mundbildvergleichs können im Lippenlesen versierte Gehörlose recht gut erkennen, inwieweit die schriftsprachliche Übersetzung den mündlichen Äußerungen entspricht oder nicht. Bei starker Abweichung haben die Betroffenen das Gefühl nicht adäquat informiert zu werden. (Prillwitz 2001:90)

Diese Unterschiede können mit unterschiedlichen Untertitelungsstrategien zusammenhängen, die sich vom Zielpublikum ableiten. Möglicherweise wird tendenziell zusammenfassend untertitelt, wenn von einem breiten Spektrum hörgeschädigter Menschen ausgegangen wird. Je komplizierter das Thema und die Sprache, desto mehr wird wahrscheinlich vereinfacht. Das Gefühl der Gehörlosen, nicht adäquat informiert zu werden, ist demnach durchaus nachvollziehbar, wenn auch nur bei einem technischen Untertitelausfall berechtigt. Dennoch kann aus Zeitgründen nicht jede Information der gesprochenen Nachrichten im Untertitel erscheinen. Dies sollte jedoch nicht als bewusste, inhaltliche Zensur verstanden werden.

2.3.3 Quantität der Untertitel für Hörgeschädigte

Nach Angaben der Deutschen Gesellschaft zur Förderung Schwerhöriger und Gehörloser e. V. sind von den 13,3 Millionen Hörgeschädigten unter 14 Jahren

---

19 Der Deutsche Schwerhörigenbund fordert seit Jahren die Einführung von Untertiteln für Live-Sendungen als Standard (vgl. ER 5).

etwa 300.000 Gehörlose, Ertaubte und an Gehörlosigkeit grenzend hochgradig Schwerhörige auf Tonsubstitution bei Fernsehsendungen angewiesen. Des Weiteren profitieren von intralingualen Untertiteln 4 Millionen Analphabeten, 8 Millionen Legastheniker, 13 Millionen leicht-, mittel- und hochgradig Schwerhörige sowie 25 Millionen Kinder im Leselernalter (vgl. ER 4). Die Gesellschaft fordert für das deutsche Fernsehen eine Untertitelungsrate von 100 %. Die Realität sieht leider anders aus.

In Deutschland bieten größtenteils die öffentlich-rechtlichen Fernsehsender Untertitel für Hörgeschädigte an. Die öffentlich-rechtlichen Sendeanstalten sind das Erste Deutsche Fernsehen (ARD), das Zweite Deutsche Fernsehen (ZDF) und die Dritten Programme[20]. Die einzigen Privatsender, die Untertitel, wenn auch nur sporadisch, anbieten, sind Kabel 1[21] und Pro 7[22] sowie der Bezahlsender Premiere. Auch andere deutschsprachige Sender im Ausland stellen Untertitel für Hörgeschädigte bereit. Das sind in Österreich der Österreichische Rundfunk Wien (ORF) und in der Schweiz die Schweizerische Radio- und Fernsehgesellschaft (SRF). Auf diese Sender wird in dieser Arbeit jedoch nicht bzw. nur am Rande eingegangen.

Die öffentlich-rechtlichen Sender tauschen ihre Sendungen, und somit auch ihre Untertitel, untereinander aus, so dass im Ersten, Zweiten und Dritten Fernsehprogramm viele Wiederholungen mit Untertiteln zu sehen sind. Es wird demnach nicht so viel untertitelt, wie es beim Durchblättern der Programmzeitschrift den Anschein hat. Der Sender Pro 7 geht davon aus, dass 5 bis 6 % des Gesamtprogramms untertitelt werden. Aus einer von Prillwitz durchgeführten Studie zu Angeboten für Gehörlose im Fernsehen geht jedoch hervor, dass die angegebenen 17 Fernsehsender[23] nur 2 % des Gesamtprogramms untertiteln (vgl. Prillwitz 2001:294). Die Deutsche Gesellschaft zur Förderung Schwerhöriger und Gehörloser e. V. geht von 3 % des Gesamtprogramms aus (vgl. Statistik 1; vgl. ER 4).

Öffentlich-rechtliche Sender	UT-Quote	Privatsender	UT-Quote
ARD	14	Pro 7	1
ZDF	12	Kabel 1	1
MDR	8	Sat 1	0

20 Der Rundfunk Berlin-Brandenburg, der Bayerische Rundfunk (BR), der Mitteldeutsche Rundfunk (MDR), der Westdeutsche Rundfunk (WDR), der Norddeutsche Rundfunk (NDR), der Südwestrundfunk (SWR), der Saarländische Rundfunk (SR), der Hessische Rundfunk (HR) und 3Sat.

21 Kabel 1 zeigt seit Oktober 2002 untertitelte Spielfilme (vgl. ER 22).

22 Pro 7 untertitelt seit 2000, wobei die Finanzierung auf Sponsoren, wie der Programmzeitschrift TV-Spielfilm, basiert (vgl. Melgarejo-Weinandt 2005:87).

23 De facto gibt es im deutschen Fernsehen mehr als 17 Sender. Es liegt jedoch nahe, dass es sich bei den nicht angegebenen Sendern um Sender handelt, die für eine Untertitelung für Hörgeschädigte irrelevant sind, z. B. Musiksender und ausländische Sender.

WDR	8	RTL	0
SWF	8	Super RTL	0
BR3	8	DSF	0
NDR	6	Vox	0
HR	5	RTL II	0

Statistik 1: Übersicht über die Untertitelungsrate im deutschen Fernsehen nach Sender (2002). Die Gesamtrate beträgt demnach 3 % (vgl. ER 4). [24]

Pro 7 und Kabel 1 zeigen jeweils sonntags einen Spielfilm mit Untertiteln für Hörgeschädigte auf der Teletext-Seite 149 (vgl. ER 22). Seit dem 15. Juli 2004 bietet auch der Bezahlsender Premiere auf fünf Kanälen untertitelte Spielfilme an, die nach eigenen Angaben alle zum ersten Mal im deutschen Fernsehen zu sehen sind (vgl. ER 25). Seit Inkrafttreten des Bundesbehindertengleichstellungsgesetzes am 01. Mai 2002 zeichnet sich jedoch eine durchaus positive Entwicklung ab25, wenngleich es zu einer Untertitelungsrate von 50 oder gar 100 % noch ein sehr weiter Weg ist. So heißt es vorerst für die Mehrzahl der im deutschen Fernsehen angebotenen Sendungen: Keine UT (vgl. Abb. 6).

2.3.4 Digitales Fernsehen – digitale Untertitel

Die Digitalisierung der Unterhaltungs- und Kommunikationsindustrie[26] durch die Einführung des „Digital Video Broadcasting Terrestial" (DVB-T) erfordert die Erwerbung eines DVB-Empfängers. Diese Set-Top-Box empfängt das digitale Signal, wandelt die binären Informationen in ein analoges Signal um und leitet sie an den analog arbeitenden Fernseher weiter. Die Box kann in das Fernseh- und Aufnahmegerät integriert oder ein externes Gerät sein (vgl. ER 7). Es sind jedoch bereits heute Fernsehgeräte erhältlich, die digitale Signale empfangen und verarbeiten können. Fest steht jedoch, dass ohne eine Einstellung auf die neue Technik, langfristig kein Sender mehr analog empfangen werden kann.

Art und Weise der Aufbereitung und Übertragung von DVB-Untertiteln unterscheiden sich von der analoger Untertitel. Im Gegensatz zu analogen Untertiteln

---

24 Wie im Vorwort angesprochen, wird mittlerweile mehr untertitelt: Der BR untertitelt nach eigenen Angaben nicht mehr nur 8 % seines Programms, sondern ca. 15 %, im Abendprogramm meist 25 bis 30 % (vgl. E-Mail 20). Auch das ZDF untertitelt nach eigenen Angaben mittlerweile 24 % seines Programms und der WDR hat sein Untertitelangebot bis Ende 2007 verdreifacht. (vgl. ER 37 und 38)

25 Dies bestätigt Mary Carroll auch für die Untertitelung anderer Medien, Geschäftsführerin der Berliner Untertitelungsagentur Titelbild, in einem Interview im März 2003 (vgl. ER 16).

26 Nach Planung der Bundesregierung soll die Digitalisierung der Fernseh- und Radionetze 2010 abgeschlossen sein. Berlin sendet bereits seit 2003 ausschließlich digital; in Mitteldeutschland musste der anfänglich für Mai 2005 geplante Start allerdings bis auf Weiteres verschoben werden (vgl. ER 32).

sind digitale Untertitel nicht Bestandteil des Teletextes. Im Digitalfernsehen können Untertitel separat zur Bildinformation in einer separaten „Packet ID" (PID) gesendet werden (vgl. ER 27a). Hier werden die Untertiteltexte zunächst auf Senderseite in eine Grafik umgewandelt, mit einem Zeitstempel versehen und im digitalen Datenstrom des Sendesignals übertragen. Auf Empfängerseite muss die digitale Set-Top-Box in der Lage sein, diese Information aus dem Datenstrom wieder auszulesen und darzustellen. Allerdings unterstützen derzeit nur wenige der im Handel erhältlichen Boxen diesen Standard (vgl. E-Mail 9).

Die digitale Übertragung ermöglicht neben einer höheren Bild- und Tonqualität und einer höheren Übertragungsgeschwindigkeit des Teletextes auch eine bessere Ausnutzung (vgl. ER 14). Zehn Sender finden dort Platz, wo sich bei der analogen Übertragung nur ein Sender befindet. Das bedeutet auch, dass mehrere interlinguale und intralinguale Untertitelversionen per Teletext übertragen werden könnten, und der Zuschauer die gewünschte Version wie gewohnt über die Fernbedienung auswählt. Das ist besonders für die Zuschauergruppe der Hörgeschädigten von Bedeutung. Es könnten zwei Untertitelversionen angeboten werden: eine vereinfachte Version mit längerer Lesezeit für weniger schriftsprachkompetente Hörgeschädigte und eine nahezu wörtliche Version für Hörgeschädigte mit einer sehr guten Schriftsprachkompetenz. Allerdings bemängeln hörgeschädigte Zuschauer bereits seit jeher die unzureichende Quantität untertitelter Sendungen, die die Sender regelmäßig mit ihrer defizitären Haushaltslage begründen. Aus diesem Grund würde sicher auch die Erstellung einer zweiten Untertitelversion scheitern, sofern nicht die Zahl der untertitelten Sendungen verringert würde. Dies wiederum stellt für hörgeschädigte Zuschauer verständlicherweise keinen akzeptablen Kompromiss dar. Weitaus relevanter wäre ein digitaler Teletext für das gleichzeitige Angebot von Untertiteln und Gebärdensprachdolmetschereinblendungen, die sich ebenfalls per Fernbedienung ein- und ausschalten lassen wie Untertitel. Auf diese Weise muss kein Redakteur mehr um seine Bildaufteilung fürchten und ein Argument zur Ablehnung von Dolmetschereinblendungen wäre entkräftet (vgl. ER 4). Zudem könnten Gehörlose, die Probleme beim Verstehen von Untertiteln haben, auf Gebärdenspracheinblendungen zurückgreifen. Dies käme allerdings für Spielfilme und Serien nicht in Frage, da eine Dolmetschereinblendung zu viel vom Bildgeschehen verdecken würde.

Leider ist jedoch bisher nicht abzusehen, wann Untertitel, oder gar Dolmetschereinblendungen, digital ausgestrahlt werden. Zwar bieten die Ersten und Zweiten Programme mit „ARD Digital" und „ZDF.digitext" bereits digitale Teletexte über DVB-T an (vgl. ER 9). DVB-Untertitel sind laut ARD jedoch noch nicht in Planung (vgl. ER 2). Beim ZDF sind digitale Untertitel zwar bereits in Planung, ein Starttermin steht allerdings noch nicht fest (vgl. E-Mail 9).[27]

27 Seit 15. Oktober 2007 strahlt das ZDF digitale Untertitel über Satellit und Kabel aus (vgl. ER 38)

3 Die Adressatengruppe und ihre Verstehensvoraussetzungen

In diesem Kapitel wird die Adressatengruppe der intralingualen Untertitelung näher beleuchtet. Dies ist nötig, um zu verdeutlichen, wo die Erschwernisse bei der Erstellung von Richtlinien und Untertiteln für Hörgeschädigte besonders im Hinblick auf die linguistischen Aspekte liegen. Die Verstehensvoraussetzungen der einzelnen Hörgeschädigtengruppen sind mitunter sehr unterschiedlich. Der Fokus liegt im Folgenden auf den verschiedenen Graden der Lesekompetenz, da diese für das Verstehen von Texten nötig ist.

Die Adressatengruppe zeichnet sich durch eine außergewöhnlich hohe Heterogenität aus (vgl. Abb. 7). Sie umfasst von Geburt an schwerhörige und gehörlose Menschen sowie erst im Sprachbesitz schwerhörig gewordene und ertaubte Menschen. Der Zeitpunkt der Ertaubung bzw. des schwerhörig Werdens sowie die Methode des Spracherlernens bzw. der Spracherwerb des Betroffenen wirken sich besonders auf die Lesekompetenz aus.

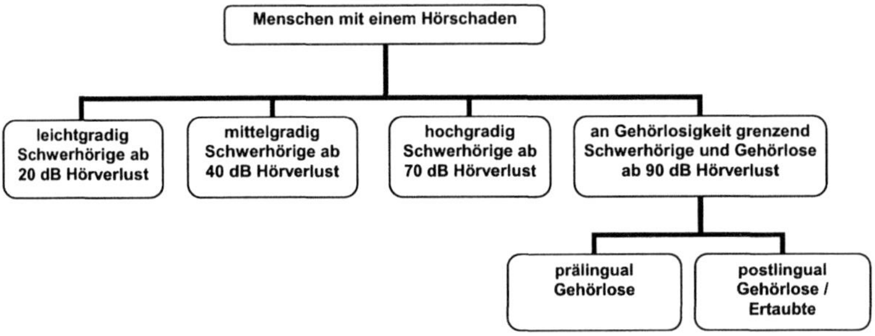

Abb. 7: Übersicht über die Gruppe der hörgeschädigten Menschen nach Hörschädigungsgrad (eigene Darstellung).

Im Weiteren kann nur versucht werden, die Adressatengruppe, besonders hinsichtlich ihrer Lesekompetenz, zu skizzieren[28]. Da ungemein viele Faktoren einen Menschen unterschiedlich stark beeinflussen, gilt für alle Gruppen: Es existiert kein typischer Gehörloser, Ertaubter oder Schwerhöriger. Es wird vielmehr versucht, gemeinsame Charakteristika zu beschreiben, ohne ihre Gültigkeit für alle Mitglieder der jeweiligen Gruppe zu verabsolutieren. Schwerhörige und Gehörlose sind Menschen, die unter anderem schwerhörig bzw. gehörlos sind, jedoch nicht über dieses Merkmal definiert und schon gar nicht als notwendigerweise behindert definiert werden sollten, da sich eine Behinderung, unter soziologischem Aspekt betrachtet, erst aus der Interaktion des Individuums mit seiner Umwelt ergibt (vgl. auch Weber 1995).

28 Ausführliche Informationen zum Thema Hören und Hörschädigungen sind zu finden bei Plath 1992 und Niemeyer 1972 sowie im Internet unter http://www.german.hear-it.org.

3.1 Zahl der Hörgeschädigten in Deutschland

Die genaue Anzahl der Hörgeschädigten in Deutschland ist nicht bekannt. Erstmals bietet jedoch die Untersuchung von Dr. med. Wolfgang Sohn (Universität Witten/Herdecke) Ansatzpunkte für eine fundierte Schätzung der Zahlen für Hörgeschädigte in Deutschland. Im Rahmen der Studie „Schwerhörigkeit in Deutschland" untersuchte Sohn die Hörfähigkeit in der deutschen Bevölkerung ab 14 Jahren. Im Mai 1999 wurde die Untersuchung in Zusammenarbeit mit der Siemens-Abteilung Audiologische Technik durchgeführt und im März 2000 auf einer Pressekonferenz in Berlin vorgestellt. Bei der Untersuchung handelt es sich um eine repräsentative Messung der Hörfähigkeit (durch ein Hörscreening) bei 2.000 Probanden in elf Allgemeinpraxen[29].

Auf der Basis der Untersuchung Sohns und der Berechnung von Dr. Traudl Pahlke vom DSB ergeben sich folgende Resultate: 19 % der deutschen Bevölkerung über 14 Jahre sind hörgeschädigt (vgl. Abb. 8 und 9). Bei einer Bevölkerungszahl von 70 Millionen entspricht dies 13,3 Millionen Menschen. Davon sind basierend auf der Kategorisierung des DSB (vgl. ER 20):

7,51 Millionen Menschen (56,5 %) leichtgradig schwerhörig[30],
4,68 Millionen Menschen (35,2 %) mittelgradig schwerhörig,
958.000 Menschen (7,2 %) hochgradig schwerhörig und
213.000 Menschen (1,6 %) an Gehörlosigkeit grenzend schwerhörig bzw. gehörlos.

Da die Studie jedoch Kinder unter 14 Jahren unberücksichtigt lässt, ist von noch höheren Zahlen auszugehen. Mit zunehmendem Alter nimmt der Prozentsatz der Hörgeschädigten zu (vgl. Tabelle 1).

14-19	20-29	30-39	40-49	50-59	60-69	Ab 70
1 %	2 %	5 %	6 %	25 %	37 %	54%

Tabelle 1: Die Zahl der Hörgeschädigten steigt mit dem Alter an, basierend auf den Zahlen des DSB (vgl. Melgarejo-Weinandt 2005:58).

Der DSB fordert, dass diese Zahlen zu Grunde gelegt werden, wenn Fragen zur Hörgeräteversorgung, Höranlagen, Schreibdolmetschern, Kommunikationstraining, aber auch Fragen der Pflege chronisch kranker und alter Menschen mit

29 Nach Sohn ist ein Mensch hörgeschädigt, wenn er eine der Frequenzen 500, 1.000, 2.000, 3.000 oder 4.000 Hz bei einer Lautstärke von 40 dB nicht hört (vgl. Sohn 2001:145). Die Pädagogik definiert eine Hörschädigung über den Bedarf an technischen Hilfsmitteln. Hier ergeben sich demnach definitorische Unterschiede, deren nähere Betrachtung den Rahmen dieser Arbeit sprengen würde.

30 Es liegt kein Widerspruch darin, dass 56,5 % der Hörbeeinträchtigten als leichtgradig hörgeschädigt bezeichnet werden (durchschnittlicher Hörverlust bei einer Hörschwelle bis 35 dB), obwohl die Definition der Hörschädigung einen Hörverlust von 40 dB bei einer der Referenz-Frequenzen beinhaltet. Ein Proband kann z. B. die Frequenz 3.000 Hz bei 40 dB nicht hören (gilt also nach der Definition Sohns als hörgeschädigt), die Frequenzen 2.000 Hz und / oder 4.000 Hz hört er aber noch bei einer geringeren Lautstärke als 40 dB.

Hörschädigung diskutiert und entschieden werden. Auch den Fernsehsendern sollten diese Zahlen Anlass für eine Erhöhung der Untertitelrate sein.

3.2 Voraussetzungen zum Verstehen von Untertitel-Texten

Untertitel sind Texte. Sie besitzen eine thematische Orientierung, erfüllen eine erkennbare kommunikative Funktion und sind intentional, kohärent und abgeschlossen. Sie sind der für Hörgeschädigte unerlässliche Begleittext zum Bildtext Film. Diese beiden Texte bilden eine logische Einheit und können daher als ein großer Text angesehen werden. Um Texte verstehen zu können, bedarf es mehrerer Fähigkeiten. Die wichtigste Fähigkeit ist, die Sprache, in der der Text bzw. der Untertitel verfasst ist, zumindest in der Schriftform angemessen[31] zu beherrschen. Die kognitive Verarbeitung des Gelesenen ist die wichtigste Voraussetzung zum Verstehen jeder Sorte und Darstellungsform von Texten. Das Lesen, das hier das Verstehen eines Textes beinhaltet, ist aber auch ein vom Leser aktiv gesteuerter Prozess, bei dem viel mehr erforderlich ist als Lautsprachkompetenz und Dekodierungsfertigkeiten. Beim Textverstehen sind unter anderem leserimmanente, kohärente und kontext-text-immanente Verstehensfaktoren ausschlaggebend. Auch Schüßler schreibt:

> Sprachverstehen im allgemeinen und Textverstehen im besonderen ist also von dem Wissen abhängig, welches ein Rezipient in den Lese- und Verarbeitungsprozess einbringt. Primär ist es ein reiches semantisches Netzwerk, von dem das Verstehen abhängt und nicht die detaillierte Wahrnehmung spezifischer syntaktischer Bezüge. (Schüßler 1997:124)

Übertragen auf den Text „Untertitel im Film" heißt das: Für verschiedene Sendungen und Sendeformate (Textsorten) ist unterschiedliches Vorwissen von Nöten. Spielfilme und Serien, die der Unterhaltung dienen, können eben so unbekannte sprachliche und pragmatische Elemente enthalten wie dem Wissenserwerb dienende Dokumentationen, in denen sie in der Regel der Thema-Rhema-Struktur folgend aufbereitet werden[32]. Kleine, beabsichtigte und unbeabsichtigte Kohärenzlücken in den Texten (Bild und Untertitel), müssen vom Leser durch Kombination basierend auf den Präsuppositionen geschlossen werden (vgl. Schüßler 1997:88). Generell gilt auch für untertitelte audio-visuelle Texte, was für rein schriftliche Texte gilt: Wer eine Textsorte (z. B. Nachrichten) besonders häufig sieht, ist mit ihrem Sprachstil und anderen Konventionen[33] vertraut und passt seine Lesegewohnheiten in gewissem Maße daran an.

---

31 Was „angemessen" heißt, steht und fällt mit dem Text, d. h. dem sprachlichen Niveau der Untertitel bzw. des Films. Die Sprache in einem Kinderfilms ist sicher leichter verständlich als die in einer Dokumentation.

32 Ein Beispiel für unbekannte sprachliche Elemente in einer Unterhaltungssendung ist die Verwendung von „die Spusi" für „(die Kollegen von der kriminalpolizeilichen) Abteilung Spurensicherung" im Tatort.

33 Diese Textsortenkonventionen zeigen sich auch im Untertitel: z. B. die Verwendung von Dreizeilern bei Nachrichtensendungen, das spätere Einblenden der Untertitel bei

Der Text „Untertitel" weist darüber hinaus die Besonderheit der Flüchtigkeit verbaler Texte auf. Der Text steht nur für wenige Sekunden zur Verfügung und auch die Parallele zum Bild muss in dieser kurzen Zeitspanne nachvollzogen werden können. Mitunter erstrecken sich Sätze über mehrere Untertitel, so dass der Anfang eines Satzes oder ein vorhergehender Satz nicht mehr nachgelesen werden kann. Für das Verstehen von Untertiteln ist demnach eine schnelle Auffassungsgabe gefordert, da es sich um einen Text handelt, den der Leser nicht in einem beliebigen Tempo rezipieren kann.

Inwieweit das Textverständnis hörgeschädigter Menschen eingeschränkt ist, soll im Folgenden betrachtet werden. Da es keine aktuellen Untersuchungen zur Lesekompetenz hörgeschädigter Personen gibt, musste auf vergleichsweise alte Fachliteratur zurückgegriffen werden. Auch Erscheinungen neueren Datums stützen sich vorrangig auf ältere Publikationen.

3.3 Schwerhörigkeit

Eine Schwerhörigkeit kann in jedem Lebensalter eintreten. Der nicht zu verallgemeinernde Zeitpunkt des Eintretens sowie die verschiedenen Arten und Ausmaße einer Schwerhörigkeit machen eine Beschreibung schwerhöriger Personen äußerst schwierig. Es gibt eine relativ große Schwankungsbreite in der Aufnahmeleistung und der sprachlichen Entwicklung Schwerhöriger. Allen schwerhörigen Menschen ist jedoch gemein, dass sie eine Abweichung in der Aufnahme von Schallereignissen aufweisen. Die Pädagogik bezeichnet Menschen als schwerhörig, deren Schädigung des Hörorgans die Wahrnehmung akustischer Reize so beeinträchtigt, dass sie Lautsprache mit Hilfe von Hörhilfen aufnehmen und ihr eigenes Sprechen – wenn auch nur eingeschränkt – über die auditive Rückkopplung kontrollieren können (vgl. Leonhardt 2002:74).

Es werden drei verschiedene Arten von Schwerhörigkeiten unterschieden: die Schallleitungsschwerhörigkeit, die Schallempfindungsschwerhörigkeit oder sensorineurale Schwerhörigkeit und eine Kombination aus beiden Arten. Schwerhörige mit einer mittelgradigen Schallleitungsschwerhörigkeit können aufgrund der verminderten Intensität der Höreindrücke bzw. der schlechteren Diskriminationsmöglichkeit in Hörschwellennähe[34] nur unvollständig hören. Insbesondere unbetonte Redeteile (Endsilben, Partikeln etc.) werden schlecht gehört. Durch eine Verstärkung der Schallwellen, z. B. durch lauteres Sprechen oder ein Hörgerät, kann dies jedoch weitestgehend ausgeglichen werden.

Bauchbinden, die Verwendung bestimmter Farben und der Untertitel-Platzierung bei Spielfilmen und Serien oder die kurze Standzeit der Untertitel bei Action-Filmen.

34 Die Hörschwelle bezeichnet den Punkt in Dezibel, ab dem Höreindrücke akustisch wahrgenommen werden können. Die normale Hörschwelle des Menschen liegt bei 0 dB. Bei einer Schallleitungsschwerhörigkeit kann sich die um bis zu 60 dB erhöhen (vgl. Ruoß 1994:19). D. h. die Person hat Schwierigkeiten einem durchschnittlich lauten Alltagsgespräch zu folgen.

Anders kann es sich bei schwerhörigen Menschen mit einer sensorineuralen Schwerhörigkeit verhalten, die neben einer quantitativen Beeinträchtigung (Leiserhören) auch zu einer qualitativen Veränderung der auditiven Reizwahrnehmung führt. Dieses verzerrte Hören beeinträchtigt vornehmlich das Sprachverstehen mehr oder weniger stark, da die gehörten Laute in hohem Maße deformiert sind. Bei einem Verzicht auf eine entsprechende Hörgeräteversorgung kann dies dazu führen, dass ein Sprachverstehen vollends ausbleibt. Hierbei sind die hohen Töne besonders betroffen und können im Extremfall gar nicht wahrgenommen werden. Die Hochfrequenzkonsonanten *s*, *t*, *f*, *p*, *k* und die Vokale *i* und *e* und die Umlaute *ö* und *ü* können nicht mehr gehört und die Vokale *u* und *ü* nicht mehr unterschieden werden. Bei den Konsonanten sind Zischlaute wie *ch* und *sch* besonders betroffen, da ihre Schärfe nur noch gedämpft wahrgenommen wird (vgl. Leonhardt 2002:76 und ER 11). Zusammenfassend lassen sich für die Schallempfindungsschwerhörigkeit drei Arten von Kommunikationserschwernissen unterscheiden. Typischerweise treten diese gleichzeitig in unterschiedlicher Stärke auf. Es kommt erstens zu einem Sensitivitätsverlust. Der Betroffene hat Schwierigkeiten, gedämpft Gesprochenes zu hören. Dies kann durch eine Erhöhung der Lautstärke kompensiert werden[35]. Zweitens kommt es zu einem Verlust der Hochfrequenzen. Das beeinflusst in erster Linie die Gesprächsführung. Schließlich können Menschen mit einem sensorineuralen Hörverlust einen Diskriminationsverlust erleiden, was zu Verstehensproblemen bei Unterhaltungen in lauter Umgebung führt. In diesem Fall hat der Betroffene Probleme, das Gesagte aus Störgeräuschen heraus zu filtern (vgl. ER 11). Am wesentlichsten ist jedoch die Verzerrung der Sprache. Sie führt zu einem Verlust an Merkmalen, die für die Analyse und Synthese sprachlicher Zeichen unerlässlich sind. Das Ausmaß der Verzerrung ist abhängig von der individuellen Hörschwelle des Betroffenen, d. h. von den betroffenen Frequenzen (vgl. Leonhardt 2002:76).

Bei einer Kombination aus beiden Arten der Schwerhörigkeit hört der Betroffene leiser und verzerrt. Diese dritte Art der Schwerhörigkeit wird durch die sensorineurale Schwerhörigkeit dominiert, so dass die Auswirkungen ähnlich der sensorineuralen Schwerhörigkeit sind (vgl. Leonhardt 2002:80). Die Gruppe der schwerhörigen Personen fällt demnach sehr heterogen aus. Nach Leonhardt (2002:80) umfasst dieser Personenkreis gleichermaßen nahezu normal hörende Menschen und Menschen, die aus medizinischer Sicht als gehörlos gelten, jedoch über gute Lautsprachkompetenzen verfügen und sich auditiv orientieren können. Es ist davon auszugehen, dass letztere auf Tonsubstitution bei audio-visuellen Medien angewiesen sind.

---

35 In einigen Fällen eines sensorineuralen Hörverlusts kommt es zum Recruitment. Dabei werden leise Schallereignisse nicht gehört, wenn sie unterhalb der Hörschwelle liegen. Oberhalb der Hörschwelle werden sie aber gut gehört und im Bereich um 80 dB als ebenso laut empfunden wie von Normalhörenden. Da aber der Abstand zwischen der Hörschwelle und der Schmerzschwelle verringert ist, wird die Unbehaglichkeitsschwelle bei einigen Frequenzen eher erreicht (vgl. Leonhardt 2002:52).

3.3.1 Lesekompetenz schwerhöriger Menschen

Schwerhörige, die seit ihrer Geburt (prälingual) von einer Schallleitungsschwerhörigkeit betroffen sind, müssen ihre Sprache erst entwickeln. Ihre Spontansprache zeigt häufig Auffälligkeiten, die dadurch zustande kommen, dass unter anderem Endsilben, Endkonsonanten, Präpositionen, Konjunktionen, Flexionsendungen von Substantiven, Verben und Adjektiven sowie Artikel weniger gut gehört werden. Da eine Schallleitungsschwerhörigkeit jedoch relativ gut durch HNO-ärztliche Behandlung und Hörgeräteversorgung ausgeglichen werden kann, wirkt sie sich nicht ausnehmend negativ auf die Entwicklung der Sprachkompetenz aus, sofern keine Mehrfachbehinderung vorliegt (vgl. Leonhardt 2002:75). Bei entsprechender Hörgeräteversorgung sind auch diese Menschen wahrscheinlich nicht auf Untertitel bei audio-visuellen Medien angewiesen. Daher wird auf die Lesekompetenz dieser Gruppen nicht näher eingegangen.

Bei frühkindlich sensorineural schwerhörigen Kindern hat die Verzerrung auditiver Reize einen erschwerten und teilweise auch sehr eingeschränkten Spracherwerb zur Folge. Es ist daher wichtig, die Sprachentwicklung sofort nach dem Erkennen des Hörschadens sonderpädagogisch zu fördern. Ohne diese Förderung kann insbesondere eine hochgradige oder extreme sensorineurale Schwerhörigkeit zu einem erheblichen Rückstand beim Erlernen und Aneignen der Lautsprache führen. Im Extremfall kann die Lautsprachentwicklung sogar fast vollständig ausbleiben (vgl. Leonhardt 2002:76). Der individuelle aktive und passive Wortschatz schwerhöriger Kinder kann gegenüber dem normal hörender gleichaltriger Kinder mehr oder weniger stark eingeschränkt sein. Nicht alle Wortarten sind gleichermaßen betroffen. Nomen, die Gegenstände bezeichnen, und Verben mit inhaltlichem Bezug auf erlebte oder vorstellbare Vorgänge und Handlungen werden sicherer beherrscht bzw. schneller erlernt als Abstrakta und Wörter mit bildhafter oder übertragener Bedeutung. Wortarten, die am häufigsten fehlerhaft verwendet werden oder ganz im Wortschatz fehlen, sind Adverbien, Präpositionen und Konjunktionen. Dies kann darauf zurückzuführen sein, dass sie Träger von Beziehungsbedeutungen sind, die sich nicht ohne weiteres veranschaulichen, sondern nur durch analytisches Betrachten und Vergleichen von Situationen, Vorgängen und Handlungen erlernen lassen (vgl. Leonhardt 2002:78).

Neben einem begrenzten Wortschatz ist auch eine falsche Wortwahl zu beobachten. Dies rührt unter anderem von einem unzureichenden Erfassen der Wortbedeutung her. Oberbegriffe und Synonyme werden seltener verwendet. Darüber hinaus ergeben sich für schwerhörige Kinder Schwierigkeiten beim Erlernen grammatischer Formen und syntaktischer Strukturen. Unsicherheiten zeigen sich bei grammatischen Morphemen, die für das Erfassen von sachlichen Beziehungen und Sinneszusammenhängen wichtig sind, sowie bei der Flexion von Nomen und Verben (vgl. Leonhardt 2002:78-89).

Die beschriebenen Auffälligkeiten im Wortschatz und im Sprachformenschatz haben zwangsläufig Schwierigkeiten bei der Sinnentnahme aus mündlichen und schriftlichen Texten zur Folge. Dabei ist es für schwerhörige Kinder typisch, dass sie selbst bei guter technischer Leseleistung und bekanntem Wortmaterial erhebliche Schwierigkeiten bei der Sinnentnahme aus Sätzen und größeren Spracheinheiten haben. Dies begründet sich vor allem durch das mangelhafte Erfassen von Beziehungsbedeutungen. Die Schwankungen der Leseleistungen innerhalb der Population schwerhöriger Kinder sind unvergleichlich größer als bei Hörenden (vgl. Leonhardt 2002:79). Dies sind die Voraussetzungen von Menschen, die prälingual, d. h. vor dem dritten bis sechsten Lebensjahr[36], sensorineural schwerhörig geworden sind. Wie gut jeder Mensch seine Möglichkeiten nutzt, inwiefern er seine Fähigkeiten verbessert und sein Wissen erweitert, hängt von einer Vielzahl von Faktoren ab, die näher zu beleuchten, den Rahmen dieser Arbeit sprengen würde. Der Zeitpunkt des Eintretens der Hörschädigung, die Intensität und Dauer der Schwerhörigkeit, das Vorhandensein einer Mehrfachbehinderung, Einsetzen und Art der sprachlichen Förderung (ggf. Begabung beim Erlernen der Lautsprache), die sozialen Entwicklungsbedingungen, die psychosoziale Situation, die Gründe für das Zustandekommen der Hörschädigung, die Einstellung gegenüber der Hörschädigung und eventuellen Hilfsmitteln und nicht zuletzt die Persönlichkeit des Betroffenen können ausschlaggebend für den weiteren Ausbau seiner Lesekompetenz sein (vgl. Leonhardt 2002:68-72, vgl. auch Wisch 1990). Es ist daher davon auszugehen, dass die Lesekompetenz dieser Gruppe, vor allem im Erwachsenenalter, ein sehr breites Spektrum umfasst.

3.4 Postlinguale Schwerhörigkeit

Menschen, die nach dem Spracherwerb (postlingual[37]) schwerhörig gewordenen sind, unterscheiden sich von ertaubten Menschen dadurch, dass sie bei der Kommunikation über Lautsprache das verbliebene Hörvermögen zum besseren Ver-

---

36 Zum zeitlichen Abschluss des Spracherwerbs werden in der Fachliteratur unterschiedliche Angaben gemacht. Leonhardt (2002:70) zieht die Grenze zum Sprachbesitz beim 3. / 4. Lebensjahr, Fengler (1990:16) dagegen beim 5. / 6. Lebensjahr (vgl. auch nächste Fußnote).

37 Postlingual bedeutet nach Abschluss des Spracherwerbs. Das kritische Alter liegt bei etwa drei Jahren. Bei Kindern, die im vierten Lebensjahr einen massiven Hörverlust erleiden, sind die Hörnerven und Hörzentren bereits physiologisch ausgereift. Sie besitzen Sprechfertigkeiten, einen Wortschatz und ein natürlich erworbenes, jedoch fragmentarisches Sprachwissen. Dieses Sprachwissen wird bis zum sechsten Lebensjahr vervollständigt. Bis zum fünften Lebensjahr sind die erworbenen Primärsprachfähigkeiten noch relativ instabil. Tritt bis zu diesem Zeitpunkt ein erheblicher Hörverlust ein, ist damit zu rechnen, dass sich die sprachlichen Fähigkeiten ohne entsprechende Förderung wieder zurückbilden (perilingualer Hörverlust). Tritt ein Hörverlust erst im sechsten Lebensjahr ein, sind die Sprach- und Sprechfertigkeiten bereits so weit gefestigt, dass pädagogische Maßnahmen auf der Muttersprache in lautsprachlicher Form aufbauen können. In diesem natürlich angeeigneten Wissen um die Lautsprache unterscheiden sich prälingual und post- bzw. perilingual gehörlose bzw. schwerhörig gewordene Menschen. Bei ihnen kann die Gehörlosigkeit im Vergleich zu Spätertaubten und spät schwerhörig gewordenen Menschen völlig andere Auswirkungen auf die Lautsprache haben (vgl. Ruoß 1994:15).

stehen ihres Gesprächspartners nutzen können (vgl. Leonhardt 2002:84). Claußen gibt allerdings zu bedenken, dass eine genaue Abgrenzung der postlingual schwerhörig gewordenen Menschen gegen die von Geburt an (prälingual) schwerhörigen Menschen unter anderem deshalb nicht möglich ist, weil der Spracherwerb in der Regel das ganze Leben anhält (vgl. Claußen 1989:90, nach Leonhardt 2002:84). Auch die Abgrenzung zur Altersschwerhörigkeit (Presbyakusis[38]) gestaltet sich schwierig, da viele altersschwerhörige Menschen massive Probleme bei der Sprachperzeption haben (vgl. Leonhardt 2002:85). Es ist also festzuhalten, dass die Gruppe der postlingual schwerhörig gewordenen Erwachsenen unabhängig vom Grad der Hörschädigung sowohl Menschen umfasst, die als Kind nach dem dritten bis sechsten Lebensjahr schwerhörig geworden sind, als auch die Menschen, deren Gehör sich erst infolge des natürlichen Alterungsprozesses verschlechtert hat.

3.4.1 Lesekompetenz postlingual schwerhörig gewordener Menschen

Postlingual schwerhörig gewordene Menschen haben die Lautsprache auf natürlichem Wege über Imitation erworben und können sie entsprechend benutzen. Ein Schallleitungsschwerhöriger, der erst postlingual schwerhörig geworden ist und über die Fähigkeit zum Ergänzen und Kombinieren verfügt, ist bei der Sprachwahrnehmung und in seinem Sprachverstehen kaum beeinträchtigt (vgl. Leonhardt 2002:75). Er kann sein Hördefizit relativ gut über eine Hörhilfe ausgleichen. Allerdings muss bei einer sensorineuralen Schwerhörigkeit die Bewertung der auditiv wahrgenommen Reize, d. h. das bewusste, interpretierende Hören, erst wieder neu erlernt werden, da sich hier nicht nur die Lautstärke, sondern auch die Klangwahrnehmung der Höreindrücke verändert (vgl. Leonhardt 2002:84). In Abhängigkeit davon, wie gut der Betroffene mit seiner Hörsituation umgeht, ob er z. B. ein Hörgerät benutzt, kann er seine Hörreste verwerten. Das bedeutet, dass er auf Untertitel angewiesen sein kann. Die Lesekompetenz postlingual schwerhörig gewordener Zuschauer unterscheidet sich in der Regel nicht sehr stark von der normal hörender Menschen, sofern der Hörverlust nicht schon sehr früh eingetreten ist. Diesem muss dann eine sonderpädagogische Erziehung entgegengesetzt werden, damit zumindest die Schriftsprachkompetenz nicht hinter der normal hörender Menschen zurückbleibt. Generell ist natürlich zu beachten, dass der Wortschatz auch innerhalb der Gruppe der Hörenden in Abhängigkeit vom Bildungsgrad sehr stark variiert, so dass auch für die Gruppe der postlingual schwerhörig gewordenen Menschen gilt: Die Lesekompetenz kann von eher schlecht bis sehr gut reichen.

3.5 Gehörlosigkeit

Gehörlosigkeit stellt den Extremfall einer Hörschädigung dar. Es wird zwischen praktischer und absoluter Gehörlosigkeit unterschieden. 98 % aller gehörlosen Menschen können noch Töne hören, jedoch selbst mit Hilfe von Hörgeräten

38 Ausführliche Informationen über Presbyakusis sind zu finden bei Tesch-Römer 2001.

Sprache nicht verstehen (praktische Gehörlosigkeit[39]). In nur 2 % aller Fälle ist der Betroffene absolut gehörlos.

Gehörlosigkeit ist keine eindeutig definierte Erscheinung. Sie lässt sich aus soziologischer, medizinischer und sonderpädagogischer Sicht definieren. Aus soziologischer Sicht ist jeder gehörlos, der Mitglied der Gehörlosengemeinschaft ist[40]. Aus medizinischer Sicht ist jeder Mensch mit einem Hörverlust von über 90 dB gehörlos. Ruoß definiert Gehörlosigkeit unter pragmatischen Aspekten und kommt damit der sonderpädagogischen Definition sehr nahe. Gehörlosigkeit liegt nach Ruoß (1994:21) vor, wenn das Hörvermögen so stark beeinträchtigt ist, dass es dem Betroffenen selbst unter Zuhilfenahme eines optimal angepassten Hörgerätes nicht möglich ist, gesprochene Sprache akustisch zu verstehen und auf natürlichem Wege zu erwerben. Die Grenze zwischen Schwerhörigkeit und Gehörlosigkeit verläuft demnach fließend. Sie wird dort gezogen, „wo gesprochene Sprache im Satzzusammenhang gerade noch oder gerade schon nicht mehr akustisch und sinnentnehmend aufgenommen werden kann" (vgl. Heese nach Fengler 1990:15). Die Hörgeschädigtenpädagogik definiert Gehörlosigkeit wie folgt:

> Als gehörlos bezeichnet man Menschen, bei denen im frühen Kindesalter (prä-, peri- oder postnatal) vor Abschluss des Lautspracherwerbs (also prälingual) eine so schwere Schädigung des Gehörs vorliegt, dass seine Funktionstüchtigkeit hochgradig bis total beeinträchtigt ist. (Leonhardt 2002:80)

Angesichts der technischen Möglichkeiten und der Verdienste der hörpädagogischen Frühförderung, lässt sich Gehörlosigkeit praktisch nicht mehr über den Hörverlust im Dezibel und Hertz definieren, so dass die hörpädagogische Sicht für den Kontext dieser Arbeit am relevantesten erscheint. Unabhängig davon kann eine allgemeine Definition, ob aus medizinischer oder hörpädagogischer Sicht, jedoch nichts darüber aussagen, wie gut der einzelne Gehörlose in der hörenden Welt zurechtkommt. Kern der Definition ist eine hochgradige bis totale Beeinträchtigung der Funktionstüchtigkeit des Gehörs. Diese kann jedoch dazu führen, auf Hörhilfen angewiesen zu sein. Da diese niemals ein natürliches, sondern nur ein verzerrtes Hören ermöglichen, bedürfen gehörlose Menschen zur Informationsaufnahme[41] bei der Nutzung audio-visueller Medien Ton substituie-

---

39 Daher wird Gehörlosigkeit in der Fachliteratur mitunter auch als Resthörigkeit bezeichnet (vgl. Ruoß 1994:15).

40 Wenngleich die Verwendung der Gebärdensprache Voraussetzung für eine Mitgliedschaft in der Gehörlosengemeinschaft ist, ist nicht jeder Gehörlose ein Mitglied der Gehörlosenkultur. In den USA grenzen sich Mitglieder der amerikanischen Gehörlosengemeinschaft durch die Orthographie von Nichtmitgliedern ab, indem sie sich als „Deaf" mit großen Anfangsbuchstaben (im Gegensatz zu „deaf") bezeichnen. Ausführlichere Informationen zur Gehörlosengemeinschaft und Gehörlosenkultur sind zu finden bei Wisch 1990, Padden 1992, Weber 1995, Herrsche-Hiltebrand 2002, Ryan / Schuchman 2002 und Vogel 2004.

41 Informationsaufnahme ist hier unabhängig von der Art der Sendung zu verstehen, umfasst also Nachrichtensendungen ebenso wie Unterhaltungssendungen.

render Hilfsmittel. Dies gilt auch für Mitglieder der Gehörlosengemeinschaft[42], die in der Regel jede Art von Hörhilfen (Hörgeräte und Implantate) ablehnen und mit Gehörlosen per Gebärdensprache und mit Hörenden per Lautsprache bzw. Schriftsprache und Absehen kommunizieren (vgl. Wisch 1990:150).

3.5.1 Gehörlose Menschen mit Cochlea-Implantat

Cochlea-Implantate (CI) werden seit Beginn der 1980er Jahre eingesetzt. Zunächst wurden nur ertaubte Erwachsene operiert. Seit Ende der 1980er Jahre werden auch prälingual gehörlose Kinder implantiert. Aufgrund der vergleichsweise kurzen Zeit, in der CI-Operationen durchgeführt werden, liegen noch keine Langzeitstudien über die Population der CI-Träger vor[43]. Es ist allerdings davon auszugehen, dass sich dies in naher Zukunft ändert (vgl. Leonhardt 2002:87). Ein CI (vgl. Abb. 10) ist besonders hilfreich für gehörlose oder hochgradig schwerhörige Personen, die keine Hörgeräte verwenden können. Sie stellen zwar nicht die ursprüngliche Hörfähigkeit des Benutzers wieder her, verbessern diese jedoch zum Teil erheblich und erleichtern das Absehen sowie die auditive Lautunterscheidung[44]. Es wird unterschieden zwischen frühzeitig (bis zum 2. Lebensjahr) implantierten Kindern und den erst im Schulalter implantierten Kindern. Bisher deuten alle Erfahrungen darauf hin, dass eine frühzeitige Implantation für prälingual gehörlose Kinder die besseren Möglichkeiten für das Erlernen einer auditiven Lautsprachperzeption sowie für die Entwicklung einer angemessenen Lautsprachkompetenz bietet. Ein Großteil der frühzeitig implantierten und geförderten Kinder besucht einen Allgemeinkindergarten, einen Integrationskindergarten oder eine schulvorbereitende Einrichtung für Schwerhörige. Diese Kinder können sich meistens auditiv gut orientieren, bedienen sich mehr oder weniger oft des Absehens und zeigen häufig eine vergleichsweise gute Lautsprachproduktion. Aber nicht alle frühzeitig implantierten Kinder weisen diese Entwicklung auf. Die individuellen Dispositionen und Möglichkeiten sind

---

42 Mehr Informationen zur Gehörlosenkultur sind zu finden bei Wisch 1990, Padden 1992, Fischer 1997, Ryan 2002, Herrsche-Hiltebrand 2002 und Vogel 2004.

43 Die Deutsche Cochlear Implant Gesellschaft (DCIG) versucht, die Bezeichnungen CI-Träger für erwachsene Implantierte und CI-Kinder für implantierte Kinder durchzusetzen (vgl. Leonhardt 2002:87). In dieser Arbeit umfasst diese Bezeichnung implantierte Kinder und Erwachsene. Derzeit gibt es hierzulande 5.500 Träger des Cochlea-Implantats (vgl. ER 18). Die Tendenz ist stark steigend. Allerdings ist hierin eine größere, im Einzelnen nicht erfasste Zahl von Kindern enthalten.

44 Der Einsatz eines CI bedeutet nicht, dass ein normales Hören oder Hörgefühl eintritt. Inwieweit ein verbessertes Hören möglich ist, ist individuell unterschiedlich. Nach der Anpassung des Implantats und einem Hörtraining können immerhin über 50 % der Benutzer einer normalen Arbeit nachgehen, ohne größere Einschränkungen hinnehmen zu müssen (z. B. beim Richtungshören in lärmender Umgebung). 80 % der Implantierten können dank eines CI sogar ein Telefongespräch führen. Wie gut die hörgeschädigte Person mit einem CI hören kann, hängt unter anderem davon ab, wie gut sie sich an ihr eigenes Hören erinnern und diese akustische Erinnerung umsetzen kann. Im Allgemeinen berichten viele Benutzer von einer Erhöhung der Lebensqualität nach einer Implantation (vgl. ER 4a).

sehr unterschiedlich. Es gelingt auch nicht allen Kindern, das Hören mit ihrer Persönlichkeit in Einklang zu bringen. Generell ermöglicht das CI jedoch eine auditive Sprachwahrnehmung. Durch ein sich entwickelndes auditives Feedback ist zu erwarten, dass die Kinder nachhaltig auf Höhe, Intensität und Dauer ihrer stimmlichen Äußerungen einwirken können.

Anders ist es bei gehörlosen Kindern und Jugendlichen, die erst im Schulalter ein CI erhalten. Sie müssen lernen, mit dem Implantat Hörstrategien und Hörmuster zu entwickeln. Es kann sich erschwerend auswirken, dass sie bereits mehrere Jahre der Sozialisation in der Gruppe der Gehörlosen verbracht haben. So hat sich gezeigt, dass eine Implantation für ältere Kinder und Jugendliche nur sinnvoll ist, wenn sie zuvor eine hörgerichtete bzw. lautsprachlich orientierte Bildung und Erziehung erlebten und sich bereits verstärkt auditiv orientierten. Die CI-Versorgung prälingual gehörloser Jugendlicher (und Erwachsener) ist daher umstritten. Einerseits gibt es Jugendliche, für die eine späte Implantation eine psychische Entlastung und ein persönlicher Gewinn war. Andererseits wurde aber auch von Jugendlichen berichtet, die das CI ablehnten und Persönlichkeitsstörungen erlitten (vgl. Leonhardt 2002:88).

3.5.2 Lesekompetenz gehörloser Menschen

In Folge der auditiven Beeinträchtigung kann sich die Lautsprache gehörloser Menschen nicht natürlich auf dem auditiv-imitativen Weg entwickeln. Dennoch sind auch Gehörlose in der Lage, die Lautsprache zu erlernen und (unter Benutzung des Absehens) in ihr zu kommunizieren. Die Sprachauffassung gehörloser Menschen wird mehrheitlich von der visuellen Lautsprachperzeption dominiert, die durch die Nutzung von Hörresten unterstützt wird. Ohne spezifische pädagogische Förderung würde die Lautsprachentwicklung gehörloser Kindern jedoch gänzlich ausbleiben45. Das Niveau der Lautsprachkompetenz, d. h. sowohl der Grad seiner Sprechverständlichkeit und seiner Lautsprachperzeption als auch der Umfang seines Wort- und Sprachformenschatzes und dessen Beherrschung zum aktiven und passiven Gebrauch, den der einzelne Gehörlose erreicht, hängt neben bereits erwähnten Faktoren auch von individuellen Faktoren, wie z. B. Sprachgefühl, ab (vgl. Leonhardt 2002:80).

In Deutschland gibt es leider keine aktuellen Studien über die Schriftsprachkompetenz gehörloser Erwachsener. Die meisten Studien wurden in den 1980er Jahren an Kindern und Jugendlichen im Alter zwischen 14 und 19 Jahren durchgeführt[46]. Die Ergebnisse der verschiedenen Studien zur Lesekompetenz Gehörloser wurden von Krammer zusammengefasst. Sie stellt fest, dass Gehörlose aller Altersstufen gegenüber gleichaltrigen hörenden Kindern eine verzögerte Entwicklung im Wortschatz aufweisen. Der Wortschatz hörender Kinder beträgt bei

---

45 Daher rührt auch die inzwischen veraltete Bezeichnung „taubstumm". Mehr zur Geschichte der Hörgeschädigtenpädagogik in Leonhardt 2002.

46 Z. B. Csányi 1982, Günther 1982, Quigley & Kretschmer 1982, Quigley / Paul 1984, Gelter 1987 (vgl. Krammer 2001).

Schulbeginn 3.800 Wörter (aktiv) bzw. 19.000 (passiv). Dagegen verfügen oral erzogene, gehörlose Kinder über einen Wortschatz von 250 (aktiv) bzw. 500 Wörtern (passiv) (vgl. Schüßler 1997:66). Schüßler folgert unter Verweis auf Quigley/Paul 1984:

> In diesen Zahlen drückt sich der gravierende Rückstand gehörloser Kinder beim (Schrift-) Spracherwerb aus; denn der Wortschatz hat sich langfristig als der beste Diskriminator zwischen guten und schlechten Lesern erwiesen. (Schüßler 1997:66)

Allerdings gab List schon 1990 (vgl. Krammer 2001:59) zu bedenken, dass es „fahrlässig“ sei, die Lesefähigkeit mit der Menge der wieder erkannten Wörter zu beziffern. Wudtke (1993, nach Krammer 2001:58) ist der Ansicht, dass nicht nur Wortschatz, sondern auch die morphologischen und syntaktischen Kenntnisse von Gehörlosen oft auf einer frühen Erwerbsstufe bleiben. Er führt dies darauf zurück, dass die tägliche Lektüre vieler gehörloser Erwachsener oft auf leicht zu lesende Tageszeitungen und Zeitschriften beschränkt ist, wobei der Sportteil mehr interessiert als der politische Teil und teilweise überhaupt nur Überschriften zur Kenntnis genommen werden. Er stuft die Leseleistung gehörloser Schulabgänger als äußerst unbefriedigend ein: Etwa 40 % der Schüler würden das Leseniveau von acht- bis neunjährigen hörenden Schülern auf weisen und mehr als 50 % die Schule praktisch als Analphabeten verlassen. Nach seiner Auffassung stagniert der Wortschatz gehörloser Schüler mit dem 13. Lebensjahr. Tatsächlich schnitten achtjährige hörende Kinder auf der Satzbedeutungs- und Syntaxebene besser ab als ein durchschnittlicher 18-jähriger Gehörloser[47]. Auch wenn die gehörlosen Schüler die einzelnen Wörter und den inhaltlichen Gedanken innerhalb eines einfachen Aussagesatzes erfassten, hatten sie Schwierigkeiten beim Verstehen der Testsätze[48]. Die meisten Probleme bereiteten ihnen in absteigender Reihenfolge Relativsätze, Satzergänzungen (Infinitive und Gerundien) und Pronominalisierungen. Robbins/Hatcher (1981, nach Schüßler 1997:67) klassifizieren Passiv als am schwierigsten. Auch Quigley & Kretschmer folgern aufgrund der Ergebnisse ihrer Studie, dass Gehörlose das Syntaxmuster Subjekt –Verb – Objekt auf alle Sätze übertragen. Als Folge halten sie z. B. das Agens für den Adressaten bzw. das Patiens[49]. Auch wenn Sprache figurativ verwendet wird, bereitet die richtige Interpretation Gehörlosen Schwierigkeiten. Auf der Textebene zeigen Gehörlose ebenfalls geringere Leistungen. Sie erfassen zwar die Gesamtbedeutung von größeren Texteinheiten, haben jedoch Probleme beim Nacherzählen einer Geschichte. Oft werden wich-

---

47 Quigley & Kretschmer 1982 testeten 450 Schüler zwischen 10 und 19 Jahren auf das Verständnis unterschiedlicher syntaktischer Strukturen, z. B. Negation, Konjunktion, Pronominalisierung, Relativ- und Passivsatz (vgl. Schüßler 1997:66).

48 Sätze wie *The boy kissed the girl* und *The boy ran away* wurden verstanden, wohingegen die meisten Leser des Satzes *The boy who kissed the girl ran away* glaubten, dass das Mädchen davonrannte (vgl. Quigley & Kretschmer 1982, nach Schüßler 1997:66).

49 Z. B. wurde die Passivkonstruktion *The boy was helped by the girl* als *The boy helped the girl* verstanden (vgl. Quigley & Kretschmer 1982, nach Schüßler 1997:67).

tige Details nicht wiedergegeben und die Nacherzählung erfolgt mit mehr semantischen Verzerrungen als bei Hörenden. Viele Gehörlose lesen aufgrund ihres Mangels an phonologischem und syntaktischem Wissen wie Leseanfänger und schlechte Leser nach dem Top-Down-Modell (vgl. Krammer 2001:59), wonach der Leser bestimmte Erwartungen oder eine Voreinstellung zum Text hat und demnach den Sinn nicht über die Wörter erschließt. Der Leser bezieht weniger Informationen aus dem Text, sondern legt seine eigene Intention hinein. So kommt Günther (1982, nach Krammer 2001:09) zu dem Schluss, dass ein Großteil der Gehörlosen nicht in der Lage ist, die „Untertextungen bei Bildschirmsendungen adäquat zu erfassen".

Zu den vorstehenden Studien ist jedoch anzumerken, dass die Einstufung des Lesealters und der Lesestufe nach Tests erfolgte, die für hörende Kinder konzipiert waren und vorwiegend im englischen Sprachraum durchgeführt wurden. Schüßler (1997, nach Krammer 2001:56) und Gelter (1987, nach Krammer 2001:07) verdeutlichen, dass das Erlernen der Laut- und Schriftsprache für gehörlose Kinder verzögert abläuft, da dieser Prozess dem Erlernen einer Fremd- oder Zweitsprache gleichkommt und nicht mit dem natürlichen Erwerb der Erstsprache gleichzusetzen ist. Krammer (2001:56) gibt zu bedenken, dass Leseleistungen von Gehörlosen und Hörenden nur dann aussagekräftig sind, wenn die sprachlichen Bedingungen vergleichbar sind. Schüßler (1997:88) führt die geringeren Leseleistungen Gehörloser darauf zurück, dass sie das im Text dargestellte Konzept nicht verstehen, weil ihr Wissen auf subsemantischer und semantisch-syntaktischer Ebene reduziert ist.

Darüber hinaus wurde bereits mehrfach bewiesen[50], dass gehörlose Kinder, die von Geburt an die Möglichkeit hatten, in der von ihren gehörlosen Eltern erworbenen Gebärdensprache, zu kommunizieren, eine bessere Sprach- und Gesamtentwicklung aufweisen als gehörlose Kinder hörender Eltern. Diese sind gezwungen, eine Sprache zu imitieren, mit deren Worten sie keinen bzw. nur eingeschränkt Bezug zu ihrer visuellen Realität herstellen können (vgl. Wisch 1990:215). Die Untersuchung von Meadow (1968) ergab weiterhin, dass gehörlose Kinder, die in beiden Sprachen erzogen wurden, besonders kommunikationsfähig sind (vgl. Wisch 1990:208). Auch Teuber (1996:141) verweist darauf, dass bilingual erzogene gehörlose und schwerhörige Kinder das Vierte-Klasse-Lese-Plateau kaum mehr aufweisen[51]. Diese Leistungssteigerung bezieht sich sowohl auf begabte als auch auf schwach begabte Schüler. Diese Erkenntnisse und die Tatsache, dass Gehörlose immer in zwei Welten, in der der Hörenden

50 Dies bezieht sich auf folgende Studien, die in Wisch 1990 sehr gut zusammengefasst sind: Brasel & Quigley 1997, Corson 1973, Meadow 1971 und 1968, Vernon & Koh 1971, Brill 1960 und 1970, Stuckless und Birch 1966, Montgomery 1966, Quigley und Frisina 1961, Goetzinger und Rousey 1959, Stevenson 1964.

51 Teuber bezieht sich hier auf Schüler aus Dänemark und Schweden, wo Gebärdensprache-Lautsprache-Bilingualismus bereits vor 25 Jahren eingeführt wurde. Dort weisen gehörlose Schüler fast ebenso gute schulische Leistungen auf wie ihre hörenden Altersgenossen (vgl. Teuber 1996:141).

und in der der Gehörlosen, beheimatet sind, sollten ausschlaggebend für ein Umdenken in der Gehörlosenpädagogik sein. Konkret bedeutet dies, der Forderung der Gehörlosengemeinschaft nach Einführung der bilingualen Erziehung[52] nachzukommen.

Obwohl die Ergebnisse zum Teil seit mehr als 40 Jahren vorliegen, kommt Große (2003:49) bei seiner Befragung der Bildungseinrichtungen für Hörgeschädigte zu dem Schluss, dass in der Bundesrepublik Deutschland über alle Altersgruppen und Organisationsformen hinweg eindeutig der lautsprachliche Ansatz dominiert. Bilinguale Schulprojekte sind die Ausnahme (vgl. hierzu auch Günther/Schäfer 2004). Allerdings werden mittlerweile auch alternative, d. h. manuelle Kommunikationsmittel (lautsprachbegleitende Gebärden (LBG)[53], Gebärdensprache, Fingeralphabet[54], Phonembestimmtes Manualsystem[55] etc.) in sonderpädagogischen Kindergärten, Vorschulen, Beratungsstellen und Schulen eingesetzt, wobei jedoch der bilinguale Ansatz neben der totalen Kommunikation[56] am seltensten verwendet wird[57].

Wie unter anderem Beiträge in Diskussionsforen nahe legen, gibt es dennoch Gehörlose, die eine gute bis sehr gute Schriftsprachkompetenz aufweisen. Dass die Lautsprachmethode dennoch in starkem Maßen leeren Wort-Hülsen und der richtigen Aussprache verhaftet zu sein scheint, zeigt folgender Erfahrungsbe-

---

52 Der bilinguale Ansatz favorisiert die parallele oder sukzessive Vermittlung der Gebärden- und der Lautsprache, wobei die Gebärdensprache die Erst- oder Basissprache und die Lautsprache (ggf. nur in schriftlicher Form) die Zweitsprache bildet (vgl. Große 2003:48).

53 Hierbei werden Wörter nach der Syntax der Schriftsprache in Gebärden wiedergegeben. Gehörlose sehen LBG oft eine Verstümmelung der Gebärdensprache an. Daher sollten LBG nur ein Hilfsmittel zur Vermittlung einzelner Sachverhalte und nicht vorrangiges Mittel zur Kommunikation zwischen Gehörlosen und Hörenden sein. Aufgrund ihrer im Vergleich zur Gebärdensprache leichteren Erlernbarkeit eignen sich LBG besonders für spät ertaubte Menschen (vgl. auch Wisch 1990).

54 Im Fingeralphabet hat jeder Buchstabe ein Zeichen, das mit den Fingern an der Kopfseite auf Mundhöhe ausgeführt wird. Es wird in erster Linie für das Buchstabieren schwerer Wörter verwendet (vgl. Leonhardt 2002:112).

55 Das Phonembestimmte Manualsystem orientiert sich an der Lautsprache. Jedem Laut wird ein Handzeichen (Lautgebärde) zugeordnet, die ausdrücken sollen, wie einzelne Laute und Lautverbindungen gebildet werden (vgl. Leonhardt 2002:116).

56 Bei der totalen Kommunikation werden alle vorhandenen Kommunikationsmittel eingesetzt, um mit einem gehörlosen oder stark schwerhörigen Kind zu kommunizieren. Dabei wird die freie Wahl des bevorzugten Kommunikationsmittels in einer bestimmten Situation favorisiert, um aus der gesprochenen und visuellen Sprache eine gemeinsame zu schaffen (vgl. ER 7a).

57 Mehr Informationen zum Bildungswesen für Hörgeschädigte sind zu finden bei Berufsverband Deutscher Hörgeschädigtenpädagogen vormals Bund deutscher Taubstummenlehrer 1994.

richt eines gehörlosen Teilnehmers des Taubenschlag-Forums zu der Frage „Wie lernen Gehörlose lesen?“ vom 17.04.2004[58]:

> Andere Gehörlosen, die in der Gehörlosenschulen mit andere Gehörlosen zusammen sind, dürfen zwar nicht Gebärdensprache verwenden, tuns aber heimlich, sind jemanden die mehr oder weniger krasse Außenseiter in der hörenden Welt. Weil immer wieder mit "du verstehst nicht", "nicht so wichtig", "ach wie-soll-ich-sagen"-Manieren konfrontiert sind, wächst das Desinteresse am Lesen. Es fehlt einfach der Respekt IHNEN gegenüber. Und dies passiert besonders in der Schule: Man muss RICHTIG Sprechen, was sie schreiben und lesen können ist zweitrangig - wer was anders behauptet, teile ich den Meinung 100% nicht - und weil diese ungleiche Chancengleichheit existiert, passiert's leicht dass man denkt "warum sollte ich auch noch für sie lesen?" mit dem Hintergedanken "wozu schon, ich versteh ja nix, brauch ich nicht zu wissen usw.". Erstes Problem: Desinteresse. [...] Die Gehörlosen trainieren dagegen nur die richtige Aussprache, Rest geht verloren. Das ist wie wenn man einem Autofahrerneuling nur das Reifenmontieren beibringt und den Rest vernachlässigt (Auto fahren, Verkehrsregeln usw.). (Hervorhebung im Original; ER 27a)

Oft wird von Lehrern, Schülern und Eltern ebenso beklagt, dass die für Gehörlosenschulen bearbeitete Unterrichtstexte so stark vereinfacht sind, dass aus Mangel an Kohärenz der Inhalt der Texte nicht mehr oder nur schwer verständlich ist. Die Vereinfachung der Texte wirkt hier wie eine Vermeidungsstrategie, die Schüler an Gehörlosenschulen nur noch mehr in ihrer Leseunfähigkeit einschließt, die sprachliche Isolation verstärkt und laut- und schriftsprachliche Probleme fördert. So schreibt Günther:

> Texte lassen sich kennzeichnen als inhaltlich-funktionale Ganzheiten, die aus einer endlichen Menge von Sätzen zusammengesetzt sind und deren Kohärenz durch satzübergreifende morphologisch, syntaktisch und/oder semantisch realisierte Beziehungen sowie schriftliche Gliederungsmöglichkeiten erzeugt wird. Folgt man dieser pragmatischen Text-Bestimmung, dann kann man als Hypothese für die Analyse von Texten für Hörgeschädigte formulieren, daß diese primär auf Elementareinheiten wie Wort und Satz orientiert sind, und dadurch die bewußte und entwicklungsfördernde Verwendung von textkonstitutiven Elementen kaum Berücksichtigung findet. (Arbeitsgemeinschaft für AV-Medientechnik und AV-Medienforschung bei Hörgeschädigten e. V. 1993:01)

Unabhängig davon, wie gut gehörlose Menschen die Schriftsprache beherrschen, bleibt sie doch immer eine Fremdsprache oder Zweitsprache für sie. In der Regel weisen gehörlose Menschen andere Lesestrategien auf als hörende, da sie das gelesene Wort nicht erst über den phonetischen Code in eine innere Sprache[59] übersetzen. Ihnen stehen jedoch alternative kognitive Strategien zur Verfügung. Diese werden im Folgenden kurz wiedergegeben, um nachvollziehbar zu machen, auf welchem Weg Gehörlose das Gelesene verarbeiten können.

58 Leider konnte nicht in Erfahrung gebracht werden, zu welcher Zeit der Teilnehmer welche Schulform besucht hat.

59 Diese kann sich äußern durch Muskelkontraktionen oder artikulatorische Prozesse im Sprechtrakt (Subvokalisation) oder durch die mentale Repräsentation des Gelesenen, die zu einer Klangvorstellung vom Gelesenen führt (vgl. de Linde / Kay 1999:19).

Auch absolut gehörlose Menschen haben einen Zugang zum phonetischen System bzw. zur gesprochenen Sprache. Dieser erfolgt auf Grundlage der Artikulation und des Absehens von den Lippen. Natürlich ist dieser Zugang sehr begrenzt und wird in der Regel auch nur von wenigen Gehörlosen, die oral erzogen wurden, benutzt. Sie übertragen das Gelesene in eine Art artikulatorischen Code, der auf ihrer eigenen Artikulationsweise oder ihnen vertrauten Artikulationsweisen basiert. Mit dieser Strategie ist es allerdings nicht möglich, ähnliche Buchstaben (z. B: *b* und *p*) und Wörter voneinander zu unterscheiden oder Aussagen über den Sprachrhythmus und über die Schreibweise neuer Wörter zu treffen (vgl. de Linde/Kay 1999:22). Sie stellt letztlich nur ein Hilfsmittel zum Dekodieren geschriebener Sprache dar und kann die Gebärdensprache nicht ersetzen. Die zweite Strategie ist eine daktyle. Sie bezieht sich auf das Fingeralphabet. Dabei wird jeder Buchstabe des gelesenen Wortes in einer ihm zugeordneten Handform wiedergegeben[60]. Auch diese Methode ist nur ein Hilfsmittel, das für sehr geläufige Zeichen und zur Einführung neuer Konzepte und Eigennamen in die Gebärdensprache benutzt wird. Auch wenn das Fingeralphabet offiziell nicht zur Gebärdensprache gehört, sind doch die meisten Gehörlosen in der Lage, ihre gebärdete Lexik zu fingern. Studien haben ergeben, dass das Fingeralphabet tendenziell eher für Aufgaben des Kurzzeitgedächtnisses benutzt wird[61]. Die 1:1-Beziehung zwischen Buchstabe und Handform erleichtert die Übersetzung in die Gebärdensprache. Die Studien legen nahe, dass gehörlose Kinder Wörter der Schriftsprache leichter identifizieren können, wenn sie ihnen in gefingerter Form bekannt sind (vgl. de Linde/Kay 1999:22). Die dritte Strategie ist die Gebärdensprache. Dabei wird das Gelesene in die äquivalenten Zeichen der Gebärdensprache übersetzt. Da die Gebärdensprache die Muttersprache der meisten Gehörlosen ist, ist diese Methode zur Verarbeitung schriftlicher Texte wahrscheinlich die einfachste. Allerdings kann die Gebärdensprache nur ihr bekannte Konzepte und Eigennamen wiedergeben, so dass bei unbekannten Wörtern wieder auf das Fingeralphabet zurückgegriffen werden müsste (vgl. de Linde/Kay 1999:23). Die vierte und letzte Möglichkeit zur Verarbeitung schriftlicher Texte ist, dass gehörlose Leser den Text gar nicht rekodieren, sondern direkt vom Gelesenen zur Bedeutung übergehen. Dies ist insbesondere auch bei Sprechern von Sprachen der Fall, bei denen nur eine schwache Phonem-Graphem-Beziehung vorliegt, wie z. B. beim Chinesischen[62]. Die Bedeutung des Logogramms wird erlernt und steht dann im Arbeitsgedächtnis zur Verfügung. Auch wenn nicht klar ist, wie viele Sprecher der Gebärdensprache unter welchen Bedingungen

---

60 Das Fingeralphabet ist nicht international, ebenso wenig wie die Gebärdensprache. Deutsche Gehörlose benutzen beim Fingeralphabet z. B. nur eine Hand, während anglophone Gehörlose mit beiden Händen arbeiten.

61 De Linde / Kay (1999:22) bezieht sich auf die Studien von Locke (1970, 1971) und Hirsh-Pasek (1981).

62 Treiman et al (1981, nach de Linde / Kay 1999:24) fanden heraus, dass Sprachrekodierung unter Sprechern der chinesischen Sprache seltener auftritt als unter Sprechern der englischen Sprache.

auf einen inneren Monolog verzichten, zeigt dies doch, dass Sprache auch ohne eine phonetische Komponente verarbeitet werden kann (vgl. de Linde/Kay 1999:24)[63].

3.5.3 Exkurs in die Gebärdensprache: Ein Vergleich mit der Lautsprache

Wenngleich die deutsche Lautsprache und die deutsche Gebärdensprache Ähnlichkeiten aufweisen, unterscheiden sie sich doch deutlich hinsichtlich einiger grammatischer Eigenschaften. Ein Vergleich der beiden Sprachen kann Aufschluss darüber geben, wie Untertitel sich für Muttersprachler der Gebärdensprache besser lesbar und verständlicher gestalten ließen. Dabei lassen sich drei Fälle unterscheiden. Erstens, Gemeinsamkeiten bezüglich eines grammatischen Phänomens, wobei sich für Gehörlose keine Verstehensprobleme ergeben dürften. Zweitens, es gibt in der deutschen Lautsprache mehrere Möglichkeiten, eine bestimmte grammatische Information auszudrücken. Dann kann der Untertitel-Autor sich auf eine beiden Sprachen gemeinsame beschränken. Drittens, es gibt keine gemeinsamen oder ähnlichen Strukturen hinsichtlich eines grammatischen Phänomens. Dann kann eine Paraphrase innerhalb der deutschen Normgrammatik gewählt werden. In jedem Fall kann natürlich auch wörtlich untertitelt werden. An dieser Stelle soll lediglich darauf hingewiesen werden, wo eventuelle Verstehenshürden für Gehörlose mit der deutschen Lautsprache als Fremdsprache liegen können.

Die Gebärdensprache ist eine visuell-gestische Sprache, deren Gebärden jedoch nur zwischen 30 und 50 % ikonisch und daher visuell ableitbar sind. Sie bedient sich manueller (Hände, Arme) und non-manueller Ausdrucksmittel (Gesichtsausdruck, Blick, Kopf, Oberkörper, Mundbild). Die manuellen Kommunikationsmittel werden begrenzt miteinander kombiniert (wie Wörter in der Lautsprache). Dabei spielen Handform, Ausführungsstelle, Bewegung und Handstellung eine Rolle. Diese Parameter werden im Gegensatz zu den Parametern der Lautsprache simultan eingesetzt und bestehen aus einer beschränkten Zahl aus Subkomponenten, für deren Verbindung es bestimmte Regeln gibt (vgl. Boyes-Braem 1995:17). Nicht alle non-manuellen Kommunikationsmittel lassen sich beliebig mit den manuellen kombinieren. Die Gebärde TRAURIG[64] wird üblicherweise nicht mit einem fröhlichen, sondern immer mit einem traurigen Gesichtsausdruck gemacht, so dass auch in der Gebärdensprache durchaus von Kollokationen gesprochen werden kann.

Im Gegensatz zur Gebärdensprache kann die Stellung der Wörter in der deutschen Laut- und Schriftsprache aufgrund von Kasusendungen relativ frei gewählt werden. Die Kasusendungen zeigen an, welches Wort Subjekt und welches Objekt ist. In der Gebärdensprache gibt es keine Kasusendungen, weshalb die Abfolge von Subjekt und Objekt relativ festgelegt ist. Dies macht Topikali-

63 Mehr Informationen über Denkprozesse ohne Sprache sind zu finden bei Furth 1972.

64 Als Abgrenzung zur Lautsprache sind alle Äußerungen, die sich auf Gesten der Gebärdensprache beziehen durch Versalien gekennzeichnet.

sierung (z. B: Bücher liest er.), die in der Lautsprache auch durch Intonation ausgedrückt wird, in der Gebärdensprache durch die Abfolge von Einzelgebärden unmöglich. Unter Umständen kann jedoch die Mimik diese Funktion übernehmen. Im Regelfall steht in der Gebärdensprache das Subjekt (zeitlich) vor dem Objekt. Temporaladverbien stehen am Satzanfang.

Die Gebärdensprache besitzt andere Verbklassen[65]. Die Übereinstimmungsverben beispielsweise werden durch Flexion vielfältig einsetzbar. Somit können Informationen über „wer", „wen", „wem", „wie", „wo" und „wie viel" vermittelt werden (vgl. Boyes-Braem 1995:229). Die verschiedenen nationalen Gebärdensprachen unterscheiden sich in der Verwendung der Parameter, so dass es viele Dialekte und auch Akzente gibt. Wie die deutsche Lautsprache verfügt die Gebärdensprache über Morpheme und Minimalpaare, z. B. Wörter, die sich nur in der Handform unterscheiden (vgl. Abb. 11).

Die Gebärdensprache besitzt ein visuell-gestisches Äquivalent zur Lautstärke, so dass eine Gebärde „geflüstert" oder „gerufen" werden kann (vgl. Abb. 12). Die Gebärdensprache hat Äquivalente für verschiedene Satztypen, direkte und indirekte Rede, Verben, Substantive, Adjektive, Adverbien, Zeitformen[66], Pronomen[67], jedoch nicht für Artikel, Kopulae, reflexive Verben[68] und Passiv. Sie benutzt Inkorporationen, Klassifizierungen[69], Modifizierungen (vgl. Abb. 13) und

---

65 Diese Verbklassen sind z. B. Übereinstimmungsverben (z. B. treffen), Standverben (z. B. stehen, sitzen) oder Bewegungsverben (z. B. stellen, nehmen, fahren, sich befinden) (vgl. Boyes-Braem 1995:75).

66 Zeitangaben (wie „heute", „gestern", „morgen", „vor / in einem Jahr") werden über eine Einzelgebärde am Satzanfang realisiert; Angaben über Abgeschlossenheit einer Handlung stehen am Satzende (vgl. Boyes-Braem 1995:69-74). Angaben zu Dauer und Wiederholung werden anhand der Bewegung des Verbs dargestellt (vgl. Boyes-Braem 1995:95).

67 Die Pronomen werden über Indices im dreidimensionalen Raum festgelegt, so dass sie oft eindeutiger sind als Pronomen der deutschen Lautsprache. Die Personalpronomen beschränken sich allerdings auf die erste, zweite und dritte Person Singular und Plural. Die entsprechenden Gebärden unterscheiden nicht zwischen Geschlechtern und formeller und informeller Anrede. Die Gebärden können jedoch flektiert werden, um Besitz, Emphase und Zahl anzuzeigen (vgl. Boyes-Braem 1995:58-61).

68 Die Gebärdensprache kennt zwar reflexive Verben. In dem Satz „Ich wasche mich." Jedoch würde für „mich" die Gebärde SELBST stehen. „Die Kinder verstecken sich." hieße KINDER VERSTECKEN (vgl. UM 6a).

69 Klassifizierende Handformen und -stellungen werden z. B. benutzt, um verschiedene Klassen von Substantiven darzustellen, die über ihre Größe- und Formbezeichnung sowie über abstrakte Eigenschaften klassifiziert werden. So gibt es beispielsweise die Klasse der kleinen, eckigen Objekte, die Klasse der kleinen, eckigen Gegenstände mit breiter Oberfläche, aber auch die Klasse der Fahrzeuge mit ihren Subklassen (vgl. Boyes-Braem 1995:77-88).

Raumpunkte (Indices[70]) um einfache und komplexe logische und abstrakte Zusammenhänge auszudrücken.

An dieser Stelle soll auf die verschiedenen Satztypen der Gebärdensprache näher eingegangen werden. Diese umfassen direkte und indirekte Entscheidungsfragen, direkte und indirekte Ergänzungsfragen, „dass"-Sätze, Relativsätze, Konditionalsätze, Kausalsätze, Temporalsätze, Modalsätze, Konzessivsätze, Konsekutivsätze, Adversativsätze[71]. Generell sind Nebensatzstrukturen in der deutschen Gebärdensprache möglich. Allerdings ist in einigen Fällen der Bezug zwischen Haupt- und Nebensatz so klar, dass zwei Hauptsätze formuliert werden können (vgl. UM 6a[72]). In der deutschen Laut- und Schriftsprache ist die Entscheidungsfrage durch die Prosodie des Sprechers bzw. das Fragezeichen am Ende des Satzes gekennzeichnet. Das finite Verb, das in Aussagesätzen an zweiter Stelle steht, steht in Spitzenstellung. In der Gebärdensprache ist das gebräuchlichste Mittel zur Charakterisierung einer Entscheidungsfrage ein nonmanuelles. Es besteht aus einem leichten Kopfnicken nach vorn mit Anheben der Augenbrauen und weitem Öffnen der Augen (vgl. Boyes-Braem 1995:105, vgl. Abb. 14).

Wird die Frage modifiziert, z. B. „Schneit es wirklich?", kann den oben genannten Mitteln ein leicht geändertes Signal hinzugefügt werden, das dem Satz eine anzweifelnden Unterton verleiht (vgl. Abb. 15). Indirekte Entscheidungsfragen können ebenso wiedergegeben werden. Der Satz „Sie will wissen, ob du morgen kochst." würde unter Verwendung der Fragesatzmimik in folgender Abfolge gebärdet werden: SIE WISSEN WILL MORGEN DU KOCHEN. Ergänzungsfragen werden in der deutschen Laut- und Schriftsprache durch die Intonation, das Fragewort, die Verb-Zweit-Stellung und das Satzzeichen charakterisiert. In der Gebärdensprache signalisiert eine Kombination non-manueller Ausdrucksmuster sowie die Verwendung der entsprechenden Fragewortgebärde am Satzanfang diese Frage. Am Ende der Ergänzungsfrage kann das Personalpronomen wiederholt werden. Die non-manuellen Mittel bestehen aus dem Zusammenziehen der Augenbrauen und dem leichten Zurückneigen des Kopfes, die während des ganzen Satzes eingesetzt werden (vgl. Boyes-Braem 1995:106; vgl. Abb. 16).

Indirekte Ergänzungsfragen werden im Prinzip wie indirekte Entscheidungsfragen gebildet. Der Satz „Der Professor fragt den Studenten, was er gestern gemacht hat." heißt in der Gebärdensprache: PROFESSOR STUDENT FRAGEN GESTERN DU MACHEN WAS. Dabei wird die Fragesatzmimik verwendet und der Körper als Andeutung der verschiedenen Rollen leicht gewendet (vgl.

70 Bei einer Index-Gebärde wird durch Andeutung mit dem Zeigefinger ein bestimmter Punkt im Raum definiert, der für eine Person, einen Gegenstand, einen Ort, eine Idee oder ein Satzglied steht (vgl. Boyes-Braem 1995:230).

71 Dabei wird auf den gewöhnlichen Aussagesatz verzichtet, da darauf bereits vorstehend eingegangen wurde.

72 UM 6a steht für Unveröffentlichte Materialien Nr. 6a. Diese Art des Verweisens wird für alle unveröffentlichten Materialien in der gesamten Arbeit verwendet.

UM 6a). „Dass“-Sätze, die wie alle Nebensätze im Deutschen durch Verb-End-Stellung charakterisiert sind, werden in der Gebärdensprache als zwei Hauptsätze wiedergegeben (ICH WOLLEN DU GEHEN). Es gibt demnach keine einleitende Gebärde als Äquivalent zu einer Konjunktion. Relativsätze werden in der deutschen Lautsprache durch Relativpronomen eingeleitet. In der deutschen Gebärdensprache werden Relativpronomen nur zwischen „belebt“ (SELBST) und „unbelebt“ (DA) unterschieden. Der Satz „Der Mann, der hier wohnt, kennt Maria.“ wird folgendermaßen wiedergegeben: DER MANN SELBST HIER WOHNEN MARIA KENNEN. Der Satz „Das Haus, das mein Vater gekauft hat, ist schön.“ heißt in Gebärdensprache: HAUS DA MEIN VATER KAUFEN FERTIG SCHÖN[73] (vgl. Abb. 17).

Der Kausalsatz wird in der deutschen Laut- und Schriftsprache durch die Konjunktion „weil“ eingeleitet. In der Gebärdensprache wird für „weil“ die Gebärde GRUND benutzt. Der Satz „Ich bin müde, weil ich gearbeitet habe“ heißt in der Gebärdensprache ICH MÜDE GRUND ICH ARBEITEN FERTIG. Konditionalsätze bestehen aus zwei Satzteilen, von denen der erste eine Bedingung und der zweite die Konsequenzen dieser Bedingung ausdrückt. In der deutschen Laut- und Schriftsprache wird die Bedingung in der Regel mit „wenn“ oder „falls“ eingeleitet. Der zweite Satzteil mit dem Verb in Endstellung kann mit „dann“ beginnen. In der Gebärdensprache erfordern Konditionalsätze keine bestimmten Einleitungen oder Änderungen der Wortstellung. Allerdings verlangen sie bestimmte non-manuelle Signale zur Begleitung des Konditional-Satzteils: Neigung des Kopfes mit leichtem Vorstoßen und erhobene Augenbrauen. Vor dem resultierenden Satzteil wird eine Pause eingelegt. Der zweite Satzteil mit der Konsequenz der Bedingung wird von einer Änderung des non-manuellen Ausdrucks, oft eine Änderung der Kopfstellung oder der Position des Oberkörpers begleitet (vgl. Abb. 18). Welcher andere non-manuelle Ausdruck dem resultierenden Satzteil hinzugefügt wird, hängt von der Satzart (Aussage, Frage, Imperativ) ab. Die Wortstellung in Konditionalsätzen ist sehr festgelegt. Zuerst wird immer der Bedingungssatz, danach der Folgesatz gebärdet. Der Satz „Wenn du lügst, schlage ich dich.“ heißt in Gebärdensprache DU LÜGEN (dabei Augenbrauen hoch) ICH DICH (dabei Kopf anheben) SCHLAGEN (dabei Kopf senken) (vgl. Boyes-Braem 1995:108-110).

Die Gebärdensprache unterscheidet wie die Lautsprache verschiedene Register. So gibt es z. B. zwei verschiedene Gebärden für „sterben“. Die eine wird umgangssprachlich gebraucht und auch von Hörenden in diesem Register verwendet. Dabei zieht der rechte Zeigefinger einmal quer von links nach rechts über den Hals. Gegenüber Angehörigen eines Verstorbenen wird diese Geste jedoch nicht verwendet. Auch ein Pfarrer würde während seiner Predigt darauf verzichten und stattdessen die neutrale Geste verwenden. Dabei klappt die rechte Hand aus einer senkrechten Stellung vor dem Körper auf die linke, die in der Waage-

---

73 FERTIG steht dabei für das Perfekt der deutschen Lautsprache bzw. für die Abgeschlossenheit der Handlung.

rechte gehalten wird. Diese Geste drückt aus, dass nach dem Tod „der Sargdeckel zuklappt" (vgl. Freyer 1992:109). Auch Redewendungen sind der Gebärdensprache bekannt, z. B. „sich den Kopf zerbrechen", „ein Auge auf etwas geworfen haben", „jemandem läuft das Wasser im Munde zusammen" oder „die Schnauze voll haben". Diese Redewendungen werden ikonisch dargestellt (vgl. Mally 1993:18, 42, 36 und 37). Auch Interjektionen haben ein Äquivalent in der Gebärdensprache, z. B. „Na, so was" oder „ach so!" (vgl. Mally 1993:26, 48).

Zusammenfassend ist festzuhalten, dass die Gebärdensprache für einen Großteil lautsprachiger Phänomene Äquivalente aufweist und teilweise sogar von diesen beeinflusst wird[74]. In der Gebärdensprache lassen sich ebenso komplexe Sachverhalte ausdrücken wie in der Lautsprache. Die Frage, ob ein Untertiteler auf sprachliche Mittel verzichten sollte, die in der Gebärdensprache ebenfalls vorkommen, lässt sich leicht verneinen. Die für die Wörtlichkeit von Untertiteln entscheidende und strittige Frage lautet jedoch: Sollte ein Untertiteler auf sprachliche Mittel verzichten, die in der Gebärdensprache kein Äquivalent haben und deshalb von Muttersprachlern der Gebärdensprache eventuell nur schwer oder gar nicht verstanden werden?

3.6 Ertaubung

Ertaubte Menschen sind Kinder, Jugendliche und Erwachsene, bei denen eine totale oder praktische Gehörlosigkeit postlingual eingetreten ist. Sie können Sprache und andere Schallereignisse nicht mehr auditiv wahrnehmen. Für diese Gruppe der Hörgeschädigten ist das Cochlea-Implantat eine enorme Hilfe. Sofern aus Sicht der Medizin und des Betroffenen nichts dagegen spricht, werden ertaubte Menschen in der Regel möglichst schnell nach Eintreten der Ertaubung mit einem CI versorgt, so dass die Betroffenen zumindest teilweise wieder in die hörende Welt integriert sind. Die untere Altersgrenze für die Charakterisierung eines Kindes als „im Sprachbesitz ertaubt" ist das 3. / 4. Lebensjahr. Personen, die nach dem 18. / 19. Lebensjahr ertaubt sind, werden als Spätertaubte bezeichnet (vgl. Leonhardt 2002:85).

Ertaubung ist, wie Gehörlosigkeit, eine völlige Funktionsuntüchtigkeit des Gehörs, die in den meisten Fällen schlagartig infolge einer Erkrankung oder nach einem Unfall eintritt. Eine Ertaubung kann aber auch das Ergebnis einer fortschreitenden Schwerhörigkeit sein. Unabhängig von der Ursache beinhaltet eine Ertaubung das völlige Unvermögen, Sprache über das Gehör aufzunehmen. Für den Betroffenen ist damit notwendigerweise das Erlernen der visuellen Lautsprachperzeption (Absehen) verknüpft[75]. Der Betroffene ist darüber hinaus nicht

74 Eine Beeinflussung durch die Lautsprache ist nur natürlich, da gehörlose Menschen eventuell nicht nur in der Gehörlosenkultur zu Hause sind, sondern sich immer auch mehr oder weniger in der durch hörende Menschen geprägten Kultur bewegen.

75 Dennoch geht aus verschiedenen Beiträgen in unterschiedlichen Gehörlosen- / Ertaubtenforen hervor, dass nicht alle Gehörlosen / Ertaubten absehen können. Generell lassen sich nicht 100 % des Gesagten über das Absehen erfassen. Es muss oft viel kombiniert

mehr in der Lage, seine Aussprache über das Gehör zu kontrollieren und zu steuern.

Eine Ertaubung kann den Betroffenen in eine tiefe seelische Krise stürzen. Die Wahrnehmungs- und Kommunikationssituation hat sich völlig verändert, was den Betroffenen in seiner Identität bis hin zur Gefährdung der Selbstsicherheit verunsichern kann. Ertaubte Menschen müssen die veränderten Anforderungen des Lebens unter erschwerten Bedingungen und mit neu zu erarbeitenden Verhaltensformen bewältigen (vgl. auch Christl 1997).

Die Anzahl im Sprachbesitz ertaubter Kinder ist äußerst gering, woraus sich das Problem ergibt, dass keine speziellen Bildungseinrichtungen für sie existieren. Als am ehesten geeignet erwiesen sich angesichts der lautsprachlichen Kompetenz ertaubter Menschen die Schwerhörigenschulen. Da der Unterricht an diesen Schulen jedoch vorwiegend auditiv abläuft und Ertaubte nur unzureichend bzw. gar nicht über Hörreste verfügen und auf die visuelle Sprachperzeption angewiesen sind, können Schwerhörigenschulen keine Ideallösung sein. Zudem zeichnet sich der Trend ab, dass es immer weniger Schwerhörigen- und Gehörlosenschulen und immer mehr Einrichtungen für alle Gruppen von Hörgeschädigten gibt (vgl. Große 2003:74). Allerdings hat sich die Situation ertaubter Schüler mit zunehmender CI-Versorgung schon sehr verbessert (vgl. Leonhardt 2002:87).

3.6.1 Ertaubte Menschen mit Cochlea-Implantat

Ertaubte Personen, die mit einem CI versorgt wurden, sind im Sprachbesitz und verfügen über ein akustisches Erinnerungsvermögen. Da sich die Implantationen zunehmend etablieren, ist davon auszugehen, dass sich die Dauer der Taubheit bei den betreffenden Personen weiter verkürzt. Je kürzer die Phase der Taubheit war, desto leichter lässt sich vermutlich auf frühere Hörerfahrungen zurückgreifen. Dies gilt besonders im Hinblick auf das Verstehen gesprochener Sprache. Ausschlaggebend dafür ist, in welchem Maße der CI-Träger in der Lage ist, die neuen Höreindrücke auf ihm bekannte Lautgestalten zu beziehen, und ob er Spracherinnerungsvorstellungen über sein eigenes Sprechen abrufen kann, so dass er diese zur Kontrolle der eigenen Aussprache nutzen kann. Nach der Operation dauert es eine gewisse Zeit, bis der Implantierte seine neuen Höreindrücke differenziert wahrnehmen und verwerten kann. Mit der Zeit gelingt es CI-Trägern unterschiedlich gut, Sprache wieder auditiv zu erkennen und Geräusche zu identifizieren. Auch postlingual ertaubte Kinder bringen für das Hörenlernen mit einem CI und für die auf das Hören gestützte Vervollkommnung der Sprache gute Voraussetzungen mit. Nichtsdestotrotz bleiben CI-Träger hörgeschädigte Menschen (vgl. Leonhardt 2002:88).

---

und geraten werden. Darüber hinaus ist das Absehen nur unter besonderen Bedingungen möglich (vgl. Leonhardt 2002:170, Lindner 2000:121 und Christl 1997:68).

3.6.2 Lesekompetenz ertaubter Menschen

Je später eine Ertaubung eintritt, desto besser beherrscht der Betroffene die Sprache. Bei spätertaubten Personen wird die Sprachentwicklung nicht durch die Hörbeeinträchtigung behindert, da sich ihre Sprache bis zum Zeitpunkt der Ertaubung uneingeschränkt entwickeln konnte. Ertaubte Menschen verfügen über ein umfangreiches Maß an akustischen Vorstellungen, das als Grundlage für die Weiterentwicklung der individuellen Sprachkompetenz dient. Vor allem die Spracherinnerungsvorstellungen sind für eine Anpassung an die veränderten Perzeptionsbedingungen wichtig. Das Hauptproblem liegt in der Auffassung gesprochener Sprache. Oft völlig unvermittelt entfällt die auditive Perzeptionsmöglichkeit, so dass die Betroffenen vorwiegend auf die visuelle Lautsprachperzeption angewiesen sind. In dem Maß, wie es der ertaubten Person gelingt, das Absehen gesprochener Sprache vom Mund des Gesprächspartners zu erlernen, kann sich seine kommunikative Situation verbessern. Auch die Sprechmotorik ist bereits weiter ausgebildet und gefestigt, was die Fähigkeit begünstigt, die eigene Sprechweise zu kontrollieren. Nach längerer Zeit der Ertaubung wird die Artikulation oft unschärfer, bleibt aber meistens verständlich. Die natürliche Sprechmelodie und das natürliche Sprechtempo bleiben in den meisten Fällen in ausreichendem Maße erhalten. Oft kann ein zu lautes oder zu leises Sprechen beobachtet werden, da dem Ertaubten die auditive Kontrolle fehlt (vgl. Leonhardt 2002:88).

Auf die Lesekompetenz wirkt sich eine Ertaubung nur aus, wenn der Betroffene noch als Kind ertaubt ist. In diesem Fall ist es möglich, dass das bereits erworbene Sprachwissen sich zurückentwickelt, sofern die Grundlagen der Lesekompetenz nicht gefestigt und genutzt werden. Bei einer später eintretenden Ertaubung kann der Betroffene in der Regel mindestens den Stand seiner Lesekompetenz erhalten, den er zum Zeitpunkt der Ertaubung hatte. Es ist jedoch davon auszugehen, dass das sprachliche Wissen weiter anwächst, da das Erlernen einer Sprache ein lebenslanger Prozess ist und der Betroffene nach seiner Ertaubung stärker als zuvor auf visuell rezipierbare Medien angewiesen ist.

3.7 Zusammenfassung

Die Lesekompetenz hörgeschädigter Zuschauer ist ebenso heterogen wie die hörender Zuschauer, wenngleich die Gründe für Schwierigkeiten beim Leseverstehen und die Arten der Schwierigkeiten andere sind. Besonders Zuschauer, die stark eingeschränkt oder gar nicht auf ein Restgehör zurückgreifen können, haben Schwierigkeiten beim Erlernen der Lautsprache mit ihren Begriffen[76] hinter den Bezeichnungen und der Bedeutung syntaktischer Beziehungen. Dass das Problem des Leseverstehens weitgehend reduziert werden kann, zeigen die vorstehend genannten Untersuchungen. Sie zeigen, dass prälingual stark hörgeschä-

76 Die Termini „Begriff" und „Bezeichnung" gehen auf das semiotische Dreieck zurück, bei dem der Begriff das Konzept ist, auf das Bezug genommen wird. Die Bezeichnung ist die Worthülse, die dieses Konzept bezeichnet.

digte Menschen, die von frühester Kindheit an die Möglichkeit haben, über ein ihnen zugängliches Sprachsystem zu verfügen, viel leichter Zugang zum System der Laut- und Schriftsprache finden als frühzeitig lautsprachlich erzogene Vertreter der gleichen Gruppe. Obwohl diese Erkenntnisse seit etwa 40 Jahren vorliegen, dominiert an erzieherischen Einrichtungen für gehörlose und stark schwerhörige Kinder noch immer die Lautsprachmethode. Und noch heute geht ein Umdenken, weg vom Oralismus und hin zur bilingualen Methode, nur langsam in Form von Schulprojekten vonstatten, und muss von Verfechtern der Zweisprachigkeit, oft aus den Reihen der Hörgeschädigten selbst, vorangetrieben werden (vgl. auch Günther/Schäfer 2004). Damit sich die Lesekompetenz stark hörgeschädigter Menschen weiter verbessern kann, ist unter anderem der Einsatz der bilingualen Methode notwendig.

Tatsächlich ist die Lesekompetenz gehörloser Zuschauer Hauptstreitpunkt bei der Erstellung von Untertitelrichtlinien. Einerseits heißt es, Untertitel müssen dem eingeschränkten Laut- und Schriftsprachkenntnissen der Gehörlosen angepasst werden, damit sie nicht benachteiligt werden. Dies hat in der Praxis oft eine Vereinfachung des Gesprochenen zur Folge und geht mit längeren Untertitel-Standzeiten einher. Andererseits heißt es vor allem von Seiten der Gehörlosen selbst[77], dass eine Vereinfachung aus oben genannten Gründen eine Bevormundung ihrer Gruppe bedeutet und daher abzulehnen ist (vgl. ER 4). Verfechter dieser Ansicht favorisieren wörtliche Untertitel, auch als 1:1-Untertitel bezeichnet. Sie verweisen auf den Lerneffekt, den wörtliche Untertitel auf die Lesekompetenz ihrer Nutzer haben können. Leider ist nicht bekannt, ob diese Ansicht nur oft geäußert wird und daher als Mehrheit erscheint, oder ob tatsächlich die Mehrheit der hörgeschädigten Untertitelnutzer wörtliche Untertitel bevorzugt. Um sich über die tatsächliche Lesekompetenz stark hörgeschädigter Menschen Gewissheit zu verschaffen, bedarf es einer eingehenden Untersuchung[78]. Auf die Debatte um die Wörtlichkeit wird nachfolgend näher eingegangen.

---

77 Dies bezieht sich vor allem auf die Arbeitsgruppe „Untertitel und Gebärdenspracheinblendung" sowie auf die Mehrheit der Äußerungen in Diskussionsforen wie denen des Taubenschlags (vgl. ER 27).

78 Allerdings dürfte sich eine gezielte Untersuchung der Schriftsprachkompetenz Gehörloser schwierig gestalten, da diesbezügliche Fragen die Probanden erfahrungsgemäß stark verunsichern (vgl. Prillwitz 2001:34).

4 Vorgehensweisen bei der Teletext-Untertitelung und Forderungen der Adressaten

In diesem Kapitel soll ein Überblick über die verschiedenen Vorgehensweisen bei der Untertitelung für Hörgeschädigte seitens der Fernsehsender und Untertitelungsagenturen gegeben werden. Diesen Vorgehensweisen werden die Forderungen der Arbeitsgruppe „Untertitel und Gebärdenspracheinblendung" gegenübergestellt. Es stellte sich heraus, dass die Fernsehsender in den seltensten Fällen über Richtlinien verfügten. Wenn Richtlinien vorhanden waren, so erwiesen diese sich als sehr alt[79], sehr allgemein oder beides. Aus diesem Grund wurde gezielt nach einzelnen Vorgehensweisen zu den nachstehenden Kriterien dieses Kapitels gefragt[80]. Wird die Vorgehensweise eines Senders bzw. einer Firma nicht explizit genannt, liegen zu dem betreffenden Kriterium entweder keine Angaben vor oder alle Sender bzw. Firmen verfahren in gleicher Weise. Bei den angeschriebenen Fernsehanstalten handelt es sich um die folgenden deutschen Fernsehsender[81]: das Zweite Deutsche Fernsehen (ZDF), die Privatsender Pro 7 und Kabel 1, den Bezahlsender Premiere sowie die Mitgliedssender der DEGETO Film GmbH[82]: das Erste Deutsche Fernsehen (ARD), das Bayerische Fernsehen (BR), der Norddeutsche Rundfunk (NDR), der Hessische Rundfunk (HR), der Westdeutsche Rundfunk (WDR), der Saarländische Rundfunk (SR), der Rundfunk Berlin-Brandenburg (RBB), 3Sat, das Südwestfernsehen (SWR) und der Mitteldeutsche Rundfunk (MDR). Die zur DEGETO gehörenden Sender tauschen ihre Sendungen, und somit auch die Untertitel, untereinander aus. Die Erstellung der Untertitel erfolgt nach Recherche-Ergebnissen mittels Anschreiben der Sender lediglich bei den Sendern BR, HR, RBB[83] und MDR,

79 „Sehr alt" bedeutet hier nicht notwendigerweise „veraltet", zumal die Richtlinien zum Teil punktuell überarbeitet waren.

80 Zum Teil konnte festgestellt werden, dass die Angaben zur Vorgehensweise und die tatsächlich praktizierte Vorgehensweise einander widersprachen. Daher ist davon auszugehen, dass die Angaben lediglich Optimalvorstellungen darstellen, die in der Praxis in einigen Fällen nicht umsetzbar sind.

81 Es wurden auch die österreichischen und schweizerischen Fernsehanstalten ORF und SF um die Zusendung von Richtlinien gebeten. Der ORF verfügt nicht über Richtlinien und war aus Zeitgründen nicht bereit, den Fragenkatalog für die Erstellung dieser Arbeit zu beantworten, nahm jedoch Stellung zur 1:1-Untertitelung (vgl. 1). Das SF übersandte kurz vor Abschluss dieser Arbeit jüngst erstellte Richtlinien für den deutschsprachigen Raum, die hier jedoch nicht mehr eingearbeitet werden konnten. Sie sind nach eigenen Angaben rudimentär gehalten und unverbindlich. Sie fordern 1:1-Untertitelung, heben sich in anderen Punkten jedoch nicht von den in Deutschland praktizierten Vorgehensweisen ab (vgl. UM 6b).

82 Geschäftszweck der Degeto sind die Beschaffung und der Erwerb von Lizenzen an Fernsehsendungen aller Art, auch in Form von Kofinanzierungen, Produktionsbeteiligungen und Auftragsproduktionen. Vornehmlich sind das Spielfilme und Serien für die Programme ihrer Gesellschafter (vgl. ER 1).

83 Der RBB ging 2004 aus dem ORB und dem SFB hervor. Der SFB hat nie untertitelt. Der ORB untertitelte von seiner Gründung im Jahr 1992 bis Ende 1997, als die Untertitelung per Intendantenbeschluss aus Kostengründen eingestellt wurde. Der RBB plant

bei externen Untertitelungsfirmen und der Westdeutschen Programmentwicklungsgesellschaft (WPEG[84]) (vgl. Tabelle 2). Die WPEG untertitelt seit 1999 für das WDR Fernsehen, die ARD, die DEGETO Film GmbH und das ZDF. Die Untertitelungen des NDR sowie der Privatsender Kabel 1 und Pro 7 erfolgt durch die Untertitel-Werkstatt Münster. Die von ihr untertitelten Sendungen laufen allerdings auch im ZDF und bei Radio Bremen. Die Firma Titelbild erstellt die Untertitel für das ZDF nach deren Vorgaben, verfügt aber auch über eigene, recht allgemein gehaltene, Richtlinien, die dort zur Anwendung kommen, wo die ZDF-Leitlinien nichts aussagen. Der Bezahlsender Premiere war trotz mehrmaligen Anschreibens per E-Mail nicht an einer Zusammenarbeit interessiert. Aufgrund des geringen Umfangs untertitelter Sendungen ist jedoch davon auszugehen, dass die Untertitel für Premiere extern erstellt werden. Bei den angeschriebenen Untertitelungsagenturen handelt es sich um die bereits erwähnten Firmen Titelbild, Vicomedia und die Untertitel-Werkstatt Münster. Die Firma Vicomedia stellte ihre Richtlinien leider trotz mehrfachen Anschreibens nicht zur Verfügung.

Sender	**Untertitelung erfolgt durch:**
ARD	WPEG, BR, RBB, HR, MDR
HR	Interne Redaktion, WPEG
BR	Interne Redaktion
MDR	Interne Redaktion, WPEG
NDR	Untertitel-Werkst. Münster, WPEG, ARD-Redaktionen
RBB	Interne Redaktion (wieder ab Mitte 2005), WPEG
SWR	WPEG, ARD-Redaktionen
SR	WPEG, ARD-Redaktionen
WDR	WPEG, ARD-Redaktionen
3Sat	WPEG, ARD-Redaktionen
ZDF	WPEG, Titelbild, Untertitel-Werkstatt Münster
Kabel 1	Untertitel-Werkstatt Münster

Mitte des Jahres 2005 die Untertitelung wieder aufzunehmen (vgl. E-Mail 14). Es konnten demnach nur veraltete Informationen erlangt werden, gegen deren Verwendung entschieden wurde.

84 Die WPEG ist eine hundertprozentige Tochter des WDR. Sie ist als Digitalisierungszentrum für audio-visuelle Medien für den WDR und weitere öffentlich-rechtliche Rundfunkanstalten tätig. Ein elfköpfiges Autorenteam zeichnet für die Untertitelung von jährlich ca. 260 Filmen (ca. 15.000 Sendeminuten) verantwortlich (vgl. ER 33).

Pro 7	Untertitel-Werkstatt Münster
Premiere	Keine Angabe

Tabelle 2: Übersicht über die untertitelnden Institutionen nach TV-Sender (eigene Darstellung).

Aufgrund des Austauschs von untertitelten Sendungen sind für eine Darstellung der Eigenschaften von Untertiteln im deutschen Fernsehen lediglich die Angaben der Sender ZDF, BR, HR, RBB und MDR sowie der Institutionen WPEG, Untertitel-Werkstatt Münster und Titelbild relevant. Wie bereits erwähnt konnten nur wenige der untertitelnden Redaktionen aktuelle Richtlinien vorweisen. Alle Redaktionen teilten mit, dass es gar keine oder nur sehr alte Richtlinien gäbe, deren Überarbeitung in Planung oder in Durchführung sei. Sie waren jedoch bereit, auf detaillierte Fragen zu antworten. Auch die Untertitel-Werkstatt Münster übersandte bereitwillig ihre teilweise veralteten Richtlinien, antwortete jedoch umfassend auf ergänzende Fragen. In diesem Kapitel werden die verschiedenen Vorgehensweisen von WPEG, ZDF, BR, HR, RBB, MDR, Untertitel-Werkstatt Münster und Titelbild an Hand von ausgewählten Kriterien beschrieben. Diese Handhabung wird dem Richtlinienentwurf der Arbeitsgruppe „Untertitel und Gebärdenspracheinblendung" punktuell gegenüber gestellt. Die jeweiligen Informationen sind den aktuellen, unveröffentlichten Materialien und E-Mails von Mitarbeitern der Redaktionen entnommen. Wörtliche Zitate sind unter Angabe der jeweiligen Quelle gekennzeichnet.

4.1 Zielgruppenspezifizierung

Im Folgenden soll beleuchtet werden, welcher Zielgruppe eine Untertitelungsinstitution sich eventuell mehr verpflichtet fühlt. Im Großen und Ganzen wird in der Praxis der Untertitelung zwischen Schwerhörigen und Gehörlosen unterschieden, obwohl davon auszugehen ist, dass sich die Untertiteler durchaus der Heterogenität ihrer Zielgruppe mit ihrer ebenso unterschiedlich guten Lesekompetenz bewusst sind. Die Frage nach der Zielgruppe ist eng verknüpft mit der Frage nach der Wörtlichkeit, weshalb an dieser Stelle auch auf die Wörtlichkeit der Untertitelung am Rande eingegangen werden soll.

Grundsätzlich gilt, dass so originalgetreu wie möglich und so vereinfacht wie nötig untertitelt wird. Was das im Einzelnen auf den Ebenen der Syntax und der formalen Gestaltung bedeutet, äußert sich jedoch unterschiedlich. Der Hessische Rundfunk geht davon aus, dass unter den Untertitel-Nutzern „die Gruppe der in unterschiedlichem Maße Schwerhörigen die der Gehörlosen überwiegt" (vgl. E-Mail 10). Das Grundprinzip der Wörtlichkeit gilt auch bei Nahaufnahmen, bei denen Gehörlose Menschen oft versuchen, von den Lippen des Sprechers zu lesen. Wenn jedoch der Untertiteler der Meinung ist, an dieser Stelle müsse das Gesprochene (meistens aus Zeitmangel) verkürzt werden, so ist davon auszugehen, dass auf die Ablesemöglichkeit keine Rücksicht genommen wird. Das bedeutet, Originalwörter oder Vokalfolge werden im Untertitel nicht notwendigerweise beibehalten[85]. Das ZDF gibt darüber hinaus an, dass Sprache und Gestaltung unbedingt einer möglichst originalgetreuen Untertitelung anzupassen sind. Aus den konkreten Vorgaben geht hervor, dass die Gruppe der Gehörlosen berücksichtigt werden soll. Die WPEG versucht, die Untertitel möglichst auf die Zielgruppe der einzelnen Sendungen abzustimmen. So wird z. B. davon ausgegangen, dass „Die Sendung mit der Maus" auch von prälingual gehörlosen Kindern und Jugendlichen konsumiert wird, „deren Sprachschatz noch nicht so weit entwickelt ist" (vgl. E-Mail 12a). Demnach werden die Untertitel für diese Sendung sprachlich möglichst einfach gehalten[86]. Dahingegen wird bei Sendungen, die sich an ältere Zuschauer richten, von überwiegend spätertaubten und schwerhörigen Untertitelnutzern ausgegangen, deren Sprachschatz dem der Hörenden entspricht. Hier beschränkt man sich nicht auf einfache Sprache. Absehmöglichkeiten werden im Rahmen des Möglichen berücksichtigt. Die WPEG hält es verständlicherweise für wichtiger, eine kohärente Untertitel-Bild-Beziehung aufrecht zu erhalten als die Vokalfolge. Im Allgemeinen sollte Kohärenz immer gegeben sein. Das Bayerische Fernsehen geht bei der Untertitelung ebenfalls in erster Linie von der Adressatengruppe der Schwerhörigen aus, obwohl der Untertitel-Redaktion bekannt ist, dass auch Gehörlose und Früheraubte regelmäßig Sendungen mit Untertiteln sehen. Die Redaktion gibt an, sich so nah wie möglich an den Originaltext zu halten. Bei Kürzungen wird nach eigener Aussage „behutsam" vorgegangen (vgl. E-Mail 10a). Bei Filmen wird versucht, „etwas auf Lippenbewegungen zu achten, wenn Personen groß im Bild sind" (vgl. E-Mail 10a). Im Gegensatz zum Hessischen Rundfunk sieht die Untertitel-Werkstatt vor, dass besonders bei Ablesemöglichkeiten (z. B. Nahaufnahmen) am Anfang und am Ende des Untertitels die Worte zu finden sein sollten, die dem Mundbild entsprechen, denn „sonst keimt ein unterschwelliger Verdacht auf, dass nicht alles übersetzt wird" (vgl. E-Mail 8). Aus den Angaben des MDR geht hervor, dass die Redaktion versucht, allen Hörgeschädigten gerecht zu werden. Nach eigenen Angaben wird in Abhängigkeit vom Schwierigkeitsgrad der Sprache sowie von den zeitlich-räumlichen Gegebenheiten so stark wie nötig vereinfacht. Bei Absehmöglichkeiten wird versucht, möglichst nah am Gesprochenen zu bleiben. Die Untertitel-Werkstatt bemüht sich demnach in besonderem Maße, die Gehörlosen zu berücksichtigen, ohne die Schwerhörigen auszugrenzen. So heißt es auf der Homepage der Firma:

> Die Untertitel-Werkstatt Münster GmbH hat sich entschlossen, sich im Niveau auf die sprachlich weniger kompetente Gruppe der Gehörlosen einzustellen, da so mit der Untertitelung der größtmögliche Personenkreis in den Genuss dieses Service-Angebotes der Fernsehanstalten kommen kann. Untertitel für Gehörlose werden

85 Wenn der Sprecher Wörter mit den Vokalen A, E, I, O in dieser Reihenfolge verwendet, soll auch in dem gekürzten Untertitel diese Reihenfolge beibehalten werden. (vgl. UM 3)

86 Martin Burike von der WPEG bezieht sich hier auf die Verwendung von Subjekt-Verb-Objekt-Sätzen und einem einfachen Wortschatz. Dazu kommen möglichst lange Standzeiten (vgl. E-Mail 12).

> auch von Schwerhörigen und Spätertaubten verstanden, umgekehrt jedoch nicht. Dieses [...] Niveau zu treffen, bleibt jedoch für einen Hörenden ein immerwährendes Problem. (ER 29)

Auch Titelbild ist sich der Heterogenität der Adressatengruppe bewusst. Es gilt, so nah wie möglich am gesprochenen Text zu bleiben, da zuviel Kürzung als Zensur aufgefasst werden kann. Wie bereits erwähnt, richtet sich die Firma vorrangig nach den kundenspezifischen Vorgaben. Von Vicomedia ist bekannt, dass die Firma ihre Untertitel für Hörgeschädigte so nah wie möglich am Original hält und nach eigenen Angaben damit dem Anspruch der Adressaten, ihren Sprachschatz zu erweitern und ihre Kenntnisse der deutschen Schriftsprache auszubauen, folgt (vgl. UM 1).

Laut der Arbeitsgruppe für „Untertitel und Gebärdenspracheinblendung" sollen Untertitel sich so nah wie möglich am Original orientieren und nur wenn absolut nötig zur Verbesserung der Lesbarkeit umformuliert werden. Im Richtlinienentwurf heißt es, ein Untertitel solle nicht zugunsten der sprachlich weniger kompetenten Gruppe der Hörgeschädigten vereinfacht werden (vgl. UM 3). Die Arbeitsgruppe sieht eine Kürzung bzw. Verbesserung der Lesbarkeit als erforderlich an, wenn entweder „das Sprechtempo das Lesetempo dauerhaft überschreitet", d. h. wenn schneller gesprochen wird als das Gesprochene zeitgleich gelesen werden könnte, oder sich ein Untertitel zeitlich mit dem darauf folgenden überlappen würde (vgl. UM 3). Das maximale Sprechtempo liegt jedoch in den meisten Fällen über dem maximalen Lesetempo, so dass selten alle Wörter in den Untertitel übernommen werden können. Eine Überlappung von Untertiteln lassen die meisten Untertitelungsprogramme nicht zu oder zeigen diese zumindest als unzulässig an. Die absichtliche Erstellung von aneinander stoßenden Untertiteln[87] ist nicht zu empfehlen, da dies zu einer Irritation des Untertitelnutzers führen würde. Diese Irritation müsste zusätzlich mit mehr Lesezeit oder einer Kürzung des Untertiteltextes ausgeglichen werden und wäre somit dem Ziel, so viel Text wie möglich ohne eine Reduktion der Lesezeit zu erhalten, nicht dienlich.

4.2 Technische Aspekte

Zu den technischen Aspekten gehören alle Merkmale von Untertiteln, die aufgrund technischer Einschränkungen nur bedingt vom Untertitel-Autor zu beeinflussen sind bzw. daraus resultieren. Dazu gehören Angaben zu den räumlichen und zeitlichen Gegebenheiten, was den Umgang mit Schnitten und die Synchronität zwischen Bild und Ton einschließt. Auch Überbrückungsuntertitel finden hier Eingang, da sie eingesetzt werden, um zu verdeutlichen, dass kein technischer Defekt vorliegt, sondern keine Notwendigkeit für einen Dialog- oder Geräuschuntertitel besteht.

---

87 Aneinander stoßende Untertitel werden in der Praxis auch als Back-to-Back-Untertitel oder back-to-back subtitles bezeichnet.

4.2.1 Zahl der Zeilen und Zeichen

Alle Institutionen erstellen maximal zweizeilige Untertitel. Eine Ausnahme bildet die Untertitelung von Nachrichtensendungen, bei der infolge der hohen Informationsdichte selten (ZDF) bis oft (ARD) Dreizeiler produziert werden. Obwohl hierbei viel vom Bild verdeckt wird, spricht nichts gegen diese Variante, da das Bild oft keine oder weniger Informationen als der Untertitel vermittelt (vgl. Abb. 19).

Die Zeichenzahl, mit der die Sender arbeiten, variiert zwischen 34 und 38 Zeichen, wobei immer davon auszugehen ist, dass auf jeweils ein Zeichen zugunsten der Farbgebung und der Buchstabenhöhe verzichtet werden muss. 38 Zeichen können demnach erreicht werden, wenn die Sprecher keine Farbe und die Buchstaben eine normale Höhe haben. Die Buchstabenhöhe kann jeder Zuschauer über seine Fernbedienung einmal verdoppeln. Die WPEG geht allerdings immer von maximal 35 Zeichen aus, da der dort verwendete Teletext-Inserter nicht mehr als 35 Zeichen sauber darstellen kann. Bei Farbgebung sind es sogar nur 34 Zeichen, wobei doppelte Höhe nicht voreingestellt wird. Auch der MDR geht von nur 35 Zeichen aus, wobei in Ausnahmefällen auf ein 36. Zeichen zurückgegriffen werden darf.

4.2.2 Timing

> It involves striking the best possible balance between the rhythm of the film, the speech rhythm of the individual characters or narrators and a viewers' reading rhythm, taking cuts and sound bridges into consideration while achieving the highest possible level of synchronisation between the spoken word and the actual subtitle. (Ivarsson/Carroll 1998:82)

Wie Ivarsson/Carroll verdeutlichen, erfordert richtiges Timing die Berücksichtigung vieler Faktoren. Neben Aspekten wie Schnitten, Tonbrücken und Wörtlichkeit spielt auch der Rhythmus des Films bzw. der Sprecher und, davon abhängend, der Leserhythmus eine Rolle. Damit der Zuschauer einen Leserhythmus für die jeweilige Sendung entwickeln kann[88], sind stark schwankende Standzeiten für Ein- bzw. Zweizeiler möglichst zu vermeiden. Das Timing ist gewissermaßen das Herzstück einer gelungenen Untertitelung. Auch Martin Burike von der WPEG schreibt:

> Am gelungensten ist eine Untertitelung dann, wenn sie erst gar keine Frage bezüglich ihrer Qualität aufwirft. Dazu ist ein stimmiges Timing das Wichtigste und eine Positionierung der Untertitel [...]. (E-Mail 12)

Durch das Timing erfolgt die Bestimmung des bildgenauen Zeitpunkts, an dem ein Untertitel erscheint und wieder verschwindet. Dadurch wird gleichzeitig die Dauer (Standzeit) festgelegt, für die er auf dem Bildschirm bleibt. Der bildgenaue Zeitpunkt des Ein- und Ausblendens wird durch die Einstiegs- bzw. die Ausstiegszeit definiert. Für das Festlegen der Einstiegs- und Ausstiegszeiten ist

---

88 D. h. der Zuschauer sollte möglichst nicht an einer Passage des Films sehr viel Lesezeit haben, um an anderer Stelle viel zu wenig Lesezeit für die Untertitel zu haben.

der achtstellige Time Code[89] nötig, der in der Untertitelungssoftware erscheint. Im Fenster der Software werden in zwei leeren Time Code-Fenstern die Einstiegs- und die Ausstiegszeit auf das Bild genau eingetragen. Die dabei entstehende Dauer ist die Standzeit des Untertitels. Sie umfasst auch die Zeit, die der Zuschauer hat, um einen Untertitel zu lesen (Lesezeit). Die Lesezeit hängt von der Textmenge im Untertitel ab. Je mehr Text im Untertitel steht, desto stärker verkürzt sich die Lesezeit, auch wenn Standzeit gleich bleibt. Zu berücksichtigen ist, dass die Lesbarkeit der Untertitel auf dem Bildschirm die Lesegeschwindigkeit in nicht zu vernachlässigendem Maße beeinflusst. Bei der Festlegung der Standzeiten sollte dies daher besonders bei den schlecht lesbaren Teletext-Untertiteln berücksichtigt werden (vgl. Ivarsson/Carroll 1998:65).

Die Lesezeit hängt in größtem Maße vom Zuschauer selbst ab. Gerade beim Massenmedium Fernsehen lassen sich nur selten genaue Aussagen über das Alter und den Bildungsgrad von Nutzern von Untertiteln für Hörgeschädigte treffen. Alter und Bildungsgrad kann maximal von der Zielgruppe der jeweiligen Sendung abhängen. Dies muss aber nicht zutreffen, da der Umfang untertitelter Sendungen im deutschen Fernsehen viel zu wünschen übrig lässt, und davon auszugehen ist, dass Sendungen gerade wegen der Tonsubstitution ausgewählt werden. Als allgemeine Regel geben Ivarsson/Carroll an:

> Obviously, the speed must be reduced even further when subtitling for the congenitally deaf, who have the greatest reading difficulties of all these groups. (Ivarsson/Carroll 1998:68)[90]

Darüber hinaus ist anzumerken, dass das Auge mindestens eine Sekunde und zwölf Bilder (d. h. etwa eineinhalb Sekunden) braucht, bis es erkennt, dass ein neuer Untertitel eingeblendet wurde und nach sieben Sekunden Lesezeit automatisch wieder zum Anfang des Untertitels wandert (vgl. Ivarsson/Carroll 1998:64-65). Daher sollte möglichst darauf verzichtet werden, den Untertitel kürzer als eineinhalb und länger als sieben Sekunden einzublenden.

Ebenso haben Tests ergeben, dass für einen Zweizeiler vier bis sechs Sekunden Lesezeit nötig sind, dass jedoch weniger Zeit auf das einzelne Wort verwendet wird, je mehr Wörter in einem Untertitel vorhanden sind (vgl. Ivarsson/Carroll 1998:64). Das bedeutet, dass ein Zweizeiler proportional zu einem Einzeiler schneller gelesen wird. Demzufolge wäre ein Zweizeiler (bei einem suboptimalen Zeitfenster) gegenüber einem oder mehreren Einzeilern zu bevorzugen. Dagegen spricht, dass ein Zweizeiler das Bild mehr verdeckt als ein Einzeiler und

89 Das Fernsehbild besteht aus 50 Halbbildern bzw. 25 Bildern (oder Frames) pro Sekunde. Im Time Code erfolgt die Zählung der 25 Bilder von 0 bis 24, wobei 0 dem 25. Bild entspricht. Somit entsprechen beispielsweise eineinhalb Sekunden einer Sekunde und zwölf Bildern (1.12). Im Folgenden werden Sekunde-Bild-Angaben in dieser Schreibweise verdeutlicht.

90 Ivarsson bezieht sich mit "these groups" auf „young children with nascent reading skills, immigrants acquiring the language, average and below-average learners with reading problems, the hard of hearing, the visually disabled, and the elderly with impaired sight and hearing and slower action times" (vgl. Ivarsson / Carroll 1998:68).

bei einem Zweizeiler mehr Augenbewegung beim Zuschauer stattfindet, was zu einer schnelleren Ermüdung des Auges führt (vgl. Ivarsson/Carroll 1998:76). Da jedoch bei der Untertitelung für Hörgeschädigte im Fernsehen meistens die Dialogsituation durch Platzierung nachvollzogen wird, erübrigt sich oft die Frage nach der klassischen Aufteilung. Daher soll auf die eventuelle Bevorzugung von Ein- und Zweizeilern nicht eingegangen werden. Wie die untertitelnden Institutionen die sonstigen vorstehenden Erkenntnisse umsetzen, soll im Folgenden deutlich werden.

Die absolute Mindeststandzeit schwankt zwischen einer Sekunde und zwölf Bildern (1.12) und zwei Sekunden. Das Zweite Deutsche Fernsehen, der Hessische Rundfunk und das Bayerische Fernsehen geben als Mindeststandzeit für ein Wort zwei Sekunden an. Beim Mitteldeutschen Rundfunk liegt die Mindeststandzeit bei einer Sekunde. Bei Titelbild beträgt sie eine Sekunde und zwölf Bilder (1.12; im Ausnahmefall sogar nur eine Sekunde). Geräuschuntertitel sollen jedoch nach Möglichkeit mindestens zwei Sekunden auf dem Bildschirm verbleiben. Im Idealfall soll aber mehr Zeit gegeben werden, da richtig davon ausgegangen wird, dass die deutsche Laut- und Schriftsprache für die Gehörlosen nicht Muttersprache, sondern maximal Zweitsprache ist. Bei der Untertitel-Werkstatt Münster und der WPEG beträgt die Mindeststandzeit für einen Einzeiler eine Sekunde und 20 Bilder (1.20). Die Untertitel-Werkstatt Münster merkt dazu an:

> Wichtig ist, dass für bemerken, erkennen und verstehen eine gewisse Zeit benötigt wird, die nicht unterschritten werden sollte. (E-Mail 18)

Die ungefähre Standzeit für einen vollen Einzeiler liegt zwischen drei (BR, WPEG, ZDF) und vier Sekunden (Untertitel-Werkstatt Münster). Titelbild gibt eine Lesegeschwindigkeit von 120 bis 140 Wörtern pro Minute an und liegt damit 30 bis 40 Wörter pro Minute unter den Angaben zur Lesegeschwindigkeit hörender Zuschauer. Diese angenommene Lesegeschwindigkeit gesteht hörgeschädigten Zuschauern immerhin knapp 15 % mehr Lesezeit zu als der Richtlinienentwurf der Arbeitsgruppe „Untertitel und Gebärdenspracheinblendung". Ein Einzeiler steht bei Titelbild demnach dreieinhalb Sekunden (3.12) auf dem Bildschirm. Der Hessische Rundfunk gibt keine Standzeit für einen Einzeiler an, es ist jedoch anzunehmen, dass diese sich ebenfalls im oben genannten Rahmen bewegt. Der MDR gibt, wie Titelbild, eine Lesegeschwindigkeit von 120 Wörtern pro Minute an. Die WPEG geht von einer Lesegeschwindigkeit von elf Zeichen pro Sekunde plus fünf Bilder Reaktionszeit aus und kommt somit auf die gleichen Richtwerte wie die Arbeitsgruppe „Untertitel und Gebärdenspracheinblendung", wonach ein Einzeiler drei Sekunden eingeblendet bleibt.

Die maximale Standzeit für einen Zweizeiler variiert zwischen sieben (Titelbild, ZDF, BR, HR) und acht Sekunden (Untertitel-Werkstatt Münster, WPEG). Eine Standzeit von acht Sekunden dürfte m. E. in der Praxis allerdings so gut wie nie erreicht werden, weil nachfolgende Dialoge und Schnitte dies in der Regel nicht zulassen. Laut ZDF sind die Untertitel lange (bis zu acht Sekunden) stehen zu lassen, insoweit der Dialog und folgende Schnitte dies zulassen. Eine Ausnahme bilden Lieder, deren Untertitel auch länger als acht Sekunden auf dem Bildschirm bleiben dürfen, damit der Rhythmus des Liedes sowie die Synchronität zwischen Untertitel und Bild und Ton gewahrt bleiben. Der MDR empfiehlt als Mindeststandzeit für einen zweizeiligen Untertitel sieben Sekunden. In den Punkten Standzeit für Ein- und Zweizeiler ergibt sich bei der Vorgehensweise in der Praxis demnach ein relativ einheitliches Bild.

Für Kindersendungen, die nur in geringem Umfang untertitelt werden[91], veranschlagt Titelbild eine längere Standzeit, was allerdings nicht konkretisiert wird. Das ZDF gibt eine Lesegeschwindigkeit von acht Zeichen an, was für einen Einzeiler zu einer Standzeit von viereinhalb Sekunden (4.12) und für einen Zweizeiler zu einer Standzeit von bis zu zehn Sekunden führen würde. Es ist jedoch davon auszugehen, dass eine Standzeit von zehn Sekunden in der Praxis so gut wie nie erreicht werden kann. Die Untertitel-Werkstatt Münster veranschlagt für Kindersendungen 25 % mehr Lesezeit. Demnach stände ein Einzeiler mindestens zwei Sekunden und sechs Bilder (2.06). Die Maximalstandzeit, betrüge demnach fünf Sekunden für einen vollen Einzeiler und zehn Sekunden für einen vollen Zweizeiler. Das Bayerische Fernsehen untertitelt lediglich eine Kindersendung („Anschi und Karl-Heinz" für BR-alpha), die zwar für Kinder zwischen acht und 14 Jahren konzipiert ist, aber eine so hohe Textdichte aufweist, dass nach eigenen Angaben kaum längere Standzeiten als bei Sendungen für Erwachsene erstellt werden können. Die WPEG untertitelt als reine Kindersendung lediglich „Die Sendung mit der Maus" regelmäßig. Dabei wird versucht, die Untertitel möglichst lange stehen zu lassen. Von der Sendezeit kann nicht auf das Alter der Kinder und somit die Lesegeschwindigkeit geschlossen werden[92], da oft Sendungen für das Nachmittags- und Abendprogramm untertitelt werden, die dann am Vormittag wiederholt werden.

Die Pause zwischen den Untertiteln variiert mit null bis zwölf Bildern sehr stark. Generell gilt, dass das Auge etwa ein Sechstel einer Sekunde (0.04) benötigt, um den Wechsel von einem Untertitel zum nächsten realisieren zu können (vgl. Ivarsson/Carroll 1998:64). Die Untertitel-Werkstatt Münster bevorzugt eine Mindestpause von fünf Bildern zwischen den Untertiteln. Bei schnellen Dialogen wird auf Pausen allerdings verzichtet, da bei den Gehörlosen ansonsten der Eindruck entstehen könnte, dass ihnen Text vorenthalten würde. In diesem Fall muss sich die optische Form der Untertitel verändern, damit das Auge des Zuschauers den Untertitelwechsel realisieren kann. Dies kann z. B. durch einen Wechsel in der Platzierung des Untertitels vorgenommen werden. Zumindest muss jedoch die Zeilenlänge differieren. Das Bayerische Fernsehen und Titel-

91 Der Mitteldeutsche Rundfunk und der Hessische Rundfunk untertiteln keine Kindersendungen. Die Untertitelung beim HR teilt sich wie folgt auf folgende Sendeformate auf: 85 % Spielfilme, Fernsehfilme und Serien, 15 % Dokumentationen und das „Wort zum Sonntag".

92 So geht z. B. die BBC vor (vgl. UM 2).

bild geben einen Mindestabstand von vier Bildern an. Der Hessische Rundfunk verweist ebenfalls auf ein Minimum von vier Bildern, setzt aber üblicherweise sieben Bilder Abstand. Die WPEG gibt ein Minimum von fünf Bildern an, empfiehlt jedoch für den Idealfall zehn Bilder. Das ZDF gibt sechs Bilder für Überarbeitungen und zwölf Bilder für Neu-Untertitelungen an. Auch der MDR lässt sechs Bilder Abstand zwischen den einzelnen Untertiteln.

Der Arbeitsgruppenentwurf für Untertitelrichtlinien gibt keine Mindeststandzeit vor. Er sieht jedoch eine durchschnittliche Lesegeschwindigkeit von 140 bis 160 Wörtern pro Minute vor. Daraus ergibt sich für die Berechnung der Standzeit folgende Gleichung:

[Anzahl der Zeichen je Untertitel] x 1,7 + elf = [Anzahl der Standzeit in Bildern]

Das bedeutet, dass ein einzeiliger Untertitel bei voller Ausnutzung der 36 Zeichen etwa drei Sekunden, ein voller Zweizeiler sechs Sekunden auf dem Bildschirm stehen soll. Als Mindestabstand zwischen zwei Untertiteln gibt die Arbeitsgruppe drei Bilder an, „damit der Zuschauer Zeit hat, das Bildschirmgeschehen zu verfolgen" (vgl. UM 3). Damit entspricht die Vorgehensweise der untertitelnden Institutionen in der Regel dieser Forderung (vgl. Tabelle 3).

Kriterium Timing	**Vorgehensweise in der Praxis [Sekunde.Bild]**	**Richtlinienentwurf der Arbeitsgruppe**
Mindeststandzeit	1.12-2.00	Keine Angabe
Maximalstandzeit	7.00-8.00	Keine Angabe
Standzeit Einzeiler	3.00-4.00	3.00
Standzeit Zweizeiler	Maximal 7.00-8.00	Mindestens 6.00
Abstand der UT	0.00-0.12	3

Tabelle 3: Übersicht über die Standzeiten in der Praxis und laut Richtlinienentwurf der Arbeitsgruppe „Untertitel und Gebärdenspracheinblendung" (eigene Darstellung).

Die Arbeitsgruppe gibt drei Möglichkeiten vor, einem Zeitmangel zu begegnen. Erstens soll geprüft werden, ob für einen kurzen Zeitraum dreizeilige Untertitel gesendet werden können. Zweitens kann die Standzeit des Untertitels reduziert werden. Drittens kann der Untertitel etwas früher als der Sprecher einsetzen. Die erste Maßnahme würde den Leser wahrscheinlich mehr irritieren als genügend Lesezeit einbringen. Dabei würden lediglich die drei Bilder Abstand, die sonst zwischen zwei Untertiteln gestanden hätten, für die Lesezeit genutzt werden können. Diese Maßnahme wäre eher bei einem Platzmangel denn bei einem Zeitmangel effektiv. Und selbst hierbei bliebe der Kritikpunkt der Irritation. Das Auge ist an Dreizeiler in einer Unterhaltungssendung nicht gewöhnt und der Untertitel würde zuviel vom Geschehen auf dem Bildschirm verdecken. Oft befindet sich bei Naheaufnahmen der Mund der sprechenden Person am unteren Bildrand, so dass dem gehörlosen Publikum diese Maßnahme am wenigsten zugute käme. Die letzten beiden Maßnahmen (Standzeitreduktion und zeitliches Vorziehen des Untertitels) sind in der Praxis jedoch durchaus üblich und können in Abhängigkeit der jeweiligen Gegebenheiten umgesetzt werden. Laut der Arbeitsgruppe sollte erst dann eine inhaltliche Verkürzung (keine Vereinfachung) vorgenommen werden, wenn keine der zuvor genannten Möglichkeiten umgesetzt werden kann.

4.2.3 Umgang mit Schnitten

Es gibt zwei Gründe, aus denen Untertitel nicht über Schnitte geführt werden sollten. Zum einen kommt es bei der Ausstrahlung von Teletext-Untertiteln bei jeder Datenbrücke, über die die Untertitel gesendet werden, zu einer Verzögerung von mindestens zwei Bildern, so dass die Untertitel mitunter eine Sekunde später als per Time Code geplant beim Empfänger eintreffen. Zum anderen irritieren über Schnitte geführte Untertitel das Auge, so dass der Zuschauer den Untertitel wieder von vorn zu lesen beginnt. In der Praxis lässt es sich jedoch kaum umsetzen, Untertitel immer vor dem Schnitt auszublenden oder erst nach dem Schnitt einzublenden. Diesbezügliche Vorgaben aus den Anfängen der Teletext-Untertitelung in den 1980er Jahren sind heute nicht mehr zeitgemäß, da sich Sehgewohnheiten der Zuschauer und Filmschnitt grundlegend geändert haben. Gerade bei Action-Filmen wie „Lola rennt" mit fünf Schnitten pro Sekunde ist der Untertiteler oft gezwungen, mit dem Untertitel sogar über bis zu zehn Schnitte zu gehen (vgl. E-Mail 12a).

Es wird zwischen weichen und harten Schnitten unterschieden. Während die Toleranz gegenüber weichen Schnitten noch relativ hoch ist, ist es nicht akzeptabel, über einen harten Schnitt zu gehen, sofern dies nicht in der Sendung durch eine Tonbrücke forciert wird. Bei einer Tonbrücke spricht ein Darsteller noch in der folgenden Szene, in der er eventuell selbst gar nicht anwesend ist. Es handelt sich hier also um eine in der Regel intendierte Asynchronität zwischen Bild- und Tonspur. Spricht der Darsteller nur sehr kurz über den Schnitt, so kann dies in Abhängigkeit von den Vorgaben nicht nachvollzogen werden, da der Untertitel mindestens eine halbe Sekunde nach dem Wechsel stehen muss, damit inklusive der Irritation genug Lesezeit bleibt (vgl. Ivarsson/Carroll 1998:76). Aus dem gleichen Grund sollte ein Untertitel nicht erst kurz vor einem Schnitt eingeblendet werden. Werden Untertitel nicht über Schnitte genommen, sollten sie zwei bis drei Bilder vor dem Schnitt ausgeblendet und erst vier Bilder nach dem Schnitt eingeblendet werden, um Irritation des Auges zu vermeiden (vgl. Ivarsson/Carroll 1998:75). Im Folgenden soll verdeutlicht werden, wie die Berücksichtigung von Schnitten sowie die Abstände des Untertitels zum Schnitt gehandhabt werden. Dabei heißt „Schnitt" weicher Schnitt, sofern dies nicht anders aus dem Kontext hervorgeht.

Beim ZDF sollen Untertitel nicht über harte Schnitte geführt werden. Beim Bayerischen Fernsehen wird der Untertitel möglichst zehn Bilder vor dem

Schnitt ausgeblendet, was jedoch aus Zeitmangel nicht immer realisierbar ist. Vor allem bei Dokumentationen werden Untertitel mitunter über weiche Schnitte geführt. Über harte Schnitte sollte ein Untertitel laut Bayerisches Fernsehen aber auf keinen Fall stehen. Der Hessische Rundfunk gibt zu bedenken, dass gerade bei Action-Filmen auch über zwei Schnitte gegangen werden muss, da die Abstände zwischen den Schnitten häufig extrem kurz sind. Über den Abstand zum Schnitt wird bewusst nichts ausgesagt. Auch für den MDR ist es noch vertretbar, über zwei Schnitte zu gehen. Zum Schnitt wird ein Abstand von drei bis vier Bildern gelassen. Es gibt keine festgelegte Einblendzeit für einen Untertitels, der über einen Schnitt geht. Der Untertitel sollte nur „möglichst lange vorher und hinterher eingeblendet" sein (vgl. E-Mail 18). Die Untertitel-Werkstatt Münster gibt an, dass ein über einen Schnitt stehender Untertitel mindestens noch zwei Sekunden nach dem Schnitt eingeblendet bleiben muss, „um die Irritation des Betrachters auszugleichen" (vgl. E-Mail 8). Vor dem Schnitt müssen 15 Bilder Abstand gelassen werden. Titelbild verweist an dieser Stelle auf die Richtlinien für die interlinguale Untertitelung. Dabei gilt, den Untertitel fünf Bilder vor dem Schnitt auszublenden und drei Bilder nach dem Schnitt einzublenden bzw. den Untertitel mindestens eine Sekunde vor dem Schnitt einzublenden und erst eine Sekunde nach dem Schnitt auszublenden. Über harte Schnitte soll nicht gegangen werden. Die WPEG empfiehlt, den Untertitel zehn Bilder vor dem Schnitt auszublenden. Teilweise werden nach Fertigstellung einer Sendung nochmals alle Untertitel zehn Bilder vorverlegt, um der technischen Verzögerung vorzubeugen. Die WPEG bezieht sich auf das Beispiel „Lola rennt" und gibt für die bewusste Überschreitung eines Schnitts etwa 15 Bilder an, die der Untertitel vor und nach dem Schnitt eingeblendet sein muss. Hier ergibt sich relativ einheitliches Bild bezüglich der Überschreitung von Schnitten. Allerdings variieren die Angaben über den Abstand zum Schnitt und die Einblenddauer Schnitte überschreitender Untertitel sehr stark (vgl. Tabelle 4).

Kriterium: Umgang mit Schnitten	**Vorgehensweise in der Praxis [Sekunde.Bild]**	**Richtlinienentwurf der Arbeitsgruppe**
Abstand bis zu Schnitt	0.03-0.15	Keine Angabe
Abstand nach Schnitt	0.03-0.15	Keine Angabe
Standzeit vor / nach Schnitt	0.15-2.00	Keine Angabe
Überschreiten harter Schnitte zulässig?	Nein	Nein

Tabelle 4: Übersicht über den Umgang mit Schnitten in der Praxis und laut Richtlinienentwurf der Arbeitsgruppe „Untertitel und Gebärdenspracheinblendung" (eigene Darstellung).

Der Arbeitsgruppenentwurf für Untertitelrichtlinien sieht ebenfalls vor, dass ein Untertitel möglichst nicht über Schnitte stehen sollte. Mehr wird dazu nicht ausgesagt, so dass davon auszugehen ist, dass hier die Vorgehensweise aus der Praxis übernommen werden kann. Demnach beträgt der Abstand des Untertitels zum Schnitt zwischen fünf und 15 Bildern. Wenn der Untertitel über einen Schnitt steht, muss er jeweils vor und nach dem Schnitt eine bis zwei Sekunden eingeblendet sein. Über harte Schnitte hat der Untertitel nicht zu stehen.

4.2.4 Synchronität mit Ton und Bild

Im Normalfall besteht eine Synchronität zwischen Ton und Bild, so dass die semiotische Beziehung zwischen beiden Darbietungskanälen keine Inkohärenzen aufweist. Da der Untertitel in der Regel tonsynchron erstellt wird, wird gleichzeitig auch bildsynchron untertitelt[93]. Unabhängig von seinem Hörstatus ist jeder, der auf inter- oder intralinguale Untertitel angewiesen ist, auch auf eine Synchronität des Untertitels zum Bild angewiesen, um das Gesprochene bzw. Gelesene visuell nachvollziehen zu können. Bei der intralingualen Untertitelung nimmt die Synchronität zwischen dem Tonangebot und dem Untertitel samt Inhalt eine besondere Stellung ein. Obwohl davon auszugehen ist, dass sich die hörgeschädigten Zuschauer hauptsächlich auf die visuelle Darbietung des Films stützen, wird eine Synchronität zwischen dem Gesprochenen und Geräuschen und dem dazugehörigen Untertitel angestrebt. Schwerhörige verfügen über ein Restgehör, dass sie trotz Untertitelangebot zum Verstehen von Fernsehsendungen einsetzen. Auch Gehörlose, die unter bestimmten Bedingungen Vokalfolgen und / oder Wörter von den Lippen der Sprecher absehen können, würde es irritieren, wenn der Untertitel nicht innerhalb eines gewissen Toleranzbereiches synchron zum Gesprochenen erscheint. Generell gilt: Sobald gesprochen wird, sollte ein Untertitel auf dem Bildschirm erscheinen. Selbst wenn es sich um eine stumme Szene handelt, eine hörgeschädigte Person aber aufgrund des Bildes davon ausgehen kann, dass etwas gesagt wird, sollte ein Hinweis darauf erfolgen, dass kein Gespräch zu hören bzw. akustisch zu verstehen ist.

Da die Darsteller aber oft (sehr) schnell reden, kommt es relativ häufig vor, dass sich die optimalen Lesezeiten nicht realisieren lassen. In diesem Fall gibt es drei Möglichkeiten, von denen zwei über die Ein- und Ausstiegzeiten realisiert werden. Entweder der Untertitel setzt früher ein, d. h. einige Bilder bevor der Sprecher zu reden beginnt, oder der Untertitel steht länger auf dem Bildschirm als gesprochen wird. Die dritte Möglichkeit ist die formale Kürzung des Textes im Untertitel. Die Mehrzahl der Untertitelungsinstitutionen bevorzugt die erste Variante. Wie im Einzelnen mit der Synchronität zwischen Ton und Untertitel umgegangen wird, ist im Folgenden beschrieben.

Das ZDF strebt möglichst synchrone Einstiegszeiten an. Falls dies nicht möglich ist, wird es bevorzugt, den Untertitel vor dem jeweiligen Sprechbeginn einzusetzen. Den Untertitel länger stehen zu lassen oder ihn gar nachzureichen, wird

93 Aufgrund von Schnitten und der Aufspaltung des Gesprochenen zugunsten der Lesbarkeit der Untertitel kann es jedoch dazu kommen, dass die Deixis im Untertitel auf einen Referenten hinweist, der erst nach dem nächsten Schnitt im Bild erscheint oder schon vor dem letzten Schnitt erschien. Hier sind Einzelfallentscheidungen von Nöten.

demnach möglichst vermieden. Andererseits wurde zum Timing angegeben, den Untertitel möglichst lange auf dem Bildschirm stehen zu lassen (acht Sekunden für Zweizeiler. Auch der Hessische Rundfunk betont die Selbstverständlichkeit der Synchronität, räumt jedoch ein, dass diese durch Kamerafahrten oder Schnitte nicht immer einzuhalten ist. Peter Endres vom Hessischen Rundfunk gibt an, dass unterschiedliche Vorgehensweisen praktiziert werden, von denen er das frühere Einblenden bevorzugt. Hier ist die Handhabung demnach sogar innerhalb des Senders unterschiedlich. Der Untertitel darf in der Regel eine bis zwei Sekunden früher einsetzen bzw. länger stehen bleiben. Auch beim MDR gibt es keine interne Regelung. Es wird angegeben, dass jeder Untertitelautor von Fall zu Fall entscheidet, ob der Untertitel vorgezogen oder länger stehen gelassen wird. Die WPEG gibt an, dass ein Untertitel nicht deutlich früher und nicht deutlich länger als eine Sekunde einsetzen bzw. eingeblendet bleiben sollte. Als Ausnahme werden Dokumentationen genannt, in denen überwiegend aus dem Off gesprochen wird. Hier sollte das Timing vor allem zu den visuell dargebotenen Informationen passen. Titelbild geht ebenfalls von möglichst synchronen Einstiegszeiten aus. Bei zu knapper Lesezeit wird ein zu früher Untertitel einem zu lang stehenden vorgezogen. Die Untertitel-Werkstatt Münster bewertet einen Untertitel, der vor dem Sprecher beginnt, als „generell schlechter" als einen Untertitel, der länger steht als der Sprecher redet (vgl. E-Mail 8b). Wie viel länger der Untertitel stehen darf, ist immer vom Einzelfall abhängig. Mit Ausnahme der Untertitel-Werkstatt Münster (und ggf. des MDR) sind sich hier alle Redaktionen einig, dass ein früher einsetzender Untertitel bei einem suboptimalen Zeitfenster einem länger stehenden Untertitel vorzuziehen ist. Die vorgezogene bzw. nachstehende Zeit variiert nur schwach (vgl. Tabelle 5).

Kriterium: Synchronität	**Vorgehensweise in der Praxis [Sekunde.Bild]**	**Richtlinienentwurf der Arbeitsgruppe**
Synchronität als Priorität?	Ja	Ja
Bevorzugung eines nachgereichten Untertitels?	In der Regel: Nein	Nein
Bevorzugung eines frühen Untertitels?	In der Regel: Ja	Ja
Maximale Standzeit vor Redebeginn	1.00-2.00	Keine Angabe
Maximale Standzeit nach Redeabschluss	1.00-2.00	Keine Angabe

Tabelle 5: Übersicht über den Umgang mit der Synchronität zwischen Untertitel und Ton bzw. Bild; Vorgehensweise in der Praxis und laut Richtlinienentwurf der Arbeitsgruppe „Untertitel und Gebärdenspracheinblendung" (eigene Darstellung).

Da die Arbeitsgruppe die Maßnahme, einen Untertitel länger einzublenden als der Sprecher redet, nicht erwähnt, ist davon auszugehen, dass das Vorziehen der

Einstiegszeit bevorzugt wird. Es ist generell festzuhalten, dass versucht wird, die Untertitel synchron zum Gesprochenen auf dem Bildschirm erscheinen zu lassen. Falls dies aufgrund mangelnder Lesezeit jedoch nicht praktikabel ist, wird der Zeitpunkt der Einblendung des Untertitels vor den Redebeginn der jeweiligen Person gelegt (außer bei der Untertitel-Werkstatt Münster).

4.2.5 Überbrückungsuntertitel

Wenn lange Zeit keine Notwendigkeit besteht, einen Untertitel einzublenden, neigen Untertitelnutzer zu der Vermutung, dass die Untertitel aufgrund eines technischen Defekts ausgefallen sind. Aus diesem Grund setzen einige Sender einen Überbrückungsuntertitel, der anzeigen soll, dass die Untertitel nicht ausgefallen sind, jedoch im Moment kein Untertitelungsbedarf besteht. Einen Überbrückungsuntertitel setzen das ZDF nach 30 Sekunden, da sich sonst der Untertitel-Rechner abschaltet (vgl. UM 4a), und der Hessische Rundfunk nach etwa 60 bis 90 Sekunden, sofern nicht klar ersichtlich ist, dass nicht gesprochen wird und keine relevanten Geräusche benannt werden. Dies käme allerdings sehr selten vor (vgl. E-Mail 11a). Die Untertitel-Werkstatt Münster, die WPEG und Titelbild[94] setzen keinen Überbrückungsuntertitel. Beim MDR existiert hierzu keine Festlegung, so dass davon auszugehen ist, dass auch hier kein Überbrückungsuntertitel gesetzt wird.

Die optische Gestaltung eines Überbrückungsuntertitels variiert. Das ZDF verwendet einen zentrierten Untertitel mit einem weißen Punkt auf einem schwarzen Hintergrund. Der Hessische Rundfunk weist entweder vorab auf längere textfreie Passagen mittels eines Geräuschuntertitels hin: „Die folgenden Szenen laufen stumm ab". Es gibt jedoch ggf. auch die Möglichkeit einen Geräuschuntertitel „Musik" zu setzen, falls Musik gespielt wird (vgl. E-Mail 11a).

Der Richtlinienentwurf der Arbeitsgruppe „Untertitel und Gebärdenspracheinblendung" erhebt hierzu keine Forderungen. Es ist jedoch sehr wahrscheinlich, dass die Setzung eines Überbrückungsuntertitels erst daraus entstanden ist, dass sich viele Untertitelnutzer über den Ausfall von Untertiteln beschwert haben.

4.3 Optische Gestaltung

Bezüglich der optischen Gestaltung von Untertiteln lässt sich folgender Grundsatz formulieren:

> It is worth mentioning that subtitlers should always do all in their power to make the subtitles as inconspicuous as possible. Each irritation or inconsistency experienced by viewers slows down the comprehension process and distracts from the real issue at hand, the film itself. (Ivarsson/Carroll 1998:75)

Je besser und somit schneller die graphische Darstellung der Untertitel vom Auge erkannt wird, desto mehr Zeit bleibt dem Zuschauer für eine Aufnahme von Text und Inhalt und somit für das Zusammenfügen der Untertitel zum Kontext (vgl. ER 34). Davon ausgehend werden nachfolgend die Kriterien des Layouts

94 Wenn für das ZDF untertitelt wird, wird allerdings ein Überbrückungsuntertitel gesetzt.

bei der Erstellung der Untertitel betrachtet. In der Regel sind sich die Untertitel-Autoren dieses Grundsatzes bewusst. Zuweilen stellt die Gestaltung von Untertiteln jedoch eine Gratwanderung zwischen Inhalt und einer guten Lesbarkeit dar. Inhalt und Ausdruck lassen sich nicht immer genau voneinander abgrenzen, so dass es bei den Kriterien zu inhaltlichen Überschneidungen kommen kann. Insbesondere die Punkte Lesbarkeit, Textaufteilung und Hervorhebungen sind eng miteinander verknüpft. Er wurde jedoch versucht, sie aus Gründen der Übersichtlichkeit möglichst scharf zu trennen.

4.3.1 Sprecheridentifikation

Die Identifizierung des Sprechers erfolgt bei normal hörenden Menschen in erster Linie über die Zuordnung der Stimme zur Person. Schwierig gestaltet sich die auditiv-visuelle Zuordnung selbst für Hörende, wenn mehrere Personen gleichzeitig sprechen oder die sprechende Person nicht im Bild oder abwesend[95] ist. Schwerhörige und Gehörlose, denen das Mittel der auditiv-visuellen Zuordnung nur in stark begrenztem Maße oder gar nicht zur Verfügung steht, bedürfen für die Sprecheridentifikation des Untertitels. Es gibt drei verschiedene Möglichkeiten, den Sprecher kenntlich zu machen: Farbgebung, Labels und Platzierung, wobei die Benutzung von Labels[96] in der Teletext-Untertitelung nur selten vorkommt[97]. Da es nicht möglich ist, allen auftretenden Personen eine Farbe zuzuordnen[98], werden die Zuordnung des farblichen Untertitels und die Platzierung des Untertitels und / oder des Textes innerhalb des Untertitels unter dem jeweiligen Sprecher miteinander kombiniert[99]. Nachfolgend wird auf die Kennzeichnung von Sprecherwechseln bei Sprechern ohne zugeordnete Farbe, die zulässige Anzahl von Sprecherwechseln innerhalb eines Untertitels, die Kennzeichnung der Farbbelegung in der Sendung, die Anzahl und Vergabekriterien für Farben und die Platzierung eingegangen.

Wenn beiden Sprechern keine Farbe zugeordnet ist, erfolgt die Kennzeichnung eines Sprecherwechsels innerhalb eines Untertitels mittels eines Anstriches (vgl.

95 Dies wird auch als Stimme aus dem Off bezeichnet.

96 Labels sind Angaben zum Sprecher oder zu Geräuschen oder andere Erklärungen, die in runden Klammern stehen. Sie können als ein Untertitel erscheinen oder in einen normalen Dialoguntertitel integriert sein.

97 Aus den Titelbild-Richtlinien geht hervor, dass Labels generell eher maßvoll einzusetzen sind, da sie viel Zeit und Platz kosten und immer eine Meta-Ebene in den Untertitel bringen (vgl. UM 6), wobei dies bei Dokumentationen weniger störend ist als bei Spielfilmen.

98 Es gibt nicht in unbegrenzter Zahl Farben, die auf einem schwarzen Hintergrund lesbar sind. Zudem würde eine größere Anzahl an Farben die Gedächtnisleistung der Zuschauer überfordern.

99 Der BR gibt an, bei fiktionalen Sendungen sehr häufig die Funktion „Kumulativ" zu verwenden. Das heißt, zuerst wird die obere Zeile eingeblendet und dann verzögert die untere Zeile. Dies ermögliche vor allem bei zwei nicht farblich markierten Sprechern eine bessere Abbildung der Dialog-Situation (vgl. E-Mail 20 vom Juni 2008).

Abb. 20), dreier Punkte (vgl. nachstehendes Beispiel) oder per Platzierung (vgl. Abb. 21).

Moment! Ich bin dafür nicht zuständig. ... Herr Liebert? Kommst du mal?	Na? Wie geht es? ... Du hast es Ihnen nicht erzählt?

Diese Art der optischen Darstellung eines Sprecherwechsels verwenden die Untertitel-Werkstatt Münster und der MDR, wobei letzterer die drei Punkte immer an das Ende des ersten Satzes stellt (vgl. Beispiel oben rechts) und die Untertitel-Werkstatt Münster diesbezüglich variiert (vgl. Beispiel oben links und rechts). Üblicher ist jedoch die Darstellung eines Sprecherwechsels mittels eines Anstrichs vor dem Text der zweiten Person (ZDF, MDR, Titelbild, vgl. Abb. 20). Die WPEG verdeutlicht einen Sprecherwechsel bei zwei weißen Sprechern durch eine entsprechende Platzierung (vgl. Abb. 21). Wenn ein weißer Sprecher aus dem Off spricht, so wird dies mittels eines Labels mit dem Namen des Sprechers kenntlich gemacht (vgl. Abb. 22).

Wie viele Sprecherwechsel es maximal in einem Untertitel geben darf, handhabt jede Institution anders. Das ZDF gibt für den Regelfall einen Sprecherwechsel an, wobei im Ausnahmefall drei Sprecher in einem Untertitel vorkommen dürfen (d. h. maximal zwei Sprecherwechsel). In Abbildung 23 ist allerdings nur schwer ersichtlich, in welcher Reihenfolge gesprochen wird. Die Untertitel-Werkstatt Münster begrenzt die Anzahl der Sprecherwechsel ebenfalls auf zwei je Untertitel. Mehr als zwei Sprecherwechsel sind sicher auch aus Platzgründen nicht realisierbar (vgl. Abb. 24). Titelbild, die WPEG, der MDR und der Hessische Rundfunk beschränken sich auf einen Sprecherwechsel je Untertitel.

Farbuntertitel erscheinen, wie auch schwarz-weiße Untertitel, auf einem schwarzen Balken, auch Black Box genannt. Die Zuordnung der Farbe zur Person erfolgt entweder während des Vorspanns parallel zu Nennung der Schauspieler (vgl. Abb. 25 und 26) oder nach dem Vorspann, sofern der Dialog noch nicht beginnt.

Anzahl und Vergabekriterien der verwendeten Farben variieren von Institution zu Institution. Meistens werden Gelb und Zyan (Hellblau), gefolgt von Grün und Magenta (Violett) vergeben. Generell gilt jedoch, dass auf Rot verzichtet werden sollte, da es sich von dem schwarzen Hintergrund nur unbefriedigend abhebt und daher die Lesbarkeit erschwert. Ungeachtet der Angaben seitens der untertitelnden Institutionen werden noch immer rote Untertitel ausgestrahlt (vgl. Abb. 27).

In der Regel werden die Farben nach der Lesbarkeit folgendermaßen vergeben: Zuerst wird Gelb an den Protagonisten vergeben, dann Zyan und Grün. Wenn unbedingt eine vierte Farbe benötigt wird, wird auf Magenta zurückgegriffen. Auf Rot wird verzichtet. Auch der Hessische Rundfunk verzichtet auf rote Untertitel. Zyan wird verwendet für weibliche und Gelb für männliche Hauptdarsteller. Grün, Magenta und natürlich Weiß werden in dieser Reihenfolge für alle anderen Figuren benutzt. Bei Dokumentationen bekommt der Sprecher immer weiße Schrift auf schwarzem Balken. Ein eventueller Interviewpartner erhält Gelb. Die Farbgebung für alle weiteren Akteure erfolgt wie oben genannt. Auch das Bayerische Fernsehen verwendet vier Farben, wobei jedoch versucht wird, auf Magenta zu verzichten. Die Farben der Hauptpersonen sind ebenfalls Gelb, gefolgt von Zyan und Grün. Rot wird nicht verwendet. Im Gegensatz zum ZDF verwendet das Bayerische Fernsehen die farbliche Zuordnung auch für Dokumentationen mit folgender Begründung:

> Das lockert etwas auf und erleichtert die Zuordnung, wenn der Originalkommentar noch über Bilder gezogen wird, auf denen der Sprechende nicht mehr zu sehen ist. (E-Mail 10)

Die WPEG verwendet maximal sechs Farben. Sie verzichtet neben Rot bzw. Orange auch auf Magenta, da sich schon vor Jahren Zuschauer über die schlechte Lesbarkeit dieser Farben auf schwarzem Hintergrund äußerten. Demnach verwendet die WPEG neben Weiß auf Schwarz, Gelb auf Schwarz, Grün auf Schwarz, Zyan auf Schwarz, Blau auf Weiß (für Geräusche) sowie Magenta und selten Rot jeweils auf Weiß. Magenta auf Weiß wird allerdings nur für die Figur Mutter Beimer in der Serie „Lindenstraße" benutzt[100]. Rot auf Weiß wird benutzt um eine weitere Ebene der Geräuschuntertitel einzuführen und diese von Blau auf Weiß abzusetzen. Dies kann der Fall sein, wenn zwischen Radio- und Fernsehtönen differenziert werden muss. In der Regel werden allerdings nur drei Farben zur Sprecheridentifizierung benutzt. Bei Magazinen wird dem Moderator im Studio Zyan zugeordnet. Aus dem Off gesprochene Kommentare erhalten gelbe Farbgebung, und Originaltöne werden Weiß auf Schwarz wiedergegeben. Auch der MDR beschränkt sich auf sechs Farben: Gelb, Zyan, Grün, Magenta, Rot und Weiß, wobei auf Rot aus Gründen der Lesbarkeit möglichst verzichtet wird. Eine bevorzugte Vergabe der Farben nach anderen Kriterien als der Lesbarkeit existiert nicht. Bei der Untertitel-Werkstatt Münster richtet sich die Farbvergabe nach der Konstellation des späteren Zusammentreffens. Danach sind Gelb und Zyan die erste Wahl, gefolgt von Grün und Magenta. Magenta wird für Frauen verwendet. Auch hier wird aus bereits genanntem Grund auf rote Farbgebung verzichtet. Titelbild vergibt die Farben Gelb, Zyan und Grün, geordnet nach Lesbarkeit, an „diejenigen Figuren, die besonders häufig bzw. in besonders komplexen Dialogszenen auftreten" (vgl. UM 6).

Im Allgemeinen gilt, dass Untertitel so weit wie möglich am unteren Rand des Bildschirms platziert werden sollten (vgl. Ivarsson/Carroll 1998:50). Die Platzierung des Untertitels erfolgt dabei möglichst nah an der betreffenden Person; entweder durch das horizontale Verschieben des gesamten Untertitels oder einzelner Zeilen oder durch die Veränderung der Textbündigkeit innerhalb des ge-

---

100 Dieser Figur war anfänglich die Farbe Magenta auf Schwarz zugeordnet worden. Als dann die Zuschauer die Lesbarkeit dieser Farbkombination bemängelten, wurde daraus Magenta auf Weiß. Zuletzt bekam Heinz Rühmann als „Kardinal Braun" Magenta auf Weiß (vgl. E-Mail 12b).

samten Untertitels oder einzelner Zeilen nach links und / oder rechts[101]. Werden einzelne Zeilen verschoben oder deren Textbündigkeit verändert, handelt es sich um einen separierten Untertitel. Bei einem Dialog wird je nach Textmenge und Position der Darsteller ein zentriert gesetzter oder platzierter Untertitel (vgl. Abb. 27) der beide Dialogteile enthält oder ein in zwei Teile separierter und platzierter Untertitel gesetzt (vgl. Abb. 28). Letzterer bietet sich besonders bei geringer Textmenge an, und wenn die Darsteller während des Dialogs nicht die Positionen wechseln.

Das ZDF schreibt generell die Platzierung in nur einem schwarzen Kästchen vor. Zwei separate Boxen werden nur erlaubt, wenn ein Sprecher sehr weit links und ein anderer Sprecher weit rechts im Bild sind und beide nur wenig Text haben (vgl. Abb. 28). Die Platzierung ist jedoch auch vom Sendeformat abhängig. So setzt das Bayerische Fernsehen die Untertitel bei Dokumentationen immer zentriert, es sei denn der Sprecher befindet sich sehr stark außerhalb der Bildmitte. Grundsätzlich ist der Vorteil einer konsequenten Zentrierung, dass das Auge des Zuschauers nicht erst nach dem Anfang des Untertitels suchen muss. Auch die Untertitel-Werkstatt Münster richtet nicht nur die Schrift links, rechts oder mittig aus, sondern platziert den Untertitel über die gesamte Zeilenbreite, auch in getrennten Boxen. Titelbild positioniert ebenfalls den Untertitel möglichst nahe am Sprecher, wobei bei zwei Sprechern der Text möglichst innerhalb einer Box relativ zu den Sprechern gesetzt wird (vgl. Abb. 29).

Gabriele Krüger vom Bayerischen Fernsehen schreibt zur Entscheidung über die Positionierung von Untertiteln:

> Manchmal ist es aber besser, wenn man statt zweier halber UT [Untertitel, Anm. d. Autorin], die jeweils seitlich platziert sind, auch einen mittigen längeren nimmt. Das ist dann von Einzelfall zu Einzelfall zu entscheiden. Manchmal gibt es auch gleichwertige Lösungen. Dann muss man sich halt für eine entscheiden. Da hat jeder UT-Autor seine eigenen Präferenzen. Ich finde, man sollte das nicht so reglementieren, weil es wahrscheinlich gar keine allein seligmachende Version gibt. (E-Mail 10)

Einfach ist das Setzen eines kurzen Untertitels unter eine Person, wenn diese für die Dauer des Untertitels auf ihrer und der Position des Untertitels bleibt. Wenn sie jedoch die Position während des Redens signifikant wechselt, gestaltet sich die Entscheidung über die Positionierung des Untertitels schwieriger. Noch schwieriger kann es bei zwei wechselnden Personen werden. Auch hier gibt es keine feste Regel. Beim Hessischen Rundfunk wird ein kurzer Untertitel in so einem Fall auf die Position gesetzt, an der sich die Person am Ende der Untertitel-Standzeit befindet. Möglich wäre es dann auch, einen zentrierten Untertitel zu setzen. So handhabt es beispielsweise der MDR. Alle Situationen an dieser Stelle durchzuspielen, würde den Rahmen einer Diplomarbeit sprengen und wäre auch nicht zweckdienlich. Es ist lediglich wichtig, festzuhalten, dass bei der

101 Der Text ist anderenfalls linksbündig und nur bei Dokumentationen und anderen Informations- und Nachrichtensendungen zentriert.

Sprecheridentifizierung viele Faktoren (Bewegung der Figuren, Lesbarkeit, Platz, Sendeformat etc.) eine Rolle spielen, so dass sich hier wohl keine feste Regel formulieren ließe, sondern die Platzierung eines Untertitels immer eine Einzelfallentscheidung bleiben muss.

Die Arbeitsgruppe gibt vor, dass die Hintergrundfarbe der Untertitel so gewählt werden sollte, dass die Schrift auch bei einem Hintergrund in der gleichen Farbe lesbar bleibt. Als Beispiele werden Schwarz oder halbtransparentes Grau genannt. Bei weißen Buchstaben mit schwarzer Umrandung kann der Hintergrund auch durchsichtig sein. Dies kann jedoch nur auf offene Untertitel zutreffen, da für diese keine Farben verwendet werden können. Als Schriftfarben schlägt der Entwurf Gelb, Weiß, Grün oder Blau vor. Dabei sollten Grün und Blau den Hauptdarstellern zugeordnet werden. Weiß bekommen alle anderen Darsteller. Gelb entfällt auf einen eventuellen Erzähler, Bemerkungen[102] oder Geräusche. Die Farben Rot und Orange sind nicht zu verwenden. Die Farbzuordnung ist zu Beginn der Sendung kenntlich zu machen. Die Farbverwendung weicht demnach etwas von der der untertitelnden Institutionen ab (vgl. Tabelle 6). Magenta wird von der Arbeitsgruppe nicht erwähnt. Auch die Verteilung der Farben ist eine andere.

Kriterium: Farbzuordnung	**Mehrheitlich übliche Vorgehensweise in der Praxis**	**Richtlinienentwurf der Arbeitsgruppe**
Gelb	Für Hauptdarsteller an 1. Stelle	Für Erzähler und Labels
Zyan	Für Hauptdarsteller an 2. Stelle	Für Hauptdarsteller an 1. Stelle
Grün	Für Hauptdarsteller an 3. Stelle	Für Hauptdarsteller an 2. Stelle
Magenta/Violett	Für Hauptdarsteller an 4. Stelle, falls unbedingt nötig	Keine Angabe
Weiß	Alle anderen Darsteller	Alle anderen Darsteller
Höchstzahl benutzter Farben	4-6	Keine Angabe

Tabelle 6: Übersicht über die Farbvergabe in der Praxis und laut Richtlinienentwurf der Arbeitsgruppe „Untertitel und Gebärdenspracheinblendung“ (eigene Darstellung).

Bezüglich der Platzierung schlägt der Entwurf analog zur Vorgehensweise in der Praxis vor, dass die Untertitel so tief wie möglich am unteren Bildschirmrand einzublenden sind, wobei sie jedoch keine (offen) eingeblendeten Texte oder Bilder überdecken dürfen. In Monologen (Erzähler, Nachrichtensprecher) sollten die Untertitel in der Bildschirmmitte zentriert und in Dialogen möglichst nah am Sprechenden ausgerichtet sein. Hier besteht eine Übereinstimmung zu den

102 Hiermit sind Hinweise auf den Sprecher gemeint, die als Label auf der Metaebene erscheinen, z. B. (Er spricht Französisch.).

untertitelnden Institutionen. Auf oben erwähnte offene Einblendungen wird gesondert unter 0 (Inserts) eingegangen.

4.3.2 Geräuschuntertitel und Labels

Für hörgeschädigte Menschen müssen alle relevanten Geräusche untertitelt werden. Relevant bedeutet, dass sie zum Verständnis des Films beitragen oder die Handlung eines Hauptdarstellers erst nachvollziehbar machen. Geräusche und Musik, die nur der Untermalung des Films dienen, werden dagegen nicht untertitelt, da dies nur vom Film ablenken würde (vgl. E-Mail 8). Davon weicht die von Titelbild angewandte Definition für relevante Geräusche geringfügig ab:

> Geräusche sind in der Regel dann relevant, wenn sie für die Handlung von Bedeutung sind oder aber deutlich die Stimmung der Szene prägen (und diese nicht allein durch die Bilder vermittelt wird). (UM 6)

Demnach werden auch Lieder, die ein integraler Bestandteil des Films sind, in einem Geräuschuntertitel angekündigt und dann schriftlich in Anführungszeichen wiedergegeben. Das ZDF verwendet Geräuschuntertitel auch für die Markierung von Rückblenden, Träumen, Gedankengängen und ähnlichen Handlungssprüngen. Auch andere Zusatzinformationen, die nur im akustischen Kanal des Films vorliegen, können per Untertitel visuell wiedergegeben werden. Das können neben relevanten Geräuschen auch starke sprachliche Besonderheiten eines Sprechers sein. Geräuschuntertitel können allein oder mit einem normalen, einzeiligen Sprecheruntertitel stehen (vgl. Abb. 30 und 31).

Statt eines Geräuschuntertitels können auch Labels eingesetzt werden. Der Einsatz von Labels erfolgt nach dem gleichen Kriterium wie für den Einsatz von Geräuschuntertiteln: nach der Relevanz. Ein Label zeichnet sich durch seine runden Klammern aus. Es wird alternativ zum Geräuschuntertitel oder zur Einführung von Geräuschen und Stimmen benutzt, die eine elektronische Quelle haben (vgl. Abb. 32 und 33) oder anderweitig von der normalen Sprechsituation abweichen (vgl. Abb. 34). Sprecher, denen keine Farbe zugeordnet ist und nicht über das Bild als Sprecher identifiziert werden können, werden ebenfalls gelabelt. Auch relevante sprachliche Besonderheiten, die dem Zuschauer nicht anders verständlich gemacht werden können, werden gelabelt. Dabei ist zu beachten, dass das Label eine Meta-Ebene in die Sendung einbringt, mit der eine größere Distanz zwischen Zuschauer und Sendung verknüpft ist. Im Allgemeinen wird bei der Teletext-Untertitelung jedoch voranging auf die farbigen Geräuschuntertitel (blaue Schrift auf weißem Hintergrund) zurückgegriffen.

Beim Hessischen Rundfunk und bei der WPEG werden relevante Geräusche mit elektronischen Quellen per Geräuschuntertitel eingebracht wobei die WPEG zur Differenzierung verschiedener elektronischer Quellen neben Blau auf Weiß auch Rot auf Weiß benutzt. Der dann folgende Text des Reporters wird in Weiß und in Anführungszeichen untertitelt. Ist der Sprecher jedoch eine der Hauptfiguren und hat demzufolge eine Farbe, wird die Farbe ohne Anführungszeichen eingesetzt. Dann würde der einführende Geräuschuntertitel den Namen des Protagonisten beinhalten, sofern dieser nicht zu sehen ist. Ein ähnliches Beispiel zeigen auch die Abbildungen 35 und 36.

Wie für Labels gilt auch für Geräuschuntertitel, dass sie eine Meta-Ebene darstellen. Daher sollten sie sparsam verwendet werden. Wenn z. B. das Geräusch auf eine aussagekräftige Weise visuell ableitbar ist, muss es nicht untertitelt werden. Ein Beispiel lautet: Ein Mann erschreckt sich sichtlich vor einem bellenden Hund, der im Bild zu sehen ist. Dann muss kein Geräuschuntertitel stehen. Ist der Hund jedoch nicht im Bild und der Mann erschreckt sich davor, muss ein Untertitel stehen, der sein Zusammenzucken erklärt. Dieser Geräuschuntertitel kann vielfältig ausfallen. Dies ist nur eines von vielen möglichen Beispielen:

Er erschreckt sich vor einem bellenden Hund.

Auch wenn aufgrund des visuellen Eindrucks vermutet werden kann, dass ein relevantes Geräusch zu hören ist, muss ein Untertitel stehen, selbst wenn dieser lediglich Folgendes aussagt:

Stumme Szene.	Oder	Nicht zu verstehen.

Dargestellt werden die Geräuschuntertitel in blauer Schrift auf einem weißen Balken. Ob der Untertitel in Form eines Satzes, einer Wortgruppe oder nur eines Wortes erscheint und mit Punkt abgeschlossen wird oder nicht, ist unterschiedlich. Das ZDF schreibt z. B. ausdrücklich vor, dass Geräuschuntertitel immer mit einem Punkt abzuschließen sind (vgl. Abb. 36). Bei der Untertitel-Werkstatt Münster dagegen werden nicht alle Geräuschuntertitel mit einem Punkt abgeschlossen. Auch der Hessische Rundfunk schließt nur vollständige Sätze mit einem Punkt ab. Auch die WPEG benutzt Punkte erst, wenn eine Satzstruktur mit Subjekt und Prädikat gegeben ist. Gleiches trifft auch auf die Groß- und Kleinschreibung am Anfang eines Geräuschuntertitels zu. Nicht selten entscheidet über die Länge und Ausführlichkeit eines Geräuschuntertitels ohnehin die (nicht) zur Verfügung stehende Zeit. Wie das Geräusch sprachlich ausgedrückt wird, ob z. B. eher einzelne Nomen oder Verben oder nur Sätze benutzt werden, entscheidet jeder Untertiteler selbst. Es besteht jedoch die Tendenz zum Gebrauch von Verben (vgl. Beispiel links unten), vermutlich weil sie weniger Abstrakt sind als Nominalisierungen. So kann ein Geräuschuntertitel zu einem oder mehreren bellenden Hunden lauten:

Ein Hund bellt.	Oder	Hundegebell

Die WPEG gibt an, nach der Gebräuchlichkeit zu entscheiden, so dass „Hundegebell“ zwar in Frage kommt, „Katzenmiauen“ dagegen nicht. Auf Onomatopoetika, wie „Wau Wau“, ist hierbei allerdings zu verzichten, unter anderem weil Gehörlose nicht wie Hörende über den phonetischen Code zu dem Schluss kommen können, dass dies auf einen Hund verweist. Wichtig ist, dass das Geräusch möglichst präzise wiedergegeben wird. Bei Vergleichen mit anderen Lauten oder Tönen wird es allerdings kritisch, da Gehörlose diese noch nie gehört haben und daher keine Vergleichsmöglichkeit haben. Hierzu ein Beispiel aus dem Film „Der Schuh des Manitu": In dem Film versucht der Schauspieler Christian Tramitz in seiner Rolle als Ranger am Marterpfahl, die Aufmerksamkeit des schlafenden Blutsbruders Apahatschi (Michael „Bully" Herbig) zu erregen, indem er Tiergeräusche nachahmt. Im DVD-Untertitel erscheinen an dieser Stelle folgende Geräuschuntertitel als Labels: *(muht wie eine Kuh)*, *(meckert wie eine Ziege)*, *(ahmt Flipper nach)*. Wie sinnvoll diese onomatopoetisch angelehnten Vergleiche sind, muss jeder Untertitelnutzer für sich selbst entscheiden. Für eine gehörlose Person hat ein derartiger Geräuschuntertitel im günstigsten Fall einen Lerneffekt, wenn sie zuvor noch nicht wusste, dass das Geräusch, das eine Ziege macht, „meckern" heißt. In der Gebärdensprache werden Tiergeräusche nicht differenziert, sondern es „schreien" alle Tiere, die ein lautes Geräusch von sich geben[103]. Trotzdem ist es wahrscheinlich, dass der angestrebte witzige Effekt nachvollzogen werden kann, wenngleich ein prälingual gehörloser Zuschauer sicher einen Moment lang irritiert wäre. Daher sollte die Standzeit eines solchen Geräuschuntertitels großzügig ausfallen. Von der Untertitel-Werkstatt Münster heißt es über die Versprachlichung von Geräuschen in Untertiteln:

> Solange das umschriebene Geräusch dies [Aktionen und Reaktionen der Akteure, Anm. d. Autorin] plausibel macht, ist es akzeptabel. (E-Mail 8)

Dennoch finden auch phonetisch basierte Interjektionen Eingang in Untertitel. Inwiefern besonders Gehörlosen die Bedeutung bekannt ist, ist schwer abzuschätzen, da dies innerhalb der Gruppe unterschiedlich sein dürfte. Aus dem Kontext ist die Bedeutung eines „Wow!" sicher nicht immer eindeutig zu erschließen, zumal dies durch eine orthographische Anlehnung an die englische Phonetik zusätzlich erschwert wird (vgl. Abb. 37). Andererseits gibt es nicht viele Möglichkeiten für die Wiedergabe von Überraschungslauten. Eine Alternative wäre ein Label, wobei damit sparsam umzugehen ist, oft nicht genug Zeit zur Verfügung steht und die Relevanz nur selten gegeben ist. In Abbildung 38 dagegen geht aus dem Kontext eindeutiger hervor, dass die angesprochene Person aufgefordert wird, leise zu sein, da dies gestisch unterstrichen wird und nach dem nächsten Schnitt ein schlafendes Baby zu sehen ist.

Im Gegensatz zu den Vorgaben der untertitelnden Institutionen sollten nach dem Arbeitsgruppenentwurf Geräuschuntertitel in gelber Schrift in eckigen Klammern stehen oder kursiv[104] gedruckt werden (z. B: [Wecker klingelt] oder [Hund bellt]). In den Beispielen der Arbeitsgruppe werden sowohl ganze Sätze als auch Wortgruppen zur Versprachlichung von Geräuschen verwendet. Auf Punkte als Abschluss von Geräuschuntertiteln wird verzichtet, selbst wenn es sich dabei um ganze Sätze handelt (z. B. [Die Tür fällt ins Schloss]). Lieder sollten laut

103 Und selbst die allgemeine Laut- und Schriftsprache hat kein Wort für das Geräusch eines Delfins, wahrscheinlich weil es im Alltag selten relevant ist.

104 Dies kann sich jedoch nicht auf die Teletext-Untertitelung beziehen, da hier die Kursivsetzung technisch nicht möglich ist (vgl. 1).

Entwurf immer zwischen Doppelkreuzen (#) stehen (z. B. # Zum Geburtstag viel Glück #). Zum Einsatz von Geräuschuntertiteln heißt es darin:

> Diese Geräusche sollten nur dann beschrieben werden, wenn sie optisch **nicht** wahrnehmbar, aber für den Verlauf des Films wichtig sind (z. B. eine Aktion/Reaktion nach sich ziehen). Optisch wahrnehmbare und zusätzliche untertitelte Geräusche (z. B. Untertitel „Türklopfen", obwohl sichtbar im Bild) erzeugen bei vielen Hörgeschädigten das Gefühl, für dumm gehalten zu werden. (Hervorhebung im Original; UM 3)

Arbeitsgruppe und untertitelnde Institutionen sind sich über den Einsatz von Geräuschuntertiteln weitgehend einig. Lediglich die Vorstellungen über die optische Gestaltung von Geräuschuntertiteln gehen weit auseinander. Leider begründet der Richtlinienentwurf nicht, warum eine Darstellung in eckigen Klammern bzw. Labels und eine kursive Hervorhebung der praktizierten Variante „Blau auf Weiß" vorgezogen werden. Der Verzicht auf abschließende Punkte widerspricht teilweise der praktizierten Vorgehensweise, wobei ein freies Zeichen mehr dem Untertiteler generell entgegenkommen dürfte und das Verständnis nicht behindern sollte.

4.3.3 Lesbarkeit

Zur Lesbarkeit können an dieser Stelle lediglich die Lesbarkeit beeinflussende Faktoren unabhängig von der Praxis beleuchtet werden, da sie oft vor allem mit den räumlichen Einschränkungen kollidieren. Wenn nur 34 bis 38 Zeichen vorhanden sind, wird der Inhalt in der Regel auf Kosten der Lesbarkeit verkürzt dargestellt. Dennoch soll an dieser Stelle ein Gefühl dafür vermittelt werden, was einen gut lesbaren Untertitel ausmacht.

Faktoren, die die Lesbarkeit von Untertiteln beeinflussen sind in erster Linie gestalterischer Natur und umfassen Auflösung, Typ und Größe der Schrift, Kontrast und Platzierung, Textaufteilung, Zeilengestaltung, Verwendung von Hervorhebungen und Art der Untertitel. Generell lässt sich auf die Lesbarkeit übertragen, was für die optische Gestaltung grundsätzlich gilt: Je unauffälliger der Untertitel ist, desto leichter, d. h. schneller ist er zu lesen und zu verstehen. Dies hat bei der Erstellung von Untertiteln unter Berücksichtigung des Inhalts Priorität. Denn je schneller der Untertitel gelesen werden kann, desto mehr Zeit bleibt für das Verfolgen des Bildgeschehens.

Die Lesbarkeit von Teletext-Untertiteln lässt im Vergleich zu Kino- und DVD-Untertiteln zu wünschen übrig. Dies ist zum einen der geringen Auflösung des Fernsehbildschirms geschuldet (768x576 Pixel bzw. 442.000 Bildpunkte[105]). Zum anderen erstellt der Zeichengenerator im Teletext die Buchstaben in Schreibmaschinendesign. Das bedeutet, dass es sich hierbei nicht um eine Proportionalschrift handelt, sondern jeder Buchstabe gleichermaßen viel Platz auf dem Bildschirm einnimmt. Wörter mit schmalen Buchstaben wirken demzufolge

105 Ein Computerbildschirm z. B. hat meistens eine Auflösung von bis zu 1 Million Pixel. Ein Kinofilm ist mit 13 bis 15 Millionen Bildpunkten aufgelöst (vgl. ER 1a).

unproportional lang gezogen. Die Buchstaben haben darüber hinaus leicht ausgefranste Seiten und erscheinen weniger scharf und hell als die Buchstaben offener Untertitel (vgl. Ivarsson/Carroll 1998:47, 130). Die Größe der Buchstaben kann vom Zuschauer per Fernbedienung verdoppelt werden. Dies kann die schlechte Lesbarkeit der Buchstaben teilweise kompensieren. Die Untertitel werden in der Regel in einfacher Höhe von den Sendeanstalten ausgestrahlt.[106] Das ZDF erstellt die Untertitel allerdings in doppelter Höhe, so dass dem Untertiteler ein Zeichen weniger zur Verfügung steht (vgl. Abb. 39). Im Gegensatz dazu erstellen der Mitteldeutsche Rundfunk, das Bayerische Fernsehen, die WPEG und die Untertitel-Werkstatt Münster ausdrücklich Untertitel in einfacher Höhe. Das hat den Vorteil, dass die Option zwischen der Höhe der Untertitel zu wählen beim Zuschauer verbleibt und dem Untertiteler ein Zeichen mehr zur Verfügung steht.

Auf einem Bildschirm lassen sich serifenlose Schrifttypen, wie z. B. Arial, am besten lesen (vgl. Ivarsson/Carroll 1998:42). Bei der Teletext-Untertitelung kann diesbezüglich nicht variiert werden. Schriftart und -größe entstehen durch den Teletext-Decoder im jeweiligen Fernsehgerät und können demnach vom Untertiteler nicht beeinflusst werden, so dass Angaben seitens der untertitelnden Institutionen zu diesen Punkten entfallen. Ein hoher Kontrast zwischen Schrift und Hintergrund fördert die Lesbarkeit des Untertitel-Textes. Daher werden, wie bereits vorstehend erwähnt, ein schwarzer bzw. ein weißer Balken verwendet, der der weißen, gelben, hellblauen, grünen oder violetten bzw. der blauen Schrift unterlegt wird. Der Kontrast zwischen Schwarz und Rot sowie Orange ist ungenügend, weshalb auf die Farben Rot und Orange in der Regel zumeist bewusst verzichtet wird.

Eine optimale Zeilengestaltung wäre ein einzeiliger Untertitel, der auf der untersten Zeile platziert ist. Bei einem Zweizeiler empfiehlt es sich, die erste Zeile durch die Textaufteilung möglichst kürzer zu gestalten als die zweite. Dies hat zwei Gründe. Zum einen wird dadurch weniger vom Bildgeschehen verdeckt. Zum anderen verkürzt sich bei linksbündigen Untertiteln der Weg, den das Auge von Zeile 1 zu Zeile 2 zurücklegen muss und das Auge ermüdet weniger schnell. Aufgrund der personengenauen Platzierung von Teletext-Untertiteln besitzt dieses Kriterium in der Praxis jedoch selten Relevanz, weshalb Angaben der untertitelnden Institutionen hier entfallen. Eine logische Textaufteilung hat jedoch in jedem Fall Vorrang vor der Zeilengestaltung (vgl. Ivarsson/Carroll 1998:76).

Die Platzierung des Textes im Untertitel soll der besseren Lesbarkeit dienen. Ausgehend von den deutschen Lesekonventionen sollten Teletext-Untertitel immer links und möglichst nah am unteren Bildschirmrand beginnen. Durch die Sprecheridentifikation per Platzierung, die sowohl für untertitelnde Institutionen als auch für die Arbeitsgruppe „Untertitel und Gebärdenspracheinblendung“

106 Der BR verwendet nach eigenen Angaben bei allen neuen Produktionen die Untertitel in doppelter Höhe. Als Grund wird angegeben, dass viele Zuschauer auf ihrer Fernbedienung nicht die Funktion zur Vergrößerung der Untertitel finden (vgl. E-Mail 20).

Priorität hat, kann eine stets auf links ausgerichtete Positionierung jedoch selten befolgt werden. Daher entfallen an dieser Stelle die Angaben seitens der untertitelnden Institutionen.

Es werden Blockuntertitel verwendet, die im Ganzen ein- und ausgeblendet werden. Rollende Untertitel und Lauftext-Untertitel werden in Deutschland nicht benutzt[107]. Bei rollenden Untertiteln verschiebt sich die untere Zeile des Untertitels nach einer bestimmten Zeit unten nach oben, während gleichzeitig eine neue, untere Zeile eingeblendet wird. Bei Lauftext-Untertiteln fließt das Gesprochene entgegen der westlichen Leserichtung (d. h. von rechts nach links) über den Bildschirm. Prillwitz (2001:94) fand in seiner Befragung gehörloser Zuschauer jedoch heraus, dass rollende Untertitel von den Befragten als angenehm zu lesen empfunden wurden Die Befragten hatten darüber hinaus den Eindruck, mehr Informationen vermittelt zu bekommen. Die Lauftext-Untertitel hingegen bewertet die Mehrheit der Befragten als negativ, da der fließende Textbalken sie verwirre, zu schnell sei, zu große Konzentration erfordere und somit zu sehr vom Bild ablenke. Dieses negative Ergebnis dürfte vor allem auf die Untertitel-Lesegewohnheiten zurückgehen. Dennoch lädt besonders das Befragungsergebnis für die rollenden Untertitel zu einer Erprobung anderer Darstellungsarten von Untertiteln in Deutschland ein.

Der Richtlinienentwurf der Arbeitsgruppe merkt zur Lesbarkeit von Untertiteln lediglich allgemein an, dass die Untertitel immer in einfacher Höhe zu erstellen sind, damit der Zuschauer zwischen einfacher und doppelter Höhe wählen kann (vgl. UM 3).

4.3.4 Textaufteilung

Unter Textaufteilung ist die Verteilung des Textes auf die beiden Zeilen eines Untertitels und ggf. die Verteilung eines Satzes auf mehrere Untertitel zu verstehen. Prinzipiell sollte die Aufteilung des Textes sowohl über mehrere Untertitel hinweg als auch innerhalb eines Untertitels nach Sinneinheiten geschehen. D. h. die Zeilen sollten so umgebrochen sein, dass logisch, semantisch oder grammatisch eng miteinander verbundene Wörter sich auf der gleichen Zeile befinden. Dies kann in der Praxis aufgrund der räumlichen Begrenztheit (34-38 Zeichen) jedoch oft nicht berücksichtigt werden. Ivarsson/Carroll sind darüber hinaus der Auffassung, dass eine sinnvolle Textaufteilung besonders zugunsten gehörloser Zuschauer erfolgen sollte:

> Matching line breaks with sense blocks is especially important for viewers with any kind of linguistic disadvantage, e.g. immigrants or young children learning to

107 Diese Darstellungsarten der Untertitel werden in den USA verwendet. Rollende Untertitel werden auch als „USA Decodertechnik" oder „laufende Untertitel" bezeichnet. Lauftext-Untertitel sind vor allem Live-Untertitel (vgl. Prillwitz 2001:94).

> read or the deaf with their acknowledged reading problems. (Ivarsson/Carroll 1998:78)[108]

Diese Auffassung setzt voraus, dass gehörlose Zuschauer generell über eine schlechtere Lesekompetenz verfügen als Hörende, was tatsächlich nicht notwendigerweise der Fall ist. Eine Bevormundung stellt die sinnvolle Textaufteilung jedoch nicht dar, da sie auch für hörendes Publikum bei der interlingualen Untertitelung vorgenommen wird. Grund dafür ist, dass sich eine gute Textaufteilung unabhängig von der Lesekompetenz des Untertitelnutzers auch positiv auf seine Lesegeschwindigkeit auswirkt.

Über wie viele Untertitel ein Satz gehen darf, wird unterschiedlich gehandhabt. Die Angaben schwanken zwischen einem und zwei Untertiteln. Das ZDF bevorzugt bei Spielfilmen, Serien und Ähnlichem die Aufspaltung langer, komplexer Sätze in kürzere, wobei so ein aufgespaltener, komplexer Satz über zwei oder mehr Untertitel verlaufen darf. Bei Dokumentationen sei dies durchaus üblich. Zur Aufteilung des Textes innerhalb des Untertitels wird nichts ausgesagt. Abbildung 40 spricht allerdings dafür, dass das ZDF einer Aufteilung des Textes nach Sinneinheiten kaum Wert bemisst. Der Hessische Rundfunk dagegen gibt vor, dass ein Satz mit dem Untertitel abgeschlossen sein sollte. Bei Text im Text, z. B. bei Liedern, wird allerdings eine Ausnahme gemacht. Innerhalb eines Untertitels werden jedoch lediglich Trennungen vermieden. Auch der MDR gibt vor, dass ein Satz mit einem Untertitel abgeschlossen sein soll und in einem Untertitel immer ein oder mehrere komplette Sätze bzw. Wörter mit Satzwert stehen müssen. Darüber hinaus gibt es beim MDR keine Vorgaben zur Textaufteilung innerhalb des Untertitels. Auch das Bayerische Fernsehen versucht, Sätze über mehrere Untertitel zu vermeiden. Wenn ein Satz getrennt werden muss, soll die Aufteilung nach Sinnzusammenhang und Satzteilen sinnvoll sein. Daher ist davon auszugehen, dass dieses Kriterium auch bei der Textaufteilung innerhalb des Untertitels berücksichtigt wird. Die WPEG verwendet überlaufende Untertitel nur bei zögerlicher Rede sowie bei Zitaten und verweist darauf, dass gerade Thomas-Mann-Zitate wie in dem Dreiteiler „Die Manns" leicht über mehrere Untertitel gehen können. Die Untertitel-Werkstatt Münster gibt vor, dass ein Satz nicht über mehr als zwei Untertitel gehen soll, da sonst der Sinnzusammenhang zu leicht verloren ginge. Eine Ausnahme wird allerdings formuliert:

> Es sei denn, es soll der Eindruck eines verwirrenden und unverständlichen Textes in den Untertitel übernommen werden (Formulare und Amtsdeutsch bspw.). (E-Mail 8)

So würde der Skopos erhalten bleiben, wenn auch der hörende Zuschauer irritiert reagieren soll. Laut Titelbild sind Sätze, die über zwei oder mehr Untertitel hinweggehen, zu vermeiden. Dies gilt vor allem bei Spielfilmen, Serien etc. Es wird jedoch als manchmal unumgänglich angesehen, Sätze in Dokumentarfilmen auf mehrere Untertitel zu verteilen. Die Verteilung des Textes auf die bei-

108 „The deaf" kann sich zwar sowohl auf Gehörlose als auch auf Ertaubte beziehen. Es ist jedoch davon auszugehen, dass hier Gehörlose gemeint sind.

den Zeilen innerhalb des Untertitels sollte nach Sinneinheiten geschehen (vgl. nachstehendes Beispiel). Es wird nach Möglichkeit vermieden, Artikel und Adjektiv vom Nomen sowie trennbare Verben (z. B. weggehen, abholen) voneinander zu trennen.

Falsch	**Richtig**
Man sagte mir, ich würde Sie hier finden.	Man sagte mir, ich würde Sie hier finden
Er ist glücklich über sein neues Auto, ein Mercedes.	Er ist glücklich über sein neues Auto, ein Mercedes.

Eine weitere Frage, die sich bei der Aufteilung stellt, lautet: Darf in einer Zeile innerhalb eines Untertitels ein Satz enden und gleich danach ein neuer beginnen (vgl. Abb. 41 und 42)? Hier wird wieder von Einzelfall zu Einfall entschieden. Die WPEG schließt dies allerdings absolut aus. Bernhard Brämswig von der Untertitel-Werkstatt Münster schreibt dazu:

> Es kommt immer darauf an, ob die Verständlichkeit insgesamt gefährdet wird. Zu viel Text führt natürlich leicht dazu, dass der Zusammenhang nicht behalten wird. Generell würde ich sagen, dass bei kurzen, trivialen Inhalten es nicht schadet, zwei Sätze in einen Untertitel zu fassen. Bei genügend Standzeit sollten die Sätze jedoch lieber in zwei kurze Untertitel geteilt werden. (E-Mail 8a)

Der Richtlinienentwurf der Arbeitsgruppe „Untertitel und Gebärdenspracheinblendung" fordert, dass in einem Untertitel immer nur ein Satz stehen sollte. Ausnahme wäre ein sehr kurzer oder sehr langer Satz. Der Zeilenumbruch innerhalb eines Untertitels sollte nach einem Komma oder einer Sprechpause erfolgen. Ein neuer Satz sollte nie in der gleichen Zeile beginnen, in der ein alter Satz endet. Folgendes Beispiel wird gegeben:

Falsch	**Richtig**
Morgen feiern wir deinen Geburtstag. Du kannst so	Morgen feiern wir deinen Geburtstag.
viele Freunde einladen, wie du möchtest. Aber ab 22 Uhr	Du kannst so viele Freunde einladen, wie du möchtest.
müssen alle wieder verschwunden sein. OK?	Aber ab 22 Uhr müssen alle wieder verschwunden sein. OK?

Falls ein Satz über einen Untertitel hinausgeht[109], wird dies verschiedentlich kenntlich gemacht. Das ZDF, die WPEG, der Hessische Rundfunk und die Untertitel-Werkstatt Münster setzen in einem solchen Fall drei Punkte am Ende des ersten und zu Beginn des zweiten, den Satz fortführenden Untertitel mit Leerzeichen davor bzw. danach (vgl. nachstehendes Beispiel). Der MDR setzt lediglich drei Punkte am Ende des weiterzuführenden Untertitels. Das Bayerische Fernsehen und das ZDF verwenden statt der Punkte kurze Anstriche mit Leerzeichen (vgl. Abb. 43).

109 Dies wird auch als überlaufender oder überhängender Untertitel bezeichnet.

Morgen feiern wir deinen
Geburtstag. Du kannst so ...

... viele Freunde einladen, wie du
möchtest. Aber ab 22 Uhr ...

... müssen alle wieder
verschwunden sein. OK?

Titelbild macht überlaufende Untertitel nicht kenntlich. Das hat den Vorteil, dass dem Untertiteler mehr Zeit und Platz für den Inhalt des Untertiteltextes zur Verfügung steht. Inwiefern die Markierung eines unvollendeten Satzes eine Irritation des Auges darstellt und eine fehlende Markierung Leseerwartungen enttäuscht und somit zu Irritation führt, hängt in großem Maße von den Konventionen ab, die die Zuschauer durch die audio-visuellen Medien erfahren. Bei anderen Medien ist es unüblich, einen unvollendeten Satz am Ende oder Anfang eines Untertitels besonders zu markieren. Die einzige Markierung besteht darin, dass es kein Satzschlusszeichen gibt.

Bezüglich der Textaufteilung stimmen die Forderungen seitens der Arbeitsgruppe weitgehend mit der Handhabung der untertitelnden Institutionen überein. Jeder Satz sollte in einem Untertitel abgeschlossen sein. Er sollte innerhalb der beiden Zeilen sinnvoll aufgeteilt sein. Jeder Satz beginnt in einer neuen Zeile. In der Praxis ist das, wie bereits oben angedeutet, jedoch oft nicht umzusetzen. Wie und ob ein überlaufender Untertitel kenntlich zu machen ist, greift die Richtlinie der Arbeitsgruppe nicht auf.

4.3.5 Hervorhebungen

Hervorhebungen werden zum Kenntlichmachen besonderer Rede benutzt. Wenn z. B. ein Sprecher mittels Intonation einen Teil seiner Aussage besonders stark betont oder anderweitig hervorhebt und dies nicht visuell erkennbar ist, kann dies hervorgehoben werden. Hervorhebungen umfassen alle Formatierungen der Schrift, die den Untertitel vom normalen Erscheinungsbild abheben. Dazu gehören das Sperren von Wörtern durch Leerzeichen zwischen den einzelnen Buchstaben, die Verwendung von Versalien und Blinken. Aber auch Ausrufezeichen und Anführungszeichen können den Inhalt einer Aussage hervorheben. Generell gilt, dass Kursivsetzung, Fettdruck und Unterstreichungen bei der Teletext-Untertitelung technisch nicht wiedergegeben werden können. Jede Art von Hervorhebung hat auch eine Irritation des Auges zur Folge. So ist erwiesen, dass Versalien 15 bis 20 % weniger lesbar sind und etwa ein Drittel mehr Platz als Kleinbuchstaben einnehmen (vgl. Ivarsson/Carroll 1998:42). Die Benutzung von Hervorhebungen ist daher immer eine Gradwanderung zwischen der angemessenen Betonung des Untertitel-Inhalts und einem Verlust an Lesezeit und Zeichen. Auf starke Hervorhebungen, wie z. B. Blinken oder abweichende Schriftvarianten, verzichten deshalb alle untertitelnden Institutionen. Auch auf gesperrte Schrift wird verzichtet, da dies die Erkennung der Wortstruktur be- oder gar verhindert. Der Mitteldeutsche Rundfunk, die Untertitel-Werkstatt Münster und Titelbild benutzen für Teletext-Untertitel keine Hervorhebungen. Die einzige Art der Hervorhebung, die verwendet wird, sind Versalien (ZDF, BR, WPEG). Die WPEG verwendet Versalien lediglich, um Filmtitel, Firmennamen oder ähnlichen Displays zu entsprechen.

Der Richtlinienentwurf der Arbeitsgruppe „Untertitel und Gebärdenspracheinblendung" sagt über Hervorhebungen lediglich aus, dass Leerzeichen nur zwischen den einzelnen Wörtern stehen und nicht zum Sperren der Schrift verwendet werden sollen, so dass davon auszugehen ist, dass die Verwendung von Versalien akzeptiert wird.

4.3.6 Inserts

Unter Inserts werden alle Einblendungen auf dem Bildschirm subsumiert, die bereits vor der Untertitelung vorliegen, und demnach weder vom Untertiteler noch vom Zuschauer ausgeblendet werden können. Das sind z. B. Name und Position des Sprechers sowie sonstige Zusatzinformationen zu Ort und / oder Zeit der Handlung (Bauchbinden; vgl. Abb. 44). In Dokumentationen oder Nachrichtensendungen sind sie jedoch unerlässlich. Da sie ebenso wie filmimmanente Schriftzüge (Displays) Zusatzinformationen bereitstellen, muss der Untertiteler sie berücksichtigen (vgl. Abb. 45). Das bedeutet, der Untertiteler muss es dem Zuschauer ermöglichen, sowohl den Untertitel als auch die Zusatzinformationen zu lesen. Das gestaltet sich besonders schwierig, wenn die Einblendungen dort erfolgen, wo normalerweise der Untertitel erscheint. Hier stehen dem Untertiteler zwei Möglichkeiten zur Verfügung. Der Untertitel kann einsetzen, nachdem der Zuschauer nach Ermessen des Untertitelers genügend Zeit hatte, die Bauchbinde zu lesen. Eine zweite Möglichkeit ergibt sich, wenn die Bauchbinde höher im Bild steht und den Untertitel räumlich nicht behindern würde bzw. wenn der Untertitel höher gesetzt würde. In diesem Fall kann der Untertitel zwar zeitgleich eingeblendet werden. Es ist jedoch darauf zu achten, dass die Standzeit verlängert wird, da der Zuschauer ja zusätzlich die Bauchbinde lesen muss bzw. eventuell das Display zuerst erfasst.

Um Irritationen vorzubeugen und das Auge nicht abzulenken, sollte der Untertitel möglichst mit der Bauchbinde ein- und / oder ausgeblendet werden. Wenn die Bauchbinde länger steht als der Untertitel (aufgrund des Sprechrhythmus) stehen kann, ist dies jedoch nicht einzuhalten. Häufig wird bei dieser Variante auch zu viel vom Bild verdeckt. Zudem ist dem Untertiteler nicht bekannt, ob der Zuschauer einfache oder doppelte Höhe der Untertitel eingestellt hat. Bei doppelter Höhe ist es möglich, dass die Bauchbinde trotz hochgestelltem Untertitel (teilweise) überdeckt wird. Bei Nahaufnahmen wird es zudem für gehörlose Zuschauer so unmöglich, von den Lippen des Sprechers zu lesen. In einigen Fällen können als Kompromiss auch Einzeiler erstellt werden, die dann höher (über die Bauchbinde) gestellt werden und das Bild weniger verdecken als ein Zweizeiler.

In den untertitelten Nachrichtensendungen der ARD und des ZDF wird die erste Variante der zeitlichen Lückenbildung benutzt. Es vergehen zwei bis drei Sekunden bis das Gesprochene weiter untertitelt wird, damit der Zuschauer in dieser Zeit die Bauchbinde lesen kann. Auch das Bayerische Fernsehen bevorzugt diese Variante. Die Untertitel werden selten hochgestellt, da dies „merkwürdig ausschaut“ (vgl. E-Mail 10). Auch die Untertitel-Werkstatt Münster und der Mitteldeutsche Rundfunk ziehen das zeitliche Versetzen der Untertitel dem Hochstellen vor. Der MDR gibt jedoch zu bedenken, dass in den meisten Fällen nicht genug Zeit zur Verfügung steht, damit der Untertitel entsprechend länger eingeblendet werden kann. Der Hessische Rundfunk merkt an, dass auf Wunsch der Auftraggeber neuerdings dazu übergegangen wird, die Untertitel im Vorspann über die Namen der Schauspieler hoch zu setzen (z. B. auf die vierte Zeile).

Bei untertitelten Fernsehsendungen kann es allerdings auch zu Einblendungen kommen, die nicht physisch auf dem Filmmaterial vorliegen, sondern vom Sender über den Film gelegt werden. In einigen Fällen sind diese geplanten Einblendungen bei Erstellung der Untertitel bekannt oder abzusehen (vgl. Abb. 44) und können demzufolge berücksichtigt werden. Einblendungen, die sich jedoch erst kurzfristig ergeben können bei der Erstellung der Untertitel natürlich nicht berücksichtigt werden (vgl. Abb. 47). Sie werden automatisch vom Untertitel überdeckt und sind hier ausgenommen. Der Richtlinienentwurf der Arbeitsgruppe „Untertitel und Gebärdenspracheinblendung“ trifft über den Fall der Bauchbinde keine Aussage, so dass davon auszugehen ist, dass die praktizierte Vorgehensweise akzeptiert wird.

4.3.7 Zahlen und Maßeinheiten

Im Gegensatz zur interlingualen Untertitelung werden Zahlen und Ordinalzahlen von Null bis Zwölf bei der intralingualen Untertitelung in der Regel nicht in Worten, sondern als Zahl wiedergegeben. Dies wird von den meisten untertitelnden Institutionen gleichermaßen gehandhabt. Der MDR gibt allerdings an, Zahlen unter Zwölf auszuschreiben, sofern der Platz im Untertitel dies zulässt. Ausgenommen sind Artikelwörter, die nicht vorrangig die Funktion einer Zahl erfüllen (d. h. nicht: Ich habe 1 Haus gekauft.). Die WPEG verwendet Zahlen für Mengenangaben, Haus- und Zimmernummern und bei Zahlen größer als Zwölf. Das folgende Beispiel der WPEG zeigt jedoch, dass es auch Ausnahmen gibt, in denen Zahlwörter verwendet werden. Wahrscheinlich wird hier ein Zahlwort verwendet, weil „Mitte 40“ ungewohnt auf das Auge des Zuschauers wirken würde.

Er war Mitte vierzig.

Eine weitere Besonderheit besteht bei der Untertitel-Werkstatt Münster, die für „Null“ den großen Buchstaben „O“ verwendet. Das ZDF lässt offen, ob für Zahlen und Ziffern Zahlen oder Zahlwörter verwendet werden. Es gibt jedoch an, dass Ableitungen, die eine Zahl enthalten, ungeachtet ihrer Schreibweise als Zahl oder Wort, zusammen zu schreiben sind (z. B. achtfach / 8fach, die 68er).

Bei Zahlen mit mehr als drei Stellen wird für bessere Lesbarkeit nach jeder dritten Stelle ein Punkt gesetzt (vgl. Abb. 48) oder ein Leerschritt eingefügt (so gesehen beim ZDF). Zahlen über 999.999 werden in Kombination aus Wort und Zahl wiedergegeben (vgl. Abb. 49). Hieße es allerdings pauschal „Tausende" oder „Hunderttausende", so würde wahrscheinlich auch hier ein Numeral verwendet. Unabhängig von der Schreibweise sollte die Verwendung der Schreibweise jedoch in jedem Fall konsistent gehandhabt, d. h. nicht wie die Abbildungen 50a und b zeigen.

Maßeinheiten können entweder ausgeschrieben oder abgekürzt werden. Dabei wird nach unterschiedlichen Kriterien vorgegangen. Der Hessische Rundfunk kürzt gebräuchliche Maßeinheiten in der Regel ab (z. B. cm, km, km / h; vgl. Abb. 51). Für den deutschen Leser „exotische" Maßeinheiten (z. B. Inches, Meilen) werden dagegen nicht abgekürzt (vgl. E-Mail 11b). Die WPEG richtet sich dabei nach dem Sendeformat. So würden Einheiten in einem Wissenschaftsmagazin wie „Quarks & Co" in Kurzform verwendet werden, da diese in diesem Format ohnehin häufig auftreten und die Zuschauer damit vertraut sind. In einem Spielfilm dagegen, in dem nur beiläufig von Kilometern die Rede ist, würde die Maßeinheit ausgeschrieben werden. Der MDR verwendet unabhängig vom Sendeformat und vom Vertrautheitsgrad der Zuschauer mit der jeweiligen Maßeinheit möglichst die Langform (vgl. Abb. 52). Die Arbeitsgruppe „Untertitelung und Gebärdenspracheinblendung" erhebt in diesem Punkt keine Forderungen, so dass von einer Akzeptanz gegenüber der praktizierten Vorgehensweise auszugehen ist.

4.3.8 Orthographie

Es wird nach neuer Rechtschreibung (Duden) untertitelt. Sie ist für alle für die ARD untertitelnden Institutionen verbindlich (vgl. E-Mail 14). Vor der Rechtschreibreform untertitelte Sendungen werden jedoch weiterhin in alter Rechtschreibung ausgestrahlt (vgl. E-Mail 19). Das ZDF schreibt in seinen Richtlinien Folgendes vor:

> Auch für VT-Untertitel [Videotext-Untertitel, Anm. d. Autorin] gelten – wie für Videotext – die Regeln der deutschen Schriftsprache (Rechtschreibung, Zeichensetzung, Silbentrennung sind neben allen anderen Grammatikregeln zu beachten.) (UM 4)

Die Verwendung der Interpunktion erfolgt, als Teil der Orthographie, ebenfalls nach den Bestimmungen des Dudens. Demzufolge wird vor dem Satzschlusszeichen kein Leerzeichen gesetzt, wie es z. B. von der Untertitel-Werkstatt Münster noch bis vor zehn Jahren getan wurde. Sätze werden immer mit einem Satzzeichen beendet. Die Verwendung von Ausrufezeichen variiert allerdings. Die Untertitel-Werkstatt Münster und der Hessische Rundfunk richten sich auch bei der Verwendung von Ausrufezeichen ausdrücklich nach dem Duden. Das Bayerische Fernsehen und der Mitteldeutsche Rundfunk benutzen ein oder mehrere

Ausrufezeichen nur, wenn laut geredet oder geschrieen wird. Die WPEG verwendet Ausrufezeichen, wenn dies grammatikalisch unbedingt nötig ist. Auch Titelbild geht aus Gründen der Lesbarkeit mit Ausrufezeichen und Kommata möglichst sparsam um. Alle untertitelnden Institutionen verwenden Anführungszeichen zur Kennzeichnung von Zitaten, wörtlicher Rede und Liedern (vgl. Abb. 53 und 54; 0). In der Regel werden bei der Untertitelung, unabhängig vom Medium, Semikolons als Satzzeichen nicht verwendet. Doppelpunkte dagegen eignen sich gut zur Aufspaltung längerer Sätze und zur Einleitung direkter Rede (vgl. Abb. 54 und 55). Zugunsten der Lesbarkeit werden jedoch zuweilen die Rechtschreibregeln außer Acht gelassen. So lässt sich das Wort „Bundestagsabgeordneter" in der Version „Bundestags-Abgeordneter" schneller lesen. So verfahren ausdrücklich das ZDF, die Untertitel-Werkstatt Münster und der Hessische Rundfunk. Die WPEG trennt ungeläufige zusammengesetzte Nomen, wenn sie durch die Trennung schneller zu lesen sind (z. B. Fotovoltaik-Experte). „Bundestagsabgeordneter" würde allerdings nicht getrennt werden, da „Bundestags" durch das Fugen-S kein eigenständiges Nomen mehr ist. Auch der Mitteldeutsche Rundfunk nimmt Trennungen bei weniger geläufigen nominalen Zusammensetzungen vor, würde „Bundestagsabgeordneter" jedoch nicht trennen.

Die Arbeitsgruppe „Untertitel und Gebärdenspracheinblendung" fordert lediglich, dass alle Sätze mit einem Punkt, Ausrufezeichen oder Fragezeichen ohne ein Leerzeichen davor abgeschlossen werden. Hier widersprechen sich die Forderungen der Arbeitsgruppe nicht mit der praktizierten Vorgehensweise.

4.4 Linguistische Aspekte

Es ist noch immer umstritten, inwiefern die Sprache in Untertiteln für hörgeschädigte Nutzer vereinfacht werden soll. Es zeichnet sich jedoch eine Hinwendung zur Wörtlichkeit ab, die im Ansatz schon seit 1982 gefordert wird (vgl. Ehlers 1983:588). Die linguistischen Aspekte umfassen die sprachliche Redaktion des Inhalts. Wenngleich davon auszugehen ist, dass nicht alle hörgeschädigten Zuschauer die Inhalte wörtlicher Untertitel verstehen, finden sich doch kaum Verfechter der bisherigen zusammenfassenden Untertitelungsstrategie. Lauter dagegen sind die Stimmen derer, die die wörtliche Untertitelung fordern. Ob sie jedoch für alle Hörgeschädigten sprechen können, ist fraglich.

4.4.1 Besonderheiten des Sprechers

Spricht eine Figur eine Fremdsprache, ein stark umgangssprachliches oder gebrochenes Deutsch oder Deutsch mit einem fremdsprachigen Akzent oder einem Dialekt oder besitzt anderweitig eine besondere Artikulation, wird dies in dem meisten Fällen mit einem Label verdeutlicht, sofern dies für die zu untertitelnde Sendung bzw. die Darstellung der Figur relevant ist. Dies kann folgendermaßen aussehen:

Er spricht Französisch.

(auf bayerisch)
Das kann überhaupt nicht sein!

Bei fremdsprachigen Beiträgen stehen laut Titelbild-Richtlinien grundsätzlich drei verschiedene Möglichkeiten zur Verfügung. Erstens kann der Text in der Originalsprache wiedergegeben werden. Zweitens kann ein erklärendes Label gesetzt werden (vgl. Beispiel oben). Drittens kann der Text übersetzt werden, wobei ein Label mit Hinweis auf die Fremdsprache voranzustellen ist. Welche Option angemessen ist, muss von Fall zu Fall entschieden werden. Wenn davon auszugehen ist, dass das Publikum der verwendeten Fremdsprache nicht mächtig ist, würde die zweite Maßnahme dem Skopos sicher am besten gerecht werden. So schreibt Gabriele Krüger vom Bayerischen Fernsehen:

> Fremde Sprachen übersetzen wir meist nur, wenn es für das Verständnis wichtig ist. Oft ist es besser zu schreiben, „Sie sprechen russisch". Weil auch die meisten Zuschauer im Originalfilm die entsprechende Textpassage dann nicht verstehen. (E-Mail 10)

Auch der Hessische Rundfunk platziert vor längeren fremdsprachigen Passagen zunächst ein Label und gibt den Text dann aber nach Möglichkeit in deutscher Übersetzung wieder. Einzelne fremdsprachige Bezeichnungen und Fachtermini werden übersetzt, sofern sie in ihrer ursprünglichen Form im Deutschen nicht gebräuchlich sind. Das ZDF gibt für fremdsprachige Passagen folgende Vorgabe:

> Ausländische Texte werden grundsätzlich ins Deutsche übersetzt (auch Mundarten) – es sei denn, es handelt sich um Besonderheiten, Gags o.ä., die mit der üblichen Erläuterung (Blau auf weißer Box) abzuhandeln sind. (UM 4)

Allerdings wird Umgangssprache offensichtlich bis zu einem gewissen Maße in den Untertitel übernommen (vgl. Abb. 56).

Die WPEG übernimmt zumindest kurze fremdsprachige Passagen und verweist auf eine möglichst wörtliche Untertitelung (vgl. Abb. 57). Bei Dialekten und gebrochenem Deutsch gestaltet sich die Entscheidung im Allgemeinen schwieriger, da schwer abzuschätzen ist, wie gut das hörende Publikum z. B. den Dialekt versteht. Da Dialekt selten schriftlich vorliegt und er besonders für einen Nichtkenner des Dialekts schwerer zu lesen ist als Hochdeutsch, sollte auf die Transkription ganzer dialektaler Passagen zugunsten der Lesbarkeit und Lesegeschwindigkeit verzichtet werden, sofern nicht wirklich gute Gründe dagegen sprechen[110]. Gegen einzelne dialektale Wörter, die auch überregional bekannt sind (z. B. „Grüß Gott" oder „Grüezi"), ist jedoch nichts einzuwenden. Hier stellt sich jedoch die Frage, ob für die Masse der Zuschauer wirklich realistisch eingeschätzt werden kann, welche Wörter überregional bekannt sind. Das Bayerische Fernsehen formuliert gebrochenes Deutsch und Dialekt in den meisten Fällen in Hochdeutsch um, sofern darin nicht ein besonderer Witz liegt oder die exakte Wortwahl für die Dramaturgie wichtig ist. So verfährt auch der Hessische

---

110 In dem Film „Der Schuh des Manitu" gehört der süddeutsche Dialekt so sehr zu den Hauptdarstellern und trägt so entscheidend zum Witz des Films bei, dass er sogar im Untertitel wiedergegeben wird. Allerdings ist die Lesbarkeit von DVD-Untertiteln auch sehr viel besser als die Lesbarkeit von Teletext-Untertiteln.

Rundfunk, der zusätzlich ein Label setzt, wenn diese Sprechweise handlungsrelevant ist. Gebrochenes Deutsch, sofern es nicht dramaturgisch wichtig ist, wird generell in fehlerfreiem, fließendem Deutsch wiedergegeben.

Auch wenn ein Sprecher eine sehr stark von der Norm abweichende Aussprache hat, weil er z. B. alkoholisiert oder anderweitig in seiner Aussprache beeinträchtigt ist, kann dies durch ein vorangestelltes oder eingeschobenes Label verdeutlicht werden, sofern eine Relevanz für die Handlung oder die Dramaturgie besteht und der Zustand nicht visuell erschlossen werden kann. Wichtig kann eine Erklärung sein, wenn der Gesprächspartner auf die besondere Artikulationsweise seines Gegenübers reagiert, z. B. in dem er nachfragt oder den Zustand des Sprechers kommentiert. Dann können Geräuschuntertitel folgender Art gesetzt werden.

Sie lallt.	Er spricht undeutlich.

Die Arbeitsgruppe „Untertitel und Gebärdenspracheinblendung" stellt bezüglich der Wiedergabe sprachlicher Besonderheiten eines Sprechers keine Forderungen auf, so dass davon auszugehen ist, dass die üblichen Vorgehensweisen akzeptiert werden.

4.4.2 Lieder und Zitate

Lieder werden in der Regel in einem Geräuschuntertitel angekündigt. Für die Handlung relevante Liedtexte werden darüber hinaus ggf. übersetzt und untertitelt. Der Text wird in Anführungszeichen und in zentrierte Position gesetzt. Bei bekannten Liedern wird mitunter der Titel angegeben. Dies ist insofern sinnvoll, als nicht ausgeschlossen werden kann, dass unter den Zuschauern Menschen sind, die nicht von Geburt an gehörlos oder stark schwerhörig waren und mit Hilfe dieser Information mehr oder weniger gut an ihre akustische Erinnerung anknüpfen können.

Eine Ausnahme stellt der Hessische Rundfunk dar, der erst ein Label platziert, z. B. (Er singt „Jingle Bells".), und danach das Lied (auf Deutsch) untertitelt, sofern es sich um eine längere Passage handelt und sie einen relevanten Handlungsbezug aufweist. Auch Zitate – darunter fallen sowohl Gedichte als auch wörtliche Rede – werden als solche durch Anführungszeichen kenntlich gemacht (vgl. Abb. 58). Dabei wird ggf. die dem Sprecher entsprechende Farbe verwendet (vgl. UM 4b).

Der Richtlinienentwurf der Arbeitsgruppe „Untertitel und Gebärdenspracheinblendung" sieht zur Markierung von Liedern Doppelkreuze vor (z. B. # Zum Geburtstag viel Glück #). Es wird nichts dazu ausgesagt, inwiefern Liedtexte überhaupt wiedergegeben werden sollen. Wörtliche Rede bzw. Zitate sollen in Anführungszeichen wiedergegeben werden. Während die Vorgehensweise in der Praxis sich sehr einheitlich darstellt, widersprechen sich die praktische Vorgehensweise und die Forderungen der Adressatengruppe in diesem Punkt. Warum die Arbeitsgruppe eine gänzlich andere Markierung für Lieder vorsieht, ist nicht nachvollziehbar. Es ist jedoch anzunehmen, dass hier die Richtlinien des britischen Senders BBC als Vorbild dienen, die die Markierung von Liedern auf diese Weise vornimmt. Im Prinzip wäre jedoch auch diese Form der Markierung praktikabel.

4.4.3 Fehler im Ausgangstext

Wie bei allen Texten kann es auch bei audio-visuellen Texten zu Fehlern kommen. Da es sich jedoch in den meisten Fällen untertitelten Materials um dramaturgisch durchdachte und redigierte Texte handelt, sind viele vermeintliche Fehler durchaus intendiert und tragen zum Charakter einer Figur bzw. der Sendung bei. So schreibt Brämswig von der Untertitel-Werkstatt Münster:

> Wenn sie [die Fehler, Anm. d. Autorin] dramaturgisch gewollt sind (und das sind sie fast immer), dann werden sie selbstverständlich irgendwie adäquat in den UT [Untertitel, Anm. d. Autorin] übernommen. (E-Mail 8b)

In der Regel folgt zudem im Ausgangstext, und somit auch im Untertitel, die Richtigstellung des Fehlers. Bei einer Live-Untertitelung würden Fehler in Form von Versprechern jedoch korrigiert (vgl. E-Mail 11). Ebenso werden Fehler in Sachverhalten, Namen und Bezeichnungen in Dokumentationen und Interviews korrekt wiedergegeben. Die Korrektur von Fehlern, insbesondere von Versprechern, im multimedialen Ausgangstext muss demnach von Fall zu Fall entschieden werden. Grundsätzlich hilft bei der Entscheidung die Frage: Was wird dem Zuschauer vorenthalten, wenn der Fehler nicht reproduziert wird? Selbst wenn sich der Sprecher selbst korrigiert, kann sein eventuell Freud'scher Versprecher Hinweise auf seine Einstellung geben, die er ohne den Versprecher gar nicht oder nicht so deutlich geäußert hätte. Der MDR gibt dagegen an, Fehler im Ausgangstext grundsätzlich zu korrigieren. Hierzu ein Beispiel aus der ZDF-Serie „Kanzleramt" (vgl. Abb. 59). Die Hauptfigur der Serie, Bundeskanzler Andreas Weyer, hält eine Rede, um die Verabschiedung eines Geetzesentwurfs zur Schusswaffenkontrolle voranzutreiben. Abschließend heißt es: „Dies war die Rede des Bundeskanzlers zum Schusswaffengesetz" statt „Schusswaffenkontrollgesetz". Der Versprecher wird im nächsten Satz durch denselben Sprecher korrigiert. Allerdings unterlag bereits die ganze Folge dem Tenor, dass auch das neue Gesetz nicht in der Lage sein wird, den privaten Schusswaffenbesitz zu kontrollieren. Insofern könnte dieser Versprecher andeuten, dass der Gesetzesentwurf, auch wenn vom Bundeskanzler persönlich befürwortet, keine ernst zu nehmende Lösung darstellt.

Der Richtlinienentwurf der Arbeitsgruppe „Untertitel und Gebärdenspracheinblendung" sagt zu Fehlern im Ausgangstext nichts aus, so dass davon auszugehen ist, dass die praktizierte Vorgehensweise akzeptiert wird.

4.4.4 Vulgarismen

An diesem Punkt ist die Vorgehensweise sowohl unter den untertitelnden Institutionen als auch zwischen den Praktikern und der Arbeitsgruppe am einheitlichsten. Alle untertitelnden Institutionen geben ausdrücklich vor, Schimpfwörter und andere Vulgarismen nach Möglichkeit wörtlich wiederzugeben. Das ZDF gibt dafür den folgenden entscheidenden Grund an:

> Schimpfwörter, Kraftausdrücke, „unanständige Wörter" sind in jedem Fall wiederzugeben. (Nach allen Erfahrungen der letzten zehn Jahre beklagen sich die Hörbehinderten sonst massiv über „Bevormundung" oder „Zensur"). (UM 4 und 4b)

Auch Titelbild argumentiert in den Richtlinien folgendermaßen für die Wiedergabe vulgärer Ausdrücke im Untertitel:

> Hörgeschädigte reagieren i.d.R. sehr empfindlich auf das Abschwächen von Kraftausdrücken. Dies wird als Zensur empfunden. Schimpfwörter u.ä. sollten daher möglichst wörtlich übernommen werden. (UM 6)

Trotzdem kann es aber aufgrund von Platz- und / oder Zeitmangel vorkommen, dass Schimpfwörter und andere Vulgarismen verkürzt oder ausgelassen werden müssen. In diesem Fall ersetzt die WPEG ggf. ein Schimpfwort durch ein anderes mit ähnlicher Aussagekraft. Grundsätzlich sollten Vulgarismen jedoch nicht ausgelassen werden, um den Text abzuschwächen oder gar zu zensieren. So schreiben Ivarsson/Carroll:

> ...it is not the subtitler's task to act as a censor (unless it is explicitly required by the client). If a producer or director has chosen this particular level of expression, the subtitler should not try to raise it. (Ivarsson/Carroll 1998:127)

Tatsächlich ist nicht ersichtlich, warum hörgeschädigten Personen Vulgarismen vorenthalten werden sollten, wenn sie nicht auch für hörende Personen abgeschwächt oder zensiert sind. Mike Wareka von der Untertitelungsagentur Vicomedia merkt im Rahmen einer Diskussion auf einer Mailingliste zum Thema „Untertitelqualität, Pro und Contra der 1:1-Untertitelung" bezüglich Vulgarismen kritisch an:

> Hier stellt sich mir die Frage, warum die so genannte Fäkalsprache nur zu einem Bruchteil untertitelt wird. Nicht, dass ich sie unbedingt so toll finde, aber es drängt sich der Verdacht auf, uns Hörgeschädigten eine weniger „schlimme" Fassung zu servieren. Letztlich hören alle Hörenden genau das, was im Film gesagt wird. Die FSK sorgt schon dafür, dass Filme geschnitten oder umsynchronisiert werden. Aber was dort durchgegangen ist, sollte dann auch in die Untertitel kommen, sofern genug Zeit und Platz dafür ist. (UM1)

Dies weist darauf hin, dass bezüglich Vulgarismen seitens der Hörgeschädigten noch immer die Kritik an einer selektiven Untertitelung besteht. Der Richtlinienentwurf der Arbeitsgruppe „Untertitel und Gebärdenspracheinblendung" erhebt bezüglich Vulgarismen jedoch keine Forderungen. Daher ist davon auszugehen, dass die an der Arbeitsgruppe beteiligten Verbände an der mittlerweile praktizierten Vorgehensweise keine Kritik üben.

4.4.5 Fremdwörter

Fremdwörter umfassen an dieser Stelle nicht nur Wörter, die nicht aus der deutschen Sprache stammen oder im Deutschen nicht geläufig sind. Im Prinzip umfasst dies alle Wörter, die höchstwahrscheinlich von gehörlosen Zuschauern nicht verstanden werden[111]. Da dies individuell unterschiedlich ist, ist es äußerst schwer, eine Entscheidung über das einzelne Wort zu fällen. Renate Ehlers von der Abteilung Medienforschung des Süddeutschen Rundfunks kommentierte den Umgang mit Fremdwörtern im Untertitel in einer Diskussionsrunde mit Hörgeschädigten folgendermaßen:

> Dabei sind Fremdwörter (im Wortsinn) all diejenigen Wörter, die den Hörbehinderten fremd sind, z. B. „illegal, Ersuchen, stille Diplomatie". Eine Regel, welche Wörter besser vermieden werden sollten, läßt sich daraus aber nicht ableiten. (Nagel 1984:35)

Da jedoch alle untertitelnden Institutionen angeben, möglichst wörtlich zu untertiteln, muss davon ausgegangen werden, dass nur als besonders schwer verständlich eingestufte Wörter durch als leichter verständlich eingestufte Synonyme ersetzt werden. Das Bayerische Fernsehen versucht, Fremdwörter (aus Fremdsprachen) nach Möglichkeit durch deutsche Wörter zu ersetzen. Auch der Hessische Rundfunk übersetzt Fremdwörter, sofern sie im Deutschen in ihrer ursprünglichen Form nicht allgemein üblich sind. Dabei dürfte es dem Untertiteler mitunter schon schwer fallen, zu entscheiden, ob das ein oder andere Fremdwort im Deutschen noch allgemein üblich ist oder nicht. Bei Abstrakta wird im Einzelfall abgewogen, ob aus Gründen besserer Verständlichkeit einfachere Termini verwendet werden. Der Mitteldeutsche Rundfunk übersetzt selten benutzte Fremdwörter ebenfalls. In Zweifelsfällen wird bei einem Gebärdensprachdolmetscher nachgefragt, ob das betreffende Wort von der Adressatengruppe verstanden wird. Dieser Ansatz ist zwar lobenswert. Bessere wäre allerdings ein (zusätzliches) Befragen von Vertretern der Adressatengruppe selbst. Dem kann entgegenstehen, dass Gehörlose ungern zugeben, dass sie Wissensdefizite haben. Die Untertitel-Werkstatt Münster versucht, Fremdwörter beizubehalten und sie im folgenden Untertitel inhaltlich zu erklären. Dies geschieht allerdings nicht in einem Label, sondern in Dialogform (vgl. nachstehendes Beispiel der Untertitel-Werkstatt Münster; vgl. E-Mail 8).

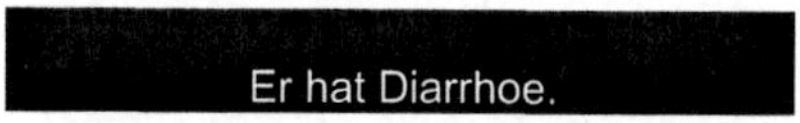

Falls dies jedoch aus Zeitgründen nicht möglich ist, werden schwierige Fremdwörter übersetzt. Dabei ist sich die Untertitel-Werkstatt Münster durchaus bewusst, dass der Schwierigkeitsgrad von Wörtern und Fremdwörtern individuell unterschiedlich aufgefasst werden kann. Im Prinzip können auch unbekannte deutsche Wörter für Hörgeschädigte wie für Hörende Hürden beim Verstehensprozess darstellen. Für diesen Fall bietet das ZDF auf einer Teletext-Seite eine Erklärung für ausgewählte „Fremdwörter". Das ZDF gibt allerdings schon bei der Erstellung von Untertiteln vor, auf Fremdwörter zu verzichten und

111 Nach Leonhardt (2002:78) werden vor allem Abstrakta von Gehörlosen eher schlecht verstanden (vgl. 1).

möglichst geläufige Wörter zu verwenden. Fremdwörter umfassen für das ZDF ausdrücklich Anglizismen. So soll z. B. „Coaching" durch „Beratung" ersetzt werden. Dahingegen darf „okay" übernommen werden. In der ZDF-Serie „Der letzte Zeuge" vom 01.04.2005 wurde unter anderem der Fachterminus „Mensis" durch „Regel" ersetzt. Dagegen wurde in der gleichen Sendung die Bezeichnung „Staphylokokken" beibehalten, vermutlich weil in der Allgemeinsprache kein Synonym gefunden wurde. Die WPEG lehnt eine Vereinfachung und somit auch eine Ersetzung von Fremdwörtern durch einfache Synonyme ab.

Der Richtlinienentwurf der Arbeitsgruppe „Untertitel und Gebärdenspracheinblendung" gibt eine wörtliche Untertitelung vor und merkt bezüglich einer möglichen Ersetzung Folgendes an:

> In den Untertiteln soll die Originalsprache weitgehend erhalten bleiben. Unbekannte Wörter oder Phrasen sollten nicht durch einfache Synonyme ersetzt werden. Sie sollten nur dann umschrieben werden, wenn das Sprechtempo das normale Lesetempo überschreitet. Hörgeschädigte können die Untertitel – oft durch ihr Resthörvermögen oder ihre Fähigkeit, von den Lippen abzulesen – kontrollieren und empfinden unnötige Abweichungen von der Originalsprache als massive Zensur oder Bevormundung. (UM 3)

Hier besteht demnach eine relativ große Kluft zwischen der praktizierten Vorgehensweise der untertitelnden Institutionen und den Forderungen der Adressatengruppe. Ich selbst bin der Meinung, dass es nicht vertretbar ist, das sprachliche Niveau auf lexikalischer Ebene der Gruppe der Hörgeschädigten mit dem geringsten Wortschatz Gehörlosen, anzupassen. Die Gehörlosen stellen innerhalb der Gruppe der Hörgeschädigten eine Minderheit dar. Darüber hinaus dienen neue Wörter im Untertitel auch als Bereicherung des Wortschatzes. Die Unterschiede im Umfang des Wortschatzes zwischen Gehörlosen und Hörenden werden zunehmend geringer. Zudem will diese Gruppe oft nicht, dass das Sprachniveau verändert wird. Dieser Wille der Gruppe ist am aussagekräftigsten für eine Entscheidung für die wortgetreue Untertitelung. Sofern der von der Untertitel-Werkstatt Münster vorgeschlagene Spagat gelingt und sowohl original verwendetes Fremdwort und ein verständlicheres Synonym Eingang in den Untertitel finden können, wäre hiermit sowohl den sprachlich schwächeren Zuschauern als auch denen geholfen, die eine Vereinfachung unbekannter Wörter ablehnen.

4.4.6 Redeverzögerung und Redeunterbrechung

Ob verzögernde Rede oder eine kurze Unterbrechung im Untertitel wiedergegeben werden, wird unterschiedlich gehandhabt. Häufig kann dies davon abhängen, ob genug Zeit zur Verfügung steht. Wenn die Person bis auf die Verzögerung in relativ schnellem Tempo spricht, ist es sehr wahrscheinlich, dass der Untertitelautor die gesamte zur Verfügung stehende Zeit und auch den verfügbaren Platz benötigt, um die Aussage des Sprechers in den Untertitel zu bringen. Wenn eine Verzögerung oder Unterbrechung kenntlich gemacht wird, werden in den meisten Fällen drei Punke an der Stelle der Verzögerung bzw. Unterbrechung gesetzt (vgl. Abb. 60). So verfahren ausdrücklich die Untertitel-Werkstatt Münster, die WPEG, der Mitteldeutsche Rundfunk und das Bayerische Fernsehen. Ausdrücklich keine Punkte setzt beispielsweise der Hessische Rundfunk.

Die Arbeitsgruppe „Untertitel und Gebärdenspracheinblendung" sieht in ihrem Richtlinienentwurf vor, dass Sprechpausen mit drei aufeinander folgenden Punkten zu kennzeichnen sind. Folgendes Beispiel wird gegeben (vgl. UM 3):

Hier treffen sich die Forderungen der Adressatengruppe und die Vorgehensweisen der Praktiker in den meisten Fällen.

4.4.7 Wiedergabe phonetischer Mittel

Auch für die Wiedergabe phonetischer Mittel sind ihre Relevanz in Bezug auf die Handlung und die Nachvollziehbarkeit darstellerischer Aktionen und Reaktionen sowie mitunter die Dramaturgie des Films entscheidend. Die Umsetzung von Sprachmaterial, dessen Logik sich für den Zuschauer aus dem Benutzen des phonologischen Codes ergibt, gehört zu den größten Schwierigkeiten, die dem Untertitelautor begegnen können[112]. De Linde/Kay halten es gar für unmöglich, z. B. die Intonation adäquat wiederzugeben (vgl. de Linde/Kay 1999:13). Im Fall der gehörlosen Adressaten bietet es sich an, das System der Gebärdensprache zumindest ansatzweise zu kennen. Wie bereits im zweiten Kapitel erwähnt, stellt die Lautsprache für gehörlose Personen eine Fremdsprache dar, selbst wenn sie sie zeitlich als erste Sprache erlernen. Die Gebärdensprache basiert im Gegensatz zur Lautsprache nicht auf einem phonologischen, sondern einem visuellen Code, mit dem z. B. Intonation per Mimik wiedergegeben wird. Gehörlose können ebenso wenig wie Hörende[113] aus der verschriftlichten Lautsprache Informationen über eine stark von der Norm abweichende Phonetik entnehmen (z. B. betreffend Wort- und Satzakzent, Lautstärke des Gesprochenen[114], Aussprache auf Wortebene, Stimmführung, Prosodie etc.). Diese Merkmale können jedoch distinktiv sein. Darüber hinaus erschließen sich Sprachspiele mitunter erst durch den Gebrauch des phonetischen Codes, wenn der Witz z. B. auf der Homophonie zweier Wörter beruht. Erschwerend kommt hinzu, dass phonetische Mittel in der Regel nicht durch das Bildgeschehen unterstützt werden (vgl. de Linde/Kay 1999:4).

---

112 Voraussetzung für die Wiedergabe phonetischer Mittel ist natürlich, dass diese dem Untertitelautor auffallen und er sie richtig interpretiert, wobei „richtig" natürlich subjektiv ist.

113 Niemand kann eine von der Norm abweichende Phonetik allein aus der Schriftsprache entnehmen, wenn diese nicht durch linguistische Mittel gekennzeichnet oder der Autor sehr vertraut ist.

114 Dies ist allerdings möglich, wenn suprasegmentale Mittel dies gleichzeitig ausdrücken. In der Regel lässt sich an Gestik, Mimik und sonstiger Körpersprache ablesen, ob jemand schreit oder flüstert.

Zu Sprachspielen, die auf dem phonetischen Code basieren, geben de Linde/Kay ein Beispiel aus Tarantinos Film „Pulp Fiction“, in dem folgender Witz erzählt wird:

> Three tomatoes are walking down the street. Papa, mama and baby tomato. Baby tomato starts lagging behind. Papa tomato gets really angry... goes back and squishes him. Says “Catch up”. (Hervorhebung im Original; de Linde/Kay 1999:14)

Dabei liegt der Witz in der Homophonie der Wörter “catch up” und “ketchup”. Hier kann der Untertiteler orthographisch auf den Witz hinweisen, indem er im Untertitel statt „catch up“ das homophone Homonym „ketchup“ verwendet.

Ein Beispiel für die Schwierigkeit der Wiedergabe von artikulatorischen Varianten stammt aus einem ARD-Tatort, der in Konstanz spielt. Die Kommissarin bekommt einen neuen Kollegen zugeteilt, der nicht aus der Region stammt. Er spricht das „st“ in „Konstanz“ aus wie in „hastig“, wie es wahrscheinlich jeder tun würde, der nicht schon eines Besseren belehrt wurde, nicht den „Tatort“ sieht und nicht aus dem Süden Deutschlands kommt. Die Kommissarin verbessert ihn sofort mit den Worten: „Das heißt Konstanz.“ Sie spricht das „st“ aus wie in „Handstand“[115]. Beide Artikulationsmöglichkeiten werden im normalen Schriftbild auf die gleiche Weise wiedergegeben. Welche Möglichkeiten zur Erhaltung der Pointe eröffnen sich hier dem Untertiteler? Wenn er schreibt: „Das heißt Konschtanz“, ist der Untertitel erstens orthographisch nicht mehr korrekt und zweitens ist nicht garantiert, dass allen Hörgeschädigten bewusst ist, worauf die Sprecherin sich bezieht. Vielleicht würde sogar vermutet, dass die Kommissarin sich irrt, da „Konschtanz“ ja falsch geschrieben ist. Hier wäre es nahe liegend, zu interpretieren und zu schreiben: „Du musst das so aussprechen: Konschtanz“. Der Antwort könnte an dieser Stelle auch ein Label (z. B. (Sie korrigiert seine Aussprache.)), vorangestellt werden. Allerdings müssten dafür ausreichend Zeit und Platz zur Verfügung stehen. Andererseits ist aufgrund des Bildgeschehens klar, dass die Kommissarin sich nicht auf die Schreibweise bezieht. Der Untertiteler könnte demnach auch beide Aussagen untereinander in einen Untertitel legen und so den phonetischen Unterschied, unterstützt durch ein Ausrufezeichen, verdeutlichen (vgl. Beispiel unten links). Diese Kontrastivität kann auch innerhalb einer Zeile, eventuell unterstützt durch Versalien, erfolgen (vgl. Beispiel unten rechts).

Gibt es schöne Kneipen in Konstanz? Das heißt „Konschtanz“!	Gibt es schöne Kneipen in Konstanz? „KonSCHtanz“, nicht „Konstanz“!

Es gibt demnach einige Kombinationsmöglichkeiten, die in Abhängigkeit von Zeit, Platz und persönlichen Präferenzen unterschiedlich ausfallen können. Allerdings ist immer zu beachten, dass Hervorhebungen immer den Lesefluss stören und sich somit negativ auf die Standzeit bzw. Lesezeit auswirken. Insofern wäre das linke Beispiel zu bevorzugen, da es weder Kommata, noch Versalien aufweist.

---

115 Hierbei wird von Hochdeutsch ausgegangen.

Die Stimmführung kann Aufschluss über den Gemütszustand und die Intention des Sprechers geben und für die Dramaturgie des Films von großer Bedeutung sein können. Mittels der Stimme kann auch eine andere Person nachgeahmt werden. Zum Beispiel zitiert der Kabarettist Dietrich Kittner in „Tot in Lübeck" den ehemaligen Bundeskanzler Helmut Kohl und imitiert dessen Stimme. Dies wurde in der Untertitelung mit einem Label bei einer ausreichenden Standzeit[116] von fast fünfeinhalb Sekunden deutlich gemacht.

10:43:15.00 10:43:20.09

(Kohl imitierend) „Die Wirklichkeit ist ja doch eben anders als die Realität."

Die Stimmführung kann die Gefühle des Sprechers verraten, wenn sie als zitternd, weinerlich, traurig, fröhlich etc. empfunden wird. Ist der Gemütszustand nicht an Mimik und Gestik ablesbar, aber relevant, kann nur ein entsprechendes Label gesetzt werden. Da jedoch die Inhalte untertitelter Sendungen in der Regel dramaturgisch durchdacht sind, ist davon auszugehen, dass starke Gefühlsäußerungen schauspielerisch deutlich genug umgesetzt werden, so dass selten ein Label nötig sein wird.

Auch Ironie wird mittels der Stimmführung ausgedrückt. Der Satz „Nein, natürlich bist du nicht zu spät." kann in Abhängigkeit von der Stimmführung mehrere Bedeutungen haben. Er kann bedeuten, dass die angesprochene Person tatsächlich nicht zu spät erschienen ist. Er kann aber auch das genaue Gegenteil ausdrücken, wenn der Sprecher einen ironischen Unterton in den Satz legt. Nicht immer wird Ironie von Mimik und Gestik unterstützt, und nicht immer erklärt sich Ironie aus der Reaktion der angesprochenen Person, dem Kotext bzw. Kontext. Um eine nicht visuell erschließbare, jedoch dramaturgisch relevante Ironie zu verdeutlichen, kann der Untertiteler wiederum auf orthographische Mittel zurückgreifen und hinter die ironische Aussage ein Ausrufezeichen in Klammern (!) oder ein Fragezeichen in Klammern (?) setzen. Leider kann dadurch nicht angezeigt werden, auf welchem Wort der Satzakzent liegt.

Der Ort des Satzakzents kann der Schriftsprache nicht immer entnommen werden. Wenn ein Sprecher beispielsweise eine Frage ohne Fragewort stellt und Verb-Zweit-Stellung benutzt (analog zum Aussagesatz: „Du gehst schon wieder?"), kann der Satz im Untertitel nur an Hand eines entsprechenden Satzschlusszeichens als Frage erkannt werden. Nicht selten kommt es allerdings vor, dass ein Satz aus Zeitmangel nicht bis zum Ende gelesen werden kann. Die Folge wäre, dass die Frage als Aussage wahrgenommen wird. Dies kann sich unter Umständen auf das Verständnis vom Film auswirken. Daher wird empfohlen, diese Echofragen in Fragesätze mit der Syntax von Fragesätzen umzuwandeln (Fragewort und Verb-Zweit-Stellung bei Alternativfragen bzw. Spitzenstellung des Verbs bei Entscheidungsfragen). So verfährt z. B. Titelbild. Die

116 Aufgrund der besseren Lesbarkeit (große Leinwand, höhere Auslösung) von Filmuntertiteln darf die Lesezeit kürzer sein als bei den schlecht lesbaren Teletext-Untertiteln.

Frage „Du warst heute im Büro?" sollte also umformuliert werden zu „Warst du heute im Büro?", wenngleich die implizite Vermutungsbedeutung der Echofrage dann verloren ginge. In den Richtlinien der Firma heißt es zudem:

> Phonologie spielt in Lautsprachen auch eine wichtige Rolle bei der Kohärenz von Texten. Entsprechend sollte man besonders darauf achten, dass UT-Folgen [aufeinander folgende Untertitel, Anm. d. Autorin] kohärent sind. Aber das gilt ja nicht nur für UT für HG [Untertitel für Hörgeschädigte, Anm. d. Autorin]. (UM 6)

Die Umformulierung der Syntax ist eine noch relativ leicht zu realisierende Maßnahme. Bei phonetischen Mitteln, die sich nicht auf die Kennzeichnung der Satzart beziehen, gestaltet sich die Umsetzung schwieriger. So kann ein Satz nicht immer mit dem betonten Satzglied beginnen, um zu verdeutlichen, dass es im Gesprochenen betont wurde[117]. Eine Hervorhebung mittels Unterstreichung ist bei der Teletext-Untertitelung leider aus technischen Gründen ausgeschlossen. Versalien stehen zur Kennzeichnung des Satzakzentes jedoch zur Verfügung. Darüber hinaus kann die Intonation eines Sprechers im Deutschen auch mit Hilfe von Partikeln mit kommunikativ-illokutiver Funktion[118] wiedergegeben werden.

Es stellt sich darüber hinaus die Frage, inwiefern Reime als rhetorisches Mittel, auf dem mitunter Sprachspiele beruhen, erkannt werden. Hier wäre es sicher sinnvoll, die sich reimenden Wörter direkt übereinander oder zumindest in einen Untertitel zu bringen, damit die gleiche Schreibweise erkannt und der gewünschte Effekt erzielt wird (vgl. Abb. 61). Dies lässt sich jedoch nur bei der Reimform AA oder bei Anaphern ideal praktizieren.

Obwohl die Vorgaben der Redaktionen und Untertitelungsfirmen, mit Ausnahme der Titelbild-Richtlinien, nichts speziell über die Wiedergabe phonetischer Mittel aussagen, ist davon auszugehen, dass die Wiedergabe phonetischer Mittel über eine entsprechend formulierte Syntax, semantische Mittel (wie z. B. Partikeln), Hervorhebungen (wie z. B. Versalien) der über Labels erfolgt. Auch der Richtlinienentwurf der Arbeitsgruppe „Untertitel und Gebärdenspracheinblendung" sieht bezüglich der Wiedergabe phonetischer Mittel keine Vorgehensweise vor.

4.4.8 Übertragene Bedeutung und Mehrdeutigkeit

Wörter und Phrasen mit übertragener und / oder mehrfacher Bedeutung können sowohl für hörende als auch in besonderem Maße auch für hörgeschädigte Menschen ein Verstehensproblem darstellen[119]. Da die Gebärdensprache eine visuell

---

117 Dies ist z. B. nicht möglich, wenn in dem Satz *Paul liebt Paula.* das Verb betont wird. Dann müsste entweder auf den Kontext oder z. B. auf Versalien zurückgegriffen werden.

118 Partikeln mit vorwiegend kommunikativer Funktion sind z. B. aber, also, auch, bloß, denn, doch, eigentlich, einfach, etwa, gerade, halt, ja, mal, noch, nun, nur, schon, überhaupt, vielleicht, wohl (vgl. Helbig / Buscha 1999:477).

119 Falls übertragene Bedeutung neutralisiert wird, kommt dies einer Vereinfachung gleich und ist somit nicht genau abzugrenzen zu 4.4.9 Syntax, Stil, Vereinfachung.

orientierte Sprache ist, müsste den Nutzern dieser Sprache der Gebrauch sprachlicher Bilder in der Lautsprache entgegenkommen. Dies setzt allerdings voraus, dass die mit dem Bild verknüpfte Bedeutung bereits bekannt ist. Ob die Bedeutung bekannt ist, hängt hauptsächlich vom Bildungsgrad des einzelnen Untertitelnutzers ab und kann nicht verallgemeinert werden. Andrea Näfken argumentiert in ihrem Werk „Empfehlungen für die Untertitelung von Fernsehsendungen" von 1983 noch folgendermaßen gegen die Verwendung von Redewendungen:

> **Bei der Untertitelung sollten keine Redewendungen benutzt werden.** Die Umfrage[120] zeigt sehr deutlich, daß die Befragten Redewendungen bei der Untertitelung nicht einsetzen würden. Sie halten dieses sprachliche Mittel für missverständlich, weil Gehörlosen Redewendungen nicht bekannt sind und sie deshalb wörtlich nehmen könnten. (Hervorhebung im Original; Näfken 1983:12)

Zu verallgemeinern, dass Redewendungen Gehörlosen nicht bekannt sind, ist schon allein deshalb falsch, weil die Gebärdensprache ihre eigenen Redewendungen besitzt. Diese Interpretation schließt darüber hinaus zu Unrecht die Lernfähigkeit Gehörloser aus. Allerdings ergab auch ein Gespräch mit der Leiterin des Leipziger Förderzentrums für Hörgeschädigte Samuel Heinicke, Frau Fechner, dieses Argument. Die Schüler entnehmen die Bedeutung des jeweiligen Wortes dem ihnen geläufigsten Sinn. Dadurch kann eine in der Lautsprache allgemein übliche Kollokation „einen Brief zustellen" schnell zum Verstehensproblem werden, wenn das Verb „zustellen" in erster Bedeutung als „den Weg zu oder die Sicht auf etwas versperren" bekannt ist. Verschärft kann dies werden, wenn die in diesem Kontext falsche Bedeutung vermeintlich durch das Geschehen im Bild unterstützt wird, beispielsweise dadurch, dass ein Gegenstand vor einen anderen gestellt wird. Hier wird von Fall zu Fall entschieden, ob die Mehrdeutigkeit durch eine andere Wortwahl aufgehoben werden soll. Gabriele Krüger vom Bayerischen Fernsehen äußert sich hierzu folgendermaßen:

> Bei Redewendungen muss man vorsichtig sein. Beispiel „Willst du mich auf den Arm nehmen?" Da würde ich schreiben „Willst du mich veräppeln?". (Hervorhebung im Original; E-Mail 10)

Inwieweit „veräppeln" allerdings besser verstanden wird als „auf den Arm nehmen" ist nur teilweise nachvollziehbar. Bei beiden Alternativen liegt eine übertragene Bedeutung vor. Allerdings gibt es für das umgangssprachliche „veräppeln" im heutigen Sprachgebrauch keine andere Bedeutung als „veralbern" (vgl. Wahrig 2000:1321). Für „veräppeln" spräche also, dass es nicht mehrdeutig und kürzer ist. Die Untertitel-Werkstatt Münster schließt in ihren Richtlinien „metaphorischen Sprachgebrauch" aus. Allerdings wird übertragene Bedeutung mitunter trotzdem verwendet, wie Abbildung 62 zeigt. In der Regel wird jedoch statt „Die Uhr schlägt 12" geschrieben „Es ist 12 Uhr" (vgl. E-Mail 8). Besteht

---

120 Hierbei handelt es sich um eine Fragebogen-Umfrage unter Fachleuten an Gehörlosenschulen und Sendeanstalten zu der Frage, wie Untertitel gestaltet werden sollen.

hier allerdings eine Ablesemöglichkeit, z. B. in Form einer Nah- oder Großaufnahme, sind die Originalwörter zu verwenden. Bernhard Brämswig von der Untertitel-Werkstatt Münster rechtfertigt die umfangreichen Anpassungen wie folgt:

> Die Anpassungen, die gemacht werden, dienen ja schlussendlich nicht der Verdummung oder Verschleierung, sondern der Verbesserung oder gar Herstellung der Verständlichkeit. Wir könnten uns ein anderes Vorgehen gar nicht erlauben, da die Mehrzahl unserer Zuschauer nicht gehörlos, sondern „nur" schwerhörig ist (Senioren bspw.). Diese Personen können unsere Untertitel mit dem Ton noch ansatzweise abgleichen und haben gute Sprachkompetenz. Die Untertitel werden quasi als „Rettungsring" zum Verständnis des Filmes verwendet. Es gibt jedoch aus dieser Klientel fast keine Beschwerden. Dies werten wir als gutes Zeichen. Es wird in der Realität an den Dialogen nicht viel verändert. (Hervorhebung im Original; E-Mail 8)

Auch das ZDF schreibt vor, dass Redewendungen, idiomatische Redensarten und Sprichwörter nur dann wörtlich wiederzugeben sind, wenn anzunehmen ist, dass sie verstanden werden oder ein „pädagogischer bzw. spracherzieherischer Effekt" zu erwarten ist (vgl. UM 4). Das bedeutet, dass auch beim ZDF eine eventuelle Anpassung lexikalischer Mittel auf eine Einzelfallentscheidung hinausläuft. Titelbild stuft den Umgang mit idiomatischen Ausdrücken als schwierig ein, da nicht bekannt ist, in welchem Maße gehörlose Zuschauer mit idiomatischen Ausdrücken der deutschen Lautsprache vertraut sind. In den Richtlinien kommt man jedoch zu dem Schluss, dass häufig verwendete Redewendungen „kein Problem" darstellen dürften und daher beibehalten werden sollten. Generell heißt es jedoch über Anpassungen (vgl. UM 6):

> Es ist sehr umstritten, ob bzw. in welchem Maße UT für HG [Untertitel für Hörgeschädigte, Anm. d. Autorin] besonderen sprachlichen Richtlinien folgen sollen. Tendenziell gilt, dass UT für HG nicht qualitativ völlig anders zu gestalten sind wie UT für OmU [Original mit Untertitel bzw. interlinguale Untertitelung, Anm. d. Autorin.]. (UM 6)

Der Hessische Rundfunk gibt an, Metaphern und Redewendungen bzw. jegliche Art von Bildern mit übertragener Bedeutung wiederzugeben, „soweit es im Kontext der Handlung Sinn macht und für den Leser nachvollziehbar erscheint" (vgl. E-Mail 11). Inwiefern von einem hörenden eingeschätzt werden kann, ob eine übertragene Bedeutung beispielsweise für einen gehörlosen Zuschauer nachvollziehbar ist, ist allerdings fraglich. Dies setzt eine enge Zusammenarbeit mit der Adressatengruppe voraus. Der Mitteldeutsche Rundfunk gibt an, Redewendungen und Sprichwörter zu „übersetzen". Gleichermaßen wird verfahren mit Ironie, Sprachspielen sowie anderen Arten von Mehrdeutigkeit und übertragener Bedeutung. In Zweifelsfällen wird ein Gebärdensprachdolmetscher um Rat gefragt.

Generell sprechen für die Verwendung metaphorischen Sprachgebrauchs die Forderung der Arbeitsgruppe „Untertitel und Gebärdenspracheinblendung" nach wörtlicher Untertitelung und der damit verbundene potentielle Lerneffekt. Denn nur weil eine (weitere) Bedeutung eines Wortes nicht bekannt ist, schließt dies nicht aus, dass diese aus dem Kontext erschlossen werden kann oder nach oder während der Sendung durch Zuhilfenahme eines Wörterbuchs oder Nachfrage bei einer anderen Person geklärt werden kann. Dies auszuschließen, würde bedeuten, hörgeschädigte Menschen generell für nicht lernfähig zu halten und wäre tatsächlich eine Diskriminierung.

4.4.9 Syntax, Stil und Vereinfachung

Die Angaben zur Syntax fallen in den Informationen der untertitelnden Institutionen unterschiedlich umfangreich aus. Es wird in erster Linie darauf verwiesen, dass so wörtlich wie möglich untertitelt wird. Da jedoch Untertitel möglichst in sich geschlossene Sätze enthalten bzw. mit einem Satz abschließen sollen, ist es in den meisten Fällen unumgänglich, längere Sätze in kürzere aufzuspalten und somit auch die Syntax zu verändern. Eine Veränderung geht mitunter notgedrungen mit einer Vereinfachung der Syntax einher. Meines Erachtens spricht auch nichts dagegen, den Text syntaktisch verständlicher zu gestalten, wenn er ohnehin modifiziert werden muss. Dennoch wird der Untertiteltext auch vereinfacht, um ihn dem sprachlichen Niveau hörgeschädigter Zuschauer anzupassen. Gegen eine Vereinfachung aus diesem Grund wehrt sich die Arbeitsgruppe „Untertitel und Gebärdenspracheinblendung" mit ihrem Richtlinienentwurf, in dem es heißt:

> In den Untertiteln sollte die Originalsprache weitgehend erhalten bleiben. Unbekannte Wörter oder Phrasen sollten nicht durch einfache Synonyme ersetzt werden. Sie sollten auch nur dann umschrieben werden, wenn das Sprechtempo das normale Lesetempo überschreitet. Hörgeschädigte können die Untertitel - oft durch ihr Resthörvermögen oder Ihre Fähigkeit, von den Lippen abzulesen – kontrollieren und empfinden unnötige Abweichungen von der Originalsprache als massive Zensur oder Bevormundung. (UM 3)

Das ZDF schreibt generell die Verwendung einfacher, d. h. ausdrücklich nicht primitiver, Sprache vor. Konkret bedeutet dies die Verwendung von Sätzen mit der einfachen Syntaxfolge Subjekt – Verb – Objekt, die Vermeidung von Nebensätzen und ungeläufigen Wörtern. Zum Konjunktiv heißt es in den Richtlinien des ZDF:

> Der Konjunktiv wird von vielen Hörbehinderten nur schwer oder gar nicht verstanden. Die Möglichkeitsform *muss* jedoch verwendet werden, wenn sie Sinn und Bedeutung hat – d. h. wenn ohne Konjunktiv der Sinn entstellt wird. (Hervorhebungen im Original; UM 4)

Des Weiteren soll direkte Rede „zur emotionalen Anreicherung" indirekter Rede vorgezogen werden. Tatsächlich ist direkte Rede auch oft kürzer und verständlicher als indirekte Rede, da sie durch einen Doppelpunkt eingeleitet und demzufolge als Hauptsatz gestaltet werden kann. Auch in einer Diskussion zwischen Teletext-Redakteuren öffentlich-rechtlicher Sender und Hörgeschädigten (Nagel 1984:35) wurde verdeutlicht, dass der Inhalt einer Aussage in indirekter Rede von den Hörgeschädigten oft nicht verstanden wird. Diese Feststellung wurde allerdings schon im Jahr 1984 getroffen. Inwiefern sich dies durch die Anerkennung der Gebärdensprache und die Verfügbarkeit des Internets verändert hat, ist nicht zu bestimmen, da es keine aktuellen, repräsentativen Untersuchungen zu Lesefähigkeit Hörgeschädigter gibt.

Auch das Bayerische Fernsehen versucht, hypotaktische Sätze, wenn sie zu zahlreich vorhanden sind, in Parataxen aufzulösen und nach Möglichkeit kurze Sätze zu erstellen, was nach eigenen Angaben auch gut gelingt. Auf Passiv, Konjunktiv, Infinitive mit „zu" und Modalverben wurde in der Vergangenheit verzichtet. Aktuell werden diese Konstruktionen jedoch verwendet, um die früheren Sinnentstellungen zu vermeiden (vgl. Abb. 63). Alle anderen Veränderungen, die schriftlich am Gesprochenen vorgenommen werden, gehen auf notwendige Textreduktionen aus Platz- und Zeitmangel zurück. So verschwinden zuerst die Füllwörter, dann auch Adjektive. Wörter mit zu vielen Zeichen werden durch kürzere Synonyme ersetzt. Der Hessische Rundfunk schränkt die Verwendung von Passiv, Konjunktiv, Infinitiven mit „zu", Modalverben sowie unpersönlichen „es"-Sätze nach Möglichkeit ein und hält die Wortstellung im Fragesatz ein. Trennbare Verben werden nicht zwanghaft zusammengeschrieben. Hier richtet sich der HR nach dem Gesprochenen. Zusammengesetzte Zeiten müssen einfachen Zeiten hauptsächlich aus Zeit- und Platzgründen weichen. Rhetorische Fragen werden wiedergegeben, da sie als meistens aus dem Kontext erschließbar eingestuft werden. Namen und Anreden können entfallen, wenn ersichtlich ist, wer spricht bzw. angesprochen wird. Für die Stellung von Namen und Anreden innerhalb des Untertitels gibt es keine feste Regel.

Der MDR lässt bei Zeit- und Platzmangel zuerst Füllwörter, Anreden und Namen sowie Adjektive aus. Können Anreden und Namen erhalten bleiben, werden sie jedoch nicht zwangsläufig an das Satzende gestellt. Des Weiteren werden Konjunktive, „es"-Sätze, getrennte Verbformen sowie zu komplexe Satzformen möglichst vermieden. Was eine „zu komplexe Satzform" ist, wird nicht näher erklärt, so dass davon auszugehen ist, dass es sich hierbei um Nebensatzkonstruktionen handelt. Auch rhetorische Fragen werden nicht als solche wiedergegeben, sondern in einen Aussagesatz mit gleichem Inhalt bzw. mit gleicher Absicht umgewandelt. Zusammengesetzte Zeiten werden nicht partout in einfache Zeiten aufgespalten. Dies wird nur praktiziert, wenn die Präteritum-Form des Verbs nicht „ungewohnt klingt" (vgl. E-Mail 18). Auf „du aßest" würde beispielsweise zu Gunsten des Perfekts verzichtet werden. Bei Fragen wird auf Verb-Erst-Stellung Wert gelegt. Die WPEG schränkt die Verwendung linguistischer Mittel bewusst nicht ein, da besonders gehörlose Zuschauer, auch im persönlichen Gespräch mit Mitarbeitern der WPEG, immer wieder eine wörtliche Untertitelung favorisieren. Martin Burike von der WPEG merkt dennoch dazu an:

> Aber wir möchten auch für die Zuschauer Untertitel anbieten, deren Wortschatz und Sprachschatz nicht so weit entwickelt ist. Aber eben dort [in den Sendungen, Anm. d. Autorin], wo es sinnvoll ist. [...] Aber irgendwelche Vorgaben, was Gehörlose verstehen und was nicht, halte ich für anmaßend. (E-Mail 12a)

Die Untertitel-Werkstatt Münster schränkt in ihrem Kanon der wichtigsten sprachlichen Grundregeln, die für alle Untertitelungen obligatorisch sind, am stärksten und am konkretesten ein. So sind einfache Hauptsätze zu bevorzugen und nur wenige Nebensätze zu verwenden. Unpersönliches „es" am Satzanfang, Passiv, Konjunktiv und die Aufspaltung trennbarer Verben werden vermieden. Obwohl angegeben wird, dass auf unpersönliches „es" zu verzichten ist, zeugt Abbildung 64 davon, dass sie tatsächlich jedoch verwendet werden. In Aussagesätzen sollte das Verb immer an das Satzende gesetzt werden. „Ich holte mir meinen Ball zurück." würde demnach umformuliert zu „Ich habe mir meinen Ball zurückgeholt.". Eventuelle Verneinungen sollten durch Wörter wie „nicht" oder „nie" gut gekennzeichnet sein. Auf Fragen soll immer in direkter Rede geantwortet werden. Rhetorische Fragen werden zu einem Aussagesatz mit gleicher Bedeutung umformuliert. Von zusammengesetzten Zeiten sowie Spitzenstellung des finiten Verbs ist abzusehen. So soll es nach einem Beispiel der Untertitel-Werkstatt Münster heißen: „Hast du das gehört?" statt „Hörtest du das?". Hierbei widersprechen sich allerdings die Forderung nach Vermeidung zusammengesetzter Zeiten und die Forderung nach Spitzenstellung des Verbs. Welche Forderung im Fragesatz eine höhere Priorität hat, konnte nicht beantwortet werden und ist demnach vermutlich von Fall zu Fall zu entscheiden. Die Wörter „weil", „deshalb", „darum" und „dafür" sollten nicht am Satzanfang stehen. Trennungen sind nicht vorzunehmen. Namen und Anreden werden innerhalb des Satzes an das Ende gestellt. Erfolgt sie separat, kann sie jedoch auch am Anfang des Untertitels stehen. Reflexive Verben sollen nach Untertitel-Werkstatt Münster ebenfalls keine Verwendung finden, obwohl sogar nach Näfken nichts dagegen spräche. Sie gibt zu bedenken, dass reflexive Verben an Gehörlosenschulen erarbeitet werden und deren Verwendung gehörlosen Zuschauern daher bekannt ist:

> Reflexive Verben sollten bei der Untertitelung eingesetzt werden, damit Gehörlose es nicht verlernen, sie sinnrichtig zu verwenden und zu verstehen. Zudem sei das Sprachverständnis weiter entwickelt als der aktive Sprachschatz, so daß der Verwendung reflexiver Verben (nach Ansicht der Befragten) nichts im Wege steht. (Näfken 1983:10)

Andererseits bemerkt die Untertitel-Werkstatt Münster, dass in der Realität nicht viel an den Dialogen verändert wird. Titelbild verweist erstens auf den Gebrauch der für Fragesätze üblichen Syntax und vermeidet zweitens relative ungebräuchliche Strukturen für Deklarativsätze. So sollen Konditionalsätze keine Spitzenstellung, sondern Endstellung des Verbs aufweisen. Statt „Kommst du nicht, gehe ich allein ins Kino." muss es heißen „Wenn du nicht kommst, gehe ich allein ins Kino". Für die weitere Textreduktion wird auf die auch für die interlinguale Untertitelung üblichen Mittel verwiesen.

Die üblichen Strategien zur Textreduktion sind Umformulierungen des Inhalts ohne den Verlust relevanter Informationen. Dabei kommt es oft zu Interpretationen. Lange Sätze werden in kürzere aufgespalten, damit sie in möglichst wenige Untertitel passen, idealiter in nur einen Untertitel. Dies kann geschehen, indem Passiv-Konstruktionen zu Aktivsätzen umformuliert werden. Nebensätze werden aufgelöst, indem Relativsätze zu Hauptsätzen umformuliert werden.

Zusammengesetzte Zeiten werden zu einfachen Zeiten. Dennoch sollen Untertitel sich lesen wie gesprochene Sprache. Hier ist demnach Vorsicht geboten. Nicht jedes Verb liest sich im Präteritum noch wie gesprochene Sprache, sondern wirkt eventuell nach einer höheren formalen Sprachebene als das Perfekt. „Ich war gestern im Kino" klingt noch mehr nach gesprochener Sprache als „Ich sprach mit ihm über das Thema". Das Register sollte durch Kürzung nicht verfälscht werden. Bei der Entscheidung, welches Verb in der gesprochenen Sprache im Präteritum gebräuchlich ist, ist das Sprachgefühl des Untertitelers gefordert. Funktionsverbgefüge können zu Verben aufgelöst werden (z. B. „mit jemandem in Kontakt treten" wird zu „jemanden kontaktieren"), was auch der Verständlichkeit und der Lesbarkeit zu Gute kommt. Auf Wortebene werden zuerst Partikeln und Füllwörter ausgelassen, dann Namen und Anreden, sofern sie nicht notwendig sind. Doch auch hier ist Vorsicht geboten. Gerade Partikeln und Füllwörter können in einigen Fällen die Intonation eines Satzes wiedergeben und daher distinktiven Charakter besitzen; Namen können dramaturgische Bedeutung haben. Wiederholungen können zusammengefasst bzw. ausgelassen werden. Wörter können durch kürzere Synonyme ersetzt werden. Es ist jedoch bei allen Reduktionen darauf zu achten, dass die Idiomatizität nicht zu stark leidet. Manchmal wird es sich jedoch nicht vermeiden lassen, auf das „klipp" bei „klipp und klar" zu verzichten. Die Kohärenz muss jedoch unter allen Umständen erhalten bleiben. Die Kürzung eines langen Satzes könnte demnach in Abstufungen wie folgt aussehen:

Original: „Wo ist denn jetzt schon wieder der Herr Hauptkommissar Thiel?"
1. „Wo ist denn Herr Hauptkommissar Thiel?"
2. „Wo ist Hauptkommissar Thiel?"
3. „Wo ist Kommissar Thiel?"
4. „Wo ist Herr Thiel?"
5. „Wo ist Thiel?"[121]

Der Richtlinienentwurf der Arbeitsgruppe „Untertitel und Gebärdenspracheinblendung" geht, wie unter oben genannten Punkten bereits erwähnt, von einer möglichst wörtlichen Untertitelung aus. Sprachliche Umformungen werden nur zugelassen, wenn ein Zeitmangel dies gebietet. Dies darf jedoch keine bewusste Vereinfachung des Textes bedeuten. Unter Zeitmangel wird die Verwendung einfacher Zeiten nahe gelegt. Des Weiteren kann bei Konditionalsätzen das Wort „dann" ausgelassen werden (z. B. „Wenn es heute regnet, (dann) gehe ich ins Kino."). Wenn für Wörter kürzere Synonyme gefunden werden müssen, sollte trotzdem die Vokalfolge des Satzes, z. B. A-E-I-O-U, beibehalten werden, da vor allem bei deutschen Filmen davon ausgegangen werden muss, dass Hörgeschädigte neben den Untertiteln auch das Ablesen als Verstehenshilfe nutzen. Des Weiteren können schnell aufeinander folgende Untertitel zusammengefasst werden. So kann ein Dialog z. B. folgendermaßen eingekürzt werden (vgl. UM 3):

---

121 Das Beispiel stammt aus der Reihe der Münster-Tatorte (ARD) und wurde freundlicherweise von Martin Burike (WPEG) zur Verfügung gestellt (vgl. E-Mail 12a).

Originaltext

Person 1: War's das?

Person 2: Ja.

Person 1: Wirklich alles?

Person 2: Ja, alles.

gekürzte Untertitelfassung

Namen und Anreden können ausgelassen werden, sofern offensichtlich ist, wer angesprochen wird. Müssen Name oder Anrede erwähnt werden, sind sie an das Satzende zu stellen, um den Zuschauern die Möglichkeit zu geben, zuerst den Inhalt zu erfassen, falls der Satz nicht bis zum Ende gelesen werden kann. Mehr Umformungen sind nach Vorgabe der Arbeitsgruppe nicht zulässig. Hier gibt es also nach wie vor eine große Diskrepanz unter den untertitelnden Institutionen einerseits und zwischen den Institutionen und der Adressatengruppe andererseits.

4.5 Die Debatte um die Wörtlichkeit

Hier werden die 1983 von Andrea Näfken erstellten „Empfehlungen für die Untertitlung von Fernsehsendungen" vorgestellt, um zu verdeutlichen, auf welche (neben den in Kapitel 3 aufgeführten) Begründungen die heute teilweise noch praktizierten Verfahrensweisen zurückgehen. Näfken stellt in ihrem schmalen Werk Merksätze für die Untertitelung für Hörgeschädigte auf, die auf dem Ergebnis einer Umfrage unter Fachleuten an Sendeanstalten und Gehörlosenschulen und Näfkens Recherche in der damaligen Fachliteratur basieren. Dabei deckt bereits das Vorwort von Jürgen Töllner die Schwachstelle der Arbeit auf, relativiert diese jedoch zugleich:

> Diese Strategie hat sicherlich ihre Schwäche: geht sie doch davon aus, daß der Adressat untertitelter Filme, nämlich „der" gehörlose Mensch existiert. Trotzdem schlossen wir uns in der Strategie Langer et al. an, die in ihrer Veröffentlichung „Sich verständlich ausdrücken" zu der Auffassung gelangte, daß es in der „Verständlichkeitsforschung nichts besseres als die Erhebung von Schätzurteilen" gibt (Langer et al., S. 135). (Hervorhebung im Original; Näfken 1983:01)

Näfken stellt Merksätze zur inhaltlichen und optischen Gestaltung von Untertiteln auf. Hier möchte ich nur auf Merksätze Näfkens mit syntaktischem Bezug eingehen. Oft wirken die Merksätze wie Vermeidungsstrategien, die darauf schließen lassen, dass entweder die Gehörlosenbildung sich ihrer Defizite nicht bewusst war oder die Merksätze nur eine kurzfristige Lösung darstellen sollten. Zum Konjunktiv heißt es:

> **Untertitel nicht im Konjunktiv abfassen! Der Konjunktiv sollte ersetzt werden durch das Modalverb „können" oder durch das Modaladverb „vielleicht" plus Indikativ.** Der Konjunktiv sollte bei der Untertitelung keine Verwendung finden, weil er zum einen nicht genügend im Unterricht geübt und gehörlosen Zuschauern deshalb ungeläufig ist, und weil er zum anderen eine zu abstrakte Sprachform darstellt. Außerdem kann es passieren, daß durch die Verwendung des Konjunktivs Bild und Untertitel zu stark divergieren, weil im

> Bild gezeigt wird, was gerade passiert, während im Untertitel zu lesen ist, was sein könnte. Die unterschiedlichen Informationen aus Bild und Text können Verwirrung beim gehörlosen Zuschauer hervorrufen. (Hervorhebungen im Original; Näfken 1983:07)

Die hier eingebrachte Kritik an der Gehörlosenbildung entspricht zwar der Wahrheit, wird aber gegen die Gehörlosen verwendet, statt Anlass für ein Umdenken im Bildungswesen für Gehörlose zu sein. Es wäre langfristig sinnvoller, den Unterricht zu verbessern und den Lerneffekt von Untertiteln zu fördern, als eine Vermeidungsstrategie aufzubauen. Zum zweiten Punkt ihrer Begründung ist zu bemerken, dass eine inhaltliche Divergenz zwischen Bild und Text sicher noch häufiger vorkommt als lediglich bei der bildlichen Untermalung des Konjunktivs. Diese Divergenz besteht für Hörende und Hörgeschädigte gleichermaßen. Wird der Konjunktiv nicht verwendet, besteht die Gefahr, dass der gehörlose Zuschauer vollkommen irre geleitet wird, ohne die Möglichkeit gehabt zu haben, den Inhalt der Sendung zu verstehen. In vielen Fällen kann aufgrund des Sachverhalts nicht auf die Möglichkeitsform verzichtet werden. Dieser Verzicht ist auch deshalb nicht einzusehen, weil das Konzept der Möglichkeit auch in der Gebärdensprache existiert und daher für gehörlose Zuschauer kein Novum darstellt. Zusammenfassend ist dieser Regel im mildesten Falle zu entnehmen, dass gehörlose Zuschauer vor ihrer potenziellen Unwissenheit geschützt werden sollen. Dies beschränkt sich jedoch nicht auf den Konjunktiv, sondern bezieht sich nach Näfken (1983:09) auch auf die abstrakten Modalverben „können" und „sollen". Letzteres ist nach Näfken durch „müssen" oder eine andere Konstruktion ohne Modalverb zu ersetzen. Eine Alternative für das Modalverb „können" schlägt sie jedoch nicht vor. Dies kann sie schon allein deshalb nicht, da sie zuvor empfahl, den Konjunktiv durch „können" zu ersetzen. Alle anderen Modalverben dürfen nach Näfken im Untertitel verwendet werden, da sie aufgrund ihrer unersetzlichen Bedeutung nicht ausgeschlossen werden können. Die abstrakte Bedeutung von Modalverben entspringt ihrer modifizierenden Funktion. Da diese Modifikationen sowie der Ausdruck von Wille und Gefühlen unerlässlich sind, ist es unmöglich, auf Modalverben zu verzichten, wie Näfken richtig erkannt hat. Des Weiteren schlägt sie die Verwendung von Hauptsätzen vor, da in der Umfrage die Konstruktion Hauptsatz und Hauptsatz mit vor- oder nachgestelltem Nebensatz bevorzugt und die Konstruktion Hauptsatz mit eingeschobenem Nebensatz abgelehnt wurde (vgl. Näfken 1983:10). Sicher sind kurze aneinander gereihte Hauptsätze leichter zu verstehen, als lange Schachtelsätze. Daraus jedoch zu entnehmen, dass auf Nebensätze gänzlich zu verzichten ist, erscheint gerade angesichts von Sendeformaten mit hoher Informationsdichte fahrlässig. Denn bei Verzicht auf Nebensätze können Kohärenz stiftende Merkmale leicht verloren gehen, was die Kohärenz des gesamten Textes gefährden kann. Diese Texte wären weder für Hörende noch für Hörgeschädigte verständlich. Auch auf die Form des Passiven sollte nach Näfken möglichst verzichtet werden, da sie der Grund für die Leseschwierigkeit bei Gehörlosen sei (vgl. Näfken 1983:11).

Dazu ist nur anzumerken, dass sie lediglich die Hürde sein kann, an der sich Leseschwierigkeiten zeigen können. Der Grund für Leseschwierigkeiten ist jedoch im Bildungswesen selbst zu suchen. Sie räumt trotz ihres Merksatzes ein, dass die Verwendung des Passivs oft unvermeidlich ist. So kann sie auch nur Alternativbeispiele für die Umformung von Passivsätzen in Aktivsätze geben, wenn das Agens im Passivsatz angegeben oder allgemein bekannt ist. Allerdings spricht gegen die Verwendung des Passivs im Untertitel auch, dass es oft viel mehr Zeit und Platz in Anspruch nimmt als Aktivkonstruktionen, so dass darauf auch in der interlingualen Untertitelung verzichtet wird.

Teilweise wird noch heute mehr oder weniger bewusst nach Merksätzen wie diesen verfahren. Ob sich die Untertitel-Autoren bzw. die Autoren von Untertitelungsrichtlinien über die eventuell veralteten Gründe solcher und ähnlicher Modi operandi im Klaren sind, darf bezweifelt werden. Immerhin gilt es als erwiesen, dass besonders prälingual gehörlose und stark schwerhörige Menschen Probleme beim Verstehen des Gelesenen haben. Daher fällt es schwer, Änderungen zu akzeptieren oder nach Gründen zu fragen. Gründe für diese Probleme sah die Gehörlosenbildung lange Zeit nicht in den eigenen Methoden. Und noch heute geht ein Umdenken, weg vom Oralismus und hin zur bilingualen Methode, nur punktuell und langsam vonstatten, und muss von Verfechtern der Zweisprachigkeit, oft aus den Reihen der Hörgeschädigten selbst, vorangetrieben werden. Hinsichtlich einer wörtlichen Untertitelung hat sich eine starke Lobby herausgebildet, die den Lerneffekt von Untertiteln betont. Dennoch muss davon ausgegangen werden, dass es Hörgeschädigte gibt, die wörtliche Untertitel, die ja mit einer sehr kurzen Lesezeit einhergehen, nicht verstehen. Allerdings bevorzugte auf Nachfragen im Hörgeschädigten-Internetforum Taubenschlag niemand die derzeitige bzw. eine zusammenfassende Untertitelung. Auch anderweitig konnte keine hörgeschädigte Partei gefunden werden, die diese Art der Untertitelung fordert (ausgenommen Teilnehmer der ORF-Studie).

Es stellt sich auch die Frage nach der Autorität: Wer darf überhaupt entscheiden, wie intralinguale Untertitel auszusehen haben? Seit Untertitel ausgestrahlt werden, existiert die Debatte darum, wie wörtlich sie sein dürfen, können und müssen. Dabei streiten sich mehr oder weniger direkt Hörgeschädigten-Pädagogen, Fernsehredakteure und Adressaten. Die Pädagogen glauben zu wissen, was ihre „Schützlinge" verstehen und was sie nicht verstehen. Fernsehredakteure vertrauen ihren Angaben und passen sie den technischen Einschränkungen und ihren Erfahrungen beim Untertiteln an (vgl. Näfken 1983). Die Adressaten fühlen sich von der praktizierten Vorgehensweise bei der Erstellung von Untertiteln (die indirekt auf Hörgeschädigten-Pädagogen und direkt auf die Redakteure zurückgeht) teilweise bevormundet, wenn nicht gar entmündigt und fordern eine wörtliche Untertitelung. Eine vereinfachende Untertitelung wird mit einer Diskriminierung aufgrund ihrer Hörschädigung gleichgesetzt. In welchem Licht die Einschätzung der Hörgeschädigten-Pädagogen zu sehen ist, zeigt Kapitel 3. Gleichzeitig muss jedoch an dieser Stelle auch darauf hingewiesen werden, dass das hörpädagogische Bildungswesen ganz besonders in der Pflicht steht, den Erkenntnissen bezüglich der Vorteile einer bilingualen Erziehung noch mehr Rechnung zu tragen und verstärkt die Gebärdensprache im Unterricht einzusetzen. Da es keine aktuellen, repräsentativen Untersuchungen zum Leseverstehen Hörgeschädigter gibt, bleibt nur zu vermuten, dass sich ihre Schriftsprachkompetenz im Zuge der pro-bilingualen Erkenntnisse und entsprechender Projekte und pro-bilingualer privater Erziehungsmethoden verbessert hat. Auch das Internet kann dazu beigetragen haben, dass hier eine Verbesserung zu verzeichnen sein könnte.

Wie wörtlich Untertitel sein können, wird durch die technischen Einschränkungen beim Untertitelungsprozess und durch Merkmale der Lesbarkeit von Untertiteln auf dem Fernsehbildschirm bestimmt. Die Vorgabe dazu, wie wörtlich Untertitel sein können, muss demnach vom Untertitel-Autor kommen. Wie wörtlich Untertitel sein müssen, bestimmt die Adressatengruppe. Selbst wenn Gehörlose in Deutschland noch keine Rundfunkgebühren zahlen, sind sie doch Kunden der Fernsehsender und Kunden aller im Fernsehen werbenden Unternehmen. Wenn diese Kunden wörtliche Untertitel fordern, sollten Untertitel-Redakteure eine so restriktive Vorgehensweise wie oben durch Näfken beschrieben nicht zulassen. Es darf nicht aufgrund eventuell veralteter Informationen unterstellt werden, dass eine wörtliche Untertitelung partout nicht verstanden würde. Darüber hinaus ermöglicht die digitale Zukunft des Fernsehens die wahlweise Einblendung von Gebärdensprachdolmetschern für die meisten Sendeformate. Maßgeblich wäre demnach, unter Berücksichtigung der technischen Einschränkungen und Wahrung einer guten Lesbarkeit wörtlich zu untertiteln. Dies kann in jedoch Abhängigkeit der Sendeformate stark schwanken und vielleicht sogar unmöglich sein.

4.5.1 Pro und Contra 1:1-Untertitelung

Im Folgenden soll ein Überblick über die Argumente in der Debatte um die Wörtlichkeit von Untertiteln gegeben werden. Diese stützen sich auf einen Auszug aus einer Diskussionsliste über die Untertitelqualität und 1:1-Untertitelung, die vom Deutschen Gehörlosenbund zur Verfügung gestellt wurden (vgl. UM 1). Aus Gründen der Übersichtlichkeit sind diese in Tabellenform auf der nachfolgenden Seite dargestellt.

Im richtigen Kontext hat jedes Argument seine Berechtigung. Im Grunde geht es jedoch um die Frage, ob auch leseschwachen Zuschauern wörtliche Untertitel zugemutet werden sollten, da die Gefahr besteht, dass sie die Untertitel und somit die Sendung nicht verstehen. Leider ist nicht ausreichend bekannt, wie viele Hörgeschädigte und welche Teilgruppen der Hörgeschädigten über welche Lesekompetenz verfügen.

<table>
<tr><th>Autor Contra</th><th>Contra 1:1-Untertitelung</th><th>Pro 1:1-Untertitelung</th><th>Autor Pro</th></tr>
<tr><td rowspan="4">Herr Kramers vom ZDF</td><td>Die Lesegeschwindigkeit Hörgeschädigter ist geringer als die Hörender.</td><td>Auch Hörende verstehen geschriebene Texte langsamer als gesprochene.</td><td rowspan="5">Mike Wareka von Vico-media</td></tr>
<tr><td>Es sollte genug Zeit bleiben, die Sendung auch visuell zu verfolgen.</td><td>Das sollte selbstverständlich sein.</td></tr>
<tr><td>Es fließen auch Geräusche des Geschehens (z. B. Geräusch) ein.</td><td>Hier ist nur eine Beschreibung der Geräusche, nicht des Geschehenen nötig.</td></tr>
<tr><td>Das Niveau soll der sprachlich weniger kompetenten Gruppe angepasst sein.</td><td rowspan="2">Es geht nicht mehr nur um die ältere Generation. Untertitel haben auch eine lehrende Funktion. Hörgeschädigte durch vereinfachte Untertitel auf einem sprachlich niedrigen Niveau zu halten, ist Diskriminierung.</td></tr>
<tr><td>Hannes Märk vom ORF</td><td>Prälingual Gehörlose haben im Umgang mit der Sprache größere Probleme und sollen nicht überfordert werden.</td></tr>
<tr><td rowspan="2">Bernhard Brämswig von der Untertitel-Werkstatt Münster</td><td>Die Kürzungen geschehen nur selten aus Rücksicht auf eine sprachliche Minderkompetenz von Gehörlosen. Es ist weder Zensur noch Bevormundung beabsichtigt.</td><td>Keine Zensur und keine Bevormundung! Für Hörende wird der Ton auch nicht vereinfacht. Es wird auch keine Rücksicht auf eine sprachlich weniger kompetente Gruppe genommen. Wer die Untertitel nicht versteht, soll auf Gebärdensprach-Dolmetschereinblendungen ausweichen können</td><td rowspan="2">Bernd Schneider vom DGB</td></tr>
<tr><td>Bei der Erklärung schwieriger Wörter auf einer Teletext-Seite verpasst der Zuschauer Passagen der Sendung.</td><td>Schwierige Wörter besser auf eigener Teletext-Seite erklären.</td></tr>
</table>

Tabelle 7: Übersicht über die Argumente pro und contra eine wörtliche Untertitelung ohne sprachliche Anpassungen an das Sprachniveau Hörgeschädigter (eigene Darstellung).

Um zu einer sinnvollen Einigung zwischen der praktizierten Vorgehensweise und den Forderungen seitens der Adressatengruppen zu gelangen, wäre es hilfreich zu testen, inwiefern eine 1:1-Untertitelung von allen Teilgruppen der Hörgeschädigten aufgenommen und verstanden wird. Dies ist 2004 ansatzweise durch den österreichischen Fernsehsender ORF geschehen. Am 11. Juni 2004 um 21.10 Uhr zeigte der ORF den Thriller „Auf der Jagd“ versuchsweise mit einer wörtlichen Untertitelung. Begleitend dazu fand vom 11. bis 22. Juni 2004 eine Umfrage im Internet statt, bei der auch Faxeinsendungen Berücksichtigung fanden (vgl. ER 17). Alle Untertitel-Nutzer im deutschsprachigen Raum waren aufgefordert, ihre persönliche Meinung über diese Art der Untertitelung zu äußern. Insgesamt 237 Personen füllten den Fragebogen aus. Ziel der Umfrage war, herauszufinden, wie die Untertitelung für hörgeschädigte Zuschauer verbessert werden kann, und wie eine wörtliche Untertitelung aufgenommen wird. Obwohl eine 1:1-Untertitelung seitens der Adressatengruppen immer wieder gefordert wird, war die ORF-Teletextredaktion vor der Umfrage nicht davon überzeugt, dass diese Art der Untertitelung praktikabel ist. In der Begründung des ORF hieß es, dass in den meisten Filmen phasenweise so viel und so schnell gesprochen wird, dass der Inhalt bei einer wörtlichen Untertitelung wahrscheinlich nicht vollständig gelesen und verstanden werden kann (vgl. ER 17). Ob dem tatsächlich so ist, sollte mit diesem Experiment überprüft werden.

1:1-Untertitelung ist mir lieber	63,3 %
1:1-Untertitel UND Untertitel wie bisher, abwechselnd wäre besser	16,9 %
Untertitel wie bisher ist zu leicht, aber 1:1-Untertitel ist auch zu schnell	9,7 %
Untertitel wie bisher ist mir lieber	6,8 %
Keine Angaben	2,5 %
1:1-Untertitel ist viel zu schwer, aber auch Untertitel wie bisher schlecht verständlich	0,8 %

Tabelle 8: Umfrageergebnisse zur 1:1-Untertitelung von „Auf der Jagd“ durch den ORF vom 11.06.2004 (vgl. ER 17).

Wie die obige Hochrechnung zeigt (vgl. Tabelle 8), bevorzugt die Mehrheit der Umfrageteilnehmer eine wörtliche Untertitelung der bisherigen Untertitelung. Allerdings sind 237 Teilnehmer, worunter auch Hörende sind, nicht repräsentativ, sind doch nach offiziellen Angaben der Deutschen Gesellschaft zur Förderung Schwerhöriger und Gehörloser e. V. 300.000 Hörgeschädigte auf Tonsubstitution angewiesen[122]. Dennoch spricht das Ergebnis so eindeutig für die 1:1-Untertitelung, dass ein gegenteiliges Ergebnis auch bei einer höheren Teilnehmerzahl unwahrscheinlich ist. Im Folgenden soll an Hand der Umfrageergebnisse untersucht werden, welche Gruppe der Hörgeschädigten die 1:1-Untertitelung bevorzugt, und welche Gruppe den Inhalt der Untertitel, nach eigenen Angaben,

122 Die Zahlen können nicht ins Verhältnis gesetzt werden, da unter den Umfrageteilnehmern auch deutschsprachige Hörgeschädigte aus dem Ausland sind, die Angaben zur Hörgeschädigtenzahl sich jedoch auf Deutschland bezieht.

wie gut versteht. Es soll versucht werden, Angaben zum Verstehen insofern zu eruieren, als es der Fragebogen zulässt[123] und entsprechende Schlüsse zu ziehen. Mehrheitlich nahmen an der Umfrage gehörlose Zuschauer (65,4 % / 155[124]) und schwerhörige Zuschauer (26,16 % / 62) im Alter zwischen 13 und über 60 Jahren teil. Darüber hinaus nahmen auch 3,8 % (9) spätertaubte, 2,53 % (6) hörende Zuschauer und 1,69 % (2) Zuschauer mit einem Cochlea-Implantat teil (vgl. Statistik 2). Eine Person machte keine Angaben zu ihrem Hörstatus. Da hörende Zuschauer zwar Empfänger[125], aber keine Adressaten der Untertitel für Hörgeschädigte sind, werden sie, insoweit dies möglich ist, von der Auswertung der Ergebnisse ausgenommen.

a)	keine Angaben	0,42% (1)
b)	CI-Träger	1,69% (4)
c)	hörend	2,53% (6)
d)	spätertaubt	3,8% (9)
e)	schwerhörig	26,16% (62)
f)	gehörlos	65,4% (155)

Statistik 2: Übersicht über die Umfrageteilnehmer nach Hörstatus (vgl. ER 17).

Die hier ausgewählten Fragen beziehen sich auf die bevorzugte Art von Untertiteln, die allgemeine Qualität der Untertitel in „Auf der Jagd", den Grad des Verstehens und das Timing der gezeigten 1:1-Untertitel. (vgl. ER 17). Der Österreichische Gehörlosenbund hat die Umfrageergebnisse auf seiner Internetseite veröffentlicht. Neben der Gesamtstatistik liegen die Ergebnisse dort in Statistiken geordnet nach Alter, Hörstatus und Bundesland vor. Ein Vergleich der Alterskategorien (13-18, 19-29, 30-44, 45-60 und über 60) legt nahe, dass die Verstehensprobleme[126] proportional mit dem Alter ansteigen (vgl. Statistik 3). Leider lässt sich aus der Darstellung nicht ablesen, inwiefern das Alter innerhalb der Hörgeschädigtengruppen für das Verstehen eine Rolle spielt. Die oben genannte Proportionalität lässt sich auch beim Timing ablesen. Je älter die Zuschauer sind, desto häufiger wird das Timing als „schlecht" bis „sehr schlecht" bzw. als

123 Im Fragebogen wurde gefragt nach: Alter, Geschlecht, Hörstatus, Bundesland, Empfangsart, allgemeiner Qualität der gezeigten Untertitel, Ein- und Ausblendgeschwindigkeit, Zufriedenheit, Verstehensgrad des Inhalts der Untertitel und Präferenzen bezüglich Untertitelungsstrategie. Darüber hinaus konnten die Befragten ihre Meinung in einer offenen Frageform äußern (vgl. ER 17).

124 Die der Prozentangabe folgende Zahl gibt jeweils die absolute Personenzahl an.

125 Dies kann der Fall sein, wenn hörende Zuschauer Fremdsprachlerner, Analphabeten oder einfach Partner eines hörgeschädigten Zuschauers sind.

126 Zur Beantwortung der Frage „Haben Sie den Inhalt der 1:1-Untertitelung verstanden?" standen folgende Kategorien zur Verfügung: „keine Angaben", „gar nicht", „wenig", „teilweise", „meistens", „voll verstanden". Bei der Auswertung der Nennungen, wurden die Angaben „gar nicht", „wenig" und „teilweise" als eingeschränktes Verstehen (Verstehensprobleme) interpretiert. Wenn keine Angaben gemacht wurden, wird dies in einer Fußnote angemerkt.

„zu schnell" bewertet (vgl. Statistik 5 und Statistik 6). Dies legt eine Korrelation zwischen kurzen Standzeiten und Verstehensproblemen älterer Zuschauer nahe.

a)	13-18	0 %
b)	19-29	8,45 % (6)
c)	30-44	16,34 % (17)
d)	45-60	17,08 % (7)
e)	über 60	41,67 %(5)

Statistik 3:Verstehensprobleme der Zuschauergruppen nach Alter (eigene Darstellung).

a)	13-18	0 %
b)	19-29	15,49 % (11)
c)	30-44	19,23 % (20)
d)	45-60	19,51 % (8)
e)	über 60	23,00 %(3)

Statistik 4: Bewertung des Timings mit „schlecht" und „sehr schlecht" nach Alter (eigene Darstellung).

a)	13-18	0 %
b)	19-29	0 %
c)	30-44	6,73 % (7)
d)	45-60	12,20 % (5)
e)	über 60	16,67 %(2)

Statistik 5: Bewertung des Timings als „zu schnell" nach Alter (eigene Darstellung).

Bei näherer Betrachtung des Aspekts „Verstehensprobleme nach dem Hörstatus" zeigte sich folgendes Ergebnis (vgl. Statistik 6): Keine Verstehensprobleme hatten CI-Träger (alle zwischen 19 und 29 Jahren) und spätertaubte Zuschauer[127]. Von den schwerhörigen Zuschauern hatten 9,67 % (6) Verstehensprobleme und von den gehörlosen Zuschauern 17,43 % (7)[128]. Auffällig ist jedoch, dass die Gruppen, die keine Verstehensprobleme haben, das Timing am häufigsten als „schlecht" oder „sehr schlecht" kritisieren. Andererseits erscheint es paradox, dass keiner der vier CI-Träger das Timing als „zu schnell" empfindet. 22 % (2) der Spätertaubten hingegen geben an, das Timing sei zu schnell (vgl. Statistik 8). Allerdings bewerten auch die Gruppen mit den meisten Verstehensproblemen (Schwerhörige und Gehörlose) das Timing als „schlecht" oder „sehr schlecht" (vgl. Statistik 7), jedoch weit seltener als die Gruppe der Spätertaubten als „zu schnell". Dieses widersprüchliche Bild lässt keinen Rückschluss auf einen Zusammenhang zwischen kurzen Standzeiten bzw. dem Verstehen des Untertitelinhalts und dem Hörstatus zu.

a)	CI-Träger	0 %
b)	spätertaubt	0 %

127 Allerdings machten 11,11 % (eine Person) hierzu keine Angaben.

128 1,29 % (2) machten keine Angaben.

c)	schwerhörig	9,67 % (6)
d)	gehörlos	17,43 % (27)

Statistik 6: Verstehensprobleme der Zuschauergruppen nach Hörstatus (eigene Darstellung).

a)	CI-Träger	25 % (1)
b)	spätertaubt	22 % (2)
c)	schwerhörig	9,67 % (6)
d)	gehörlos	20,00 % (31)

Statistik 7: Bewertung des Timing mit „schlecht" und „sehr schlecht" nach Hörstatus (eigene Darstellung).

a)	CI-Träger	0 %
b)	spätertaubt	22 % (2)
c)	schwerhörig	3,23 % (2)
d)	gehörlos	6,45 % (10)

Statistik 8: Bewertung des Timings als „zu schnell" nach Hörstatus (eigene Darstellung).

Die Gruppe der gehörlosen Zuschauer war mit 65,4 % (155) am stärksten bei der Umfrage vertreten. Davon bevorzugt die Mehrheit (63,23 % / 98) eine wörtliche Untertitelung. Nur 7,74 % (12) bevorzugen die herkömmliche zusammenfassende Untertitelungsstrategie (vgl. Statistik 9).

a)	keine Angaben	1,94% (3)
b)	1:1-Untertitelung ist mir lieber	63,23% (98)
c)	1:1-Untertitel UND Untertitel wie bisher, abwechselnd wäre besser	16,77% (26)
d)	Untertitel bisher ist zu leicht, aber 1:1-Untertitel ist auch zu schnell	9,68% (15)
e)	Untertitel wie bisher ist mir lieber	7,74% (12)
f)	1:1 Untertitel ist viel zu schwer, aber auch Untertitel wie bisher schlecht verständlich	0,65% (1)

Statistik 9: Frage an die Gehörlosen: *Ist die 1:1-Untertitelung besser als bewährte Untertitel wie bisher (vgl. ER 17)?*

Die Gruppe der schwerhörigen Zuschauer war in der Umfrage mit 26,16 % (62) am zweitstärksten vertreten. Davon sprach sich die Mehrheit (67,74 % / 42) für eine 1:1-Untertitelung aus (vgl. Statistik 10). Lediglich 6,45 % (4) bevorzugen weiterhin die herkömmliche Untertitelungsstrategie. Damit gibt es in diesem Punkt eine große Übereinstimmung zwischen gehörlosen und schwerhörigen Zuschauern.

a)	keine Angaben	1,61% (1)
b)	1:1 Untertitel ist viel zu schwer, aber auch Untertitel wie bisher schlecht verständlich	1,61% (1)
c)	Untertitel wie bisher ist mir lieber	6,45% (4)
d)	Untertitel bisher ist zu leicht, aber 1:1-Untertitel ist auch zu schnell	6,45% (4)

e)	1:1-Untertitel UND Untertitel wie bisher, abwechselnd wäre besser	16,13% (10)
f)	1:1-Untertitelung ist mir lieber	67,74% (42)

Statistik 10: Frage an die Schwerhörigen: *Ist die 1:1-Untertitelung besser als bewährte Untertitel wie bisher (vgl. ER 17)?*

Von den spätertaubten Umfrageteilnehmern 3,8 % (9) bevorzugt ebenfalls die Mehrheit (55,56 % / 5) eine 1:1-Untertitelung (vgl. Statistik 11). Das sind allerdings 8 % bzw. 12 % weniger positive Stimmen als bei den gehörlosen und schwerhörigen Zuschauern. Andererseits gibt keiner der spätertaubten Zuschauer an, die herkömmliche Untertitelungsstrategie zu bevorzugen.

a)	keine Angaben	11,11% (1)
b)	Untertitel bisher ist zu leicht, aber 1:1-Untertitel ist auch zu schnell	11,11% (1)
c)	1:1-Untertitel UND Untertitel wie bisher, abwechselnd wäre besser	22,22% (2)
d)	1:1-Untertitelung ist mir lieber	55,56% (5)

Statistik 11: Frage an die Spätertaubten: *Ist die 1:1-Untertitelung besser als bewährte Untertitel wie bisher (vgl. ER 17)?*

Von den vier CI-Trägern bevorzugten drei (75 %) eine wörtliche Untertitelungsstrategie (vgl. Statistik 12). Für die herkömmliche Untertitelungsstrategie gab es dagegen keine Stimme. Dieses Ergebnis spiegelt die Stimmen der anderen Hörgeschädigtengruppen wider.

a)	1:1-Untertitelung ist mir lieber	75 % (3)
b)	1:1-Untertitel UND Untertitel wie bisher, abwechselnd wäre besser	25 % (1)

Statistik 12: Frage an die CI-Träger: *Ist die 1:1-Untertitelung besser als bewährte Untertitel wie bisher (vgl. ER 17)?*

Es lassen sich folgende Ergebnisse zusammenfassen: Entgegen der Erwartungen seitens des ORF verstanden die hörgeschädigten Zuschauer die Untertitelinhalte trotz der verkürzten Lesezeit und der hohen Textdichte nach eigenen Angaben relativ gut. Die spätertaubten Zuschauer und die CI-Träger hatten keinerlei Verstehensprobleme. Etwas mehr Verstehensprobleme (9,67 %) hatten schwerhörige Zuschauer. Von den gehörlosen Zuschauern gaben 17,43 % an, Verstehensprobleme zu haben. Demnach schwankt das Verständnis der einzelnen Adressatengruppen deutlich. Ungeachtet dessen verstehen jedoch relativ viele gehörlose Zuschauer den Inhalt der Untertitel (etwa 81 % / 126). Die allgemeine Untertitelqualität bewerten schwerhörige Zuschauer mit ca. 92 % am besten, gefolgt von gehörlosen (ca. 79 %) und spätertaubten Zuschauern (ca. 67 %). Alle Gruppen bevorzugen übereinstimmend die 1:1-Untertitelung. Besonders die schwerhörigen Zuschauer bevorzugen diese Art der Untertitelung, gefolgt von den gehörlosen Zuschauern und den spätertaubten Zuschauern. Der ORF bewertet die Ergebnisse durchaus positiv und stellt fest, dass diese das Argument, Gehörlose hätten größere Verstehensprobleme, entkräften. Lukas Huber vom Österreichischen Gehörlosenbund (ÖGLB) fordert auf dieser Grundlage, dass nicht Gehörlosenpädagogen, sondern die Gehörlosenbünde an Untertitelrichtlinien mitwirken sollten. Er spricht sich damit ebenfalls für eine 1:1-Untertitelung aus. Auch Gabriele Kletter vom ORF beurteilt die Umfrageergebnisse positiv für eine wörtliche Untertitelung, räumt jedoch ein, dass eine wörtliche Untertitelung nicht für alle Sendeformate umsetzbar ist:

> Diese Form der Untertitelung eignet sich nur für Krimis, Actionfilme und dergleichen, textlastige Sendungen oder Screwball-Komödien kommen dafür nicht in Frage. Die deutsche Sprache braucht einfach zu viele Wörter für 1:1, was man ja z. B. auch bei deutschen Untertiteln zu englischsprachigen Filmen beobachten kann. (E-Mail 16)

In Zukunft, so der ORF, soll weiterhin versucht werden, mehr wörtliche Untertitel für die genannten Sendeformate zu erstellen, d. h. keine Vereinfachungen vorzunehmen. Insbesondere werden für die Krimi-Serie „Monk" in leicht abgeschwächter Form 1:1-Untertitel erstellt. Es soll demnach kaum Auslassungen geben, und die Untertitel setzen teilweise früher ein oder stehen über den Schnitt. Die durchschnittliche Standzeit für einen zweizeiligen Untertitel beträgt dabei etwa drei bis vier Sekunden (vgl. E-Mail 16). Verglichen mit den Angaben der deutschen Sender aus 4.2 bis 4.4 scheinen sich auf den ersten Blick keine nennenswerten Veränderungen zu ergeben. Auch bisher, so die Sender, wurde versucht, möglichst wörtlich zu untertiteln, die Untertitel früher einsetzen oder über den Schnitt stehen zu lassen. Eine große Veränderung ergibt sich jedoch bei der Lesezeit. Sie verkürzt sich stark von fünf bis sieben auf drei bis vier Sekunden für einen zweizeiligen Untertitel. Dies lässt den Schluss zu, dass bei der wörtlichen Untertitelung die Textmenge tatsächlich viel höher ausfällt als bei der herkömmlichen Untertitelung, die angibt, einen Anspruch an Wörtlichkeit zu haben. Allerdings hängt auch bei der 1:1-Untertitelung die Standzeit des Untertitels stark vom Sendeformat ab, so dass es hier keinen direkten Vergleich geben kann.

Es ist festzuhalten, dass das Umfrageergebnis eindeutig für die wörtliche Untertitelung spricht. Allerdings ist nicht auszuschließen, dass die schriftsprachlich schwachen Hörgeschädigten in dieser Umfrage unterrepräsentiert sind. Es stellt sich einerseits die Frage, ob der von Untertiteln erhoffte Lerneffekt auch Hörgeschädigten zugute kommt, deren laut- und schriftsprachliche Grundlagen nicht gefestigt sind. Ist dies nicht der Fall, besteht die Gefahr, dass eine 1:1-Untertitelung diese Adressaten vernachlässigt. Andererseits stellt sich die Frage, ob es Aufgabe des Untertitels sein kann, sprachliche Grundlagen zu legen. Meines Erachtens ist dies Aufgabe der Hörgeschädigtenpädagogik. Somit ist eine wörtliche Untertitelung zwar immer anzustreben, ihre Lesbarkeit in Bezug auf Textaufteilung und Timing ist jedoch zu erhalten. Denn ein Untertitel, sei er noch so wörtlich, hat keinen Nutzen, wenn er nicht lange genug auf dem Bildschirm steht.

5 Schlussbetrachtung: Vorschläge für Richtlinien

Wie aus Kapitel 3 hervorgeht, kann über den aktuellen Stand der Lesekompetenz stark (prälingual) hörgeschädigter und gehörloser Menschen nur spekuliert werden. Daher wäre für die Erstellung von Richtlinien, die wissenschaftlichen Ansprüchen gerecht werden, eine repräsentative Untersuchung dieser Verstehensvoraussetzung von Untertiteln nötig. Allerdings sollte die Forderung der Adressaten Grund genug für eine wörtliche Untertitelung sein. Somit ist – unabhängig vom Sendeformat und wichtiger als alle Richtlinien – für eine gute intralinguale Untertitelung die Zusammenarbeit der untertitelnden Institutionen mit der Adressatengruppe unerlässlich. Gerade auf Seiten der Sender, aber auch seitens der Hörgeschädigten, scheinen noch Berührungsängste zu bestehen, die auf der Kontaktarmut zur jeweils anderen Gruppe beruhen und sich leicht abbauen ließen. Die Wünsche der Adressaten sollten nicht als Einmischung in die Arbeit der Untertitel-Redakteure, sondern als Erleichterung ihrer Arbeit verstanden werden. Ebenso sollten sprachliche Veränderungen im Untertitel nicht als Bevormundung verstanden werden, sondern als Textoptimierung, die nicht mit der Lesekompetenz der Adressatengruppe begründet wird.

Ausgehend von den unterschiedlichen Vorgehensweisen bei der Teletext-Untertitelung und den Forderungen der Adressaten, die in Kapitel 4 dieser Arbeit vorgestellt wurden, wird in diesem Kapitel versucht, einen praktikablen Kompromiss zu finden. Dieser kann jedoch aufgrund der verschiedenen Sendeformate, mit denen ein Untertiteler bei der Teletext-Untertitelung in Berührung kommt, in vielen Punkten nur recht allgemein ausfallen. Einzelfallentscheidungen werden auch unter Anwendung dieser Vorschläge weiter bestehen müssen und dürfen. Denn letztlich ist die Untertitelung nicht nur ein technischer, sondern auch ein kreativer Prozess. Die folgenden Vorschläge für Richtlinien sollen dem Untertitel-Autor demnach genügend Freiraum für Entscheidungen nach Logik, gesundem Menschenverstand und, dem untergeordnet, für persönlichen Stil lassen. Oder um mit den Worten des britischen Senders BBC zu sprechen (vgl. UM 2): "Context must always be taken into account. And, above all, common sense must rule at all times."

5.1 Technische Aspekte

Zeilenlänge und Zeilenzahl. Pro Untertitel stehen je nach Sendeformat zwei bis drei Zeilen mit einer Zahl von maximal 38 Zeichen zur Verfügung. Es wird empfohlen, die Untertitelbuchstaben in einfacher Höhe auszustrahlen, damit dem Untertiteler (und dem Zuschauer) nicht automatisch ein Zeichen verloren geht.

Timing. Eine Vorgabe zum Timing muss sehr flexibel sein. Als Mindeststandzeit werden eine Sekunde und zwölf Bilder (1.12 bzw. 1,5 Sekunden) vorgeschlagen, da das Auge erwiesenermaßen bei weniger Zeit den Untertitel weder wahrnehmen noch lesen und verstehen kann (vgl. auch Ivarsson/Carroll 1998:64). Auf die Angabe einer Maximalstandzeit wird an dieser Stelle bewusst verzichtet, da in der Praxis eine Standzeit von sieben bis acht Sekunden ohnehin nur selten erreicht wird, sofern es sich nicht um Lieder handelt. Wenn diese Lesezeit vorhanden ist, sollte diese genutzt werden können, auch wenn das Auge nach sieben Sekunden den Untertitel erneut zu lesen beginnt. Allerdings sollte auch der Leserhythmus berücksichtigt werden. Viel länger als eine Sekunde, nachdem der Sprecher seine Rede abgeschlossen hat, sollte der Untertitel nach Möglichkeit nicht stehen. Es könnte die Zuschauer zu sehr irritieren, wenn der Sprecher (bereits mit geschlossenem Mund) zu sehen ist. Zwischen den einzelnen Untertiteln sollten Abstände von mindestens vier Bildern liegen, da das Auge ungefähr ein Sechstel einer Sekunde benötigt, um einen neuen Untertitel zu registrieren (vgl. auch Ivarsson/Carroll 1998:64). Darüber hinaus sollte den Zuschauern selbstverständlich möglichst auch Zeit gelassen werden, um zwischen dem Lesen der Untertitel das Geschehen auf dem Bildschirm zu verfolgen. Wenn noch andere schriftliche Informationen im Bild vorhanden sind, sollte zusätzliche Lesezeit berechnet werden, damit der Zuschauer die Möglichkeit hat, sowohl das Display als auch den Untertitel zu erfassen. Falls eine zusätzliche Einblendung vorhanden ist, sollte ein Untertitel möglichst mit einer Bauchbinde ein- bzw. ausgeblendet werden, um Irritationen zu verringern. Die Standzeiten der Untertitel sollten die anzunehmende Lesegeschwindigkeit des Zielpublikums widerspiegeln.

Umgang mit Schnitten. Mit einem Untertitel über einen weichen Schnitt zu gehen ist akzeptabel, wenn auch nicht optimal. Mit einem Untertitel über mehr als einen Schnitt zu gehen, ist akzeptabel, wenn diese schnell aufeinander folgen (wie z. B. bei Action-Filmen). Vom Regisseur beabsichtigte Tonbrücken sind nachzuvollziehen, sofern vor und nach dem Schnitt ausreichend Standzeit bleibt, um die durch den Schnitt verursachte Irritation des Betrachters zu verringern. Dafür wird mindestens eine halbe Sekunde empfohlen (vgl. auch Ivarsson/Carroll 1998:76). Vor dem Schnitt sollte der Untertitel mit zwei Bildern Abstand ausgeblendet werden. Nach dem Schnitt sollte der Untertitel mit mindestens vier Bildern Abstand eingeblendet werden (vgl. auch Ivarsson/Carroll 1998:75).

Synchronität mit Ton und Bild. Eine Synchronität der Untertitel mit dem Gesprochenen sollte angestrebt werden. Der Untertitel darf jedoch vereinzelt vor Redebeginn einsetzen bzw. noch nach Redeabschluss eingeblendet bleiben. Wie viel früher der Untertitel einsetzen darf, ist schwer zu bestimmen und von Einzelfall zu Einzelfall zu entscheiden. Empfohlen wird jeweils maximal eine Sekunde. Ein Untertitel sollte nicht erst nach Redebeginn eingeblendet werden, vor allem nicht, wenn der Sprecher „on“ ist. Sobald geredet wird, muss ein Untertitel stehen. Selbst wenn das Gesprochene unverständlich ist oder entgegen eventueller Vermutungen gar nicht gesprochen wird, muss ein erklärender Label stehen.

Überbrückungsuntertitel. Zur Beseitigung eventueller Unsicherheiten auf Seiten der Adressatengruppe, können Überbrückungsuntertitel gesetzt werden. In der Regel ist dem Bild zu entnehmen, dass nicht gesprochen wird. Falls jedoch dem Bild ein Monolog oder Dialog zu entnehmen ist und kein (erklärender Geräusch-)Untertitel erscheint, ist ohnehin ersichtlich, dass die Untertitel ausgefallen sind.

5.2 Optische Gestaltung

Sprecheridentifikation. Zur Sprecheridentifikation sind maximal vier Farben auf schwarzem Untergrund zu verwenden: Gelb, Zyan (Hellblau), Grün und Magenta (Violett). Den am häufigsten auftretenden Sprechern sollten die am besten lesbaren Farben (vgl. Reihenfolge oben) zugeordnet werden. Auf rötliche Töne sollte aufgrund des mangelnden Kontrastes zu Schwarz verzichtet werden. In Serien sollten die Hauptdarsteller in jeder Folge die gleichen Farben bekommen. Alle weiteren Darsteller erhalten weiße Schrift auf schwarzem Hintergrund.

Sprecherwechsel zwischen zwei weißen Sprechern sollten durch einen kurzen Anstrich vor dem zweiten Sprecher oder durch Platzierung kenntlich gemacht werden. Auf die Kennzeichnung eines Sprecherwechselns durch drei Punkte sollte verzichtet werden, da diese mehr Zeichen als nötig einnehmen. Mehr als einen Sprecherwechsel pro Untertitel lassen die räumlichen Gegebenheiten in den meisten Fällen nicht zu, und mehr als ein Sprecherwechsel ist auch aus Gründen der Lesbarkeit nicht zu empfehlen.

Untertitel sollten, unabhängig von Farbe des Sprechers, unter dem Sprecher platziert werden. Für Erzähler (aus dem Off) empfiehlt sich eine zentrierte Platzierung. Ob ein separierter Untertitel gesetzt wird, muss eine Einzelfallentscheidung bleiben. Bei der Platzierung eines separierten Untertitels ist jedoch zu beachten, dass daraus hervorgeht, welcher Sprecher zuerst spricht. Der Text, des Darstellers, der zuerst spricht, sollte demnach in der oberen Zeile erscheinen.

Geräuschuntertitel und Labels. Es sollten nur Geräusche untertitelt werden, die handlungsrelevant sind, Aktionen und Reaktionen von Darstellern erst nachvollziehbar machen oder die Atmosphäre des Films in besonderem Maße ausmachen. Relevante Geräusche, deren Quelle sich „off" befindet (z. B. eine Stimme aus dem Radio / Fernsehen / Telefon oder aus der Gegensprechanlage) sind ebenfalls zu kennzeichnen. Dies kann durch Geräuschuntertitel oder Labels geschehen. Geräusche, die dem Bild zu entnehmen sind, sind nicht zu untertiteln. Szenen, in denen sichtbar gesprochen wird, jedoch nichts zu verstehen ist, sollten mit einem entsprechenden Geräuschuntertitel versehen werden. Trotzdem ist das Setzen eines Geräuschuntertitels oft nur von Fall zu Fall zu entscheiden, da obige Angaben auch kollidieren können. Hierzu ein Beispiel: Ein Darsteller geht in einen Pferdestall. Die Pferde sind zu sehen. Der Zuschauer kann davon ausgehen, dass sie wiehern bzw. Geräusche erzeugen. Nun erschreckt sich der Darsteller jedoch vor einem besonders lauten Wiehern oder einem Wiehern genau neben ihm. Dann muss zur Erklärung der Schreckreaktion ein erklärender Geräuschuntertitel gesetzt werden, obwohl die Quelle des Geräusches sichtbar ist. Da Geräuschuntertitel und Labels eine Metaebene in die Sendung einbringen, somit trotz ihres Nutzens auch vom Film ablenken und den Fluss der Sendung unterbrechen, sollten sie im Allgemeinen sparsam verwendet werden.

Geräuschuntertitel erscheinen zur Abhebung von Untertiteln mit Dialogtext in blauer Schrift auf weißer Box. Wie Geräuschuntertitel und Labels formuliert werden, ist dem Untertiteler überlassen, so lange die Formulierung präzise und konzis ist. Auf Onomatopeotika sollte verzichtet werden. Interpretationen sollten nur vorgenommen werden, wenn anderenfalls das Verständnis der Sendung gefährdet wäre. Geräuschuntertitel mit Satzcharakter sollten in großer Schreibweise begonnen und mit einem Punkt abgeschlossen werden.

Lesbarkeit. Die Schrift des Untertitels sollte einen möglichst großen Kontrast zum schwarzen (bzw. weißen) Hintergrund aufweisen. Auf Rottöne vor schwarzem Hintergrund ist aufgrund des geringen Kontrastes zu verzichten. Serifenlose Schriften werden empfohlen, da sie auf dem Bildschirm am besten lesbar sind. Die Höhe der Buchstaben sollte bei Ausstrahlung der Untertitel einfach sein, damit kein Zeichen verloren geht und der Zuschauer zwischen einfacher und doppelter Schriftgröße wählen kann. Falls möglich, sollte die untere Zeile länger sein als die obere. Eine sinnvolle Textaufteilung hat jedoch Vorrang.

Textaufteilung. Die Aufteilung des Textes sollte möglichst nach Sinneinheiten erfolgen. Wenn das Sprechtempo jedoch zu hoch ist und / oder Platzmangel herrscht, kann darauf zugunsten der Wörtlichkeit verzichtet werden. Die Textaufteilung sollte den Zuschauer jedoch nicht irritieren, da sich dies negativ auf die Lesegeschwindigkeit auswirkt. Hier müssen die Prioritäten von Fall zu Fall abgewogen werden.

Ein Satz sollte optimalerweise mit einem Untertitel abgeschlossen sein. Über mehr als drei Untertitel sollte er sich jedoch nicht erstrecken. In den nächsten Untertitel überhängende Sätze müssen nicht gekennzeichnet werden, da dies unnötig Zeichen kostet. Zudem ist bei einer Kennzeichnung durch drei Punkte zunächst nicht ersichtlich, ob der Satz im nächsten Untertitel fortgesetzt wird oder der Sprecher an dieser Stelle abbricht oder zögert. Die optimale Aufteilung wäre: Eine Zeile pro Satz. In einer Zeile darf jedoch mehr als ein Satz stehen, wenn der letzte Satz im gleichen Untertitel abgeschlossen wird. Mitunter bestehen Sätze nur aus wenigen Wörtern. In diesem Fall wäre es vorteilhaft, mehrere Sätze auf eine Zeile zu legen, wenn dadurch ein Zweizeiler vermieden werden kann und das Bild weniger verdeckt wird. Die Textaufteilung bleibt demnach eine Einzelfallentscheidung. Es sollten in einem Untertitel nur so viele Sprecherwechseln vorkommen wie nachvollziehbar ist. Optimal wäre ein Sprecherwechsel je Untertitel.

Hervorhebungen. Aufgrund der Irritation des Zuschauers sind Hervorhebungen generell sparsam zu verwenden. Kursiv- und Fettdruck sowie Unterstreichungen sind für die Teletext-Untertitelung technisch ausgeschlossen. Blinken und Schriftvarianten sollten nicht verwendet werden. Auf Sperren von Wörtern sollte ebenfalls verzichtet werden, da dies die Erkennung der Wortstruktur beeinträchtigt und die Lesegeschwindigkeit verlangsamt. Versalien können benutzt werden, wenn eine Hervorhebung nicht durch syntaktische Umformulierung kenntlich gemacht werden kann oder weniger irritierend ist (z. B. ICH nehme ihn nicht.).

Inserts. Es empfiehlt sich, genügend Zeit zum Lesen von zusätzlichen Einblendungen zu lassen, d. h. erst nach einigen Sekunden den Untertitel zum Gesprochenen einzublenden. Bei hoher Textdichte kann der Untertitel aber auch so gesetzt werden, dass die Einblendung nicht verdeckt wird. Dabei ist jedoch zu bedenken, dass ein Untertitel mit doppelter Höhe die Einblendung eventuell noch immer verdeckt. Die Standzeit ist in diesem Fall entsprechend zu verlängern. Wenn möglich, sollte der Untertitel zum gleichen Zeitpunkt eingeblendet bzw. ausgeblendet werden wie die Einblendung. Relevante Displays, die sich in der Regel nicht auf Untertitelhöhe befinden, sind bei der Festlegung der Untertitel-Standzeit zu berücksichtigen.

Zahlen und Maßeinheiten. Zahlen, auch Ordinalzahlen, sind nicht als Wort, sondern als Zahlen zu schreiben. Zur besseren Lesbarkeit sollte nach jeder dritten Stelle ein Punkt oder ein Leerschritt gesetzt werden. Zahlen ab einer Million sind in einer Kombination aus Wort und Zahl zu schreiben, z. B: 1 Million. Unbestimmte Artikelwörter sind als Zahlen zu schreiben, wenn sie einer anderen Zahl gegenübergestellt bzw. vom Sprecher betont werden. So heißt es also: „Ich habe uns ein Haus gekauft". Aber: „Ich habe uns nur 1 Haus gekauft" (und nicht 2 Häuser). Ableitungen von Zahlen sind kombiniert zu schreiben (z. B. 3fach). Unabhängig davon, wie sich der Untertitel-Autor entscheidet, ob für die Wiedergabe von Zahlen unter 13 als Zahl oder als Zahlwort, ist auf Konsistenz im gesamten Untertiteltext zu achten. Dies umfasst auch die einzelnen Folgen einer Serie / Reihe.

Maßeinheiten, die als beim Publikum bekannt vorausgesetzt werden können, sollten in Kurzform wiedergegeben werden. Alle anderen Maßeinheiten sollten ausgeschrieben werden. Allerdings wird der Untertiteler aufgrund von Platz- und Zeitmangel oft ohnehin auf die Kurzform angewiesen sein. Bei Sendeformaten, in denen üblicherweise keine Maßeinheiten vorkommen, ist es unter Berücksichtigung von Zeit und Platz empfehlenswert, die Maßeinheit auszuschreiben, wenn deren Kurzform aus nur einem Zeichen besteht, das einem arabischen Buchstaben entspricht (z. B. Meter / m), da sie leichter überlesen werden können als beispielsweise das Prozentzeichen (%). Auch hier werden Einzelfallentscheidungen sicher nicht ausbleiben.

Orthographie. Es sollte nach neuer Rechtschreibung untertitelt werden. Die optische Aufspaltung von zusammengesetzten Nomen durch einen Bindestrich ist zugunsten einer besseren Lesbarkeit zulässig, auch wenn sich ein Fugen-S zwischen den einzelnen Teilen des zusammengesetzten Nomens befindet (z. B. Bundestags-Abgeordneter). Mit Kommata und Ausrufezeichen ist aufgrund der Lesbarkeit und der Irritation sparsam umzugehen. Zur Kennzeichnung von Liedtexten, Zitaten und direkter Rede empfiehlt sich der Gebrauch von Anführungszeichen.

5.3 Linguistische Aspekte

Besonderheiten eines Sprechers. Sprachliche Besonderheiten eines Sprechers, die handlungsrelevant sind, Aktionen oder Reaktionen der Darsteller erst nachvollziehbar machen oder dramaturgische Bedeutung haben, sind durch ein Label oder einen Geräuschuntertitel zu visualisieren. Einzelne dialektale Wörter, die als allgemein bekannt gelten[129](z. B. Grüezi, Servus), können in den Untertitel übernommen werden. Im Allgemeinen sollten Untertitel aus Gründen der Lesbarkeit auf Hochdeutsch verfasst sein. Fremdsprache ist jedoch zu übernehmen, wenn sie auch für Hörende nicht übersetzt wird. Bei einer folgenden Übersetzung ist erst ein Label (z. B. (spricht japanisch)) zu setzen, und folgend die Übersetzung zu untertiteln. Umgangssprache ist nur insofern zu übernehmen, als sie die Lesbarkeit des Untertitels nicht übermäßig stört, verständlich ist[130] und nicht zu verlängerten Lesezeiten führt. Das bedeutet, dass Umgangssprache oft abgeschwächt werden muss.

Fehler im Ausgangstext. Vom Autor bzw. Regisseur intendierte Versprecher oder Fehler sind zu übernehmen. Unbeabsichtigte fehlerhafte Namen und Bezeichnungen sowie Sachfehler (z. B. in Dokumentationen oder Interviews) sind zu korrigieren, sofern sie erkannt werden. Im Zweifelsfall sollte der Untertiteler sich bei entsprechender Stelle rückversichern. Generell besteht bei Richtigstellungen jeder Art jedoch das Problem, dass zumindest Zuschauer mit ausreichend Restgehör die Divergenz bemerken und den Fehler wahrscheinlich eher im Untertitel denn in der Aussage des Sprechers suchen werden. Ein Hinweis auf die Richtigstellung durch den Untertiteler könnte auf der Teletext-Seite erfolgen, auf der Fremdwörter erklärt werden, falls vorhanden.

Vulgarismen, Fremdwörter. Vulgarismen, Fremdwörter und Abstrakta sollten möglichst wörtlich übernommen werden. Wenn die räumlichen Gegebenheiten die Verwendung eines bestimmten Schimpfwortes nicht zulassen, ist ein adäquates, ähnlich starkes Schimpfwort zu verwenden. Falls möglich, können Fremdwörter und Abstrakte in Dialogform erklärt werden. Anderenfalls können als unbekannt einzustufende Wörter auf einer separaten, nahe liegenden Teletext-Seite erklärt werden.

Redeverzögerungen und Redeunterbrechungen. Redeverzögerungen und Redeunterbrechungen können durch drei Punkte ohne Leerschritte davor, danach und dazwischen kenntlich gemacht werden.

Wiedergabe phonetischer Mittel. Phonetische Mittel können mit syntaktischen Mitteln, Labels, Versalien oder Ausrufezeichen wiedergegeben werden, sofern sie distinktiv und relevant sind.

---

129 Natürlich ist schwer einzuschätzen, welche Wörter als allgemein bekannt einzustufen sind. Eine Hilfe können Nachschlagewerke, wie Duden oder Wahrig sein. Idealiter sollten die Wörter jedoch aus dem Kontext erschließbar sein.

130 D. h. das Gesagte ist so nah am Hochdeutschen, dass ein Verstehen seitens der Zuschauer vorausgesetzt werden kann und / oder es kann aus dem Kontext erschlossen werden.

Wörtlichkeit. Da keine aktuellen Studien über die Sprachkompetenz stark hörgeschädigter Menschen vorliegen, ist schwer einzuschätzen, wie groß eventuelle Leseschwierigkeiten dieser Gruppe tatsächlich sind. Daher wird hier die starke Empfehlung ausgesprochen, eng mit hörgeschädigten Vertretern der Zielgruppe der jeweiligen Sendung zusammenzuarbeiten. Ist dies nicht oder nur in stark begrenztem Maße möglich, sollte die Forderung der Hörgeschädigten nach einer möglichst wörtlichen Untertitelung berücksichtigt werden. Demnach sollte eine Vereinfachung des Gesprochenen auf das Nötigste reduziert werden. Eine sprachliche Vereinfachung sollte nicht vorgenommen werden, wenn diese auf der Annahme beruht, dass der Zuschauer die Originalversion aufgrund seiner eventuell mangelhaften Sprachkompetenz nicht verstehen würde. Ist jedoch abzusehen, dass das Gesprochene als wörtlich wiedergegebener Text auch bei Hörenden leicht zu Verständnisproblemen führt, sollte eine syntaktische Vereinfachung erfolgen. Dies ist in der Regel zur Vermeidung überhängender Untertitel der Fall. Dies sind Satzaufspaltungen, die auch bei der interlingualen Untertitelung (OmU) vorkommen und nicht mit einer Anpassung an das Sprachniveau Hörgeschädigter zu begründen sind. Die zeitlichen und räumlichen Restriktionen lassen sich nicht dehnen oder gar aufheben. Aus diesem Grund wird es immer eine sprachliche Anpassung an die medialen Erfordernisse des Untertitels geben. Diese Anpassung wird immer eine Gratwanderung zwischen dem technisch Machbaren und der Treue zum Gesprochenen bleiben.

6 Bibliografie

Arbeitsgemeinschaft für AV-Medientechnik und AV-Medienforschung bei Hörgeschädigten e.V.: *Texte – Chance und Hürde für Hörgeschädigte. Tagung vom 16.9.-18-9-1993 in Münster.*

Berufsverband Deutscher Hörgeschädigtenpädagogen vormals Bund Deutscher Taubstummenlehrer (1994): *Leipzig 12.-14. Mai 1994. Von der Taubstummenbildung zur Hörgeschädigtenpädagogik - Erziehung zur Sprache im Wandel.* Jubiläumskongress, Pfalzinstitut für Hörsprachbehinderte Frankenthal

Diplomarbeiten

Braem, Penny Boyes (1995): *Einführung in die Gebärdensprache und ihre Erforschung.* 3. überarbeitete Auflage, Signum-Verlag, Internationale Arbeiten zur Gebärdensprache und Kommunikation Gehörloser, Bd. 11, Hamburg

Brämswig, Bernhard: Die Sendung mit der Maus. Erfahrungen und Probleme bei der Untertitelung für Hörgeschädigte. In: *Hörgeschädigte Kinder.* 1998, Bd. 35, Nr. 3, S. 104-106, Verlag Hörgeschädigte Kinder, Hamburg

Buhr, Vanadis (2003): *Untertitel – Handwerk und Kunst.* Diplomarbeit am Institut für Übersetzen und Dolmetschen, Universität Heidelberg

Christl, Adelheid (1997): *Gestern hörend – heute taub. Die Situation ertaubter Erwachsener.* Matthias-Grünewald-Verlag (Edition Psychologie und Pädagogik), Mainz

Dürscheid, Christa (2002): *Einführung in die Schriftlinguistik.* Studienbücher zur Linguistik. Westdeutscher Verlag, Wiesbaden

Ehlers, Renate: Videotext im Urteil von Hörbehinderten. Ergebnisse einer schriftlichen Befragung im Rahmen der Videotext-Begleitforschung. In: *Media Perspektiven 8.* Arbeitsgemeinschaft der ARD-Werbegesellschaften, Frankfurt am Main 1983

Fengler, Jörg (1990): *Hörgeschädigte Menschen.* Verlag W. Kohlhammer, Stuttgart

Furth, Hans G. (1972): *Denkprozesse ohne Sprache.* Schwann Pädagogischer Verlag, Düsseldorf

Fischer, Renate: „mir mussten dann die Flügel abgeschnitten werden" – Hörgeschädigte in einer Hamburger „Heil- und Pflegeanstalt" in der ersten Hälfte des 20. Jahrhunderts. In: *Das Zeichen.* Nr. 39, 1997, S. 20-33, Signum-Verlag, Seedorf

Freyer, Susanne (1992): Überlegungen zur Ebenbürtigkeit der Gebärdensprache Gehörloser und der Lautsprache – Phänomenologie; Berührungspunkte; Perspektiven. Diplomarbeit am Fachbereich Sozialpädagogik, Fachhochschule Hildesheim / Holzminden,

Große, Klaus-Dietrich (2003): Das Bildungswesen für Hörbehinderte in der Bundesrepublik Deutschland. Daten und Fakten zu Realitäten und Erfordernissen. Universitätsverlag Winter Heidelberg GmbH, Heidelberg

Günther, Klaus-B. / Schäfer, Ilka (2004): Bilinguale Erziehung als Förderkonzept für gehörlose SchülerInnen. Abschlußbericht zum Hamburger Bilingualen Schulversuch. Signum-Verlag, Hamburg

Helbig, Gerhard / Buscha, Joachim (1999): *Deutsche Grammatik. Ein Handbuch für den Ausländerunterricht.* Langenscheidt Verlag Enzyklopädie, 19. Auflage, Leipzig

Herrsche-Hiltebrand, Regula (2002): Gehörlosenkultur für alle Hörbehinderten: eine Selbstbetroffene und Hörgeschädigtenpädagogin schreibt. SGB-DS, Zürich

Ivarsson, Jan / Carroll, Mary (1998): *Subtitling.* TransEdit, Simrishamn

Krammer, Klaudia (2001): *Schriftkompetenz gehörloser Erwachsener.* Veröffentlichungen des Zentrums für Gebärdensprache und Hörgeschädigtenkommunikation der Universität Klagenfurt, Bd. 3, Klagenfurt

Koebner, Thomas (Hrsg.) (2002): *Reclams Sachlexikon des Films.* Reclam-Verlag, Stuttgart

Krug, Erich (1993): *Charakter und Schwerhörigkeit.* Hamburgische Stiftung für Schwerhörige und Ertaubte, Heidelberg

Leonhardt, Annette (2002): *Einführung in die Hörgeschädigtenpädagogik.* 2. Aufl., Ernst Reinhardt GmbH (UTB 2104), München

Linde, Zoé de / Kay, Neil (1999): *The Semiotics of Subtitling.* St. Jerome Publishing, Manchester

Mally, Gertrud (1993): *Redewendungen der deutschen Gebärdensprache (Münchener Dialekt).* Gebärdensprachlehre Bd. 1, Signum-Verlag, Hamburg

Melgarejo-Weinandt, Claudia (2005): *Untertitelung für Hörgeschädigte in Frankreich und Deutschland.* Diplomarbeit am Institut für Übersetzen und Dolmetschen, Universität Heidelberg

Monaco, James (2002): *Film verstehen.* Rowohlt Taschenbuchverlag, Hamburg

Nagel, Burkhard (1984): *Tagesschau mit Videotextuntertiteln.* Norddeutscher Rundfunk, Hamburg

Näfken, Andrea (1983): *Empfehlungen für die Untertitelung von Fernsehsendungen.* Husum, Audio-visuelles Zentrum des Theodor-Schäfer-Berufbildungswerkes

Niemeyer, Wolfhart Prof. Dr. med. (1972): *abc für Hörbehinderte – Ein Ratgeber.* Georg Thieme Verlag Stuttgart

Padden, Carol (1992): *Was ist „gehörlose Kultur"?* Verein zur Unterstützung des Forschungszentrums für Gebärdensprache, Basel

Plath, Peter Dr. med. (1992): *Das Hörorgan und seine Funktion.* Carl Marhold Verlagsbuchhandlung, Berlin-Charlottenburg

Plath, Peter / Bonsel, Herbert (1995): *Lexikon der Hörschäden.* Stuttgart

Prillwitz, Siegmund (2001): *Angebote für Gehörlose im Fernsehen und ihre Rezeption.* Unabhängige Landesanstalt für das Rundfunkwesen (ULR), Kiel

Ruoß, Manfred (1994): *Kommunikation Gehörloser.* Verlag Hans Huber, Bern

Ryan, Donna F. / Schuchman, John S. (2002): *Deaf People in Hitler's Europe.* Gallaudet University Press, Washington DC

Schüßler, Anja (1997): *Gehörlosigkeit und Lautsprachtext: zum Stand von Leseforschung und Didaktik.* Europäischer Verlag der Wissenschaften, Peter Lang GmbH, Frankfurt am Main

Sohn, Wolfgang: Schwerhörigkeit in Deutschland. Repräsentative Hörscreening-Untersuchung bei 2000 Probanden in 11 Allgemeinpraxen. In: *Zeitschrift für Allgemeinmedizin.* Nr. 77, S. 143-147, Hippokrates-Verlag, Stuttgart 2001

Tesch-Römer, Clemens (2001): *Schwerhörigkeit im Alter. Belastung, Bewältigung, Rehabilitation.* Median-Verlag von Killisch-Horn GmbH, Heidelberg

Teuber, Hartmut: Schwedische Verhältnisse in der Erziehung und Bildung tauber Kinder – Und in Deutschland (Teil I). In: *Hörgeschädigtenpädagogik.* 1996, Heft 3, Median-Verlag von Killisch-Horn, Heidelberg

Teuber, Hartmut: Schwedische Verhältnisse in der Erziehung und Bildung tauber Kinder – Und in Deutschland (Teil II). In: *Hörgeschädigtenpädagogik.*, 1996, Heft 4, Median-Verlag von Killisch-Horn, Heidelberg

Weber, Hans-Ulrich (1995): Gehörlosigkeit - die gemachte Behinderung: eine Anleitung zur Unterscheidung der psychischen und gesellschaftlichen Wirklichkeit der Hörbehinderung. Groos, Heidelberg

Vogel, Helmut: Ohne Vergangenheit gibt es unser Leben nicht. In: *Deutsche Gehörlosenzeitung.* Nr. 3, 2004, Gehörlosen-Verlag, Essen

Wahl, Chris: „Die Untertitel – eine Einführung." In: *Schnitt – Das Filmmagazin* Nr. 21 1/2001; Schnitt – der Filmverlag, Bochum 2001

Wahrig, Gerhard (2000): *Deutsches Wörterbuch.* 7. vollstständig neu bearbeitete und aktualisierte Auflage a. d. Grundlagen der neuen amtllichen Rechtschreibregeln, Bertelsmann Lexikon Verlag, Gütersloh / München

Wisch, Fritz-Helmut (1990): *Lautsprache und Gebärdensprache. Die Wende zur Zweisprachigkeit in Erziehung und Bildung Gehörloser.* Internationale Arbeiten zur Gebärdensprache und Kommunikation Gehörloser, Bd. 17, Signum-Verlag, Hamburg

1) ABC der ARD: *Degeto Film GmbH.*
URL: http://www.web.ard.de/abc_/main.index_abc (Stand: 24.03.2005)

1a) BME-Foto
URL: http://www.bme-foto.de/htm_tip/t_digi25.htm (Stand: 03.02.2005)

2) *Bietet ARD Digital digitale Untertitel an?*
URL: http://www.ard-digital.de/index.php?id=190&languageid=1 (Stand: 09.02.2005)

3) Böhm, Marion: *Emma im Einsatz. Live-Untertitelung im ZDF.*
URL: http://www.zdf.de/ZDFde/inhalt/6/0,1872,2042822,00.html (Stand: 04.02.2005)

4) Deutsche Gesellschaft zur Förderung der Gehörlosen und Schwerhörigen e. V.: *Erste Ergebnisse der Arbeitsgruppe „Untertitel und Gebärdenspracheinblendung".*
URL: http://www.taubenschlag.de/untertitel (Stand: 10.05.2005)

4a) Deutsche Cochlear Implant Gesellschaft e. V.: *Das Cochlea Implant*
URL: http://www.dicg.de (Stand: 30.06.2005)

5) Deutscher Schwerhörigenbund e. V.
URL: http://www.schwerhoerigen-netz.de (Stand: 08.04.2005)

6) Deutscher Schwerhörigenbund e. V.: *Forderungskatalog zum Thema Untertitelangebote im Fernsehen.*
URL: http://www.schwerhoerigen-netz.de/DSB/AKTUELL/STELLUNG/untertitel.htm (Stand: 16.04.2005)

7) *Digitales Fernsehen.*
URL: http://www.zdf.de/ZDFde/inhalt/21/0,1872,2132597,00.html (Stand: 09.02.2005)

7a) *Gebärden- / gesprochene Sprache: Konkurrenz oder Synergie?*
URL: http://www.swiss-paediatrics.org/paediatrica/vol12/n4/langsig-ge.htm
Stand: 26.05.2005

8) German Hear-It: *Echtzeit-Untertitel.*
URL: http//:www.german.hear-it.org/printpage.dsp?printable=yes&page=2788 (Stand: 15.10.2004)

9) *Fernsehen mit Mehrwert und digitalen Zusatzdiensten.*
URL: http://www.dvb-t-portal.de/Vorteile/?vorteilID=4 (Stand: 09.02.2005)

10) *Kinnbügel*
URL: http://www.hoergeraete-kahl.de/zubehoer/fs/kinnbuegelinfo.htm (Stand: 22.02.2005)

11) German Hear-It: *Kommunikationsschwierigkeiten.*
URL: http://www.german.hear-it.org/page.dsp?page=499 (Stand: 07.10.2004)

12) Koschnick, Wolfgang J.: *FOCUS-Lexikon Werbeplanung, Mediaplanung, Marktforschung, Kommunikationsforschung, Mediaforschung.*
URL:http://www.medialine.focus.de/PM1D/PM1DB/PM1DBF/pm1dbf.htm?snr=5482 (Stand: 04.02.2005)

13) Ladstätter, Martin: *"Ergebnis widerlegt bisher vorherrschende Argumente".*
URL: http://www.oeglb.at/?id=LH2004-06-30-5123 (Stand: 04.02.2005)

14) Landesanstalt für Medien Nordrhein-Westfalen: *Digitales Fernsehen.*
URL: http://www.lfm-nrw.de/lfr/faq/digitalesfernsehen/faq1.php3#24 (Stand: 09.02.2205)

15) LB-Magazin
URL: http://www.lbmagazin.de/phpBB/viewtopic.php3?topic=26&forum=1&16
Stand: 08.02.2005

16) *Mehr Untertitel für Hörgeschädigte.*
URL: http://www.titelbild.de/Press_Reports/2003-03_Berliner_Wirtschaft___/2003-03_berliner_wirtschaft___.html (Stand: 22.02.2005)

17) Österreichischer Gehörlosenbund: Online-Fragebogen zu einer ersten versuchsweisen 1:1-Untertitelung des ORF. Umfrage des Österreichischen Gehörlosenbundes für die Sendung: "Auf der Jagd", 11.6.2004, 21:10 Uhr, ORF 1.
URL: http://www.gehoerlos.at/untertitel/orf/1_1_umfrage.php (Stand: 04.02.2005)

18) Pahlke, Traudl: *Interpretation der Studie "Hörscreening" (1) aus der Sicht des Deutschen Schwerhörigenbundes.*
URL: http://www.schwerhoerigen-netz.de/DSB/AKTUELL/STELLUNG/meinung-.asp?artikel=stellgn011 (Stand: 09.02.2005)

19) Pahlke, Traudl: Schwerbehindertenstatistik: Warum sagen die Zahlen der als schwerbehindert anerkannten Hörgeschädigten nichts aus über die tatsächliche Anzahl schwerhöriger Menschen in Deutschland?
URL: http://www.schwerhoerigen-netz.de/DSB/AKTUELL/STELLUNG/meinung-.asp?artikel=schwerbehindertenstatistik (Stand: 09.02.2005)

20) Pahlke, Traudl: *Statistische Angaben zur Hörschädigung in Deutschland.*
URL: http://www.schwerhoerigen-netz.de/RATGEBER/STATISTIK/statistik02.htm (Stand: 09.02.2005)

21) *Personality Awards.*
URL: http://www.vicomedia.de (Stand: 15.02.2005)

22) Pressemitteilung des Privatsenders Kabel 1 vom 30.09.2002: *Fernsehen für alle.*
URL:http://www.gehoerlosen-bund.de (Stand: 01.03.2005)

23) *Produktbeschreibung*
URL: http://www.gehoerlos.at/argemedien/tueg/tueg_produktb.htm (Stand: 08.02.2005)

24) Rehling, Bernd: *TUEG erwünscht?*
URL: http://www.oeglb.at/?id=LH2004-09-13-4800 (Stand: 08.02.2005)

24a) Rehling, Bernd: Alles über Untertitel und Gebärdensprache in TV, Video, DVD und Realvideo.
URL: http:// www.deaftv.de (Stand: 03.02.2005)

25) Sahlberger, Frank: *Premiere zeigt Filme mit Teletext-Untertiteln.*
URL: http://www.tvmatrix.de/?newsid=4588 (Stand: 04.02.2005)

26) Schneider, Bernd: *Premiere mit Untertiteln.*
URL: http://www.oeglb.at/?id=LH2004-07-14-4600 (Stand: 02.02.2005)

27) Taubenschlag-Forum: *Untertitel sollen besser werden!*
URL: http://www.gehoerlose.de/viewtopic.php?t=1754 (Stand: 10.07.2005)

27a) Taubenschlag-Forum: Wie lernen Gehörlose lesen?

URL: http://www.gehoerlose.de/viewtopic.php?t=1215&start=50 (Stand: 06.042005)

28) Titelbild
URL: www.titelbild.de (Stand: 08.04.2005=

29) Untertitel-Werkstatt Münster
URL: http://www.untertitel.de (Stand: 06.04.2005)

30) Vicomedia
URL: http://www.vicomedia.de (Stand: 03.05.2005)

31) Wapedia: *Untertitel.*
URL: http://www.de.wapedia.org/untertitel (Stand: 14.04.2005)

32) *Was passiert im Jahr 2010?*
URL: http://www.digitalfernsehen.de/home/index_5093.html (Stand: 08.02.2005)

33) Westdeutsche Programmentwicklungsgesellschaft
URL: www.wpeg.de (Stand: 24.03.2005)

34) Wilck, Frauke: Eine Annäherung an die Anforderungen zur Medienuntertitelung für Gehörlose, Schwerhörige und Spätertaubte mit dem Schwerpunkt: Film-, Video- und DVD-Untertitelung.
URL: http://spiffytunes.com/uni/HA.DGS.UT.pdf (Stand: 14.02.2005)

35) ZDF-Pressemitteilung: Teletext-Live-Untertitelung der ZDF-Nachrichtensendungen / Ein neuer Service für gehörlose und schwerhörige Zuschauer.
URL: http://www.presseportal.de/print.htx?nr=253910 (Stand: 09.02.2005)

36) ZDF-Mediathek: *Live-Untertitelung: So funktionierts.*
URL: http://www.zdf.de/ZDFmediathek/inhalt/11/0,4070,2289483-5,00.html (Stand: 01.07.2005)

37) ZDF-Presseportal
URL: http://www.presseportal.de/story.htx?nr=1165451 (Stand: 21.06.2008)

38) WDR-Presseportal
URL: http://www.wdr.de/unternehmen/presselounge/pressemitteilungen/2007/10/2007-1030_untertitelproduktion.phtml?highlight=untertitelung (Stand: 21.06.2008)

39) Landesverband Bayern der Schwerhörigen und Ertaubten e.V.
URL: http://www.schwerhoerige-bayern.de/tvuntertitel.htm (Stand: 21.06.2008)

1) Untertitelqualität / Pro-Contra-1:1-Untertitelung. [s.n.] : [s.l.]

2) British Broadcasting: BBC SUBTITLING GUIDE. - 2nd, upd. Ed. - [s.n.] : [s.l.], 1996

3) Arbeitsgruppe „Untertitel und Gebärdenspracheinblendung“: Entwurf Untertitelrichtlinien. [s.n.] : [s.l.]

4) ZDF: Leitlinien für Videotext-Untertitel. [s.n.] : [s.l.]

4a) ZDF: UT-Kriterien. [s.n.] : [s.l.]

4b) ZDF: Leitlinien für Videotext-Untertitel. Erarbeitet von den ARD-Anstalten (ohne NDR) und vom ZDF beim ZFP-Seminar vom 25. bis 29.11.91 in Berlin. Berlin 1991

4c) Titelbild: UT für HG / kundenspezifische Guidelines. ZDF Guidelines. [s.n.] : [s.l.], 2004

4d) Titelbild: UT für Hörgeschädigte – ZDF Standards. [s.n.] : [s.l.], 2002

5) Untertitel-Werkstatt Münster: UTW Münster. [s.n.] : [s.l.]

6) Möck, Juliane: Untertitel für Hörgeschädigte: Richtlinien. Titelbild, Berlin 2003

6a) Möck, Juliane: Untertitelung für Hörgeschädigte: linguistische Überlegungen. Titelbild, Berlin 2001

6b) Caruso, Beatrice / Krüger, Gabriele: UT-Richtlinien für die Videotext/Teletext-Untertitelung. Zürich, Juni 2005

7) E-Mail von Bernd Schneider vom Deutsche Gehörlosen Bund e. V. vom 10.03.2005

8) E-Mail von Bernhard Brämswig, Geschäftsführer der Untertitel-Werkstatt Münster vom 18.03.2005

8a) E-Mail von Bernhard Brämswig, Geschäftsführer der Untertitel-Werkstatt Münster vom 24.03.2005

8b) E-Mail von Bernhard Brämswig, Geschäftsführer der Untertitel-Werkstatt Münster vom 08.04.2005

9) E-Mail von Carmen Grumbach vom Zweiten Deutschen Fernsehen vom 19.04.2005

10) E-Mail von Gabriele Krüger vom Bayerischen Fernsehen vom 18.03.2005 und vom Februar

10a) E-Mail von Gabriele Krüger vom Bayerischen Fernsehen vom 02.02.2005

11) E-Mail von Peter Endres vom Hessischen Rundfunk vom 18.03.2005

11a) E-Mail von Peter Endres vom Hessischen Rundfunk vom 12.04.2005

11b) Von Peter Endres vom Hessischen Rundfunk vom 15.04.2005

12) E-Mail von Martin Burike von der Westdeutschen Programmentwicklungsgesellschaft vom 22.03.2005

12a) E-Mail von Martin Burike von der Westdeutschen Programmentwicklungsgesellschaft vom 19.04.2005

12b) E-Mail von Martin Burike von der Westdeutschen Programmentwicklungsgesellschaft vom 27.04.2005

13) E-Mail von Margit Bletz vom Zweiten Deutschen Fernsehen vom 10.03.2005

14) E-Mail von Ullrich Nicklisch vom Rundfunk Berlin Brandenburg vom 01.04.2005

15) E-Mail von Daniel Sommer von Kabel 1 vom 18.03.2005

16) E-Mail von Gabriele Kletter von ORF-Enterprise vom 25.03.2005

17) E-Mail von Erika Mahan vom Saarländischen Rundfunk vom 09.02.2005

18) E-Mail von Kerstin Hentze vom Mitteldeutschen Rundfunk vom 20.05.2005

19) E-Mail von Kerstin Hentze vom Mitteldeutschen Rundfunk vom 09.06.2005

20) E-Mail von Gabriele Krüger vom Bayerischen Fernsehen vom 06.06.2008

21) E-Mail von Ullrich Nicklisch vom Rundfunk Berlin-Brandenburg vom 09.01.2008

Katharina Hinderer

Untertitelung in Tschechien und Deutschland

1 Einleitung

In dieser Arbeit soll die Untertitelung von Spielfilmen in Deutschland und Tschechien untersucht und die Praxis dieser Form der Übersetzung in den beiden Ländern einander gegenübergestellt werden. Ein Exkurs zur Tradition der Filmuntertitelung in beiden Ländern soll die manifestierten Gewohnheiten der Zuschauer und die Relevanz der Untertitelung für das Publikum im jeweiligen Land verständlich machen.

Die Untertitelung stellt einen Teilbereich der audiovisuellen Übersetzung dar, der besondere Anforderungen an den Übersetzer stellt. Im Anschluss an eine theoretische Ausleuchtung und Positionierung dieses Arbeitsfeldes soll auf die Rolle, welche die spezifischen Anforderungen der Untertitelung in der Praxis spielen, eingegangen werden und das Aufgabenprofil des „Untertitlers" in den beiden untersuchten Ländern so eingehend wie möglich beschrieben werden. Dabei stützt sich diese Arbeit im Wesentlichen auf Informationen von in der Branche tätigen Übersetzern und Firmen, die bereit waren, mir Einblicke in ihre Arbeitsweise zu gewähren sowie auf eigene Erfahrungen, die ich während eines Praktikums bei der Firma Titelbild in Berlin sammeln konnte.

Das Hauptaugenmerk gilt dabei den Unterschieden, welche in diesem Bereich tätige Übersetzer vorfinden. Dies bezieht sich sowohl auf die von Ihnen erwarteten Arbeitsergebnisse als auch auf die Arbeitsbedingungen und Aufgabenbereiche. Die Auswirkungen dieser Arbeitsbedingungen auf die Qualität von Untertiteln sind dabei ebenfalls von Interesse. Zu diesem Zweck soll im Vorfeld die Frage der Definition von Untertitelqualität und die verschiedenen Konventionen der Untertitelung ausführlich erörtert und an ausgewählten Beispielen veranschaulicht werden.

Die von mir auszugsweise untersuchten Untertitel wurden mir von den Übersetzerinnen freundlicherweise zur Verfügung gestellt. Außerdem haben sie Fragen zu Abwicklung der Übersetzung und den jeweiligen Arbeitsbedingungen beantwortet.

Einen Sonderfall der Untertitelung stellen Untertitel für Gehörlose und Hörgeschädigte dar. Da es sich bei den analysierten Beispielen um Untertitel für Hörende handelt und die Arbeit des Übersetzers im Vordergrund stehen soll, wird dieser Bereich in der vorliegenden Arbeit nur kurz angerissen, insofern, als er das Gesamtbild der Untertitelung ergänzt.[1] Die Bedeutung dieser speziellen Untertitel für die betroffenen gehörlosen und schwerhörigen Menschen in Bezug auf ihre Lebensqualität und Teilnahme am gesellschaftlichen Leben kann jedoch nicht genug betont werden und spiegelt sich sowohl in Tschechien als auch in

1 Zur Untertitelung für Gehörlose bieten z. B. Schubert (2001:92ff.) und Ivarsson/Carroll (1998:129ff.) einführende Informationen, während sich de Linde/Kay (1999) intensiver mit den Bedürfnissen dieser Zielgruppe und ihren besonderen Anforderungen an (Fernseh-) Untertitel auseinander setzen. Es besteht jedoch weiterhin Forschungsbedarf auf diesem Gebiet.

Deutschland in den Bemühungen und Selbstverpflichtungen der öffentlich-rechtlichen Fernsehsender wider.

2 Untertitelung als Bereich der audiovisuellen Übersetzung

Im Bereich der Übersetzung multimedialer Texte hat man auf theoretischer Seite bereits ein gewandeltes Profil des Übersetzers ausgeleuchtet, das dem klassischen Berufsbild nicht mehr hundertprozentig entspricht. Dies trifft auch für die Praxis der Untertitelung in Tschechien und Deutschland zu, auch wenn sich die Umsetzung im Einzelnen unterscheidet.

Der klassische Textbegriff muss im Hinblick auf den audiovisuellen Charakter der zu übersetzenden Texte erweitert werden. Da es sich bei Filmen laut Gottlieb (1997:309) um polysemiotische Texte handelt, kann man nicht erwarten, dass ein Untertitler nur den Dialog eines Films zu übersetzen hat.

Katharina Reiss (1971:34) hat mit der Einführung des Begriffs des *audio-medialen Textes* (der gesprochen oder gesungen werden soll) und später mit dem erweiterten Begriff des *multi-medialen Textes* (Reiss 1984:211) im Rahmen ihrer Texttypologie als Erste versucht, eine Kategorie für diesen Teilbereich der Übersetzung zu definieren. Zwar hat sie die Differenzierung als eigenen Texttyp später wieder verworfen, da sie zu dem Schluss kam, dass alle drei bekannten Texttypen, also sowohl informative als auch operative oder expressive Texte, in multimedialen Varianten auftreten können (vgl. Reiss 1995:87). Trotzdem werden multimediale Texte in der Translationstheorie im Allgemeinen weiterhin als eine spezielle Kategorie behandelt.

Während der Begriff der audiovisuellen Übersetzung, also der Übersetzung von Texten mit akustischen und visuellen Elementen, im Allgemeinen als auf die Bereiche Film, Oper, Theater und Fernsehen beschränkt aufgefasst wird, umfasst seine Erweiterung zur multimedialen Übersetzung auch neuentstandene Bereiche wie die Übersetzung und Lokalisierung von Software und Internet-Seiten und bereits länger etablierte Bereiche wie Hörspiele und Comics sowie andere Texte mit akustischen und/oder visuellen Elementen.

Zum weiterentwickelten Textbegriff in der multimedialen Übersetzung schreiben Gambier/Gottlieb in ihrer Einleitung zu *(Multi) Media Translation* (2000):

> [...] the concept of 'text' is no longer seen as a string of sentences, partly because language is seen as being integrated with images, sounds, graphics, etc.

Diese Elemente, die mit der sprachlichen Komponente des Originals eng verbunden sind, dürfen bei der Übersetzung niemals außer Acht gelassen werden, denn:

> With a film or a webpage, 'meaning' is not generated by verbal signs only: it is based on the totality of verbal utterances and non-verbal signs (pictures, sounds, music, non-verbal elements, graphics, graphic design, colours, etc.). (ebd.)

Der Film als Ausgangstext besteht in seiner Gesamtheit aus den verbalen Elementen (Dialog und Texteinblendungen) und non-verbalen Elementen (in erster Linie dem Filmbild sowie Mimik, Gestik, Prosodie, Geräusche, Musik), die seine Bedeutung konstituieren. In diesem Zusammenhang drängt sich auch das folgende Modell von Gottlieb (1994:265) auf, das die Übermittlung der Nachricht eines Films auf vier Kommunikationskanäle verteilt: den verbal-akustischen, den verbal-visuellen, den nonverbal-akustischen und den nonverbal-visuellen Kanal.

Die Untertitel liefern also nicht nur die Übersetzung der verbalen Ebene des „Filmtextes", sie werden außerdem zu einem Teil der audiovisuellen Gesamtkomposition. Das Ergebnis dieser Einbettung in das polysemiotische Umfeld des Films ist eine Wechselwirkung zwischen den Untertiteln und dem Filmbild sowie der Tonspur des Films. Dieser von Gottlieb (1997:312) auch als „Feedback" bezeichnete Effekt bringt für den Übersetzer sowohl Vor- als auch Nachteile mit sich. Er macht die Übersetzung für Zuschauer mit Kenntnissen der Ausgangssprache sofort überprüfbar, was den Übersetzer einerseits zu Höchstleistungen anspornen sollte, andererseits aber auch jeden noch so kleinen Fehler sofort entblößt. Durch diesen Effekt wird allerdings auch oft die übersetzerische Kreativität eingeschränkt, da bestimmte Wörter (z. B. Eigennamen oder Markennamen), die für die Mehrheit der Zuschauer vertraut klingen, in den Untertiteln möglichst nicht weggelassen werden sollten. Als positiver Effekt des „Feedback" kann dagegen die Tatsache gewertet werden, dass die Tonspur ebenso wie das Filmbild von den Zuschauern als Interpretationshilfe für die Untertitel herangezogen werden und so die in den Untertiteln enthaltenen Informationen ergänzen kann. Durch diese intersemiotische Redundanz wird dem Übersetzer die Entscheidung zu Textkürzungen oftmals erleichtert, da die wegfallenden verbalen Informationen aus dem audiovisuellen Kontext erschlossen werden können: „In einem polysemiotischen Kontext werden semantische Lücken intersemiotisch gefüllt." (Gottlieb 2001:15).

Aufgrund der von vorneherein durch das Medium Film vorgegebenen Einschränkungen, wie z. B. die Geschwindigkeit der gesprochenen Sprache, sind es gerade Textkürzungen, die mehr als viele andere Faktoren die Arbeit des Untertitlers bestimmen. Insbesondere die Fähigkeit, auch komplizierte Sachverhalte so knapp und präzise wie möglich ausdrücken zu können, macht einen guten Übersetzer erst zu einem guten Untertitler.

2.1 Definitionen & theoretische Anmerkungen

Bei der Untertitelung unterscheidet man offene und geschlossene Untertitel, sowie inter- und intralinguale Untertitelung. Offene Untertitel sind fester Bestandteil des Filmbildes und lassen sich nicht ausschalten, während geschlossene Untertitel vom (Fernseh-)Zuschauer auswählbar sind, da sie als ein vom Fernsehbild separates Signal gesendet werden (z. B. über Videotext). Untertitel für fremdsprachige Kinofilme sind somit interlingual und offen, während die Videotext-Untertitel für Gehörlose im deutschen Fernsehen zu den intralingualen und geschlossenen Untertiteln gehören.

Neben der Synchronisation gehört die Untertitelung heute in Westeuropa zu den gängigsten Formen der Filmübersetzung. Während bei der Synchronisation die Tonspur mit den ausgangssprachlichen Dialogen durch lippensynchrone Dialoge in der Zielsprache ersetzt wird, wird dem Film mit den Untertiteln eine weitere Dimension hinzugefügt. Untertitelung ist also additiv. Laut Gottlieb (1997:311) handelt es sich bei der Untertitelung um eine (1) schriftliche, (2) additive, (3) synchrone Übersetzung eines (4) flüchtigen und (5) polysemiotischen Texttyps.

Die Untertitelung wird aufgrund des Wechsels zwischen mündlicher und schriftlicher Sprachebene auch als intersemiotisch bezeichnet. Dass der Filmdialog als Ausgangstext jedoch nicht mit natürlicher gesprochener Sprache gleichzusetzen ist (außer im Falle einer Dokumentation), wird von Taylor hervorgehoben. Er wies in seinem Vortrag auf der Konferenz zum Thema „Language Transfer on the Screen"[2] im Februar 2004 in London darauf hin, dass die Sprache von Spielfilmen „written to be spoken as if not written" ist und die Filmcharaktere (bzw. die Schauspieler) in einer künstlich kreierten Situation kommunizieren und agieren. Das bedeutet, dass Filmdialoge zwar ein gewisses Maß an Redundanz enthalten, allerdings meist deutlich weniger, als dies bei spontaner natürlicher Sprache der Fall ist. Dazu bemerkt Remael (2003:226):

> In fictional dialogue both register and interactional features of conversation are part of a carefully constructed narrative [...]. In other words, register and dialogical interaction form an integral part of the film story.

Sie warnt außerdem vor "omission of conversational moves that may appear to be narratively redundant, but are not necessarily so". Es ist daher eine sorgfältige Abwägung der Kürzungen notwendig, da jede Figur in einem Film unter anderem auch durch ihre Sprache charakterisiert wird und die Untertitel diese Charakterisierung möglichst nicht verzerren sollten. Weiterhin werden die Beziehungen der Charaktere untereinander durch ihre sprachliche Interaktion herausgearbeitet.

Untertitelung ist also, zumindest im Fall von Spielfilmen, nur an der Oberfläche eine Übertragung gesprochener in geschriebene Sprache. Tatsächlich handelt es sich um geschriebene Dialoge, welche eine narrative und dramaturgische Funktion innerhalb des Films erfüllen. Die Struktur des Textes ist nicht mit der einer spontanen Äußerung identisch. „Even film dialogue that masquerades as everyday speech is determined by underlying structures that may more closely resemble those of writing." (Remael 2001:18).

Da sich diese Arbeit mit der Übersetzung und Untertitelung von Spielfilmen aus dem Tschechischen ins Deutsche befasst, werden insbesondere die auf den Spielfilm bezogenen Gesichtspunkte zu berücksichtigen sein, ebenso wie alle auf die interlinguale Übersetzung anwendbaren Erkenntnisse.

2.2 Historischer Abriss

Die Untertitelung existiert als Verfahren der Filmübersetzung seit 1929. Ihre Vorläufer waren die Zwischentitel in Stummfilmen, die je nach Sprache des

---

2 Die Konferenz wurde unter dem Titel „In So Many Words – Language Transfer on the Screen" von der University of Surrey in Roehampton organisiert und abgehalten (siehe auch Internetquelle Nr. 6).

Zielpublikums ausgewechselt wurden. Mit der Einführung des Tonfilms wurde es schließlich notwendig, Verfahren zur Übersetzung von Filmdialogen zu entwickeln. In verschiedenen Ländern etablierten sich unterschiedliche Verfahren (hauptsächlich Untertitelung und Synchronisation), in Abhängigkeit von der Größe der Sprachgemeinschaft und später auch nach politisch-ideologischen Gesichtspunkten.

Historisch betrachtet könnten sowohl Tschechien als auch Deutschland zu den Synchronisations-Nationen gerechnet werden (Schubert 2001:11ff.), wobei Tschechien jedoch ein weniger homogenes Bild bietet als Deutschland. In Deutschland hat sich nach dem 2. Weltkrieg die Synchronisation im Kino und später auch im Fernsehen nahezu konkurrenzlos durchgesetzt, und das trotz der damit verbundenen hohen Kosten.

Auch in der damaligen Tschechoslowakei wurde synchronisiert, das betraf allerdings hauptsächlich Kinderfilme und Filme, für die hohe Besucherzahlen erwartet wurden. Čekalová (1998:18-21) erläutert zwar, dass um 1960 weniger Filme synchronisiert wurden als untertitelt, führt aber auch an, dass vor 1989 definitiv mehr synchronisiert wurde als heute. Vermutlich waren die verstaatlichte Filmwirtschaft und das verstaatlichte Fernsehen eher bereit, die hohen Kosten der Synchronisation zu tragen. Die Untertitelung existierte parallel zur Synchronisation, anscheinend mit wechselnder Dominanz. Es wurden beispielsweise Filme russischen Ursprungs untertitelt, wobei möglicherweise einer der heute als besonders wichtig erscheinenden Vorteile der Untertitelung eine Rolle spielte: der Erwerb der Fremdsprache. Insgesamt lag das Verhältnis von untertitelten Fassungen zu Synchronfassungen nach einer Schätzung von Sítar vor 1989 bei etwa fünfzig zu fünfzig.

2.3 Relevanz der Untertitelung aus heutiger Sicht

Somit hat sich sowohl in Deutschland als auch in Tschechien bei den Zuschauern über die Jahre eine Gewöhnung an synchronisierte Filme und Fernsehsendungen eingestellt. Mit diesen Gewohnheiten zu brechen ist in beiden Ländern keine leichte Entscheidung. Nach dem Ende des Kommunismus wurde jedoch in Tschechien aus finanziellen Gründen bald eine Umorientierung notwendig. Das öffentlich-rechtliche tschechische Fernsehen (Česká Televize – ČT) blieb jedoch zum großen Teil[3] der Synchronisation treu und die neugegründeten Privatsender setzen ausschließlich auf Synchronisation[4]. Die Qualität der von privaten Studios angefertigten Synchronfassungen war jedoch während der Schwemme ausländischer Fernsehserien und Filme unmittelbar nach den politischen Umwäl-

3 Pro Woche werden auf den zwei Kanälen der ČT ca. zwei bis drei fremdsprachige Filme (bzw. Sendungen) in Originalfassung mit offenen Untertiteln gesendet, einer davon im Rahmen des „Filmový Klub", einer Kinosendung für Cineasten.

4 Die Entwicklung des Digitalfernsehens eröffnet jedoch auch für Privatsender (z. B. HBO) neue Perspektiven, die mit einer Zunahme der Untertitelung im Fernsehen einhergehen. (vgl. Arak 2005)

zungen oft beklagenswert. Die ČT hat sich aber trotz Einsparungen ein hohes Niveau der Synchronisation erhalten und auch die privaten Studios achten inzwischen mehrheitlich auf eine höhere Qualität der Bearbeitungen.

Die Filmverleiher und die Kinobranche schlugen jedoch einen anderen Weg ein und verlegten sich auf die finanziell weniger aufwändige Untertitelung ausländischer Filme. Da sich bei dem im Vergleich zu Deutschland zahlenmäßig deutlich geringeren Kinopublikum in Tschechien die Anfertigung einer Synchronfassung praktisch nicht rentiert, hat sich bei Kinofilmen die Untertitelung durchgesetzt. Die Synchronisation eines Kinofilms lohnt sich erst ab 40 Filmkopien, in Tschechien sind jedoch in der Regel nicht mehr als 15 Kopien pro Film im Umlauf. Ein weiterer finanzieller Vorteil für die Verleiher ergibt sich, wenn sie Filmkopien untertiteln lassen, die bereits im Ursprungsland des Filmes einige Zeit lang im Umlauf waren.

Damit ergibt sich für Tschechien eine relativ deutliche Trennung zwischen Kino- und Fernsehpublikum. Das Kinopublikum ist an Untertitel gewöhnt, während das Fernsehpublikum in der Regel der Synchronisation den Vorzug gibt. Darüber, dass untertitelte Filme für Kinder nicht geeignet sind, ist man sich auch in Tschechien einig. So werden Kinder- oder Familienfilme auch für das Kino meistens synchronisiert, ebenso wie einige wenige Hollywood-Blockbuster, von denen man sich durch die Synchronisation noch höhere Einspielergebnisse verspricht (dazu zählen z. B. die James Bond-Filme oder „The Day after Tomorrow“ von Roland Emmerich aus dem Jahr 2004). Insgesamt lag der Anteil der synchronisierten Kinofilme von 2001 bis 2004 jedoch unter 7 %[5].

Es gibt von Seiten der Kinobetreiber Bestrebungen, das etwas „lesefaule“ Fernseh- und Videopublikum durch mehr synchronisierte Filme in die Kinos zu locken. Die Verleiher halten jedoch bisher weitgehend an der Untertitelung fest, und zwar hauptsächlich aus Kostengründen. Sollte der finanzielle Erfolg synchronisierter Kinofilme jedoch die um das zwei- bis zehnfache höheren Ausgaben für Synchronfassungen aufwiegen, könnte die Tendenz künftig auch im Kino in Richtung Synchronisation gehen (vgl. Patočková 2004).

In der Sparte Video dominiert in Tschechien ebenfalls die Synchronisation, allerdings oft auf niedrigerem qualitativen Niveau als im Fernsehen, da hier die Kosten meistens noch mehr gedrückt werden. Die Kosten der Synchronisation für Video und TV sind jedoch aufgrund der erforderlichen Tonqualität bereits um das zehnfache niedriger als für Kinofilme (vgl. Arak 2005).

Einen für die Untertitelungsbranche in beiden Ländern sehr bedeutenden Meilenstein stellt mit Sicherheit die Entwicklung der DVD dar. Sowohl in Deutschland als auch in Tschechien wird es dank der hohen Speicherkapazität dieses

5 Laut Angaben der UFD (Unie Filmových Distributorů - Verband der Filmverleiher) betrug bei den fremdsprachigen Produktionen der Anteil der untertitelten Filme in den vergangenen drei Jahren (im Zeitraum 6/2001 – 6/2004) 93,27 %.

Mediums zur Regel, dass jeder Film sowohl in der Synchronfassung[6] als auch in der Originalfassung mit Untertiteln (in Deutschland meist auch mit zusätzlichen Untertiteln für Gehörlose) verfügbar gemacht wird. Dass so gut wie jeder auf DVD veröffentlichte Film auch untertitelt werden muss, bedeutet einen enormen Zuwachs für die Branche. Zusätzlich zum Hauptfilm enthalten DVDs oft stundenlange Kommentare der beteiligten Schauspieler, Regisseure oder Produzenten sowie weiteres Bonusmaterial, das in vielen (aber bei weitem nicht allen) Fällen ebenfalls untertitelt wird.

Auch in Tschechien gewinnen Untertitel für Gehörlose an Bedeutung. Im öffentlich-rechtlichen Fernsehen sind sie schon seit langem an der Tagesordnung und es existiert auch eine gesetzlich festgelegte Quote[7]. Im Vergleich zum Jahr 2002, als laut Angaben der ČT 45 % der auf den zwei öffentlich-rechtlichen Kanälen ausgestrahlten Sendungen für Gehörlose untertitelt oder in Gebärdensprache gedolmetscht wurden, ist in den ersten drei Quartalen 2004 der Anteil der Sendungen mit geschlossenen Untertiteln auf 65,56 % gesteigert worden[8]. Im Bereich DVD gehören die Untertitel für Gehörlose und Hörgeschädigte in Tschechien allerdings noch nicht zur Grundausstattung. Auch Gehörlosenuntertitel im Kino sind erst seit kurzer Zeit im Gespräch und werden dank neuer Technologien vielleicht bald Realität. In Deutschland sind Gehörlosenuntertitel im Fernsehen zwar häufig anzutreffen[9], auch viele DVDs sind damit ausgestattet, aber im Kino-Bereich stehen die Bemühungen noch am Anfang.

Zusammenfassend kann man sagen, dass in Deutschland nach wie vor die Synchronisation bei Kinofilmen und im Fernsehen der Standard ist, wobei die Untertitelung beim anspruchsvollen (cineastischen) Arthouse-Publikum ständig an Popularität gewinnt. Für Kinofilme mit einem derart kleinen Nischenpublikum eignet sich die Untertitelung natürlich besonders, nicht zuletzt aus finanziellen Gründen. Besonders das jüngere Publikum wird hierzulande durch zunehmenden Einsatz von Untertiteln bei den Musik- und Jugendsendern an Untertitel im

---

6 Eine DVD bietet die Möglichkeit, bis zu acht Synchronfassungen und 32 verschiedene Untertitelfassungen auf einem Datenträger zu speichern und zu vertreiben.

7 Laut „Zákon o České televizi" (Gesetz über das Tschechische Fernsehen) vom 7. November 1991, §3, Absatz 1 i): „Česká televize [...] opatřuje alespoň 70 % vysílaních pořadů skrytými nebo otevřenými titulky pro sluchově postižené nebo simultánním tlumočením do znakové řeči," (siehe Internetquelle Nr. 4).
(Das Tschechische Fernsehen [...] versieht mindestens 70 % aller ausgestrahlten Sendungen mit geschlossenen oder offenen Untertiteln für Hörgeschädigte oder lässt sie simultan in die Gebärdensprache dolmetschen).

8 Im selben Zeitraum wurden 3,54 % der Sendungen mit offenen Untertiteln ausgestrahlt und 1,29 % in Gebärdensprache gedolmetscht. Damit wurde die Quote mit einem Anteil von für Gehörlose zugänglichen Sendungen von insgesamt 70,39 % in diesem Zeitraum bereits erfüllt. (siehe Internetquelle Nr. 3, neuere Angaben siehe Internetquelle Nr. 7)

9 Die ARD kam im Jahr 2000 auf 20 Stunden für Gehörlose untertiteltes Programm pro Woche, die Dritten Programme auf ca. 10 Stunden/Woche und das ZDF kam 2001 auf ca. 23 Stunden/Woche (Quelle: Deutscher Bundestag – 15. Wahlperiode Drucksache 15/512, siehe Internetquelle Nr. 1)

Fernsehen gewöhnt. Neben diesen Sendern findet man untertitelte Filme und Sendungen sporadisch in den Dritten Programmen der ARD und auf Kultursendern wie 3sat oder arte, sowie mit zunehmender Tendenz in den Kinos der Großstädte. Daten zum Verhältnis untertitelter Filme zu synchronisierten werden jedoch nicht statistisch erfasst und zuverlässige Angaben dazu sind auch in der Literatur schwer zu finden.[10]

In Tschechien wird die Untertitelung vom Fernsehpublikum kaum akzeptiert, während das überwiegend jüngere Kinopublikum zumindest an Untertitel gewöhnt ist, wenn es sie nicht sogar bevorzugt. Es wird geschätzt, dass ein Großteil der Kinogänger zwischen 15 und 25 Jahre alt ist.[11] Man muss natürlich bedenken, dass diese Altersgruppe sowohl durch ihre Fremdsprachenkenntnisse als auch durch eine kaum eingeschränkte Seh- und Lesefähigkeit optimale Vorraussetzungen für das Lesen von Untertiteln mitbringt. Das Fernsehpublikum dagegen setzt sich aus Menschen aller Altersgruppen, von Kleinkindern bis zu sehr alten Menschen, mit unterschiedlichem Bildungsniveau zusammen.

---

10 Die aktuellste Angabe, die sich dazu bei Schubert (2001:12) findet, stammt von 1997 und geht von 90 % synchronisierten Spielfilmimporten aus.

11 Ivarsson/Carroll (1998:66): „Statistics indicate that a very high proportion of cinemagoers are aged between 15 and 25.“

3 Arbeitsabläufe im Bereich der Untertitelung in Deutschland und Tschechien

3.1 Die technische Seite der Untertitelung

Die Übersetzung mag zwar den Kern des Endproduktes ausmachen, aber es sind zahlreiche technische Abläufe notwendig, um einen Film mit Untertiteln zu versehen, die alle in das Endprodukt einfließen und von denen einige für die Arbeit des Übersetzers eine wesentliche Rolle spielen. Sofern diese für den Untertitler oder die Qualität des Endproduktes von Bedeutung sind, werden sie im Folgenden erläutert.

Eine Filmkopie besteht aus mehreren Filmrollen, welche wiederum aus einzelnen Bildern besteht. Bei einem Film sind es 24 Bilder pro Sekunde. Bei Videobändern verhält es sich jedoch anders, ein PAL-Video enthält 25 Bilder pro Sekunde (das PAL-System ist in Europa verbreitet, bei Videos des amerikanischen NTSC-Systems sind es 30 Bilder pro Sekunde).

Auch die maximal mögliche Länge der Untertitel, d. h. die Anzahl der Zeichen pro Untertitelzeile, unterscheidet sich je nach Medium. Die unterschiedliche Zeilenlänge bei Kino-, Video- und TV-Produktionen ist vor allem durch die unterschiedliche Größe der Projektionsfläche bzw. des Bildschirms bedingt. Auch die niedrigere Bildauflösung der beiden Medien Fernsehen und Video spielt hierbei eine Rolle.

Damit die Untertitel mit dem Ablauf der Filmbilder synchronisiert werden können, wird auf dem zu bearbeitenden Videoband ein Timecode benötigt. Mit Hilfe eines Timecode-Generators kann dieser beim Kopieren des Films auf eine VHS-Kassette mit eingespielt werden. Der Timecode ist dann beim Abspielen des Videos entweder am oberen Bildrand sichtbar oder zwischen den Bildern versteckt und wird vom Computer, an dem der Untertitler arbeitet, ausgelesen. Er ermöglicht die synchronisierte Darstellung der neu erstellten Untertitel auf dem Bildschirm. Der Timecode für ein bestimmtes Filmbild sieht in der Regel folgendermaßen aus: 01:32:58.04 (Stunde:Minute:Sekunde.Bild).

3.1.1 Spotting

Mit diesen Vorgaben und der Hilfe einer Untertitelungssoftware, die sowohl den Timecode als auch den Untertiteltext verarbeitet und diverse andere Funktionen übernimmt, sieht sich der Untertitler den Film an und legt die Ein- und Ausstiegszeiten der Untertitel fest. Durch Tastendruck wird beim Anschauen des Films der Zeitpunkt festgelegt, an dem der Untertitel eingeblendet werden soll, durch erneuten Tastendruck, wann er wieder ausgeblendet werden soll. Dieser Vorgang wird auch als Spotting bezeichnet. Die eigene Reaktionszeit sollte einem erfahrenen Untertitler bekannt sein und wird nach Beendigung des Spottings von den gerade festgelegten Zeiten abgezogen.

Es existiert inzwischen eine große Auswahl an Computerprogrammen zur Anfertigung von Untertiteln. Die klassischen Arbeitsmittel des Untertitlers waren bis vor kurzem ein PC mit einem (früher meist DOS-basierten) Textverarbeitungsprogramm, welches auch den Timecode verarbeiten kann sowie ein Videorekorder (der das Abspielen des Videos Bild-für-Bild erlaubt) mit Fernsehbildschirm zum Ansehen des Films. Inzwischen ermöglichen neue Software-Produkte auch das Abspielen des digitalisierten Filmmaterials in einem Fenster auf dem PC-Bildschirm, auf dem gleichzeitig die Untertitel eingegeben und gespottet werden können, es gibt also ein Programm, das alle Funktionen bündelt. Einige Programme übernehmen auch gleich die Digitalisierung des Filmmaterials und versehen es dabei mit einem Timecode.

3.1.2 Schreiben der Untertitel

Womit der Übersetzer kaum etwas zu tun hat, ist der Prozess, der die Untertitel auf das Filmmaterial bringt. Für Kinofilme gibt es im Wesentlichen drei Methoden: die photochemische Untertitelung, die optische Untertitelung und die Laseruntertitelung. Die photochemische Methode wurde 1932 entwickelt[12]. Hierbei wird der Filmstreifen mit einer Schutzschicht aus Paraffin bedeckt. Die Untertitel befinden sich auf winzigen Plättchen, die erhitzt werden, um dann in einer Art Druckerpresse das Paraffin an der Stelle zu schmelzen, wo der Untertitel stehen soll. Mit einem Bleichmittel wird dann an dieser freigelegten Stelle die Farbemulsion des Filmbildes weggeätzt und es entsteht ein weißer und deutlich lesbarer Untertitel mit leicht ausgefransten Rändern. Anschließend wird der Film vom Paraffin und dem Bleichmittel befreit.

Optische Untertitel entstehen, indem man, während ein Film vom Filmnegativ kopiert wird, gleichzeitig eine Filmrolle ablaufen lässt, auf der sich nur die abfotografierten Untertitel in schwarzer Schrift befinden, und diese ebenfalls mit auf die Filmkopie kopiert.

Als moderneres Verfahren wurde in den 1980er Jahren die Laseruntertitelung entwickelt. Die fertigen Untertiteldateien werden in ein maschinenlesbares Format konvertiert und von einem computergesteuerten Laserstrahl Bild für Bild in die Filmkopie eingraviert, wobei die bestehende Farbemulsion auf dem Film verdunstet und an der Stelle, an der die Untertitel erscheinen sollen, nur das bloße Trägermaterial zurückbleibt. Da dieses durchsichtig ist, erscheinen die Untertitel beim Projizieren des Films auf der Leinwand in Weiß.

Die bisher genannten Verfahren erzeugen Untertitel, die dauerhaft auf die Filmkopie eingraviert oder fotografiert sind. Es wird auch an Methoden gearbeitet, die es ermöglichen, Untertitel während der Vorführung separat auf die Leinwand zu projizieren oder auf einem Display unterhalb der Leinwand einzuspielen und so die Filmkopie unangetastet zu lassen. Bisher sind diese Verfahren jedoch noch recht teuer und ständiger Weiterentwicklung unterworfen.

---

12 Laut Ivarsson/Carroll (1998:13) wurden derartige Verfahren nahezu gleichzeitig in Ungarn und Norwegen entwickelt.

Bei DVDs gestaltet sich die letzte Phase der Untertitelung weniger aufwändig, nachdem die Ansichtskassette vom Auftraggeber abgenommen wurde (bzw. seine Korrekturen eingegeben wurden), werden die Untertitel in einzelne Grafikdateien konvertiert, komprimiert und dem Auftraggeber zur Weiterverarbeitung übermittelt.

3.2 Unterschiede in der technischen Ausstattung und den technischen Abläufen

3.2.1 Unterschiede beim endgültigen Schreiben der Untertitel

Obwohl für die Arbeit des Übersetzers nicht ausschlaggebend, ist die zum Schreiben der Untertitel verwendete technische Ausstattung für die Qualität des Endproduktes von entscheidender Bedeutung. Diese Ausstattung variiert auch in Deutschland, oft wird jedoch auf moderne Laser-Geräte gesetzt.

Bei den tschechischen Filmlabors auf dem Studiogelände in Prag-Barrandov wurden 2003 zwei Laseruntertitelungsgeräte angeschafft. Die alte photochemische Anlage ist allerdings noch in Betrieb und wird in Einzelfällen benutzt, um Teile von Filmen zu untertiteln, in denen mit dem Laser weniger gut lesbare Untertitel erzielt werden würden (wie etwa bei zu hellem Hintergrund). Insgesamt bewertet man aber das photochemische Verfahren als zu umweltschädlich und hat sich daher für die moderne Lasertechnik entschieden.

Während die Filmlabors in Barrandov nur die technische Seite der Untertitelung abdecken und die Übersetzungen extern erledigt werden, vereint die tschechische Firma Filmprint die gesamten Arbeitsabläufe unter einem Dach (inklusive Synchronstudio). Vor allem aus Kostengründen wird hier weiterhin eine photochemische Untertitelungsanlage betrieben.

3.2.2 Unterschiede bei der Erstellung der Untertitel

3.2.2.1 Hardware

Der klassische Untertitelungs-Arbeitsplatz unterscheidet sich in beiden Ländern bereits auf den ersten Blick. In Deutschland besteht er aus einem PC (ausgestattet mit einschlägiger Software und einem Timecode-Reader) mit Bildschirm sowie einem Videogerät (vorzugsweise mit der Möglichkeit Bild für Bild vor- und zurückzuspulen), das an einen Fernsehbildschirm angeschlossen ist.

Ein typischer Untertitelungs-Arbeitsplatz in Tschechien, der noch nicht mit moderner Software ausgestattet ist, besteht aus einem Schneidetisch mit angeschlossenem Bildschirm, auf dem eine Filmkopie direkt abgespielt wird, sowie einem PC mit Bildschirm, an dem die Untertitel abgespielt werden.

3.2.2.2 Software

In beiden Ländern wurde über lange Jahre (und wird zum Teil immer noch) mit DOS-basierten Programmen gearbeitet. Diese Programme sind weniger intuitiv bedienbar als Programme für Windows und erfordern eine gewisse Übung, um effizient angewendet zu werden. Es handelt sich dabei um Programme, deren Hauptfunktion die Textverarbeitung ist, die aber mit zahlreichen Sonderfunktionen ausgestattet sind.

In Deutschland findet z. B. das in Schweden entwickelte Untertitelungs-Programm ScanTitling (sowohl in einer DOS-Variante als auch in einer Variante für Windows) Verwendung, das zur Eingabe und Formatierung der Untertitel, Eingabe der Ein- und Ausstiegszeiten sowie zum Spotting verwendet wird, den Timecode liest und die Untertitel zur Kontrolle auf einem Videogerät abspielt und außerdem die Verwaltung der Untertiteldateien ermöglicht.

In Tschechien erfreut sich ein ebenfalls DOS-basiertes Textverarbeitungsprogramm namens T602 großer Beliebtheit. Das liegt vor allem daran, dass es jahrelang das einzige Programm war, welches die tschechischen diakritischen Zeichen verarbeiten konnte. Dieses sehr flexible Programm wurde für den Zweck der Untertitelung modifiziert und kann dadurch ebenfalls zur Verwaltung von Untertiteldateien, zur Eingabe von Untertiteln, ihrer Nummerierung usw. eingesetzt werden. Es kommt entsprechend der Arbeitsweise in Tschechien ohne Timecode aus. Stattdessen wird die Anzahl der Bilder der auf dem Schneidetisch ablaufenden Filmrolle gezählt (das erste zu zählende Bild wird durch einen weißen Aufkleber markiert) und die Untertitel werden danach ausgerichtet und gespottet.

Die jüngsten technischen Entwicklungen sind weder an der tschechischen noch an der deutschen Untertitelungsbranche vorbeigegangen. Die neu auf den Markt gekommenen, speziell für die Untertitelung entwickelten Software-Produkte haben keine Schwierigkeiten mit Diakritika mehr und können auch arabische und asiatische Schriftzeichen ohne Probleme verarbeiten. Eine solche Software ermöglicht es, den gesamten Untertitelungsprozess auf einem Bildschirm zu konzentrieren, da das Filmmaterial digitalisiert wird und in dieser Form direkt auf dem PC abgespielt werden kann. Die Software beinhaltet also ein Fenster, in dem der Film abgespielt und die Untertitel eingeblendet werden, Felder, in denen der vorherige und der nachfolgende Untertitel zu sehen sind, außerdem Felder, in denen der Timecode der Ein- und Ausstiegszeit sowie die Dauer des Untertitels eingeblendet werden und eine Anzeige zur Kontrolle, ob der Untertitel im Zeitlimit liegt oder zu lang bzw. zu kurz für die voreingestellte Lesezeit ist. Die Software bietet oft noch zusätzliche Funktionen wie ein Kommentarfeld zu jedem Untertitel, was sehr nützlich sein kann, wenn ein Film von mehreren Untertitlern bearbeitet wird. Des Weiteren stehen zahlreiche Bearbeitungs- und Formatierungsfunktionen zur Verfügung, mit denen z. B. die Farbe und Schrift der Untertitel variiert werden können. Solche Untertitelungs-Software wird z. B. von den Software-Firmen ELF Software (EZtitles), Softel (Swift), FAB, SoftNl, SysMedia (WinCaps) oder Cavena angeboten.

3.3 Arbeitsabläufe

Wie bereits im vorigen Kapitel angedeutet, unterscheidet sich die Ausstattung der Untertitler in Deutschland und Tschechien vor allem in einem Punkt: während in Deutschland in der Regel mit einer VHS-Kopie des Films gearbeitet wird, arbeitet ein tschechischer Untertitler mit der Filmkopie selbst. Schon allein daraus ergibt sich notwendigerweise eine unterschiedliche Arbeitsweise und Aufteilung der Arbeitsabläufe, die im folgenden Kapitel detailliert beschrieben werden soll.

3.3.1 Aufteilung der Arbeitsabläufe in Deutschland

Vielleicht ist es zu optimistisch, zu behaupten, dass sich in dieser Frage in Deutschland ein einheitliches Bild bieten würde. Jedoch ist hierzulande der Fall des tatsächlichen Berufsbildes eines „Untertitlers", der vom Anfang bis zum Ende alle Aspekte der Untertitelung bis auf die Korrektur und das abschließende Lasern oder Eingravieren der Untertitel selbst übernimmt, recht weit verbreitet. Dieser „Idealfall" (vgl. Díaz Cintas 2001:208) sieht folgendermaßen aus:

Der Übersetzer hat das gesamte benötigte Equipment zur Verfügung. Er hat eine Dialogliste des Films und schaut sich den Film einmal an, wobei er in der Dialogliste bereits Anmerkungen zu Schnitten und einer möglichen Aufteilung des Dialogs macht. Danach sieht er sich den Film ein zweites Mal an und spottet ihn dabei, legt also die Zeiten für die Untertitel fest und macht anschließend einen Offset (d. h. alle Untertitel werden um die Reaktionszeit zurückverschoben). Danach wird mit der Übersetzung Untertitel für Untertitel begonnen. Dabei werden die Zeiten geändert, wo es notwendig ist. Untertitel werden zusammengefügt oder getrennt, die Zeiten verlängert oder gekürzt, so lange, bis der Übersetzer mit dem Ergebnis zufrieden ist.[13]

Als nächster Schritt wird der gesamte Film von einem anderen Untertitler (Redakteur) redigiert, d. h. sowohl der Text als auch das Timing der Untertitel werden kontrolliert. Danach werden die Untertitel ausgedruckt und von einem weiteren Übersetzer korrekturgelesen. Sind alle Korrekturen eingegeben, wird dem Auftraggeber eine Videokassette mit den fertigen Untertiteln zur Abnahme geschickt und dessen eventuelle Änderungswünsche ebenfalls eingegeben.

Es sind noch einige technische Vorgänge notwendig, bevor mit dem Schreiben der Untertitel begonnen werden kann, die nicht immer vom betreffenden Übersetzer selbst vorgenommen werden. Es muss z. B. sichergestellt werden, dass andere Schriften (sog. Captions) im Filmbild nicht von den Untertiteln überdeckt werden, bei Kinofilmen ist die Aufteilung der Untertiteldatei in je eine Datei pro Filmrolle notwendig.

---

13 Der Ablauf kann auch in diesem Szenario variieren: das Spotting kann mit bereits fertig übersetzten Untertiteln erfolgen, der Film kann in mehreren Etappen gespottet werden oder es kann jeder Untertitel einzeln bearbeitet (übersetzt und gespottet) werden. Die Entscheidung darüber liegt in diesem „Idealfall" allein beim jeweiligen Untertitler, diese Arbeitsweise ist also sehr flexibel und selbstbestimmt.

Der Übersetzer übernimmt also fast die gesamte Arbeit, bis auf das Korrekturlesen und die Redaktion sowie einige technische Details.

Dieser Idealfall ist natürlich nicht immer gegeben, in der Praxis arbeiten oft mehrere Übersetzer an einem Projekt, d. h. ein Film wird unter mehreren Übersetzern aufgeteilt. Gegebenenfalls wird ein freiberuflicher Übersetzer mit der Übersetzung beauftragt, dessen Untertitel dann von anderen Mitarbeitern weiterverarbeitet werden. Bei nicht so häufig zu übersetzenden Sprachen werden auch freiberufliche Übersetzer ohne Erfahrung in der Untertitelung herangezogen, die dann mit einem erfahrenen Untertitler gemeinsam an einem Film arbeiten.

3.3.2 Aufteilung der Arbeitsabläufe in Tschechien

In Tschechien hat sich dagegen eine anders strukturierte Arbeitsteilung durchgesetzt, die sich in den drei Funktionen des Übersetzers, Redakteurs und Dramaturgen wiederspiegelt. Die Übersetzung wird meist von selbständigen externen Übersetzern angefertigt, die mit dem Prozess der Untertitelung selbst wenig zu tun haben. Sie werden in der Regel mit einer Dialogliste (oder etwas Ähnlichem) und einem Videoband des zu übersetzenden Originalfilms ausgestattet oder sie haben die Gelegenheit, sich den Film einmal in der Firma anzuschauen und müssen dann mit einer Audiokassette, die den Filmdialog enthält, arbeiten. Sie liefern der Untertitelungsfirma eine Word-Datei mit speziell formatierten zweizeiligen Untertiteln ab, die von einem Redakteur korrigiert und dem Übersetzer nochmals zur Eingabe der Korrekturen und Kontrolle der Rechtschreibung vorgelegt wird. Danach werden die fertigen Untertitel nummeriert und in das für den Untertitelungsvorgang notwendige Format konvertiert. Der Dramaturg spielt nun die Filmkopie am Schneidetisch ab und spottet auf einem PC die in einem DOS-Programm gespeicherten, nummerierten Untertitel mit der Computer-Maus. Mit der linken Taste wird die Einstiegs-, mit der mittleren Taste die Ausstiegszeit festgelegt und mit der rechten Taste kann der Untertitel wieder gelöscht werden. Auch hier wird ein Offset durchgeführt.

Später kontrolliert der Dramaturg die Zeiten, indem er den Film anschaut und gleichzeitig die auf dem Computerbildschirm laufenden Untertitel verfolgt und, wenn nötig, Änderungen vornimmt. Danach wird die Datei gedruckt und nochmals Korrektur gelesen.

Auch die Einführung neuer Allround-Software wird an dieser Arbeitsaufteilung voraussichtlich nichts ändern. Sie erleichtert zwar die Arbeit des Dramaturgen, der nun z. B. die Untertitel direkt in das digitalisierte Filmbild auf dem Computerbildschirm eingespielt bekommt und sie mit einem benutzerfreundlichen Programm bearbeiten kann. Für die Arbeit des Übersetzers hat sie jedoch bislang keine Konsequenzen und eine Änderung ist auch für die Zukunft nicht abzusehen.

Trotzdem ist man sich durchaus bewusst, dass die Einbindung des Übersetzers in den Untertitelungsprozess notwendig ist, damit er ein ausgeprägteres Gefühl für den Rhythmus des Films und die Besonderheiten der Untertitelung bekommt. So wird bei der Firma Linguafilm, die u.a. Untertitel für die Filmlabors in Barrandov anfertigt, mit einem in der Untertitelübersetzung noch unerfahrenen Übersetzer der erste Film mit seinen Untertiteln nach der Abgabe noch einmal durchgegangen. Beim ersten Mal werden die Untertitel erfahrungsgemäß nicht besonders gut, man setzt daher auf den sich einstellenden Übungseffekt.

Die in Tschechien praktizierte Aufteilung der Arbeitsabläufe führt auch dazu, dass der Übersetzer als Honorar nur einen Teil des Gesamtwertes der Untertitelungsleistung beanspruchen kann, da auch der Dramaturg und der Redakteur jeweils einen Teil davon erhalten (zur Bezahlung der Untertitler in Tschechien und Deutschland siehe Kapitel 4.2).

Ähnlich wie in der deutschen Synchronbranche sind die Übersetzer in diesem Kontext eher Zuarbeiter (vgl. hierzu auch Schubert 2001). Ihre Übersetzung bleibt zwar zum größten Teil intakt, sie haben jedoch auf die Anfertigung der Endfassung keinen Einfluss mehr und geben die Verantwortung für die Qualität der Untertitel zum Teil an den Redakteur und den Dramaturgen ab.

Die Dramaturgen, die schließlich die Untertitel in ihre endgültige Form bringen, sind dagegen hochqualifizierte Arbeitskräfte mit jahrelanger Erfahrung in den Bereichen Untertitelung und Film. Sie haben die nötige Routine, um schnell und effizient zu arbeiten. Die gründliche Ausbildung und jahrelange Erfahrung dieser Mitarbeiter jedem Übersetzer für jede noch so kleine und selten benötigte Sprache zukommen zu lassen, wäre schlicht unmöglich.

Dennoch sind die Dramaturgen nicht unfehlbar und sie müssen aufgrund dieser Arbeitsteilung auch mit Sprachen arbeiten, die sie nicht (oder nicht einwandfrei) beherrschen. Durch die Aufteilung in Übersetzung auf der einen und Dramaturgie bzw. Timing der Untertitel auf der anderen Seite entsteht bei der Übernahme der übersetzten Untertitel durch den Dramaturgen eine potentielle Fehlerquelle.

An diesem Punkt im Untertitelungsprozess können ähnliche Probleme auftreten, wie sie Schubert (2001:112) für die Weiterverarbeitung der Rohübersetzung durch den Synchronbuchautor bei der Synchronisation beschreibt: „An dieser Schnittstelle, einer Art Grauzone zwischen Rohübersetzung und Dialogbuch, kommt es mitunter zu Fehlern, [...]". Dabei können nicht nur unerkannte Übersetzungsfehler in die Endfassung gelangen, sondern der Dramaturg kann durch Unkenntnis der Ausgangs- oder Zielsprache selbst Fehler, etwa beim Timing der Untertitel, verursachen.

4 Untertitelungsqualität, Arbeitsbedingungen und Ausbildung von Untertitlern

4.1 Qualität der Untertitel

Die besten Untertitel sind nach landläufiger Meinung diejenigen, die vom Betrachter überhaupt nicht wahrgenommen werden. Wie unauffällig die Untertitel wirken, hängt natürlich von den Erwartungen und Gewohnheiten des Betrachters ab. Da sich die Sehgewohnheiten bezüglich der Untertitel bei Tschechen und Deutschen unterscheiden, müssen sich auch die Auffassungen über die Qualität von Untertiteln unterscheiden.

Einige allgemeine Kriterien der Untertitelungsqualität lassen sich jedoch universell anwenden. Dazu zählen zuallererst die Lesbarkeit, die Verständlichkeit, eine zum Lesen ausreichende Standzeit sowie ein harmonisches Timing/Spotting. Die Qualität der Übersetzung und die sachlich richtige Widergabe des Originaldialogs sind natürlich ebenfalls nicht zu vernachlässigende Kriterien. Nach diesen Kriterien sollen im Anschluss die deutschen Untertitel zweier tschechischer Filme analysiert werden.

Días Cintas (2001:199) teilt die Faktoren, welche die Qualität von Untertiteln beeinträchtigen können, in drei Kategorien ein: zum einen in physische Faktoren, die sich aus den Beschränkungen des Mediums ergeben: „lack of synchronisation, excessive reduction, insufficient time to read the subtitle, etc.“. Diese hält er jedoch angesichts der neuen Computertechnik für weniger relevant. Die zweite Kategorie, welche die Qualität beeinflusst, bilden die Arbeitsbedingungen, zu denen er Fawcett (1983:189) zitiert, der feststellt: „The most important are: poor wages [...]; absurd deadlines [...]; poor originals [...]; and finally, poor training of translators.“ Días Cintas kritisiert außerdem die „excessive atomization of the profession with the unfruitful and unnecessary split between translators, spotters, subtitlers, adaptors, etc.“, ein Thema, das auch im deutsch-tschechischen Kontext eine zentrale Rolle spielt. Als dritte Kategorie begreift er den Übersetzungsvorgang selbst, also den linguistischen Transfer des Filmdialogs in eine andere Sprache.

Entlang dieser Kategorien möchte ich auf einige Aspekte, welche die Qualität der Untertitel bestimmen, näher eingehen. Für die Lesbarkeit der meistens weißen Untertitel spielt (neben der zum Schreiben verwendeten Methode) der Hintergrund immer eine wichtige Rolle. Optimale Lesbarkeit wird im Prinzip nur vor einem einfarbigen Hintergrund erreicht. Deshalb wird als die theoretisch optimale Lösung die Hinterlegung des Untertitels mit einer Black Box (also einem schwarzen Feld) betrachtet, was jedoch bei Kinofilmen aufgrund der technischen Gegebenheiten ausgeschlossen ist. Bei Kinofilmen ist die Lesbarkeit der Schrift durch den Prozess der Untertitelung meist gewährleistet. Bei photochemischer Untertitelung wird beim Schreiben die Emulsion vom Filmmaterial entfernt, dadurch ist die Schrift immer heller als das hellste Weiß im Film. Bei der Laseruntertitelung entsteht zusätzlich eine dunklere Umrandung der Buchstaben durch das Schmelzen der Emulsion, wodurch die Lesbarkeit der Schrift verbessert wird. Generell sind natürlich Untertitel auf der Kinoleinwand durch die vielfache Vergrößerung sehr viel einfacher zu lesen als auf einem Fernsehbildschirm.

Als Schriftart sollte in jedem Fall eine serifenlose, proportionale Schrift gewählt werden. Laut Ivarsson/Carroll (1998:42) kann angenommen werden, dass ein nicht zu vernachlässigender Teil des Publikums (insbesondere des Fernsehpublikums) Sehschwierigkeiten oder Probleme mit dem Lesen hat. Deshalb sollte immer die am besten lesbare Schrift gewählt werden. Die Verwendung proportionaler Schriften ohne Zwischenräume zwischen den einzelnen Buchstaben ist im Computerzeitalter allgemein üblich und hat außerdem den Vorteil, dass dadurch oft mehr Zeichen in eine Untertitelzeile passen. Ivarsson/Carroll (1998:43) betonen außerdem, dass Akzente und diakritische Zeichen in den Untertiteln unbedingt enthalten sein müssen, „since these accents and characters play an important part for the word forms and consequently for legibility and comprehension". Dies gilt natürlich hauptsächlich für Untertitel, die in einer Sprache mit diakritischen Zeichen verfasst werden. In anderen Sprachen könnte ihre Beibehaltung möglicherweise eher einen störenden Einfluss haben.

Ein schlechtes Timing der Untertitel kann den Zuschauer gewaltig irritieren, es kann allerdings noch viel weitreichendere Folgen haben. Ein Mangel an Synchronität zwischen Untertitel und Dialog kann z. B. dazu führen, dass der Zuschauer bei schnellem Sprecherwechsel nicht mehr weiß, welche Aussage welchem Sprecher zuzuordnen ist. Damit ist er nicht mehr in der Lage, dem Film zu folgen und die Untertitel haben ihren Zweck nicht erfüllt, mag die Übersetzung auch noch so gut sein.

Was ist also beim Spotting unbedingt zu beachten? Der Untertitel sollte immer zeitgleich mit dem Sprechen einsetzen (maximal 6 Bilder später), muss aber nicht notwendigerweise zeitgleich enden. Wenn die Lesezeit nicht ausreicht und nicht unmittelbar danach ein weiterer Untertitel folgt, kann er auch über die Sprechzeit hinaus stehen bleiben. Ein Untertitel darf jedoch nicht zu lange (d. h. über die notwendige Lesezeit hinaus) stehen bleiben, da sonst die Tendenz besteht, ihn zweimal zu lesen. Zwischen den Untertiteln sollte immer eine kurze Pause von gleichbleibender Länge (mindestens 4 Bilder) eingehalten werden, damit der Zuschauer bemerkt, dass ein neuer Untertitel eingeblendet wird (Ivarsson/Carroll 1998:64). Wenn darüber hinaus noch die Schnitte beachtet werden, dann ergibt sich im Idealfall ein harmonischer Fluss der Untertitel, ein konstanter Rhythmus, an den sich der Zuschauer im Laufe des Films gewöhnen kann.

Dieser Rhythmus ist vom jeweiligen Film abhängig: ein Action-Film mit vielen Schnitten hat einen schnelleren Rhythmus als ein dialoglastiger Autorenfilm mit wenigen Schnitten.

Die Regeln zum Umgang mit Schnitten können wie folgt zusammengefasst werden: ein Untertitel sollte möglichst nicht über einen Schnitt gehen. Wenn es sich nicht vermeiden lässt, muss er mindestens noch eine halbe Sekunde (besser jedoch eine Sekunde) nach dem Schnitt stehen bleiben. Endet der Untertitel unmittelbar vor dem Schnitt, sollte ein Abstand zum Schnitt von 4 Bildern eingehalten werden, damit er nicht den Anschein erweckt, über den Schnitt hängen zu bleiben. Ebenso sollte ein Untertitel erst 4 Bilder nach dem Schnitt eingeblendet werden, um zu gewährleisten, dass das Auge des Zuschauers den neuen Untertitel registriert (vgl. Ivarsson/Carroll 1998:75f.). Die Relevanz von Schnitten und Szenenwechseln für eine problemlose Rezeption von Untertiteln wurde in einigen Studien untersucht und es wurde festgestellt, dass ihre Auswirkungen auf das Lesen der Untertitel beträchtlich sind (vgl. de Linde/Kay 1999:34).

Die Standzeit eines Untertitels muss nicht nur ausreichen, um ihn zu lesen. Dem Zuschauer muss auch noch genügend Zeit bleiben, um das Filmbild zu verfolgen. Sind die Untertitel zu lang oder wechseln bzw. verschwinden sie zu schnell, besteht die Gefahr, dass der Zuschauer den Film nur „liest“, anstatt ihn zu sehen. Manchmal ist nicht einmal das möglich, weil die Untertitel schon verschwinden, bevor sie zu Ende gelesen werden können. Dies kann den Filmgenuss erheblich beeinträchtigen und der Untertitelung im Allgemeinen den Ruf bescheren, das Gesamtkunstwerk des Films zu stören oder gar zu zerstören.

Um der durchschnittlichen Lesezeit der meisten Zuschauer gerecht zu werden, sollte ein Untertitel mit zwei vollen Zeilen 5 bis 6 Sekunden stehen bleiben. Für eine Zeile genügen ca. 3 Sekunden, für anderthalb Zeilen ca. 4 Sekunden. Die minimale Standzeit (bei nur einem Wort) sollte bei 1 1/2 Sekunden liegen, da der Zuschauer sonst evtl. nicht registriert, dass ein neuer Untertitel eingeblendet wurde (Ivarsson/Carroll 1998:64).

In besonderen Fällen, wie z. B. bei Gesang (bei dem die Untertitel dem meistens langsameren Rhythmus der Melodie folgen sollten), kann gegen diese Grundregeln verstoßen werden.

Zusammenfassend wird das optimale Timing der Untertitel von Ivarsson/Carroll (1998:82) folgendermaßen beschrieben:

> It involves striking the best possible balance between the rhythm of the film, the speech rhythm of the individual characters or narrators and a viewers' reading rhythm, taking cuts and sound bridges into consideration while achieving the highest possible level of synchronism between the spoken word and the actual subtitle.

Starke Textkürzungen, wie bei Díaz Cintas erwähnt, sind bei der Untertitelung oft nicht zu vermeiden. Ein Untertitel ist immer nur ein Kompromiss aus der bestmöglichen Übersetzung und dem, was der zeitliche und räumliche Rahmen erlaubt. Trotzdem gilt dabei immer die Warnung von Kareninová (1995:2): „V žádném případě však krácení titulku nesmí být omluvou k tomu, abychom vynechli cokoli důležitého!!!“.[14] Die Kunst des Untertitelns liegt auch in der Fähigkeit, Wichtiges von Unwichtigem zu unterscheiden.

---

14 „Auf keinen Fall darf die Kürzung eines Untertitels als Vorwand dienen, irgendetwas Wichtiges wegzulassen!!!“

Während die Lesbarkeit der Untertitel weitgehend von den technischen Möglichkeiten bestimmt wird und damit außerhalb des Einflusses des Übersetzers liegt, trägt er für die Verständlichkeit der Untertitel einen großen Teil der Verantwortung[15]. Hier kommen die besonderen formalen und auch linguistischen Anforderungen des Mediums an die Fähigkeiten des Übersetzers zum Tragen. Die Zeit zum Lesen des Untertitels ist knapp, er verschwindet sofort wieder und kann nicht noch einmal gelesen werden. Deshalb ist es wichtig, den Text so eindeutig und verständlich wie möglich zu formulieren. Jegliche Irritation des Zuschauers und damit Störung seines Leseflusses ist zu vermeiden. Darum ist auch die Aufteilung der Untertitel von großer Wichtigkeit. Bilden die Untertitel und deren einzelne Zeilen Sinneinheiten, so wird dadurch das Verständnis erleichtert. „Lines should be divided in such a way that words intimately connected by logic, semantics or grammar are written on the same line wherever possible." (Ivarsson/Carroll 1998:77). Auch bei der Aufteilung einzelner Sätze auf mehrere Untertitel ist zu beachten, dass grammatisch oder logisch zusammengehörende Wörter und Phrasen nicht getrennt werden sollten und der einzelne Untertitel eine logische Einheit bildet.

Die sprachliche Qualität der Übersetzung lässt sich nur in beschränktem Maße anhand gängiger Kriterien beurteilen, da die Besonderheiten und Zwänge des audiovisuellen Mediums berücksichtigt werden müssen. Idiomatische Formulierungen, korrekte Rechtschreibung, kreative Lösungen von Übersetzungsproblemen und vor allem eine inhaltlich korrekte Übersetzung können jedoch als grundlegende Merkmale einer guten Untertitelübersetzung vorausgesetzt werden.

4.2 Arbeitsbedingungen

Dass Übersetzungsqualität und die Arbeitsbedingungen, unter denen die Übersetzung entsteht, eng zusammenhängen, ist selbstverständlich und wurde bereits im vorangegangenen Kapitel angedeutet. Erhöhter Zeitdruck führt zu Fehlern, Vernachlässigung der Recherche und Ungenauigkeiten. Schlechte Bezahlung beeinflusst die Motivation und den Aufwand, den der Übersetzer einem Auftrag widmet. Unzureichende Ausbildung schließlich führt zu Fehlern aus Unwissenheit und Unkenntnis der Materie oder des Mediums. Außerdem sind hier noch die zur Verfügung stehenden Arbeitsmaterialien und die Ausstattung zu erwähnen, die besonders bei der Untertitelung eine große Rolle spielen. In dieser Hinsicht sind die Arbeitsbedingungen oftmals nicht optimal. Idealerweise arbeitet der Übersetzer mit einer Dialogliste (einer Postproduktionsliste[16], die nach der

---

15 In Tschechien liegt, gemäß der vorherrschenden Arbeitsteilung, die endgültige Entscheidung über die formale und zum Teil auch die sprachliche und inhaltliche Gestaltung der Untertitel eher beim Dramaturgen.

16 Ivarsson/Carroll (1998:80): „Top of the desirability list are post-production scripts with all the dialogue included (even the lines that are barely audible), all the names correctly spelt and all dialogue in exotic languages recorded as well, accompanied by glossaries on any dialect, insider jokes or slang expressions."

Fertigstellung des Films angefertigt wurde), einer VHS-Kassette oder dem digitalisierten Filmmaterial, einem PC (und evtl. Fernsehgerät/Videorecorder) und hat sämtliche benötigten Wörterbücher zur Verfügung (von ein- und zweisprachigen über Slangwörterbücher bis hin zu speziellen Fachwörterbüchern). Außerdem hat er die Möglichkeit, im Internet zu recherchieren und je nach Thema des Films evtl. Kontakt zu Experten und Muttersprachlern.

Selten hat ein Übersetzer das Glück, unter diesen idealen Bedingungen zu arbeiten, doch schon eine ausführliche Dialogliste senkt den Rechercheaufwand um ein Vielfaches. Oft müssen die Übersetzer mit Videokassetten von schlechter Bild- oder Tonqualität arbeiten. Ist der Ton schlecht zu verstehen und hat der Übersetzer keine Dialogliste, kann man eigentlich nicht mit einer qualitativ hochwertigen Übersetzung rechnen. In Tschechien, wie auch in anderen Ländern, scheint es nicht selten vorzukommen, dass die Übersetzer sich den Film nur einmal anschauen können und danach mit Audiokassetten von der Tonspur arbeiten müssen (z. B. weil der Verleiher Informationen über einen neuen Film so lange wie möglich geheim halten möchte). Das sind erschwerte Bedingungen, unter denen selbst gute Übersetzer und Untertitler kaum optimale Leistungen erbringen können. Ebenfalls problematisch ist es, bereits von einem anderen Untertitler (für eine andere Sprache) gespottete Untertitel zu übersetzen oder allgemein mit bereits vorgegebenen Ein- und Ausstiegszeiten arbeiten zu müssen, sofern diese nicht optimal sind oder nicht verändert werden können. Einige Untertitler und Fachleute begrüßen die Arbeit mit solchen vorgespotteten „Templates", andere fühlen sich dadurch eingeschränkt.

Neben einer ausreichenden Bearbeitungszeit, die für einen Langspielfilm zwischen ein und zwei Wochen liegt, spielt natürlich die finanzielle Vergütung für die Arbeitsbedingungen und damit auch die Qualität des Endproduktes eine entscheidende Rolle. Da in Deutschland ein Untertitler meistens umfangreichere Aufgaben zu erfüllen hat als ein Untertitelübersetzer in Tschechien (und natürlich auch höhere Lebenshaltungskosten hat), ist zu erwarten, dass die Vergütung dementsprechend höher ausfällt.

Das Honorar des Übersetzers bzw. Untertitlers, sofern er freiberuflich tätig ist, wird in Deutschland sehr unterschiedlich angesetzt und hängt in erster Linie vom Gesamtvolumen des Auftrages ab. Manche Firmen berechnen das Honorar nach Anzahl der Untertitel, andere nach der Länge des Films, also pro Filmminute. Als grober Richtwert könnten hier zwischen 6 und 9 Euro pro Filmminute angesetzt werden.[17]

In Tschechien ist die Vergütung pro Untertitel üblicher, was auf der einen Seite dem Arbeitsaufwand des Übersetzers, der sich nicht mit dem Spotting der Untertitel beschäftigen muss, gerechter wird als eine Bezahlung pro Filmminute. Andererseits könnte man in diesem Fall befürchten, dass manche Übersetzer aus fi-

17 Dieser Betrag ergibt sich zum einen aus Angaben der in Berlin ansässigen Firma Titelbild, zum anderen aus dem Honorar der Übersetzerin des in dieser Arbeit analysierten Films *Wilde Bienen*.

nanziellen Gründen eine höhere Zahl Untertitel produzieren als unbedingt nötig. Die Bezahlung pro Filmminute hat jedoch auch eine Schwachstelle, schließlich wird in einigen Filmen weniger gesprochen als in anderen. Das Übersetzerhonorar für Filmuntertitel liegt in Tschechien zwischen 7 und 13 Tschechischen Kronen pro Untertitel (ca. 0,22 bzw. 0,41 Euro)[18] und variiert je nach Sprachkombination.

Für die Untertitelung eines hypothetischen neunzigminütigen Films mit 800 Untertiteln würde also ein Übersetzer in Deutschland maximal 810 Euro bekommen, während ein tschechischer Übersetzer höchstens 328 Euro bekäme.

4.3 Ausbildung von Untertitlern

Allgemein und im gesamteuropäischen Kontext wurden von vielen Autoren die mangelnden Ausbildungsmöglichkeiten für Untertitler und ihre unvermeidbaren Auswirkungen auf die Qualität von Untertiteln beklagt[19]. Es hat sich in den vergangenen Jahren einiges auf diesem Gebiet getan, wenn auch die Zentren dieser Entwicklung weiterhin eher in den klassischen Untertitelungsländern[20] zu finden sind als in Deutschland. Die Lage sieht in Tschechien ähnlich aus, das Lernen in der Berufspraxis scheint hier den größten Raum in der Ausbildung von Untertitlern einzunehmen.

4.3.1 Ausbildung von Untertitlern in Tschechien

Am Institut für Translatologie der Karlsuniversität in Prag werden in einem fünfjährigen Studiengang Übersetzer/innen für 5 Sprachen ausgebildet (für Englisch, Französisch, Deutsch, Russisch und Spanisch). Studenten der englischen Sprache können einen relativ praxisorientierten Kurs im Literaturübersetzen absolvieren, in den jeweils eine Kurseinheit zu Untertitelung und zu Synchronisation integriert ist. In diesem Kurs werden an praktischen Beispielen die Probleme und Besonderheiten der Filmübersetzung demonstriert und den Studenten wird die Aufgabe gestellt, Untertitel für einen Filmausschnitt unter Beachtung der Vorgaben (Zeilenlänge, Zeitlimit etc.) zu erarbeiten. Da die Studenten in diesem Fall jedoch nur eine Unterrichtseinheit Zeit haben und sich den Filmausschnitt nicht beliebig oft anschauen können (weil i.d.R. nur ein Fernseh- und Videogerät zur Verfügung steht), kann dieses Angebot lediglich als Einführung in die Thematik betrachtet werden.

Für Spanischstudenten existiert ein ähnliches Angebot, somit hat ein großer Teil der Absolventen schon einen kleinen Einblick in das Filmübersetzen bekommen und einige der Studenten widmen auch ihre Abschlussarbeit der Untersuchung

---

18 Diese Angaben stammen von den Firmen Filmprint und Linguafilm in Prag.

19 Zu diesem Thema vgl. u.a. Schubert (2001:6), Ivarsson/Carroll (1998:2).

20 Zu den Hochburgen der Untertitelung gehören seit jeher die skandinavischen Länder sowie Belgien und die Niederlande (vgl. Reid 2001:18). In der Ausbildung von Untertitlern haben sich jedoch auch die Universitat Autònoma de Barcelona sowie einige britische Hochschulen (z. B. University of Wales) hervorgetan.

von Filmübersetzungen. In der Praxis reichen diese Kenntnisse jedoch nicht sehr weit und die Untertitelungsfirmen müssen die Übersetzer für ihre Zwecke selbst aus- oder zumindest weiterbilden.

Eine sehr hohe Zahl der Universitätsdozenten und Professoren haben Erfahrungen mit der Filmübersetzung. Von den Dozenten, die Übersetzen aus dem Englischen unterrichten, hat fast jeder schon Synchronbücher bzw. Untertitel für Kino- oder Fernsehfilme übersetzt.

4.3.2 Ausbildung von Untertitlern in Deutschland

An vielen Übersetzungsinstituten der Hochschulen wird die Filmübersetzung am Rande behandelt, denn als Teilbereich der literarischen Übersetzung bildet sie in den an der Fachübersetzung orientierten Studiengängen keinen Schwerpunkt.

Institute, denen die notwendige Technik nicht zur Verfügung steht, sind auf eine rein theoretische Behandlung dieses Themas angewiesen, eventuell mit praktischen Übungen, für die nur ein Fernsehbildschirm und ein Video- oder DVD-Gerät benötigt werden (wie bereits im Abschnitt 4.3.1 angedeutet, können solche Übungen nur einen sehr beschränkten Einblick in die tatsächliche Arbeit des Untertitlers gewähren, da diese bestimmte technische Fertigkeiten und ein hohes Maß an praktischer Erfahrung voraussetzt).

Einige Übersetzungsinstitute bieten in Zusammenarbeit mit privaten Übersetzungsunternehmen (und unter Nutzung ihrer Expertise und Technik) Workshops zur Filmuntertitelung an, die häufig einen sehr praxisnahen Charakter haben.[21]

Auch in Deutschland werden die Untertitler von den jeweiligen Unternehmen selbst aus- oder weitergebildet. Dies nimmt jedoch für die Rolle des „Allround-Untertitlers" längere Zeit in Anspruch und geschieht meist in Form eines mehrmonatigen Praktikums.

---

21 Inzwischen gibt es deutschlandweit weitere Universitäten, die im Rahmen eines Masterstudiengangs Übersetzen Module zur Untertitelung oder audiovisuellen Übersetzung mit universitätseigener professioneller Software anbieten, wie z. B. das SDI München oder der FASK in Mainz/Germersheim.

5 Untertitelungsstandards und -konventionen in Deutschland und Tschechien

Eine seit langem geforderte gemeinsame europäische Untertitelungsstrategie oder einheitliche EU-Richtlinien auf diesem Gebiet lassen seit geraumer Zeit auf sich warten und so ist es auch wenig verwunderlich, dass sich in Tschechien, als einem neuen EU-Mitgliedsland, vom deutschen und allgemeinen europäischen Standard[22] abweichende Konventionen eingebürgert haben. Diese sind teilweise durch die unterschiedlichen technischen Voraussetzungen sowie durch die Unterschiede in der Struktur beider Sprachen und die unterschiedlichen Gewohnheiten der Zuschauer bedingt.

5.1 Konventionen und Standards in Deutschland

So gut wie jede Untertitelungsfirma hat ihre eigenen Richtlinien, die sich aus eigenen Erfahrungswerten, allgemeinen internationalen Standards, wissenschaftlichen Erkenntnissen und den Sonderwünschen einzelner Auftraggeber zusammensetzen. Da der Auftraggeber immer das letzte Wort hat, sind Abweichungen von diesen Richtlinien nicht in jedem Fall auf eine Entscheidung des Übersetzers zurückzuführen.

Die in Deutschland üblicherweise beachteten Regeln zum Timing der Untertitel sind bereits in Kapitel 4 näher beschrieben worden. Darüber hinaus gibt es auch eine Reihe von Konventionen zur formalen Gestaltung der Untertitel.

Bei der Ausrichtung des Textes wird besonders für Kinofilme eine zentrierte Ausrichtung als beste Lösung betrachtet, damit die Zuschauer von allen Plätzen aus einen guten Blick auf die Untertitel haben.

Werden die Äußerungen von zwei Personen in einem Untertitel zusammengefasst, wird jedem Sprecher eine Zeile zugeteilt und jede Zeile durch einen einleitenden Dialogstrich (kurzer Trennstrich) gekennzeichnet. Ein Untertitel mit Dialog wird häufig linksbündig-zentriert ausgerichtet. Mehr als zwei Sprecher werden nicht in einem Untertitel untergebracht. Eine Frage und die dazugehörige Antwort sollten möglichst im selben Untertitel erscheinen. Ein gängiger Untertitel mit Rede und Gegenrede würde also folgendermaßen aussehen:

-Gibt es einen Unterschied?
-Ich denke schon.

Es wurde bereits erwähnt, dass die Zeilen möglichst nach Sinneinheiten oder grammatischer Zusammengehörigkeit aufgeteilt werden sollten. Darüber hinaus kann auch, soweit möglich, darauf geachtet werden, dass die obere Zeile weniger Text enthalten sollte als die untere. Das hat hauptsächlich ästhetische Grün-

22 Es existieren zwar bisher keine offiziellen EU-Richtlinien zu diesem Thema, der europaweit tätige Verband ESIST (European Association for Studies in Screen Translation) hat jedoch den „Code of Good Subtitling Practice“ (Ivarsson/Carroll 1998:157) als europaweit anzuwendende Richtlinie akzeptiert.

de und ist Ausdruck des Bestrebens, so viel vom Filmbild wie möglich frei zu lassen.

Ein sehr komplexes Thema ist die Verwendung von kursiver Schrift, die möglichst einheitlich gehandhabt werden sollte, um den Zuschauer nicht zu verwirren. Kursive Schrift sollte laut Ivarsson/Carroll (1998:118) nur dann verwendet werden, wenn es nötig ist, da sie etwas schlechter lesbar ist als normale Schrift. Angezeigt ist die Verwendung von kursiver Schrift in folgenden Fällen: bei weit entfernten Stimmen, Stimmen am anderen Ende einer Telefonleitung, im Radio, Fernsehen oder aus einem Lautsprecher, bei inneren Monologen, in Traumszenen oder bei Rückblenden, für die Stimme eines Erzählers, bei eingeblendeten handgeschriebenen Texten (z. B. bei Briefen) und in der auch in anderen Texten üblichen Verwendungsweise (z. B. einzelne Wörter in einer Fremdsprache, Buchtitel, Zeitungstitel usw.).

Meistens werden auch Liedtexte, sofern sie übersetzt werden, in kursiver Schrift wiedergegeben. Darüber hinaus ist bei Liedern eine längere Standzeit der Untertitel, im Einklang mit dem Rhythmus der Musik, zulässig. Es werden nur Lieder übersetzt, die eine gewisse Relevanz für den Film oder die Sendung haben. Beim Refrain wird meist nicht jede Wiederholung untertitelt.

Für Zahlen gelten folgende Regeln: Zahlen bis zwölf werden ausgeschrieben, sofern dafür ausreichend Platz vorhanden ist. Zahlen, die aus fünf oder mehr Ziffern bestehen, werden mit Leerzeichen anstatt Punkten oder Kommas strukturiert, um Verwirrung zu vermeiden (z. B. 25 877, anstelle von 25.877 oder der engl. Variante 25,877).

Fremde Maßeinheiten werden umgerechnet, Währungen in den meisten Fällen nicht.

Bei Abkürzungen sollte die Verständlichkeit Vorrang haben. Wenn eine Abkürzung nicht allgemein bekannt ist, sollte die Bezeichnung lieber ausgeschrieben werden.

Ein weiteres komplexes Feld stellt auch die Verwendung von Satzzeichen in Untertiteln dar. Allgemein gelten natürlich auch bei Untertiteln die Zeichensetzungsregeln der jeweiligen Sprache. Einigen Zeichen wird jedoch im Rahmen der Untertitelung eine besondere Bedeutung zugewiesen, wie z. B. dem kurzen Trennstrich in seiner Funktion als Dialoganstrich. Die Verwendung mancher anderer Satzzeichen wird oft nicht einheitlich gehandhabt. Drei Punkte können verwendet werden, um eine Sprechpause oder ein Zögern des Sprechers wiederzugeben. Ein abgebrochener Satz wird ebenfalls durch drei Punkte beendet. In einigen Fällen können die drei Punkte am Ende eines Untertitels aber auch einfach bedeuten, dass der Satz im nächsten Untertitel weitergeht. Diese Praxis ist in Deutschland kaum anzutreffen, da dadurch wertvoller Platz in den Untertiteln verloren geht.

Zur Verwendung von Ausrufezeichen bemerken Ivarsson/Carroll (1998:115) lediglich: „Do not be led astray by the dialogue list when it comes to exclamation marks. Listen carefully to the tone of voice instead." Einige Firmen halten ihre Übersetzer jedoch dazu an, Ausrufezeichen nur äußerst sparsam einzusetzen. Wo der Sprecher die Stimme tatsächlich hebt oder gar schreit, ist ein Ausrufezeichen aber eine gute Möglichkeit, dieses Merkmal in den schriftlichen Untertitel zu transportieren. Verwendet man Ausrufezeichen zu oft, scheinen sie jedoch an Wirkung zu verlieren.

Es wird angenommen, dass Schimpfwörter in geschriebener bzw. gedruckter Form gröber und härter wirken als in der gesprochenen Sprache. Deshalb wird in vielen Richtlinien und auch bei Ivarsson/Carroll (1998:126f.) empfohlen, bei ihrer Übersetzung Vorsicht walten zu lassen und sie in gewissen Fällen (z. B. bei gehäuftem Auftreten) abzuschwächen: „Floods of obscenities should be toned down [...], but it is not the subtitler's task to act as a censor (unless it is explicitly required by the client)."

Das Wichtigste bei der Untertitelung von Schimpfwörtern ist, in der Zielsprache den richtigen Ton zu treffen, um keine Diskrepanz zur Reaktion der Filmcharaktere entstehen zu lassen. Roffe/Thorne (1994:258) fassen das Dilemma des Übersetzers folgendermaßen zusammen:

> Whilst it is important that the audience appreciates the thrust of informal register, written crudeness is always more offensive than actual oral usage. In this latter case, the would be subtitler must aim to strike a difficult balance between familiarising the target audience with the undoubted colour of a crude character, and offending it by excessive reproduction of dirty talk.

Am Ende kann allein der Auftraggeber darüber entscheiden, was dem Zielpublikum an Vulgärsprache zugemutet werden kann. Bei dieser Entscheidung wird jedoch das Medium und das Genre des Films eine entscheidende Rolle spielen und darauf kann sich der Untertitler während der Übersetzung bereits einstellen.

5.2 Konventionen und Standards in Tschechien

Auch bei tschechischen Firmen sowie beim öffentlich-rechtlichen Tschechischen Fernsehen existieren interne Richtlinien, die den Übersetzern die Arbeit erleichtern und Anfängern bei der Orientierung helfen sollen. Die Richtlinien der Firma Filmprint (Kareninová 1995) bilden die Hauptgrundlage für die folgenden Ausführungen.

Die Länge der Untertitel sollte 4 bis 6 Sekunden für einen zweizeiligen Untertitel und mindestens 3 Sekunden für einen einzeiligen Untertitel betragen. Das absolute zulässige Minimum an Standzeit für einen sehr kurzen Untertitel beträgt 16 Bilder.

Die maximale Zeilenlänge beträgt 32 Anschläge (Zeichen inkl. Leerzeichen). Der Abstand zwischen den einzelnen Untertiteln wird in der Regel von der verwendeten Software bestimmt und kann zwischen 0 Bildern (d. h. die Untertitel folgen ohne Unterbrechung unmittelbar aufeinander) und 6 Bildern liegen.

In tschechischen Untertiteln ist es relativ üblich, dass in einem Untertitel Äußerungen von drei oder vier Personen zusammengefasst werden, ebenso wie drei bis vier getrennte Äußerungen von zwei Personen. Neben den auch in Deutschland üblichen, durch kurze Dialogstriche gekennzeichneten Dialoguntertiteln mit zwei Sprechern, können also auch Untertitel in dieser Form auftreten:

-Wer ist da? -Ich. -Und wer bist du?

-Ich gehe. -Warum denn? -Bleib doch noch. -Lass ihn!

Dabei gilt, dass zwischen den einzelnen Äußerungen auf der selben Zeile eine konstante Anzahl von Leerzeichen eingehalten werden muss (zwei bis drei, im Notfall auch nur eins), dass die Gesamtlänge von 32 Zeichen pro Zeile nicht überschritten werden darf und dass dabei die obere Zeile möglichst freier bleiben soll als die untere. Bei drei Äußerungen stehen also möglichst zwei auf der unteren Zeile, bei vieren sind es jeweils zwei pro Zeile. Nicht zulässig ist es laut den Richtlinien von Filmprint, dass sich bei einem Dialog-Untertitel, der aus zwei Äußerungen besteht, eine davon bis auf die nächste Zeile ausdehnt. Der folgende Untertitel wäre also (ebenso wie auch in Deutschland) nicht akzeptabel:

-Hast du ihm von der Krankheit deiner Mutter erzählt? -Nein.

Den Schnitten wird im Allgemeinen weniger Bedeutung beigemessen, es sei denn, es handelt sich um gravierende Szenen- oder Ortswechsel. Über solche „harten" Schnitte wird kein Untertitel stehen gelassen. Wo es möglich ist, werden Untertitel vorgezogen, um einen Schnitt zu umgehen, oder sie werden gekürzt. In einigen Fällen wird Wert darauf gelegt, dass ein Untertitel nicht nur für sehr kurze Zeit nach einem Schnitt stehen bleibt. Für einen freiberuflichen Übersetzer, der zu Hause nur mit einem gewöhnlichen Videorekorder arbeitet und keine Möglichkeit hat, den Film Bild für Bild ablaufen zu lassen, ist es allerdings enorm schwierig, die Schnitte in seinen Untertiteln zu berücksichtigen.

Weiterhin ist es in Tschechien allgemein üblich, den Vorspann eines Films zu untertiteln, d. h. die Funktionen der Mitwirkenden und andere ausgangssprachliche Texteinblendungen zu übersetzen. Bei einem englischsprachigen Film oder Trailer kann das z. B. so aussehen, wie auf der nachfolgenden Seite dargestellt.

Auch in den Richtlinien von Filmprint wird darauf hingewiesen, dass bei der Übersetzung hinsichtlich der Stilebene Umsicht geboten ist. Es wird vor allem Wert darauf gelegt, dass die Ausdrucksweise idiomatisch und der Zielkultur angepasst ist. Außerdem wird die Verwendung von Slangausdrücken (bzw. archaischen Ausdrücken) empfohlen, während auf umgangssprachliche (nicht standardisierte) oder archaische grammatikalische Endungen in Untertiteln zugunsten der Lesbarkeit verzichtet werden sollte.

Text im Filmbild:	**Warner Bros.**^{TM} **presents**
Untertitel:	uvádí

6 Spezielle Probleme der Untertitelung

6.1 Besondere Anforderungen an den Übersetzer

Nicht nur die in Kapitel 2 erwähnten technischen Feinheiten machen die besonderen Herausforderungen für den Übersetzer von Untertiteln aus, auch die Besonderheiten der „Textsorte" Film und deren Implikationen bedürfen besonderer Aufmerksamkeit.

Gambier (2003:178) sieht im Bereich der audiovisuellen Übersetzung eine Überschneidung zwischen Übersetzen und Dolmetschen und stellt die Frage nach der Positionierung der Untertitelung innerhalb der Übersetzung:

> [...] the language transfer that takes place in films, video and television programmes could be considered a new genre. In translating, one translates texts; in interpreting, one interprets people's speech. What do we do when we subtitle, when we dub?

Er kommt zu folgendem Schluss:

> Subtitling is translating if translation is not viewed as purely word-for-word transfer but as encompassing a set of strategies that might include summarizing, paraphrasing, etc., and if translation is viewed holistically, taking into consideration the genre, the film-maker's style, the needs and expectations of viewers (who may, for instance, have different reading speeds and habits) and the multimodality of audiovisual communication (language, images and sound).

Eine der Prioritäten bei der Untertitelung bleibt immer der Zuschauer. In diesem Zusammenhang weist Gottlieb (1994:265) darauf hin, dass eine äquivalente Übersetzung für Filmdialoge illusorisch sei. „A more realistic ideal would be achieving the same effect on the audience as the one the original audience experienced", d. h. Funktionskonstanz ist anzustreben.

Eines der schon eingangs erwähnten Hauptmerkmale der Untertitelung ist die Übertragung von gesprochener in geschriebene Sprache. Eine völlige Eliminierung aller Merkmale der Mündlichkeit des Originaldialogs ist jedoch in den meisten Fällen nicht erstrebenswert. Denn dadurch würde unter anderem die Illusion zerstört, dass es sich bei dem Text, den der Zuschauer liest, um einen Filmdialog handelt. Wenn sich die Untertitel lesen wie ein Buch oder ein Zeitungstext, wäre die in der Untertitelung ohnehin unvermeidbare Distanz zwischen dem Film und der Übersetzung zu groß. Auch wenn der Filmdialog ursprünglich ein geschriebener Text ist, wird in den meisten Filmen die Illusion natürlicher Sprache aufrechterhalten. Idealerweise benötigt der Untertitler ein tiefes Verständnis der Mechanismen der Filmkunst, um nicht nur die (sprachliche) Oberflächenstruktur des Films zu verstehen, sondern auch die ihr zu Grunde liegenden Strukturen. Bei Remael (2001:18) heißt es dazu:

> Film dialogue may have much less of a linear structure than ordinary conversation. The length of the sentences is not simply determined by the demands of planning an utterance on the spot, but also by dramatic considerations. In other words, in the case of feature films, the subtitler needs to consider to what extent the film dialogue remains [sic] the apparent sequentiality of spoken language, but

> is also dictated by other, hierarchic, concerns, which are determined by the story as told dramatically through a structure underlying its pictures.

Es liegt in der Hand des Übersetzers, die richtige Balance zwischen Kürzungen von inhaltlich nicht relevanten Sprachelementen (z. B. Füllwörtern) und der Erhaltung der Kohäsion und der Erzählstruktur des Films zu finden. Außerdem sollte auch die Charakterisierung der Personen durch ihre Sprache berücksichtigt werden. Sie kann durch Kürzungen sowie Vereinfachung und Bereinigung der Syntax leicht verflacht werden.

Ein weiterer Faktor, der sowohl die Arbeit des Untertitlers als auch die Analyse von Untertiteln erschwert, ist die Tatsache, dass man nicht immer den Originalfilm (den gesprochenen Dialog) als Ausgangstext der Übersetzung ansetzen kann. Laut Toury (1995:76) können als Ausgangtext für Untertitel dienen:

> [...] a script in the language used for the spoken version, a previous text that the script itself drew on, a translation of that text into either the language used for the subtitles or any other language, a translated script, and, of course, a combination of some (or all) of these alternatives.

In diese Aufzählung reihen sich immer häufiger auch die bereits existierenden englischen Untertitel ein. Es ist heute gängige Praxis, dass der Auftraggeber eine Datei mit den englischen Untertiteln (sog. „template“ oder „genesis file“) zur Verfügung stellt, in welche nun die Untertitel der gegebenen Zielsprache eingefügt werden sollen. Die vorgegebenen Ein- und Ausstiegszeiten sollen dabei möglichst unverändert bleiben, was den Untertitler vor das Problem stellt, seine Übersetzung in ein für eine völlig andere Sprache maßgeschneidertes Korsett zu zwingen. Hierbei bleibt es außerdem dem jeweiligen Untertitler selbst überlassen, inwieweit er die englischen Untertitel als Informationsquelle und Hilfestellung für die Übersetzung heranzieht (sofern ihm noch weiteres Material zur Verfügung steht).

6.2 Übersetzungsverfahren in der Untertitelung

Wie bei jeder anderen Form der Übersetzung werden auch von Untertitlern bewusst oder unbewusst spezielle Übersetzungsverfahren angewendet, von denen einige insbesondere auf das Medium Film zugeschnitten sind. Gottlieb (1992:166) hat die folgenden zehn Verfahren im Bereich der Untertitelung beschrieben:

"*Type of strategy*	*Character of translation*	*Media specific type?*
1) Expansion	Expanded expression, adequate rendering (culture-specific references, etc.)	No!
2) Paraphrase	Altered expression, adequate rendering (non-visualized language-specific phenomena)	No
3) Transfer	Full expression, adequate rendering	No

	('neutral' discourse – slow tempo)	
4) Imitation	Identical expression, equivalent rendering (proper nouns, international greetings etc.)	No
5) Transcription	Anomalous expression, adequate rendering (non-standard speech etc.)	Yes
6) Dislocation	Differing expression, adjusted content (musical or visualized language-specific phenomena)	Yes
7) Condensation	Condensed expression, concise rendering (normal speech)	Yes
8) Decimation	Abridged expression, reduced content (fast speech of some importance)	Yes
9) Deletion	Omitted expression, no verbal content (fast speech of less importance)	Yes
10) Resignation	Differing expression, distorted content ('untranslatable' elements)	No"

In seiner Untersuchung eines Spielfilms hat Gottlieb (1992:167) festgestellt, dass in den Untertiteln Verfahren Nr. 3 (mit 44,9 %), Nr. 2 (14,5 %) und Nr. 7 (12,9 %) am häufigsten auftraten, gefolgt von Nr. 8 (8,1 %) und 9 (7,4 %).

Obwohl einige Quellen[23] davon ausgehen, dass bei der Untertitelung bis zu 70 % des Originaldialogs weggekürzt werden, legt diese Untersuchung nahe, dass nur in wenigen Fällen Informationen vollständig verloren gehen. Entweder können sie vom Zuschauer aus dem audiovisuellen Zusammenhang, also aus dem Filmbild oder dem Ton, erschlossen werden oder sie werden in abgewandelter, gestraffter Formulierung in den Untertiteln zugänglich gemacht. Laut Ivarsson/Carroll (1998:87) kommen Übersetzungsverfahren bei der Untertitelung selten isoliert zur Anwendung: „[...] omitting part of the dialogue usually makes it necessary to paraphrase the rest to a certain extent."

Mit der Notwendigkeit von Kürzungen muss sich der Übersetzer von Untertiteln abfinden. Die Praxis der Untertitelung wird oft von den zeitlichen und räumlichen Einschränkungen des Mediums Film dominiert, welche es dem Übersetzer unmöglich machen, eine vollständige äquivalente Übersetzungsvariante zu wäh-

23 Čekalová behauptet, dass „[v]ětšina autorů se shoduje na tom, že informace zprostředkovaná titulkami [sic] tvoří zpravidla jen 30 % z toho, co bylo v filmu opravdu řečeno" (1998:8).
(„Die Mehrheit der Autoren ist sich darüber einig, dass die in den Untertiteln übermittelten Informationen in der Regel nur 30 % dessen ausmachen, was im Film wirklich gesagt wurde.")

len. Eine nicht unwesentliche Rolle für die Notwendigkeit von Kürzungen spielen auch die unterschiedlichen Strukturen der Ausgangs- und Zielsprache. Dazu äußert sich Kovačič (1994:245) folgendermaßen:

> Subtitling into a language with similar syntactic patterns and a similar average word length as those of the source language may call for little reduction, but when the target language does not allow for condensing patterns abundantly used in the source language, the importance of performing reductions in the optimal way comes to the fore.

Die Unterschiede zwischen den beiden für diese Arbeit relevanten Sprachen sind erheblich, was bereits durch das häufige Auftreten von Ein-Wort-Sätzen im Tschechischen deutlich wird. So wird z. B. der Satz „Nevím." im Deutschen übersetzt mit „Ich weiß nicht." und „Neví." wird zu „Er weiß es nicht." (Beispiele aus dem Film *Wilde Bienen*, siehe Kapitel 7).

Kürzungen sind häufig unvermeidbar und werden oft als großer Nachteil der Untertitelung dargestellt. Laut einer von Taylor vorgestellten Studie (2003:191ff.) werden jedoch Untertitel, die fast ausschließlich nach dem Transfer-Verfahren (eine Strategie, die er auch als „maximum subtitling" bezeichnet) erstellt wurden, vom Publikum nicht so gut angenommen wie gekürzte Untertitel. Im Rahmen dieser Studie kam er zu dem Ergebnis, dass „judicious reduction strategies receive greater appreciation than the use of more elaborate titles, at least by audiences looking to be entertained".

Eine wohlüberlegte Kürzung kann also als Verfahren der Filmuntertitelung genauso effektiv sein wie eine vollständige Übersetzung (Transfer) oder ein Verfahren, bei dem ein Teil der Information erhalten bleibt, wie Paraphrase, Kondensierung oder Dezimierung.

7 Konventionen, Übersetzungsverfahren und Übersetzungsprobleme in den deutsch untertitelten Fassungen der Filme „Wilde Bienen" (Divoké včely) und „Weiß der Teufel" (Čert ví proč)

7.1 Bemerkungen zu den untersuchten Filmen und ihren Untertiteln

Bei dem Film *Wilde Bienen* (Regie: Bohdan Sláma, 2001, Länge: 92 Minuten) handelt es sich um einen modernen tschechischen Spielfilm, der das Leben in der Provinz darstellt und gleichzeitig eine Liebesgeschichte erzählt. Bei *Weiß der Teufel* (Regie: Roman Vávra, 2003, Länge: 100 Minuten) handelt es sich um einen thematisch recht verschlungenen Märchenfilm, der den mit teuflischer Hilfe herbeigeführten Niedergang und schließlich die Rettung eines Königreichs beschreibt.

Die beiden Filme unterscheiden sich also hinsichtlich des Sujets, der Epoche, in der sie spielen, ebenso wie hinsichtlich ihrer Zielgruppe erheblich. Außerdem ist anzumerken, dass von *Wilde Bienen* die untertitelte Kinofassung[24] für den deutschen Markt zur Untersuchung herangezogen wurde, während von *Weiß der Teufel* die deutschen Untertitel der DVD für den tschechischen Markt ausgewertet wurden.

Die Arbeitsaufteilung bei der Untertitelung war im Fall dieser beiden Filme ähnlich, obwohl *Wilde Bienen* in Deutschland übersetzt wurde und *Weiß der Teufel* in der Tschechischen Republik. Die Übersetzerin von *Wilde Bienen* ist eine in Deutschland aufgewachsene Halbtschechin mit Wohnsitz in Deutschland. Die Übersetzerin von *Weiß der Teufel* ist eine Tschechin, die zehn Jahre in Deutschland verbracht hat und zur Zeit in Prag lebt. Beide haben die Übersetzung als Word-Dokument angefertigt, das von einer Untertitelungsfirma weiterverarbeitet wurde, Holland Subtitling (Leiderdorp) im Falle von *Wilde Bienen* und Linguafilm (Prag) bei *Weiß der Teufel*. Das bedeutet, dass während des Spottings an den Untertiteln zahlreiche, nicht von den Übersetzerinnen initiierte Veränderungen vorgenommen wurden. Das betrifft natürlich in erster Linie die Aufteilung der Untertitel und nicht ihre Formulierung, da man kaum davon ausgehen kann, dass die mit der Anfertigung der endgültigen Untertitel betraute Person sowohl die Ausgangs- als auch die Zielsprache in ausreichendem Maße beherrscht hat.

Beide Übersetzerinnen hatten schon begrenzte Erfahrung mit der Untertitelung. Die Übersetzerin von *Wilde Bienen* hat während ihres Studiums der Übersetzungswissenschaft ein Praktikum in einer deutschen Untertitelungsfirma absolviert und seitdem insgesamt drei Filme untertitelt, während die Übersetzerin von *Weiß der Teufel* zuvor schon an Untertiteln für einige DVD-Produktionen mitgearbeitet hat.

---

24 Der Film wurde allerdings am 1.11.2004 vom rbb-Fernsehen auch in der untertitelten Fassung gesendet.

Der Übersetzerin von *Wilde Bienen* stand eine Dialogliste („dialogová listina") zur Verfügung, die jedoch nicht der geforderten Postproduktionsliste entspricht, da sie nicht vollständig mit dem im Film gesprochenen Dialog übereinstimmt und keinerlei Erläuterungen enthält. Außerdem hatte sie Zugang zu den englischen Untertiteln.

Auch der Übersetzerin von *Weiß der Teufel* standen eine Dialogliste sowie die englischen Untertitel zur Verfügung. Beide Übersetzerinnen haben beim Timing auf die englischen Untertitel zurückgegriffen, die Übersetzerin von *Weiß der Teufel* hat sich nach eigenen Angaben beim Timing und bei der Aufteilung der Untertitel ausschließlich daran orientiert, sie also im Grunde wie ein „Template" oder eine Maske verwendet, in die sie ihre eigenen Untertitel eingefügt hat.

Zur Bearbeitung standen für die Übersetzung der Untertitel von *Wilde Bienen* ca. vier Wochen zur Verfügung, im Falle von *Weiß der Teufel* waren es ungefähr zwei Wochen. Von den Untertiteln zu *Wilde Bienen* wurden bis zur endgültigen Fassung noch drei bis vier Korrekturfassungen angefertigt, die jeweils vom Auftraggeber zusammen mit der Übersetzerin redigiert wurden. Die Übersetzerin von *Weiß der Teufel* wurde nach Abgabe ihrer Übersetzung nicht weiter in den Untertitelungs- und Redaktionsprozess einbezogen.

Von *Wilde Bienen* stand zur Analyse nicht nur die fertige untertitelte Fassung des Films zur Verfügung, sondern auch die von der Übersetzerin an die Untertitelungsfirma und den Auftraggeber abgelieferte Endfassung ihrer Untertiteldatei (sowie einige Korrekturen zu dieser Endfassung). Die Unterschiede zwischen beiden Fassungen sollen in diesem Kapitel ebenfalls auszugsweise analysiert werden.

Den ausgewählten Beispielen wurde, wo es für das Verständnis notwendig erschien, eine eigene, möglichst wörtliche Übersetzung in kursiver Schrift zur Seite gestellt.

7.2 Formale Aspekte der untersuchten Untertitel

Es bestehen einige formale Unterschiede zwischen den Untertiteln beider Filme, von denen die meisten sicherlich durch firmeninterne oder im jeweiligen Land allgemein akzeptierte Richtlinien und Konventionen begründet werden können.

So sind die Dialoguntertitel mit zwei Sprechern in beiden Fällen nicht linkszentriert, sondern zentriert, wie alle anderen Untertitel auch. Diese Formatierung wurde bewusst in den Beispielen in dieser Arbeit beibehalten, um das optische Erscheinungsbild der Untertitel auf dem Bildschirm (oder der Leinwand) zu imitieren. In *Wilde Bienen* wird, entsprechend den internen Richtlinien der Untertitelungsfirma, nach jedem Dialoganstrich ein Freizeichen eingefügt.

Wilde Bienen hat als für das Kino vorgesehene Produktion eine maximale Zeilenlänge von 42 Zeichen, bei der DVD von *Weiß der Teufel* sind es 32

Zeichen. Bei beiden Filmen treten einige Überschreitungen um jeweils ein Zeichen auf.

Bei *Wilde Bienen* wurde ein minimaler zeitlicher Abstand zwischen den Untertiteln eingehalten, bei *Weiß der Teufel* folgen die Untertiteln häufig ohne Abstand direkt nacheinander.

Liedtexte sind in den Untertiteln beider Filme kursiv gehalten. Bei *Wilde Bienen* sind die Untertitel, die Texte von Sprechern am anderen Ende einer Telefonleitung wiedergeben, auch kursiv gehalten, während die Untertitel zu den über einen Lautsprecher verbreiteten Werbebotschaften nicht durchgehend kursiv sind.

7.2.1 Zeilenaufteilung innerhalb der Untertitel

Die Zeilenaufteilung ist mehr als nur ein ästhetisches Problem, eine klare und überschaubare Anordnung kann das Verständnis erleichtern. Bei den folgenden Beispielen aus *Wilde Bienen* wäre eine andere Aufteilung auf Grund der Zeichensetzung oder der Zusammenfassung von Sinneinheiten wünschenswert gewesen. Außerdem hätte auch die Maxime, dass die obere Zeile weniger Text enthalten sollte als die untere, erfüllt werden können, ohne Probleme mit der maximalen Zeichenanzahl pro Zeile zu bekommen.

	Mich würde interessieren, was dem so in der Birne herumschwirrt.
Besser:	Mich würde interessieren, was dem so in der Birne herumschwirrt.

	Ich wollte um ein bisschen Petroleum bitten.
Besser:	Ich wollte um ein bisschen Petroleum bitten.

	Und den ersten Preis gewinnt unser Ingenieur.
Besser:	Und den ersten Preis gewinnt unser Ingenieur.

	Entschuldigung. Fräulein, bitte zwei grüne Kurze.
Besser:	Entschuldigung. Fräulein, bitte zwei grüne Kurze.

In *Weiß der Teufel* gibt es ebenfalls genügend Beispiele, die von einer nicht ganz optimalen Zeilenaufteilung zeugen. Eine kleine Auswahl soll an dieser Stelle genügen:

	Apollonia, ist es wirklich so schlecht um uns bestellt?
Besser:	Apollonia, ist es wirklich so schlecht um uns bestellt?

	Ich mache einen guten Menschen aus ihm.
Besser:	Ich mache einen guten Menschen aus ihm.

	Du würdest also gern Geschäfte mit der Hölle machen?
Besser:	Du würdest also gern Geschäfte mit der Hölle machen?

	Wenn es dir nicht gefällt, pack deine Sachen und geh.
Besser:	Wenn es dir nicht gefällt, pack deine Sachen und geh.

Die bei *Weiß der Teufel* vorkommende Verwendung der folgenden Zeilenaufteilung in einem Dialoguntertitel ist wohl auf unterschiedliche Richtlinien der tschechischen Firmen zurückzuführen. Sie ist nicht sehr leserfreundlich und in deutschen Untertiteln nicht üblich. Hier wäre vermutlich eine Kürzung die bessere Lösung gewesen.

	-Ein schönes Taschentuch. -Dir hat man auf den Kopf gehauen.
Besser:	-Ein schönes Taschentuch. -Dir wurde auf den Kopf gehauen.

7.2.2 Aufteilung der Untertitel

Ein Standardbeispiel aus *Wilde Bienen* für die Aufteilung eines zweizeiligen Untertitels mit zu langer Standzeit in zwei Einzeiler:

Ursprünglicher UT:	Ach mit Holz, das ist dann billiger, oder?
Tatsächliche UT:	Ach mit Holz.
	Das ist dann billiger, oder?

Am folgenden Beispiel aus *Wilde Bienen* kann man nicht nur die beim Spotting durchgeführte Änderung bei der Aufteilung eines Untertitels beobachten, sondern auch zwei unterschiedliche Übersetzungsverfahren. Im ersten Untertitel wurde „Si říkal, [...]" zu „Du wolltest doch [...]" paraphrasiert. An diesem Untertitel ist, abgesehen von seiner Länge, nichts zu bemängeln. Im nächsten Untertitel kommt jedoch ein anderes Verfahren zum Tragen, bei dem die ausgangsprachliche Formulierung beibehalten wurde. Das führt zu einem gewissen Mangel an Kohäsion an dieser Stelle, der in der Übersetzung teilweise durch die Verwendung des bestimmten Artikels „das" kompensiert wird, was den Bezug zum vorangegangenen Untertitel gewährleistet. Daran wird deutlich, dass man Untertitel nicht isoliert, als abgeschlossene Einheiten außerhalb des Textzusammenhangs, behandeln darf und dass durch Kürzungen kohäsionsstiftende Elemente leicht auf der Strecke bleiben können. Laut Čekalová (1998:44), die sich hierbei auf Uličný (1989) bezieht, sollten als Übersetzungseinheit mindestens drei Untertitel aufgefasst werden: der vorangegangene, der gerade bearbeitete und der folgende.

Was die Länge und Aufteilung des ersten Untertitels betrifft, so ist die Pause zwischen den zwei Aussagen zu lang, um sie in einem Dialoguntertitel zusammenzufassen.

Originaldialog laut Dialogliste:	Staňa: Jana, já už jdu, jo? Jana: Si říkal, že budeš doma dneska	*Jana, ich geh schon mal, ja?* *Du hast gesagt, dass du heute zu Hause sein wirst.*
Ursprünglicher Untertitel: (Endfassung d. Übersetzerin)	- Jana. Ich geh dann mal, ja? - Du wolltest doch heute zu Hause sein.	
Tatsächliche Untertitel:	Jana. Ich geh dann mal, ja?	
	Du wolltest doch heute zu Hause sein.	
Originaldialog laut Dialogliste:	No... říkal... ale já musím ještě do dílny...	*Ja... hab ich gesagt... aber ich muss noch in die Werkstatt...*
Tatsächlicher Untertitel:	Ja, das habe ich gesagt, aber ich muss noch in die Werkstatt.	

Eine Prämisse bei der Aufteilung bei Dialoguntertiteln mit zwei Sprechern ist, dass Frage und Antwort in demselben Untertitel zusammengefasst werden sollten. Die Untertitel im folgenden Beispiel aus *Wilde Bienen* wurden deshalb nachträglich geändert.

Ursprüngliche Untertitel: (Endfassung d. Übersetzerin)	Was hast du gefeiert?
	- Die Traurigkeit. - Was hast du gefeiert?
	Die Traurigkeit!
Tatsächliche Untertitel:	- Was hast du gefeiert? - Die Traurigkeit.
	- Was hast du gefeiert? - Die Traurigkeit!

Auch die Weiterführung eines angefangenen Satzes in einem Dialoguntertitel, wie sie in *Weiß der Teufel* mehrmals vorkommt, ist in Deutschland kein übliches Verfahren. Ivarsson/Carroll (1998:94) weisen darauf hin, dass es fast immer möglich ist, dieses Dilemma durch eine Änderung der Aufteilung zu umgehen.

Das soll an folgendem Beispiel demonstriert werden:

Tatsächlicher Untertitel:	Mögliche Alternative:
Er ist ganz schön ungehobelt. Überlass ihn mir, ich bringe ihm	Er ist ganz schön ungehobelt.
	Überlass ihn mir, ich bringe ihm schon gute Manieren bei.
-schon gute Manieren bei. -Er gehört dir.	Er gehört dir.

Die Aufteilung in drei Untertitel wäre eine wünschenswerte Lösung, weil sie neben den Sinneinheiten auch die Schnitte besser berücksichtigt. Dabei würde kein Untertitel über mehr als einen Schnitt stehen bleiben. Die folgende Tabelle zeigt den Verlauf des Filmdialogs, ein Schrägstrich steht für einen Schnitt.

Filmdialog	
Kvido : Je to neotasenec./ Svěř mi ho./ Já už ho naučím, co se sluší a patří.	*Er ist ein Rüpel.* *Vertrau ihn mir an.* *Ich bringe ihm schon bei, was sich gehört..*
Minister: Je tv/ůj.	*Er gehört dir.*

Der letzte Untertitel, würde er abgetrennt (s. o.), wäre jedoch sehr kurz und würde auf einen Schnitt treffen. Die Zeit ist zu knapp, um ihn vor dem Schnitt auszublenden und um über den Schnitt stehen zu bleiben, ist er zu kurz. Unmittelbar danach folgt ein weiterer, langer Untertitel. Hier wäre es also ratsam, die von der Übersetzerin gewählte Aufteilung beizubehalten und die Untertitel etwas abzuändern und um der Schnitte willen leicht zu kürzen.

Er ist ganz schön ungehobelt. Überlass ihn mir.
-Ich bringe ihm Manieren bei. -Er gehört dir.

In einem weiteren Beispiel aus *Weiß der Teufel* ist die Aufteilung der Untertitel so unglücklich, dass er vom Zuschauer vermutlich zuerst missverstanden wird. Diese Lösung ist absolut inakzeptabel, denn durch die Trennung des Satzes bekommt der erste Untertitel einen völlig anderen Sinn. Hier müsste in jedem Fall eine andere Aufteilung gewählt werden, was eventuell durch die Vorgabe der englischen Untertitel erschwert wird.

-Was machst du denn hier? -In Erinnerungen schwelgen
will ich nicht. Ich suche Anitschka. Sie war bei mir...

7.2.3 Behandlung von Schnitten

In Wilde Bienen ist vom Gesamteindruck her ein größerer Einklang zwischen Schnitten und Untertiteln zu spüren. Nur sehr selten wurden die Untertitel über mehr als einen Schnitt stehen gelassen. Falls sie doch über Schnitte gehen, bleiben sie danach noch lange genug stehen. Es ist zu erkennen, dass das Spotting mit Rücksicht auf die Schnitte durchgeführt wurde.

Bei *Weiß der Teufel* wurde den Schnitten dagegen keine sehr hohe Priorität eingeräumt. Das zeigt sich darin, dass sehr viele Untertitel über zwei Schnitte stehen gelassen wurden, manchmal sogar über drei oder vier. Häufig wurde auch nicht darauf geachtet, die Untertitel nicht sofort nach einem Schnitt auszublenden. In vielen Fällen bleiben sie nach einem Schnitt nur für wenige Bilder stehen. Das führt dazu, dass die Untertitel „hängen" und insgesamt dem Rhythmus des Films zuwiderlaufen.

7.2.4 Synchronität

Probleme mit der zeitlichen Synchronität zwischen Untertiteln und gesprochenem (oder in diesem Fall: gesungenem) Text treten bei den beiden Filmen nur selten auf. Dies ist das gravierendste Beispiel (aus *Wilde Bienen*), da die Untertitel dem langsamen Gesang um Sekunden vorauseilen. Sie beginnen zwar gleichzeitig mit der ersten Strophe des Liedes, wechseln dann aber nicht mit der für Lieder typischen, verlangsamten Geschwindigkeit, sondern laufen in normaler „Gesprächsgeschwindigkeit" weiter und enden sehr viel früher als der Gesang. Die Ursache dafür kann eventuell auch ein technisches Problem gewesen sein. Mangelnde Kenntnisse der tschechischen Sprache bei der Person, die das Spotting übernommen hat, könnten ebenfalls als Grund in Frage kommen.

Gesungener Text:	Übersetzung:	Untertitel:
Člověk...	*Der Mensch...*	*Aus Verzweiflung...*
ze zoufalství...	*wird aus Verzweiflung...*	*...macht der Mensch ganz verrückte Sachen...*
snadno pomate se.	*leicht verrückt.*	*...und sammelt im Wald Knollenblätterpilze...*
Muchomůrky bílé budu sbírat v lese.	*Knollenblätterpilze werde ich im Wald sammeln.*	

Die anderen Lieder in *Wilde Bienen* (ebenso wie in *Weiß der Teufel*) sind mit langsameren, dem Rhythmus des Gesangs angepassten, Untertiteln versehen. Ungewöhnlich ist hier auch die graphische Gestaltung des Liedes. Die drei Punkte am Anfang und Ende eines Untertitels werden ansonsten in diesem Film nie verwendet, weder für Lieder noch für normale Untertitel. Im Allgemeinen versucht man bei Liedunterteln ein ästhetisches Gesamtbild zu erreichen, indem man zum Beispiel jede Zeile mit Großbuchstaben beginnt. Diese Untertitel wirken dagegen nicht besonders ästhetisch, sondern eher zögerlich, da drei Punkte in diesem Film sonst für Zögern oder Abbruch eines Satzes stehen. Vermutlich sollen sie hier die langen Pausen zwischen den Liedzeilen wiedergeben.

Oft wirken die Kategorien Schnitte, Untertitelaufteilung und Synchronität in Problemfällen zusammen. Besonders an kritischen Stellen, an denen sehr schnell gesprochen wird oder mehrere Personen gleichzeitig in schnellem Wechsel sprechen, ist es fast unmöglich diese drei Prioritäten in Einklang zu bringen. Idealerweise sollte der Untertitler in solchen Fällen mehrere Lösungsvarianten durchprobieren, indem er sie synchron mit dem Film abspielt. Nur so kann er feststellen, ob die von ihm gewälte Variante funktioniert und den Anforderungen an die Stand- und Lesezeit gerecht wird. Das ist jedoch nur möglich, wenn ihm die nötige technische Ausstattung zur Verfügung steht. Das war bei der Untertitelung der untersuchten Filme nicht der Fall. Die Standzeit der Untertitel konnte von beiden Übersetzerinnen nur geschätzt werden. Daher traten beim Timing bzw. bei der Beurteilung der möglichen Länge der Untertitel Schwierigkeiten auf, die in der untertitelten Fassung des Films auffallen.

Bei dem folgenden Beispiel aus *Wilde Bienen* kann die Lesezeit nur noch durch Textkürzungen geringfügig verbessert werden. In dieser Szene sprechen drei Akteure gleichzeitig bzw. überlappend und sehr schnell.

Filmdialog	***Übersetzung***	**Tatsächliche Untertitel**	**Standzeit**
Božka: Takže 124.	*Also 124.*	- 124 Kronen. - Ich bezahl in Raten.	1:23
Majka: Na lízink	*Auf Kredit (wörtlich: Leasing)*		
Božka: Já nebudu na lízink. Já pořád nemůžu dávat na lízink. Kde jste se...	*Ich gebe keinen Kredit. Ich kann nicht ständig anschreiben. Wo habt ihr...*	Ich kann nicht ständig alles anschreiben...	1:15
Laďa: Božka, dej mi žvýkačky, Božka, dej mi žvýkačky	*Božka, gib mir Kaugummis, Božka, gib mir Kaugummis.*	- Boschka, gib mal Kaugummis. - Der will Kaugummis, du einen Kredit.	2:12
Božka: No, ten chce žvýkačky a ty chceš na lízink.	*Der will Kaugummis und du einen Kredit.*		
Majka: Neblbni, mi nikdo nedá peníze	*Spinn nicht rum, mir gibt keiner Geld*	Spinn nicht rum, ich hab kein Geld.	2:10
Božka: Ale mě taky nikdo nedává peníze. Co já řeknu Janě?	*Aber mir gibt auch keiner Geld. Was sage ich denn Jana?*	Aber mir gibt auch keiner Geld. Und was sage ich dann der Jana?	2:05
Laďa: A popořadě! Kdo byl první, kdo byl první?	*Der Reihe nach! Wer war der Erste, wer war der Erste?*	Der Reihe nach. Wer war der erste?	1:10

Wie so oft, gibt es auch in diesem Fall nicht eine einzige absolute Lösung. Jeder Untertitler würde vermutlich eine andere Möglichkeit finden. Die Untertitel, die im Film verwendet wurden, haben aber nicht nur extrem kurze Standzeiten (z. B. etwa 2 Sekunden für 2 Zeilen), sie setzen auch nicht synchron mit dem gesprochenen Dialog ein. Die Überlappung der Sprecher und die Verzögerung der Untertitel soll in den folgenden Tabellen dargestellt werden.

Božka	**Majka**	**Laďa**
10:02:18:02 Takže 124.		
	10:02:19:06 Na lízink	
10:02:20:06 Já nebudu na lízink.		10:02:21:00 Božka,
10:02:21:12 Já pořád nemůžu dávat na lízink.		10:02:21:08 dej mi žvýkačky. Božka,
	10:02:23:18 Neblbni,	10:02:23:14 dej mi žvýkačky
10:02:23:24 No, 10:02:24:10 ten chce žvýkačky a ty chceš na lízink.	10:02:25:06 mi nikdo nedá peníze	
10:02:26:06 Ale mě taky nikdo nedává peníze. Co já řeknu Janě?		
	10:02:29:21 To bude naposledy	10:02:29:19 A popořadě! Kdo byl první, kdo byl první?

Die Timecodes markieren den ungefähren Sprechbeginn und sollen der Veranschaulichung der Synchronität zwischen Sprache und Untertiteln dienen.

<table>
<tr><th>Tatsächliche Untertitel</th><th>Standzeit</th><th>Mögliche Alternative</th><th>Standzeit</th></tr>
<tr><td>10:02:18:02 10:02:20:00
- 124 Kronen.
- Ich bezahl in Raten.</td><td>1:23</td><td>10:02:18:02 10:02:20:00
- 124 Kronen.
- Ich bezahl in Raten.</td><td>1:23</td></tr>
<tr><td>10:02:20:06 10:02:21:21
Ich kann nicht ständig alles anschreiben...</td><td>1:15</td><td rowspan="2">10:02:20:04 10:02:23:20
- Ich kann nicht immer anschreiben.
- Boschka, gib mal Kaugummis.</td><td rowspan="2">3:16</td></tr>
<tr><td rowspan="2">10:02:22:09 10:02:24:21
- Boschka, gib mal Kaugummis.
- Der will Kaugummis, du einen Kredit.</td><td rowspan="2">2:12</td></tr>
<tr><td rowspan="2">10:02:23:24 10:02:26:05
- Der will Kaugummis, du Kredit.
- Aber ich hab kein Geld.</td><td rowspan="2">2:08</td></tr>
<tr><td rowspan="2">10:02:25:01 10:02:27:11
Spinn nicht rum, ich hab kein Geld.</td><td rowspan="2">2:10</td></tr>
<tr><td rowspan="2">10:02:26:09 10:02:29:11
Mir gibt auch keiner Geld.
Was soll ich Jana sagen?</td><td rowspan="2">3:00</td></tr>
<tr><td>10:02:27:17 10:02:29:22
Aber mir gibt auch keiner Geld.
Und was sage ich dann der Jana?</td><td>2:05</td></tr>
<tr><td>10:02:30:03 10:02:31:13
Der Reihe nach.
Wer war der erste?</td><td>1:10</td><td>10:02:29:15 10:02:31:13
Der Reihe nach.
Wer war der Erste?</td><td>1:23</td></tr>
</table>

Auch wenn in der alternativen Variante einige tiefere Einschnitte in den Text vorgenommen werden, wird durch eine teilweise längere Standzeit und ein höheres Maß an Synchronität das Verständnis erleichtert. Die Zuordnung der Sprecher wird für den Zuschauer einfacher und damit wird er in die Lage versetzt, dem Gespräch besser zu folgen.[25]

7.2.5 Satzzeichen

Während es bei *Wilde Bienen* kaum Auffälligkeiten bei der Zeichensetzung gibt, wird bei *Weiß der Teufel* deutlich, dass es in Tschechien keine Richtlinien zur Verwendung von Ausrufezeichen gibt bzw. andere Konventionen herrschen. In den Untertiteln ist eine erstaunliche Zahl von Ausrufezeichen anzutreffen.[26] Zwar ist ihr Auftreten zum Teil durch das Genre dieses Films gerechtfertigt, da er mit sehr viel Geschrei und lautstarken Auseinandersetzungen angereichert ist. Das ist jedoch nicht in allen Fällen eine ausreichende Erklärung für die häufige Verwendung von Ausrufezeichen.

Außerdem wird oft eine Kombination aus Fragezeichen und Ausrufezeichen verwendet, die zwar von Ivarsson/Carroll (1998:115) als Mittel zur Wiedergabe von rhetorischen Fragen akzeptiert wird, aber in deutschen Untertiteln so gut wie nie Verwendung findet. In *Weiß der Teufel* wird diese Kombination i.d.R. verwendet, wenn eine Frage in einer abnormalen Lautstärke hervorgebracht wird.[27]

Was glotzt ihr denn?! Ihr seht aus wie Ferkel!

-Du Rotznase, du sträubst dich?! -Nein, Vater, lass mich!

-Aber dann tat er mir leid. -Was?! Leid?

Du verdammte Hexe! Was hast du mit ihm gemacht?!

25 Zur Veranschaulichung sind auf der beiliegenden DVD beide Varianten als Videoclip zu finden.

26 In diesem Film finden sich in insgesamt 1002 Untertiteln ganze 364 Ausrufezeichen. Bei *Wilde Bienen* kommen dagegen nur 49 Ausrufezeichen auf insgesamt 715 Untertitel.

27 Diese Variante tritt in *Weiß der Teufel* insgesamt 19 Mal auf.

Im Prinzip ist es durchaus keine schlechte Idee, diverse Zeichen und Zeichenkombinationen zu verwenden, um eine breitere Palette an Ausdrucksmöglichkeiten für die Untertitelung zu erschließen. Dabei ist es jedoch wichtig, dass das Zielpublikum diese auch versteht und richtig deuten kann. Dazu müssen sie Teil der gängigen Konventionen werden und immer mit konstanter Bedeutung verwendet werden. Das scheint bei dieser Kombination zumindest in Deutschland nicht der Fall zu sein.

7.2.6 Untertitelung des Vorspanns

Entsprechend dem in Tschechien üblichen Verfahren wurden bei *Weiß der Teufel* im Vorspann die Funktionen der Mitwirkenden sowie der Förderer untertitelt, allerdings nicht vollständig. In einigen Fällen ist als Grund eine Überschneidung der Texteinblendung mit dem gesprochenen Dialog zu vermuten, in anderen wurde die Übersetzung anscheinend ohne Grund weggelassen. Möglicherweise wurden die entsprechenden Funktionen als weniger wichtig erachtet. Der Abspann ist jedoch nicht untertitelt, stattdessen wurde der Text des Titelliedes übersetzt, das den Abspann begleitet.

Dazu ein Beispiel aus dem Vorspann von *Weiß der Teufel*:

Einblendung (linke Bildhälfte oben):	NÁMĚT MILOŠ MACOUREK ROMAN VÁVRA SCÉNÁŘ ONDREJ ŠULAJ ROMAN VÁVRA	*Entwurf* *Drehbuch*
Untertitel:	Nach einer Idee von: Drehbuch:	

Auf die Doppelpunkte hätte in Einklang mit der Originalversion eventuell verzichtet werden können.

Bei *Wilde Bienen* ist, gemäß den deutschen Konventionen, lediglich der Titel des Films übersetzt.

7.3 Sprachliche Aspekte der Untertitel und Übersetzungsprobleme

Im Folgenden sollen Untertitel als Beispiele angeführt werden, die keine in formaler Hinsicht problematischen Elemente enthalten, sondern solche, die vom sprachlichen oder übersetzerischen Standpunkt aus erwähnenswert sind.

7.3.1 Fehlübersetzung

Eine Diskrepanz zwischen Dialogliste und der endgültigen Fassung des Films hat anscheinend dazu geführt, dass in den Untertiteln von *Wilde Bienen* ein Satz auftaucht, der im Film gar nicht zu hören ist. Dieses Beispiel unterstreicht sehr deutlich die Notwendigkeit einer Postproduktionsliste als Grundlage für eine einwandfreie Übersetzung und Untertitelung eines Films.

Die Übersetzerin hat diesen Satz zwar in ihrer letzten Korrektur gestrichen, eine entsprechende Änderung wurde aber in den Untertiteln nicht vorgenommen.

Dialog laut Dialogliste:	Ty vole, Božka, mizíme. Tady to začíná bejt hustý, vole.	*Mann, Božka, wir verschwinden. Hier wird's langsam unangenehm, Mann.*
Tatsächlicher Dialog im Film:	Ty vole, Božka, mizíme vodsad.	*Mann, Božka, wir verschwinden von hier.*
Untertitel:	Hej, Boschka, lass uns verschwinden. Hier wird die Luft langsam zu dick.	

7.3.2 Wiederholungen

Meistens treten in der gesprochenen Sprache und in Filmdialogen nur Teilwiederholungen auf, die in den Untertiteln oft aus Zeit- und Platzmangel zusammengefasst werden. Vollständige Wiederholungen sind eher selten.

Dazu zwei Beispiele aus *Wilde Bienen*:

Warum bist du eingeschnappt? Warum bist du eingeschnappt?

Wiederholungen fallen in der Untertitelung am häufigsten Kürzungen zum Opfer. Eine wortwörtliche Wiederholung eines vollständigen Satzes wie in diesem Fall wirkt jedoch auch ohne Kürzungszwang etwas deplaziert. Da die Äußerung von derselben Person stammt, ist die zweifache Widergabe eigentlich überflüssig und würde vom Zuschauer vermutlich nicht vermisst werden. Wiederholungen spiegeln allerdings auch den Charakter der gesprochenen Sprache wieder und durch dessen Eliminierung wird die Sprache der Untertitel erheblich standardisiert. Inhaltlich sind diese Elemente jedoch am entbehrlichsten. In diesem konkreten Fall wäre es denkbar, zwei getrennte Untertitel mit dem selben Text zu verwenden. Dafür hätte aber vermutlich die Zeit nicht ausgereicht.

Verschwinde! Verschwinde!

Bei diesem Untertitel wäre eine Kürzung aufgrund der relativ knappen Standzeit von 1:18 (1 Sekunde und 18 Bilder) naheliegend gewesen.

7.3.3 Personenbezeichnungen

7.3.3.1 Namen

In den Untertiteln beider Filme wurden die für den deutschen Zuschauer ungewöhnlichen Namen an das deutsche Schriftsystem angepasst bzw. durch den entsprechenden deutschen Namen ersetzt.

Wilde Bienen	Weiß der Teufel
Božka – Boschka	Anička – Anitschka
Laďa – Ladja	Apolena – Apollonia
Jeňa – Jenja	Koloděj – Kolodej
Maryška – Marischka	Kvido – Quido
Ludvík – Ludwig	Filip – Philipp
Kája – Kaja	
Boroš – Borosch	
Petr – Peter	
Vojtíšek – Vojtischek	
Majka – Mayka / Majka	

Dabei wurde offensichtlich vor allem Wert darauf gelegt, den Klang des Namens so gut wie möglich nachzuahmen. Ansonsten hätte man in *Weiß der Teufel* anstelle von „Quido" vielleicht den im Deutschen bekannten Namen „Guido" verwenden können, der klanglich nicht identisch, aber ziemlich ähnlich ist. Vollkommen unmotiviert scheint die Änderung von „Majka" zu „Mayka" in *Wilde Bienen* zu sein, da sie zum einen nicht konsequent über den ganzen Film durchgehalten wurde und zum anderen die gewählte Variante für das Deutsche noch unüblicher aussieht als der ursprüngliche Name.

Ein weiteres Problem warf ein Name in Wilde Bienen auf, der mehrmals im Vokativ (Anredefall) auftritt. „Maruno" wurde in den deutschen Untertiteln in dieser Form beibehalten, obwohl es sich in allen Fällen offensichtlich um eine Anrede handelt (und die meisten weiblichen Substantive im Vokativ auf „-o" enden). Allerdings tritt der Vokativ im gesamten Film nur sporadisch auf, auch wenn die Regeln der tschechischen Grammatik seine Verwendung vorschreiben. Es handelt sich bei der Sprache dieses Films jedoch um Umgangssprache, die teilweise auch dialektal gefärbt ist und nicht immer den grammatischen Regeln der tschechischen Schriftsprache folgt. Dadurch ist die korrekte Schreibweise dieses Namens nicht auf Anhieb ersichtlich. Die Logik der Vornamen-Bildung im Tschechischen legt jedoch nahe, dass der Name im Nominativ „Maruna" lautet, da die meisten weiblichen Vornamen auf „-a" auslauten. Später im Film kommt diese Form einmal vor und an dieser Stelle ist sie auch mit „Maruna" untertitelt.

7.3.3.2 Diminutiv-Formen

Etwas problematischer als die reine Transkription gestaltet sich die Übersetzung von Diminutivformen der Personennamen. Diminutiva treten in der tschechischen Sprache mit sehr hoher Frequenz auf und das trifft auch auf die beiden analysierten Filme zu. In den meisten Fällen haben beide Übersetzerinnen darauf verzichtet, die Diminutivformen und auch die Kosenamen zu übernehmen oder zu übersetzen.

Das macht vor allem deshalb Sinn, weil die Verniedlichungsform meistens länger ist als der Name, was dem in der Untertitelung immer präsenten Platzmangel nicht gerade entgegenkommt. Außerdem werden Diminutiva im Deutschen meist nur für kleine Kinder verwendet und wirken in anderen Zusammenhängen deplaziert. Darüber hinaus hat die deutsche Sprache auch nicht so facettenreiche Möglichkeiten zur Bildung von Diminutiva wie die tschechische.

Wilde Bienen	Peťa - Peterchen (1x)
	Peťa – Peter
	Kájínek – Kaja
	Kájíček – Kaja
	Vojtíšek – Vojtischek
	Ludvíček – Ludwig
	Janička – Jana
	Ilonka – Ilona

Wie kommt es dazu, dass derselbe (Kose-)Name unterschiedlich übersetzt wurde? Im Fall von „Peťa" ist die Erklärung recht einfach. Wenn die Begrüßung von der Großmutter ausgeht, so ist auch im Deutschen die Verwendung eines Diminutivs möglich. In allen anderen Fällen wurde darauf verzichtet.[28]

Weiß der Teufel	Anička – Anitschka
	Anička - Ännchen (3x)
	Aňa - Änni (1x)
	Ana - Anna (1x)

Bei „Anička" ist die Lage etwas komplizierter, da es sich hierbei um die Hauptfigur des Films handelt. Bis auf die fünf oben genannten Fälle wurde der Kosename aus dem Tschechischen in der Variante mit „tsch" übernommen. Es wäre vielleicht praktischer gewesen, auf diese Diminutivform zu verzichten, da sie bei den deutschen Zuschauern vermutlich nicht dieselbe Assoziation wecken wird wie beim tschechischen Publikum. Dagegen sprechen jedoch zwei Dinge: zum einen das Feedback durch den Filmton, denn als Hauptfigur wird ihr (Kose-) Name am häufigsten ausgesprochen, zum anderen wird sie auch ein einziges

28 Dass „Vojtíšek" als (transkribierter) tschechischer Diminutiv beibehalten wurde, könnte daran liegen, dass der ursprüngliche Name dem deutschen Publikum ebenso wenig vertraut ist. Zumindest wird es vermutlich „Vojtischek" nicht als Koseform erkennen.

Mal bei ihrem richtigen Namen genannt, als ihr Vater wütend auf sie ist. Die im Deutschen nicht gerade übliche Form „Ännchen“ diente als Lösung für ein Wortspiel, das auf dem Reim „Anička – kozí nožička“ basiert. Da an dieser Stelle zur Erhaltung des Reims auch im Deutschen ein Diminutiv nötig ist, wurde hier „Ännchen“ auf „Ziegenbeinchen“ gereimt. Die Übersetzerin hat außerdem richtig erkannt, dass „Anja“ (für „Aňa“) im Deutschen keine Koseform von „Anna“ darstellt und sich daher für eine andere Koseform entschieden.

Ob und in welchem Maß der Wechsel zwischen den verschiedenen Formen dieses Namens die Zuschauer eventuell unnötig verwirrt, ist schwer abzuschätzen.

7.3.4 Ausgewählte Verfahren der Untertitelübersetzung

Eine quantitative Analyse der bei der Untertitelung beider Filme angewandten Übersetzungsverfahren war im Rahmen dieser Arbeit nicht möglich, dafür sollen einige exemplarische Beispiele der Verwendungen einiger der in Kapitel 6.2 angeführten Verfahren näher beleuchtet werden.

Dialog laut Dialogliste	*Übersetzung*	Untertitel
Petr: Prosim tě, babi. Jestli tě můžu poprosit, tak si sedni a jedeme. Jo?	***Ich bitte dich**, Omi. Wenn ich **dich** bitten darf, dann setz dich und wir fahren, **ja?***	Wenn ich bitten darf, Omi, dann setz dich und wir fahren.
Oma: Už sem řekla.	*Ich hab schon gesagt.*	Ich hab meine Meinung gesagt.

Hier kommen in den zwei aufeinander folgenden Untertiteln unterschiedliche Verfahren zur Anwendung. Im ersten Untertitel wurde der Text kondensiert, die Wiederholung der Variation des Verbs „bitten“ fällt weg, ebenso das Objekt „dich“ und die Rückversicherung durch das abschließende „ja?“.

Der zweite Untertitel enthält dagegen eine Explikation und folgt dem Verfahren der Expansion, da er mehr Text (und Information) enthält als der ursprüngliche Dialogtext bzw. seine wörtliche Übersetzung. Hier wurde die implizite Information, die in der Aussage „Ich hab schon gesagt (wie ich darüber denke).“ Enthalten ist und auch durch den Ton der Äußerung verdeutlicht wird, sprachlich fixiert.

Ein ähnlicher Fall von Expansion tritt in einem vorangehenden Untertitel auf:

Filmdialog	*Übersetzung*	Untertitel
Božka: Né. Petr : Pojď!	*Nein.* *Komm!*	- Lieber nicht. - Komm schon.

Es handelt sich hierbei nicht um ein definitives, entschlossenes „Nein“, sondern eher um eine zögernde Ablehnung. Diese unterschwelligen Nuancen sind für die Situation sehr bedeutsam und reflektieren die Beziehungen der Charaktere untereinander. Sie sind zwar auch der Intonation der Schauspieler zu entnehmen, konnten aber dank einer ausreichenden Standzeit auch im Untertitel expliziert werden.

Ein Beispiel für eine kondensierte Übersetzung findet sich im folgenden Untertitel aus *Wilde Bienen*:

Filmdialog	*Übersetzung*	Untertitel
Až mi vrátíš to, co sem ti půčil minule, jo?	*Erst wenn du mir wiedergibst, **was ich dir letztes Mal geborgt habe, ja?***	Erst wenn du **die Schulden** zurückzahlst.

An folgender Stelle in *Wilde Bienen* kam das Kürzungsverfahren (Deletion) zur Anwendung:

Filmdialog	*Übersetzung*	Untertitel
No, jasně, všechny prachy projedev v automatě.	*Na klar, das ganze Geld verspielt er am Automaten.*	- Der verspielt die ganze Kohle. - Sogar den Fernseher will er verkaufen.
Aj televizu chce prodat.	*Und sogar den Fernseher will er verkaufen.*	
Dělej, dělej!	*Mach, mach!*	**entfällt**

Als Beispiel für das von Gottlieb als „Imitation" bezeichnete Verfahren (siehe Kapitel 6.2) kann die Wiedergabe von „čau" als „ciao" in *Wilde Bienen* gezählt werden, da es sich hier um einen internationalen Gruß handelt, der in Deutschland allerdings meist nur zum Abschied verwendet wird. Die Verwendung von „ahoi" für den tschechischen Gruß „ahoj" in den Untertiteln zu *Weiß der Teufel* führt jedoch zu einer inhaltlichen Verschiebung und stellt daher keine Imitation dar.

In den Untertiteln zu *Weiß der Teufel* findet sich folgendes Beispiel für das Dezimierungs-Verfahren. Die Kürzung wird im nächsten Untertitel zwar kompensiert, es kommt jedoch in dieser Sequenz zu einem Problem im darauffolgenden Untertitel.

Filmdialog	*Übersetzung*	Untertitel
Minister: Poslouchej, ty vrzale! Tak to máme dvě dospělé duše a dvě malé.	*Hör mal, du Fiedler! Hier haben wir zwei erwachsene **Seelen** und zwei kleine.*	Hör mal, du Fiedler: Ihr seid zwei Erwachsene und zwei Kinder.
To dělá osm zlatek. **Koloděj**: Ano, zaplatím.	*Das macht acht Goldstücke. Ja, ich bezahle.*	-8 Dukaten für die **vier Seelen**. -Ja, ich bezahle.
Ale jaképak dvě a dvě duše? A co můj pes?	*Aber warum denn zwei und zwei Seelen? Und was ist mit meinem Hund?*	Wieso aber **zwei und zwei Seelen**? Und mein Hund?
Ten snad nemá duši? Má! Je to taky boží tvor.	*Hat der etwa keine Seele? Hat er! Er ist auch ein Geschöpf Gottes.*	Hat er keine Seele? Er ist doch auch ein Geschöpf Gottes.

Wenn man diese drei Untertitel als Übersetzungseinheit betrachtet, so wurde der für den Dialog wichtige Grundgedanke der „Seelen" aus der Aussage „dvě dospělé duše a dvě malé" erhalten, indem er im nächsten Untertitel zu „vier Seelen" zusammengefasst wird. Das hätte konsequenterweise auch im dritten Untertitel beibehalten werden müssen, denn für den Zuschauer bezieht sich die Frage selbstverständlich auf den vorhergehenden Untertitel. Außerdem wäre „Wieso aber vier Seelen?" natürlich auch kürzer als „Wieso aber zwei und zwei Seelen?".

7.3.5 Tippfehler und Rechtschreibfehler

Überraschenderweise treten in den Untertiteln beider Filme einige Tippfehler auf. Im Falle von *Wilde Bienen* hält sich die Anzahl jedoch in Grenzen. Die Formulierungen sind idiomatisch und die Rechtschreibung nahezu einwandfrei, was von einem gründlichen Redaktionsprozess zeugt. Auch wenn die Untertitel von *Weiß der Teufel* überwiegend akzeptabel sind, lässt die Rechtschreibung ebenso wie die Formulierung der Untertitel in einigen Fällen zu wünschen übrig. Es wird alte und neue Rechtschreibung vermischt („kennenlernen" wird zusammen geschrieben, „dass" aber ohne „ß") und es entsteht insgesamt der Eindruck, dass der Redaktionsprozess nicht besonders gründlich durchgeführt wurde und vermutlich kein deutscher Muttersprachler daran beteiligt war.

Ein weiteres störendes Element bei den Untertiteln von *Weiß der Teufel* ist der unglückliche Umstand, dass aufgrund eines technischen Problems das „ß" nicht richtig wiedergegeben wird und auf dem Bildschirm stattdessen in einigen Fällen nur ein Quadrat erscheint.

Laut Ivarsson/Carroll (1998:108) sind die Auswirkungen von Tippfehlern in Untertiteln schwerwiegender als in gedruckten Texten, weil jede Irritation des Zuschauers, die Auswirkungen auf das Verständnis des betreffenden Untertitels hat, auch die Rezeption der folgenden Untertitel beeinträchtigen kann und damit das Verständnis einer gesamten Szene. Denn der Zuschauer hat ja keine Möglichkeit, die verlorengegangenen Informationen aus den Untertiteln nochmals nachzulesen, die er verpasst hat, während er über einem Tippfehler grübelte.

7.3.6 Übersetzungsfehler und Übersetzungsprobleme

Tatsächliche Übersetzungsfehler finden sich in beiden Filmen nur selten. Keiner der hier angeführten ist so schwerwiegend, dass er das Verständnis des Films beeinträchtigen würde. Bei Wilde Bienen kam es am Anfang des Films zu Verwechslungen zwischen den beiden Wörtern „babi" (Omi) und „baby" (Singular: baba, altes Weib), die rein akustisch nicht voneinander zu unterscheiden sind. Mit Hilfe der Dialogliste lässt sich jedoch der Unterschied eindeutig feststellen.[29]

Filmdialog laut Dialogliste	*Übersetzung*	Untertitel
Heger: Vy z toho tady nedělejte bordel, **babi**.	*Macht aus dem hier kein Durcheinander, Omi.*	Machen Sie hier nicht so ein Durcheinander, Omi.
Waldarbeiterin: A dost, **baby**.	*Das genügt, Weiber.*	So. Das reicht, Omi.
Waldarbeiterin: Popojedem, **baby**...	*Auf ein neues, Weiber...*	Und auf ein Neues, Omi...

29 Die Dialogliste ist zwar nicht in jeder Hinsicht zuverlässig, aber die Rechtschreibung ist i.d.R. korrekt.

Sinngemäß wäre in den letzten beiden Fällen die Übersetzung mit „Mädels" am nahe liegendsten, da sich die Sprecherin selbst mit einschließt. Das steht zwar im Gegensatz zur Abfälligkeit, die durch „baby" ausgedrückt wird, könnte aber angesichts des Alters der betreffenden Frauen zumindest als Ironie aufgefasst werden.

Im ersten Untertitel liegt in der Dialogliste möglicherweise tatsächlich ein Druckfehler vor (d. h. es ist „baby" gemeint). In jedem Fall ist die Höflichkeitsform irrtümlich verwendet worden, da der Heger alle Waldarbeiterinnen, auch die mit „babi" angeredete, bis dahin und im Folgenden duzt. Im Prinzip besteht das Problem des Duzens oder Siezens zwischen dem Tschechischen und Deutschen nicht, da die Höflichkeitsform in beiden Sprachen existiert. Es kann lediglich, wie in diesem Fall, zu Verwechslungen kommen, da die Höflichkeitsform im Tschechischen identisch mit der zweiten Person Plural ist.

Ein weiteres Problem, dass sich bei der Übersetzung aus dem Tschechischen ins Deutsche gelegentlich stellt, ist die Frage der Artikel. Im Tschechischen wird i.d.R. kein Artikel verwendet und daher steht der Übersetzer vor der Entscheidung, ob im Deutschen der bestimmte oder der unbestimmte Artikel angemessen ist. Dies lässt sich meistens aus dem Kontext erschließen. In manchen Fällen ist der Kontext jedoch zu vage, um einen eindeutigen Hinweis zu geben, wie dieses Beispiel aus *Wilde Bienen* zeigt.

Filmdialog	*Übersetzung*	Untertitel
Kája: Jsem tě přišel pozvat na zábavu.	*Ich bin gekommen, um dich auf ein/das Fest einzuladen.*	Ich wollte dich zu einem Fest einladen.
Božka: Na zábavu?	*Auf ein/das Fest?*	Zu einem Fest?

Die Übersetzerin hat sich für die weniger konkrete Variante entschieden, womit sie vermutlich auf der sicheren Seite ist. Wenn man den Kontext weit genug fasst und die Tatsache in die Überlegungen mit einbezieht, dass der Film in einem ziemlich kleinen, gottverlassenen Dorf spielt und es sich bei dem Fest um den Feuerwehrball handelt, dann liegt die Vermutung nahe, dass jeder im Dorf darüber Bescheid weiß und dass zu diesem Zeitpunkt kein anderes Fest zur Auswahl steht. Somit wäre also der bestimmte Artikel in diesem Kontext die bessere Wahl.

Auch in den Untertiteln zu *Weiß der Teufel* finden sich kaum tatsächliche Übersetzungsfehler. Die Probleme liegen hier meist in den Bereichen Wortwahl, Formulierung und Idiomatik und werden dementsprechend auch zum Teil in Kapitel 7.3.9 behandelt.

Filmdialog	*Übersetzung*	Untertitel
Koloděj: Jsem já to ale netvor. **Běž** si hrát!	*Was bin ich für ein Ungeheuer.* ***Geh*** *spielen!*	Bin ich aber ein Ungeheuer. **Geht** spielen.
Luzifer (zum König): Život je prý krásný, tak si ho	*Das Leben ist angeblich schön, also genießt es.*	Das Leben ist schön, genießt es.

užívejte. Přesně za rok si pro **vás** přijdu.	*In genau einem Jahr komme ich **Euch** holen.*	In einem Jahr hole ich **sie**.
Luzifer: Jemně a opatrně do něj **vložíme** paleček...	*Sanft und vorsichtig **legt man** den Daumen hinein...*	Sanft und vorsichtig **legen wir** den Daumen hinein...

Die beiden ersten Fälle deuten eher auf Flüchtigkeitsfehler hin, wobei der erste kaum auffällt. Der zweite Fehler entstand wieder durch eine Verwechslung zwischen der zweiten Person Plural (im Tschechischen) und dem königlichen Plural (Eure Hoheit) bzw. der Höflichkeitsform (beide sind im Tschechischen identisch).

Der dritte angeführte Übersetzungsfehler ist ein klassisches Beispiel für Übersetzungsprobleme des Sprachenpaars Tschechisch-Deutsch. Im Tschechischen wird für alle Arten von Anleitungen die erste Person Plural verwendet, während im Deutschen in dieser Textsorte mit „man" operiert wird. Auch in diesem Beispiel handelt es sich um eine Anleitung, wie ein bestimmtes Gerät zu benutzen ist. Die Übersetzerin war sich dieser Textsortenkonvention anscheinend nicht bewusst.

7.3.7 Stilebene

Hinsichtlich der Stilebene unterscheiden sich die beiden untersuchten Filme aufgrund ihrer unterschiedlichen Genres sehr. Während *Wilde Bienen* von der rauen Sprache der Dorfbewohner lebt, die häufig ins Vulgäre abrutscht, ist *Weiß der Teufel* als Kinderfilm auf einer neutraleren Ebene angesiedelt. Hier wird die Sprache von der imaginären Epoche und dem sozialen Status der Figuren bestimmt; während der König und sein Hofstaat sich gewählt und altertümlich ausdrücken, bedient sich das gemeine Volk der Umgangsprache.

In *Wilde Bienen* stellt sich für den Übersetzer unter anderem das Problem der Differenzierung der Vulgarität verschiedener Ausdrücke und damit auch der Charaktere, die sie benutzen. Den häufig verwendeten Ausdrücken „kurva", „kurňa", „do prdele" und „sakra" kann in dieser Reihenfolge eine abnehmende Intensität attestiert werden. Dennoch werden sie bis auf wenige Ausnahmen alle mit „verdammt" untertitelt. In den Fällen, in denen „kurva" geschrieen wird, wurde es jedoch mit „verdammte Scheiße" übersetzt. In einigen weiteren Fällen wurde in den Untertiteln auch „Scheiße" verwendet. Als Variation zu „verdammt" tritt außerdem noch „verflucht" auf. Hier eine Übersicht über die verwendeten Ausdrücke und ihre Übersetzungen:

Filmdialog	*Übersetzung*	Untertitel
Waldarbeiterin: Kurva, holky. To nám to zase začíná.	*Scheiße, Mädels. Jetzt fängt das wieder an.*	Verdammt Mädels, jetzt geht das wieder los.
Waldarbeiterin: A sakra. Dáme si dva frťánky a budeme bulet spolu.	*Ach Mist. Wir trinken zwei Schnäpse und dann heulen wir zusammen.*	Ach, verdammt. Wir trinken einfach zwei und dann heulen wir zusammen.
Heger: Do prdele!	*Verdammt!*	Verdammt!

Heger: Podívej se, jaký máš pořádek v týmu! **Waldarbeiterin:** Kurva, my jsme ten nejlepší tým.	*Schau, was du für eine Ordnung im Team hast!* *Scheiße, wir sind das beste Team.*	- Schau nur die Unordnung im Team. - Ach, verdammt. Wir sind ein gutes Team.
Waldarbeiterin:(singt) Peřina má čtyři rožky... **Heger:** (schreit) Baby, kurva a dost už!	*Eine Bettdecke hat vier Ecken...* *Scheiße, ihr Weiber, es reicht!*	- Der Hut, der hat drei Ecken... - Verdammte Scheiße, jetzt reicht's.
Maruna: Kde to mám, kurňa, brát?	*Wo soll ich das verdammt noch mal hernehmen?*	Wo verdammt soll ich das immer hernehmen?
Jarka: Kurva, ten mě dneska tak nasral... **Jana:** A co zas?	*Scheiße, der ist mir heute so auf den Sack gegangen...* *Was denn wieder?*	- Verdammt, der war heute so scheiße. - Wieso denn?
Heger: Kam jdeš? Kam jdeš, Božka? Slyšíš mně, kurňa?	*Wo gehst du hin? Wo gehst du hin, Božka? Hörst du mich, verdammt?*	Wohin gehst du? Wohin gehst du, Boschka? Hörst du mich, verdammt?
Oma: Sakra!	*Mist!*	Verdammt.
Božkas Mutter: Kurva. Jeňa, maž domu! Neser mně už!	*Scheiße. Jeňa, komm sofort nach Hause! Hör auf mit dem Scheiß!*	Verdammte Scheiße, Jenja. Ab nach Hause. Es reicht!
Heger: Tak to zvedni, Kája, sakra!	*Nimm schon ab, Kaja, Herrgott!*	Verflucht noch mal. Nimm ab!
Jana : Ne, nepočkala. **Laďa:** Měla počkat, ne? Kurva.	*Nein, sie hat nicht gewartet.* *Sie sollte warten, oder? Scheiße.*	- Nein, sie hat nicht gewartet. - Sie sollte doch warten, Scheiße!
Waldarbeiterin: No kurva, hajnej. Ty sis měl zastřelit toho jelena. Ne ho vyhrát.	*Scheiße, Heger.* *Du solltest den Hirsch erschießen und nicht gewinnen.*	Scheiße, Heger. Du solltest Hirsche schießen und sie nicht gewinnen.
Feuerwehrmann: Dělej! Zavolej ho ještě jednou, do prdele.	*Mach! Ruf ihn noch einmal, verflucht.*	Mach schon. Ruf ihn noch einmal, verdammt.

Um die Charakterisierung der Figuren besser wiederzugeben, wäre eine deutlichere Differenzierung zwischen „kurva" bzw. „kurňa" und „sakra" hilfreich. Denn durch ihre weniger derbe Sprache hebt sich die Oma von einem großen Teil der Dorfbewohner ab, ihr Enkel bezeichnet sie sogar schmeichelhaft als „Dame". Sie flucht nur selten und nur dann, wenn sie sich besonders aufregt.

Für die Waldarbeiterinnen ist „kurva" dagegen ein gängiges Wort, für das es keines besonders schwerwiegenden Auslösers bedarf.

Es wäre aus Gründen der Differenzierung günstig, soweit wie möglich „kurva" immer mit „Scheiße" zu übersetzen und „sakra" mit einer schwächeren Alternative wie z. B. „Mist". Für die dazwischenliegenden Ausdrücke „kurňa" und „do prdele" blieben dann „verdammt" und „verflucht".

Zweimal wird „kurva" auch in seiner ursprünglichen Bedeutung verwendet:

Filmdialog	*Übersetzung*	Untertitel
Ilona: To je kurva.	*Das ist eine Nutte.*	Das ist 'ne Nutte.
Laďa: Hele, tak, tak jí řekni, že je pěkná kurva, jo?	*Mann, dann, dann sag ihr, dass sie eine ganz schöne Hure ist, ja?*	Ey, dann sag ihr, dass sie eine Hure ist.

Der Heger besitzt das breiteste Repertoire an Vulgärausdrücken und setzt es bei jeder Gelegenheit ein. Dadurch wirkt seine Figur extrem grobschlächtig und wenig sympathisch. Diese Charakterisierung wird durch die Untertitel weitestgehend getreu wiedergegeben. Bezüglich der Übersetzung von „pičy“ hat die Übersetzerin jedoch erst Rücksprache mit dem Auftraggeber gehalten, bevor sie die analoge Variante im Deutschen wählte, da sie ihr für die Untertitel zu derb erschien.

Filmdialog	*Übersetzung*	Untertitel
Heger: Ženské ho poslaly. Pičy.	*Die Weiber haben ihn geschickt. Die Fotzen.*	Die Weiber haben ihn geschickt. Die Fotzen.

Diese Formulierung kommt noch an einer weiteren Stelle vor, an der aber nicht klar zu identifizieren ist, auf wen sie sich bezieht, da dieser Wortwechsel nicht in der Dialogliste enthalten ist. Deshalb wäre es in diesem Fall vielleicht günstiger gewesen, in den Untertiteln eine allgemeinere Beschimpfung zu wählen oder sie ganz wegzulassen.

In den Untertiteln zum Film *Weiß der Teufel* wird an einer Stelle, vermutlich aus Platzmangel, die den Film ansonsten bestimmende Stilebene verlassen.

Filmdialog	*Übersetzung*	Untertitel
Líbí se mi tu, chtělo by to jen dobrou práci.	*Es gefällt mir hier. Es bräuchte nur eine gute Arbeit.*	Es gefällt mir hier, aber ein guter Job wäre nicht schlecht.
Teda, hlavně dobře placenou.	*Also, vor allem eine gut bezahlte.*	Ein gut bezahlter Job, versteht sich...

Da es sich um einen Märchenfilm handelt, der ausschließlich in einem Königreich in der Vergangenheit angesiedelt ist, sollte die Sprache am besten altertümlich bis neutral gehalten werden. Zwar enthält der Originaldialog auch Umgangssprache, das Wort „Job“ mutet jedoch im Kontext dieses Films eindeutig zu modern an. Bei Platzmangel ist es natürlich sehr verlockend, auf ein Wort mit nur drei Buchstaben zurückgreifen zu können. Der Gesamteindruck des Films darf dabei jedoch nicht aus den Augen verloren werden. Außerdem wäre es an dieser Stelle durchaus mit der vorgegebenen Zeilenlänge von 32 Zeichen vereinbar gewesen, anstelle von „Job“ das längere Wort „Arbeit“ zu verwenden.

7.3.8 Merkmale gesprochener Sprache

Beide Übersetzerinnen haben sich an mehreren Stellen bemüht, die besonderen Charakteristika der gesprochenen Sprache und bestimmter Sprecher zu erhalten.

Dies betrifft in besonderem Maße das Stottern und unvollständige oder nicht korrekt formulierte Sätze.

Folgendes Beispiel aus *Wilde Bienen* bietet eine nahezu originalgetreue Wiedergabe eines stotternden Sprechers, die aber aus Zeitgründen keinen Eingang in die Endfassung der Untertitel gefunden hat:

Ursprüngliche Untertitel:	- Was soll ich schon machen? - Was hast du mir versprochen?
	- Dass, dass, dass... - Was haben wir abgemacht?
	- Dass ich nicht mehr spiele. - Dass du dich hier nicht rumtreibst.
Endgültige Untertitel:	- Was soll ich schon machen? - Was hast du mir versprochen?
	- Dass... ich nicht mehr spiele. - Dass du dich hier nicht rumtreibst.

An anderen Stellen wurde das Stottern desselben Sprechers in den Untertiteln dagegen überhaupt nicht wiedergegeben, wie zum Beispiel in diesem Untertitel:

Filmdialog	*Übersetzung*	Untertitel
Staňa: Už je to vo... už je to vo-vo-volno, prosím Vás? **Oma:** No, jistě.	*Ist es schon f...* *ist es schon f-f-frei, bitte?* *Ja, sicher.*	- Ist der jetzt frei, bitte? - Sicher doch...

Theoretisch würde es genügen, in einem oder zwei Untertiteln zu signalisieren, dass diese Figur stottert, da der Zuschauer es ja auch gleichzeitig hören und für den Rest des Filmes in Erinnerung behalten kann. Aus Gründen der Lesbarkeit wird das Stottern jedoch in Untertiteln oftmals nicht kenntlich gemacht.

Auch Wiederholungen (siehe Abschnitt 7.3.2) sind Merkmale der gesprochenen Sprache und daher in manchen Fällen erhaltenswert. Zum Beispiel dann, wenn sie Ausdruck von Überraschung oder anderen Gemütszuständen der jeweiligen Charaktere sind, wie in der folgenden Szene.

Filmdialog	*Übersetzung*	Untertitel
Laďa (nimmt ihr die Zigarette weg): Ty vole, Božka! Chceš aby to... aby to tady baf... baflo?	*Mann, Božka! Willst du,* *dass das... dass das hier* *ab... abbrennt?*	Mann, Boschka. Willst du, willst du, das hier abfackeln?

Das Komma in der unteren Zeile ist allerdings fehl am Platz und auch in der oberen Zeile würden vielleicht drei Punkte die Unterbrechung besser widerspiegeln.

Ebenfalls typisch für die mündliche Kommunikation ist es, Sätze mit einer Frage abzuschließen. Es sollte zwar nicht jedes „jo?“ und „ne?“ in den Untertiteln enthalten sein. Wenn es aber möglich ist, die soziale (phatische) Dimension der Äußerungen hin und wieder durchschimmern zu lassen, wirken die Untertitel lebendiger und näher an der tatsächlichen Sprache des Films. Die folgenden Beispiele stammen aus *Wilde Bienen* und das zweite gibt auch die sprachlichen Besonderheiten dieser Figur wieder, die besonders zur Verwendung von Füllwörtern neigt.

Filmdialog	*Übersetzung*	Untertitel
Kája: To je kámoška. **Petr:** Jo kámoška, jo?	*Das ist eine Freundin.* *Ja, eine Freundin, ja?*	- Das ist eine Freundin. - Eine Freundin, ja?
Laďa: Tak, ona tady není, jo? Měla počkat, ne?	 *Also ist sie nicht hier, ja?* *Sie sollte warten, nicht?*	Sie ist also nicht hier, ja? Sie sollte doch warten, oder?

7.3.9 Interferenzen und Idiomatik

Auf den ersten Blick bieten die Untertitel von *Wilde Bienen* einen sehr idiomatischen Gesamteindruck, doch auch hier finden sich einige Interferenzen aus dem Tschechischen und weniger gelungene Formulierungen. Für einige im Original häufig anzutreffende Ausdrücke hätten kontextabhängig passendere Übersetzungen gefunden werden können.

Die meisten tschechischen Formulierungen wurden dem üblichen deutschen Gebrauch angepasst, ab und zu fällt lediglich ein „was?" am Satzende (z. B. als Übersetzung von „Kde je Božka, co?") auf. Diese zwei Beispiele zeugen außerdem von einer nicht ganz idiomatischen Übersetzung:

Filmdialog	*Übersetzung*	Untertitel
To snad nemyslíš vážně?	*Das meinst du doch wohl nicht ernst?*	Das meinst du doch nicht wirklich?
Dneska seš panna.	*Heute bist du Jungfrau.*	Du bist die heutige Jungfrau.

Zu den in *Wilde Bienen* besonders häufig verwendeten Ausdrücken zählen „srát" (wörtlich: *scheißen*) und „blbnout" (*albern sein, Quatsch machen, verblöden*), die in verschiedenen Situationen mit variierender Bedeutung verwendet werden. Hier hätten in einigen Fällen die deutschen Übersetzungen mehr an den Kontext angepasst werden können.

Das Verb „srát" und seine zahlreichen abgeleiteten Formen (nesrat, posrat, nasrat, vysrat se) entziehen sich einer wörtlichen Übersetzung und müssen jeweils in eine der Situation angemessene deutsche Formulierung gefasst werden.

Filmdialog	*angenäherte Übersetzung*	Untertitel
Božka! Neser mi. Neser mi! Za to si zaplatíš!	*Božka! Geh mir nicht auf die Nerven. Geh mir nicht auf die Nerven! Dafür bezahlst du!*	Boschka, geh mir nicht auf den Sack. Das bezahlst du mir.
Kurva. Jeňa, maž domu! Neser mně už!	*Scheiße. Jeňa, komm sofort nach Hause. Hör auf mit dem Scheiß!*	Verdammte Scheiße. Jenja. Ab nach Hause. Es reicht!

Co se do ní sereš?	*Was machst du dich an sie ran?*	Was willst du denn von ihr?
Maruna: Luďa, ser na to. **Heger**: Mě sere, vole.	*Luďa, scheiß drauf. Der geht mir auf die Nerven, Mann.*	- Ludwig, scheiß drauf. - Der geht mir auf den Sack.
Božka, ty mě chceš zase nasrat, jo?	*Božka, du willst mich wohl wieder wütend machen, ja?*	Boschka, du willst mich wohl wieder auf die Palme bringen, ja?
Vyser se naňho, na hajzla.	*Scheiß auf ihn, auf den Mistkerl.*	Scheiß doch auf den Mistkerl.
Já se z vás po ránu poseru, baby.	*Ich scheiße mich morgens wegen euch ein, ihr Weiber.*	Jeden Morgen dieselbe Scheiße.

Einige dieser Varianten sind sehr gut gelungen. Besonders die Übersetzung als „Es reicht!“ ist nicht nur aus Platzgründen eine geschickte Lösung. Mit dieser Variante hätte auch dem ersten Beispiel ein idiomatischerer Klang verliehen werden können, außerdem kommt die Übersetzungsvariante „jemandem auf den Sack gehen“ im Verlauf des Films etwas zu häufig vor (siehe unten).

Die eigentliche Bedeutung dieses Verbs tritt nur einmal in den Vordergrund, indem ein Wortspiel aus einer Äußerung hervorgeht. Hier blieb zur Übersetzung des Wortspiels keine andere Möglichkeit, als eine wörtliche Übersetzungsvariante zu wählen.

Heger: Baby, já se fakt poseru. **Waldarbeiterin:** To ne, to by smrdělo.	*Mädels, ich scheiß mich echt ein. Besser nicht, das würde stinken.*	- Ich scheiß mich hier noch ein. - Besser nicht. Das würde stinken.

Für das Verb „blbnout“, dessen Bedeutungsspektrum allerdings nicht ganz so breit ist, werden nicht alle Möglichkeiten der Übersetzung ausgeschöpft.

Filmdialog	*Übersetzung*	*Untertitel*
Co zas blbneš, Božka?	*Was machst du wieder für Quatsch, Božka?*	Drehst du wieder durch, Boschka?
Božka: Maž domu, Jeňa. **Jeňa:** Co blbneš?	*Geh schnell nach Hause, Jeňa. Spinnst du?*	- Zisch ab nach Hause, Jenja. - Ey, spinnst du?
Mlátí tě? Nemlátí. Tak, co blbneš?	*Prügelt er dich? Tut er nicht. Was spinnst du also rum?*	Verprügelt er dich? Er prügelt nicht. Warum spinnst du dann rum?
Tady zblbneš.	*Hier verblödest du.*	Hier wirst du nur bekloppt.
Staňa: Jana, neblbni. **Jana**: Klíče ti říkám.	*Jana, mach keinen Quatsch. Die Schlüssel, sage ich.*	- Jana, spinn nicht rum. - Ich will die Schlüssel.
Staňa: Neblbni, Jana.	*Mach keinen Quatsch, Jana.*	Spinn nicht rum, Jana.
Staňa: Jana, neblbni. Jana...	*Jana, mach keinen Quatsch. Jana...*	Jana, spinn nicht rum. Jana...

Die in diesen Beispielen gewählten Varianten sind jeweils dem Kontext entsprechend recht passend gewählt. Im ersten Beispiel fängt Božka an, mit Steinen zu werfen und die etwas drastischere Formulierung im Deutschen ist durchaus angemessen. Im zweiten Beispiel nimmt sie ihrem Bruder die Zigarette weg und seine Reaktion ist seinem Alter entsprechend (ca. 14 Jahre) übersetzt worden. Die Zusammensetzung „herumspinnen" ist in den anderen Fällen eine mögliche Lösungsvariante, jedoch nicht die einzige. Und wie im folgenden Beispiel deutlich wird, nicht immer die beste:

Filmdialog	*Übersetzung*	Untertitel
Jana: Čau. Co tu blbneš?	*Hallo. Was machst du denn hier für Blödsinn?*	Hallo. Was spinnst du denn hier so rum?
Kája: Čau.	*Hallo.*	Hallo.
Jana: Pojď na žlutou. **Kája:** Nejdu.	*Komm mit auf eine Limo.* *Ich gehe nicht.*	- Komm mit auf 'ne Limo. - Ich komm nicht.
Jana: Tak, neser.	*Na, hab dich nicht so.*	Geh mir nicht auf den Sack!

Kája ist gerade auf einen Mast geklettert, um den Lautsprecher abzustellen, über den Božka sich ärgert, und „herumspinnen" trifft nicht wirklich den Kern dieser Aktion. Außerdem klingt „Geh mir nicht auf den Sack" in diesem Fall wenig einladend und ist auch nicht konsistent mit der (freundlichen, leicht spöttischen) Mimik und Gestik (sie nimmt ihn an der Hand und zieht ihn mit).

Die Untertitel von *Weiß der Teufel* sind häufig ein wenig zu nah am gesprochenen tschechischen Text, insbesondere in Bezug auf die Wortstellung und Formulierung. Dadurch wird in einigen Fällen die Verständlichkeit der Untertitel eingeschränkt. In den folgenden beiden Untertiteln wird das Verständnis durch den Einschub, der genau die Konstruktion des tschechischen Satzes nachahmt, unnötig erschwert.

Filmdialog	*Übersetzung*	Untertitel
Tyhle bylinky... Když je strčíš někomu třeba pod klobouk...	*Diese Kräuter... Wenn du sie jemandem zum Beispiel unter den Hut steckst...*	Diese Kräuter, wenn du sie einem unter den Hut steckst,
udělájí z něj přihlouplého dobráka.	*machen aus ihm einen dümmlichen Gutmütigen.*	machen aus ihm einen gutmütigen Dummkopf.

Hier würde eine vereinfachte Formulierung durch einen vorangestellten Konditionalsatz die Verständlichkeit deutlich verbessern und außerdem einen insgesamt idiomatischeren Satz entstehen lassen.

Wenn du diese Kräuter jemandem unter den Hut steckst,
machen sie aus ihm einen gutmütigen Dummkopf.

Weitere, in Bezug auf die Wortstellung weniger gelungene Formulierungen sollen in der folgenden Tabelle dargestellt werden:

Filmdialog	*Übersetzung*	Untertitel
Náš zachránce přijde na oslu. Snad.	*Unser Retter kommt auf einem Esel. Vielleicht.*	Unser Retter kommt auf einem Esel. Vielleicht.
Co se týká smlouvy, tak... král ještě nedozrál.	*Was den Vertrag betrifft, so... ist der König noch nicht reif.*	Was den Vertrag betrifft, der König ist noch nicht reif.
Jak vidím, činíte se i tady.	*Wie ich sehe, tut ihr auch hier (euer Bestes).*	Wie ich sehe, ihr tut euer Bestes auch hier.
Už tě tady nikdo nebere vážně.	*Niemand nimmt dich hier mehr ernst.*	Niemand mehr nimmt dich hier ernst.

Es treten jedoch in *Weiß der Teufel* auch lexikalische Interferenzen auf. Einige Beispiele wurden in der folgenden Tabelle zusammengefasst.

Filmdialog	*Übersetzung*	Untertitel
Náš zachránce **přece**! Ten z mého snu.	***Na** unser Retter! Der aus meinem Traum.*	Unser Retter **doch**! Der aus meinem Traum.
Kdo? Tvůj otec **přece**.	*Wer? **Na** dein Vater.*	Wer? Dein Vater **doch**.
Jsem **čistá** jak lilie.	*Ich bin **rein** wie eine Lilie.*	Ich bin **sauber** wie eine Lilie.
Kvido ti to **vyměnil**.	*Kvido hat es **ausgetauscht**.*	Quido hat es **umgetauscht**.
Tady je pergamen zpečetěný vaší krví.	*Hier ist das Pergament, besiegelt durch Euer Blut.*	Hier ist das Pergament, unterzeichnet durch Euer Blut.

In keinem dieser Fälle wurde das betreffende Wort falsch übersetzt: „přece“ wird üblicherweise mit „doch“ übersetzt, „sauber“ ist eine korrekte Übersetzung von „čistá“ und „vyměnit“ kann ebenso „umtauschen“ wie „austauschen“ oder „vertauschen“ bedeuten. Der jeweilige Kontext verlangt jedoch im Deutschen nach bestimmten konventionalisierten Ausdrücken oder festen Kollokationen oder Fügungen (so verbindet sich „unterzeichnet“ in der Regel mit der Präposition „mit“ und nicht mit „durch“).

7.4 Auswertung der Beispiele

In formaler Hinsicht werden die Untertitel von *Wilde Bienen* den Erwartungen des deutschen Publikums vermutlich weitestgehend gerecht, da sie sich im Großen und Ganzen an die in Deutschland üblicherweise befolgten Konventionen halten. Sie enthalten keine in Deutschland völlig unüblichen Formatierungen und die tschechischen Namen sind durch die Transkribierung leichter zu lesen. Sie erfüllen außerdem größtenteils die Anforderungen an idiomatisch formulierte Untertitel. Es gibt einige problematische Stellen, die dem deutschsprachigen Zuschauer vielleicht kein Kopfzerbrechen bereiten, aber einem Muttersprachler sicherlich auffallen würden. Für eine optimale Übersetzung wäre eine Postproduktions-Liste anstatt der einfachen „Dialogliste" in dieser Hinsicht sicher hilfreich gewesen.

Unter Zeitdruck musste die Übersetzerin von *Wilde Bienen* vermutlich nicht arbeiten und ihre anschließende Einbindung in den umfangreichen Redaktionsprozess scheint zu einem positiven Ergebnis beigetragen zu haben.

Die untertitelte Fassung von *Weiß der Teufel*, die ja keineswegs in erster Linie für ein Publikum in Deutschland angefertigt wurde, geht dementsprechend auch nicht konform mit den deutschen Untertitelungskonventionen. Der Rhythmus des Films und die Schnitte werden weniger stark berücksichtigt und die Untertitel sind insgesamt weniger „leserfreundlich". Dies ist allerdings in hohem Maße auf die technischen Gegebenheiten (die Verwendung der Zeiten aus den englischen Untertiteln) zurückzuführen. Andernfalls hätte die Übersetzerin möglicherweise häufig eine andere Aufteilung der Untertitel gewählt.

Welches Zielpublikum die deutschen Untertitel dieser DVD erreichen, wenn überhaupt eines, ist schwer abzuschätzen. Zum einen handelt es sich um einen Kinderfilm und die vom Film angesprochene Altersgruppe ist zum Teil noch nicht in der Lage, Untertitel zu lesen. Zum anderen handelt es sich um ein Produkt, das lediglich in Tschechien vertrieben wird. Die deutschen Untertitel haben also ein stark eingeschränktes Zielpublikum und dies ist ein Punkt, der auf die Qualität und Sorgfalt der Untertitelung Einfluss haben kann. Insgesamt wurde der Redaktionsprozess meiner Ansicht nach zu sehr vernachlässigt. Anders lassen sich die zahlreichen Rechtschreibfehler nicht erklären. Eine gründlichere Korrektur (durch einen deutschen Muttersprachler) hätte mit Sicherheit auch zu idiomatischeren Untertiteln geführt.

8 Schlussbemerkung

Ein Übersetzer, der keine ausreichende Erfahrung im Bereich Filmübersetzung und Untertitelung (einschließlich aller technischen und filmspezifischen Details) mitbringt, ist nicht in der Lage eine qualitativ hochwertige Übersetzung mit zeitlich genau abgestimmten und perfekt aufgeteilten Untertiteln abzuliefern. Aufgrund des relativ geringen Bedarfs an Filmübersetzungen im Sprachenpaar Deutsch-Tschechisch sind die Möglichkeiten, solche Erfahrungen zu sammeln, für die in Frage kommenden Übersetzer jedoch sehr begrenzt. Daher wird es sich wohl auch in Zukunft nicht vermeiden lassen, dass bei Filmübersetzungen zwischen den beiden erwähnten Sprachen immer eine Instanz beteiligt sein wird, die mit einer der beiden Sprachen nicht vertraut ist, aber dafür die technischen Aspekte der Untertitelung beherrscht. Sowohl in Deutschland als auch in Tschechien wird sich daher der Idealzustand der Konzentration der wesentlichen Arbeitsabläufe auf eine Person für dieses Sprachenpaar vermutlich nicht verwirklichen lassen. In Tschechien ist dies unwahrscheinlich, weil sich eine andere Aufteilung der Arbeitsabläufe durchgesetzt hat, die ökonomisch anscheinend konkurrenzfähig(er) ist. In Deutschland ist es unwahrscheinlich, da es Filme aus Tschechien nur in Ausnahmefällen in die deutschen Kinos schaffen und sich demzufolge eine derartige Spezialisierung für einen Übersetzer dieser Sprachen kaum lohnt.

Als Konsequenz müssen die potenziellen Quellen für Fehler und Missverständnisse an den Schnittstellen zwischen Übersetzern und Dramaturgen/Redakteuren bzw. Übersetzern und Untertitlern/Technikern in Kauf genommen werden. Durch einen gründlichen Redaktionsprozess und eine Einbindung des Übersetzers bis zum Abschluss des Projektes könnten diese Probleme allerdings minimiert werden. Auch müssen die betreffenden Übersetzer mit dem Medium Film, seinem Rhythmus und seiner Struktur gut vertraut sein. Perfektion lässt sich auch auf dem Gebiet der Untertitelung vor allem durch Erfahrung erreichen.

Es bedeutet zwar einen immensen Aufwand, die Fehler bezüglich der Feinheiten des Timings und der Länge der Untertitel, die einem nicht im Spotting versierten Übersetzer unterlaufen, zu korrigieren. Trotz allem hat die Untertitelung in Tschechien ein sehr hohes Niveau erreicht, das dem in Deutschland nicht nachsteht. Die für tschechische Kinos angefertigten Untertitel erreichen dabei ein weitaus breiteres (und durchaus kritisches) Publikum als die in Deutschland aufgeführten untertitelten Fassungen.

Das Fehlen eines Berufsbildes des „Untertitlers", der fast ausschließlich Untertitel übersetzt, mag in Tschechien hier und da zu Problemen führen. Es hat aber auch den nicht zu unterschätzenden Vorteil, dass sich eine sehr heterogene Gruppe von Übersetzern der Filmübersetzung widmet, darunter auch renommierte und preisgekrönte Literaturübersetzer. Diese Literaturübersetzer bringen möglicherweise einen breiteren literarischen und künstlerischen Horizont in die Filmübersetzung ein, als jemand, der sich fast ausschließlich mit dem Medium Film, dessen Übertragung und den technischen Feinheiten der Untertitelung beschäftigt. Außerdem bringen einige dieser Übersetzer ihre Erfahrungen in der Filmübersetzung durch ihre Lehrtätigkeit wieder unter den übersetzerischen Nachwuchs. Während sich in Deutschland die Untertitelungsbranche eher als ein geschlossener Expertenkreis präsentiert, scheint sie in Tschechien für Übersetzer aus allen Bereichen und mit unterschiedlichem Erfahrungsschatz offen zu sein. Der Mangel an Erfahrung mit Filmübersetzungen, den einige dieser Übersetzer mitbringen, wird insofern ausgeglichen, als die Übersetzungen immer durch die Hände eines erfahrenen Untertitlers bzw. Dramaturgen gehen, der idealerweise in der Lage ist, sämtliche Fehler zu berichtigen.

Allgemein wäre es begrüßenswert, wenn die an diesem Bereich interessierten Studenten und angehenden Übersetzer während ihrer Ausbildung einen tieferen Einblick in die audiovisuelle Übersetzung bekommen würden. Das Thema sollte nicht ausschließlich theoretisch behandelt werden, da die technischen Zusammenhänge und die besonderen Anforderungen des Mediums nur in praktischen Übungen wirklich erfasst werden können.

9 Bibliographie

Arak, Villu (2005): „The Bottom Line." *The Prague Post*, 6. Januar, 3.

Čekalová, Miriam (1998): *Překlad a úprava cizojazyčných filmů se zaměřením na titulkování.* Diplomarbeit. Filozofická fakulta Univerzity Karlovy v Praze, Ústav translatologie, Nemejovský.

de Linde, Zoé / Kay, Neil (1999): *The Semiotics of Subtitling.* Manchester: St. Jerome Publishing.

Díaz Cintas, Jorge (2001): „Striving for quality in subtitling: The role of a good dialogue list." Gottlieb/Gambier (2001): 199-211.

Dollerup, Cay / Loddegaard, Anne (1992) (Hrsg.): *Teaching Translation and Interpreting. Training, Talent, and Experience.* Copenhagen Studies in Translation. Amsterdam: Benjamins.

Dollerup, Cay / Lindegaard, Annette (1994) (Hrsg.): *Teaching Translation and Interpreting 2. Insights, Aims, Visions.* Amsterdam: Benjamins.

Fawcett, Peter (1983): „Translation modes and constraints." *The incorporated Linguist* 22, 186-190.

Gambier, Yves / Gottlieb, Henrik (2001) (Hrsg.): *(Multi)Media Translation. Concepts, practices, and research.* Amsterdam: Benjamins.

Gottlieb, Henrik (1992): „Subtitling – a new university discipline." Dollerup/Loddegaard (1992): 161-169.

Gottlieb, Henrik (1997): „Quality revisited: The Rendering of English Idioms in Danish Television Subtitles vs. Printed Translation." Trosborg (1997): 309-338.

Gottlieb, Henrik (2001): „Authentizität oder Störfaktor." *Schnitt – Das Filmmagazin,* Nr.21 1/2001, 12-15.

Ivarsson, Jan / Carroll, Mary (1998): *Subtitling.* Simrishamn: TransEdit.

Kareninová, Anna (1995): *Několik obecných pokynů pro překladatele filmových titulků*, internes Dokument der Firma Filmprint.

Kovačič, Irena (1994): „Relevance as a factor in subtitling reductions." Dollerup/Lindegaard (1994): 245-252.

Patočková, Martina (2004): „Titluky z kin mizí. Hollywoodské hvězdy budou mluvit česky." *Mladá fronta DNES*, 17. Juli, 8.

Reid, Helene (2001): „Synchronisation oder Untertitel – Ein Überblick." *Schnitt – Das Filmmagazin,* Nr.21 1/2001, 17-19.

Reiß, Katharina (1971): Möglichkeiten und Grenzen der Übersetzungskritik. Kategorien und Kriterien für eine sachgerechte Beurteilung von Übersetzungen. München: Hueber.

Reiß, Katharina / Vermeer, Hans J. (1984): *Grundlegung einer allgemeinen Translationstheorie.* Tübingen: Niemeyer.

Remael, Aline (2003): „Mainstream Narrative Film Dialogue and Subtitling. A Case Study of Mike Leigh's 'Secrets & Lies' (1996). " *The Translator. Special Issue: Screen Translation.* Volume 9, Nr. 2, 225-247.

Roffe, Ian / Thorne, David (1994): „Transcultural language transfer: Subtitling from a minority language. " Dollerup/Lindegaard (1994): 253-259.

Schubert, Ulrike (2001): Audiovisuelle Übersetzung. Eine Untersuchung zu Synchronisation und Untertitelung aus der Perspektive des Übersetzers. Diplomarbeit. Leipzig: IALT, Schmitt/Herting.

Snell-Hornby, Mary / Kadric, Mira (1995) (Hrsg.): *Grundfragen der Übersetzungswissenschaft: Wiener Vorlesungen von Katharina Reiß.* Wien: WUV-Universitätsverlag.

Taylor, Christopher (2003): „Multimodal Transcription in the Analysis, Translation and Subtitling of Italian Films." *The Translator. Special Issue: Screen Translation.* Volume 9, Nr. 2, 191-205.

Toury, Gideon (1995): *Descriptive Translation Studies and beyond.* Amsterdam: Benjamins.

Trosborg, Anna (1997) (Hrsg.): *Text Typology and Translation.* Amsterdam: Benjamins.

Uličný, Miloslav (1989): „K titulkování filmových dialogů ze španělštiny a italštiny. " *Acta Universitatis Carolinae-Philologica 2-3*: 145-147.

Interview mit Boštička, Aleš am 4.12.2003, im Besitz der Autorin.

Interview mit Breuer, Barbara am 7.9.2004, im Besitz der Autorin.

Interview mit Clauss, Ludmila am 9.6.2004, im Besitz der Autorin.

Interview mit Hradecká, Jiřina am 5.4.2004, im Besitz der Autorin.

Interview mit Janovská, Hana am 24.8.2004, im Besitz der Autorin

Interview mit Sítar, Petr am 12.1.2004, im Besitz der Autorin.

Internetquelle Nr. 1: „Deutscher Bundestag, 15. Wahlperiode, Drucksache 15/512"
http://dip.bundestag.de/btd/15/005/1500512.pdf (Stand: 2.8.2008)

Internetquelle Nr. 2: „Fachbereich angewandte Sprach- und Kulturwissenschaft in Germersheim – Fachbereich Literatur und Medien"
http://www.fask.uni-mainz.de/ze/medien/literatur.html (Stand: 5.8.2004)

Internetquelle Nr. 3: „Česká televize: Vysílání v číslech – aktuální rok"
http://www.czech-tv.cz/ct/cislaovysilani/aktualni.php#sluch (Stand: 16.11.2004)

Internetquelle Nr. 4: „483/1991 Sb. Zákon České národní rady ze dne 7. listopadu 1991 o České televizi" http://www.ceskatelevize.cz/ct/zakony/index.php (Stand: 2.8.2008)

Internetquelle Nr. 5: Ivarsson/Carroll: „Code of good subtitling practice"
www.transedit.st/code.htm (Stand: 18.6.2004)

Internetquelle Nr. 6: „In So Many Words – Language Transfer on the Screen"
http://www.surrey.ac.uk/LIS/CTS/insomanywords.htm (Stand: 2.8.2008)

Internetquelle Nr. 7: „Česká televize: sledovanost – aktualní rok“ http://www.ceskatelevize.cz/ct/sledovanost/aktualni.php#sluch (Stand: 2.8.2008) und „Česká televise: Počet pořadů pro sluchově postižené v roce 2007“ http://www.ceskatelevize.cz/ct/sledovanost/cisla-o-vysilani/2007/2007_sluch_posti.pdf (Stand: 2.8.2008)

Wilde Bienen („Divoké Včely“, Tschechien 2001), VHS mit deutschen Untertiteln.

Weiß der Teufel („Čert ví proč“, Tschechien 2003), VHS-Überspielung von DVD mit deutschen Untertiteln.

Wilde Bienen: Dialogová listina (Dialogliste), Untertiteldatei vor Abgabe, Korrekturen.

Weiß der Teufel: Literární scénář (literarisches Drehbuch).

Katrin Pieper

Zensur und Untertitelung während des *Estado Novo* in Portugal am Beispiel des Films HUNDE WOLLT IHR EWIG LEBEN

1 Einleitung

Unser Zeitalter ist von optischen Medien geprägt, die Rezeption von fremdsprachigem Filmmaterial und damit von audiovisuellen Übersetzungen nimmt immer mehr zu.

Im Filmbereich sind jedoch keinesfalls die Autorenrechte geschützt. Aus unterschiedlichen Gründen werden Filme verändert, gekürzt und zensiert, sei es um die Altersbeschränkung zu senken, um ein bestimmtes Zielpublikum anzusprechen, aus moralischen oder aus ideologischen Gründen. Ausländisches Filmmaterial wird auch heute noch selbstverständlich an die Zielkultur angepasst, eine Tatsache, der sich die meisten Zuschauer nicht bewusst sind.

Die Zensur hat in Europa eine lange Tradition. Sie begann mit der Inquisition und wurde über Jahrhunderte für selbstverständlich gehalten. Sie diente als Mittel der Kontrolle über die geistigen, politischen und kulturellen Einflüsse auf ein Volk. Die Verbreitung von neuen Ideen, Kreativität und künstlerischer Freiheit, jede Form der Erweiterung des geistigen Horizonts erhöht die Gefahr des Aufbegehrens. Jede Veränderung beginnt im Geiste. Jede starre Form der Obrigkeit, deren Fortbestehen auf dem Erhalt der jeweiligen gesellschaftlichen Strukturen beruht, möchte die vermeintliche Gefahr der Veränderung abwenden und greift zum Mittel der Zensur.

Wie in allen europäischen Diktaturen, so wurde auch in Portugal fremdsprachiges Filmmaterial sehr genau unter die Lupe genommen. Ab den 1930er Jahren bis zur Nelkenrevolution im Jahre 1974 regierte der Diktator Oliveira Salazar vier Jahrzehnte den so genannten *Estado Novo*, den „neuen Staat" und schuf ein ideologisch-moralisches Fundament, welches Erziehung, Kunst, Kultur und Medien beeinflusste. In dieser Arbeit werden die Zusammenhänge zwischen Übersetzung, Ideologie und Zensur in Portugal untersucht.

Bereits vor längerer Zeit wurde mein Interesse für das Audiovisuelle Übersetzen geweckt. Durch die Teilnahme an mehreren Konferenzen zum Thema gewann ich einen immer detaillierteren Einblick in diese Materie. Im Jahre 2004 hatte ich bei einem Symposium des Bundesverbandes für Kommunale Filmarbeit die Gelegenheit, die deutsche synchronisierte Version von Casablanca (1942) aus dem Jahre 1952 zu sehen. In dieser waren jegliche Hinweise auf den Nationalsozialismus und damit auf den politischen Hintergrund der Handlung gestrichen und Dialoge verändert worden. Erstaunlich ist, dass die Handlung des Films dennoch schlüssig war.

Ein weiteres Beispiel ist der Film Mogambo (1953), mit Clark Gable und Grace Kelly. Die spanische Synchronisation unter Franco griff entscheidend in das Original ein. Grace Kelly spielt eine Frau, die mit ihrem Ehemann für Forschungsarbeiten die Farm des Großwildjägers Victor Marswell in Afrika besucht, sich in diesen verliebt und mit ihm fremdgeht. Im konservativen Spanien wurde in der Synchronisation aus dem Ehepaar kurzerhand ein Geschwisterpaar gemacht, somit war der Ehebruch eliminiert.

Auf Grund solcher Beispiele drängte sich die Frage auf, ob auch unter der Diktatur in Portugal eine solche Veränderung von Filminhalten stattfand, und es formte sich der Gedanke, nach deutschen Filmen zu suchen, die nach 1945, während des *Estado Novo*, übersetzt worden waren, um sie auf bewusste Veränderungen der Aussage hin zu untersuchen.

Die Recherche im Nationalen Filmarchiv in Lissabon (ANIM) brachte lediglich drei Ergebnisse, doch glücklicherweise war der Film HUNDE WOLLT IHR EWIG LEBEN darunter, dessen Analyse die These stützen sollte. Schon in den ersten Sätzen des Films ließen sich Diskrepanzen zwischen dem gesprochenen deutschen Dialog und den portugiesischen Untertiteln feststellen.

So wurde die Untersuchung dieses Filmbeispiels zum Gegenstand dieser Arbeit. Im Filmarchiv gab man mir die Möglichkeit, die portugiesischen Untertitel der archivierten Filmkopie zu transkribieren. Das deutsche Original ist auf DVD im Handel erhältlich, so dass ich auch die von der Zensur gekürzten Szenen als Leerstellen in die Transkription einfügen konnte. Die komplette Transkription befindet sich auf der beiliegenden DVD.

Im Verlauf dieser Arbeit wird zunächst auf theoretische Aspekte von Zensur und Untertitelung eingegangen, welche die Basis für die darauf folgende Kontextualisierung und Analyse bilden. Danach wird ausführlich der gesellschaftliche und kulturelle Kontext der deutschen Ausgangskultur beleuchtet und der Originalfilm in diesem Zusammenhang analysiert. Im dritten Teil der Arbeit richtet sich der Fokus auf die portugiesische Version. Auch hier wird zunächst auf Staat und Gesellschaft sowie auf Einfluss und Funktion der Zensur eingegangen und daraufhin die Übersetzung und Eingriffe der Zensur untersucht.

Der Film HUNDE WOLLT IHR EWIG LEBEN hatte am 7. April 1959 in Deutschland Premiere, die Laufzeit betrug 93 Minuten (Webseite 1d). Die portugiesische Version O INFERNO DE ESTALINEGRADO kam im Jahre 1961 in die Kinos. In Porto fand die Erstaufführung am 23. Februar statt, in Lissabon am 15. März. Die Laufzeit betrug cirka 81 Minuten, also 12 Minuten weniger als die Originalfassung (Information Cinemateca/ANIM).

2 Audiovisuelles Übersetzen und Zensur

2.1 Zensur als gesellschaftliches Phänomen

Der Begriff Zensur stammt aus dem Lateinischen (*censura*: Prüfung, Beurteilung) und geht auf die römischen Zensoren zurück, die das sittliche und staatsbürgerliche Verhalten beurteilten und in die „nota censoria", in die Bürgerliste eintrugen. Die Institution der Zensur wurde im Jahre 366 v. Chr. durch die „Lex Aemilia" eingeführt. (Vgl. Seim 1998:8 und Meyer 1981:669.)

Laut Brockhaus ist die Zensur:

> Bez. für 1) eine von zuständiger, i. d. R. staatl. Stelle vorgenommene Überprüfung und Kontrolle von Druckwerken, Hörfunk-, Fernseh-, Film-, Tonträger- und Videoproduktionen auf ihre polit., gesetzl., sittl. und religiöse Konformität und 2) die ggf. daraufhin erfolgende Unterdrückung bzw. das Verbot der unerwünschten Veröffentlichungen. Unterschieden wird zw. Präventiv- bzw. Vor-Z. (die Publikationen müssen vor der Veröffentlichung einer Z.-Behörde zur Genehmigung vorgelegt werden) und Repressiv- bzw. Nach-Z. (bereits erschienene Veröffentlichungen werden ganz oder teilweise beschlagnahmt oder ihre Verbreitung beschränkt bzw. verboten). I. w. S. erfasst der Begriff Zensur darüber hinaus die Kontrolle jegl. Form von Meinungsäußerung. (Brockhaus 1999:523)

Martin Loiperdinger geht in seiner Erläuterung vor allem auf die Einschränkung bzw. Gewährung von Meinungsfreiheit durch die Zensur ein:

> Meinungsäußerungen, die dem Gewaltmonopol des Souveräns zuwiderlaufen, werden als staatsfeindliche Willenskundgabe bewertet. Unter Zensur werden gemeinhin Unterdrückung und Verbot derart unerwünschter Meinungen verstanden. Häufig wird dabei dem Staat und seinen Organen die praktizierte Zensur als Verstoß gegen die von ihm selbst gewährte Meinungsfreiheit vorgehalten. Prinzipiell gehören Meinungsfreiheit und Meinungszensur jedoch notwendig zusammen. (Loiperdinger 2004:525)

Wichtig bei der Begriffsklärung von Zensur ist die Austauschbarkeit von ‚Souverän' und ‚staatlicher Stelle' und die konkrete Ausübung von Zensur je nach Staatssystem. Die Zensurkriterien werden nach der jeweiligen Staatsideologie oder Verfassung aufgestellt. Diese können stark variieren und eine mehr oder weniger deutlich spürbare Einschränkung der Staatsbürger bedeuten. Je nachdem, wie sehr der einzelne Bürger von der herrschenden Staatsform überzeugt ist, d. h. je nach Grad seiner Konformität, stimmt er mit den Zensurkriterien überein, fühlt sich in seiner Meinungsäußerung beschränkt, unbeeinträchtigt oder begrüßt sogar die Zensurmaßnahmen als Schutz vor schädlichen Einflüssen. Roland Seim bemerkt dazu:

> Der eigentliche Zweck von Zensur ist die Aufrechterhaltung von herrschenden Zuständen, Verhinderung von Chaos und Unordnung durch Moral und Anstand, deren Definition allerdings zeitgeistbedingt und somit schwammig ist. (Seim 1998:27)

Zensur bedeutet nicht nur Einschränkung oder Verbot bestimmter Themen, sondern gleichzeitig auch die Freigabe und Erlaubnis zur Verbreitung anderer. Die Einteilung in Ge- und Verbot wird vom Staat (ehemals auch von der Kirche) vorgenommen und gesetzlich verankert.

Immer wirkt Zensur als sozialer Faktor auf die Kommunikation, die wiederum im Zusammenhang mit der Gesellschaft steht. Kommunikation macht die Dynamik innerhalb einer Gesellschaft aus, durch sie werden neue Ideen hervorgebracht. Kommunikation ist ein gesellschaftlicher und kultureller Prozess. Ein Staat, der die Dynamik fürchtet, die unter Umständen oppositionelles Handeln hervorrufen kann, wird stärker versuchen, Kontrolle über die Kommunikation auszuüben.

2.1.1 Sinn und Unsinn der Zensur

Seit Beginn ihrer Existenz ist die Zensur umstritten. Sie ist immer Ausdruck einer Zeit. Ändern sich die Zeiten, verändert sich auch die Einstellung zu den Zensurkriterien. Selbst Staaten wie beispielsweise Deutschland, deren Verfassung Zensurfreiheit gesetzlich festlegt („Eine Zensur findet nicht statt", Grundgesetz, Artikel 5, Abs. 1), lassen nicht jede Form von Meinungsäußerung zu, vor allem nicht, wenn diese gegen andere Gesetze verstoßen, wie z. B. im Falle der Volksverhetzung. Zensur ist also immer in irgendeiner Weise politisch motiviert, d. h. es wird im weitesten Sinne immer aus politisch-ideologischen Gründen zensiert. Der Unterschied liegt in der Politik des jeweiligen Staates und in den Moralvorstellungen der Gesellschaft, die er bewahren will.

Staaten, die verfassungsgemäß keine Zensur ausüben, zensieren letztlich doch, wenn es um die Wahrung der Menschenrechte, der Persönlichkeitsrechte und den Jugendschutz geht. So nimmt auch eine Gesellschaft, die der persönlichen Freiheit des Einzelnen einen hohen Stellenwert einräumt, nicht alles hin, was an Informationen in die Medienlandschaft gerät. Dazu zählen in Deutschland beispielsweise Kinderpornographie oder Aufrufe zu Gewalt, die Verbreitung neofaschistischen Gedankenguts oder die Verfälschung historischer Tatsachen. So entspricht es dem allgemeinen moralischen Empfinden, beispielsweise gegen Internetauftritte von Kinderschändern vorzugehen oder den Historiker David Irving strafrechtlich zu verfolgen, der öffentlich die Auffassung vertritt, der Holocaust sei eine Propagandalüge der Siegermächte gewesen. Es ist allerdings auch berechtigt, jemanden für das Aussprechen des Tucholsky-Zitats „alle Soldaten sind potenzielle Mörder" anzuklagen, wie es in der Bundesrepublik in den 1980er Jahren geschah (vgl. Seim 1998:85)? Oder ist die satirische Abbildung einer Banane auf der Deutschlandflagge – kommentiert mit den Worten „Bananenrepublik Deutschland" – wirklich eine Anzeige wegen „Verunglimpfung der Symbole der Bundesrepublik" (vgl. Seim 1998:93) wert[1]? Sollten faschistoide Bands wie „Böhse Onkelz" oder „Endsieg" mit Titeln wie „Kanakensong" u. ä. Auftrittsverbot bekommen (vgl. Seim 1998:80)? Ist die Darstellung einer gekreuzigten Frau mit knapp bedecktem Schambereich auf dem Filmplakat zu Jacques Richards Film AVE MARIA ein Fall von Blasphemie oder künstlerischer

1 Die Anzeige wurde erst fallengelassen, als die Angeklagten den Nachweis erbrachten, es handle sich um ein rein ästhetisches Motiv frei nach Andy Warhol und sei nicht gegen den Staat gerichtet.

Freiheit (vgl. Seim 1998:63)? Die Grenzen sind fließend und die Entscheidungsfindung ist ein langwieriger Prozess. Sinn und Unsinn von Zensur müssen immer wieder neu auslotet werden.

Seim (1998:117) gibt zu bedenken, dass in den meisten Fällen „Verbote als einfachste und hilfloseste Reaktionen der Obrigkeit zumeist den schalen Beigeschmack von Schattenboxern beibehalten", denn es seien die „Ursachen und Auswirkungen von realer Gewalt und Ungerechtigkeit in der Gesellschaft", die es in den Griff zu bekommen gilt.

Schließlich stellt sich das Problem der Entmündigung sowie des Vorenthaltens von Informationen und der persönlichen Entscheidungsfreiheit des Bürgers, die es zu respektieren gilt. Die Diskussion um die Grenzen des Konsums, um das rechte Maß der Darstellung von Gewalt und Ungerechtigkeit, um Entscheidungsbefugnisse, um Moral und Sittlichkeit, um staatliche Repression und Schutzfunktion, um Kontrolle und Toleranz, wird nie zu einem endgültigen Schluss kommen. Doch sie ist Ausdruck von demokratischen Prozessen, die in einem freien Staat nicht fehlen dürfen. (Vgl. auch Seim 1998:116f.)

In vielen Staaten kann eine solche Diskussion heute kaum stattfinden, sie wird zensiert. Zur Zeit des *Estado Novo* oder des nationalsozialistischen Deutschlands war Zensur ein Instrument zur Meinungslenkung, Unterdrückung und Verfolgung von Regimegegnern. Die persönliche Entscheidungsfreiheit war stark eingeschränkt, das Recht auf freie Meinungsäußerung wurde völlig abgeschafft. Der Filmkritiker Lauro António, der einen solchen Zensurapparat am eigenen Leibe erfahren hat, kommt zu dem Schluss:

> toda e qualquer forma de censura se desautoriza a si própria, pela falta de um critério definido, pela arbitrariedade das mas decisões, pela total incapazidade de julgar e compreender uma obra, pela estupidez mesquinha, pela cegueira ridícula. (António 2001:12)

2.2 Audiovisuelles Übersetzen aus übersetzungstheoretischer Perspektive

Katharina Reiß ordnete Texte, die im Zusammenhang mit audiovisuellen Elementen auftreten, als *audio-medialen Texttyp* ihrer Texttypologie zu und schenkte damit Anfang der 1970er Jahre im Rahmen der Übersetzungswissenschaft erstmals audiovisuellen Texten Beachtung (vgl. Reiß 1986:34). Später entwickelten Reiß und Vermeer eine Erweiterung dieser Texttypologie und formulierten den *multi-medialen Texttyp*:

> Schrifttexte, die erst zusammen mit bildlichen Darstellungen [...] oder mit Musik [...] das vollständige Informationsangebot ausmachen, weisen alle eine Interdependenz der verschiedenen Medien bei der Textgestaltung auf. Ohne Beachtung dieser Interdependenzen können solche Texte nicht adäquat übersetzt werden. Wir fassen solche Texte in einem eigenen Typ, dem multi-medialen Texttyp, zusammen [...]. Dieser vierte Typ überlagert alle drei Grundtypen, denn sowohl informative als auch expressive und operative Texte können in der Gestalt des multi-medialen Texttyps auftreten. (Reiß/Vermeer 1991:211)

Über lange Jahre war das audiovisuelle Übersetzen das Stiefkind der Translationswissenschaft. Doch die wachsende Bedeutung der audiovisuellen Medien und damit der steigende Bedarf an Übersetzungen im Multimedia-Bereich, ruft seit einigen Jahren auch verstärkt die Übersetzungswissenschaftler auf den Plan, die sich mit der Definition und Analyse audiovisueller Texte beschäftigen und damit ein weites Forschungsfeld eröffneten.

Übersetzungen audiovisueller Texte existieren in vielen unterschiedlichen Formen. Zu nennen wären Übersetzungen von Filmen (Synchronisation, Voice-over, Kommentarfassung, Zwischentitel) für Fernsehen und Kino, Simultan- und Gebärdendolmetschen (Fernsehsendungen, Filmmaterial auf Filmfestivals), das Übertiteln von Theater- bzw. Opernaufführungen, Übersetzungen im Animations- und Computerbereich, sofern diese mit Ton in Erscheinung treten, und im weitesten Sinne das Übersetzen von Bühnentexten auch außerhalb des audiovisuellen Kontextes (als literarisches Werk), da Ton und Bild im Text impliziert sind.

In übersetzungstheoretischen Betrachtungen hat sich der Oberbegriff *Audiovisuelles Übersetzen* (AVÜ) durchgesetzt, der im Folgenden für den Prozess der Übersetzung aller Texte, die im Zusammenhang mit Bild und Ton auftreten und sich durch Multimedialität auszeichnen, verwendet wird.

In den folgenden theoretischen Überlegungen wird besonderes Augenmerk auf die Untertitelung und die Bezüge zur Zensur gerichtet. Auf diese wird an den entsprechenden Stellen jeweils explizit eingegangen.

2.2.1 Zwischen Übersetzung und Bearbeitung

Bei der Bewertung der Qualität einer Übersetzung kommt man nicht umhin, sich auch mit dem Begriff *Äquivalenz* auseinander zu setzen. Äquivalenz ist sowohl als angestrebtes Ziel der Übersetzungsleistung, als auch als Bewertungskriterium für die Qualität einer Übersetzung zu verstehen und bedeutet, allgemein gesagt, die größtmögliche *Invarianz* zwischen Ausgangstext (AT) und Zieltext (ZT). Im Zuge des Diskurses um den Äquivalenzbegriff fand man zur Benennung verschiedener *Äquivalenzebenen*, die für die jeweilige Textsorte relevant sind. Das bedeutet, dass Invarianzforderungen an bestimmte Faktoren gekoppelt sind und nicht auf den Text als Ganzes, da eine Äquivalenz auf einer Ebene eine Äquivalenz auf anderen Ebenen ausschließen kann.

Für die Translation audiovisueller Texte greifen, in Anlehnung an die spezifischen Anforderungen an eine Theorie der Synchronisation von Thomas Herbst (1994:225), die Äquivalenzebenen des Textsinns, der Abgestimmtheit mit den außersprachlichen Informationsträgern und der Textfunktion.

Michael Schreiber (1993:66ff.) klassifiziert verschiedene *Übersetzungsmethoden* (Strategien der Übersetzung) nach der ranghöchsten Invariante. Er stellt die Methoden *Textübersetzung* und *Umfeldübersetzung* gegenüber, wobei die ranghöchste Invariante der Textübersetzung textintern und bei der Umfeldübersetzung textextern ist. Bei der Umfeldübersetzung wirken demnach auch textexterne Faktoren auf das Gelingen einer Übersetzung ein und die Übersetzung kann sich weiter vom AT entfernen. Trotz großer Abweichungen ist laut Schreiber eine Umfeldübersetzung immer noch eine Übersetzung, da die Prämisse der Invarianz gilt. Da beim audiovisuellen Übersetzen etliche außersprachliche Faktoren und technische Einschränkungen beachtet werden müssen, handelt es sich bei der AVÜ, nach der Einteilung Schreibers, um eine solche Umfeldübersetzung, d. h. um eine Übersetzung im weiteren Sinn.

Der Begriff *Adaptation* ist vielfach belegt, sowohl als Übersetzungsmethode, als auch als Übersetzungsverfahren. Zumeist wird unter dem Übersetzungsverfahren Adaptation eine Form der kulturellen Anpassung verstanden, der Ersatz eines Kulturspezifikums durch ein vergleichbares in der Zielsprache. Käthe Henschelmann (1993:37) erwähnt, in Anlehnung an Zimmer, Adaptation als „zivilisatorische Umschichtung" oder, nach Vinay und Darbelnet, als Wiedergabe durch eine vergleichbare Situation, bezieht diese jedoch nicht in ihre Klassifizierung von Übersetzungsverfahren mit ein. Sie benennt dagegen die informationsverarbeitenden Arbeitsgänge *Reduktion, Expansion* und *Übertextung* (vgl. Henschelmann 1993:30f.). Werner Koller definiert Adaptation als

> die Ersetzung des mit einem AS-Ausdruck erfassten Sachverhalts durch einen Sachverhalt, der im kommunikativen Zusammenhangs [sic!] der ZS eine vergleichbare Funktion bzw. einen vergleichbaren Stellenwert hat. (Koller 1992:234)

Adaptation einzelner Übersetzungseinheiten ist laut Katharina Reiß (1976:101) vom Texttyp und damit von der Übersetzungsmethode abhängig. Die audiomedialen Texte können jedoch sowohl zu den inhaltsbetonten, formbetonten als auch zu den appellbetonten Typen zählen. Das Problem der Multimedialität erfordert auch laut Reiß (1986:51f.) ein Übersetzungsverfahren, „das die je nach Textart stärkere oder schwächere Beteiligung nicht-sprachlicher Elemente berücksichtigt" und „eine noch stärkere Abweichung von Inhalt und Form des Originals" erlaubt.

Schreiber dagegen definiert *Adaption* (Adaptation) als

> die Anpassung eines Textes an ein anderes, nicht rein sprachliches Kommunikationsmedium, für das er nicht konzipiert war, also den *Medientransfer*. (Schreiber 1993:99)

Er meint damit beispielsweise die Verfilmung einer Romanvorlage, also Adaptionen, bei denen der Faktor „Zweckentfremdung" eine Rolle spielt, nicht jedoch die Übersetzung. Allerdings geht Schreiber (1993:260ff.) auch auf die Adaptation als Teilverfahren der kulturell einbürgernden Übersetzung (Umfeldübersetzung) ein, mit dem Hinweis auf die Verwechslungsgefahr mit dem Begriff Adaption (oft synonymisch zu Adaptation) im Sinne von Medientransfer.

Beim audiovisuellen Übersetzen findet streng genommen immer ein solcher Medientransfer statt, denn die Übersetzung wird auf Basis eines rein sprachlichen Textes erstellt, tritt jedoch in einem mehrkanaligen Medium auf und wird von außersprachlichen Faktoren beeinflusst. Meist muss also der Ausgangstext in irgendeiner Weise verändert und an die technischen Begebenheiten angepasst werden. Je nach Form der AVÜ können die technischen Anforderungen an die Übersetzung variieren und die Wahl der Übersetzungsverfahren beeinflussen.

Bei der Untertitelung beispielsweise ist es das Tilgen und Komprimieren des Dialoges und damit vor allem die Reduktion (nach Henschelmann [1993:31]: „Abbau eines Vertextungsüberschusses"), bei der Synchronisierung das Erreichen von Lippen-, Gesten- und akustischer Synchronität. Auch Carrol und Ivarsson (1998:85) fassen unter dem Titel *translation and adaptation* die verschiedenen Anpassungsverfahren der Untertitel zusammen.

Dieser Vorgang ist, wie die Adaptation an die kulturellen Gegebenheiten der Zielkultur, eine Form der Anpassung an ZT-Normen. Diese sind jedoch nicht zielkulturspezifisch, sondern in erster Linie an die allgemeingültigen technischen Normen des zielsprachlichen Mediums gekoppelt. (Nur zweitrangig können diese wiederum kulturspezifisch sein.) In dieser Arbeit wird daher für eine AVÜ-spezifische Veränderung des AT und dessen Anpassung an medienbedingte ZT-Normen der Begriff *technisch-formale Adaptation* als durchgängiges Übersetzungsverfahren verwendet.

Wie bereits festgestellt, zählt die AVÜ zu den Umfeldübersetzungen, ist also durchaus eine Form der Übersetzung. Die technisch-formale Adaptation führt zu größeren Abweichungen als andere Übersetzungsverfahren. Das ist der Grund weshalb die AVÜ traditionell nicht als eine Form der Übersetzung, sondern der Bearbeitung aufgefasst wurde (vgl. Knauer 1998:101).

Schreiber stellt der Übersetzung die *interlinguale Bearbeitung* gegenüber. Die Bearbeitung ist medienunabhängig, basiert auf einem Original, ist somit kein eigenständiges Werk, beruht jedoch im Gegensatz zur Übersetzung auf Varianzforderung. Schreiber hält fest, dass

> es bei *Übersetzungen* darum geht, möglichst viel zu erhalten (außer der Ausgangssprache), während es bei *Bearbeitungen* darum geht, bestimmte Textmerkmale mehr oder weniger ‚willkürlich' zu ändern [...]. (Schreiber 1993:104f.)

Im Hinblick auf die Funktionalität soll auch die Bearbeitung (etwa die Bearbeitung eines Romans für Kinder) in sich kohärent sein und als Text in der Zielsprache funktionieren, d. h. zielsprachenadäquat sein (vgl. Schreiber 1993:111f.). Festzuhalten sei auch, dass es durchaus Mischformen von Übersetzung und Bearbeitung geben kann. Schreiber dazu:

> Ferner ist von vornherein klarzustellen, daß die Unterscheidung zwischen Übersetzung und Bearbeitung für unterschiedliche Abschnitte eines Textes unterschiedlich ausfallen kann, so wie sich z. B. auch der Texttyp innerhalb desselben Textes ändern kann. (Schreiber 1993:121)

Christiane Nord (1989:101/104) gibt zu bedenken, dass jede Übersetzung eine Bearbeitung sei und bestimmt den Begriff der *bearbeitenden Übersetzung* oder *Version* die sich nach ihrer Definition, in Anlehnung an Katharina Reiß, dadurch auszeichnet, „daß die Funktion des AT im ZT nicht beibehalten werden soll (oder kann) [...]". Bearbeitung finde demnach im „Hinblick auf pragmatische Bedingungen" statt.

In dieser Arbeit wird der Begriff Bearbeitung im Sinne Schreibers verwendet, der Begriff Nords (bearbeitende Übersetzung oder Version) wird, in Bezug auf

AVÜ und Untertitelung, auf Grund der oben stehenden Argumentation als technisch-formale Adaptation bezeichnet.

Neben vielen anderen Formen der Bearbeitung benennt Schreiber die *ideologische Bearbeitung*:

> Von einer *ideologischen Bearbeitung* spreche ich dann, wenn der Prätext an eine neue ‚Ideologie' (im weitesten Sinne) angepaßt wird [...] und sich diese Anpassung nicht allein auf Invarianzforderungen zurückführen läßt. (Schreiber 1993:286)

Ein großer Bereich ist die politische Anpassung. Dabei werden vielfältige *Ideologisierungsverfahren* angewendet, d. h. Textpassagen verändert, Stereotype übertragen, der Text instrumentalisiert, etc. (vgl. Schreiber 1993:288). Die Einwirkung der Zensur als Instrument der Verteidigung einer bestimmten Ideologie kann in diesem Zusammenhang als die Bearbeitung bestimmender und veranlassender *Ideologisierungsfaktor* angesehen werden.

2.2.2 Kulturtransfer und Ideologie

Nicht alle Definitionen von Kultur sind für eine Abhandlung über Übersetzung als Kulturtransfer von Relevanz. Sinnvoll erscheinen jene, die von der interkulturellen Kommunikationsforschung herangezogen wurden, also kulturwissenschaftliche Ansätze oder solche, die das kulturelle Handeln in den Vordergrund stellen. In Anlehnung an die Definition Vermeers (1986), der sich wiederum auf die von Göhring (1978) stützt, fasst Christiane Nord zusammen:

> Eine Kultur ist eine Gemeinschaft oder Gruppe von Menschen, deren Verhalten und Handeln sich an gemeinsamen Normen, Konventionen und Bewertungen ausrichtet und sich dadurch von den Formen des Verhaltens und Handelns anderer Gruppen und Gemeinschaften unterscheidet. (Nord 1997:152)

Das Umfeld, welches diese Normen bedingt, ist im kulturanthropologischen Sinne nach Sir Edward Burnett Tylor (Autor des ersten ethnologischen Lehrbuchs):

> Kultur – im weiten ethnografischen Sinne des Wortes – [...] ist jenes komplexe Ganze, das Wissen, Glauben, Kunst, Moral, Recht, Sitte, Brauch und alle anderen Fähigkeiten und Gewohnheiten umfasst, die der Mensch als Mitglied einer Gesellschaft erworben hat. (Tylor 1871:1, zit. nach Harris 1989:20)

Vermeer (1994:32f.) beschreibt das Übersetzen als eine Handlung, die wie alle anderen Handlungen eines Menschen, mit den Konventionen und Normen einer Kultur verknüpft ist.

> Eine Translation ist nicht die Transkodierung von Wörtern oder Sätzen aus einer Sprache in eine andere, sondern eine komplexe Handlung, in der jemand unter neuen funktionalen und kulturellen und sprachlichen Bedingungen in einer neuen Situation über einen Text (Ausgangssachverhalt) berichtet, indem er ihn auch formal möglichst nachahmt. (Vermeer 1994:33)

Der Übersetzer fungiert als Kulturmittler zwischen den Kulturen, ist aber selbst seiner Kultur verhaftet, was Heidrun Witte (2000:195) als Gebundenheit des Individuums an die Primärkultur bezeichnet. Das bedeutet, dass sich der Übersetzer Kenntnisse der Zielkultur aneignen muss, um adäquat in die Zielsprache übersetzen zu können. Dafür benötigt er gewisse Fähigkeiten, die so genannte *translatorische Kulturkompetenz*, die ihn vom Zielsprachenrezipienten unterscheiden. Das bedeutet laut Witte:

> Die Fähigkeit des Sich-Bewusstmachens und Überprüfens von ‚unbewusst Gewusstem' und die Fähigkeit des bewussten ‚Erlebens' von ‚Nicht-Gewusstem' in Eigen- und Fremdkultur(en) sowie die Fähigkeit des vergleichenden In-Bezug-Setzens dieser Kulturen zum Zweck der ziel- und situationsadäquaten Rezeption und Produktion von Verhalten für den Bedarf von mindestens zwei Aktanten aus zwei verschiedenen Kulturen zur Herstellung von Kommunikation zwischen diesen Aktanten. (Witte 2000:163)

Unter Berücksichtigung sowohl der Textproduzenten-, als auch der Rezipientensituation und auf Grund seiner Kenntnisse der zielsprachlichen Konventionen erstellt der Übersetzer ein Translat, das in der Zielkultur einen bestimmten Zweck erfüllen soll (mehr dazu in Kapitel 2.2.3).

Schwierigkeiten können ihm dabei die so genannten *Kulturspezifika* bereiten, laut Nord (1997:154) „die Gesamtheit der unterschiedlichen Merkmale" zweier Kulturen, was jedoch nicht bedeutet, dass

> ein Merkmal „nur in einer bestimmten Kultur vorhanden" ist, sondern dass ein Merkmal bei der Konfrontation zweier Kulturen nur in einer der beiden vorhanden ist. (Nord 1997:154)

Witte (2000:108f.) gibt zu bedenken, dass kulturelle Unterschiede nur durch die Wahrnehmung durch eine Person erfahren werden können. Kulturspezifika existieren nur durch die Wahrnehmung, die wiederum von der Kultur des Rezipienten geprägt und individuell ist.

Wie in allen anderen Texten besteht in audiovisuellen Texten das Problem der Übersetzung von ausgangskulturspezifischen Wortspielen, Reimen, Hinweisen auf Orte, Institutionen, Persönlichkeiten und Präsuppositionen der Ausgangskultur (AK), also Probleme, die sich auf der Textebene lösen lassen. Beim Film kommen noch prosodische Elemente (Sprechtempo, Lautstärke, Satzmelodie, Artikulation), Dialekte und Akzente hinzu, welche weitere Informationen z. B. über Herkunft und soziale Schicht des Sprechers liefern.

Die Intention beim Filmübersetzen ist in der Regel, Wirkungsgleichheit zu erzielen. Bei einer Komödie sollen die Zuschauer an den richtigen Stellen lachen, bei einer dramatischen Liebesszene ergriffen sein etc. Diese Prämisse steht über der sprachlichen und inhaltlichen Äquivalenz und rechtfertigt beispielsweise, dass bei der Synchronisation eines Films die Nationalität eines Protagonisten verändert wird, wenn dadurch dieselbe Situation (Ausländer im Film spricht mit Akzent) wieder hergestellt wird, oder ein vom AT abweichender Buchtitel zitiert wird, wenn dieser in der Zielkultur bekannt ist und die selben Assoziationen beim zielsprachlichen Rezipienten hervorruft.

Die Besonderheit beim audiovisuellen Übersetzen ist, dass Kulturspezifika auch im Bild erscheinen können und damit unveränderbar sind. Dies betrifft beispielsweise Gesten, Kleidung, Essen oder Schriftzüge. Das bedeutet, dass das

Bild bei der Übersetzung berücksichtigt werden muss, während bei monosemiotischen Texten die Kulturspezifik je nach Übersetzungsverfahren ohne Bezug erklärt, ersetzt oder beibehalten werden kann. (Vgl. Whitman 2001:147-154.)

Kulturspezifika oder kulturelle Referenzen bestimmen, wie bereits ausgeführt, die Zugehörigkeit zu einer Gemeinschaft und deren Kultur und nehmen daher eine zentrale Funktion bei der Identifikation eines Individuums ein. An dieser Stelle kommt die Ideologie ins Spiel. Ideologie fördert das Zugehörigkeitsgefühl zu einer Gruppe, definiert also die Gruppe als solche, und Mitglieder anderer Gruppen erkennen ein Individuum als zu einer bestimmten Gruppe zugehörig (vgl. Santamaria 2001:161). Eine Form von Ideologie ist der Nationalismus, der, besonders wenn er als Staatsideologie auftritt, Auswirkungen auf Kultur und Sprache haben kann:

> Esto afecta especialmente a la lengua, que, como señalaba Herder ya a finales del siglo XVIII, es el mejor instrumento para salvaguardar o recuperar el patrimonio de una nación, subrayar su autenticidad y, en última instancia, aglutinar. De ahí que los nacionalismos, añade Fishman (1972:62), empleen conscientemente el registro estándar de lenguas unificadas. (Ballester 2001:167)

Sprache wird so zum Ausdruck von Ideologie und trägt zur Bildung kultureller Identität bei. Durch die Beeinflussung der Sprache und damit auch der Übersetzung entsteht ein ideologisierter (nationaler) Sprachgebrauch, ein „kultureller Filter" (*filtro cultural*), wie es Ballester (2001:168) in Anlehnung an Whitman nennt. Ziel jeder Zensur war und ist es, diesen kulturellen Filter anzusetzen und die Sprache zu manipulieren.

Bei der Untersuchung spanisch synchronisierter Filme auf ideologische Manipulation stieß Ana Ballester auf zwei Grundverfahren: die *Naturalisation* (*naturalización*) und die *Euphemisierung* (*eufemización*). Unter Naturalisation versteht Ballester den Versuch, alle Kulturspezifika des AT an die Zielkultur anzupassen und, im Falle der Synchronisation, die Illusion zu erzeugen, es handle sich um ein Original. Bei der Untertitelung ist dies nur bedingt möglich, da immer die Originalsprache zu hören ist. Doch auch hier wäre es denkbar (vor allem dann, wenn der Zuschauer die Originalsprache nicht versteht und somit die gesprochenen Dialoge nicht mit den Untertiteln vergleichen kann), dass z. B. die Frau eines Toreros während des Stierkampfes, anstatt die Sekunden zu zählen (US-amerikanisches Original), zur heiligen Macarena betet (spanische Synchronfassung), wie es in Andalusien üblich ist (Beispiel nach Ballester 2001:170). Dieses „Glätten" und „Verwischen" der Ausgangskultur hat zum Ziel, die Identifikation des ZK-Rezipienten mit den Protagonisten im Film zu erleichtern, auch wenn die AT-Information in der ZK akzeptabel wäre. Nach der in Kapitel 2.2.1 beschriebenen Terminologie, könnte dieses Verfahren auch als *kulturelle Adaptation* bezeichnet werden.

Die Euphemisierung, d. h. das Auslassen, Hinzufügen oder Ersetzen von Informationen, die in der Zielkultur aus ideologischen Gründen nicht akzeptabel sind, ist ein Verfahren, das die Aussage eines Films verändern kann. Aus Verlierern werden Helden, aus Atheisten Gläubige, aus Ehepartnern Geschwister – die Formen der Manipulation sind vielfältig. Durch die von Schreiber so genannte Bearbeitung (vgl. Kapitel 2.2.1) ist es möglich, den Filminhalt ideologisch umzuformen und in ausländischen Filmen nationale Ideologien zu verbreiten. (Vgl. Ballester 2001:167-173.)

2.2.3 Evaluierung audiovisueller Übersetzungen

Der Begriff Evaluierung im Sinne von schlussfolgernder Betrachtung wurde an dieser Stelle gewählt, da die folgenden Ansätze nicht in erster Linie wegen ihrer Eignung zur Bewertung der Übersetzungsleistung vorgestellt werden, sondern um eine Einordnung aus analytischer Perspektive vornehmen zu können. Sowohl *funktionale* als auch *deskriptive* Ansätze können in diesem Rahmen nicht in ihrer vollen Breite dargestellt werden. Vielmehr soll hier eine theoretische Basis für die nachfolgende Filmanalyse und die Kontextualisierung des Films HUNDE WOLLT IHR EWIG LEBEN geschaffen werden.

2.2.3.1 Funktionale Ansätze

Im Gegensatz zur AT-orientierten Äquivalenzforderung wird mit dem Begriff *Adäquatheit* die Orientierung an Zweck, Zeitpunkt und Adressat der Übersetzung ausgedrückt (vgl. Schreiber 1993:61). Das bedeutet, dass die Qualität einer Übersetzungsleistung am Kontext der Rezeption in der Zielsprache und an dessen Zielfunktionsgerechtigkeit gemessen werden kann.

Nach der Theorie von Reiß und Vermeer dient jede Übersetzung einem bestimmten *Skopos*, der die Form der Übersetzung bedingt. Vermeer (1990:94f.) definiert Skopos als den Zweck bzw. das Ziel einer Übersetzung. Den Begriff *Ziel* verwendet er als Oberbegriff für *Intention* und *Funktion*. Um eine Übersetzung bewerten zu können, muss also der Zweck des Textes in der ZK erkannt und untersucht werden, ob die Übersetzung tatsächlich diesen Zweck erfüllt. Dieser Zweck kann sich von dem des AT unterscheiden.

Die Qualität einer Übersetzung wird, wie auch andere Handlungen und Phänomene, von verschiedenen Rezipienten unterschiedlich beurteilt. Vermeer (1990:88) spricht daher von der Skopostheorie als einer *relativistischen* oder *individualistischen* Theorie. Jeder Rezipient (oder Adressat als intendierter Rezipient) hat seine persönlichen Erwartungen an einen Text, abhängig von dessen Erfahrungen, der Para-, Dia- und Idiokultur. Diese Tatsache könnte gegen die Möglichkeit sprechen, im Hinblick auf einen bestimmten *Adressatenkreis* (Vermeer 1990:113) zu übersetzen. Bewusst oder unbewusst erfüllt der Übersetzer jedoch immer die Erwartungen eines bestimmten Adressatenkreises. Dieser ist je nach *Adressatenspezifik* unterschiedlich groß und mehr oder weniger vage, doch immer existent (vgl. Vermeer 1990:112).

Jeder Text ist potentiell plurifunktional. Das bedeutet, dass einem Text von einem oder mehreren Rezipienten, in einer oder verschiedenen Situationen, verschiedene Ziele zugeordnet werden können (vgl. Vermeer 1990:141f.). Dennoch geht der Übersetzer während des Übersetzungsprozesses (*Translation*) von einem bestimmten Skopos aus. Ob die Übersetzung (*Translat*) danach auch in anderen Situationen (adäquat oder nicht) eingesetzt wird, ist eine andere Frage.

Abgesehen von Skopos und Adressat entscheidet auch der *Übersetzungsauftrag* über die Wahl der Übersetzungsmethode. Adressatenkreis und Texttyp in der Zielsprache können vom Auftraggeber vorgegeben werden, dann ist es nicht mehr der Ausgangstext, der den Skopos bestimmt, sondern externe Faktoren. Ein Auftrag besteht laut Vermeer (1990:12) immer aus einer Zielangabe und den Bedingungen, die das Erreichen des Zieles beeinflussen.

Im Falle der Untertitelung innerhalb einer Kultur, in der strenge staatliche Zensurvorschriften gelten, lautet der Übersetzungsauftrag in erster Linie, dass der untertitelte Film die Zensur passieren soll. Erst an zweiter Stelle treten Faktoren wie technische Bedingungen oder einzuhaltende Fristen. Der Rahmen, in dem das Translat erstellt wird, ist eng gesteckt und wird von Zensoren, staatlicher Propaganda und den davon beeinflussten Rezipientenerwartungen bestimmt. Die Zensur ist unter diesen Bedingungen ein entscheidender Faktor bei der Bestimmung des Skopos, wenn nicht gar der einzig entscheidende.

Wenn nun Vermeer (1990:123) von der Verantwortung des Übersetzers als Fachmann spricht, von dessen Entscheidung, ob eine Translation „realisierbar" oder gar „moralisch vertretbar" ist (und ob er den Auftrag annimmt oder nicht), dann ist diese Verantwortung unter strengen Zensurvorgaben anderen Bedingungen unterworfen als im Idealfall einer freien Entscheidung für oder gegen einen Übersetzungsauftrag. Der Übersetzer muss in einem Akt der Selbstzensur einen spezifischen, vom Staat bestimmten Skopos für seine Übersetzung annehmen. Vermeer erklärt:

> Die Realisierbarkeit eines Auftrags zu translatorischem Handeln und damit zu einer Translation hängt [...] von den Möglichkeiten ab, die die Zielkultur gibt. (Vermeer 1990:125)

Vermeer (1990:126) gibt außerdem zu bedenken, dass die „Realisierbarkeit eines Auftrages [...] davon abhängig [ist], wie die Zielkultur einen Ausgangstext verwenden kann", sieht dies jedoch als einen „Sonderfall der Abhängigkeit von der Zielkultur". Diese Realisierbarkeit unterliegt durch die Zensur als Faktor der Zielkultur besonderen Einschränkungen. Somit ist auch die Existenz von Zensur ein solcher Sonderfall der Abhängigkeit.

Unter diesen Umständen muss auch die Forderung von Christiane Nord (1989:102) nach *Loyalität* gegenüber den Handlungspartnern (Auftraggeber, Zieltextempfänger, Ausgangstextautor) unter einem anderen Blickwinkel gesehen werden. Zumindest ein Teil der Handlungspartner ist von der Zensur beeinträchtigt und es kommen weitere „Handlungspartner" ins Spiel: die Zensoren. Diese können unter Umständen direkt in das Translat eingreifen. Mit diesem Bewusstsein wird der Übersetzer versuchen, ein Eingreifen der Zensur zu vermeiden und dafür Konsequenzen wie „Untreue" gegenüber dem Ausgangstext in Kauf nehmen.

2.2.3.2 Deskriptive Ansätze

In der Skopostheorie und anderen funktionalen Ansätzen wurde zwar dem Faktoren, die das Translat beeinflussen (Zielkultur, Adressaten und Übersetzungsbedingungen), Beachtung geschenkt, doch der Schwerpunkt der Untersuchung lag auf der Handlung, die zu einem Translat führt, und dessen Funktion in der Zielsprache.

Auch wenn hier, im Vergleich zu linguistisch orientierten Ansätzen, der Ausgangstext bereits nicht mehr als unantastbares Original galt und man von eng gesteckten Äquivalenzforderungen abrückte, so formulierte man doch die Forderung nach Adäquatheit. Der Schwerpunkt verlagerte sich vom Ausgangstext zum Zieltext, doch blieb das Hauptaugenmerk auf den Text gerichtet und man beurteilte anhand normativer Bewertungskriterien, ob ein Translat einem inhaltlichen und formalen Idealanspruch genügte oder nicht.

Doch erkannte man auch das Problem, dass sich Literaturübersetzungen nicht recht in diesen Rahmen fassen ließen. Man sah, dass die Übersetzungsprozeduren, die in einem kreativen Umgang mit der Sprache entstehen, vielfältig und schwer nachvollziehbar sind. Die Literaturübersetzung als Forschungsgegenstand wurde weitgehend ausgeklammert.

Der *deskriptive* Ansatz setzt hier an dieser Stelle an. Anstatt vorhandene Theorien auf die Übersetzung anzuwenden, werden Literaturübersetzungen als anerkanntes Endprodukt einer Übersetzungsleistung mit all ihren Stärken und Schwächen analysiert. Diese Herangehensweise sucht nicht mehr nach einem Ideal, sondern liefert Erkenntnisse aus dem Ist-Zustand von existierenden Translaten. (Vgl. Stolze 1994:148ff. und Kujamäki 1998:32f.)

Die deskriptive Übersetzungsforschung sieht seit Even-Zohar die Übersetzung als integriertes Element in einem literarischen *Polysystem*, welches offenen und dynamischen Charakter hat und sich aus *Teilsystemen* (z. B. literarische Genres) zusammensetzt. Übersetzungen bilden ein solches Teilsystem, das vom Gesamtsystem beeinflusst wird und selbst wiederum Einfluss auf dieses ausübt. Dieses System ist hierarchisch gegliedert, die Teilsysteme haben jeweils unterschiedlichen Status. Sie lassen sich in *innovative* und *konservative* Teilsysteme untergliedern. Die innovativen Systeme nehmen eine *primäre* (*primary position*), die konservativen eine *sekundäre Position* (*secundary position*) ein. Doch befinden sich diese Positionen im ständigen Wandel und in gegenseitiger Konkurrenz zueinander. Gehört der Ausgangstext im Verhältnis zur Zielkultur einem innovativen System (*primary position*) an, ist der Übersetzer tendenziell eher bereit, ZS-Normen zu brechen und die Innovationen in das Zielsystem aufzunehmen. Umgekehrt dagegen, wenn das Zielsystem als innovativ gilt, wird eher zielsystemorientiert übersetzt. (Vgl. Munday 2001:110.)

Das Polysystem prägt die Auswahl der Ausgangstexte ebenso wie den Akt des Übersetzens selbst. Gideon Toury, einer der Wegbereiter dieser Theorie, bringt auf den Punkt:

> Translations are facts of target cultures; on occasion facts of a special status, sometimes even constituting identifiable (sub)systems of their own, but on target culture in any event. (Toury 1995:29)

Eine Übersetzung sollte also keinesfalls unabhängig von dem System gewertet werden, in das sie aufgenommen wurde.

Eine Erweiterung erfuhr die Ende der 1970er Jahre entstandene deskriptive Übersetzungsforschung und die Polysystemtheorie in den inzwischen unter diesem Begriff etablierten *descriptive translation studies* (DTS). Diese Theorie geht über die Literatur als Untersuchungsgegenstand hinaus und sieht das literarische Polysystem wiederum im sozialen Kontext:

> Literature – a literature – can be analyzed in systemic terms. System thinking would call it a „contrived" system, because it consits both of texts (objects) and human agents to read, write, and rewrite texts. (Lefevere 1992:12)

Literatur existiert jedoch durch Menschen, Instanzen, Institutionen, kann auf Traditionen, Entwicklungen zurückblicken und wird sich weiter entwickeln. Sie existiert als soziales System neben anderen Systemen wie beispielsweise Politik, Wirtschaft oder Recht, die wiederum aus *Subsystemen* bestehen. Die Unterscheidung dieser Systeme ist nicht immer einfach, da jedes einzelne komplex und uneinheitlich ist. Es ist also geboten, sich Gedanken über deren Form zu machen und die Systeme jeweils zu definieren. (Vgl. Kujamäki 1998:39f.)

Nicht zu verwechseln ist der zielorientierte Ansatz der DTS mit der Zieltextgerichtetheit funktionaler Ansätze. „Target-oriented" (Toury 1995:36) bedeutet lediglich, dass die Untersuchung von der Zielkultur ausgeht und dort ihren Anfang nimmt, nicht jedoch, dass sie AT (*source text*), Transferhandlung (*transfer operations*), oder auch die Beziehung zwischen AT und ZT (*translation relationship*) außer Acht lässt:

> [...] an assumed translation would be regarded as any target-culture text for which are reasons to tentatively posit the existence of another text, in another culture and language, from which it was presumedly derived by transfer operations and to which it is now tied by certain relationships, some of which may be regarded – within that culture – as necessary and/or sufficient. (Toury 1995:35)

Dem Ausgangstext wird eine eigenständige Stellung zugesprochen, ebenso dem Zieltext. Die Beziehung des ZT zum AT besteht in erster Linie darin, dass ein AT existiert oder als existent angenommen wird und darin, dass der ZT als eine Übersetzung in der Zielkultur anerkannt wird. Die DTS beschäftigen sich nicht mehr mit der Frage, ob der Text eine Übersetzung ist oder nicht:

> Weder der Ausgangstext – unter besonderer Berücksichtigung einer Fidelitätsforderung – noch der Zieltext in Beziehung zu seiner systemischen Umgebung erhält in diesem Ansatz methodische Priorität, sondern das Verhältnis zwischen den beiden: [...]. (Kujamäki 1998:43)

Dadurch entsteht eine neue Äquivalenzbeziehung, nämlich die der Annahme, dass der ZT eine Übersetzung vom AT ist. Untersucht wird, „welcher Art diese Relation ist und warum sie so ist und nicht anders" (Kujamäki 1998:38). (Vgl. Toury 1995:33-36/86.)

Die von Toury (1995:57) gegenübergestellten Konzepte *adequacy* (Beziehung zwischen ZT und AT) und *acceptability* (Anpassung an die ZK) beschreiben, an welchen Normen sich eine Übersetzung orientiert, ob an denen der Zielkultur oder des Ausgangstextes. Diese beiden Orientierungen können als die beiden Pole eines Kontinuums angesehen werden, denn eine Übersetzung bedient immer beide Konzepte und es gilt zu untersuchen, ob eine AVÜ mehr zum einen oder zum anderen hin tendiert. Die Untersuchung nach *adequacy* richtet den Blick auf textuelle Kriterien, während sich die *acceptability* auf kulturelle Kriterien bezieht. Bei einer adäquaten Übersetzung sind größere sprachliche Abweichungen (deviations) möglich. Die Untersuchung von Äquivalenzbeziehungen erfolgt im Bezug zu diesem Kontinuum.

Die Übersetzungsstrategien *domesticating* und *foreignizing* (einbürgernde und verfremdende Übersetzung) wurden von Venuti im Zusammenhang mit der DTS unter Berufung auf Schleiermacher neu aufgerollt. *Domestication* bedeutet, dass man der Übersetzung nicht anmerken sollte, dass es sich um eine solche handelt. Dem Rezipient soll es so weit wie möglich bequem gemacht werden, der Autor an den Rezipienten angenähert. Im Gegensatz dazu bemüht sich die Strategie der *foreignization* um Verständnis des Rezipienten für den Autor, der Rezipient wird Richtung Autor gerückt. (Vgl. Munday 2001:146f.)

Wie bereits angedeutet, spielt die *Kontextualisierung* von AT und ZT eine wichtige Rolle für die Analyse einer vorliegenden Übersetzung. Der Zieltext kann auf sein Eingebettetsein in der Zielkultur untersucht werden, auf das Einwirken sprachlicher, sozialer, literarischer (oder filmischer) Normen und Konventionen. Der historisch-soziokulturelle Kontext bestimmt auch die Erwartungen und Einschätzungen der Qualität einer Übersetzung durch den ZS-Rezipienten. Die Normen und Konventionen einer Kultur bilden den semiotischen Bezugsrahmen der Übersetzung. Wird dieser nicht berücksichtigt, „kann [...] Übersetzen als teleologische Aktivität nicht voll erfasst werden" (Kujamäki 1998:52).

Kujamäki beschreibt sowohl *übersetzungsinterne* als auch *übersetzungsexterne* Normen, die miteinander in Beziehung stehen. Die übersetzungsinternen Normen werden an der Übersetzung beobachtet und betreffen sich wiederholende Übersetzungslösungen, Tendenzen, Entscheidungen des Übersetzers. Damit ihre Auswertung möglich ist, werden sie in einem weiteren analytischen Zusammenhang, den übersetzungsexternen Normen gegenüber gestellt, „um dadurch allmählich das Muster hinter dem Profil der Übersetzung aufzudecken" (Kujamäki 1998:56).

André Lefevere teilt das die literarische Übersetzung umgebende System in zwei Kategorien: die *poetics* (Poetik, Sprache als künstlerisches Ausdrucksmittel), mit all ihren Genres, Prototypen, Symbolen etc., und die *patronage* („Schirmherrschaft", Staat, beteiligte Instanzen, Leser, Verleger etc.). Die von Kujamäki so genannten übersetzungsexternen Normen beziehen sich laut Lefevere auf vier Bereiche: *ideology* (Ideologie), *poetics* (s. o.), *Universe of Dis-*

course (Wirklichkeitsmodell) und *language* (Sprache). Dem übergeordnet stehen die jeweiligen ideologischen Auffassungen von Gesellschaft und Literatur (und Übersetzungen als Teil des Literatursystems), welche die Methoden und Vorgehensweisen beeinflussen und selbst dem gesellschaftlichen Wandel unterliegen:

> Die Wandlung der Interpretation aufgrund ideologisch-poetischer Vorstellungen bleibt somit nicht in den Grenzen von Nationalliteraturen, sondern ist ein Teil des literarischen Transfers zwischen den Kulturen. Am deutlichsten kommt dies – stark verallgemeinernd gesprochen – im Fall totalitärer Staaten zum Ausdruck, in denen *Poetik* und *Ideologie* in einem besonders engen Verhältnis zueinander stehen bzw. die Literatur primär Ausdruck einer bestimmten politischen oder nationalen Idee ist. (Kujamäki 1998:64)

Dieses enge Verhältnis bringt Autoren, Historiker, Kritiker, Übersetzer etc. dazu, die Texte zu bearbeiten, um sie an das Zielsystem anzupassen. Diese Tatsache ist eine *Erklärung* für die Bearbeitung, aber kein *Urteil* über die Qualität der Übersetzung. Der Übersetzer bedient das Zielsystem, doch gehen seine Entscheidungen über die zu erwartenden Präsuppositionen des ZK-Rezipienten und das Intendieren desselben hinaus. Er bezieht den Status des Originals in Ausgangs- und Zielkultur, das Selbstbild der ZK, Rezeptionsbereitschaft der ZK-Rezipienten, und deren Bild von der AK, die historischen Bedingungen in der ZK etc. mit ein. Ebenso spielen Gesellschaftsform, Religion, Erziehungssystem, soziale Struktur und Traditionen der Zielkultur eine Rolle.

Die Audiovisuelle Übersetzungsforschung hat sich den Erkenntnissen der DTS angeschlossen und diese auf das Polysystem Medien übertragen. Ähnlich wie in der Literatur besteht in einer Sprachgemeinschaft ein Geflecht aus nationalen und internationalen Filmproduktionen, aus synchronisierten und untertitelten Filmen, Fernsehsendungen- und Konzepten etc. Von den Medienwissenschaften wurden Filme bisher vor allem als nationale Produktionen, als Bestandteil des eigenen Polysystems betrachtet. Durch das Ausweiten des Interesses der Übersetzungswissenschaft durch die DTS wurden auch die Medienwissenschaften auf die Notwendigkeit der Auseinandersetzung mit übersetzten Filmen aufmerksam und es gibt inzwischen Bemühungen, Lücken zu schließen. Das Audiovisuelle Übersetzen hat seine vage Position verlassen und das Interesse beider Disziplinen geweckt.

Unterstrichen wird die Notwendigkeit dieser Entwicklung durch die Tatsache, dass in den nicht-englischsprachigen Ländern ein Großteil der in Kino und Fernsehen gezeigten Filme ausländische Produktionen sind. Das bedeutet, dass übersetzte Filme in den meisten Ländern eine primäre Position (*primary position*) im Polysystem einnehmen. In Ländern wie Spanien und Portugal beispielsweise haben ausländische Produktionen im Allgemeinen innovativeren Charakter als nationale Produktionen, ein Hinweis darauf, dass durch internationale Filme verstärkt Einfluss auf die nationale Kultur genommen wird. (Vgl. Diaz Cintas 2004:13ff.)

Im Vergleich zur Literatur sind audiovisuelle Texte größerem kommerziellen Druck ausgeliefert. Die Übersetzung wird dementsprechend von der *patronage* manipuliert. In diesem Rahmen sind finanzielle Mittel, Marktanteile, Einschaltquoten und nicht zuletzt die Filmzensur zu berücksichtigen.

Was die Rezeptionsbereitschaft betrifft, so ist zum Beispiel die Frage nach der Akzeptanz untertitelter oder synchronisierter Filme von Bedeutung, die in den meisten Ländern je nach Übersetzungspraxis unterschiedlich ist. Aber auch Schriftgröße, Anzahl der Worte oder der Rhythmus der Einblendungen der Untertitel sind unterschiedlich und stoßen auf mehr oder weniger Akzeptanz. Daher gelten in der Praxis der Untertitelung, wie auch in anderen Polysystemen, eine Reihe von Regeln und Normen, die einen Konsens aller am Polysystem beteiligten Interessen darstellen.

Was die Konzepte *adequacy* und *acceptability* in Bezug auf die AVÜ betrifft, so weist Karamitroglou (2000:57f.) darauf hin, dass fälschlicherweise davon ausgegangen werde, durch die Untertitelung sei *adequacy* und durch die Synchronisation von Filmen sei *acceptability* gewährleistet. Geht man davon aus, dass ein sekundäres System eher bereit ist, ZS-Normen zu brechen (+ *adequacy*), während ein primäres System die Übersetzung eher an das Zielsystem anpasst (+ *acceptability*), so weichen die Beispiele der Synchronisationsländer Griechenland oder Tschechien, mit einem sekundären (literarischen und Medien-)System oder die Untertitelungsländer Nordeuropas, die zwar die AS respektieren, aber dennoch nicht die primäre Position ihres Systems geschwächt sehen, diese Zuordnung auf. Besonders der Begriff *adequacy* sei nicht ohne weiteres auf die AVÜ anwendbar, denn durch das ständige Vorhandensein von AS- und AK-Elementen im Bild muss der Übersetzer Entscheidungen treffen, die bei einer rein textuellen Übersetzung anders ausfallen würden. Auch die von Venuti diskutierten Übersetzungsstrategien *domesticating* und *foreignizing,* die bei Literaturübersetzungen möglich sind, greifen laut Díaz Cintas (2004:29) beim AVÜ nicht. Aufgrund der Text-Bild-Korrelation kann nie die Illusion erzeugt werden, es handle sich bei einer Filmübersetzung um ein in der Zielkultur entstandenes Produkt.

Ein Problem der DTS bleibt immer noch der Umgang mit eindeutigen Übersetzungsfehlern. Der Schwerpunkt der DTS liegt jedoch nicht auf der Bewertung, was ein Fehler ist und was nicht, sondern auf der Frage, warum und wie häufig wurde ein Fehler gemacht, welche Gründe gibt es dafür, wurden unter bestimmten Umständen dieselben, mehr oder andere Fehler gemacht? Das sind mögliche Fragen, denen empirisch nachgegangen werden kann. (Vgl. Díaz Cintas 2004:30.)

Delabastita (1991:140) beschreibt die beiden als gegensätzlich angesehenen Bereiche der *translation studies*, den theoretischen (*theoretical*) und den historisch-deskriptiven (*historical-descriptive*) Ansatz. Er kommt zu dem Schluss, dass diese beiden Ansätze nie getrennt voneinander als mögliche Betrachtungsweise auf eine Übersetzung angewandt werden sollten, denn jeder historisch-deskriptive Ansatz verlange nach theoretischer Basis und jede theoretische Analyse müsse auch historisch-deskriptive Faktoren berücksichtigen. Kujamäki (1998:75) spricht daher von einer „historisch-deskriptiven Grundorientierung".

2.2.3.3 Der Ansatz dieser Arbeit

Diese historisch-deskriptive Grundorientierung liegt auch dieser Arbeit zugrunde. Auf Grund der Einsicht, dass eine Übersetzung niemals unabhängig von ihrem kulturellen Kontext betrachtet werden kann, wird auch in dieser Arbeit großer Wert auf die Kontextualisierung des Filmes gelegt, sowohl in der Ausgangs- als auch in der Zielkultur. Möglichst facettenreich werden die beiden Kulturen, die Filmgenres als Phänomen und Spiegel der jeweiligen Kultur und die historische Situation unter Berücksichtigung von Staatssystem und Zensur dargestellt. Der Schwerpunkt liegt dabei auf dem Inhalt, dramaturgische Elemente werden ggf. vernachlässigt. Vielmehr sollen bewusste Veränderungen der Übersetzung aus ideologischen Gründen untersucht und Polysysteme beschrieben werden, in denen nach der Antwort auf die Frage gesucht wird, weshalb der Film als Original in der AK und als Übersetzung in der ZK in dieser Form auftritt. Untersucht wird dabei auch die Wirkung auf die jeweiligen Rezipienten, die wiederum von ihrer gesellschaftlichen Situation geprägt sind und den Film in ihre Kenntnisse über ihr Polysystem einfügen.

3 Kontextualisierung in der Ausgangskultur

3.1 Westdeutschland in der Nachkriegszeit

Der Film HUNDE WOLLT IHR EWIG LEBEN wurde nur vierzehn Jahre nach Kriegsende gedreht, zu einer Zeit, als die Erinnerungen an den Russlandfeldzug noch frisch waren. Zehn Jahre vor seiner Premiere wurde im Jahre 1949 die Bundesrepublik Deutschland gegründet und im selben Jahr die DDR zum eigenständigen Staat innerhalb der sowjetischen Besatzungszone erklärt. 1955 trat die BRD der NATO bei und erhielt Souveränität – die DDR wurde im selben Jahr Mitgründungsland des Warschauer Pakts. (Vgl. Webseite 1b.)

Innerhalb weniger Jahre wandelte sich die BRD von einer „Zusammenbruchsgesellschaft" (Schildt 2002:12) in eine Wohlstandsgesellschaft. Entscheidend dafür waren die Währungsreform im Jahre 1948, die Durchführung des Marshallplanes ab 1947 und die Durchsetzung der sozialen Marktwirtschaft. Der Marshallplan sollte den wirtschaftlich brachliegenden Ländern Westeuropas durch finanzielle Hilfe wieder auf die Beine helfen und gleichzeitig die Ausbreitung des Kommunismus verhindern (vgl. Webseite 1c). Die Einführung der sozialen Marktwirtschaft war eng verbunden mit der wirtschaftlichen Integration der BRD in Westeuropa unter der Obhut der USA.

Das Bruttosozialprodukt hatte sich in den ersten zehn Jahren nach dem Krieg verdoppelt und die Arbeitslosigkeit sank bis 1961 auf unter ein Prozent. Das Bild der Arbeitswelt hatte sich gewandelt, immer weniger Landarbeiter waren beschäftigt, dagegen boomte die moderne Industrie. Mit der Entwicklung der Dienstleistungsgesellschaft fanden auch Frauen zunehmend den Eintritt in das Berufsleben, was in das „Gleichberechtigungsgesetz" von 1957 mündete, welches den Einfluss des Ehemannes auf die Berufstätigkeit der Frau verbot und somit die Emanzipation förderte. (Vgl. Schildt 2002:12f.)

Eine Reihe von Sozialgesetzen verbesserte auch den Lebensstandard von Rentnern und sozial schwachen Bürgern. Es sank die Angst vor dem Alter, vor Arbeitslosigkeit oder Krankheit, die Menschen fühlten sich sicherer. Mit dem zunehmenden Wohlstand wurden auch Luxusgüter wie elektrische Haushaltsgeräte, Autos, Motorräder oder Urlaubsreisen erschwinglich. Dafür arbeitete ein Industriearbeiter zu Beginn der 1950er Jahre 50 Stunden, an sechs Tagen der Woche, um 1960 wurde die Arbeitszeit auf etwa 44 Stunden verkürzt.

Die durchschnittliche Quadratmeterzahl pro Einwohner stieg stetig an, viele Familien träumten nach den Entbehrungen der Kriegsjahre und der Wohnungsnot der Nachkriegsjahre vom Eigenheim am Stadtrand. Der Rückzug in das Privatleben, das Bedürfnis nach Ruhe und Ungestörtheit stieg an. Rundfunk und Fernsehen waren eine willkommene Abwechslung innerhalb der eigenen vier Wände. (Vgl. Schildt 2002:15f.)

Zuvor entbehrte Lebensmittel, Luxusgüter, mehr Wohnraum und dessen moderne Ausstattung, Freizeit, Motorisierung und durch den Konsum bedingte Individualisierung bezeichneten die moderne Lebensweise. Die rasante Entwicklung ging

> von zerstörten zu neu funktionierenden Städten, von demontierten Industrieanlagen zu effektiven, rationalisierten Produktionsverfahren, von Notunterkünften zu technisierten Haushalten, von Überlebens- zu Luxus-Lebensmitteln, von der Immobilität bzw. der erzwungenen Migration zum Massentourismus. (Schenk 2000:118)

In Universitäten, Justiz und Industrie war der Einfluss ehemaliger Nationalsozialisten ungebrochen (vgl. Schildt 2002:11). Michael Schornstheimer kommt nach der Auswertung von Zeitschriften der 1950er Jahre zu dem Schluss:

> Wesentliche Ideologeme der nationalsozialistischen Weltanschauung bestehen in den fünfziger Jahren nahezu unverändert und kaum kaschiert weiter. Freilich ist nicht mehr unverblümt von den lebensunwerten Untermenschen die Rede, doch die alten Klischees leben unverändert fort. (Schornstheimer 1989:334)

Modernität und Wohlstand einerseits und konservativ-nationale Werte andererseits waren bezeichnend für die Gesellschaft der 1950er. Die erste Generation Jugendlicher, die nach dem Zweiten Weltkrieg heranwuchs, suchte jedoch nicht mehr das private Glück, sondern neue Freiräume. Ihr Wunsch nach Selbstbestimmung drückte sich in Kleidung, Frisuren, Musik und dem eigenen Moped aus. James Dean war ein Idol, Coca Cola ein Kultgetränk, die Mädchen begannen Jeans zu tragen und Rock'n Roll erklang aus dem Kofferradio.

Das „Wirtschaftswunder“ und der „Kalte Krieg“ gingen mit der Ära Adenauers einher. Die Stimmung in der Bevölkerung war geteilt, denn viele Bürger waren durchaus nicht vom Demokratisierungsprozess überzeugt und standen besonders dem amerikanischen Zeitgeist kritisch gegenüber. Andererseits existierte weiterhin das Feindbild des Bolschewismus, was wiederum im Zuge des Kalten Krieges von den Amerikanern unterstützt wurde. Es war das erklärte Ziel Konrad Adenauers, diese Bevölkerungsteile auf seine Seite zu ziehen. Der Erfolg Adenauers gründete sich auf der erneuten Heraufbeschwörung des „bolschewistischen Dämon[s]“ (Schildt 2002:18), denn die Bürger fürchteten um ihren wachsenden Wohlstand und trauten Adenauer dessen Verteidigung zu.

Die Hinwendung Adenauers zu den westlichen Staaten vertiefte die Trennung zwischen Ost- und Westdeutschland. Die BRD war zu einem festen Verbündeten der USA gegen die Sowjetunion geworden. Während immer weniger Kriegsverbrecher verurteilt wurden, häuften sich die Verfahren gegen Kommunisten oder DDR-Befürworter, und 1956 wurde schließlich die KPD verboten. (Vgl. Schildt 2002:16-19.)

Adenauer trieb auch die Wiederbewaffnung und die Gründung der Bundeswehr 1956 voran – gegen den Widerstand der SPD und einer breiten Volksbewegung. Vor den Bundestagswahlen 1957 standen sich Wahlsprüche wie „Wohlstand für alle“ (CDU) und „Fort mit der Wehrpflicht“ (SPD; zit. nach Schenk 2000:122) gegenüber. Sie machen die Ängste und Hoffnungen dieser Zeit deutlich: ein Bedürfnis nach Sicherheit und Wohlstand einerseits und ein Abwenden von der Vergangenheit, ein Verhindernwollen eines neuen Krieges andererseits. Im Jahre 1958 wurden erneut Proteste laut, diesmal gegen die Pläne einer Atombewaffnung der Bundeswehr (vgl. Schildt 2002:18).

Die Attraktivität des Wirtschaftswunders wirkte auch auf viele Bürger der sowjetischen Besatzungszone. Die DDR hatte zunehmend Probleme mit der offenen Grenze nach West-Berlin und forderte den Abzug der Westmächte. Der Konflikt um Berlin endete mit dem Mauerbau am 13. August 1961 (vgl. Webseite 1a).

3.2 Der westdeutsche Film der 1950er/1960er Jahre

Der deutsche Nachkriegsfilm wird von 1945 bis 1962 datiert, entscheidend waren jedoch vor allem die Jahre ab 1950. Mit dem Oberhausener Manifest vom 28. Februar 1962 wird das Nachkriegskino abgelöst, es gilt als der Beginn einer neuen Filmepoche, des „Jungen Deutschen Films" (vgl. Webseite 2).

Die Wiederaufbauphase und Nachwirkungen der NS-Zeit hatten ihre Auswirkungen auch auf die Filmindustrie. In den ersten Jahren nach Kriegsende wurde die nationalsozialistische Produktionsfirma Ufi[2] von den Alliierten aufgelöst. Deutsche Filmemacher waren zunächst durch Lizenzierungspflicht eingeschränkt. Mit dem Gewerbefreiheitsgesetz 1950 wurden dem Filmmarkt Tür und Tor geöffnet, was zu Unstimmigkeiten über die Aufteilung des Ufi-Erbes und zu einer Reprivatisierung und Zersplitterung der Filmindustrie führte. Es entstand ein Geflecht aus unzähligen Filmproduktionsfirmen, in dem Produktion, Verleih und Kinos miteinander verknüpft blieben. Der Anteil des Staates belief sich auf die Freiwillige Selbstkontrolle (FSK), die Filmbewertungsstelle (FBW), den Interministeriellen Filmausschuss, die Filmbürgschaften des Bundes und den ab 1951 jährlich vergebenen Deutschen Filmpreis. Auch wenn es laut Grundgesetz keine Zensur gab, hatten diese Instanzen großen Einfluss auf die deutschen Filmproduktionen. (Vgl. Uka 2002:77.)

3.2.1 Der staatliche Einfluss auf die Filmindustrie

Alle deutschen, aber auch ausländische Filme, die die Einfuhrkontrolle passiert hatten, mussten der FSK vorgelegt werden (auch heute noch kann die FSK Filmen die Aufführung verwehren.) Sie legte die Altersbeschränkung fest, konnte darüber bestimmen, ob der Film aus sittlichen oder moralischen Gründen umgeschnitten werden musste und schritt ein, wenn antidemokratische, militaristische, nationalistische oder rassistische Tendenzen vorhanden waren oder geschichtliche Tatsachen verfälscht wurden. Die 1949 gegründete FSK war kein staatlicher Zensurapparat wie etwa in Portugal, aber sie war eine nicht weniger strenge „Form der gesellschaftlichen Kontrolle" (Hickethier, zit. nach Uka 2002:77). In den Prüfungsausschüssen saßen Vertreter der Filmwirtschaft, Re-

2 Von den Nationalsozialisten wurde die ehemalige Ufa übernommen, in Ufi umbenannt und umstrukturiert.

präsentanten des Bundes und der Länder, der Kirchen und des Bundesjugendrings. Die Entscheidungen der FSK waren bis Ende der 1960er Jahre an der Politik des Kalten Krieges orientiert. Während häufig kritische Hinweise auf die politische Vergangenheit des Nationalsozialismus getilgt wurden, unterlag manch kriegsverherrlichender Film keinerlei Einschränkungen[3]. Des Öfteren stand die FSK auf Grund der zugelassenen Filme unter Beschuss. Als 1951 der Film DIE SÜNDERIN (mit Hildegard Knef) freigegeben wurde, zogen sich die Vertreter der Kirche aus der FSK zurück. Es kam sogar zu Störungen von Filmvorstellungen durch militante Katholiken, wenn ein Film nicht den katholischen Moralvorstellungen entsprach. Anfang der 1970er Jahre hatte sich die Situation des Kalten Krieges entspannt und auch die Moralvorstellungen hatten sich gewandelt. Die FSK verlor an Bedeutung und 1972 zogen sich auch die Vertreter der öffentlichen Hand zurück oder verlagerten sich auf den Jugendschutz. Heute spielt die FSK vor allem bei der Altersfreigabe eine Rolle. (Vgl. Loiperdinger 2004:58ff.)

Der Interministerielle Filmausschuss nahm 1954 seine Tätigkeit auf und regelte die Einfuhr ausländischer Produktionen. Im Zeichen des Kalten Krieges und unter dem Hinweis auf die Verfolgung verfassungsfeindlicher Tendenzen wurden vor allem Filme aus den Ostblockländern abgelehnt. Das erklärte Ziel war die Abwendung aller Filme, die antidemokratische Züge hatten und damit „als Propagandamittel gegen die freiheitliche demokratische Grundordnung oder gegen den Gedanken der Völkerverständigung" (§ 5, Gesetz zur Überwachung strafrechtlicher und anderer Verbringungsverbote vom 14. 05. 1961, zit. nach Loiperdinger 2004:57) hätten wirken können.

Die FBW vergab die Prädikate „wertvoll" und „besonders wertvoll". Die Aufführung der prämierten Filme war mit Steuervergünstigungen für die jeweiligen Filmtheater verbunden – eine sanfte, aber wirkungsvolle Beeinflussung der Filmlandschaft.

Die Filmbürgschaften des Bundes förderten bestimmte Filme durch die Vergabe von Geldern und legten gleichzeitig Regisseur, Schauspieler und Mitarbeiter fest. Wer gefördert werden wollte, musste sich also an bestimmte Vorgaben halten. Eine ähnliche Funktion hatte der Deutsche Filmpreis.

Wie auch in anderen Bereichen der Gesellschaft war in der Filmindustrie eine personelle Kontinuität gegeben. Sowohl Regisseure als auch Schauspieler und technisches Personal fanden nach dem Krieg nach kurzer Pause wieder in ihre alten Berufe zurück. Diese Tatsache und die Einschränkung durch staatliche Ins-

---

3 Aus der Sartre-Verfilmung DIE EINGESCHLOSSENEN (1963) von Vittorio de Sica musste der Satz „Jedesmal wenn ich einen Mercedes-Benz sehe, rieche ich des Gestank des Gasofens" gestrichen werden. Argument war, dass ein deutscher Firmenname nicht verunglimpft werden sollte, wo doch andere für die Verbrechen verantwortlich waren. Auch der Satz „Wir haben Kanonen und Butter. Und Soldaten. Und morgen die Bombe" wurde beanstandet, weil das Aufstellen der Bundeswehr ironisiert würde. (Vgl. Loiperdinger 2004:58ff.).

titutionen erklären, warum der deutsche Film der Nachkriegsjahre „künstlerisch kaum besser sein konnte, als er war" (Uka 2002:80). (Vgl. Uka 2002:78ff.)

3.2.2 Die Filmlandschaft in den 1950er Jahren

In den 1950er Jahren entstand ein regelrechter Kinoboom. 1950 gab es in Westdeutschland 3962 Lichtspielhäuser, 1960 bereits 6950 (vgl. Uka 2002:79). Diese Entwicklung hängt einerseits mit zunehmendem Wohlstand und Freizeit zusammen, andererseits boten die Kinos mit der Wochenschau auch eine Informationsquelle, denn die meisten Haushalte besaßen noch kein Fernsehgerät. Die sinkenden Zuschauerzahlen ab 1958 (vgl. Uka 2002:79) sind eine Folge der Massenverbreitung des Fernsehens, 1960 stand bereits in einem Viertel der Haushalte ein Gerät (vgl. Schildt 2002:16).

Etwa drei- bis viermal so viele ausländische wie deutsche Filme kamen in die Kinos – vor allem amerikanische Western, Kriminalfilme, Komödien, aber auch anspruchsvolle Filme, beispielsweise aus Frankreich (vgl. Faulstich 2005:143). Über das Verhältnis zwischen deutschen und ausländischen Filmen schreibt Göttler:

> Der Perfektion dieser Konkurrenz stand der deutsche Film so lange hilflos gegenüber, bis er sich dem Vergleich entzog und auf das heimatliche Feld zurückwich. (Göttler 2004:170)

Insgesamt wurden in den 1950er Jahren etwa 1000 deutsche Filme gedreht, davon sind etwa 300 Heimatfilme und 275 Kriegsfilme (vgl. Faulstich 2005:138-141), der Rest verteilt sich auf die Genres Musik- und Schlagerfilm, Kriminalfilm, Arztfilm, historischer Ausstattungsfilm und Gegenwartsfilm (vgl. Uka 2002:80).

Wie in allen Bereichen der freien Marktwirtschaft bestand eine gegenseitige Abhängigkeit zwischen Zuschauerbedürfnissen und ökonomischen Strukturen, die zu einer Standardisierung bestimmter Filminhalte führte (vgl. Uka 2002:80). Es lässt sich nur schwer zwischen echten Bedürfnissen der Zuschauer und dem unterbreiteten Angebot, auf das der Zuschauer zwangsläufig zurückgreifen musste, unterscheiden. Zumindest lässt sich feststellen, dass diese Filmgenres auf ein breites Publikumsinteresse stießen und daher als repräsentativ für die Filmkultur der 1950er gelten. Das bedeutet, dass der Erfolg dieser drei Genres nicht mit qualitativen Maßstäben gemessen wird, sondern mit quantitativen. In der Filmgeschichtsschreibung werden immer wieder die mangelnde Qualität und das Heranziehen altgedienter Filminhalte in allen Variationen kritisiert. Ein besonders vernichtendes Urteil fällte Fritz Göttler:

> Das deutsche Nachkriegskino ist diaphan, seine Filme haben keine Substanz, ihre Farben und ihre Figuren sind blass. [...] Ein Alptraum-Kino hat sich da entwickelt, ein Kino der totalen Tabus: der *horror vacui* prägt seine Erscheinungsbilder. (Göttler 2004:206)

Irmbert Schenk orientiert sich in seinem Ansatz an den *cultural studies* und sieht den Film in seinem kulturellen und gesellschaftlichen Kontext, ein Ansatz, der durch seinen Weitblick und eine Vielfalt von Aspekten überzeugt – „weg vom durchgängigen Aburteil, wonach [das Nachkriegskino] so gut wie ausnahmslos ästhetisch minderwertig, ideologisch reaktionär, psychologisch regredient sein soll [...]“ (Schenk 2000:112).

Wie bereits im vorherigen Kapitel erläutert, waren die 1950er Jahre alles andere als eine harmonische Zeit. Sie waren geprägt von den widersprüchlichen Tendenzen „Repression, Restauration, Erstarrung“ und „Liberalisierung, Modernisierung, Entwicklungsdynamik“ (Schenk 2000:114). Schenk widerspricht der These, der Nachkriegsfilm habe nur zu Ablenkung und Verdrängung gedient. Film ist immer auch kulturelles Mittel, reflektiert Ängste, Bedürfnisse und Hoffnungen und wird

> vom Zuschauer benützt in Strategien der eigenen Bewältigung aktueller und lebensgeschichtlicher Konflikte; Einzelidentifikationen mit Figuren [...] dienen dagegen mehr an der Oberfläche der Habitualisierung an Lebensstile und Moden. (Schenk 2000:122)

Kino funktioniert also zugleich als Ausdruck und Beeinflussung seiner Zeit, es ist Teil des kollektiven Gedächtnisses.

3.2.3 Die Filmgenres vor dem Neuen Deutschen Film

Deshalb soll in diesem Kapitel auf die verschiedenen, die nationale Kultur prägenden Film-Genres eingegangen werden. Dieser Überblick soll das Polysystem deutscher Film möglichst vollständig darstellen, um sich ein Bild von der Stellung des Films HUNDE WOLLT IHR EWIG LEBEN innerhalb seines AK-Systems zu machen. Dieses Polysystem lässt sich wiederum im Kontext der deutschen Nachkriegsgesellschaft sehen.

3.2.3.1 Heimatfilme

Der erste Heimatfilm, der dieses Genre 1950 einleitete, war der Film SCHWARZWALDMÄDEL von Hans Deppe mit Sonja Ziemann (in HUNDE WOLLT IHR EWIG LEBEN spielt sie die Rolle der Russin Katja) und Rudolf Prack in den Hauptrollen. Er war der erste deutsche Nachkriegsfilm in Farbe und sollte das Schema für alle nachfolgenden Heimatfilme vorgeben.

Die Handlung ist immer in der reinen, freien Natur angesiedelt (in den Bergen, im Schwarzwald, in der Lüneburger Heide), die in ihrer Ursprünglichkeit als Gegensatz zur unreinen, verdorbenen, technisierten Stadt fungiert – Tradition gegen Fortschritt. Im Mittelpunkt steht eine melodramatische Liebesgeschichte und durch Verwechslungen entstehen Scheinkonflikte, deren Lösung am Ende des Filmes im Versöhnungsfest gefeiert wird. Gut und Böse stehen sich gegenüber, wobei das Böse meist als individuelle Schwäche einer Person erscheint, die in hierarchische Probleme, Missverständnisse oder Konflikte aus Dreiecksbeziehungen verstrickt ist. Der örtliche Rahmen ist begrenzt, bietet Geborgenheit und gleichzeitig auch Schutz gegen Einflüsse von außen. Die eigene Identität steht hier im Gegensatz zur Fremdheit. (Vgl. Faulstich 2005:142 und Uka 2002:82.)

Die intakte Natur bot einen Fluchtweg aus den Alltagserfahrungen im Überlebenskampf in der zerstörten Stadt. Die Leichtigkeit, mit der Konflikte gelöst werden, die klare Einteilung in Gut und Böse, die Hierarchie in der funktionierenden Familie kann als Kompensation der harten Realität gewertet werden, in der schwer um die Verbesserung der Lebenssituation gerungen wurde, politische Unsicherheit vorherrschte und viele Familien zerrissen waren. Die Heimatfilme waren Ausdruck einer konservativen Lebenseinstellung und dem Wunsch nach Sicherheit. Sie boten eine willkommene Ablenkung vom grauen Alltag. (Vgl. Schenk 2000:124.)

3.2.3.2 Musik- und Schlagerfilme

Die Grenze zwischen Heimatfilm und Musik- und Schlagerfilm ist fließend. Der Musik- und Schlagerfilm knüpft an eine lange Tradition während der NS-Zeit an und funktioniert nach demselben Prinzip wie der Heimatfilm, doch ist die Handlung noch um einige Gesangseinlagen erweitert und der Anteil des Komödiantischen größer. Der enge Handlungsrahmen ist etwas aufgelockert und wird beispielsweise in ein Hotel oder ein Internat verlegt. Was hier vornehmlich vermittelt werden soll, ist ein bestimmtes Lebensgefühl. Jugendliche Protagonisten voll Glück und Fröhlichkeit verkörpern die neue Generation, die sich auf „sanftreformistische Art“ (Uka 2002:83) gegen die Erwachsenenwelt durchsetzt. Dieses Genre ist „die biedere Antwort der deutschen Filmindustrie auf die neue amerikanische Jugendkultur und die Provokationen des Rock'n Roll“ (Faulstich 2005:140). Der Generationenkonflikt wird aufgelöst, indem sich die Alten durch die fröhlichen Schlagersänger mitreißen und davon überzeugen lassen, dass die Jugend doch gar nicht so verdorben ist, wie sie dachten. Die alten Werte bleiben erhalten.

3.2.3.3 Kriegs- und Antikriegsfilme

Das dritte große Genre der 1950er Jahre sind die Kriegs- und Antikriegsfilme. Die Unterscheidung ist manchmal schwer möglich, denn:

> Einerseits enthalten alle Filme, die eine Propaganda beabsichtigen, auch ein Moment der ‚Sinnlosigkeit des Krieges‘, andererseits benutzen alle Antikriegsfilme den Krieg als Folie und etablieren diesen damit im Bewusstsein der Zuschauer nicht als ein Übel, sondern als Faktum. (Hickethier 1990:224)

Besonders in der Nachkriegszeit, auf Grund der persönlichen Erfahrungen der Zuschauer, ist das Thema Krieg problematisch, allzu frisch war noch das Trauma der Wehrmachtssoldaten, so dass ein Film, der den Finger direkt in die Wunde gehalten hätte, wohl kaum vom Publikum angenommen worden wäre. Dennoch suchten die Zuschauer nach einer Form mit der Vergangenheit umzugehen und das eigene Handeln zu rechtfertigen. In diesem Zusammenhang ist auch die große Anzahl von Kriegsfilmen zu sehen: zusammen mit den ausländischen Produktionen gelangten allein in den Jahren 1953 bis 1958 insgesamt etwa 600 Kriegsfilme in die deutschen Kinos (vgl. Hickethier 1990:223).

Dargestellt wird der „ganz normale Krieg“, wie er im Lehrbuch steht, eine Abfolge militärischer Operationen, rational und logisch. Die Wehrmacht bleibt dabei „sauber“ und anständig, die Soldaten bewahren ihre Ehre und wissen sich in jeder Lage zu helfen. Meist wird der Zusammenhalt der Kameraden betont, das Gemeinschaftserlebnis, das kollektive Ertragen von Schikanen und rauem Kriegsalltag. Der Krieg erscheint

> entweder als Abenteuer, als Bewährungschance, als Schicksalsschlag oder auch als etwas Böses, von dem sich die guten Soldaten abheben können – Rechtfertigung des einzelnen und damit implizit Absage an die Verantwortung für das Ganze. (Faulstich 2005:139)

Die Wehrmachtssoldaten und ihre Offiziere sind menschlich handelnde Opfer der Umstände, die im Gegensatz zu den echten Nazis stehen. Je nach Intention des jeweiligen Filmes wird die Opferrolle oder das Heldentum stärker hervorgehoben, aber die Aussage ist in allen Filmen dieselbe: die Soldaten der Wehrmacht sind gute Menschen, der Krieg ist ein unvermeidbares Übel. (Vgl. Heer 1999:262-272 und Faulstich 2005:138f.)

Obwohl der Kriegsfilm der 1950er Jahre vielleicht kritische Intentionen hatte, wird der Krieg an sich bestätigt und nur von einer bestimmten Seite beleuchtet. Weite Teile der Wirklichkeit von Hitlers Vernichtungskrieg werden ausgeklammert (in Kapitel 4 wird dieses Thema noch ausführlich erörtert).

Die Bestätigung des Krieges und die hohe Zahl von Kriegsfilmen muss im gesellschaftlichen Kontext der 1950er Jahre gesehen werden. Die Themen Remilitarisierung, Gründung und Atombewaffnung der Bundeswehr (vgl. Kapitel 4.4.2.) wurden heftig diskutiert. Die Regierung war daran interessiert, eine neue Wehrbereitschaft in der Bevölkerung zu schaffen, dazu mussten die Erfahrungen im Zweiten Weltkrieg in eine schmerzlose, unpolitische Form der Erinnerung eingepasst werden. Dazu Hickethier:

> Die Neigung, „genehme und nichtgenehme Erinnerungen“ an die Realität des Krieges voneinander zu trennen und die nichtgenehmen abzuwehren, war ein Anliegen der Remilitarisierung und kam zugleich der manifesten Neigung zur Verdrängung und zum Vergessen dieser Zeit in der Bevölkerung entgegen. (Hickethier 1990: 225)

Trotz der Thematisierung des Krieges förderte der Kriegsfilm die Verdrängung und gab durch die einseitige Darstellung ein Rechtfertigungsmuster vor. An einer Klärung der Schuld- und Ursachenfrage war kaum jemand interessiert, genauso wenig an der Darstellung von Grauen und Unmenschlichkeit. Das Militär an sich wurde nicht kritisiert, nur dessen „Missbrauch“ durch die Nationalsozialisten, was die Wehrmacht rehabilitierte und den Weg für die Bundeswehr ebnete. Es ist schon bemerkenswert, dass der in diesem Kapitel beschriebene Tenor fast ausnahmslos auch auf ausländische Filme zutrifft, jedenfalls auf diejenigen, die in Westdeutschland gezeigt wurden. Der Film HUNDE WOLLT IHR EWIG LEBEN lässt sich eindeutig diesem Genre zuordnen.

3.2.3.4 Andere Genres

Die anderen Genres Gegenwartsfilm, Kriminalfilm und Arztfilm lassen sich nicht so eindeutig voneinander abgrenzen. Hierzu zählen auch die so genannten „Problemfilme", die einerseits das Selbstmitleid der Deutschen als Opfer der NS-Zeit unterstreichen und andererseits mit ihrem Happy End eine Anleitung zur Konfliktlösung bieten (vgl. Schenk 2000:125). Anstatt die Vergangenheit oder eine idealisierte Idylle zu thematisieren, setzen sie sich mit den sozialen Verhältnissen der 1950er auseinander. Der Kriminalfilm tut dies in der „Überspitzung des Konflikts, im Verbrechen" (Uka 2002:85), die Gegenwartsfilme in Form einer Beleuchtung von „Alltags-, Arbeits- und Generationenproblemen" (ibid. 85) und der Arztfilm stillte die Sehnsucht nach Vorbildern und „(unpolitischen) Fach-Autoritäten" (ibid. 82).

Vereinzelt entstanden natürlich auch Filme, die einen eigenständigen Stil verfolgen. Doch bilden sie eher eine Ausnahme, so dass der hier gegebene Überblick das Panorama der Nachkriegsfilme relativ vollständig umfasst.

4 Thematische Analyse

Diese Analyse ist ausdrücklich keine Filmanalyse, sondern beleuchtet in erster Linie inhaltliche Aspekte. Formale, ästhetische, rhythmische oder optische Gesichtspunkte werden außer Acht gelassen.

Der dokumentarische Anspruch des Regisseurs macht eine intensive Beschäftigung mit den tatsächlichen Begebenheiten des Russlandfeldzuges notwendig. Die Tatsache, dass ein Ereignis dargestellt wird, welches die deutschen Zuschauer zum Teil selbst erlebt haben, macht eine Besonderheit dieses Films aus. Die Frage nach dem gesellschaftlichen Kontext erhält dadurch eine besondere Brisanz und eine inhaltliche Analyse darf die historischen Ereignisse keinesfalls außer Acht lassen.

Frank Wisbar hatte den Anspruch, einen realistischen, faktentreuen Film zu machen. In den folgenden Kapiteln wird jeweils nach heutigem Erkenntnisstand der Geschichtsforschung auf die historischen Tatsachen eingegangen und analysiert, wie diese Aspekte im Film umgesetzt wurden. Auf diese Weise wird untersucht, wie nah der Film den historischen Begebenheiten tatsächlich kommt.

Der Film reißt eine Vielzahl unterschiedlicher Facetten des Russlandfeldzuges an, die teilweise realistisch, teilweise ideologisiert dargestellt wurden. Interessant ist jedoch auch, was der Film an historischen Tatsachen ausblendet, welches Bild er vom Soldatenleben vermitteln möchte und wie er sich in den gesellschaftlichen Kontext seiner Zeit einfügt.

4.1 Informationen zum Film

Regie: Frank Wisbar

Drehbuch: Frank Wisbar, Frank Dimen, Heinz Schröter – nach der Vorlage der drei Romane: „Hunde wollt ihr ewig leben", „Bis zur letzten Patrone" und „Letzte Briefe aus Stalingrad"

Schauspieler: Joachim Hansen, Wilhelm Borchert, Peter Carsten, Horst Frank, Wolfgang Preiss, Carl Lange, Günter Pfitzmann, Sonja Ziemann

4.1.1 Entstehung des Films

Frank Wisbar recherchierte über zwei Jahre lang für diesen Film. Er studierte militärische Pläne und befragte über 100 ehemalige Stalingradkämpfer. Trotz militärischer Ausbildung an der preußischen Militärakademie war er Kriegsgegner und sah sich selbst als Wahrheitsfinder. Über seinen Film sagte er:

> Die dramatische und künstlerische Qualität meines Buches mögen die Kritiker je nach Geschmack beurteilen. Gegen die Richtigkeit der Details aber wird, hoffe und glaube ich, niemand etwas einwenden können. (Quelle 2)

Er hatte prominente Berater. Bei Fragen wandte er sich an General Zeitzler, General von Seydlitz, General Schmidt oder an den Sohn des verstorbenen Generals von Paulus, also an die tatsächlichen Protagonisten der Schlacht von Stalingrad, die im Film dargestellt werden.

Wisbar bat den damaligen Bundesverteidigungsminister Franz Joseph Strauß, Panzer und Soldaten für die Dreharbeiten zur Verfügung zu stellen. Dieser lehnte ab, mit dem Argument, die Zeit sei noch nicht reif für dieses Thema. Deshalb fügte Wisbar etliche Originalaufnahmen in den Film ein und musste sich mit einer einzigen Panzerattrappe für die Schlachtszenen begnügen. In einem Filmatelier in Göttingen wurde der zerstörte Rote Platz von Stalingrad komplett nachgebaut, um die Schlachtszenen in der Innenstadt zu drehen. Die Schauspieler schossen mit echter Munition, da es noch keine Platzpatronen für MG's gab. Für die Szenen im Lazarett rekrutierte Wisbar ehemalige Soldaten, deren Arme oder Beine tatsächlich amputiert worden waren. Vor dem Dreh gab er die Anweisung, genauso zu klagen, wie sie es im Kriege wirklich getan hatten. Die Intention Wisbars war, die Wirklichkeit so realistisch wie möglich darzustellen. (Vgl. Quelle 3.)

4.1.2 Inhaltsangabe

Der aufstrebende Oberleutnant Gerd Wisse wird als Verbindungsoffizier zwischen der rumänischen Division und der 6. Armee an die Front berufen. In Charkow trifft er auf die russische Dolmetscherin Katja, die Arbeit sucht, da sie sonst nach Deutschland deportiert würde. Sein Freund Leutnant Fuhrmann verspricht, ihr eine Arbeit in der Bibliothek zu besorgen.

Auf der Fahrt von Charkow zu seinem Posten trifft Gerd Wisse auf Pfarrer Busch und Oberstleutnant Kesselbach, die auf dem Weg nach Stalingrad sind. Unterwegs wird von Partisanen ein Anschlag auf die Schienen verübt, der Zug kann nicht weiterfahren und die drei setzen ihre Fahrt mit dem Auto fort. Sie verbringen einen Abend in einem russischen Bauernhaus, wo sie bei einer Bäuerin, deren Mann im Krieg gefallen ist, und ihren vier Kindern ein reichhaltiges Abendessen bereiten.

Angekommen am Standort des Verbindungsstabes lernt Gerd[4] Feldwebel Böse und den Gefreiten Krämer kennen, die ihn später nach Stalingrad begleiten werden. Beim Angriff der Russen auf die rumänische Division verdient sich Gerd den rumänischen Tapferkeitsorden, indem er mehrmals auf fahrende Panzer aufspringt und eine Handgranate in das Innere wirft. Außerdem trifft er auf Major Linkmann, einen überzeugten Nationalsozialisten, der ihm erklärt, dass die Rumänen feige Soldaten seien und seiner Meinung nach von Hitler zu Recht *verheizt* (A 17[5]) würden.

Die rumänische Division und der Verbindungsstab werden zum Rückzug gezwungen und räumen unterwegs ein Lagerhaus, um nichts in die Hände der Russen fallen zu lassen. Der Rückzug in Richtung Stalingrad wird von der Panzerdivision unter Oberstleutnant Kesselbach gedeckt. Die 6. Armee ist nun groß-

4 So wird Gerd Wisse im Film genannt.

5 Im Folgenden wird auf diese Weise aus der Transkription zitiert: A = Anhang, 17 = Seitenzahl.

räumig eingekesselt und alle warten auf einen Ausbruchsbefehl Hitlers. Generaloberst Paulus möchte nicht gegen den Befehl Hitlers handeln und wartet ab.

Gerd, Krämer und Böse sprechen über die aussichtslose Lage, Gerd teilt ihnen mit, dass sie aus der Luft versorgt werden sollen. Als Major Linkmann hinzukommt, weist er Gerd zurecht, da dieser mit seinen Untergebenen über die Pläne der Wehrmachtsführung gesprochen hatte. Generaloberst Hoth ist mit der 4. Panzerarmee inzwischen auf etwa 50 Kilometer an den Kessel herangekommen und versucht in den Kessel einzudringen. In Erwartung des Ausbruchsbefehls gibt General von Seydlitz die Anweisung, alles Überflüssige zu vernichten, was es erschweren könnte, Hoth entgegen zu kommen. Doch Generaloberst Paulus beschließt, gegen das Anraten seiner Offiziere und dem Befehl Hitlers gehorchend, nicht auszubrechen. Die Soldaten befürchten das Schlimmste.

Pfarrer Busch hält eine Christmesse und spricht mit Gerd über den Glauben. Gerd, Böse und Krämer werden kurz darauf direkt nach Stalingrad beordert, zu einer Batterie unter Major Linkmann. Dieser möchte, dass Gerd endlich beweist, was für ein „Kerl" er ist. Am Stadtrand Stalingrads trifft Gerd seinen Freund Fuhrmann wieder und besucht bei Nacht den vorgeschobenen Posten in der Innenstadt. Dort lernt er Wachtmeister Kunowski kennen, der über seine Erfahrungen in Stalingrad erzählt.

Gerd, Krämer, Kunowski und Fuhrmann geraten in einen Angriff der Russen. Krämer macht einen Gefangenen, den Gerd wieder frei lässt. Daraufhin wird vom russischen Kommandanten eine halbe Stunde Waffenstillstand angeboten, in der beide Seiten ihre Verwundeten bergen können. Kunowski beschwert sich lautstark, dass er Hunger hat und Böse erfährt, dass die Rationen weiter gekürzt werden sollen. Pfarrer Busch spricht mit General Paulus über Tausende Verwundete in den Kellern von Stalingrad, die nicht verpflegt werden könnten und deren Opfer sinnlos sei. Paulus kritisiert die Rolle der Kirche.

Kunowski, Krämer und Gerd erhalten von Linkmann den Befehl, am Flughafen Gumrak Munition und Verpflegung zu besorgen, doch es gibt dort nichts mehr und Kunowski versucht verzweifelt, in das letzte Flugzeug zu gelangen, das Verwundete aus dem Kessel herausfliegt. Dabei wird er vom Heckflügel des Flugzeuges erfasst und stirbt.

Als Krämer und Gerd zurückkommen, beklagt sich Linkmann über einen Angriff der Russen, und die Unterbesetzung seiner Batterie. Fuhrmann wird vermisst. Gerd erhält von Linkmann den Befehl, nach „Drückebergern" in den Lazaretten zu suchen und trifft auf den verwundeten Fuhrmann, der kurz darauf in den Armen von Gerd stirbt. Die Verwundeten rufen nach Wasser und fordern, dass die Rundfunkübertragung der Göringrede über den „Opfergang von Stalingrad" ausgeschaltet wird. Pfarrer Busch zerstört das Radiogerät.

Nach Verlassen des Lazaretts wird Böse verwundet und Gerd verliert sein Gewehr. Er nimmt Mütze und Gewehr eines toten russischen Soldaten und versteckt sich. Niemand erkennt ihn als Deutschen und er mischt sich unter eine Gruppe russischer Soldaten, die zur Essensausgabe gehen, dort trifft er Katja wieder. Sie zeigt ihm den Weg zur deutschen Seite, mit den Worten *wir dürfen nicht Freund sein* (A 51). Gerd findet Krämer wieder und erfährt, dass Böse tot ist. Daraufhin hat Gerd eine Auseinandersetzung mit Linkmann und kritisiert, dass dieser sinnlose Befehle erteilt und seine eigene Haut zu retten versucht hatte, während andere kämpften und starben. Linkmann begreift, dass die Lage aussichtslos ist und versucht, überzulaufen. Krämer sieht ihn mit weißer Fahne zu den Russen rennen und schießt ihm in den Rücken. Generaloberst Paulus wird zum Generalfeldmarschall befördert, was er als Aufforderung zum Selbstmord deutet. Er stellt den Kampf ein. Die deutschen Soldaten gehen in Kriegsgefangenschaft, unter ihnen Gerd, Krämer, Pfarrer Busch und Oberstleutnant Kesselbach.

4.2 Historische Fakten und deren Darstellung im Film

4.2.1 Der Russlandfeldzug

Was als Eroberungsfeldzug von wenigen Wochen geplant war, zog sich fast vier Jahre bis zur Unterzeichnung der Kapitulation der Deutschen am 8. Mai 1945 hin (vgl. Wette 2002_{I}:264). Hunderttausende Deutsche, Russen, Italiener, Ungarn und Rumänen fanden den Tod. Die Schlacht um Stalingrad war nicht die einzige Niederlage der Deutschen, aber sie gilt nach der ersten großen militärischen Niederlage in Moskau als der psychologische Wendepunkt des Russlandfeldzuges. Danach „begann das blinde Vertrauen der Deutschen in die Führung zu schwinden“ (Knopp 1992:250)[6].

Die deutsche Armee marschierte am 22. Juni 1941 ohne Kriegserklärung in Russland ein. Russland war auf diesen Einmarsch nicht vorbereitet, im Gegenteil, nach dem Abschluss des Hitler-Stalin-Paktes am 23. August 1939, wähnte sich Stalin in Sicherheit. Die beiden Länder betrieben einen intensiven Wirtschaftsaustausch. Die Sowjetunion lieferte Getreide und Rohstoffe nach Deutschland und bekam im Gegenzug Kriegsgeräte und Industriegüter. Stalin sah vermutlich in der ökonomischen Bindung beider Mächte ein Instrument zur Verzögerung eines deutschen Angriffs auf die Sowjetunion (vgl. Zeidler 1991:107). Dieses Handelsabkommen, das Russland paradoxerweise mit Waffen belieferte, die später im Krieg gegen die Deutschen eingesetzt wurden, war jedoch ein kühl kalkuliertes Täuschungsprogramm. Auch als Hitler Truppen in der Nähe der russischen Grenze sammelte, „hielten Stalin und Molotov an ihrem Kalkül fest, dass Deutschland [noch] *keine* zweite Front im Osten eröffnen werde“ (Förster 1991:125). Dementsprechend stießen die deutschen Soldaten bei ihrem Einmarsch anfangs auf wenig Widerstand.

Über die Gründe für den Angriff auf die Sowjetunion sind sich die Historiker bis heute nicht einig. Fest steht, dass Deutschland den Krieg begonnen und damit ei-

6 Guido Knopps Fernsehreihe und Publikationen über Stalingrad sind umstritten. Ihm wird vorgeworfen, einen neuen „Mythos Stalingrad“ zu schaffen. Dieser Publikation wurden daher vor allem Angaben zum historischen Ablauf der Schlacht entnommen.

nen völkerrechtlichen Vertrag gebrochen hat. Die Deutschen kamen als Eindringlinge, gegen die sich die Sowjetunion verteidigte.

Der Feldzug der deutschen Armee wurde mit einer nie da gewesenen Brutalität geführt, an der nicht nur die SS, sondern auch die Wehrmacht aktiv beteiligt war, und es begann die systematische Vernichtung der Juden (vgl. Schröder 1991:316/319). Der Krieg war ideologisch unterfüttert, er wurde dem deutschen Volk als „Rassenkampf" und „Verteidigung gegen den jüdisch-bolschewistischen Todfeind" propagiert, die Russen als minderwertig dargestellt (vgl. Förster 1991:126).

> Im Unternehmen »Barbarossa« offenbarte sich wie in keinem anderen Feldzug die unauflösliche Verbindung von ideologischen und machtpolitischen Zielen mit den sozialdarwinistischen Wertvorstellungen des Dritten Reiches. (Förster 1991:129)

Hitler selbst sah sich als oberster weltanschaulicher Führer der Wehrmacht. Er wollte mit dem so genannten „Generalplan Ost" die Umgestaltung Europas und die Ausweitung des deutschen Reiches mit aller Gewalt erreichen. Auch als sich hohe Generäle gegen ihn wandten oder seine militärische Strategie kritisierten, ließ er sich nicht beirren, er befahl den „Widerstand bis zur letzten Patrone" (Ausspruch Hitlers, zit. nach Knopp 1992:238).

Der Plan war, das europäische Russland einzunehmen, das heißt bis zu den Gebieten zwischen Archangelsk am Weißen Meer im Norden, bis zur Wolga im Osten, zum Kaspischen Meer und zur iranischen Grenze im Süden vorzudringen. Diese Grenze sollte dann das Großdeutsche Reich von Asien trennen.

Bereits im Dezember 1941 verlief die Front von Leningrad östlich an Charkow vorbei bis zur Don-Mündung am Asowschen Meer. Leningrad wurde von der Roten Armee mit Hilfe der Zivilbevölkerung unter großen Opfern verteidigt und konnte von der Wehrmacht nicht eingenommen werden, sondern wurde 29 Monate lang belagert. Nach schweren Verlusten bei Moskau, bei eisiger Kälte und Schnee war die deutsche Armee im Winter 1941/42 erstmals in die Defensive gezwungen und zog sich zurück. Ende Februar war die Front wieder 100 km von Moskau entfernt.

Hitler suchte nach Schuldigen in den eigenen Reihen und entließ einige Generäle. Am 19. Dezember 1941 machte er sich selbst zum obersten Befehlshaber der Wehrmacht und in seiner Rede anlässlich des Heldengedenktages am 15. März 1942, prophezeite er die Vernichtung der Sowjetunion bis zum Sommer 1942. (Vgl. Knopp 1992:14-27/252.)

Hitler konzentrierte sich nun auf die südlichen und nördlichen Grenzen der Front. Im Norden sollte endlich Leningrad erobert werden. Das Hauptziel war jedoch der Südosten und die dort vorhandenen sowjetischen Industrienanlagen und Ölquellen, die den Nachschub an Treibstoff sichern sollten. (Vgl. Schreiber 2002:89 und Knopp 1992:30.)

Der Vorstoß in den Kaukasus verlief über die Krim. Ende März 1942 war ein Großteil der Halbinsel relativ schnell eingenommen und 250.000 russische Soldaten kamen in Gefangenschaft. Am 28. Juni stießen die Heeresgruppen Süd und Mitte Richtung Osten vor.

Die russische Seite hatte die Taktik geändert, die Rote Armee zog sich zurück um einer Einkesselung zu entgehen und die Wehrmacht buchstäblich ins Leere laufen zu lassen. Hitler interpretierte diese Taktik als Schwäche und änderte mehrmals seine Pläne. Er wollte nun Stalingrad und den Kaukasus zur selben Zeit erobern und verlängerte damit den Frontverlauf auf eine Strecke von insgesamt 4000 km. Sein damaliger Generalstabschef Halder notierte am 23. Juli 1942 in sein Tagebuch:

> Die immer schon vorhandene Unterschätzung der feindlichen Möglichkeiten nimmt allmählich groteske Formen an und wird gefährlich. Es wird immer unerträglicher (zit. nach Knopp 1992:65).

Die 6. Armee unter Generaloberst Paulus und die 4. Panzerarmee unter Generaloberst Hoth rückten in Richtung Stalingrad vor. Bei ihrem Rückzug zerstörte die Rote Armee alles Brauchbare, was nicht in die Hände der Deutschen fallen sollte, unter anderem die von Hitler einkalkulierten Ölquellen. Treibstoff wurde knapp, die Wehrmacht bekam Versorgungsprobleme. (Vgl. Knopp 1992:67-89 und Gruchmann 1991:178.)

4.2.1.1 Stalingrad

Stalingrad war ein Zentrum der Schwerindustrie. Es gab Stahlgießereien, ein von den Amerikanern errichtetes Traktorenwerk, Geschützfabriken und Ölraffinerien. Strategisch war die Stadt am Westufer der Wolga ein wichtiger Knotenpunkt, sowohl als Verbindung zum Osten, als auch in den Kaukasus. Das deutsche Heer war nach einem Jahr Russlandfeldzug stark geschwächt und konnte unmöglich auf dieselbe Stärke wie vor der Schlacht um Moskau gebracht werden, die Versorgung wurde immer schwieriger, die Nachschubwege immer länger. (Vgl. Knopp 1992:161ff. und Ueberschär 1984:168.)

Die Kräfte in der Schlacht um Stalingrad waren zu Beginn ausgeglichen. Auf russischer wie auf deutscher Seite waren etwa gleich viel Soldaten im Einsatz. Allerdings konnte die Rote Armee leichter für Nachschub sorgen und sie wurde von den USA und England unterstützt.

Nach heftigen Kämpfen bei Kalatsch erreichte am 23. August 1942 die 16. Panzerdivision der 6. Armee die Wolga, die Luftwaffe begann am 24. August mit der Bombardierung Stalingrads. Stalin lehnte die Evakuierung der Stadt ab und befahl – wie Hitler – den Kampf bis zum letzten Mann zu führen[7]. Am Don wurde ein Brückenkopf errichtet, Infanterietruppen kamen von Norden, die 4. Panzerarmee von Süden. Am 3. September wurde der Ring vor Stalingrad geschlossen und die Rote Armee zog sich in die Stadt zurück. Damit war der erste russi-

7 Stalingrad: Jossif Wissarionowitsch Dschugaschwili, genannt Stalin, machte sich während der Oktoberrevolution bei der Verteidigung der Stadt verdient. 1924 wurde sie von Zarizyn (Stadt der Zarin) in Stalingrad umbenannt. Die Stadt hatte für Stalin hohen symbolischen Wert.

sche Verteidigungsgürtel gebrochen. Die Zivilbevölkerung wurde von Chruschtschow, Chef der politischen Abteilung im Kriegsrat, aufgerufen, sich an der Verteidigung der Stadt zu beteiligen. Zivilisten bauten Barrikaden, Panzergräben und Straßensperren und arbeiteten in den Rüstungsfabriken. Die Fliegerangriffe der Deutschen zerstörten industrielle wie zivile Ziele, die Stadt stand in Flammen. Nun wurde doch der Großteil der Zivilbevölkerung auf die andere Seite der Wolga evakuiert.

Am 7. September gelang es den Deutschen, den Flugplatz Gumrak einzunehmen, zwei Tage später unterbrachen deutsche Panzer die Nachschubwege der Alliierten. Die Rote Armee zog sich weiter in die Innenstadtbezirke zurück. Am 14. September war sie eingeschlossen und stand mit dem Rücken zur Wolga. Wegen der Fliegerangriffe wurde nun auf russischer Seite die Taktik verfolgt, die eigenen Stellungen möglichst nah an die deutschen zu verlegen. Teilweise wurde um einzelne Wohnungen gekämpft, Straßen wurden erobert und wieder zurückerobert, die Front wechselte manchmal stündlich hin und her. Es entstand ein zermürbender Stellungskrieg. (Vgl. Knopp 1992:164-178.)

Hitler setzte am 22. September 1942 seinen Generalstabschef Halder ab und ersetzte ihn durch Generalmajor Zeitzler. Halder hatte wiederholt Bedenken geäußert und auf die hohen Verluste in Stalingrad hingewiesen, Zeitzler dagegen war dem „Führer" treu ergeben und teilte dessen Optimismus. (Vgl. Gruchmann 1991:179.)

Im Oktober 1942 waren 90% der Stadt in deutscher Hand und Hitler war siegessicher. Generaloberst Paulus versuchte mit allen Kräften, Stalingrad vor dem Wintereinbruch zu erobern, da – trotz des Versprechens Hitlers, die Fehler vom Winter 1941/42 nicht zu wiederholen – keine Winterlager errichtet werden konnten (vgl. Schreiber 2004:90). Auf russischer Seite wurde eine Offensive vorbereitet, rund um Stalingrad wurden Truppen der Roten Armee gesammelt, während Hitler die Soldaten antrieb, ganz bis zur Wolga vorzudringen und auch die Geschützfabriken einzunehmen. Der sowjetische Kriegsrat suchte nach Schwachstellen, um in den deutschen Belagerungsring einzudringen.

Am 19. November 1942, drei Tage nach Wintereinbruch, setzten sich die Truppen der Roten Armee von Norden und Osten aus in Bewegung. Am 22. November wurde die rumänische Division bei Kalatsch von zwei sowjetischen Panzerdivisionen aufgerieben. Die Rumänen hatten dem wenig entgegen zu setzen, sie verfügten lediglich über eigene, alte Waffen. Damit war die Hauptversorgungsstrecke abgeschnitten. Einen Tag später konnten sich die beiden Zangenarme der Roten Armee schließen und 300.000 Soldaten der Wehrmacht und ihre Verbündeten waren in einem Kessel von 40 mal 60 Kilometern eingeschlossen. Aus den Belagerern waren Belagerte geworden. (Vgl. Knopp 1992:196-201.)

Hitler gab den Befehl auszuhalten. Generaloberst Paulus bat Hitler um Handlungsfreiheit. Er und seine Generäle schätzten die Lage so ein, dass so schnell wie möglich ein Ausbruch erfolgen sollte und dass die Versorgung aus der Luft unmöglich sei. Am 23. November versprach Zeitzler, mit Hitler über die Möglichkeit eines Ausbruchs zu beraten und gab bereits die Anweisung, Vorbereitungen dafür zu treffen. Doch Hitler war anderer Meinung. Am 24. November 1942 wurde in Form eines Führerbescheids[8] durchgegeben:

> Führer beabsichtigt, 6. Armee in dem Raum jetzige Wolgafront, jetzige Nordfront zusammenzufassen. Jetzige Wolgafront und jetzige Nordfront LI.A.K. unter allen Umständen halten. Luftversorgung durch Einsatz weiterer 100 Ju im Anlaufen (zit. nach Knopp, 1992:209).

Nach Einschätzung ihrer oberen Befehlshaber hatte die Luftwaffe nicht genug Transportflugzeuge zur Verfügung. Nur Feldmarschall Göring teilte die Ansicht Hitlers und versprach, dass die 6. Armee aus der Luft versorgt werden könne.

Das 51. Armeekorps der 6. Armee unter General von Seydlitz hatte bereits Vorbereitungen getroffen, sich aus den gefährdeten Stellungen zurückzuziehen. Von Seydlitz hatte befohlen, alles zu vernichten, was nicht in Feindeshand fallen sollte. Im Gegensatz zu Generaloberst Paulus war er bereit, gegen den Befehl von Hitler zu handeln und ordnete den Teilrückzug an. Die russischen Kräfte rückten sofort nach und von Seydlitz' Truppen erlitten schwere Verluste. Als Hitler nach den Verantwortlichen fragte, wurde von Seydlitz durch Paulus gedeckt und von Hitler sogar befördert. Doch dieser gescheiterte Rückzug bestätigte Hitler in seiner Auffassung, dass die 6. Armee auszuhalten habe. Von Seydlitz und weitere Generäle gaben jede Form von Protest auf. Auch wenn sie die Vorgehensweise Hitlers nicht gut hießen, gingen sie dazu über, nach den besten Lösungsmöglichkeiten für die erhaltenen Befehle zu suchen, statt diese zu hinterfragen. (Vgl. Knopp 1992:211-216.)

Die eingekesselten Soldaten benötigten Verpflegung, Munition, Material und Betriebsstoffe in einer Größenordnung von 1.000 Tonnen pro Tag. Die Generäle in Stalingrad forderten 600 Tonnen und die Luftwaffe sicherte 300 Tonnen zu. Göring mobilisierte Piloten, Personal der Lufthansa, ließ alte Flugzeuge wieder instand setzen und wintertauglich machen. Am 25. November wurde die Luftbrücke gestartet. An den ersten beiden Tagen kamen 75 Tonnen im Kessel an und allmählich konnte die Menge gesteigert werden, aber sie betrug nie mehr als 291 Tonnen pro Tag. Im Dezember fielen viele Flugzeuge wegen Kälte und technischer Defekte aus, die Russen stationierten immer mehr Flugabwehrgeschütze.

Die Rationen wurden immer weiter gekürzt. Ab 8. Dezember bekamen die Soldaten nur noch 200g Brot am Tag, eine Woche später 100g und nach Weihnachten nur noch 50g, Pferde und Hunde wurden knapp. Ärzte stellten fest, dass bei 30-40 Grad minus die Hälfte der Todesfälle auf Erfrieren zurückzuführen waren. In der Endphase der Schlacht wurde die Verpflegung für Kranke und Verwundete ganz gestrichen. (Vgl. Knopp 1992:221f.)

Am 12. Dezember 1942 kam die 4. Panzerarmee bis auf 48 km an den Kessel heran, von den Russen von der Flanke her attackiert, hielt Generaloberst Hoth

8 Höchste Befehlsstufe, ohne Widerspruchsmöglichkeit.

bis Weihnachten die Stellung. Die 6. Armee sollte ihm entgegen kommen. Hitler sorgte sich um die psychologischen Folgen eines Ausbruchs, denn das hätte die Anerkennung der Katastrophe bedeutet. Außerdem hatte die 6. Armee nur Treibstoff für 20-30 km. Die Generäle im Kessel waren der Meinung, dass die Soldaten alle Kraft aufbringen würden, um aus dem Kessel herauszukommen und dass sie es trotz Treibstoffmangel bis zu Hoth schaffen würden. Aber Hitler gab den Ausbruchsbefehl nicht.

Am 8. Januar 1943 machten die Russen das erste Kapitulationsangebot. Auf Hitlers Befehl lehnte Generaloberst Paulus die Kapitulation ab. Strategisch rechtfertigte er seine Entscheidung damit, dass in Stalingrad russische Kräfte gebunden würden. Hitler versprach weiterhin die Luftversorgung und die Hilfe durch Truppen aus dem Kaukasus. (Vgl. Knopp 1992:226-236.)

Die Rote Armee rüstete sich derweil für den Generalangriff, der am 10. Januar erfolgte. Die deutsche Seite hatte kaum noch Munition und Kraft. Das von der Wehrmacht kontrollierte Gebiet war bald um die Hälfte dezimiert, es blieben nur noch die Flugplätze Gumrak und Stalingradski, Verwundete wurden zurückgelassen, die deutschen Truppen waren zersplittert. Generaloberst Paulus informierte am 21. Januar das Führerhauptquartier:

> Truppe ohne Munition und Verpflegung, Auflösungserscheinungen an der Süd-, Nord- und Westfront. 18000 Verletzte ohne Mindesthilfe an Verbandszeug und Medikamenten. Front infolge starker Einbrüche vielseitig aufgerissen. Weitere Verteidigung sinnlos. Zusammenbruch unvermeidbar.
>
> Armee erbittet, um noch vorhandene Menschenleben zu retten, sofortige Kapitulationsgenehmigung (zit. nach Knopp, 1995:240).

Am 22. Januar wurde auch Gumrak von den Russen eingenommen, drei Tage später war der Kessel in zwei Teile gespalten und am 28. Januar wurde der südliche Teil nochmals zweigeteilt. Am 29. Januar gratulierte Paulus Hitler zum Jahrestag der Machtübernahme. Er wurde von Hitler zum Generalfeldmarschall befördert, allerdings wurde diese Beförderung als Aufruf zum Selbstmord gewertet, denn Paulus sollte nicht in Gefangenschaft gehen, er sollte den „Heldentod" sterben. Am 30. Januar hielt Reichsmarschall Göring eine flammende Rede im Reichsluftfahrtsministerium. Er lobte den „Opfergang" der 6. Armee als Heldentat:

> Die Kämpfer von Stalingrad mußten stehen, das Gesetz befahl es so, das Gesetz der Ehre und der Kriegsführung. Das Gesetz befahl auch ihnen zu sterben, damit die Rasse weiter siegen und leben konnte... (Knopp 1992:245)

General Strecker, Befehlshaber des nördlichen Kessels, antwortete: „Vorzeitige Leichenreden unerwünscht" (zit. nach Knopp 1992:245). Generalmarschall Paulus sendete am 31. Januar den letzten Funkspruch an Hitler:

> Die 6. Armee hat getreu ihrem Fahneneid für Deutschland bis zum letzten Mann und bis zur letzten Patrone eingedenk ihres hohen und wichtigen Auftrages die Position für Führer und Vaterland bis zuletzt gehalten (zit. nach Knopp 1992:246).

Hitler reagierte ungehalten und fassungslos, weil sich Generalmarschall Paulus in Gefangenschaft begeben hatte. Am 3. Februar fanden in Stalingrad keine Kampfhandlungen mehr statt.

Von 300.000 Soldaten, die Stalingrad erobern sollten, starben 145.000 und 90.000 gerieten in Gefangenschaft, von denen nur 6.000[9] überlebten.

Nach der Schlacht um Stalingrad dauerte der Krieg noch 27 Monate. Nur drei Wochen nach der Niederlage von Stalingrad propagierte Goebbels in seiner Rede im Berliner Sportpalast den „totalen Krieg". Die deutsche Wehrmacht gab bis zum Schluss nicht auf, Hitler hatte den „Kampf bis zum letzten Mann" befohlen. Bis zum Ende des Krieges war die Führung der Wehrmacht fast komplett ausgetauscht worden. Die degradierten Generäle hatten Hitlers militärisches Vorgehen kritisiert, nicht die Ideologie. Wie sie glaubten Millionen Deutsche an den „Führer" und unterstützten ihn tatkräftig. (Vgl. Knopp 1992:240-248.)

4.2.2 Die Rahmenhandlung

Tatsächlich hält sich Wisbar sehr eng an die historischen Vorgaben. Gleich zu Beginn des Filmes wird in einer Einleitung durch einen Sprecher der historische Sachverhalt erklärt. Originalaufnahmen von Militärparaden vermitteln einen Eindruck von Authentizität. Die Rahmenhandlung des Films setzt bei der Zerschlagung der rumänischen Truppen am 22. November 1942 ein. Sie beginnt also bei der Entstehung des Kessels um Stalingrad.

Angekommen an seinem Posten als Verbindungsoffizier bei der rumänischen Division, lernt Gerd Major Linkmann kennen, der keine sehr hohe Meinung von den rumänischen Verbündeten hat:

> MAJOR LINKMANN: [...] Worauf es hier ankommt, ist klug sein, Distanz bewahren zu den Rumänen. Das sind schlechte Soldaten, mangelnde Ausbildung, Offiziere auch nicht besser, also kurz: ein Sauhaufen und hysterisch. (A 13)

Später, beim Angriff der Roten Armee gibt Linkmann seine Ansicht von den Plänen Hitlers in Bezug auf die Rumänen zum Besten:

> MAJOR LINKMANN: Sind unzuverlässige Leute, verstehen Sie? Ich habe da so meine eigene Theorie. Der Führer will die Rumänen verheizen. (A 17)

Tatsächlich verfügten die rumänischen Divisionen über eine wesentlich schlechtere Ausrüstung als die Deutschen und Tatsache ist auch, dass nach dem Durchbruch der Russen durch die rumänischen Linien der Kessel um Stalingrad geschlossen wurde. Der Rückzug wird wieder durch eine Sprecherstimme eingeleitet:

---

9 Zur Zahl der umgekommenen und in Gefangenschaft geratenen Soldaten findet man unterschiedliche Angaben. Knopp zählt offenbar auch Soldaten dazu, die zwar um Stalingrad kämpften, aber nicht eingekesselt wurden. Weitere Angaben: Schreiber (2004:90): 250.000 eingekesselte Soldaten, 25.000 wurden ausgeflogen, 110.000 Gefangene, 5.000 Überlebende, 60.000 Tote. Gruchmann (1991:179): 250.000 eingekesselte Soldaten, 42.000 ausgeflogen, 91.000 Gefangene, „einige Tausend" davon kamen zurück (ca. 5.000?), alle anderen gestorben (ca. 112.000).

> SPRECHER: Ein merkwürdiger Rückzug beginnt. Es geht nicht nach Westen, wo die rettende deutsche Front liegt, sondern nach Osten, tiefer nach Russland hinein, geschoben, gedrängt von den feindlichen Panzern, die wie scharfe Messer die Verbindung zu den eigenen Linien zerschnitten haben. (A 20)

Das Vernichten von Gebrauchsgütern, die nicht in feindliche Hände geraten sollten, war ein kriegsüblicher Vorgang. In diesem Fall hatte der Befehl gelautet, ein Vorratslager abzubrennen. Gerd, als höchster Offizier vor Ort, streitet sich mit dem Soldaten, der den Befehl ausführen will, und befiehlt die Räumung des Lagers, um die Vorräte zu retten.

Über die Lage nach der Einkesselung werden Hitler und der Zuschauer von Generalstabschef Zeitzler informiert. General von Seydlitz erwartet dringend den Ausbruchsbefehl, wird ungeduldig und erteilt schließlich seinen Truppen den Befehl, die Front zu verkürzen:

> GENERAL VON SEYDLITZ: Ich habe es satt zu warten. Ich werde den Brüdern da oben das Gesetz des Handelns aufzwingen und den Stein ins Rollen bringen, alle anderen müssen dann folgen. Geben Sie meinen Divisionen den Befehl, nur Waffen, Munition, Verpflegung und Sprit mitzunehmen. Alles andere ist zu vernichten. (A 23)

Für einen Zuschauer, der die historische Situation nicht kennt, sind die Konsequenzen des Zuwiderhandelns gegen den Führerbefehl allerdings unverständlich, da die Folgen kaum erklärt werden, auch nicht, dass von Seydlitz durch Paulus gedeckt wurde. Die Erklärung der Situation reduziert sich auf ein Gespräch zwischen Generaloberst Paulus und General von Seydlitz:

> GENERALOBERST PAULUS: Ihre Eigenmächtigkeit hat eine gefährliche Situation herbeigeführt.
>
> GENERAL VON SEYDLITZ: Der Ausbruch war doch beschlossene Sache.
>
> GENERALOBERST PAULUS: Die oberste Führung hat aber anders entschieden. Der Ausbruch ist verboten. Die Hilfe wird von außen kommen. Wir bleiben wo wir sind und igeln uns ein. (A 23)

Danach müssen die eingekesselten Soldaten warten und verbringen ihre Zeit in einer Notunterkunft. Sie sollen aus der Luft versorgt werden, darüber informiert ein Sprecher. Auch das Herannahen der 4. Panzerarmee unter Generaloberst Hoth wird erklärt und dargestellt. Eine Beratung von Generaloberst Paulus und seinen Offizieren vermittelt einen Eindruck über die Vor- und Nachteile eines Ausbruchs. Auszubrechen wäre Befehlsverweigerung. Paulus entscheidet sich zum Gehorsam, in der Hoffnung, die oberste Führung wisse schon, was sie tue:

> GENERALOBERST PAULUS: Wir kennen die Gesamtlage nicht. Es bleibt uns nichts anderes übrig als zu gehorchen (A 23)

und

> GENERALOBERST PAULUS: Ich bin kein Meuterer. Bedenk doch einmal die Konsequenz eines solchen Ungehorsams. Es wäre Anarchie. Die Revolte meiner Armee würde die gesamte Ostfront gefährden. Das Volk und die Wehrmacht würden niemals das Chaos gutheißen, das dadurch entstehen würde. (A 29)

Die Soldaten verbringen Weihnachten im Kessel, es findet ein Gottesdienst statt und die Verzweiflung und Hoffnungslosigkeit wird deutlich.

Der weitere Verlauf der Handlung führt nach Stalingrad hinein. Hauptaugenmerk liegt nun auf der mangelhaften Versorgung, Kälte und dem Stellungskrieg in Stalingrad. Originalaufnahmen unterstreichen die wirklichkeitsnahe Darstellung der zerstörten Stadt. Erwähnt werden Originalschauplätze wie der Flughafen Pitomnik oder Stalingradski.

Feldwebel Böse erfährt von dem Befehl, dass Verpflegung nur noch an die kämpfende Truppe ausgegeben werden soll und Pfarrer Busch hat mit Generaloberst Paulus eine Auseinandersetzung über die Unmenschlichkeit dieses Befehls, für den sich Paulus allerdings nicht verantwortlich zeigt. Das Streichen der Verpflegung aus Mangel an Versorgung durch die Luft entspricht den historischen Fakten. Irgendwann wurden auch keine Soldaten mehr aus dem Kessel ausgeflogen, eine Tatsache, die eindrucksvoll durch den Tod von Wachtmeister Kunowski in Szene gesetzt wird.

Als die Lage völlig aussichtslos ist, beschließt Linkmann überzulaufen. Er hat einen Zettel bei sich, der die deutschen Soldaten dazu auffordert, sich ihnen anzuschließen und ihnen bei Vorzeigen des Schriftstückes *das Leben, gute Behandlung und Heimkehr nach Kriegsende* (A 52) garantiert. Der russische Störsender, der immer wieder den Satz *alle sieben Sekunden stirbt ein deutscher Soldat. Stalingrad, Massengrab* (A 15) sendet, belegt ebenfalls die Aktivitäten der sowjetischen Propaganda, bzw. von Deutschen, die ein weiteres Blutvergießen verhindern wollten und sich den Russen angeschlossen hatten.

Generaloberst Paulus wird kurz vor der Kapitulation von Hitler zum Generalfeldmarschall befördert, eine Beförderung, die er als Aufruf zum Selbstmord deutet:

> GENERALLEUTNANT SCHMIDT: [liest Nachricht] Aus dem Führerhauptquartier. Ihre Beförderung zum Generalfeldmarschall.
>
> GENERALFELDMARSCHALL PAULUS: Ich danke Ihnen für Ihren Takt, mir zu dieser Beförderung nicht zu gratulieren. Denn wir beide wissen, dass es Hitlers Aufforderung zu meinem Selbstmord ist. Aber den Gefallen werde ich ihm nicht tun. Die Legende vom alleinschuldigen General Paulus unterschreibe ich nicht.[...] (A 53)

Wenig später sammeln sich die überlebenden deutschen Soldaten und treten ihren Marsch in die Kriegsgefangenschaft an. Originalaufnahmen langer Kolonnen marschierender Soldaten im Schnee unterstreichen den Eindruck von Endzeitstimmung.

Frank Wisbar arbeitete immer wieder mit Originalaufnahmen aus dem Zweiten Weltkrieg, ein Stilmittel, das er zwar aus der Not heraus einsetzte, das seine Wirkung jedoch nicht verfehlt. Zu sehen sind Schlachtszenen, Landstriche, Soldaten an Geschützen, Paraden, zerstörte Häuser.

General Hoth, General von Seydlitz, Generaloberst Paulus, Generalmajor Zeitzler und natürlich Hitler kommen als historische Akteure des Russlandfeldzuges im Film vor. Reichsmarschall Göring wird nicht als Person dargestellt, doch Auszüge aus seiner Rede im Reichsluftfahrtsministerium sind in der Lazarett-Szene zu hören. Hitler wird in einem dunklen Arbeitszimmer, mit dem Rücken zur Kamera dargestellt oder seine Stimme (bzw. die eines Schauspielers, der seine Sprechweise imitiert) kommt aus dem *Off.*

Die Schlacht von Stalingrad und das Scheitern der 6. Armee werden in diesem Film in realistischer und eindrucksvoller Weise in Szene gesetzt. In der Authentizität liegt eindeutig die Stärke des Films. Dafür hatte Regisseur Wisbar lange und intensiv recherchiert.

4.3 Die Protagonisten

4.3.1 Die Soldaten der Wehrmacht

Die einfachen Wehrmachtssoldaten erfuhren erst wenige Stunden vorher, dass sie den Befehl hatten, in die Sowjetunion einzumarschieren. Zunächst kamen die Einheiten schnell voran, der Weg wurde ihnen von der Luftwaffe geebnet und sie stießen auf wenig Widerstand, anfangs sogar auf Sympathie bei Teilen der Zivilbevölkerung. Doch schon bald wichen der anfänglichen Aufbruchstimmung Verzweiflung und Wut über die ungeheuren Kraftanstrengungen die den Soldaten in langen Märschen durch weite Landstriche abverlangt wurden. Die Infanterie marschierte oft Stunden und Tage lang in sengender Hitze, ohne ausreichend Schlaf und von Ungeziefer geplagt. Nach Wintereinbruch wiederum waren es Kälte und mangelnde Winterausrüstung, die den Soldaten zu schaffen machten (vgl. Schröder 1991:311-313). Es stellt sich die Frage, ob die Anstrengungen, die von der nationalsozialistischen Führung als notwendiges Opfer für Volk und Rasse dargestellt wurde, „normal“ waren. Dazu Schröder:

> Insgesamt ist festzuhalten, daß die Strapazen, denen ein großer Teil der Soldaten im Rußlandkrieg von Anfang an ausgesetzt war, ein besonderes Ausmaß hatten und nicht einfach als „kriegsüblich“ angesehen werden können. [...] Die Planer gingen davon aus, ein militärisch schlecht gerüstetes Land im Blitzkriegverfahren besiegen zu können, sie besaßen nicht die Phantasie, sich auszumalen, daß allein schon die Weite und das Klima Rußlands kaum zu überwindende Widerstände setzen würden. (Schröder 1991:313)

Entgegen ihrer Erwartung standen die Soldaten einem Feind gegenüber, dessen moderne Waffen denen der Wehrmacht überlegen waren (vgl. Schröder 1991:314). Mit dem Fortschreiten des Krieges stieg auch die Zahl der Toten und Verletzten, die Einheiten wurden immer wieder umstrukturiert, Waffen, Munition und Verpflegung wurden knapp. Damit stieg der Druck auf die Soldaten. Hinzu kamen Angst, Nervosität und Erschöpfung (vgl. Bartov 1991:328). Die Propaganda zeichnete von den Gegnern ein Furcht erregendes Schreckensbild und die deutschen Soldaten fürchteten sich vor animalischen Horden heimtückischer Russen, die vor nichts zurückschreckten (vgl. Bartov 1991:336). Dieses Bild wurde durch die russischen Gefangenen bestätigt, die tatsächlich zerlumpt, schmutzig, abgekämpft und damit Furcht erregend aussahen. Schröder (1991:320) spricht von einer „self fulfilling prophecy“ und einem „ideologisch präparierten Blick“, der die Soldaten in den Russen genau das sehen ließ, was sie erwarteten.

Ein derart geprägtes Feindbild ist nur eine der Erklärungen für die Brutalität, mit der dieser Krieg geführt wurde. Die militärische Führung gab Befehle, die gegen das Völker- und Kriegsrecht verstießen, Kriegsverbrechen waren staatlich legitimiert und die entsprechenden Erlasse bereits vor dem „Unternehmen Barbarossa“ ausgearbeitet worden (vgl. Schreiber 2004:58). Auch die einfachen Soldaten der Wehrmacht waren zunehmend bereit, die Grenzen jeder Menschlichkeit zu überschreiten und sich an den Kriegsverbrechen zu beteiligen. Die Auswertung von Feldpostbriefen, Interviews, Befehlen, Prozessmaterial und zeitgenössischen Quellen belegt, dass die Verbrechen der Wehrmacht nicht nur die Ausführung von Befehlen der Wehrmachtsführung waren, sondern eine Eigendynamik annahmen und mit einer zunehmenden Brutalisierung seitens der Soldaten einher gingen. Diese Erkenntnisse widersprechen der These, Hitler und seine Generäle allein seien die Verantwortlichen für die Verbrechen im Zweiten Weltkrieg gewesen – Armeebefehlshaber und einfache Soldaten zogen am selben Strang (vgl. Schröder 1991:316-319).

Wie konnte es zu einer solchen Verrohung der Wehrmacht kommen? Bartov gibt zu bedenken,

> daß körperliches Überleben und geistige Abnutzung, Verluste und Zusammenhalt, drakonische Disziplin und Brutalität, Indoktrinierung und kriminelle Methoden zusammengenommen einen Teil der täglichen Fronterfahrung des Soldaten ausmachten, seine Ansichten prägten und seine Handlungsweise bestimmten. (Bartov 1991:326)

Abgesehen von den körperlichen Strapazen und den traumatischen Erlebnissen in der Schlacht ist es nach Meinung Bartovs auf den Strukturwandel der Wehrmacht zurückzuführen, dass die Gewaltbereitschaft unter den Soldaten anstieg. Traditionell wurde in der deutschen Armee auf das Zusammengehörigkeitsgefühl unter den Soldaten gesetzt. So wurden Truppeneinheiten nach regionalen Gesichtspunkten zusammengesetzt, die Soldaten kehrten nach ihrem Heimaturlaub oder Aufenthalten in Lazaretten wieder zu ihren Kameraden zurück und es entstand eine Bindung, die über die Vaterlandsliebe hinausging. Aufgrund der hohen Verluste und der dadurch entstandenen Personalfluktuation war es nicht möglich, dieses Prinzip aufrecht zu erhalten. Der Zusammenhalt sollte mit verstärktem Druck, mit immer härteren Disziplinarmaßnahmen und eiserner Disziplin erzwungen werden. Nach dem Prinzip der Überlegenheit des Stärkeren wurden Schwache auch in den eigenen Reihen bestraft. Wer in Panik geriet oder seine Kameraden im Stich ließ, konnte ohne Gerichtsverfahren auch an Ort und Stelle von seinen Offizieren erschossen werden. Die Soldaten lebten in wachsender Angst vor Bestrafung, was tatsächlich zu einem verstärkten Zusammenhalt führte.

Diese Angst suchte ein Ventil und wurde kanalisiert. Zwar wurde jede Verletzung der Disziplin schwer bestraft, doch brutales Vorgehen gegen Juden, Partisanen, Kriegsgefangene oder Zivilisten blieb straffrei, weil es keinen Verstoß gegen die Disziplin in den eigenen Reihen darstellte. Je mehr Druck von oben kam, desto gewaltbereiter wurden die Soldaten. Sie unterwarfen sich „umso bereitwilliger den brutalen Maßnahmen ihrer eigenen Offiziere, als sie ja selbst Straftaten gegen andere begehen durften“ (Bartov 1991:332).

Hinzu kam die Wirkung der Propaganda. Jugendliche waren schon von klein auf von der nationalsozialistischen Denkweise beeinflusst und als Soldaten besonderer Indoktrinierung ausgesetzt. Werte wie Pflichtgefühl, Gehorsam, Kameradschaft und Opferbereitschaft bekamen einen besonderen und überhöhten Stellenwert. Die Soldaten sollten zu der Überzeugung gelangen, dass ihr Einsatz einen großen, übergeordneten, fast gottgewollten Sinn hatte, indem sie das „germanische Blut“ verteidigten (vgl. Bartov 1991:330-337). Bartov bringt die Wirkung der Propaganda auf den Punkt:

> Die Entmenschlichung des Feindes und die Vergötterung des „Führers“ legitimierten auch das barbarische Vorgehen der Wehrmacht im besetzten Rußland. Indem die Armee ihr eindeutig proklamiertes Ziel der „Fanatisierung“ der Soldaten mit Erfolg erreichte, trug sie nämlich nicht nur zum Zusammenhalt und zur Standfestigkeit der Truppen unter widrigsten Umständen bei, sondern entfesselte gleichzeitig die brutalsten Instinkte der Soldaten, was zu einer beispiellosen Zerstörung von Leben und Eigentum führte. (Bartov 1991:338)

Das Töten feindlicher Soldaten oder auch Zivilisten hatte für die Soldaten keinerlei Folgen, brachte eher Lustgewinn und war Ausgleich für die eigenen Frusterlebnisse. Es war zur Willkür geworden und musste vor niemandem gerechtfertigt werden:

> Eine Radikalisierung dieser Dynamik stellt sich immer dann ein, wenn zur Erfahrung von Anstrengung und Erfolglosigkeit noch das Erlebnis des Todes von Kameraden hinzukommt, wenn das Gefühl der Frustration sich mit dem der Rache paart. (Heer 1999:116)

Ihre eigenen Taten wirkten auf die Soldaten in der Weise zurück, als dass sie fürchteten, selbst genauso behandelt zu werden. Das stärkte die Bereitschaft, tatsächlich bis zuletzt verzweifelt zu kämpfen. Die Angst vor der Rache ihrer Opfer machte die Soldaten gefügig, sie war stärker als die Angst vor dem Tod und machte die Soldaten zum bereitwilligen Instrument in der Hand der Wehrmachtsführung. Zudem war die „Ehre“, den „Heldentod“ zu sterben und damit seine Tapferkeit zu beweisen schon im Vorfeld propagiert worden. (Vgl. Bartov 1991:338 und Heer 1999:109.)

4.3.2 Die Wehrmachtsangehörigen im Film

Die Authentizität war auch bei der Darstellung der Wehrmachtsangehörigen oberste Richtschnur für Frank Wisbar. Das begann bei der Ausstattung des Films: Uniformen, Fahrzeuge, Gebrauchsgegenstände. Bis ins Detail wurde Wert auf eine wirklichkeitsnahe Darstellung gelegt. Auch die militärischen Gepflogenheiten, die Dienstgrade, Namen von militärischen Einheiten und Anreden sind sorgfältig recherchiert. Vokabular wie *etwas organisieren*, *der Ivan*, *Befehl ist Befehl*, *vorne* (an der Front), *Packe* (tragbare Mehrschussfeuerwaffe), *Haufen* (Truppe), *Kübelwagen* (Militärfahrzeug), *verheizen* usw. war der übliche Jargon in der Wehrmacht. Diese Gewichtung auf die „Richtigkeit des Details" (Zitat Wisbar, siehe Kap. 3.1.1.) hat zur Folge, dass die anderen Handlungsfäden relativ dünn erscheinen und die Protagonisten in einem fest gefügten Rahmen, „um die Ereignisse herum" agieren. Die Handlung besteht aus möglichst vielen, ausgewählten Aspekten, die historische Referenz zeigen.

Die einzelnen Figuren haben vor allem symbolischen Wert. Sie stehen stellvertretend für Millionen Menschen, die in diesen Krieg verwickelt waren und vertreten jeweils eine Gruppe, eine politisch-ideologische Ausrichtung, ein musterartiges Partikel im Gesamtbild. Die Charaktere sind stereotyp und nur grob herausgearbeitet, es fehlt ihnen an Tiefe. Ein Identifizieren mit diesen Personen wird dadurch erschwert. Konflikte werden nur angedeutet, persönliche Veränderungen kommen nicht aus dem Inneren, sondern sind lediglich Reaktionen auf die äußeren Umstände. Der Krieg wird als Tatsache gezeigt, die hinzunehmen ist. Dabei erfolgt die Darstellung der deutschen Sicht.

4.3.2.1 Gerd Wisse und Major Linkmann

Der Zuschauer verfolgt die Geschichte von Oberleutnant Gerd Wisse, der die verschiedenen Phasen der Schlacht durchlebt, und wird durch ihn durch das Geschehen geführt. Gerd Wisse ist ein aufrechter Soldat und ein ehrlicher, tugendhafter Mensch. Als Waisenkind wurde er von den Nationalsozialisten im Sinne des Nationalsozialismus erzogen und genoss seine Ausbildung auf der Ordensburg, einer NS-Kaderschmiede. Die Figur des Gerd Wisse ist mit allen deutschen Nachkriegstugenden ausgestattet und dabei wenig kohärent, denn obwohl er von Nationalsozialisten erzogen wurde, macht er keinen Unterschied zwischen Rumänen, Deutschen und Russen. Er dient als gutes Beispiel und Gegenpol zum unmenschlichen System des Nationalsozialismus.

Gerd rückt nach und nach vom blinden Gehorsam ab und widersetzt sich den gegebenen Befehlen. Die erste Szene eigenmächtigen Handelns findet beim Räumen des Vorratslagers statt:

BULLE: Ich habe meinen Befehl.

GERD: Ich pfeiff auf Ihren Befehl. – Krämer, lassen Sie das stehen und warten Sie ab, bis Sie Anweisung haben.

KRÄMER: Was haben Sie vor?

GERD: Das will ich Ihnen sagen. Da kein höherer Offizier in der Nähe ist, werde ich die Verantwortung für die Räumung des Lagers übernehmen und den Rest verbrennen. (A 21)

Diese Verweigerung wird nicht geahndet, da Gerd Oberstleutnant Kesselbach auf seiner Seite hat und der zuständige Soldat in der militärischen Hierarchie unter Gerd steht. Ein weiterer Fall von Missachtung der geltenden Befehle ist die Freilassung des russischen Gefangenen. Zu diesem Zeitpunkt der Schlacht wurden gegnerische Soldaten an Ort und Stelle erschossen (vgl. auch Kapitel 4.4.1.4). Gerd entscheidet anders:

KUNOWSKI: Hier werden keine Gefangenen gemacht [will schießen]. Auf keiner Seite.

GERD: Nicht bei mir, Kunowski. Lass ihn laufen. (A 39)

Diese beiden Fälle sind Beispiele für das Ausschöpfen von Handlungsspielräumen, wie sie, wenn überhaupt, nur selten vorkamen, besonders in einer Situation, in der es um das nackte Überleben ging.

Ein Vertreter des Hitler-Regimes und Gegenspieler Gerds ist Major Linkmann, ein überzeugter Nationalsozialist, der meist feige in seinem Bunker sitzt und sinnlose Befehle erteilt. Er ist ein unangenehmer Mensch und verachtet alle *unmilitärischen* (A 34) Charaktere, sowie Rumänen und Russen. Er sieht Gerd als einen seines Schlages an, weil dieser auf der Ordensburg ausgebildet wurde:

MAJOR LINKMANN: Und, was uns beide anlangt, ich habe beim Armeekorps schon von Ihnen gehört. Ausgezeichneter Werdegang, Ordensburg und so. Ich bin auch schon lange dabei. Ja, es ist nicht ganz einfach hier. Wir müssen zusammen halten. (A 14)

Als Gerd an seiner menschlichen Moral festhält, will Linkmann ihn durch hartes Herannehmen strafen und pocht auf Tapferkeit, Pflichterfüllung und Soldatenehre. Sein Ziel ist es, Gerd zu bearbeiten und zu erziehen.

Linkmann stellt den Emporkömmling dar, der im Nationalsozialismus aufgestiegen ist, nach oben buckelt und nach unten verteilt. Immer deutlicher wird, dass Linkmann Angst hat und seine Autorität nur auf seinem Dienstgrad beruht. Im Grunde ist er verachtenswürdig, ein Opportunist ohne Würde, der gegen Ende des Films sogar zum Feind überlaufen will und dabei von einem seiner Soldaten erschossen wird:

KRÄMER: Das ist nicht mehr unser Major, das ist ein Überläufer und ein Verräter. (A 53)

Gerd kritisiert im Laufe des Films zunehmend das Verhalten Linkmanns. Dieser schlägt ihm beim ersten Angriff der Russen vor, gemeinsam zu verschwinden, da die Rumänen sowieso *verheizt* (A 17) würden. Später widerspricht Gerd sogar seinen Befehlen:

> GERD: Wäre es nicht besser, wenn wir beide zu ihm nach Stalingrad reingehen würden und Sie schicken jemand anderes nach Gumrak?
>
> MAJOR LINKMANN: Ich verbitte mir Ihre blödsinnigen Ratschläge. Noch befehle ich hier. Hauen Sie ab. Hauen Sie ab nach Gumrak. (A 42)

Der Konflikt eskaliert, nachdem Gerd dem sterbenden Fuhrmann beigestanden hatte und erfuhr, dass Böse tot ist. Linkmann zieht die Pistole und will Gerd erschießen, lässt aber doch davon ab:

> MAJOR LINKMANN: [zieht Pistole] Noch ein Wort und ich knall Sie über den Haufen.
>
> GERD: Nur los! Nach all den Parolen und Phrasen, an die ich selbst mal geglaubt habe, schießen Sie doch.
>
> MAJOR LINKMANN: Mein letztes Wort, hören Sie jetzt auf. (A 52)

Linkmann hätte das Recht gehabt, Gerd wegen dieser Äußerungen zu erschießen. Die Problematik von Verweigerung und Bestrafung wird im Film somit thematisiert, jedoch nicht weiter ausgeführt.

4.3.2.2 Die Situation der Soldaten

Der Obergefreite Krämer, Feldwebel Böse, Leutnant Fuhrmann und Wachtmeister Kunowski stellen wie Gerd gewöhnliche Soldaten dar, die mit den Widrigkeiten des Krieges zu kämpfen haben.

Krämer spielt die Rolle des Praktikers und Optimisten, der immer einen Scherz auf den Lippen hat und sich zu helfen weiß. Er ist *Mädchen für alles* und Spezialist im *Organisieren* (A 10).

Feldwebel Böse ist Pessimist und Zyniker, der skeptisch das Geschehen beäugt. Als Mann des Nachrichtenverbindungsstabs sitzt er an der Informationsquelle und erkennt schon früh die verzweifelte Lage. Er gibt sich nicht mit fadenscheinigen Erklärungen zufrieden:

> BÖSE: Das sind doch Phrasen. Wir wollen eine richtige Antwort. Wie wird es weitergehen? (A 24)

Leutnant Fuhrmann ist der *Musensohn* (A 6), der eigentlich lieber Klavier spielt als ein Gewehr in der Hand zu halten. Er ist ein Freund von Gerd, ein sanftes, sensibles Gemüt, der am Ende im Lazarett stirbt.

Wachtmeister Kunowski übernimmt die Rolle des aufbrausenden alten Haudegens, ein erfahrener Soldat, der viele Geschichten auf Lager hat und diese mit Witz erzählt. Es ist die Art von Geschichten, die wohl jeder Soldat zu erzählen hat und die verzweifelt dem Krieg eine komische Seite abgewinnen will. Als ihn der Hunger plagt, beschwert sich Kunowski lautstark und verliert die Beherrschung:

> KRÄMER: Jetzt dreht er uns durch. (A 45)

Diese vier Protagonisten vertreten eine Reihe von Stereotypen: der Optimist, der Pessimist, der Schöngeist und der Choleriker. Hinzu gesellt sich die Figur des Gerd Wisse, der am trefflichsten als der Tugendhafte bezeichnet werden kann.

Diese Charaktere sind recht oberflächlich und eindimensional dargestellt. Ihre Schicksale fügen sich glatt in das entsprechende Bild ein: der Optimist Krämer schlägt sich bis zum Schluss durch und geht in Gefangenschaft, der Pessimist Böse quält sich mit einer bösen Lungenentzündung und stirbt an einer Schussverletzung, der Pianist und Schöngeist Fuhrmann verendet mit zerfetzten Händen im Lazarett, der Choleriker Kunowski *dreht durch* und stirbt bei dem verzweifelten Versuch, dem Elend zu entgehen. Auch der tugendhafte Gerd Wisse geht in Gefangenschaft.

Die Soldaten sind gute Kameraden, die sich gegenseitig helfen und unterstützen. Sie üben heftige Kritik am System und den gegebenen Umständen, doch diese Kritik hat keine Konsequenzen. Die Protagonisten versuchen nicht, die Situation zu ändern, nicht etwa aus Angst vor Bestrafung, wie zu vermuten wäre, sondern weil sie die Umstände als gegeben hinnehmen, als wüssten sie bereits, wie die Schlacht enden wird.

Wie in Kapitel 4.3.1 beschrieben, konnte Kritik in der Wehrmacht nicht frei geäußert werden und stand unter Bestrafung. Der Grat zwischen allgemeinen Unmutsäußerungen und Wehrkraftzersetzung war schmal. Da die Gefahr von Denunziation, auch durch die eigenen Kameraden, groß war, ist es äußerst fragwürdig, ob eine freie Meinungsäußerung wie im Film stattgefunden hat. Äußerungen wie:

> KRÄMER: Naja, unser geliebter Führer hat nicht alle Tassen im Schrank (A 24),
>
> BÖSE: Das sind doch Phrasen (A 24),
>
> FUHRMANN: Dass der Russe uns raus haben will, verstehe ich. [...] Wir haben hier nichts verloren. (A 39),

oder auch

> KRÄMER: [...] Aber zum Heimatschuss hat's leider nicht gereicht. (A 11)

wären höchstwahrscheinlich unter den Strafbestand „zersetzende Rede" gefallen. Verwunderlich ist auf jeden Fall die hohe Zahl von grenzwertigen Äußerungen, die im Film gemacht werden. Das zweite Beispiel verweist zudem auf das Heimweh der Soldaten und auf die Tatsache, dass Verwundete nach Hause durften. So mancher Soldat hat beim *Heimatschuss* selbst nachgeholfen. Auch Hauptmann Scherer beeilt sich beim Packen, um möglichst schnell von der Front weg zu kommen:

> GERD: Der hat's aber eilig gehabt.
>
> BÖSE: Recht hat er. Wir wären alle gerne mitgefahren. (A 13)

Von der im vorangegangenen Kapitel beschriebenen Brutalität und Verrohung der Soldaten ist im Film nichts zu spüren. Auch die Angst vor Vorgesetzten und Bestrafung, das Leiden unter Repressalien innerhalb der Truppe und die Gewalt als Ventil kommen nicht vor. Die Stimmung ist relativ gut, es geht menschlich zu, auch gegenüber dem Feind.

Selbst Major Linkmann, der die Rolle des ungerechten Vorgesetzten übernimmt, wird nicht gefürchtet, sondern verachtet und kritisiert:

> BÖSE: [...] Ich werde es ihm nie vergessen, dass er damals türmen wollte (A 25),

oder:

> GERD: [...] Linkmann, Sie sind kein Vorgesetzter, Sie sind ein Feigling und ein Schwein. (A 52)

Im Film leiden die Soldaten vor allem unter der Kriegssituation und ihren Folgen. Darunter fällt Hunger:

> KUNOWSKI: [...] Nicht mal eine Wurstpelle ist durchgekommen (A 36),
>
> KUNOWSKI: [...] Haben Sie nicht irgendwas zu fressen da? (A 37),

der Mangel an Munition:

> FUHRMANN: [...] Wir haben pro Geschütz noch zwölf Schuss, dann ist Feierabend (A 35),

die Kälte:

> FUHRMANN: [...] Was der Russe nicht schafft, schafft die Kälte (A 35),

oder die Sorge um die eigene Lage:

> GERD: [...] Das verspricht hier ein netter Kurort zu werden [...] (A 33),
>
> KUNOWSKI: [...] Die Gegend wimmelt hier nur so von Scharfschützen. (A 38)

Diese Art von Sorgen ist mit Sicherheit realistisch und entspricht den Alltagserfahrungen der deutschen Wehrmachtsoldaten.

4.3.2.3 Die oberen Ränge der Wehrmacht

Eine weitere Personengruppe sind Generäle und Wehrmachtsführung. Diese sind grob in „Gut und Böse“ unterteilt. Generaloberst Paulus, General von Seydlitz oder Generalleutnant Schmidt und andere werden als nachdenkliche, besonnene Männer dargestellt, die inmitten der verzweifelten Lage versuchen, die bestmöglichen Entscheidungen zu treffen. Besonders Generaloberst Paulus, wägt das Für und Wider einer Befehlsverweigerung ab, er hat über das Leben Tausender Soldaten zu entscheiden und gleichzeitig Hitlers Befehlen zu gehorchen. Sowohl General von Seydlitz, als auch General Schmidt raten Paulus, gegen den Befehl Hitlers zu handeln und aus dem Kessel auszubrechen:

> GENERAL VON SEYDLITZ: Ich musste die Front verkürzen. [--] Paulus, wir müssen ausbrechen, auch gegen den Befehl des Führers. (A 23)

und

> GENERALOBERST PAULUS: Ich bin durch den Befehl gebunden.
>
> GENERAL SCHMIDT: Geh gegen ihn an. (A 29)

Oberstleutnant Kesselbach, General Hoth oder General Codreanu stehen persönlich bei ihren Soldaten im Getümmel der Schlacht, kämpfen und tun ihr Bestes. Andere Offiziere sitzen in Quartieren voller Zeichnungen und Lageplänen, telefonieren und halten Taktikbesprechungen ab. Sie alle arbeiten fleißig und dienstbeflissen, um – trotz der Befehle Hitlers – die Schlacht zu gewinnen. Auf der anderen Seite steht Hitler, der von seinem Generalstabschef Zeitzler über die Lage informiert wird und Befehle erteilt. Auf seine Person konzentriert sich die Verantwortung, er ist es, der die unmenschlichen Entscheidungen trifft. Er und Major Linkmann sind die einzigen negativen, zentralen Figuren, die im Film dargestellt werden.

4.3.3 Militärseelsorge in der Wehrmacht und die Figur des Pfarrer Busch

Die Kirche als Instanz innerhalb des deutschen Militärs hat eine lange Tradition. Schon unter Kurfürst Friedrich Wilhelm dem Großen (1640-1688) wurde durch die preußische Militärverwaltung die Militärseelsorge eingerichtet. In alter preußisch-christlicher Tradition waren auch im Ersten Weltkrieg die Militärpfarrer fester Bestandteil des Militärs.

Während des Nationalsozialismus wurde diese Tradition in Heer und Marine weitergeführt. Nur die Truppen, die von den Nationalsozialisten neu aufgebaut wurden, konnten nicht auf diese Tradition zurückblicken und es wurde auch kein Wert darauf gelegt, dass eine solche entstand. Das waren die Luftwaffe und vor allem die SS.

Die Militärseelsorger hatten ein breites Aufgabenfeld: Sie hielten Gottesdienste aller Art ab, betreuten die Verwundeten in den Lazaretten, hielten Grabreden bei Beerdigungen, Begleiteten die zum Tode Verurteilten in ihren letzten Stunden, besuchten die Soldaten im Feld, in den Bunkern usw. Der militärische Rang eines normalen Feldpfarrers entsprach dem eines Majors, Dekane und Bischöfe waren dementsprechend an höherer Stelle in der militärischen Hierarchie angesiedelt (vgl. Boberach/Thommes/Weiß 1997:27). Die Pfarrer genossen die Freiheit, mit allen Mitgliedern der Wehrmacht gleichermaßen in Kontakt treten zu können, und das ermöglichte ihnen eine besondere Wahrnehmung der Kriegsereignisse (vgl. Beese 1995:486ff.).

Die Rolle der Militärseelsorge und der Kirche allgemein während des Nationalsozialismus ist umstritten, schließlich hat sie sich in ein unmenschliches System integriert und diesem sogar gedient. Die Pfarrer hatten die Aufgabe, die Moral der Soldaten hochzuhalten, sie „zum Ertragen, zum Führen, zum Kämpfen, nicht jedoch zu Ungehorsam, illegaler Abweichung oder gar Widerstand“ (Beese 1995:492) zu ermutigen. Bei der Seelsorge an den zum Tode verurteilten Soldaten hatten sie die

> [...] ernste Aufgabe und Verantwortung, dem Verurteilten zur inneren Ruhe und zur letzten Sammlung zu verhelfen, [...] den Verurteilten möglichst zu der Überzeugung [zu bringen], daß sein Sterben eine Sühne ist für seine Tat und eine Warnung für manchen, der sich in Gefahr befindet, abzugleiten. (Anweisung für die Seelsorge an den zum Tode verurteilten evgl. Wehrmachtsangehörigen, 1942, zit. nach Beese 1995:499.)

Die Wehrmachtspfarrer gerieten teilweise in einen Konflikt zwischen menschlichem Urteil und Gehorsam. Besonders in Fällen, in denen ein Soldat für ein Vergehen verurteilt wurde, das menschlich nachvollziehbar ist, beispielsweise wegen Einschlafen im Dienst oder Entfernen von der Truppe aus Angst, musste sich dem Pfarrer die Frage aufdrängen, ob die Todesurteile gerechtfertigt waren, ob dieser Krieg gerecht ist, ob er einem unmenschlichen System dient und so weiter. Andererseits war er gezwungen zu handeln, er sah sich außerstande, die Umstände zu ändern und verfolgte das Ziel, wenigstens im kleinen Rahmen Menschliches zu tun. (Vgl. Beese 1995:492ff.)

Die Kirche rechtfertigt heute ihre Haltung damit, dass „dieser defensive Widerstand der Militärseelsorge ein Überleben ermöglicht hat" (Güsgen 1995:524), denn trotz ihrer defensiven Haltung war sie für das System ein Störfaktor und sollte auf längere Sicht abgeschafft oder so weit als möglich eingeschränkt werden. Dieser Umstand dient als Grundlage für die Einschätzung:

> Die Militärseelsorge in der nationalsozialistischen Zeit stand zwar im Widerspruch von Kreuz und Hakenkreuz, aber sie diente dem Menschen und nicht dem System. (Güsgen 1995:524)

Die Tatsache, dass das Handeln nach den Grundsätzen des christlichen Glaubens vom nationalsozialistischen System abgelehnt wurde, erleichtert in gewisser Weise diese Rechtfertigung. Breese kommt zu einem anderen Schluss, denn ob sie es wollte oder nicht, „das mörderische System des Nationalsozialismus und seiner Wehrmacht spannte [...] die Wehrmachtseelsorge für seine Zwecke ein" (Beese 1995:502). Die Meinungen zu diesem Thema gehen noch heute auseinander. Die Kirche kann während des Nationalsozialismus nicht als einheitliche Institution angesehen werden. Teilweise wurde der Russlandfeldzug als „Kreuzzug gegen den Bolschewismus" (Lemhöfer 1984:138) deutlich gutgeheißen. Die Bekennende Kirche hielt sich weitgehend aus der Staatspolitik heraus, aber auch hier stieß der Kampf gegen den Bolschewismus zum Teil auf Anerkennung. Insgesamt lässt sich wohl sagen, dass die kirchlichen Institutionen entweder die nationalsozialistische Politik unterstützten oder sich zumindest mit ihr arrangierten (vgl. Lemhöfer 1984:137ff.). Bekannt ist aber auch, dass sich in kirchlichen Kreisen Widerstand regte, zumindest in kleinem Rahmen. Der einzelne Wehrmachtspfarrer fand sich in einer Situation wieder, die er nur teilweise beeinflussen konnte. Er musste sein Handeln mit seinem eigenen Gewissen vereinbaren und bewegte sich auf dem schmalen Grat zwischen christlicher Nächstenliebe und Unrecht.

Die Person Pfarrer Buschs ist eine der kohärentesten Figuren und stimmt in seiner Rolle mit den oben beschriebenen Wehrmachtspfarrern überein. Er fungiert als verbindendes Element zwischen den Protagonisten. Er hat trotz seines höheren Dienstgrades (vermutlich als Major) keine feste Position in der militärischen Hierarchie und spricht mit einfachen Soldaten und Offizieren auf die gleiche Weise. Er kümmert sich um das Wohlergehen der Soldaten und bildet durch sein Auftreten in entscheidenden Situationen eine gewisse Konstante im Film.

In einem der Gespräche mit Pfarrer Busch geht es um Religion und Nationalsozialismus:

> GERD: Ich denke, das hat Moskau längst abgeschafft?
>
> PFARRER BUSCH: Das haben sie bei uns in Deutschland auch versucht. Es ist Ihnen nicht gelungen. Trotz Ordensburg und Hitlerjugend. Sie sehen, Herr Wisse, alles vergeht, aber das bleibt, darauf kann man sich verlassen.
>
> GERD: Ich bin auch auf der Ordensburg erzogen worden. Wir haben gelernt, uns auf uns selbst zu verlassen und sind damit recht gut gefahren. (A 10)

Hier prallen zwei Weltsichten aufeinander. Noch ist Gerd von seiner Ideologie überzeugt, doch Pfarrer Busch hat einen sichereren Stand, muss sich nicht verteidigen. Später hält Pfarrer Busch einen Weihnachtsgottesdienst ab, Gerd stößt hinzu und spricht erstmals von einer Sinnkrise:

> GERD: Ich bin nicht mehr ganz sicher, Herr Pfarrer. Das alles hier ist schwer zu verstehen. Man fragt sich nach dem Sinn.
>
> PFARRER BUSCH: Na ja, eine verstandesmäßige Antwort darauf gibt es nicht. Da bleibt nur der Glaube an Gott. [Macht Kerzen aus] Aber das ist wohl kein Trost für Sie.
>
> GERD: Wie könnte es auch. Ich habe meine Eltern früh verloren und Sie wissen, dass die Leute die mich erzogen haben, Gott nicht gelten lassen.
>
> PFARRER BUSCH: Folgen Sie Ihrem Gefühl, Oberleutnant, durch all das Schwere, das wir hier erleben. Ich sage Ihnen, Gott offenbart sich manchmal erst in der Hölle. (A 31)

Hier könnte eine Bekehrung Gerds stattfinden, doch wird auch dieser Handlungsfaden nicht weitergesponnen. Sicherlich rückt er von seiner nationalsozialistischen Prägung ab, aber eine Hinwendung zum christlichen Glauben ist es nicht.

Ein wichtiger Dialog über den Sinn des Krieges findet mit Generaloberst Paulus statt:

> GENERALOBERST PAULUS: Ich wundere mich über Sie, Herr Pfarrer. Die Kirche betet für den Sieg unserer Waffen, aber wenn dieser Sieg seine unerbittlichen Opfer fordert, dann sagen sie, es darf nicht sein. Wo liegt da der Sinn?
>
> PFARRER BUSCH: Die Kirche betet für den Frieden und für den Sieg der gerechten Sache. Aber dieser Krieg ist ein Unrecht.
>
> GENERALOBERST PAULUS: Seien Sie vorsichtig mit Ihren Äußerungen. Sie könnten Ihnen als Hochverrat ausgelegt werden.
>
> PFARRER BUSCH: Die Menschen hier sterben für nichts, ihr Opfer ist völlig sinnlos.
>
> GENERALOBERST PAULUS: Pfarrer Busch! Erst eine spätere Zeit, wird darüber befinden, wer von uns beiden Recht hat. Unser Opfergang nach Stalingrad ist eine militärische Notwendigkeit. [--] Wie könnte ich leben, ohne diese Überzeugung? (A 44)

Wieder einmal ist ein Gespräch mit dem Pfarrer Anlass für eine Beschäftigung mit der Situation und für eine Positionierung eines Protagonisten. Paulus hat in diesem Gespräch die Gelegenheit, seine Zweifel zu äußern und gleichzeitig seine Entscheidungen zu rechtfertigen. Er hält an seiner Überzeugung fest, das Standhalten in Stalingrad sei eine militärische Notwendigkeit. Außerdem kritisiert er scharf die Rolle der Kirche. Hier wird der Konflikt angesprochen, in der sich die Kirche während des Nationalsozialismus befand (s. o.), doch wird dieser nicht ausdiskutiert, sondern auf *eine spätere Zeit* verschoben. Diese *spätere Zeit* ist die, in der sich der Zuschauer des Films befindet, er wird praktisch dazu aufgefordert, *darüber zu befinden*, wer von den beiden Recht hat.

Als die aussichtslose Lage offensichtlich wird, soll Gerd in den Lazaretten nach *Drückebergern* (A 47) suchen. Auch dort trifft er wieder auf Pfarrer Busch, der die Verwundeten versorgt. Im Radio wird die Rede Görings im Reichsluftfahrtsministerium übertragen und Pfarrer Busch fordert, dass das Gerät abgeschaltet wird, weil Göring bereits vom Ende der Schlacht spricht:

> HERMANN GÖRING: [Radio] ...was wahres Heldentum ist. Sie haben dort ihre Treue zum Führer mit ihrem Tode besiegelt...
>
> PFARRER BUSCH: Stellen Sie das Ding ab.
>
> FELDWEBEL AM RADIO: Das ist der Reichsmarschall. Es ist Pflicht, die Rede zu hören.
>
> HERMANN GÖRING: [Radio] ...und so wird es fortan heißen, Wanderer kommst Du nach Deutschland, sage, Du habest uns in Stalingrad liegen gesehen, wie das Gesetz es befahl...
>
> VERWUNDETER (9): ...mehr Wasser.
>
> HERMANN GÖRING: [Radio] ...ja, der Soldat ist zum Sterben da und wenn er noch einmal davon kommt, kann er nur sagen: ich habe wieder mal Dusel gehabt. (A 49)

Kurz darauf schlägt Pfarrer Busch den Feldwebel nieder und zerstört das Radiogerät. In Anbetracht des makaberen Abgesangs Görings auf Stalingrad, während die Verwundeten zu Tausenden in den Kellern verhungern und erfrieren, ist die Wut von Pfarrer Busch verständlich und löst beim Zuschauer ein gewisse Genugtuung aus.

An dieser Stelle wird übrigens General Strecker zitiert, der in einem Telegramm aus dem Kessel auf Görings Rede reagierte: *vorzeitige Leichenreden unerwünscht* (vgl. Kapitel 4.2.1):

> BÖSE: [...] Bestell Deinem Reichsmarschall, dass wir uns vorzeitige Leichenreden verbitten. Hau ab, Mensch! (A 49)

Pfarrer Busch erscheint noch in einer letzten Szene, ganz am Ende des Films, als Oberstleutnant Kesselbach, Gerd, Krämer und er in Gefangenschaft gehen. Wieder ist es eine Aufforderung, die Geschehnisse zu reflektieren und daraus zu lernen:

> GERD: Was wird werden, Herr Pfarrer?
>
> PFARRER BUSCH: Ich weiß es nicht, aber wir werden viel Zeit haben, es herauszufinden. Vielleicht werden wir lernen aus all diesem. (A 56)

Pfarrer Busch deckt verschiedene Aufgabenbereiche eines Wehrmachtspfarrers ab. Er hält Gottesdienste, versorgt Verwundete, kümmert sich um die Soldaten und versucht bei den höheren Dienstgraden Einspruch gegen unmenschliche Befehle zu erheben. Nur die seelsorgerische Tätigkeit an zum Tode Verurteilten wird ausgeklammert. Er trägt den oben beschriebenen Konflikt zwischen menschlichem Urteil und Pflichterfüllung aus und versucht im Rahmen des Möglichen, die Situation zu erleichtern. Durch Pfarrer Busch als Vertreter der Kirche werden Fragen der Menschlichkeit und die Auseinandersetzung um Schuld, die Rolle der Kirche und Sinn und Unsinn des Krieges aufgeworfen. Er tritt als moralische Instanz auf, die zum Nachdenken auffordern möchte. Auf diese Weise ist er, obwohl er in relativ wenigen Szenen erscheint, eine der tragenden Personen des Films.

4.4 Der Film als Zeichen seiner Zeit

In der Nachkriegszeit wurde die Frage nach der Schuld an Krieg und Zerstörung heftig diskutiert. Man wollte einen Schlussstrich ziehen und feilte am Bild der Wehrmacht. In diesem Kapitel wird der Frage nachgegangen, inwiefern auch die einfachen Wehrmachtssoldaten an Verbrechen beteiligt waren und wie nach dem Krieg mit dieser Frage umgegangen wurde. Im Jahre 1959, als der Film HUNDE WOLLT IHR EWIG LEBEN in die deutschen Kinos kam, waren die Diskussion noch im Gange und die Erinnerungen noch frisch. Der Film behandelt also ein heikles Thema und ist Teil der Vergangenheitsbewältigung der Deutschen. Welches Bild er von der Vergangenheit zeichnet, steht im Zeichen seiner Zeit.

4.4.1 Die Verbrechen der Wehrmacht und deren Thematisierung im Film

Die Verbrechen der Wehrmacht werden entweder gar nicht oder nur andeutungsweise thematisiert. Kriegsgefangene, Partisanen, Zivilisten, Zwangsarbeiter, das Verhungern der Bevölkerung und der Genozid der Juden waren aber Teil der alltäglichen Erfahrungen der Soldaten. Dazu Wette:

> Wie groß das Ausmaß der Mitwisserschaft unter den Soldaten der Wehrmacht war, wird kaum je exakt quantifiziert werden können. Es gibt jedoch gute Gründe, zu bezweifeln, dass ein im Osten eingesetzter Wehrmachtssoldat überhaupt in Unkenntnis der rassistisch motivierten Mordtaten bleiben konnte. (Wette 2002_I:199)

Will man ein vollständiges Bild des Krieges und der Erlebnisse von Wehrmachtssoldaten zeichnen, dürfen diese Aspekte jedoch nicht fehlen. Lässt man sie größtenteils aus, wie Frank Wisbar es tat, wird das Bild verfälscht und die Geschichte nur einseitig beleuchtet. Die folgenden Kapitel sind der Versuch, die Verbrechen der Wehrmacht kategorisierend zusammenzufassen. Dies kann jedoch nur ein kleiner Einblick sein, der dazu dient, die Themen aufzuzeigen, die Frank Wisbar trotz seines Anspruchs die Realität dazustellen, außer Acht ließ.

4.4.1.1 Juden

Der Genozid an den Juden fand nicht nur auf deutschem Boden statt, auch während des Russlandfeldzuges wurden Millionen Juden umgebracht. Allein vom 22. Juni 1941 bis April 1942 waren es ca. 560.000 Juden, die der so genannten „Endlösung der Judenfrage“ (Schreiber 2004:66) zum Opfer fielen. Zwar war von Anfang an die Massenvernichtung vorgesehen, doch gab es darin keine Erfahrung. Hatte man zunächst daran gedacht, Juden und andere als „lebensunwert“ Eingestufte einzeln zu ermorden, sei es durch Erschießen oder durch eine Giftspritze, so zeigte sich bald, dass die angestrebte Massenvernichtung auf die Art nur schwer zu realisieren war. Also wurde systematisch an den logistischen und organisatorischen Voraussetzungen gearbeitet. Man sammelte die jüdische Bevölkerung in Ghettos, in denen es weitgehend an Versorgung fehlte, was zu Hungersnöten, Krankheiten und Massensterben führte. Gleichzeitig wurden Konzentrationslager eingerichtet und Methoden der Massenvernichtung getestet. Die großen Vernichtungsaktionen begannen im März 1942. (Vgl. Schreiber 2004:66ff.)

Seit Kriegsbeginn kooperierte die Wehrmacht mit der SS, der Sicherheitspolizei und dem Sicherheitsdienst. Zu den Aufgaben der Wehrmacht zählten die Verhaftung, Bewachung und Übergabe von Juden. Nachgewiesenermaßen beteiligten sich Wehrmachtsangehörige auch ohne Befehl ihrer Vorgesetzten an Erschießungen, manche Soldaten boten dem Sicherheitsdienst ihre Dienste an. Die Zusammenarbeit ermöglichte einen reibungslosen Ablauf der Erschießungen, die Wehrmacht trieb die Menschen zusammen und führte sie zum Erschießungsplatz, meist außerhalb des Ortes, und sperrte diesen ab. Die Wehrmachtssoldaten beobachteten die Erschießungen und manche fotografierten sogar das Geschehen für das private Fotoalbum.

Die institutionelle Trennung von Wehrmacht und SS wurde zunehmend aufgeweicht. In Fällen von Befehlsnotstand wurde der Erschießungsbefehl auch direkt von der Wehrmacht erteilt. Besonders in größeren Städten mit hohem Anteil jüdischer Bevölkerung war die SS auf sie angewiesen. Die Erfassung der Juden war hier mit einem größeren organisatorischen Aufwand verbunden. Unter anderem gingen Soldaten der Wehrmacht von Haus zu Haus und forderten die jüdische Bevölkerung auf, sich zu einem bestimmten Zeitpunkt zu sammeln und ihre Wertsachen mitzubringen. Unter dem Vorwand, sie würden in ein Lager gebracht oder umgesiedelt, wurden die Menschen aus der Stadt getrieben, wo sie ihre Hinrichtung erwartete. In Charkow wurden auf diese Weise insgesamt 20.000 Menschen ermordet. (Vgl. Boll/Safrian 1995:272-281.)

Im Film HUNDE WOLLT IHR EWIG LEBEN wird das Thema Juden vollständig ausgelassen.

4.4.1.2 Partisanen und Zivilisten

Zu den Partisanen zählten nicht nur Zivilisten, die den bewaffneten Kampf gegen die deutsche Besatzung aufgenommen hatten, sondern auch versprengte Rotarmisten, Soldaten in Zivil und auch Zivilisten, die unter dem Verdacht standen, in Kontakt mit Partisanen oder Angehörigen der Roten Armee zu stehen. Letzten Endes konnte jeder zum so genannten Freischärler deklariert und erschossen werden, selbst Zivilisten, die Anschläge von Partisanen nicht verhindert hatten. Da es immer wieder zu Partisanenangriffen kam, wurden immer härtere Maßnahmen ergriffen. Gleichzeitig zeugen all diese Schutzmaßnahmen auch von der Angst, die die Wehrmacht vor unvorhersehbaren Angriffen und feindlich gesinnter Bevölkerung hatte.

Eine der Maßnahmen war die Bildung von bewaffneten Kommandos, die gezielt Jagd auf Partisanen machten. Zunehmend wurden Vergeltungsmaßnahmen ausgeführt – für jeden toten Deutschen wurde eine Mehrzahl Zivilisten getötet. Ein Armeebefehl des Oberkommandos der 6. Armee lautete:

> Jüdische und bolschewistische Personen sind in erster Linie für die kollektive Sühne heranzuziehen. Saboteure oder Personen, die mit der Waffe Widerstand leisten, sind sichtbar aufzuhängen. (Boll/Safrian 1995:286)

Doch nicht nur Juden und „Bolschewisten" fielen diesen Maßnahmen zum Opfer. Der Leipziger Bäcker Heinz Feuer, damals Soldat in der 6. Armee, berichtet von den Maßnahmen nach einem Anschlag auf das Generalstabsquartier in Charkow, bei dem einige Offiziere getötet wurden:

> Es wurde ein Ultimatum an die Bevölkerung gestellt, binnen 24 Stunden die schuldigen Partisanen auszuliefern. Als dies nicht geschah, wurden als Vergeltungsmaßnahme 110 Männer u. Frauen auf der Straße an Balkonen, Laternenpfählen usw. aufgehenkt (zit. nach Heer 1995:40).

Ebenfalls in der Stadt Charkow wurden, nachdem Telefonleitungen zerschnitten und Sprengsätze entdeckt worden waren, einheimische Sicherungsdienste aufgestellt, die mit ihrem Leben haften sollten, falls wieder ein Anschlag passiert. Sollten diese fliehen, sollten an ihrer Stelle zehn weitere Personen hingerichtet werden. Außerdem wurde nachts Ausgangssperre verhängt und ein Geisellager von 500 Personen eingerichtet. Eine beliebige Zahl von Geiseln wurde hingerichtet, sobald Aktivitäten von Partisanen bekannt wurden. Der Druck auf die Zivilbevölkerung wurde immer stärker, die zur Abschreckung gehenkten Personen hingen dort oft tagelang und Verwesungsgeruch lag in der Luft (vgl. Boll/Safrian 1995:282-287).

Die Bekämpfung der Partisanen war Teil der Vernichtungspolitik. Die Zahl der Opfer dieser Politik geht in die Tausende. Niemand blieb verschont, denn

> mit ihrem unterschiedslosen Terror gegen die gesamte Zivilbevölkerung hatte die 6. Armee lange vor dem Angriff auf Stalingrad den Punkt hinter sich gelassen, an dem sie einen wie immer definierten Feindbegriff benötigte. [...] Weder ethnische Zugehörigkeit noch politische Überzeugung, weder angstvolle Passivität noch aktive Kollaboration konnte die Zivilbevölkerung davor bewahren, jederzeit nach der taktischen Lage zum Objekt von Repressalien zu werden. Sie waren in ihrer Gesamtheit zur Geisel der Wehrmacht geworden. (Boll/Safrian 1995:289)

Die unverhältnismäßig grausame Reaktion auf Gegenwehr der Partisanen wurde als Vergeltungsaktion gerechtfertigt. „Ursachen und Folgen wurden vertauscht" (Schröder 1991:319), die Grausamkeit der Partisanen war ein Vorwand um die Gewaltbereitschaft der Soldaten zu schüren (vgl. Schröder 1991:319). Die Existenz von Partisanen wird durch die Sprengung der Schienen bei Kalatsch, als Gerd mit dem Zug weiter Richtung Front fährt, angedeutet. Obwohl der Partisanenkrieg in Russland ein bedeutender militärischer Faktor war, der Angst und

Schrecken unter den deutschen Soldaten verbreitete und den Hass gegen die Zivilbevölkerung schürte (vgl. Kapitel 4.4.1), wird er lediglich in dieser Episode abgearbeitet.

Zwischen der Russin Katja und Gerd wird eine Liebesgeschichte angedeutet, die aber auf Grund der Situation nicht ausgelebt werden kann. Er verhilft ihr in Charkow zu einer Stelle, weil er ein *hübsches Mädchen nicht weinen sehen* (A 6) kann. Sie äußert sich ihm gegenüber:

> KATJA: Ihre Landsleute behandeln uns wie Dreck.
>
> GERD: Na na, nun mal langsam. Was können Sie denn? Ich meine, haben Sie was gelernt, oder?
>
> KATJA: Ich bin Studentin, aber die Universität habt ihr auch geschlossen.
>
> GERD: Sie sprechen gut deutsch, woher eigentlich?
>
> KATJA: Vater bestand darauf, dass ich lerne. Er hatte eine Schwäche für die Deutschen. Früher. (A 5)

Die Kritik Katjas ist nachvollziehbar, da sie wie alle unter dem Krieg und den dadurch bedingten Einschränkungen zu leiden hat. Das wahre Ausmaß der Besatzung Charkows wird jedoch nicht weiter ausgeführt, die Andeutungen beschränken sich auf den oben zitierten Dialog.

Später treffen sich Katja und Gerd in Stalingrad wieder, wo sie die russischen Soldaten mit Essen versorgt und sie Gerd hilft, seine Truppe wieder zu finden. Doch bleibt ihnen keine Zeit, sie müssen wieder auf die jeweils gegnerische Seite zurückkehren. Dieser Handlungsstrang hätte jede Menge dramaturgisches Potenzial, doch ist die Beziehung völlig gehaltlos.

Die Figur Katja steht stellvertretend für die Zivilbevölkerung und symbolisiert auf Grund der Tatsache, dass sie die Rote Armee unterstützt, das Partisanentum. Der gesamte Konflikt wird jedoch in nur zwei Sätzen abgehandelt:

> KATJA: [...] Wir dürfen nicht Freund sein. Wir müssen Feind sein (A 51).

4.4.1.3 Hunger

Noch während der Planungsphase des Russlandfeldzuges kalkulierte das Oberkommando der Wehrmacht ein, dass sich die deutschen Truppen während des Vormarsches mit Grundnahrungsmitteln selbst versorgen würden. Das bedeutet, dass von Anfang an mit einer Mangelversorgung, wenn nicht sogar mit dem Hungertod von Millionen Menschen in der Sowjetunion gerechnet wurde. Trotzdem wurden die Lebensmittel für deutsche Soldaten allmählich knapp. Immer häufiger wurden Diebstähle und Einbrüche in deutsche Lebensmittelbestände gemeldet und geahndet. Die eigenständige Plünderung einheimischer Bestände war untersagt, die Versorgung sollte der Division überlassen werden, was in der Praxis Plündern auf Befehl bedeutete.

Für die sowjetische Bevölkerung blieb entsprechend wenig übrig. Im Sinne der Vernichtungspolitik sollten sich die Einheimischen von Pferden, Katzen und Hunden ernähren. Für große Städte war keine und für kleinere Städte nur eine minimale Versorgung vorgesehen. Ansonsten erhielten Arbeiter im Dienste der Wehrmacht Lebensmittel, die gerade eben das Überleben sicherten. (Vgl. Boll/Safrian 1995:284f.)

Ein viel beschriebenes Beispiel ist die Stadt Charkow. Die Zivilverwaltung hatte die Aufgabe, private Vorräte einzuziehen und zu verteilen und so die Bevölkerung zu versorgen, doch bald waren keine Lebensmittel mehr vorhanden. Verdorbene Lebensmittel, Abfallfett, gefallene und an Krankheiten gestorbene Pferde wurden der Zivilbevölkerung zur Verfügung gestellt und Lebensmittel, „deren Verwendung durch die Zivilbevölkerung nicht erwünscht ist, wie Zucker, Kaffee, Mehl, Marmelade, usw. der Wehrmacht übergeben" (Bericht der Stadtkommandantur, zit. nach Boll/Safrian 1995:285). Das Umland von Charkow war bereits ausgeplündert, die Menschen verhungerten. „Charkow glich alsbald einem Hungerghetto" (Institut für Sozialforschung 2002:328). Ähnlich wie in Charkow ging es in allen Teilen des Landes zu. Durch den Krieg war das Land völlig ausgelaugt und gab nichts mehr her. Die Zahl der Todesopfer durch Verhungern war unvorstellbar groß.

Das Thema Hunger und Opfer unter der zivilen Landbevölkerung kommt in der Szene im russischen Bauernhaus vor:

> OBERSTLEUTNANT KESSELBACH: Ich habe eine Idee, Herrschaften. Wir machen erst mal was Ordentliches zu Essen. Matka, hast Du ein paar Eier?
>
> MATKA: [.../russisch: Одно]
>
> OBERSTLEUTNANT KESSELBACH: Nur eins?
>
> MATKA: Ja. (A 9)

Ansonsten sind im Film nur Hinweise auf Nahrungsmittelmangel unter den Wehrmachtssoldaten zu finden.

4.4.1.4 Kriegsgefangene

„Gefangene werden nicht gemacht" (Georg Bergmann, ehem. Gefreiter, zit. nach Heer 1999:258) war die Devise, Unzählige wurden „auf der Flucht erschossen" (ibid. 258). Kriegsgefangene waren unerwünscht und wurden beseitigt, wann immer es ging. Besonders Kommissare oder die so genannten „Flintenweiber" (zit. nach Wette 2002_{I}:198), also Frauen, die in der Roten Armee dienten, waren sofort zu liquidieren. Dennoch gingen Millionen russische Soldaten in Kriegsgefangenschaft und wurden größtenteils in Gefangenen- und Arbeitslager transportiert. Von etwa 5,7 Millionen Kriegsgefangenen starben etwa 3,3 Millionen. Davon abgesehen, dass viele sowjetische Gefangene auf der Stelle erschossen wurden, verstieß auch das Verhungern lassen gegen internationales Kriegsrecht. (Vgl. Schreiber 2004:65.)

Zwischen Gefangenen, Partisanen und Juden wurden keine Unterschiede gemacht, nur wessen Arbeitskraft noch gebraucht wurde, sollte gerade eben am Leben gehalten werden. Parolen wie „Die Juden sind [...] ohne jede Ausnahme mit dem Begriff Partisan identisch" (Lagebericht der Kommandantur Weißuthenien, zit. nach Heer 1999:111) oder „die jüdische Bevölkerung ist bolschewistisch“ (ibid. 111) zeigen, dass alle zum erklärten Feindbild zählten, alle waren Angehörige einer minderwertigen Rasse und „überflüssige Esser“ (ibid. 111) und als solche zu vernichten, bzw. unversorgt zu lassen.

Die Problematik der Kriegsgefangenen wird durch die Freilassung des russischen Soldaten angeschnitten. Russische Soldaten treten ansonsten lediglich als Randfiguren auf. Entweder erscheinen sie in Kampfhandlungen als Truppen anonymer feindlicher Soldaten oder als vom Krieg gezeichnete Gestalten, ängstlich, menschlich und nicht unsympathisch. Die deutschen Soldaten verhalten sich, als wären alle eine große Familie, in die selbst die Russen einbezogen werden.

4.4.1.5 Zwangsarbeiter

Mit dem Hunger steht noch ein weiteres dunkles Kapitel des Nationalsozialismus in Zusammenhang: die Deportation von Zwangsarbeitern. Arbeitsfähige Männer und Frauen meldeten sich, angelockt von der Propaganda, zunächst freiwillig, weil ihnen die Lebensgrundlage entzogen worden war:

> [...] Die Erfassung der Facharbeiter und die Zuweisung zu einem Transport ins Reich wird durchweg mit großer Genugtuung entgegengenommen. Ausübung eines Zwangs ist nicht notwendig. Die hiesige katastrophale Ernährungslage und das völlige Stilliegen der Betriebe kommen der Werbung sehr entgegen, sodaß eine Arbeitsaufnahme im Reich von den meisten direkt gewünscht wird. [...] (Zit. nach Institut für Sozialforschung 2002:372.)

Dieses Zitat aus dem „Kriegstagebuch des Wirtschaftskommandos Charkow vom 3.1.1941“ [sic!] (vermutlich 1942; Institut für Sozialforschung 2002:372) zeigt deutlich die verzweifelte Situation in der sich die Bevölkerung befand. Da ein Großteil der männlichen Bevölkerung Deutschlands zum Wehrdienst eingezogen worden war, versuchte die nationalsozialistische Führung den Mangel an Arbeitskräften durch Zwangsarbeiter auszugleichen. Besonders der verstärkte Bedarf an Arbeitskräften in der Rüstungsindustrie war Grund für diese Maßnahme. Im September 1944 gab es in Deutschland insgesamt etwa 5,9 Millionen ausländische Zivilarbeiter. Aus der Sowjetunion wurden etwa 2,8 Millionen Menschen nach Deutschland transportiert. Zunächst wurden die Arbeiter auf freiwilliger Basis angeworben, ab April 1942 wurden Zwangsarbeiter immer rücksichtsloser „ausgehoben“ und deportiert. (Vgl. Institut für Sozialforschung 2002:366.)

Die Angst vor Deportation wird durch Katja angeschnitten, aber in keiner Weise ausgeführt:

> KATJA: Wenn ich bis morgen nicht eine Arbeit nachweisen kann, werde ich nach Deutschland deportiert. Verschleppt. (A 5)

Lediglich das Wort *verschleppt* impliziert die verzweifelte Situation.

4.4.2 Die Legende der sauberen Wehrmacht

Trotz der begangenen Grausamkeiten hielt sich in Deutschland über Jahrzehnte die Auffassung, die Verbrechen der Nationalsozialisten seien nur der obersten

Führungsschicht und den Spezialeinheiten zuzuschreiben. Das Bild der Wehrmacht in der Öffentlichkeit blieb „sauber". Erst 50 Jahre später wird das Bild einer guten, tapferen Wehrmacht relativiert und wissenschaftlich thematisiert, wie sich diese Legende so lange halten konnte. (Vgl. Wette 2002_1:195.)

Zur Entthronung der Wehrmacht hat maßgeblich die so genannte Wehrmachtsausstellung „Verbrechen der Wehrmacht. Dimensionen des Vernichtungskrieges 1941-44" im Jahre 1995 beigetragen. Mit dieser Ausstellung drang erstmals die Auseinandersetzung um die Rolle der Wehrmacht an eine breite Öffentlichkeit. Hunderttausende Interessierte sahen diese Ausstellung, es gab viele Gegenstimmen und Proteste, aber auch viel Zuspruch. Vor allem junge Leute wollten wissen, was nun wirklich passiert war, da sie von ihren Eltern und Großeltern kein objektives, von persönlichen Erinnerungen ungetrübtes Bild erhalten hatten.

Die „Legende der sauberen Wehrmacht" war nicht ohne Grund entstanden. Zunächst ist wichtig festzuhalten, dass die Wehrmacht eine echte Volksarmee war (vgl. Bartov 1991:339). Insgesamt gab es rund 19 Millionen Angehörige der Wehrmacht, sie war ein „Spiegelbild der damaligen deutschen Gesellschaft" (Wette 2002_2:12). Das bedeutet, dass beinahe jede deutsche Familie in irgendeinem Bezug zur Wehrmacht stand und sicherlich mindestens ein männliches Familienmitglied als Soldat im Krieg war. Deckt man nun die Wehrmacht als verbrecherische Institution auf, so fühlt sich ein ganzes Volk verurteilt und zur Rechtfertigung gezwungen. Wahrscheinlich war aus diesem Grunde eine solche Ausstellung erst 50 Jahre später möglich und selbst zu diesem Zeitpunkt war die öffentliche Diskussion noch stark emotional aufgeladen.

Doch wie kam es zum Bild der guten Wehrmacht im Gegensatz zur „bösen" SS und der „bösen" nationalsozialistischen Führung? Wolfram Wette (2002_1:195-244) zeigt die verschiedenen Prozesse der Legendenbildung ausführlich auf: Schon während des Krieges versuchte man die Verbrechen zu verheimlichen und durch „systematische Informationsverknappung" (Wette 2002_1:197) den einzelnen Soldaten über die militärischen Operationen so unwissend wie möglich zu halten. Er war mit seinem Frontalltag beschäftigt und hatte Befehlen zu gehorchen. Trotz gefilterter Informationen funktionierte jedoch die normale menschliche Kommunikation und Gerüchte gingen um. Außerdem gehörte die Konfrontation mit Kriegsgefangenen, Partisanen, Juden oder verdächtigen Zivilisten zum Erlebnisbereich jedes Wehrmachtssoldaten, der sich unweigerlich die Frage stellen musste, was mit den Menschen geschah, wenn er nicht sogar durch eine Handlungsanweisung direkt mit dem Problem konfrontiert war. Das weit verbreitete Argument, man habe von alledem nichts gewusst, ist eindeutig widerlegt.

Nach 1945 trug unter anderem der Kalte Krieg zur Legendenbildung bei. Schon während der Nürnberger Prozesse nutzen hohe Wehrmachtsgeneräle die Gelegenheit in der so genannten „Nürnberger Generaldenkschrift" jegliche Schuld von sich zu weisen und darzulegen, dass im Grunde niemand mit den Entscheidungen Hitlers einverstanden war. Die Rolle der obersten Führung der

Wehrmacht wurde beschönigt und verharmlost. Das lag auch im Interesse der westlichen Siegermächte, die Deutschland als Bundesgenossen gegen die Sowjetunion gewinnen wollten.

Generalstab und Oberstes Kommando der Wehrmacht wurden während des Nürnberger Prozesses aus formalen Gründen nicht zu einer „verbrecherischen Organisation" erklärt, da es sich weder um eine Gruppe, noch um eine Organisation handelte und das entsprechende Gesetz nicht griff. Kriegsverbrecher sollten in Einzelverhandlungen verurteilt werden, was auch geschah. Das hatte jedoch zur Folge, dass die Nicht-Verurteilung aus formalen Gründen zu einem inhaltlichen Freispruch der ehemaligen Wehrmachtselite umgedeutet und in die Öffentlichkeit getragen wurde. Erst 1997 erklärte der Deutsche Bundestag den Zweiten Weltkrieg zu einem „Angriffs- und Vernichtungskrieg, ein vom nationalsozialistischen Deutschland verschuldetes Verbrechen" (Entschließung des Deutschen Bundestages, 175. Sitzung am 15. Mai 1997).

Das erklärte Ziel der Alliierten war, Deutschland zu entmilitarisieren und entnazifizieren. Die Nürnberger Prozesse zogen sich bis 1949 hin. Ein großer Teil der deutschen Bevölkerung wollte jedoch nicht mehr an den Krieg erinnert werden und lehnte dieses Herumstochern in der Vergangenheit ab. Man wollte nach vorn blicken und einen Schlussstrich ziehen. Diese Mentalität war bezeichnend für die 1950er Jahre und führte zu einer kollektiven Verdrängung, die des Öfteren als die „zweite große Schuld der Deutschen" (Wette 2002_1:219) bezeichnet wurde.

Des Weiteren waren hohe Offiziere und Generäle, die sich in amerikanischer Gefangenschaft befanden, aktiv an der Geschichtsschreibung beteiligt. Sie wurden angehalten, den Kriegsablauf detailgetreu zu notieren und konnten damit ihre Version des Geschehens zu Papier bringen.

Durch ihre ideologisch gesäuberten Schriften hatten ehemalige Wehrmachtsoffiziere nachhaltigen Einfluss auf Historiker, Journalisten und Schriftsteller. Der Grund, weshalb die Amerikaner diese Arbeit in Auftrag gaben, war wiederum ein militärischer. Sie waren an den Erfahrungen der Deutschen im Krieg gegen die Sowjetunion interessiert. Die Professionalität der Wehrmacht wurde in internationalen militärischen Kreisen geschätzt. Es etablierte sich die Ansicht, der Krieg sei zwar hart, aber fair gewesen. Auch hier wurde die Wehrmacht strikt von SS und Hitler getrennt. Hitler wurde als Dilettant ohne militärische Ausbildung gedeutet, dessen strategische Fehler zur Niederlage der Deutschen geführt hatten.

Ein weiterer Grund für die Reinhaltung des Wehrmachtsbildes war die Gründung von Bundesrepublik und Bundeswehr. Konrad Adenauer nutzte in seinem Wahlkampf 1949 die Kriegsverdrossenheit der Deutschen, indem er erklärte, es sei ein Schlussstrich zu ziehen und im Jahre 1951 gab er eine Ehrenerklärung ab, in der die Soldaten entlastet wurden, „die sich nichts hatten zuschulden kommen lassen" (zit. nach Wette 2002_1:233). Auch General Eisenhower ließ sich von dieser Ansicht überzeugen. Damit war ein erster Schritt zur Rehabilitierung der

Offiziere und Soldaten getan, die später die Basis der Bundeswehr bilden sollten. Gesprochen wurde fortan von „Kriegsverbrechern" und „Opfern", die sich von einem Wahnsinnigen in die Irre hatten leiten lassen.

Auch die deutsche Justiz zog nach. In den Jahren 1952-1959 wurden kaum ehemalige Wehrmachtsangehörige verurteilt und Tötungsdelikte wurden zur „Beihilfe zum Mord" (Wette 2002_I:241) erklärt, mit dem Argument, die betreffenden Soldaten hätten lediglich auf Befehl gehandelt. Später wurde eine Verjährungsfrist von 15 Jahren für „Beihilfe zum Mord" angesetzt und damit war quasi eine Generalamnestie für alle Wehrmachtsverbrechen ausgesprochen (vgl. Wette 2002_I:195-244).

Nicht zuletzt, und hier schließt sich der Kreis zum Film HUNDE WOLLT IHR EWIG LEBEN, fand die Beschönigung des Krieges auch in der Bilderwelt der 1950er Jahre statt, in Trivialromanen, Illustrierten und Filmen. Immer wieder wird das Kameradschaftserlebnis hervorgehoben, der Krieg romantisiert und der Missbrauch der Soldaten durch die NS-Führung betont. Dieses Bild des Krieges prägte über Jahre das kollektive Gedächtnis der Deutschen:

> Hier also eine schuldbeladenen NS-Führung, dort ein verführtes Volk, zu dem auch die Wehrmacht gehörte: Die Sehweise sollte die westdeutsche Erinnerung an den Zweiten Weltkrieg jahrzehntelang prägen. Die Argumentation dieser Autoren war in dem Sinne Wehrmacht-apologetisch, als sie – wie im Falle der Schlacht von Stalingrad 1942/42 – die Gesamtverantwortung für die militärische Niederlage an der Wolga entweder auf den „Dämon" Hitler hin kanalisierte oder sie beim „Schicksal" verortete, gleichzeitig die Wehrmachtsführung entlastete und mit der berühmten „weißen Weste" bekleidete. (Wette 2002_I:231)

Auch im privaten Kreis sprachen ehemalige Wehrmachtssoldaten kaum über ihre traumatischen Erlebnisse oder sie erzählten nur von positiven oder lustigen Ereignissen oder über die Strapazen, die sie durchzustehen hatten. Häufig wurden die Gräueltaten anderer erwähnt, es würde zu sehr schmerzen, die eigenen anzusprechen, oder die Erzähler flüchteten sich in Verallgemeinerungen und sprachen die Verantwortung anderen zu. So ließen sich diese Erlebnisse aus einer gewissen Distanz betrachten. Sätze wie: „Ja, da gilt es, das Kriegsrecht, und da werden Leute an die Wand gestellt" („Herr O.", zit. nach Heer 1999:231) lassen erahnen, was der Erzähler wirklich erlebt hat. Es wurden „Schutzwehren und Abwehrstellungen innerhalb der Erzählung über die Verbrechen errichtet" (Heer 1999:230). Die Erinnerungen waren beweglich, der Erzähler benutzte sie und „modelliert damit die Gestalt seines heutigen Ich" (ibid. 230).

Die Erzählungen ehemaliger Wehrmachtssoldaten lassen sich auswerten und nach ihrem versteckten Wahrheitsgehalt untersuchen. Mechanismen der Verdrängung funktionieren immer wieder nach ähnlichen Mustern. Hannes Heer fasst die Auswertung von Interviews mit ehemaligen Wehrmachtssoldaten zusammen:

> Angesichts dieser Beweislage ist das Bild, das die heimkehrenden Soldaten von sich und ihrem Krieg entwarfen, eine Fiktion. Sie erfüllte offensichtlich genau das, was eine traumatisierte Volksgemeinschaft herbeisehnte – einen Rest von

> Normalität, eine Spur von Anstand, eine Ahnung von Sinn. Sie lieferte zugleich einen Kanon dessen, was wert war, erinnert zu werden, wie über die Schrecken hinfort zu reden sei, woran die Nachkommen maßnehmen könnten. In der Vorzeit hätte diese Konstruktion alles Zeug zum Mythos gehabt, jetzt [...] reichte es nur zu einer – allerdings langlebigen – Legende. (Heer 1999:262)

4.4.2.1 Die Schuld- und Opferfrage im Film

Der Film HUNDE WOLLT IHR EWIG LEBEN setzt sich mit der Frage nach Verantwortung und Schuld auseinander. Der regimetreue Major Linkmann ist der Meinung:

> MAJOR LINKMANN: Die oberste Führung kennt die Lage genau.
>
> GENERAL CODERANU: Und warum wird nichts getan?
>
> MAJOR LINKMANN: Die Pläne des Führers entziehen sich meiner Kenntnis. (A 14f.)

Linkmann vertraut darauf, dass die Wehrmachtsführung die richtigen Entscheidungen fällt. Auch Generaloberst Paulus gelangt schließlich zu dieser Meinung, vor allem, weil sie für ihn der letzte Rettungsanker ist. Bei einer Befehlsverweigerung würde er chaotische Zustände und damit mehr Menschenleben riskieren als notwendig. Durch den Befehl ist er auf der sicheren Seite:

> GENERALOBERST PAULUS: Als der Führer von unserer Brennstofflage erfuhr, hat er den Ausbruch verboten, den wir hier schon vorbereitet hatten. Ich mache mir jetzt seine Auffassung zueigen, wir würden hilflos in der Steppe liegen bleiben, wenn nicht genügend Sprit eingeflogen wird. (A 28)

Generalstabschef Zeitzler beschwert sich über die Eigenmächtigkeit Hitlers:

> GENERALSTABSCHEF ZEITZLER: [Am Telefon] [...] Wie will er bloß den Krieg gewinnen, wenn er den Generalstab zum Befehlsempfänger degradiert? Er nennt uns Klempner. Hab nichts dagegen, aber dann soll er uns auch nicht ins Handwerk pfuschen, wenn ein Wasserbruch passiert. (A 17)

Da Hitler der militärischen Elite ins *Handwerk pfuscht*, ist er für die Katastrophe verantwortlich. Linkmanns Theorie, die Rumänen würden vom *Führer verheizt* (A 17) werden, räumt mit der im Nationalsozialismus verbreiteten Ansicht auf, der Untergang Stalingrads hätte verhindert werden können, wenn die Rumänen standgehalten hätten. Da Hitler aber absichtlich seine Verbündeten nicht mit Waffen versorgt hatte, liegt die Schuld bei ihm.

Hitler war außerdem gut über die Lage informiert. Dass er falsch entschieden hat, lag also nicht an mangelnder Information. Zu Beginn des Films stellt die Sprecherstimme dar:

> SPRECHER: Aber Hitler nannte solche Warnungen idiotische Schwarzseherei und befahl der sechsten Armee unter General Paulus, Stalingrad für ihn zu erobern. [--] Dieser Befehl wurde zum Hinrichtungsbefehl für die sechste Armee. (A 3)

Auch Beratungen mit seinen Generälen hätten ihm zur Einsicht verhelfen können:

> HITLER: Können Sie mir hundertprozentig garantieren, dass die sechste Armee herauskommt?
>
> GENERALSTABSCHEF ZEITZLER: Nein, mein Führer. Aber ich kann Ihnen hundertprozentig garantieren, dass die sechste Armee verloren ist, wenn Sie nicht sofort den Ausbruch befehlen. (A 22)

Diese Zitate machen deutlich, dass der Film Hitler die Verantwortung zuspricht. Als die Schlacht verloren ist, denkt der inzwischen beförderte Generalmarschall Paulus über die Fehlentscheidungen nach:

> GENERALFELDMARSCHALL PAULUS: [...] Ich habe ihren felsenfesten Zusagen auf Hilfe für die sechste Armee vertraut. [--] Man hat uns belogen, Schmidt.
>
> GENERALLEUTNANT SCHMIDT: Aber wir können vor unserem eigenen Gewissen nur bestehen, wenn wir an der Überzeugung festhalten, dass unser Kampf hier für die oberste Führung doch einen Sinn gehabt hat.
>
> GENERALFELDMARSCHALL PAULUS: Das habe ich auch gedacht, aber in dieser Stunde weiß ich nicht, woran ich glauben soll. Ich werde den Zweifel nicht los, dass ungeheuerliche Fehler begangen worden sind. Von allen, auch von uns. Aber es ist zu spät für Einsichten und Erkenntnisse. [...] (A 53)

An dieser Stelle schreibt Paulus die begangenen Fehler auch sich selbst zu und spricht von Zweifeln. Dennoch wird im Film deutlich, dass Hitler die größere Schuld trifft, denn Paulus hat seine Entscheidungen genau bedacht. Sein Fehler besteht darin, die Befehle befolgt zu haben, doch im Film wird deutlich, dass man ihm daraus keinen Vorwurf machen kann.

Eine letzte Auseinandersetzung zum Thema Schuld, findet gegen Ende des Films statt. Oberstleutnant Kesselbach sitzt bei einer Reihe von hohen Offizieren am Sammelplatz für die deutschen Kriegsgefangenen in Stalingrad und Generalmarschall Paulus wird in einem russischen Fahrzeug vorbeigefahren:

> OFFIZIER, HOHER DIENSTGRAD: Ne ne, meine Herren, glauben Sie mir, Paulus ist der wirklich Schuldige.
>
> OBERSTLEUTNANT KESSELBACH: Gestern noch militärisches Vorbild, heute der Schuldige. Machen Sie sich nichts vor, schuld ist jeder, der diesen Mist hätte verhindern können und trotzdem mitgemacht hat. Sie, meine Herren mit der großen Karriere, haben die Schnauze gehalten. Sie haben gehorcht und Gehorsam verlangt. Da liegt doch der Hund begraben. Das war der letzte Wagen. Vielleicht kümmern Sie sich mal ein bisschen um Ihre Leute. (A 55)

Hier wird die Schuld einigen wenigen *Herren mit der großen Karriere* zugewiesen, alle anderen hatten unter den Konsequenzen von Fehlentscheidungen zu leiden. Sie waren es nicht, die etwas hätten verhindern können.

Wie die Soldaten im Film waren die meisten Wehrmachtsangehörigen gehorsam und erfüllten ihre Pflicht. Obwohl die Protagonisten im Film die ganze Situation kritisieren, fügen sie sich in ihr Schicksal. Dabei wird betont, dass das Denken von anderen übernommen wurde:

> GERD: Mensch, was haben die sich bloß dabei gedacht?
>
> FUHRMANN: Ja, das fragen wir uns auch immer. (A 35)

Tatsächlich wurde im Zweiten Weltkrieg Gehorsam verlangt und der Soldat so unwissend wie möglich gehalten. Diese Praxis bestätigt Major Linkmann:

> LINKMANN: Es untergräbt das Vertrauen in die Führung, wenn sie den Leuten gestatten, Meinungen zu bilden. [...] (A 24)

Die Tatsache, dass die Wehrmachtsangehörigen laut der Aussagen im Film *belogen* wurden, ihnen ins *Handwerk gepfuscht*, *nichts getan* und *Gehorsam verlangt* wurde, erleichterte es den ehemaligen Soldaten in der Nachkriegszeit, die Opferrolle einzunehmen.

Der Film HUNDE WOLLT IHR EWIG LEBEN bestätigt das Bild der sauberen Wehrmacht der Nachkriegszeit. Der passt Film insofern in die Bilderwelt der 1950er Jahre, als er Kriegserlebnisse einseitig und beschönigend darstellt:

> Stalingrad wird im Westkino zum Dauerbrenner. In den 50er Jahren ist der „Arzt von Stalingrad" ein Kassenknüller für geschundene Seelen. Die Botschaft: Auch in der Niederlage ist der Deutsche noch anständig und heldenhaft. Der Mythos lebt [...] (Webseite 4)

Wenn selbst das „Bild, das die heimkehrenden Soldaten von sich und ihrem Krieg entwarfen, eine Fiktion" ist (Heer, s. Kapitel 4.4.2), dann ist dieser Film die konsequente Fortsetzung der Vergangenheitsbewältigung, wie sie in den 1950er Jahren (nicht) stattfand und trägt gleichzeitig zur Festigung der Legende der sauberen Wehrmacht bei.

Frank Wisbar ließ bewusst unliebsame Tatsachen aus und sicherte sich damit den Zuspruch der AK-Rezipienten, die in der Regel den Krieg selbst erlebt hatten und ihre eigene Form der Vergangenheitsbewältigung bestätigt sahen. Der Film passt sich somit an das Selbstbild einer Generation an, wie es nur im deutschen AK-Kontext existiert.

5 Kontextualisierung in der Zielkultur

5.1 Der Estado Novo

Die Monarchie wurde in Portugal am 5. Oktober 1910 durch eine republikanische Revolution abgelöst. Fast 16 Jahre lang blieb Portugal Republik, bis nach dem Putsch vom 28. Mai 1926 eine Militärdiktatur an die Macht kam. Am 5. Juli 1932 wurde Finanzminister António de Oliveira Salazar zum *Presidente do Conselho de Ministros* (Ministerpräsident) ernannt. Mit der Verfassung vom 11. April 1933 wird die Militärdiktatur abgelöst und der Grundstein für den *Estado Novo* gelegt. Im September 1968 übernahm Marcelo Caetano die Staatsführung bis zur Nelkenrevolution am 25. April 1974.

Portugal war im Zweiten Weltkrieg offiziell neutral geblieben, portugiesische Soldaten hatten allerdings im spanischen Bürgerkrieg die Nationalisten unterstützt, und Salazar sympathisierte mit den deutschen Nationalsozialisten. Nach Kriegsende blieben große gesellschaftliche Umbrüche aus und im Alltag der Bevölkerung Portugals änderte sich nicht allzu viel – das Staatssystem blieb dasselbe, Salazar Regierungschef, seine Politik rückwärtsgewandt und konservativ und seine Strategie das Aussitzen von Krisen. Wie Fernando Rosas herausstellt, reagierte das Regime immer nur dann mit Veränderungen, wenn es wirklich nicht mehr anders ging oder wenn daraus ein entscheidender Vorteil für Portugal entstand. (Vgl. Rosas 1997:37 und Gomes/Matos/Faria/Pereira 1990:321-323.)

Während des Kalten Krieges schlug sich Portugal auf die Seite der Westmächte. Diese wiederum waren wegen der strategischen Lage am Rande Europas und wegen der Azoren als militärischem Stützpunkt an Portugal als Bündnispartner interessiert, und sie schätzten die einfachen Verhandlungen, die dank der Diktatur als Staatsform möglich waren. Der Beitritt zur Nato im Jahre 1949 stärkte die Position Portugals, 1955 folgte der Beitritt zur UNO (vgl. Rosas 1997:38-42 und 1994:503). Die finanzielle Hilfe der USA im Rahmen des Marshallplanes wurde von Salazar nur zögernd angenommen, denn dadurch war Portugal gezwungen, Entwicklungspläne aufzustellen. Deren Hauptziele waren die Steigerung der Produktion, Ausbau der Infrastruktur, Industrialisierung und die Bekämpfung der Analphabetenrate. Die Regierung wollte das Wirtschaftswachstum fördern und Investitionen staatlich lenken (vgl. Brito 1997:69f.).

Salazar führte zu Beginn seiner Amtszeit das Korporative System ein. Die Idee war, dass die Gesamtheit der Bürger als korporative Nation an die Stelle des Parlaments treten sollte (Bernecker/Pietschmann 2001:107). Allerdings war der politische Einfluss des einzelnen Bürgers nur in kleinem Rahmen möglich und beschränkte sich auf Gemeinde, Berufsstände, Universitäten, Fabriken und Kirche. Salazar sprach von natürlichen *células sociais* „soziale Zellen“ einen besonderen moralischen Stellenwert hatte die Familie:

> Garantida eficazmente, na sua formação, conservação e desenvolvimento, a família deve exercer, pelo seu chefe, o direito de eleger os vogais dos corpos administrativos, pelo menos da freguesia, uma vez que esta não é mais que a expansão natural dos fogos ou casais, com os interesses comuns que lhes respeitam. É aí

que, de preferência, encontramos o cidadão com fundamento para os direitos políticos. (Salazar, zit. nach Gomes/Matos/Faria/Pereira 1990:326)[10]

Das korporative System stieß vielerorts auf Gleichgültigkeit, da schon bald erkannt wurde, dass es nicht wirklich die Möglichkeit bot, Einfluss zu nehmen. Vielmehr war die Teilnahme an einigen Organisationen zwingend und Bestimmungen und Regeln „von oben“ schränkten die Selbstbestimmung ein. Es war ein Instrument zur Lenkung und Beeinflussung der Bürger durch den Staat und unterband die Entstehung von eigenständigen Gewerkschaften und offenen Formen des Klassenkampfes. (Vgl. Marques 2001:578f.)

Im Gegensatz zu Deutschland blieb Portugal auch nach dem Krieg ein Agrarstaat. Im Jahre 1960 lebten nur 22,8% der Portugiesen in den Städten, der Großteil der Bevölkerung lebte und arbeitete auf dem Lande (vgl. Marques 2001:596). Auf den Latifundien, aber auch in der Industrie, verdienten die Arbeiter so wenig, dass sie für den Eigenbedarf zusätzlich Landwirtschaft betreiben mussten und kaum Freizeit hatten. Auf diese Weise war das Überleben gesichert und Großgrundbesitzer und Industrielle waren nicht gezwungen, die Löhne anzuheben. Hinzu kommt, dass auf dem Land die Analphabetenrate teilweise bis zu 80% betrug (1950: landesweit 40,3% Analphabeten, vgl. Marques 2001:600) und starre gesellschaftliche Strukturen vorherrschten. Weite Teile der portugiesischen Bevölkerung waren hauptsächlich damit beschäftigt, die eigene Existenz zu sichern, hatten kaum Zugang zu Bildung oder oppositionellen Ideen und Aktivitäten. Diese Entpolitisierung und Entmündigung der Bevölkerung trug wiederum zur Stabilisierung des Regimes bei (vgl. Rosas 1997:40).

Nach außen hin versuchte das Regime, Portugal als demokratischen Staat darzustellen. Der *Presidente da República* (Präsident der Republik) wurde laut Verfassung für sieben Jahre direkt gewählt und vom *Conselho de Estado* (Staatsrat) unterstützt. Teil dieses Staatsrates waren unter anderem der *Presidente do Conselho de Ministros* (Ministerpräsident), die *Assembleia Nacional* (Nationalversammlung) und die *Câmara Corporativa* (Korporativkammer) (vgl. Auszug aus der Verfassung in: Gomes/Matos/Faria/Pereira 1990: 324). Obwohl es in der Macht des Präsidenten lag, den Ministerpräsidenten zu ernennen und die Nationalversammlung aufzulösen, hatte er kaum Einfluss auf die Regierung. Der Ministerpräsident ernannte die Minister und stellte den Präsidentschaftskandidaten der Regierung auf. Das bedeutete in der Praxis, dass Salazar alle Regierungsangelegenheiten in der Hand hatte, der einzige, der theoretisch Kontrolle über ihn hatte, war von Salazar selbst aufgestellt worden. Außerdem musste der Ministerpräsident alle Verfügungen des Präsidenten gegenzeichnen und sie hatten in Ausnahmefällen sogar die Möglichkeit, Gesetze zu erlassen. (Vgl. Bernecker/Pietschmann 2001:107.)

10 Eine Übersetzung dieses und der folgenden Zitate befindet sich auf der beiliegenden DVD.

5.1.1 Parteien und Organisationen

5.1.1.1 Staatliche Organisationen

Im Zusammenhang mit dem spanischen Bürgerkrieg fand eine Faschisierung des *Estado Novo* statt. Die *União Nacional* wurde bereits 1930 gegründet und funktionierte als Einheitspartei. Im Jahre 1936 wurden Massenorganisationen gegründet, deren Aufgabenfeld sich zwar im Laufe der Jahre veränderte, die aber bis 1974 weiter bestanden.

Die *Legião Portuguesa* war eine paramilitärische Freiwilligenmiliz, die sich zur Aufgabe machte, gegen die „Feinde des Vaterlandes" zu kämpfen und den moralischen Widerstand der Nation zu organisieren. Später wurde sie im Zivilschutz eingesetzt.

Die *Mocidade Portuguesa* war eine Jugendorganisation nach dem Vorbild der deutschen Hitlerjugend. Anfangs war die gesamte Jugend von der Grundschule bis zur Universität in der *Mocidade* organisiert, später war sie nur noch für die Elf- bis Vierzehnjährigen obligatorisch und übernahm außerdem die Aufgabe einer staatlichen Studentenorganisation auf freiwilliger Basis. Mädchen und Frauen sollten sich in der *Mocidade Portuguesa Feminina* oder in der Organisation *Obra das Mães pela Educação Nacional* engagieren. (Vgl. Marques 2001:580f. und Bernecker/Pietschmann 2001:113.)

Staatliches Terrorinstrument war die Geheimpolizei, die 1933 unter dem Namen *Polícia de Vigilância e de Defesa do Estado* (PVDE) gegründet und 1945 in *Polícia International e de Defesa do Estado* (PIDE) umbenannt wurde. Sie konnte in alle Bereiche des nationalen Lebens eingreifen und erlangte eine Machtposition, die sie, auch für Salazar, fast unkontrollierbar machte. Sie war zuständig für die Bekämpfung von „Elementen", die den Staat bedrohen könnten. Die Richtlinie dafür war die Staatsideologie sowie die Aufgabe, nationale Sicherheit und die „Ordnung auf den Straßen" zu gewährleisten. Spätestens mit dem Regierungserlass von 1956, den *medidas de segurança*, hatte die PIDE alle Handlungsfreiheit und konnte willkürlich bestimmen, welche „Elemente" im Einzelnen zu bekämpfen waren. Die PIDE verfügte über Sondergerichte, Spezialgefängnisse, Konzentrationslager und ein Informanten- und Spitzelnetz. Tausende Menschen wurden ermordet, verschleppt, gefoltert und eingesperrt. Die PIDE schuf eine Atmosphäre der Angst, in der Widerstand lebensgefährlich war und vielfach im Keim erstickt wurde.

5.1.1.2 Opposition

Bereits im Jahre 1943 wurde aus den Reihen der Kommunistischen Partei der *Movimento de Unidade Nacional Anti-Fascista* (MUNAF) gegründet, in dem sich bald fast die gesamte demokratische Opposition zusammenfand. Die verschiedenen Lager innerhalb des MUNAF waren sich nicht immer einig:

> Mas havia, claramente, divergências e indecisões quanto a estratégia a seguir para chegar à almejada „libertação". Os aparelhos dos velhos partidos republicanos

> liberais – e personalidades socialistas de diversas tendências – eram unânimes em pensar que só o exército poderia pôr fim a uma situação política que o exército criara e ajudara a sustentar durante anos. Os comunistas, porém, denunciavam os perigos dos putschs militares e dirigiam os seus esforços para a acção reivindicativa das massas populares com vista ao levantamento nacional antifascista. (Mário Soares, zit. nach: Gomes/Matos/Faria/Pereira 1990:338)

Zu den Wahlen für die Nationalversammlung im Jahre 1945 entstand außerdem der *Movimento de Unidade Democrática* (MUD), eine Bewegung, der sich Zehntausende anschlossen und die erstmals die Existenz einer Opposition deutlich sichtbar machte. Kurze Zeit später, im Jahre 1949 wurde der MUD verboten. (Vgl. Marques 2001:562f.)

In den 1950er Jahre lassen sich zwei Tendenzen feststellen – einerseits gab es die Opposition, die innerhalb des Regimes etwas verändern wollte, und andererseits die, die sich gegen das Regime stellte. Fernando Rosas (1994:518 u. 521) unterscheidet zwischen der *oposição não comunista* (nicht-kommunistische Opposition) und dem *partido comunista português* (Kommunistische Partei).

Zur nicht-kommunistischen Opposition zählt Rosas in erster Linie den *Directório Democrato-Social* (Sozialdemokraten), dessen Anhänger sich im Jahre 1949 zusammenschlossen und eine konservativ-liberale Politik vertraten. Unter ihnen waren auch viele Anhänger Marcelo Caetanos, der ab 1955 als Minister Salazars auf dessen Rücktritt hoffte und für eine reformistische Richtung innerhalb der Regierung stand. Die Sozialdemokraten warteten auf eine Gelegenheit, das Regime durch einen *golpe palaciano* zu verändern.

Außerdem schlossen sich in militärischen Kreisen Regimekritiker zusammen, und auch unter den Monarchisten, an den Universitäten und in Teilen der katholischen Kirche regte sich Widerstand (vgl. Rosas 1994:512/518-521)

Die Kommunistische Partei war seit ihrem Verbot im Jahre 1934 (vgl. Bernecker 2001:114) im Untergrund tätig. Viele ihrer Mitglieder, unter anderem der Vorsitzende Álvaro Cunhal, waren im Gefängnis und die Partei hatte kaum Handlungsmöglichkeiten. Unter dem Einfluss der spanischen Kommunistischen Partei setzen sich die portugiesischen Kommunisten nach dem Tod Stalins im Jahr 1956 für eine friedliche, portugiesische Lösung ein:

> Basicamente, o Partido Communista Português passava a entender que, face à visível desagregação e isolamento do salazarismo, era possível uma «solução paçífica do problema português», uma «reconciliação nacional», a alcançar através de uma «ampla unidade anti-salazarista», isto é, de uma unidade feita não na base do antifascismo, mas do agrupamento de todos os descontentes com Salazar [...], designadamente dos «fascistas dissidentes», civis ou militares. (Rosas 1994:522)

Die Kommunistische Partei suchte ab 1955 den Konsens mit anderen Oppositionellen und befürwortete den Gang zu den Wahlurnen. Allerdings waren die Demokraten nicht wirklich an einer vereinten Opposition interessiert und weigerten sich, gemeinsame Kandidaten mit den Kommunisten bei den Wahlen aufzustellen. (Vgl. Rosas 1994:521-523.)

Um den Anschein einer vorbildlichen Demokratie zu wahren, fanden in den Jahren 1949, 1951[11] und 1958 Präsidentschaftswahlen statt. Bei den ersten beiden Wahlen stellte die Opposition Gegenkandidaten auf, die aber auf Grund des Drucks seitens der Regierung ihre Kandidatur kurz vor der Wahl zurückzogen. Eine Ausnahme war General Humberto Delgado, der 1958 auf seiner Kandidatur bestand, obwohl die Regierung alles daran setzte, ihn zum Aufgeben zu zwingen. Die Kommunisten standen Delgado wegen dessen Vergangenheit[12] anfangs kritisch gegenüber, zogen aber bald ihren Kandidaten zurück und stärkten Delgado den Rücken. Dieser setzte sich für radikale Veränderungen des Regimes ein, er wollte freie Wahlen und ein demokratisches Staatssystem unter Einbeziehung der Kolonien. Er führte seinen Wahlkampf auf den Straßen und wurde vom Volk umjubelt. Es entstanden Unruhen, Wahlveranstaltungen Delgados wurden gewaltsam vom Militär unterbunden, in ganz Portugal herrschte Euphorie und Aufbruchstimmung. Die offiziellen Wahlergebnisse ergaben jedoch 24% für Delgado und 74% für den Kandidaten der Regierung, Américo Tomás. Man geht davon aus, dass das Wahlergebnis gefälscht war, es wurde von Delgado nicht anerkannt.

Letzten Endes siegte zwar das Regime, doch diese Wahlen waren der Wendepunkt des *Estado Novo* und bedeuteten den Anfang von dessen Ende. Salazar verkündete kurz nach der Wahl die Abschaffung der Direktwahl des Präsidenten. Das Regime war angeschlagen und reagierte mit verstärkten Repressalien gegen die Opposition[13]. „O terramoto delgadista" (Rosas 1994:523) hielt bis 1962 an. (Vgl. Rosas 1994:524-531.)

5.1.2 Die Krise zwischen 1958 und 1962

Nach 1958 begann innerhalb der Regierung ein Kräftemessen zwischen Reformisten und Salazaristen, das Salazar geschickt auszugleichen wusste, indem er einen gemäßigten Mittelweg zwischen den beiden Kräften verfolgte und einige Minister austauschte. Dieser Balanceakt gelang ihm nur bedingt:

---

11 Die Wahl wurde vorgezogen, da Präsident Carmona gestorben war.

12 General Delgado gehörte nach dem nationalistischen Militärputsch vom 28. Mai 1926 zum radikalen Lager, verhandelte im Zweiten Weltkrieg mit den Engländern um die Militärbasen der Azoren und war lange Zeit Abgesandter Portugals in der NATO. Nach seiner Rückkehr aus den USA wurde er Generaldirektor der Aeronáutica Civil (Zivile Luftfahrt). Seine politische Einstellung hatte sich durch seine Erfahrungen im Ausland geändert.

13 Humberto Delgado wurde 1965 bei dem Versuch, unbemerkt über Spanien nach Portugal einzureisen, von Anhängern der PIDE ermordet (vgl. Marques 1981:403).

> Efectivamente, ao contrário de 1947, a composição de forças, o reequilíbrio, não era mais possível; forte das mudanças estruturais em curso na sociedade portuguesa e das transformações políticas e institucionais que ela inculcava, até como forma de evitar o perigo crescente de ameaçadores rupturais revolucionárias, sensível às novas realidades internacionais em África e na Europa [...] e à consequente necessidade de redefinir estratégias de desenvolvimento, a corrente reformista civil e militar não se contentava com um novo compromisso viabilizador do regime. (Rosas 1994:530)

Gleichzeitig begann eine Politik von Zuckerbrot und Peitsche. Einerseits wurden verstärkt Mittel für Industrie, Banken und staatliche Angestellte zur Verfügung gestellt, andererseits wurden diejenigen, die sich gegen das Regime stellten, hart bestraft. Humberto Delgado wurde bei der zivilen Luftfahrt entlassen und ging 1959 ins Exil nach Brasilien, es folgte eine Verhaftungswelle gegen Anhänger der Kommunistischen Partei, die PIDE verhaftete in den Jahren 1958 bis 1960 etwa 1200 Personen, griff zunehmend zu Foltermethoden und anderen gewaltsamen Maßnahmen und selbst der *Directório Democrato-Social* litt unter Versammlungsverbot und Verhaftungen. (Vgl. Rosas 1994:530f.)

Am 22. Januar 1961 entführte eine Gruppe von 23 spanischen und portugiesischen Anhängern des *Directório Revolucionário Ibérico de Libertação* unter Kapitän Henrique Galvão das Handelsschiff „Santa Maria", um auf der angolanischen Insel Fernando Pó eine Art provisorischer Regierung zu bilden. Der Fall erregte internationales Aufsehen, doch Galvão erklärte das Ziel der Aktion, betonte seine Verbindung zu Delgado in Brasilien und konnte die USA davon überzeugen, dass er als politischer Gegner des Salazar-Regimes anerkannt wurde. Salazar, der von Piraterie sprach, erhielt dagegen keine internationale Unterstützung bei der Bekämpfung der Aufständischen. Kurze Zeit später, im April 1961 bereitete General Botelho Moníz einen Staatsstreich und die Absetzung Salazars vor, was jedoch vom Regime vereitelt wurde. Die Putschisten waren zu zögerlich vorgegangen und hatten sich vermutlich diesen gewagten Schritt selbst kaum vorstellen können, da sie dem Regime zu sehr verhaftet waren. (Vgl. Rosas 1994:536.)

Nach dem Verkünden des Wahlergebnisses von 1958 fanden außerdem spontane Demonstrationen im ganzen Lande statt, die sich nach und nach zu einem organisierten Protest entwickelten, in dem die Kommunistische Partei eine immer wichtigere Rolle spielte. Hinzu kamen Studentenproteste in Lissabon, Coimbra und Porto, und im Januar 1962 organisierten Offiziere einen Anschlag auf die Quartiere des Infanterieregiments und der GNR (*Guarda Nacional Republicana*) in Beja. (Vgl. Rosas 1994:530-536.)

5.1.3 Die Kolonialpolitik in Afrika

Im sogenannten *Acto Colonial* vom 8. Juli 1930 wurde die Errichtung eines Kolonialreiches als historische Aufgabe Portugals in der Verfassung festgehalten:

> É da essência orgânica da Nação Portuguesa desempenhar a função histórica de possuir e colonizar domínios ultramarinos e de civilizar as populações indígenas

> que nelas se compreendam, exercendo também a influência total que lhe é adstrita pelo Padroado do Oriente. (Artikel 2 des *Acto Colonial* in: Gomes / Matos / Faria / Pereira 1990:328)

Fortan war dieses Dokument der Leitfaden für die Kolonialpolitik des *Estado Novo.* In den darauf folgenden Jahren tat der Staat alles daran, diese Ideologie auch im Bewusstsein der Bevölkerung zu verankern, es wurden Ausstellungen und Kolonialwochen veranstaltet, der Präsident besuchte die Kolonien und die Kolonialfrage war Thema in den Schulen.

Wichtige Elemente des *Acto Colonial* sind die Überlegenheit der westlichen Zivilisation und der Herrschaftsanspruch der Portugiesen. Die Kolonien hatten die Aufgabe, die Versorgung des „Mutterlandes" zu sichern. Portugal legte die Preise fest und bestimmte, was auf den Plantagen angebaut wurde. Dadurch war Portugal relativ unabhängig vom Weltmarkt.

Nach dem Krieg expandierte der Handel. Portugal lieferte unter anderem Konserven, Wein, chemische Produkte und Maschinen und bekam dafür Rohstoffe, Kaffee, Baumwolle etc. Die Zahl der in Angola und Mosambik lebenden Weißen verdreifachte sich und der Austausch zwischen den Kolonien und Portugal intensivierte sich derart, dass die Verfassung erneut verändert und ein neuer Status für Angola, Mosambik, Guinea Bissao und São Tomé festgesetzt wurde. Die Änderung von 1951 machte die Kolonien zu *províncias ultramarinas* (Überseeprovinzen) und integrierte sie in den Wirtschaftsraum Portugal.

Die Kolonien waren nun Teil der Nation, was allerdings nicht bedeutete, dass die Eingeborenen dieselben Rechte hatten wie die Portugiesen. Dies verhinderte ein Eingeborenenstatut aus dem Jahre 1954, das den meisten Afrikanern die portugiesische Staatsbürgerschaft verwehrte. Durch die Handelsauflagen Portugals waren die Bauern zum Anbau bestimmter Produkte gezwungen, die ihnen dann zu Niedrigstpreisen abgekauft wurden, so dass ihr Verdienst kaum zum Überleben reichte. (Vgl. Alexandre 1997:79-84.)

Anfang der 1950er Jahre begann sich Widerstand in den Kolonien zu regen. Tumulte in São Tomé wurden 1951 brutal niedergeschlagen, in Angola forderten ein Aufstand von Landarbeitern und ein Hafenarbeiterstreik im Jahre 1956 Dutzende Todesopfer. 1959 fand ein Massaker unter den streikenden Hafenarbeitern in Bissau statt und im Januar 1961 ging das portugiesische Militär gewaltsam gegen revoltierende Baumwollpflücker in Nord-Angola vor.

Die Organisation des Widerstandes begann zuerst in Angola. Im Jahre 1954 wurden die *União dos Povos de Angola* (UPA) und die *Frente Nacional de Libertação de Angola* (FNLA), die bald von den USA unterstützt wurde, gegründet. Von kommunistischer Seite wurde 1955 die Gründung der *Movimento Popular para a Libertação de Angola* (MPLA) unterstützt. Im Jahre 1959 folgen auch Befreiungsbewegungen in Moçambique. (Vgl. Rosas 1994:515.)

Die Entkolonialisierung anderer Länder schritt inzwischen voran. Um 1960 erkämpfte sich ein Großteil der britischen, französischen und belgischen Kolonien die Unabhängigkeit (vgl. Diercke Weltatlas 1981:103). Während auf internationaler Ebene die Ideologie der Überlegenheit der westlichen Zivilisation von Forderungen für ein Selbstbestimmungsrecht der Völker abgelöst wurde, hielt Portugal an seinen „Überseeprovinzen“ fest.

Hinzu kam, dass der Kalte Krieg nun auch auf afrikanischem Boden ausgetragen wurde. Salazar intensivierte diplomatische Kontakte zu anderen antikommunistischen Staaten, die teilweise dessen Kolonialpolitik gut hießen bzw. verhindern wollten, dass die portugiesischen Kolonien kommunistisch wurden. Allerdings kündigte die Regierung Kennedys im März 1961 an, Portugal die Unterstützung in der UNO zu versagen und ein Embargo gegen Portugal zu verhängen. Dieses Embargo wurde jedoch mehrmals gebrochen, denn letzten Endes überwogen die Interessen der USA an Portugal als militärischem Stützpunkt. (Vgl. Rosas 1994:533f. und Alexandre 1997:85.)

Der Konflikt in Angola spitzte sich unterdessen zu. Am 15. März 1961 löste die UPA Aufstände im Norden des Landes aus – dieses Datum gilt als der Beginn des portugiesischen Kolonialkrieges, der sich bis 1975 hinziehen sollte. Die Kriegsmüdigkeit des portugiesischen Militärs und der Bevölkerung und die hohen Kosten, die der Krieg verursachte, waren wichtige Gründe für die Nelkenrevolution und das Ende des *Estado Novo.* (Vgl. Alexandre 1997:85.)

5.1.4 Der *Estado Novo* und die Religion

Obwohl in der Verfassung eine Trennung zwischen Staat und Kirche vorgesehen war und Salazar eine Einmischung der Kirche in die Politik ablehnte, war Portugal von der katholischen Kirche geprägt. Die Kirche betrieb wohltätige Einrichtungen, in den Schulen wurde Religionsunterricht gehalten und zwischen Kirche und Staat wurde ein Missionsabkommen für die Kolonien abgeschlossen. Die Kirche hätte gerne mehr Einfluss auf die Politik gehabt, wurde aber von Salazar auf Distanz gehalten, obwohl er selbst überzeugter Katholik war. Das korporative System wurde von der Kirche als Alternative zum „revolutionären Kollektivismus kommunistischer Prägung und dem Individualismus des liberalen Kapitalismus“ (Bernecker/Pietschmann 2001:112) akzeptiert. Zwischen Staat und Kirche als Institutionen herrschte also eine Stimmung der gegenseitigen Toleranz. (Vgl. Marques 2001:587f. und Bernecker/Pietschmann 2001:111f.)

Allerdings ist der Katholizismus fest in der portugiesischen Tradition verankert und wurde als solcher in die Ideologie des Staates integriert und als stabilisierendes Element geachtet. Es lassen sich Parallelen im Wertesystem von Kirche und *Estado Novo* ziehen: Konservativismus, Hierarchiebewusstsein, patriarchalische Strukturen, der Anschein von Bescheidenheit. Man bemühte sich um das Bild Salazars als Hirte, der über seine Schäfchen wacht. Auch in der Geschichtsschreibung wurde das Staatssystem Portugals vielfach als „klerikaler Faschismus“ bezeichnet. (Vgl. Marques 2001:588 und Lourenço 1997:32.)

5.2 Der portugiesische Film der 1950er/1960er Jahre

Das Ende des Zweiten Weltkrieges bedeutete keinen Bruch in der Filmlandschaft Portugals, der mit dem in Deutschland vergleichbar wäre. Es wurde versucht, die rege Filmproduktion der 1930er und 1940er Jahre fortzuführen, was in Ansätzen gelang, aber unter zunehmendem Eingreifen des Staates zu Qualitätsverlust und abnehmender Produktivität der Filmschaffenden führte. Ähnlich wie in Deutschland kam es dann zu Beginn der 1960er Jahre zu einer neuen Filmepoche, dem *Cinema Novo Português*. Der Film OS VERDES ANOS von Paulo Rocha im Jahre 1963 gilt als der erste Film im Zeichen des *Cinema Novo*. (Vgl. Cardoso 2002:39.)

Das folgende Kapitel widmet sich dem Polysystem Film in Portugal. Beleuchtet werden an dieser Stelle lediglich die nationalen Produktionen. Das Polysystem Film reflektiert jedoch Kultur und Gesellschaft eines Landes, die nationale Filmlandschaft kann demnach als eine Art Spiegel der portugiesischen Kultur angesehen werden. Nach der Einteilung von Even-Zohar (siehe Kapitel 2.2.3.2) hat das portugiesische System eine sekundäre Position inne, ist also eher konservativ. Filme primärer Position haben die Möglichkeit, Innovationen in das ZK-System einzubringen. Wie genau dieses System aussah, in das schließlich die portugiesische Version O INFERNO DE ESTALINEGRADO eingebettet wurde, wird im Folgenden genauer erörtert.

5.2.1 Das Eingreifen des Staates in die Filmproduktion

Bereits im Jahre 1933 wurde der *Secretariado de Propaganda Nacional* (SPN) gegründet, der während des *Estado Novo*, bis 1949 unter der Leitung von António Ferro, großen Einfluss auf die Filmindustrie, -inhalte und -entwicklung hatte. Ziel des SPN, der 1944 in *Secretário Nacional de Informação, Cultura Popular e Turismo* umbenannt wurde, war die Schaffung eines nationalen Kinos (*cinema nacional*), welches die Werte des *Estado Novo* vermitteln sollte. (Vgl. Granja 2002:28/34f.; mehr dazu in Kapitel 6.1 und 6.1.1.)

Die staatliche Zensur bestimmte, welche Filme zensiert, verboten, beschnitten oder gar nicht erst produziert wurden. Die *Inspecção Geral dos Espectáculos* war zuständig für alle Produktionen im Bereich Theater, Kino, Tanz, Musik, Zirkus, Varieté und Ballett, verteilte Lizenzen für Veranstaltungen und griff ein, wenn diese aus moralischen, sittlichen oder politischen Gründen nicht genehm waren. (Vgl. Karimi 1991:174; mehr dazu in Kapitel 6.2.1.)

Am 18. Februar 1948 trat das Gesetz zum Schutz des nationalen Kinos (Lei n.° 2027, *Lei de Protecção ao Cinema Nacional*) in Kraft. Dieses von António Ferro geschaffene Gesetz sollte Filme fördern, die den „espírito português" und „a psicologia, os costumes, as tradições, a história, a alma colectiva do povo" (Artikel 11, zit. nach Costa 1991:103f.) widerspiegelten. Zu diesem Zweck wurde der *Fundo do Cinema Nacional* gegründet, der finanzielle Mittel für Filme bereitstellte, die der Staatsideologie entsprachen. Bereits im Vorfeld sprach Ferro über die Kriterien des geplanten Gesetzes. Komödien verurteilte er als „Cancro do cinema nacional" (Rede vom 30. 12. 1947, zit. nach Costa 1991:85), ebenso folkloristische und regionale Filme mit Tänzen und Gesangseinlagen. Seiner Meinung nach sollten vor allem historische Filme und solche nach Theaterstücken oder Romanvorlagen gedreht werden, die durch das Thematisieren der portugiesischen Geschichte das Nationalbewusstsein stärken sollten. (Vgl. Costa 1991:85 und Torgal 2000_{I}:21.)

Der SNI ließ es sich nicht nehmen, auch einen Filmpreis zu vergeben. Ab 1944 vergab der SNI jährlich einen Preis in den Kategorien Spielfilm, Kurzfilm und beste(r) Schauspieler(in). Voraussetzung war, dass der Film in Portugal in portugiesischen Studios und von Portugiesen produziert wurde und zu „desenvolvimento e elevação do nível artístico do cinema national" (Matos-Cruz 2000:383) beitrug.

5.2.2 Die Cine-Clube-Bewegung

Im April 1945 wurde der erste Cine-Clube, der Clube Português de Cinematografia in Porto gegründet, 1947 folgte der Círculo de Cinema de Lisboa und 1949 der Círculo de Cultura Cinematográfica in Coimbra. Diese Filmclub-Bewegung (movimento cineclubismo) erlebte vor allem in den Jahren 1954-1956 einen rasanten Aufschwung. Im Jahre 1955 fand das erste nationale Filmclubtreffen in Coimbra statt. Bereits 1959 existierten 31 solcher *Cine-Clubes*, fünf davon in den Kolonien. (Vgl. Matos-Cruz 2000:366.)

Die *Cine-Clube*-Bewegung wurde vom Staat mit Misstrauen beäugt, man vermutete „interesses políticos obscuros" (zit. nach Granja 2002:32) und Verbindungen zur Kommunistischen Partei und lehnte den Neorealismus als „trojanisches Pferd" des internationalen Kommunismus ab. Tatsächlich waren sich die Mitglieder der *Cine-Clubes* darüber im Klaren, „que o cinema podia e devia transformar o mundo e no caso em questão podia e devia transformar Portugal" (Costa 1991:107). Menschen unterschiedlichster politischer Ansichten fanden sich in den Filmclubs zusammen. Die *Cine-Clubes*

> [...] tornar-se-iam em verdadeiras escolas de aprendizagem democrática para gente proveniente das mais diversas origens ideológicas, ao mesmo tempo que se transformassem em incómodos focos de resistência cultural e política para o Estado Novo. (Granja 2000:32)

Die Aktivitäten der *Cine-Clubes* erstreckten sich über das Herausgeben von Filmzeitschriften, Veröffentlichungen zum Thema Film, Archivarbeit, Kinoveranstaltungen, Diskussionen bis hin zur Unterstützung von unabhängigen Filmproduktionen. Einige Filmemacher, besonders des *Cinema Novo,* kamen aus den Kreisen der *Cine-Clubes*. Dort fanden Interessierte ein Forum, das sich an der internationalen Kultur orientierte und die Möglichkeit bot, über den staatlich festgelegten Tellerrand Portugals zu hinaus zu blicken. Sie wurden zu einer unverzichtbaren Instanz, die das filmische Leben beobachtete und neue Qualitätsmaßstäbe setzte. Nicht zuletzt durch die *Cine-Clube*-Bewegung forderten auch die Zuschauer ein anspruchsvolleres portugiesisches Kino und wandten sich von diesem ab, als keine Verbesserung eintrat. (Vgl. Granja 2002:30-33 und Costa 1991:106-111.)

5.2.3 Die Filmlandschaft nach 1945

In den Jahren 1928 bis 1948 wurden etwa drei Filme pro Jahr gedreht (vgl. Pina 1978:29). Die Anzahl der Filme ist keineswegs mit der Produktion in Deutschland zu vergleichen, insofern stellt sich besonders die Frage nach der Einteilung und Abgrenzung der einzelnen Genres, da sich bei einer geringeren Anzahl von Filmen wiederkehrende Muster schwerer erkennen lassen. Auch Torgal, der sich an der Wortwahl António Ferros orientierte, sah sich mit diesem Problem konfrontiert:

> É difícil, naturalmente, estabelecer tipologias pacíficas. Seja como for, parece-nos que deveremos alargar o conceito original de Ferro e reconhecer na sua classificação e para além dela uma espécie de filmes que atravessava outros géneros, dificilmente definíveis – comédia, tragicomédia, drama, melodrama. (Torgal 2000_1:25, zu *filmes regionais e folclóricos.*)

An erster Stelle stand das äußerst erfolgreiche Genre der Komödien, *os filmes cómicos*. Großen Zuspruch fanden auch *os filmes regionais e folclóricos*, vergleichbar mit den deutschen Heimatfilmen. Weitere Genres sind die *filmes históricos* (Historienfilme), *filmes extraídos de romances ou peças teatrais* (Literaturverfilmungen), Filme des *cinema dramático* (Dramen), Dokumentarfilme und *filmes ideológicos*, also Propagandafilme (Einteilung nach Torgal 2000_1:20-32).

Ab 1948 befand sich das portugiesische Kino in der Krise. Die alten Erfolgsrezepte, besonders die der Komödien der 1930er und 1940er, wurden vom SNI nicht gefördert, und Historien- und Propagandafilme waren weniger publikumswirksam. Das Gesetz zum Schutz des nationalen Kinos war ein verzweifelter Versuch António Ferros, die Produktion und das Niveau portugiesischer Filme anzuheben. Was als eine Form des Schutzes deklariert wurde, legte dem Film gleichzeitig Fesseln an und lähmte die Filmproduktion. Der Kritiker Roberto Nobre veröffentlichte den kurz darauf konfiszierten Artikel „O Fundo", in dem er dieses Gesetz kritisierte und anprangerte, es würde sich des Kinos bedienen, anstatt dem Kino zu dienen („sevir-se do cinema em vez de o servir", zit. nach Costa 1991:107) und zulassen, dass nur eine kleine Gruppe von Filmschaffenden die Produktion bestimme und damit ein Monopol inne habe. Die Filmemacher fühlten sich eingeschränkt, kritische Themen waren ausgeschlossen,

> o cinema deixa de interrogar, deixa de reflectir a verdade da vida portuguesa, mesmo que o progresso verificado nalguns sectores venha a integrar-se nas imagens produzidas (Pina 1978:30),

bis schließlich im Jahre 1955 („ano zero") kein einziger portugiesischer Spielfilm auf den Markt kam:

> Confiado na protecção, melhor dizendo, na esmola do Estado e uma esmola quase sempre concedida na perspectiva de uma ortodoxia ideológica ou de uma creatividade inócua, o filme português terá seis anos de vida difícil até ao ano zero de 1955. Nada tinha para dizer de novo, de interessante, de moderno, aos portugueses: nem na técnica, que se fora deteriorando, nem no gosto, nem nas ideias. (Pina 1978:33f.)

Alte Themen (Stierkampf, Fado etc.) wurden weiterhin bemüht, man setzte auf Persönlichkeiten wie Amália Rodrigues oder die Schauspieler der alten Komödien, Vasco Santana, Ribeirinho oder António Silva. Mit dem Fußball fand gar ein neues Thema Eingang in die Filmwelt. Doch all diese Bemühungen konnten den portugiesischen Film der 1950er Jahre nicht retten.

Während propagandistische Historienfilme wie CHAIMITE (Jorge Brum do Canto, 1953) oder aufwendige Literaturverfilmungen staatlich gefördert werden, regen sich ab Anfang der 1950er Jahre vorsichtige Anzeichen eines kritischeren Kinos. Mit dem Film SALTIMBANCOS rückt Manuel Guimarães 1952 in die Nähe des italienischen Neo-Realismus, während das portugiesische Kino ansonsten von europäischen Filmbewegungen weitgehend unberührt blieb. Eine Ausnahme bilden die eigenwilligen Filme von Manoel de Oliveira. (Vgl. Pina 1978:29-39 und Granja 2002:30-37.)

In den 1940er und 1950er Jahren ließ sich trotz der Krise des portugiesischen Films auch in Portugal ein Kino-Boom verzeichnen, die Zahl der Kinobesucher verdoppelte sich bis Ende der 1940er (vgl. Granja 2002:30) und zahlreiche neue Kinos wurden eröffnet. Das Publikum wandte sich vom portugiesischen Film ab und bevorzugte ausländische Produktionen. Auf ausländische Filme wurde eine Steuer von 10.000 Escudos erhoben, die mit den wachsenden Einnahmen der Kinobesitzer und Verleiher gerechtfertigt wurden (vgl. Costa 1991:107).

Im Jahre 1955 wurde der Fernsehsender RTP gegründet, 1956 wurden die ersten Sendungen ausgestrahlt. Bereits 1958 umfasste das Sendegebiet 44% der Fläche Portugals und erreichte etwa 60% der Bevölkerung. (Vgl. Matos-Cruz 2000:385.)

Zieht man die Parallele zu den gesellschaftlichen Ereignissen in Portugal, so verwundert es nicht, dass auch die Filmwelt in eine zunehmende Lethargie verfiel. Nachdem in Portugal während des Zweiten Weltkrieges relativer Wohlstand und kulturelle Vielfalt geherrscht hatten (aufgrund der Neutralität bot v. a. Lissabon Flüchtlingen, Spionen und Geschäftsleuten Bewegungsfreiheit), wurde in den 1940er und 1950er Jahren, trotz der Mitgliedschaft in NATO und UNO, die Finanzkrise immer deutlicher spürbar, Widerstand regte sich und die Repressionen im Lande nahmen zu. Es herrschte eine Stimmung von Beklommenheit und Sorge, denn ein falsches Wort oder laut geäußerte Kritik konnte die Zensoren, wenn nicht sogar die PIDE, auf den Plan rufen.

5.2.4 Die portugiesischen Filmgenres vor dem Cinema Novo

5.2.4.1 Filmes cómicos

Die Komödien der 1930er und 1940er Jahre erfreuen sich bis heute großer Beliebtheit unter den Portugiesen. Sie sind vermeintlich unpolitisch und unterhaltsam, die Schauspieler sind bekannt und die Figuren, die sie darstellen, amüsant, aber stereotyp.

Der „Prototyp" der portugiesischen Komödie war der Film A CANÇÃO DE LISBOA von Cottinelli Telmo aus dem Jahre 1933, mit den Schauspielern Vasco Santana und António Silva, die noch in vielen weiteren Komödien zu sehen waren. Im darauf folgenden Film dieses Genres O PAI TIRANO (1941) führte António Lopes Ribeiro die Regie und Vasco Santana, António Lopes und Francisco Ribeiro (Darsteller und Bruder des Regisseurs, bekannt unter dem Namen *Ribeirinho*) schrieben das Drehbuch, dem noch weitere dieses Trios folgen sollten.

Das Erfolgsrezept der Lissabonner Komödien, wie sie auch genannt werden, beruht auf deren Vereinfachung der Realität. Das beginnt mit den Schauplätzen, die zwar in der Großstadt angesiedelt sind, aber trotzdem ein fast ländliches Ambiente zeigen: Hinterhöfe, Pensionen, Wohnzimmer und Kaufhäuser oder kleine Läden. Kammerspielartig werden die Schauplätze gewechselt und funktionieren als Einfassung des Handlungsrahmens. Auch die Anzahl der Personen ist begrenzt, jeder kennt jeden; entweder sind sie familiär miteinander verbunden, oder sie leben oder arbeiten zusammen in familienähnlichen Strukturen.

Die Handlung folgt bestimmten Mustern. So werden zwar Kontraste thematisiert – etwa zwischen arm und reich, alt und neu, Jugend und Alter – aber sie stellen keine wirklichen Gegensätze dar, denn sie bedingen einander, und es ergeben sich daraus keine echten Konflikte. Vielmehr werden Scheinkonflikte konstruiert, häufig in Verbindung mit einer Liebesgeschichte, deren Auflösung am Status quo festhält. Die meisten Filme enden mit einem rauschenden Fest, das wie eine Hymne auf traditionelle Werte anmutet.

Die Protagonisten bedienen Klischees. Sie sind immer gut gelaunt, die Armen träumen vom Reichtum, die Reichen sind trotz ihres Reichtums nicht glücklich und die Armen erkennen bald, dass es sich nicht lohnt, reich zu sein. Auch die Rollenverteilung ist traditionell angelegt. Die Frau geht ganz im häuslichen Leben auf und hat stets im Haushalt zu tun; der Mann ist das unumstrittene Familienoberhaupt, das sich gerne vergnügt. Die Protagonisten sind letztendlich starr. Sie bewegen sich innerhalb festgelegter Strukturen.

Deutlich lässt sich das Wertesystem erkennen, das den Komödien zugrunde liegt: bei der Lösung des Konflikts siegt immer die Bescheidenheit, das Alte, das Konservative, die Tradition. Autoritäten sind unumstritten, egal ob es sich um den Polizisten oder um den Familienvater handelt. Die gesellschaftliche und familiäre Hierarchie wird immer aufs Neue bestätigt.

All diese Werte entsprechen der Ideologie und Gesellschaft des *Estado Novo*, in der die Familie als kleinste Zelle des Korporativsystems funktioniert und das Ausbrechen aus den festgelegten Strukturen nicht erwünscht ist. Die Portugiesen sollten möglichst mit dem Wenigen, was sie hatten, zufrieden sein und die Autorität Salazars als Staatsoberhaupt achten (vgl. Kapitel 6.1). Obwohl die Komödien von António Ferro als „Krebsgeschwür" bezeichnet wurden, und auf den ersten Blick apolitisch zu sein scheinen, fügten sie sich doch in das moralische Wertesystem des *Estado Novo* ein. (Vgl. Granja 2000:194-233 und Costa 1991:72-80.)

5.2.4.2 Filmes regionais e folclóricos

Der Übergang zwischen den Genres *filmes cómicos* und *filmes regionais e folclóricos* (im folgenden wird der deutsche Begriff Heimatfilm verwandt, obwohl sich der deutsche Heimatfilm natürlich vom portugiesischen unterscheidet) ist fließend, denn auch die Heimatfilme haben komödiantische und die Komödien folkloristische Elemente. Auch die Filmexperten scheinen nicht einer Meinung zu sein, was die Einteilung in Genres betrifft. João Bénard da Costa (1991:67) fasst beide Gattungen unter dem Begriff „nacional-cançonetismo" zusammen, Luís Reis Torgal trennt die beiden Genres, wie es auch hier geschieht[14]. Der von Costa verwendete Begriff „nacional-cançonetismo" ist nachvollziehbar (in den meisten Filmen spielt Musik eine wichtige Rolle und „national" sind sie auch), der Begriff ist jedoch äußerst allgemein gehalten, denn Costa nimmt keine einleuchtende Einteilung vor und ordnet so unterschiedliche Filme wie A SEVERA, O PAI TIRANO und A ALDEIA DA ROUPA BRANCA derselben Kategorie zu.

Wichtiges Unterscheidungsmerkmal sind vor allem die Schauplätze. In den Heimatfilmen spielen die komischen Elemente eine untergeordnete Rolle, wichtiger ist die Darstellung des portugiesischen Lebensgefühls auf dem Lande. Beispielhaft für dieses Genre ist A ALDEIA DA ROUPA BRANCA von Chianca de Garcia aus dem Jahre 1937. Auch hier findet man den Konflikt zwischen Alt und Neu thematisiert, ausgetragen am Kontrast zwischen Stadt- und Landleben: die Bewohner des Dorfes waschen die Wäsche der reichen Lissabonner und stellen unter Beweis, dass man, trotz gewisser Streitigkeiten im Dorf, mit einfachen Mitteln glücklich auf dem Land leben kann.

Was die *Filmes regionais e folclóricos* vereint, ist die Idealisierung des portugiesischen Lebensgefühls, vermittelt durch fröhlich singende, tanzende, arbeitende Menschen in ihren Trachten und die traditionelle Musik oder den Fado. Weiter gefasst schließt dieses Genre auch Filme wie CAPAS NEGRAS (1947) von Armando de Miranda oder CANTIGA DA RUA (1949) von Henrique Campos ein, in denen auf bekannte Interpreten populärer Musik oder des Fado und die Musik als Vehikel des Nationalgefühls gesetzt wird. Unbeirrt von gesellschaftlichen Ver-

---

14 Luís de Pina „entzieht" sich der Entscheidung und geht in seinem Werk chronologisch vor, und auch Félix Ribeiro beschränkt sich auf Filmbeschreibungen.

änderungen herrschen auch hier traditionelle Werte und folkloristische Elemente vor. (Vgl. Torgal 2000_1:24f., Costa 1991:67-71 und Ribeiro 1983:279ff. / 391ff. / 565ff. / 639ff.)

5.2.4.3 Filmes históricos und Literaturverfilmungen

Das „Steckenpferd" António Ferros waren die Historienfilme, über die er selbst schreibt:

> Estes marcam, sem dúvida, um dos caminhos seguros, sólidos, do cinema português. Aqui o cinema nacional acompanha a tendência da nossa própria literatura contemporânea onde os estudos históricos ocupam, neste momento, um lugar de alto relevo. (António Ferro, zit. nach Torgal 20001:20)

Insgesamt wurden zwischen 1931 und 1955 nur sechs *filmes históricos* gedreht. Umso erstaunlicher ist, dass António Ferro so große Stücke auf dieses Genre hielt.

Im Allgemeinen waren diese Filme kaum ideologisch oder propagandistisch, mit Ausnahme von CHAIMITE (1953) von Jorge Brum do Canto und CAMÕES (1946) von Leitão de Barros. Die Historienfilme stellen die großen Themen und Mythen der portugiesischen Geschichte dar, wie beispielsweise den Kolonialismus, die Liebesgeschichte zwischen Dom Pedro und seiner Geliebten Inês, die er nach ihrem Tod zur Königin krönte, das Leben des großen Schriftstellers Camões oder der *Rainha Santa*, der „heiligen Königin" Dona Isabel, eine spanisch-portugiesische Co-Produktion.

Die Wahl der geschichtlichen Ereignisse war allerdings nicht zufällig, so wurde beispielsweise CHAIMITE, ein Film über den letzten Sieg der Portugiesen über die Eingeborenen im heutigen Moçambique im Jahre 1895, ausgerechnet zu Beginn der Kolonialkrise verfilmt, als das Regime dem Volk das Bild eines mit den Kolonien vereinten Portugals näher bringen wollte (zwei Jahre zuvor waren die Kolonien zu „Überseeprovinzen" erklärt worden; vgl. Torgal 2000_1:20-24).

Die Literaturverfilmungen zogen vor allem populäre Literatur und Theaterstücke als Vorlage heran. Es handelte sich meist um klassische portugiesische Literatur, um die Verteidigung traditioneller Moralvorstellungen, die in das ideologische Muster des *Estado Novo* passten. Einige der betreffenden Werke waren schon einmal zu Stummfilmzeiten verfilmt worden.

Die Verfilmung von einigen wenigen Werken zeitgenössischer und neorealistischer Schriftsteller bildete die Ausnahme. (Vgl. Torgal 2000_1:26f.)

5.2.4.4 Cinema dramático

Unter diesem Genre vereint Torgal all die Filme, die nicht vordergründig folkloristisch oder komisch sind, trotzdem werden auch hier typisch portugiesische Themen angeschnitten und mit einer gewissen Dramatik ausgeführt. Es sind verstärkt ideologisierte Filme, die den Zuschauer mit Nachdruck auf den rechten Weg bringen wollen. Eindeutiger als bei den anderen Genres liegt hier der Schwerpunkt auf nationalen Werten. Das portugiesische Leben kommt in

Landschaftsaufnahmen und Naheinstellungen typisch portugiesischer Gesichter, meist sehr kunstvoll porträtiert, zum Ausdruck.

Ein wichtiges dramatisches Thema ist die Religion und ganz besonders Fátima, der Wallfahrtsort, in dem im Jahre 1917 drei Hirtenkindern die Jungfrau Maria erschienen war. Aber auch die Naturgewalten, das Meer, das Land, die Erde, die es zu bestellen gilt, die ehrwürdigen Nationalhelden und fromme, bescheidene Menschen, wie sie den Kampf des täglichen Lebens meistern, werden im *cinema dramático* dargestellt. Häufig ist die Handlung in bestimmten Regionen Portugals (Alentejo, Ribatejo etc.) angesiedelt, was dieses Genre wieder etwas in die Nähe der Heimatfilme rückt, allerdings fehlt das Element der Musik als Ausdruck von Nationalgefühl.

Der erste Tonfilm A Severa von Leitão de Barros (1931) handelt von der tragischen Liebe der Fado-Sängerin Severa zu einem Stierkämpfer, der auch von der reichen Marquesa de Seide umworben wird. Ihre Liebe bleibt unerfüllt und am Ende stirbt Severa. Torgal zählt diesen Film zu den Literaturverfilmungen, da er auf einer Romanvorlage von Júlio Dantas basiert, eher jedoch ist dieser frühe Film der „Urfilm" des portugiesischen Dramas, das im Konflikt zwischen arm und reich, einer gewissen Melancholie, sowie in Stierkampf und Fado, angelegt ist. Er diente nicht nur vielen weiteren dramatischen Filmen, sondern auch einer Reihe von Heimatfilmen als Vorbild, weshalb es schwierig ist, ihn einem Genre zuzuordnen.

Eindeutig zu diesem Genre zählt der Film A CANÇÃO DA TERRA (1938) von Jorge Brum do Canto. In mystischer Weise zeigt der Film Menschen, die hart arbeiten und gegen die Dürre kämpfen, die verzweifelt und leidenschaftlich sind. Der Film hat eine magische Ausstrahlung, Mensch, Tier und Natur der Insel Porto Santos verschmelzen zu einem Gesamtkunstwerk, das auch viele Jahre später als eines der wichtigsten Werke des portugiesischen Kinos gepriesen wurde. (Vgl. Torgal 2000_1:28ff. und Costa 1991:65f.)

5.2.4.5 Propagandafilme

Während des *Estado Novo* wurden nur zwei ausgesprochen propagandistische Spielfilme gedreht: A REVOLUÇÃO DE MAIO (1937) und FEITIÇO DO IMPÉRIO (1940), beide unter der Regie von António Lopes Ribeiro. Ersterer handelt von einem Kommunisten, der im letzten Moment von der geplanten Revolution absieht und von den Vorzügen des *Estado Novo* überzeugt wird. In FEITIÇO DO IMPÉRIO findet ein ausgewanderter Portugiese zurück zu seinen Wurzeln und hilft in Afrika, die „neue Heimat" aufzubauen.

Diese Form der Propaganda ist nicht mit der Härte und Eindeutigkeit deutscher Propagandafilme wie beispielsweise JUD SÜSS (1940) von Veit Harlan zu vergleichen, doch kein Geringerer als António Ferro selbst lieferte unter dem Pseudonym Jorge Afonso das Drehbuch für beide Filme.

CHAIMITE, der dritte Film dieses Genres, ist vorgeblich ein Historienfilm über den Kampf und die Besiedlung der Kolonien, jedoch mit propagandistischen

Tendenzen. Diese äußern sich in der Darstellung der Überlegenheit der Weißen über die Schwarzen. Die Afrikaner im Film fungieren entweder als willige Fleißige, die dem kolonialistischen Herrenhaus einen exotischen Touch geben, oder als anonyme, wilde Horde furchterregend schwarzer Krieger, die es zu bekämpfen gilt.

An der geringen Anzahl von eindeutigen Vertretern dieses Genres wird deutlich, dass der Spielfilm als Möglichkeit zur Verbreitung von Propaganda relativ gering ausgeschöpft wurde.

Äußerst intensiv dagegen wurde das Medium der Dokumentarfilme genutzt. Was als Information über aktuelle Begebenheiten proklamiert wurde, war eine gezielte Maßnahme, die Staatsideologie unter das Volk zu streuen. Gefilmt wurden Militärparaden, Staatsbesuche, Reden Salazars, Ausstellungen, neue Architektur, das „moderne Leben" im *Estado Novo*, Landwirtschaft, Industrie, usw. Auch im Film A REVOLUÇÃO DE MAIO sind solche Sequenzen eingefügt, die schließlich nicht nur den Hauptprotagonisten, sondern auch den Kinobesucher bekehren sollten. Das SNI setzte auf den Realismus der Bilder, deren Wahrheitsgehalt nicht in Frage gestellt wird. Die ideologische Prägung fand durch die Auswahl der Themen und das Ausklammern bestimmter Inhalte statt.

Des Weiteren sind noch die so genannten *Actualidades* zur Verbreitung nationalistischer Werte zu nennen. Diese kurzen Filme mit Nachrichtencharakter zu vergleichbaren Themen wie die der Dokumentarfilme, wurden vor dem Hauptfilm im Kino gezeigt und sind mit der deutschen Wochenschau im nationalsozialistischen Deutschland vergleichbar. (Vgl. Webseite 3j.)

6 Zensur im *Estado Novo*

6.1 Ideologie und Totalitarismus

Im Unterschied zur faschistischen Diktatur in Deutschland verfügte das Regime des *Estado Novo* nicht über einen absoluten Machtapparat, der die zuvor bestehenden staatlichen Strukturen erneuert und durch totalitäre ersetzt hätte. Zwar wurden Massenorganisationen und die Einheitspartei *União Nacional* gegründet, doch trugen diese nicht zur Machtergreifung des Diktators bei und spielten nicht die sozio-politische Rolle wie die NSDAP in Deutschland. Vielmehr wurde die Machtposition Salazars durch die Verfassung von 1933 gesichert und durch dessen Politik in den Jahren danach gefestigt. Salazar, der sich von Anfang an bemühte, alle politischen, militärischen und religiösen Kräfte im Land zu vereinen und das Volk zu erziehen, bediente sich eines vielschichtigen Zensur- und Propagandaapparates, um seine Vorstellungen von gesellschaftlicher Ordnung und Moral durchzusetzen. (Vgl. Azevedo 1999:34.)

Salazar selbst distanzierte sich von dem Begriff *totalitário* und bezeichnete den *Estado Novo* als *autoritário*. Damit grenzte er sich vom faschistischen Deutschland ab, das seine antisemitische und sozialdarwinistische Ideologie in Form von Terror und Massenvernichtung in die Praxis umsetzte. Tatsächlich aber hatte der *Estado Novo* zweifelsfrei totalitäre Züge, die sich unter anderem an der Existenz der Geheimpolizei PIDE und der Zensur festmachen lassen (vgl. Kapitel 5.1.1). (Vgl. Torgal 2000_2:64.)

Das Selbstbild des *Estado Novo* war ein anderes: das Korporative Staatssystem wurde als *forma original portuguesa,* im Gegensatz zu Kommunismus und pluralistischer Demokratie angesehen:

> Assim, essa imagem de marca de um Estado forte, intervencionista, autoritário mas paternal, anticomunista e contrário à democracia pluripartidária, mas defensor de uma «democracia social» de tipo corporativo [...] (Torgal 2000_2:64)

Bis heute herrscht weder unter Historikern noch in der öffentlichen Meinung Portugals Einigkeit darüber, ob der *Estado Novo* ein faschistisches Regime bzw. ob Salazar Diktator oder einfach Staatsoberhaupt war. Auf Grund des nach außen vermittelten Bildes, der scheinbar demokratischen Staatsorganisation und Verfassung und auf Grund des offiziellen Vokabulars konnte der *Estado Novo* vielfach von seiner „Sonderrolle" überzeugen und Zweifel über dessen ideologische Ausrichtung und Staatsform streuen. Die folgenden Definitionen von *Faschismus* und *Diktator* verschaffen Klärung:

> Faschismus [...] zentralist. u. autoritäre polit. Bewegung mit äußerst nationalist. Zielsetzung, mit den Mitteln der Gewaltanwendung u. strenger Zensur gegen die Opposition [...] (Wahrig 1994:555)
>
> Diktator [...] Herrscher mit uneingeschränkter Gewalt [...] (Wahrig 1994:421)

Auch Torgal stellt unmissverständlich dar:

> [O Estado Novo] não deixa de possuir aspectos que o caracterizam essencialmente como um regime de identificação «fascista», embora, é evidente, de sentido *sui generis*, assim como qualquer outro tipo de «fascismo» [...] (Torgal 2000_2:64)

Der *Estado Novo* war sowohl zentralistisch und autoritär als auch äußerst nationalistisch. Um die Opposition zum Schweigen zu bringen, wurde Gewalt angewandt. Trotz republikanischer Verfassung war Salazar de facto ein Diktator.

Das Regime versäumte kaum eine Gelegenheit, in das soziale Leben der Bevölkerung einzugreifen und die Gesellschaft ideologisch zu beeinflussen. Die Ideologie basierte teilweise auf bereits vor der Machtübernahme Salazars in der portugiesischen Gesellschaft verankerten traditionellen Werten, die wiederum von einem restriktiven Katholizismus geprägt waren. Die Militärrevolte von 1926 kam aus den Kreisen einer katholisch-nationalistischen Bewegung. Wie in einigen anderen Ländern Europas, wurde auch im Portugal der 1920er Jahre der Ruf nach einem starken, totalitären oder monarchistischen Staat laut, der die Wirren der Ersten Republik beenden und gegen liberale Tendenzen vorgehen sollte. Salazar verstand es, all diese Sichtweisen in einer nationalistischen Ideologie zu integrieren. Nach Cândido de Azevedo (1999:36f/40) hat der *nacionalismo português* drei grundlegende Komponenten: *o nacionalismo tradicionalista*, *o nacionalismo católico* und *o nacionalismo integralista.*

Die wesentlichen Merkmale des portugiesischen Nationalismus charakterisiert Azevedo wie folgt:

> o autoritarismo do Estado; o governo forte [...]; o repúdio da luta de classes [...]; a organização corporativa; o dirigismo económico [...] com a inerente rejeição do direito à greve; a recusa da democracia [...]; a negação do sufrágio universal [...]; a condenação dos partidos políticos [...]; o anátema do liberalismo político [...]; o anticomunismo mais radical [...]; as noções de hierarquia, ordem, obediência e chefia; o sentimento patriótico; a exaltação da tradição e do Império Colonial; a concepção da Igreja como factor fundamental de coesão nacional, de acção educativa, moral, de preservação dos costumes, de entendimento interclassista, de paz social, e como instrumento de civilização e influência nacional nos territórios coloniais; e o primado da família, cuja e [sic!] defesa a Constituição de 1933 assegura. (Azevedo 1999:43)

Ergänzend zu diesen Wertvorstellungen sollte durch die Idealisierung und Mythisierung der Vergangenheit die nationale Identität gestärkt werden. Besonders die Zeit der Entdeckungen wurde als ruhmreich glorifiziert, was außerdem der Rechtfertigung der Kolonialpolitik diente (vgl. Karimi 1991:32f.). Portugal wurde als „terra de santos e heróis, de propagadores da Fé e defensores de um Império pelas quatro partes do mundo repartido“ (Azevedo 1999:47) dargestellt. Um die politische und wirtschaftliche Isolation und die *originalidade portuguesa* zu rechtfertigen, erklärte Salazar „[somos] orgulhosamente sós“ (zit. nach Bernecker/Pietschmann 2001:118). Diese Worte sollten zum Leitspruch des *Estado Novo* werden.

Auch die Armut der Bevölkerung wurde zur Tugend erklärt, ebenso wie das Fehlen von Ehrgeiz oder des Willens zur Veränderung. Protest gab es offiziell nicht, nur ein paar „schlechte Portugiesen“, die nicht mit am gemeinsamen Strang ziehen wollten (vgl. Azevedo 1999:48). Kian-Harald Karimi (1991:130) verwendet den Begriff einer *despotischen Sozialstruktur*, in der die sozialen Kasten bewusst unbeweglich gehalten wurden und die jeweils höhere Klasse die niederen kontrollierte. Lokale Obrigkeiten auf dem Lande verurteilten jede Abweichung von der Norm. Unter der zu einem großen Teil religiösen und antikommunistischen Landbevölkerung hielt sich die Überzeugung, dass die chaotischen Verhältnisse in den Städten abgewehrt werden müssten. Der niedrige Bildungsstand trug dazu bei, dass oppositionelle Ideen kaum Verbreitung fanden und letztlich „Traditionalisten, Militärs und klerikale Intellektuelle [...] aus den Spannungen zwischen Stadt und Land politische Vorteile [zogen]“ (Karimi 1991:132).

Unerwünscht war jedes Aufbegehren, jede intellektuelle Eigenständigkeit und jede Strömung in Kunst und Kultur, die über die eng gesteckten Vorstellungen der Staatsideologie hinausging (vgl. Karimi 1991:130-133).

Die ideologischen Werte des *Estado Novo* lassen sich auf wenige Stichpunkte reduzieren: das Bild eines starken Staates, Nationalismus, traditionelle Moralvorstellungen, religiöse Sittlichkeit und Konservatismus. Zur Durchsetzung und Verteidigung der Ideologie, zur Lenkung des öffentlichen Bewusstseins und letztlich zur Entmündigung der Bevölkerung trug die Zensur bei.

6.1.1 Das Propagandaministerium SPN – SNI

Am 25. September 1933 wurde das Propagandaministerium *Secretáriado da Propaganda Nacional* (SPN) ins Leben gerufen. Es war der zentrale Kontrollapparat für Veröffentlichungen jeder Art in den Bereichen Journalismus, Literatur und Kunst. Er fungierte als Instrument der Propaganda und Informationsmanipulation und sorgte für die Verbreitung der politischen, ideologischen und kulturellen Werte des *Estado Novo* im In- und Ausland. Er hatte eingreifenden und manipulierenden Einfluss auf die Kunstschaffenden und Intellektuellen des Landes. (Vgl. Azevedo 1999:151.)

Das Propagandaministerium war direkt dem *Ministro do Conselho*, also Salazar selbst unterstellt. Als institutioneller Vorläufer gilt die 1924 gegründete *Agência Geral das Colónias* (AGC; 1951 in *Agência Geral do Ultramar* umbenannt), welche in den Kolonien ähnliche Aufgaben übernahm wie der SPN. Ab 1942 arbeitete im SPN ein Vertreter der AGC, dessen Aufgabe es war, die Kolonialfrage propagandistisch aufzubereiten und in bestimmten Angelegenheiten den *Ministro das Colónias* zu vertreten.

Im Jahre 1935 wurde die *Secção de Cinema* eingerichtet und einige Filmproduktionen unter dem Schlagwort *Actualidades do SPN* herausgebracht. (Vgl. Azevedo 1999:151f.)

Eine entscheidende Rolle spielte Staatssekretär und Leiter des SPN-SNI António Ferro von 1933 bis 1949. Er war es, der die Ideologie des *Estado Novo* in die Praxis umsetzte und der *Política do Espírito* eine theoretische Grundlage gab:

> Política do Espírito, somando, é, portanto, aquela que procura proteger todos os criadores da Beleza não só estimulando-os a produzir obras de arte mas também preparando-lhes aquela atmosfera moral em que o Espírito seja Espírito, em que o Espírito... seja a vitória do Espírito. (António Ferro 1935, zit. nach Azevedo 1999:153.)

António Ferro selbst war Journalist, Politiker, Autor und Cineast, er liebte die Künste und war vom Faschismus als Staatsform fasziniert. Er war Autor eines Buches über die Stummfilme Hollywoods und verfasste die Drehbücher für die Propagandafilme A REVOLUÇÃO DE MAIO (1937) und UMA REVOLUÇÃO NA PAZ (1949), die beide von António Lopes Ribeiro umgesetzt wurden. Er unternahm Reisen in faschistisch regierte Länder und interviewte Politiker wie Mussolini, Miguel Primo de Rivera oder Mustapha Kemal und veröffentlichte ein Buch mit Gesprächen, die er mit Salazar geführt hatte.

Ferro war der Meinung, dass es Aufgabe des Staates sei, die Kunst zu schützen und nicht nur die ästhetischen, sondern auch die Wert- und Moralvorstellungen vorzugeben. Salazar überließ ihm die Umsetzung dieser Aufgabe. Auf diese Weise war er neben Salazar derjenige, der die Ideologie und das Bild der Gesellschaft des *Estado Novo* nachhaltig und nach seinen eigenen Vorstellungen prägte. Ferro und Salazar erkannten am Beispiel Italiens und Deutschlands die Einflussmöglichkeiten, die sich durch die Nutzung der relativ neuen Kommunikationsmedien (Radio, Kino etc.) und die Manipulation von Information und Kultur ergaben und gelangten zu dem Schluss, dass auch Portugal über ein Propagandaministerium verfügen müsse, um die Volksmassen zu lenken und das Bild Portugals im Ausland zu formen. (Vgl. Azevedo 1999:152ff. und Matos-Cruz 2000:373.)

Der zentralistische und intervenierende Charakter des SPN-SNI wird an dessen Stellung in der staatlichen Hierarchie deutlich – alle Institutionen, korporativen Einrichtungen und Vereinigungen waren dem Propagandaministerium per Gesetz rechenschaftspflichtig. Das heißt, sie waren dazu verpflichtet, dem SPN-SNI alle Publikationen und auf Anfrage alle geforderten Informationen und Mittel zur Verfügung stellen, die dem SPN-SNI zweckdienlich waren. (Vgl. Azevedo 1999:155.)

Das Ministerium war in zwei Sektionen geteilt: eine interne und eine externe. Der Aufgabenbereich der internen Sektion umfasste:

> [1] regular as relações da imprensa com os poderes do Estado; [2] fomentar a edição de publicações que destinem a fazer conhecer a actividade do Estado e da Nação Portuguesa; [3] organizar um serviço de informação da acção desenvolvida pelos diferentes serviços públicos na parte que interesse à Propaganda Nacional;

> [4] servir permanentemente como elemento auxiliar de informação dos respectivos Ministérios; [5] organizar manifestações nacionais e festas públicas com o intuito educativo ou de propaganda; [6] combater por todos os meios ao seu alcance a penetração no nosso País de quaisquer ideias perturbadoras e dissolventes da unidade e interesse nacional; [7] estimular, na zona da sua influência, a solução de todos os problemas referentes à vida do espírito, colaborando com artistas e escritores portugueses e podendo estabelecer prémios que se destinem ao desenvolvimento de uma arte e de uma literatura acentuadamente nacionais; [8] utilizar a radiodifusão, o cinema e o teatro como meios indispensáveis à sua acção.

Die externe Sektion war zuständig für:

> [1] colaborar com todos os organismos portugueses de propaganda existentes no estrangeiro; [2] superintender em todos os serviços oficiais de imprensa que actuem fora do País; [3] promover a realização de conferências em vários centros mundiais por individualidades portuguesas e estrangeiras; [4] fortalecer o intercâmbio com os journalistas e escritores de grande nomeada; [5] elucidar a opinião internacional sobre a nossa acção civilizadora e de modo especial sobre a acção exercida nas colónias e o progresso do nosso Império Ultramarino; [6] promover a expansão, nos grandes centros, de todas as manifestações de arte e da literatura nacionais (Decreto-Lei n.° 23 054, de 25-9-1933, art. 11.°, zit. nach Ó 1999:46).

Demnach hatte das Wirken des Ministeriums sowohl intervenierenden, als auch operierenden und vermittelnden Charakter. Das bedeutet, dass der SPN einerseits durch das Organisieren von Veranstaltungen, Volksfesten, Ausstellungen etc. selbst Aktivitäten[15] entwickelte und durchführte und andererseits durch Anweisungen, Zensur etc. in das bestehende kulturelle Leben reglementierend eingriff und es sich zu Nutzen machte.

Im Jahre 1940 wurde der *Secretariado da Propaganda Nacional* um den *Conselho de Turismo* erweitert (vgl. Azevedo 1999:157) und am 23. Februar 1944 in den SNI – *Secretariado Nacional da Informação, Cultura Popular e Turismo* integriert. Die oben genannten Aufgabenbereiche änderten sich kaum, das Regime fühlte sich jedoch angesichts des absehbaren Endes des Zweiten Weltkrieges und der Annäherung an die Alliierten dazu angeregt, den faschistisch konnotierten Begriff *Propaganda* zu ersetzen und, zumindest dem Anschein nach, den Schwerpunkt zu verlegen. Ziel war, das Bild des Landes nach außen hin zu verbessern und den *Estado Novo* an die politischen Gegebenheiten der Nachkriegszeit anzupassen.

Es wurden einige strukturelle Veränderungen vorgenommen. Die Zensurbehörden Serviços da Imprensa, Serviços de Censura, Serviços da Inspecção dos Espectáculos, Serviços de Exposições und Serviços de Radiodifusão wurden fester Bestandteil des Ministeriums. Am 24. November 1944 war der Umbildungsprozess abgeschlossen und das Ministerium nahm unter dem Namen Secretáriado Nacional da Informação (SNI) seine Arbeit auf. (Vgl. Azevedo 1999:170-177.)

---

15 Besonders die *Exposição Histórica do Mundo Português* im Jahre 1940 war einer der Höhepunkte der Aktivitäten des SPN. Mehr als 3 Millionen Besucher lockte die Ausstellung nach Lissabon, in der Kunst, Geschichte und Kolonialreich Portugals dargestellt wurden.

6.2 Die Zensur

Die Bedeutung des portugiesischen Begriffs *censurar* ist mit dem Wortfeld des deutschen *zensieren* vergleichbar und reicht von „exercer a censura" über „criticar" bis hin zu „condenar; repreender" (Texto Editora 2000:318). Er bezeichnet demnach nicht nur den Akt der Zensur, sondern auch des Kritisierens, Bestrafens oder Tadelns ebenso, wie darunter ein wohlgemeinter Hinweis verstanden werden kann.

Über die Jahrhunderte wurde der Begriff durch die verschiedensten Obrigkeiten geprägt und erhielt je nach politischen oder ideologischen Interessen eine entsprechende Färbung. Zu Zeiten der Inquisition wurden von den Zensoren unter anderem Verben wie *emendar* oder *alimpar* verwendet, die durch die positive Konnotation „verbessern, „berichtigen" oder „säubern" und „rein halten" einerseits den repressiven Charakter der Zensur vertuschen und andererseits die moralische Komponente des Begriffs erkennen lassen sollten.

So beschreibt *Censura* auch heute noch sowohl den technischen Akt des Zensierens, des Herausschneidens, Streichens, Kürzens von Information und damit einen Akt der Repression, als auch die Indoktrinierung bestimmter Moralvorstellungen, das Korrigieren „falschen" Handelns, die Einteilung in „Gut" und „Böse" und die Bestrafung all dessen, was sich außerhalb bestimmter Normen bewegt. Damit wird die Zensur zu einer historischen Erfahrung und einem Teil der Kultur. (Vgl. Karimi1991:109f.)

Des Weiteren steht der Begriff *Censura* für die Zensurbehörde, also den gesamten Zensurapparat mit seinen verschiedenen Abteilungen und Zuständigkeitsbereichen, der administrativen Organisation, samt Verordnungen, Gesetzen und deren Umsetzung durch die Zensoren.

Auch im *Estado Novo* bekam der Begriff *Censura* entsprechend der staatlichen Ideologie seine besondere Prägung, an der sich die Zensurkriterien orientierten. Durch immer wieder neue Dekrete wurde nach und nach immer detaillierter definiert, was zensiert werden sollte und was nicht. Auch reagierten diese Verordnungen auf die aktuelle Lage, wie beispielsweise den Zweiten Weltkrieg, der sich in einer Reihe von Zensurregeln niederschlug, die vor allem militärische Informationen zurückhalten und die Neutralität Portugals hervorheben sollten. Auch vor den Wahlen von 1958, zu denen Humberto Delgado als Kandidat der Opposition antrat, wurde am 3. Oktober 1957 ein vertrauliches Rundschreiben der Zensurbehörde erstellt. In 17 Punkten wurden Vorkehrungen getroffen, die der Opposition jede Möglichkeit nahmen, an die Öffentlichkeit zu treten. (Vgl. Azevedo 1999:428/435-438).

Verallgemeinernd lässt sich zusammenfassen, dass alles zensiert wurde, was sich gegen den Staat und die soziale Ordnung oder gegen die Moral und die guten Sitten richtete:

> A censura terá somente por fim impedir a perversão da opinião pública na sua função de força social e deverá ser exercitada por forma a defendê-la de todos os factores que a desorientem contra a verdade, a justiça, a moral, a boa administra-

ção e o bem comum, e a evitar que sejam atacados os princípios fundamentais da organização da sociedade. (Decreto-Lei 22.469, April 1933, zit. nach Karimi 1991:141.)

Um gegen Tendenzen vorzugehen, welche die Ordnung stören oder die staatlichen Strukturen in Frage stellen könnten, gab es, im Sinne des Leitspruchs der Einheitspartei União Nacional „tudo pela Nação, nada contra a Nação" (zit. nach Azevedo 1999:119), unzählige Themen, die zu zensieren waren. Hier einige Beispiele[16]:

> c) referências a assuntos que se liguem directamente com a ordem pública;
>
> d) notícias de atentados de carácter político; [...]
>
> q) alusões aos serviços de Censura; [...]
>
> (Instruções Gerais de 1928, Circular vom 28. August 1931, zit. nach Azevedo 1999:387).
>
> a) Matéria dissolvente contra o Estado ou que atingisse o prestígio da Nação, o Chefe do Estado, o Governo e Tribunais, como órgãos da soberania nacional, bem como os seus representantes no estrangeiro. [...]
>
> d) Notícias que sem justificação originassem o alarme e provocassem a intranquilidade pública. [...]
>
> (Regulamento dos Serviços de Censura, November 1936, zit. nach Azevedo 1999:407f.)

Oder auch (im Jahre 1970):

> Cortar
>
> [...]
>
> Aliciantes para ida das famílias para junto dos emigrantes [...]
>
> Flutuação do valor do escudo [...]
>
> Sindicatos – Matéria discutida em Assembleias ou que constitua reinvindações [...]
>
> Despedimento de pessoal fabril [...]
>
> (Circular dos Serviços da Censura, 23. Oktober 1970, zit. nach Rodrigues 1980:76.)

In Sachen Moral und gute Sitten griffen folgende Anweisungen:

> l) suicídios, com excepção dos cometidos por criminosos reconhecidos e como tal resentados ao público;
>
> m) infanticídios, quando não seguidos da notícia da punição, aplicada por sentença dos tribunais aos autores do crime;
>
> n) anúncios de astrólogos, bruxas, videntes e outros; de correspondência amorosa de redacção desmoralizadora; [...]
>
> (Instruções Gerais de 1928, Circular vom 28. August 1931, zit. nach Azevedo 1999:387).
>
> g) Escritos que ofendessem as crenças e práticas religiosas.

---

16 Diese Beispiele stammen aus der Pressezensur, die aber eng mit den anderen Zensurbehörden verbunden war und auf Grund ihrer Allgemeingültigkeit exemplarisch ist.

> d) Assuntos e gravuras que ofendessem a moral. [...]
>
> (Regulamento dos Serviços de Censura, November 1936, zit. nach Azevedo 1999:407f.).
>
> Cortar
>
> [...]
>
> Erotismo, em geral [...]
>
> (Circular dos Serviços da Censura, 23. Oktober 1970, zit. nach Rodrigues 1980:76.)

Auf diese Weise wollte der Staat eine eigene Wirklichkeit schaffen und die öffentliche Meinung nach Belieben manipulieren – „a produção da verdade" (Ó 1999:33). Die Bevölkerung war entmündigt, hatte kaum die Chance, sich über die offizielle Berichterstattung hinaus zu informieren. Die meisten Portugiesen waren sich vermutlich nicht über das Ausmaß der Manipulation bewusst. Die política do espírito wollte einen Staat mit zufriedenen Bürgern schaffen, die sich keine Gedanken über die Wirren der Realität außerhalb der Familie, des Dorfes oder gar des Landes machten. Das Denken wurde ihnen vom Staat abgenommen, oder mit den Worten Karimis:

> Im glücklichen portugiesischen Imperium wurde es den wohlgenährten Bürgern erspart, lästige Nachrichten über die Hungernden zu lesen; Lusitanien konnte sich unbeschwert seiner zivilisatorischen Mission widmen, ohne daß diese Routine durch schrecklich wirklichkeitsnahe Zeitungsberichte über den Kolonialkrieg gestört worden wäre. (Karimi 1991:139)

Salazar selbst behauptete: „Politicamente só existe o que o público sabe que existe" (zit. nach Rodrigues 1980:76), „a aparência vale a realidade, ou seja: é uma realidade política" (zit. nach Ó 1999:31) und sprach der Zensur die Aufgabe zu, für die „higiene do espírito" (zit. nach Azevedo 1999:338) zu sorgen. Seiner Ansicht nach war die Rolle des Staates die eines Beschützers oder Familienvaters, der seine Schützlinge vor schlechten Einflüssen bewahrt. Er vertrat sogar die Meinung, die Portugiesen hätten nie zuvor so viele Freiheiten genossen wie im *Estado Novo*, doch auf die Frage, warum er dann nicht die Zensur abschaffe, argumentierte er:

> Quem, como nós, aceita constitucionalmente que a opinião pública é elemento fundamental da política e administração do País, não pode deixar de atribuir ao Estado a incumbência de defendê-la de todos os factores que a desorientam contra a verdade e a justiça. (Salazar im Interview mit Serge Groussard, 1958, zit. nach Azevedo 1999:339.)

Die öffentliche Meinung war Staatsangelegenheit und schon in Artikel 6, Absatz 20 der Verfassung von 1933 festgehalten, den Salazar hier fast wörtlich zitiert (vgl. Auszug aus der Verfassung in: Gomes/Matos/Faria/Pereira 1990:324). Doch die öffentliche Meinung umfasst ein breites Spektrum (Kultur, Gesellschaft, Politik, Religion, Philosophie, Wissenschaft etc.). Das bedeutet, dass der Staat mit dem Anspruch, die öffentliche Meinung zu lenken, einen totalen Machtanspruch vertrat. Die Folge dessen war der Aufbau eines komplexen

Machtapparates mit staatlichen Organisationen, Geheimpolizei und Zensur. Dazu Lauro António:

> A actividade da censura [...] é um perfeito abuso de poder, demonstração inequívoca de uma perversão de espírito. Toda a obra de arte que possa pôr em causa as ideias dominantes numa época é de imediato perseguida, quer o faça em termos políticos, sociais, morais, mesmo estéticos. O censor é então o regulamentador da ordem, o polícia do espírito, que impõe a norma ou proíbe a fuga. (António 2001:12)

6.2.1 Filmzensur

Das erste erhaltene Dokument mit einem Hinweis auf Filmzensur in Portugal stammt aus dem Jahre 1919. Das Dokument vom 22. März nimmt Bezug auf das Dekret Nr. 3.354 vom 10. September 1917 und gibt die Vorführung des Films OS ÚLTIMOS ACONTECIMENTOS NO NORTE DO PAÍS von João Ferreira Santos Goveia ausdrücklich für das ganze Land frei.

Ein weiterer Bezug auf die frühe Existenz von Filmzensur befindet sich im *Anuário Cinematográfico Português* aus dem Jahre 1946, in dem das Gesetz Nr. 1748 vom 16. Februar 1925 zitiert wird. Es verbot „a exibição de filmes contra a moral" (zit. nach António 2001:16).

Die erste Zensurverordnung im Zeichen der Militärdiktatur war das Dekret Nr. 13.564 vom 6. Mai 1927, in dem öffentliche Veranstaltungen aller Art reglementiert wurden. Die Filmzensur lag zu der Zeit im Aufgabenbereich der *Inspecção-Geral dos Teatros*, die dem *Ministério da Instrução Pública* angehörte. Artikel 130 dieses Dekrets sah die Einrichtung eines Registers vor, in das sich alle Filmproduktions- und -importfirmen einzutragen hatten. Sie waren daraufhin verpflichtet, vor dem Erscheinen eines neuen Films dessen Titel, Inhalt und ersten Aufführungsort bei der *Inspecção-Geral dos Teatros* anzugeben. Artikel 134 legte fest, dass die Altersbeschränkung für unter 14-Jährige in Zusammenarbeit mit der *Administração e Inspecção-Geral dos Serviços Jurisdicionais e Tutelares de Menores* geregelt werden soll. Artikel 136 schrieb den Lichtspielhäusern vor, möglichst jede Woche einen anderen Film aus portugiesischer Produktion, in portugiesischer Sprache, mit Landschaftsaufnahmen und von mindestens 100 Metern Länge zu zeigen. Diese Anweisung ging als *Lei dos Cem Metros* in die Filmgeschichte ein.

1929 wurde die *Inspecção-Geral dos Espectáculos* als Bestandteil des *Ministério do Interior* gegründet[17] und die *Inspecção-Geral do Teatro* integriert. Artikel 1 des Dekrets Nr. 17.046-A vom 28. Juni 1929 besagt:

> É criado no Ministério do Interior a Inspecção-Geral dos Espectáculos, dirigida pelo inspector-geral, que será nomeado pelo Ministro.

---

17 Cândido de Azevdo gibt an, die *Inspecção-Geral do Teatro* sei erst 1945 von der *Inspecção dos Espectáculos* übernommen worden (1999:180), doch ließ sich nicht nachvollziehen, worauf sich diese Information bezieht. Grundlegend für die Annahme, dass die Übernahme im Jahre 1929 stattgefunden hat, ist das von Lauro António zitierte Dekret Nr. 17.046-A.

Artikel 12 bezieht sich auf dessen Aufgabenbereiche:

> O Ministro do Interior fica autorizado a publicar o Regulamento Geral dos Espectáculos, estabelecendo as normas que julgar convenientes à construção, ao bom funcionamento, à segurança, higiene e comodidade dos respectivos edifícios, definindo os deveres, direitos e regalias dos funcionários da Inspecção-Geral dos Espectáculos, Conselhos Superior e Técnico e Junta Consultiva, autores, empresários, artistas, empregados teatrais, espectadores, estabelecendo a forma da venda de bilhetes, censura de obras teatrais, fitas cinematográficas e tudo o mais que for conducente à eficiência da fiscalisação dos espectáculos (zit. nach António 2001:18).

Im Laufe der Jahre wurde die gesetzliche Regelung öffentlicher Veranstaltungen und Zensur immer wieder neu organisiert und ergänzt. Beispielsweise wurde 1939 das Gesetz Nr. 1.974 erlassen, welches den Besuch von Veranstaltungen für unter 6-Jährige verbot und für 6 bis 15-Jährige einschränkte. Außerdem kündigte dieses Gesetz die Neuorganisierung der *Serviços de Censura* und der *Inspecção-Geral dos Espectáculos* bzw. die Umstrukturierung des SPN an, die am 24. November 1944 (*Decreto-Lei n.° 34.133*) mit der Integration dieser Behörden in das SNI und die Einrichtung einer eigenen Zensurkommission, der *Comissão de Censura aos Espectáculos*, am 11. Mai 1945 (*Decreto-Lei n.° 34.560*) durchgeführt wurde.

Die *Comissão de Censura aos Espectáculos* bestand aus dem *Secretário-Geral do Ministério* (Vorsitzender), dem *Inspector dos Espectáculos* (Beisitzer) und neun weiteren, vom *Ministério da Educação Nacional* ernannten Mitgliedern und einem Staatssekretär. Drei der neun Mitglieder der Kommission waren Abgeordnete des SNI. Die Zensur war also eine staatliche Angelegenheit.

Am 18. Februar 1948 verordnete das Gesetzesdekret Nr. 2027, dass jeder Film jeden Formates (16 mm, 35 mm, Super-8-Format, selbst Amateurfilme) eine Vorführlizenz benötigte:

> A exibição em Portugal de qualquer filme destinado à exploração comercial depende da licença da Inspecção dos Espectáculos, a qual pressupõe o visto da Comissão de Censura (Artikel 4, zit. nach António 2001:19).

Am 27. Oktober 1952 erfuhr die *Comissão de Censura aos Espectáculos* durch das Gesetzesdekret Nr. 38.964 leichte Veränderungen. Ihre Zusammenstellung lag nun nicht mehr nur in der Hand des Erziehungsministeriums. Den Vorsitz übernahm nun der *Secretário Nacional da Informação*. Dessen Beisitzer und zwei Mitglieder der Kommission wurden von der *Presidência do Conselho* gestellt, hinzu kamen Abgeordnete des Justiz- und Erziehungsministeriums, sowie ein Staatssekretär. Gleichzeitig wurden die *Comissão de Literatura e Espectáculos para Menores* ins Leben gerufen und öffentliche Veranstaltungen in zwei Kategorien, für Minderjährige und für Erwachsene, eingeteilt. Damit fand formal eine Zweiteilung des Zuständigkeitsbereiches statt. Artikel 4 des Gesetzesdekrets Nr. 38.964 definierte Veranstaltungen für Erwachsene als:

> espectáculos que, embora obedecendo às condições mínimas exigidas para a sua autorização pela Comissão de Censura aos Espectáculos, possam ser prejudiciais à

> formação espiritual e ao desenvolvimento moral e intelectual da juventude, ou possam excitar perigosamente a sua sensibilidade e imaginação, despertar-lhe instintos maus ou doentios, corromper ou amedrontar pelas suas sugestões, exercer acção nociva sobre o carácter ou sugerir-lhe noções erradas sobre os conceitos fundamentais da vida e os factos da história (zit. nach António 2001:20).

Auch hier wird deutlich, dass den Moralvorstellungen staatlich festgelegte Grenzen gesetzt waren.

Das Gesetzesdekret Nr. 41.051 von 1957 bestimmte auch die Gründung der *Comissão de Exame e Classificação dos Espectáculos*, welche die *Comissão de Censura aos Espectáculos* ersetzte. Damit war der Begriff *Censura* aus dem Namen der Kommission genommen. Die Wortwahl *Exame* und *Classificação*, sowie die Unterteilung in die Zuständigkeitsbereiche „Erwachsene" und „Minderjährige" suggerierte, dass die beiden Kommissionen sich vor allem dem Jugendschutz und der Altersfreigabe verschrieben hätten, wie es beispielsweise die FSK in Deutschland tut[18]. Dieser Umstand verschleiert jedoch nur, dass die *Comissão de Exame e Classificação dos Espectáculos* weiterhin Zensur ausübte und zwar im selben Maße wie vor der Namensänderung.

Die Zuständigkeit für Zensurangelegenheiten war damit aus der *Inspecção-Geral dos Espectáculos* ausgegliedert. (Vgl. Azevedo 1999:181, António 2001:16-21.)

In der Praxis wirkten nicht nur die Zensur reglementierend auf die Filmproduktionen ein, sondern auch die Marktlage. Der von António Ferro geschaffene *Fundo de Cinema* stellte seine spezifischen Anforderungen an die Förderung von Filmen und wirkte auf diese Weise auf die Produktion ein. Private Investoren hatten finanzielle Interessen und wollten nicht das Risiko eingehen, dass der Film verboten werden könnte. So waren auch private Produktionen zur Anpassung an das System gezwungen. Es gab einige wenige private Initiativen von Kinoliebhabern und Filmschaffenden, die die nötigen Mittel zur Herstellung eines Filmes aufbrachten oder unentgeltlich daran arbeiteten. Doch diese Filme blieben von der Zensur ebenfalls nicht unbehelligt.

6.2.1.1 Gegenstand der Filmzensur

Wie auch für die Presse- und Buchzensur, galt für das Kino der Grundsatz, alles zu verbieten, was sich gegen die Moral, den Staat, die Ordnung, Sittlichkeit etc. richtete. Die besonderen Kriterien für das Medium Film betrafen vor allem dessen visuelle Komponente, bzw. das, was im Film nicht zu sehen sein sollte. Bereits das Dekret Nr. 13564 vom 6. Mai 1927 legte die zu zensierenden Inhalte fest:

18 Die „Empfehlungen" der FSK waren allerdings ebenso verpflichtend wie die Verbote der *Comissão de Exame e Classificação dos Espectáculos*. Was die Maßstäbe für die Bewertung betrifft, so unterschieden sich die beiden Behörden jedoch wesentlich.

> Maus tratos a mulheres
> Torturas a homens e animais
> Personagens nuas
> Bailes lascivos
> Operações cirúrgicas
> Execuções capitais
> Casas de prostituição
> Assassínios
> Roubo com arrombamento ou violação de domicílio, em que, pelos pormenores apresentados, se possa avaliar dos meios empregados para cometer tal delito
> A glorificação do crime por meio de letreiros ou efeitos fotográficos.
> (Zit. nach António 2001:17.)

Lauro António ist der bedeutendste Spezialist für Filmzensur in Portugal. Es gibt kaum andere Literatur zu diesem Thema. Die wenigen existenten Texte basieren auf seinen Forschungen, dargestellt in seinem Buch „Cinema e Censura em Portugal". Er untersuchte die verschiedenen Kommentare und Begründungen der Zensoren auf den Formularen der *Inspecção dos Espectáculos*. Durch die Lektüre von Hunderten solcher Vorgänge, konnte er sich einen umfassenden Überblick über die zensierten Inhalte verschaffen, denn nur anhand dieser Dokumente aus der Praxis der Zensur wird deutlich, in welcher Form die Zensurverordnungen umgesetzt wurden. Eine einheitliche Handhabung konnte er nicht entdecken, er fand:

> não uma linha definida, definitiva e coerente, ao longo de toda a acção das diferentes comissões de censura, mas sim um conjunto de declarações de voto, por vezes aparentemente contraditórias, excluindo-se umas às outras, parecendo evoluir ao sabor dos caprichos momentâneos dos diferentes censores. (António 2001:56)

Es folgt eine Zusammenfassung seiner Quellenforschung mit einigen Beispielen. Alle Anmerkungen der Zensoren sind nach António (2001:58-71) zitiert. Leider geben diese Quellen aber oft nicht an, aus welchem Jahr Film und Zitat stammen, so dass auch hier teilweise keine genaueren Angaben gemacht werden können[19].

6.2.1.1.1 Soziale Zensur

Filme, die den Unterschied zwischen sozialen Schichten, Streik oder den Klassenkampf der Arbeiter thematisierten, wurden nicht zugelassen. Beispielsweise

19 Lauro António ist meines Wissens der erste Autor, der all diese Dokumente gesichtet und ausgewertet hat. Das Ergebnis war eine populärwissenschaftliche Publikation, in der häufig die Quellennachweise fehlen. Die Originaldokumente der Zensur werden im Archiv *Torre do Tombo* in Lissabon verwahrt. Leider hatte ich derzeit nicht die Möglichkeit vor Ort zu recherchieren, so dass mir keine Primärliteratur vorliegt. Einige Informationen zu den genannten Filmen konten im Internet ausfindig gemachte werden (vgl. Webseite 6).

wurde der Film THE ANGRY SILENCE (1960), ein Arbeiterfilm von Guy Green mit folgendem Kommentar versehen:

> O filme trabalha, aliás mal, um tema sobre a exploração do operariado por agentes grevistas, equacionando em termos equívocos um problema inteiramente estranho ao ambiente social português. (2001:64)

Streiks gab es in Portugal nicht und sollte es auch nicht geben, die soziale Ordnung sollte stabil gehalten werden. Sogar der Erhalt christlicher Werte wurde zur Argumentation herangezogen; dem Film IL MOMENTO DELLA VERITÀ (1965) von Francesco Rosi wurde zum Beispiel

> uma mensagem de propaganda marxista ou, pelo menos, uma mensagem de negação dos princípios informadores da 'civilização cristã'. (2001:64)

zugesprochen.

Die Rebellion der Jugend, das Aufbegehren gegen alte Strukturen und deren Auflösung, konnte im konservativen *Estado Novo* nicht gebilligt werden. Hier wird der erzieherische Anspruch des Staates und der Zensur deutlich. Der Film LE DIABLE AU CORPS (1946/47) von Claude Autant-Lara entsprach beispielsweise nicht den moralischen Prinzipien:

> Pretendemos hoje educar a nossa juventude em princípios de sã moral e, nesta ordem de ideias, não há necessidade de lhes meter 'o diabo no corpo', apresentando em taça doirada escola tão completa de doutrinas e usanças que as leis e a estrutura moral do nosso país condenam. (2001:65)

Das Lebensgefühl im Film I RAGAZZI DEL JUKE BOX (1959) von Lucio Fulci über die Jugendkultur der 1950er Jahre wurde als „vida frenética e perversa duma juventude vivida e corrumpida"(2001:65) beschrieben. Sogar an der Musik nahmen die Zensoren Anstoß:

> Organizada uma sociedade liberta de todos os complexos de educação que substituiu a virtude e o poder pela licenciosidade da vida instintiva, divorciada de toda a moral e asselvejada pelos ritmos bárbaros e excitantes. (2001:65)

Einer der Zensoren ließ sich besonders ausführlich über die Filmaufnahmen eines Musik-Festivals in Big Sur in Kalifornien aus, ein Beispiel, das exemplarisch ist für die Mentalität der Zensoren und ihre Sichtweise auf ihre eigene Rolle als Jugendschützer:

> É um filme difícil e que pode prejudicar a juventude que, coitada, atravessa uma fase difícil da vida e quantas vezes por falta de bom senso e autoridade equilibrada de nós, adultos. Afinal o que são os hippies? A meu ver são criaturas que procuram algo que não têm, querem evadir-se e então entregam-se aos excessos da pornografia, erotismo, droga e por vezes ao suicídio. (2001:66)

Diese Beschreibung erinnert an die Bilder von *Woodstock*, an verlotterte Gestalten, die fröhlich ihr Hippie-Dasein ausleben. Auch in anderen Staaten erregten solche Bilder Aufsehen unter konservativen Bürgern.

6.2.1.1.2 Moralische Zensur

Zu guter letzt führt Lauro António die Themen an, die man in jeder Abhandlung über die Zensur erwartet: Sex, Homosexualität und Religion. Der Film LES

AVENTURES DE CASANOVA (1946) von Jean Boyer wurde abgelehnt mit den Worten:

> [...] se contem várias das mais significativas aventuras sexuais de Casanova. Desde as mulheres casadas, que se entregam sem qualquer espécie de resistência, até à noiva de um outro, na própria noite de núpcias [...] (2001:66)

Andere Beispiele für die Wortwahl der Zensoren sind „excessiva falta de roupa“, „demasiadas cenas na cama“, „amores do pior estilo“, „aparecem danças de strip-tease“ (2001:66). Ein in dieser oder ähnlicher Form häufig auftretender Satz war:

> Este filme excede muito o critério da comissão, em matéria de ordem imoral. (2001:66)

Die Religion betreffend, gerieten vor allem Horror- und Gruselfilme ins Visier der Zensoren. Mystisches, Okkultes, Außerirdische und Phantasiegestalten waren in den Augen der Zensoren „propaganda anti-religiosa“ (2001:71). Sie sorgten sich um das Wohlergehen der Bevölkerung. Das Verbot des Filmes EYE OF THE DEVIL (1965), ein Horrorfilm von J. Lee Thomson, klagt den schlechten Einfluss an, den der Film besonders auf die Landbevölkerung ausüben könnte:

> [O filme] foca um aspecto de demonologia, em práticas religiosas que não pode deixar de ter repercussões sobre o público, especialmente da província. (2001:71)

Besonders kurios ist die Argumentation für die Zensur des Films DRACULA, PRINCE OF THE DARKNESS (1965) von Terence Fisher mit Christopher Lee in seiner berühmten Rolle als Graf Dracula. Der Zensor befürchtete allen Ernstes, die Zuschauer könnten nach dem Kinobesuch dem Glauben an Vampire verfallen:

> [O filme] pretende fazer crer na existência de vampirismo, em que este aparece ligado com a religião. (2001:71)

Die angewandten Kriterien für die Zensur von Filmen sind die Fortführung der Grundsätze der Zensur, wie sie in Kapitel 6.2 beschrieben wurden. Interessant ist, wie im Einzelfall argumentiert und entschieden wurde, wie sich die Kommentare der Zensoren in das Bild der Staatsideologie einfügen. Teilweise erscheinen die Argumente etwas konstruiert, um zu rechtfertigen, dass ein Film einfach nicht ins Bild passte oder den persönlichen Vorstellungen des Zensors widersprach.

Deutlich wird außerdem die Engstirnigkeit mit der die Entscheidungen gefällt wurden, denn sogar Filme, die selbstverständlich zum europäischen Kulturgut gehören, wurden beanstandet, wie zum Beispiel der Film LES AVENTURES DE CASANOVA. Die Geschichte von Casanova wurde vielfach verfilmt, seine Verführungskünste sind legendär und er gilt als ein Prototyp maskuliner Verhaltensweise.

Auch Filme, die sich mit dem Nationalsozialismus oder mit aktuellen Konflikten beschäftigen, sind Teil der kulturellen Auseinandersetzung mit der Gesellschaft; die Portugiesen konnten durch das Eliminieren solcher Themen nicht daran teilhaben. Der Paternalismus des Staates mit seinem erzieherischen Anspruch behinderte, nicht zuletzt durch die Filmzensur, die Entwicklung der Portugiesen zu mündigen Bürgern und ihre Beteiligung an politischen und kulturellen Strömungen in Europa.

6.2.1.1.3 Politische Zensur

Das große Thema hier sind Filme, die sich kritisch mit dem Nationalsozialismus und mit dem Zweiten Weltkrieg auseinander setzen. Begründungen für das Zensieren dieser Filme könnten auch für das Beispiel HUNDE WOLLT IHR EWIG LEBEN zutreffen. Umso erstaunlicher erscheint die Tatsache, dass dieser Film in die portugiesischen Kinos kam. Der Film DER 20. JULI (1955) von Falk Harnack über das Attentat auf Hitler wurde abgelehnt mit den Worten:

> Este filme pretende focar um facto histórico – o atentado de 20 de Julho contra Hitler, – e fá-lo de forma objectiva. No entanto, porque este facto pode ser considerado como traição à Pátria, e porque se situa num regime político que, por ter desaparecido há pouco tempo, ainda suscita apaixonadas discussões entre nós, parece-nos não dever ser aprovado[...] (2001:58)

Der Film VERBOTEN (1959) handelt von den Kriegsverbrechern des Zweiten Weltkrieges und wurde von der portugiesischen Zensur als „propaganda antinazi“ gewertet. Das Verbot wurde im Vergleich zum Film DER 20. JULI ganz anders begründet:

> É um filme de ódio, politicamente inconveniente. É em suma um assunto ultrapassado pelo tempo. (2001:58)

Zum Film WIR WUNDERKINDER (1958) von Kurt Hoffmann bemerkte die Zensur:

> O filme é, pois, contra a Alemanha de ontem e de hoje, e parece-nos de inspiração esquerdista. Não serve à causa do Ocidente, e por isso votamos pela sua rejeição. (2001:59)

Man sah sich in der Pflicht, das Image des nationalsozialistischen Deutschlands rein zu halten. In anderen Fällen wurde mit dem Hinweis auf Tendenzen von Pazifismus, „resistência de carácter comunista“ oder „simpatia pela Rússia“ (2001:59) argumentiert. Das Thema Politik wurde generell ausgeklammert, sei es der israelisch-arabische Konflikt, die Kritik an der Monarchie, die Biographie Che Guevaras oder gar ein fiktiver Überwachungsstaat aus der Feder Jules Vernes.

Im kolonialstaatlichen Portugal war es nicht angebracht, Konflikte zwischen Schwarzen und Weißen zu zeigen. Die Zensoren gaben an, dass eine Auseinandersetzung in den portugiesischen Kolonien nicht stattfinde und daher auch nicht in anderen Zusammenhängen dargestellt werden sollte. Zum Film THE MARK OF THE HAWK bemerkte die Zensur:

> [uma] revolta e ódio racial, entre negros e brancos que, se é infelizmente uma realidade em muitos pontos de África, não corresponde de modo algum ao que se passa nos territórios portugueses do Ultramar. (2001:61)

War der Zensor selbst Opfer der staatlichen Propaganda und wusste es nicht besser? Wenn allerdings dieser Konflikt existierte, wieso sollte er dann nicht gezeigt werden? Man wollte offensichtlich vorbeugen, dass nicht vielleicht doch jemand auf die Idee kommt, Parallelen zu ziehen. Diese Handhabung folgt der allgemeinen Tendenz, Konflikte zu vermeiden, den Zuschauer in Unwissenheit zu halten und nicht mit der Darstellung von Konflikten zu konfrontieren. So wurden auch Sklaverei und die schlechte Behandlung Schwarzer zensiert, ganz gleich in welchem Land. Rassismus gab es offiziell nicht. Der Film THE INTRUDER (1961) von Roger Corman war:

> inconveniente, pois trata de problemas raciais que nos são inteiramente estranhos e por forma inconveniente que não interessa a apresentação no nosso país. (2001:61)

Pazifismus und Antimilitarismus waren ebenfalls tabuisiert, Themen, die auch im Film HUNDE WOLLT IHR EWIG LEBEN eine Rolle spielen. António verweist auf das Beispiel des Films COMMANDOS (1968), ein Kriegsfilm von Armando Crispino, den die Zensoren in folgender Weise zu bemängeln hatten:

> Parece que o realizador pretende demonstrar a inutilidade da guerra, o que se afigura inconveniente no momento actual. O pacifismo é indefensável quando se apresenta como mensagem (mais ou menos disfarçada) num país em luta. (2001:63)

Auch diverse Komödien, die den Krieg und die militärische Hierarchie verspotten, hatten keine Chance, die Zensur zu passieren:

> apesar de ser apresentado como uma farsa, é um libelo cruel contra a guerra. (2001:63)

In einem Staat, dessen repressive Maßnahmen auf der Stärke und Anerkennung von Militär und Polizei basierten, durften Autoritäten und militärische Tugenden nicht in Frage gestellt werden.

Im Vergleich zur Diktatur in Spanien wurde mehr Wert auf die Zensur politischer Themen gelegt und weniger sexuelle Aspekte zensiert. Besonders nach dem Beginn des Kolonialkrieges, mit der zunehmenden Präsenz des Krieges in Portugal, wurde die politische Zensur verschärft. Insofern ist zu vermuten, dass der Film HUNDE WOLLT IHR EWIG LEBEN einige Zeit später nicht mehr durch Zensur genehmigt oder gar verboten worden wäre. Er ist somit ein Film an der Schwelle zur Verschärfung der Zensur ab 1961, auf den noch die etwas freieren Zensurkriterien angewandt wurden, der aber schon zur Zeit des Kolonialkrieges gezeigt wurde (Quelle 1).

6.2.1.2 Vorgehen der Zensur bei portugiesischen Filmen

In den ersten Jahren des *Estado Novo* war eine Zensur portugiesischer Filme kaum notwendig, denn die zu dieser Zeit aktiven Filmemacher stimmten mit der Ideologie des *Estado Novo* ohnehin überein. Dennoch wurden vereinzelt Szenen geschnitten, sogar der Film ALDEIA DA ROUPA BRANCA litt unter Kürzungen. Erst in den 1960er Jahren, mit dem Aufkommen des Cinema Novo, sah die Zensur mehr Bedarf einzugreifen. (Vgl. Azevedo 1999:221.)

Die Zensurbehörde arbeitete im *Palácio Foz*, in dem Kinosaal, der ursprünglich für die Privatvorstellungen Salazars eingerichtet worden war und den dieser, trotz der Bemühungen Ferros, nicht genutzt hatte (vgl. Webseite 3e).

Um vom *Fundo do Cinema* gefördert zu werden, musste vor Drehbeginn das Drehbuch eingereicht werden. Ansonsten wurden Filmvorführungen wie alle anderen Veranstaltungen behandelt. Ab 1948 (*Decreto-Lei n°* 2027) musste vor der Premiere eine Genehmigung durch die *Inspecção dos Espectáculos* eingeholt werden, die mit einer Sichtung durch die Zensur verbunden war. Diese konnte entweder darüber verfügen, dass Szenen aus dem Film geschnitten wurden, sie konnte ihn ablehnen oder ihn passieren lassen. Auf den entsprechenden Formularen wurde: „aprovado", „aprovado com cortes" oder „reprovado" vermerkt.

Waren dem Film Schnitte auferlegt worden, wurde dem Verleih mitgeteilt, an welchen Stellen diese durchzuführen seien. Dann wurde er ein zweites Mal der Zensur vorgelegt, wenn nötig auch ein drittes und viertes Mal, bis der Film für die Kinos freigegeben oder endgültig verboten wurde.

Ein Film wurde von mehreren Zensorengruppen gesichtet, die nicht immer einer Meinung waren und den Film einer oder mehreren weiteren Zensorengruppen zur erneuten Sichtung weiterleiteten. Auf dem Formular „Movimento do Filme" (siehe António 2001:32) zur Dokumentation des Zensurprozesses wurden die jeweiligen Einschätzungen vermerkt und in einer abschließenden Sitzung die endgültige Entscheidung gefällt. Schließlich wurde ein „Relatório" geschrieben, dem die „Decisões" (António 2001:33) beigefügt waren. Die Entscheidung wurde in einem kurzen Text gerechtfertigt und von den Zensoren unterzeichnet und im Formular „Inspecção dos Espectáculos – Censura de Filmes" (siehe António 2001:31) in Kurzform in den Vordruck eingetragen. Ab Anfang der 1960er Jahre änderte sich der Titel des Formulars in: „Inspecção dos Espectáculos – Exame de Filmes" (siehe António 2001:32).

Diesem so genannten „Exame Prévio" konnte das Verfahren „Filme em Recurso" (siehe António 2001:32) folgen, wenn der Verleih Einwände gegen die Entscheidung der Zensoren hatte. Dieser konnte darauf hinweisen, dass die eine oder andere Stelle anders einzuschätzen oder weitere Aspekte zu berücksichtigen seien. Auch nach der Amtsübernahme von Marcelo Caetano, als die Zensur etwas gelockert wurde, wurden viele vormals verbotene Filme der Zensur erneut vorgelegt.

Ein Film konnte auch noch verboten werden, wenn er bereits in den Kinos lief, nämlich dann, wenn sich die Zuschauer beschwerten. Dies geschah des Öfteren seitens der Vereinigung *Obra das Mães pela Educação Nacional* oder anderer Verbände, die sich um das moralische Wohlergehen des Volkes sorgten. Auf Druck solcher Organisationen passierten einige Filme mehrmals den Zensurprozess. (Vgl. António 2001:29ff., Webseite 3g und Quelle 1.)

6.2.1.3 Portugal als Untertitelungsland

In Portugal werden bis heute, mit Ausnahme von Kinderfilmen, fast alle ausländischen Filme untertitelt. Die Entscheidung für diese Handhabung fiel nicht nur aus finanziellen, sondern auch aus politischen Gründen. Letzten Endes hat sich das portugiesische Publikum an die Untertitel gewöhnt und lehnt im Allgemeinen synchronisierte Filme ab.

Im Jahre 1927 wurde per Dekret festgelegt:

> As explicações de todas as películas deverão, em todo o território da República, ser escritas em corrente linguagem portuguesa (Artikel 132, Dekret Nr. 13.564, zit. nach António 2001:16).

Hier geht es bisher nur um die „explicações" zum Film, gemeint sind die Zwischentitel der Stummfilme, die Vorläufer der Untertitel, denn 1927 kam in den USA mit THE JAZZ SINGER der erste Tonfilm in die Kinos (vgl. Agost 1999:42). Hier wurde eine erste Richtlinie geschaffen, die das Abfassen der Zwischentitel gesetzlich regelt und das Portugiesische grundsätzlich als Basissprache festlegt.

Bis 1948 gab es keine gesetzlich festgelegte Handhabung für die Untertitelung oder Synchronisation von Filmen, aus Kostengründen wurde vor allem untertitelt. Im Jahre 1936 gab es den Versuch, O GRANDE NICOLAU zu synchronisieren, unter anderem mit der Stimme Vasco Santanas, doch wurde diese Version vom Publikum nicht angenommen und vom Verleih zurückgezogen.

Mit der Gründung des *Fundo do Cinema Nacional* durch das Gesetz Nr. 2027 wurde die Synchronisation in Portugal sowie die Einfuhr von im Ausland synchronisierten und ausländischen Filmen in portugiesischer Sprache (außer brasilianische Filme) verboten. Ein Jahr später wurden portugiesischen Co-Produktionen von diesem Verbot ausgenommen, vermutlich wegen der spanisch-portugiesischen Historienfilme, die vom SNI gefördert wurden.

Die von der Opposition so genannte *censura analfabeta* war ein Faktor, den das Regime einkalkulierte. Analphabeten waren auf portugiesische Produktionen angewiesen, da sie die Untertitel nicht lesen konnten. Daher waren sie den Einflüssen aus dem Ausland weniger ausgesetzt, was ganz im Sinne der Politik war. Um ihnen dennoch Kinobesuche zu ermöglichen und gleichzeitig die Staatsideologie zu verbreiten, begann man im Jahre 1937 mit mobiler Kinotechnik in die Dörfer zu fahren, wo der Anteil von Analphabeten besonders hoch war. Das so genannte *Cinema Ambulante* versorgte die Landbevölkerung mit einer Reihe von propagandistischen Dokumentarfilmen, die im Auftrag des SPN angefertigt worden waren.

Gut ein Drittel der Bevölkerung war also durch die Untertitelung vom Kinobesuch ausgeschlossen, den anderen zwei Dritteln wurden kritische Filminhalte durch die Zensur der Übersetzung der Untertitel vorenthalten. Die Übersetzung wurde somit als Mittel der Zensur eingesetzt. (Vgl. Webseite 3d und 3k.)

6.2.1.4 Zensur ausländischer Filme

Die Mehrzahl der Filme, die im *Estado Novo* zensiert wurden, stammte aus dem Ausland. Laut António (2001:37) kamen jährlich etwa 400 untertitelte Filme in die portugiesischen Kinos, die einer nationalen Produktion von etwa drei Filmen im Jahr gegenüberstanden. Azevedo (1999:221) zitiert eine Studie von Eduardo Geada aus dem Jahre 1976: von 1964 bis 1967 sollen der Zensur 1301 ausländische Filme vorgelegt worden sein, von denen 145 verboten wurden und 639 mit Kürzungen auf den Markt kamen.

Artikel 132 des Dekrets Nr. 13.564 vom 6. Mai 1927 besagt:

> [...] Na inspecção-Geral dos Teatros será obrigatóriamente declarado o nome dos tradutores de películas exibidas em Portugal, os quais deverão previamente comprovar a sua idoneidade quando não pertençam a qualquer academia ou sociedade intelectual reconhecida oficialmente ou não possuam algum curso cujas habilitações constituam por si garantia suficiente (zit. nach António 2001:16).

Mit dieser Regelung wollte man offensichtlich gewährleisten, dass nur „taugliche" Übersetzer tätig und auch kontrolliert wurden. ‚Idoneidade' kann ebenfalls „tauglich" im Sinne der Staatsideologie bedeuten, und so schafft dieses Dekret die Grundlage für die Auswahl systemtreuer Übersetzer.

Bevor ein Film aus dem Ausland nach Portugal gelangen konnte, musste sich ein Verleih finden, der Interesse daran hatte, den Film zu importieren. Die Auswahl der Filme war bereits ein Akt der Selbstzensur, denn die Verleiher trafen ihre Wahl, je nachdem, ob sich der finanzielle Aufwand lohnte, den Film zu übersetzen und in Portugal auf den Markt zu bringen. Filme, die aller Wahrscheinlichkeit nach zensiert würden, kamen gar nicht erst in Frage. Danach wurde der Film intern gesichtet und die ersten Szenen geschnitten. Um jegliches Risiko zu vermeiden und bereits im Vorfeld abzuschätzen, ob sich der Import des Filmes lohnt, wurde dieser meist einem ersten Zensurgremium vorgelegt. Diesem lag eine Übersetzung auf Papier vor, so dass das Geschehen im Film mitverfolgt werden konnte. Das Urteil konnte lauten: „aconselhamos a não importação" oder „com alguns cortes, será possível fazê-lo passar" (zit. nach António 2001:34).

Die Liste der Untertitel wurde ebenfalls von der Zensur überprüft und gegebenenfalls die entsprechenden Untertitel gestrichen, bzw. mit Anmerkungen versehen. Erst nach der Prüfung der Untertitel von der Zensurbehörde, konnten sie in das Filmmaterial eingestanzt werden. Der fertig untertitelte Film wurde nochmals der Zensur vorgelegt und es folgte derselbe Prozess wie bei den portugiesischen Produktionen. Hatten die Zensoren noch immer Einwände, konnten die Untertitel nicht mehr bearbeitet werden, die Szenen mussten komplett geschnitten werden. (Vgl. António 2001:31-34.)

Arbeitsgrundlage für die Übersetzer war meist das Dialogbuch. Stand dieses nicht zur Verfügung, musste der Dialog transkribiert und dann übersetzt werden[20]. Bereits beim Übersetzungsprozess war dem Übersetzer bewusst, welches die Kriterien der Zensoren waren und er handelte danach. Das bedeutete, dass er bereits beim Übersetzen schwammige Formulierungen wählte oder Auslassungen vornahm. Er ließ wie alle Autoren, einen bestimmten Tabuwortschatz wie Kraftausdrücke, sexuelle Anspielungen oder politisches Vokabular geflissentlich aus. (Vgl. António 2001:37.)

Abgesehen von der bei Untertitelungen üblichen Textreduzierung und -komprimierung, war durch die Zensur ein weiterer Faktor zur Veränderung des Textes gegeben. Es ist im Nachhinein – anhand des fertigen Filmes – schwer nachvollziehbar, ob Kürzungen aus technischen oder ideologischen Gründen vorgenommen wurden. Fest steht, dass der Übersetzer im *Estado Novo* zusätzlichen Einschränkungen unterlag.

Fraglich ist auch, inwieweit die Zensoren selbst Hand an die Übersetzung gelegt haben. Untertitel wurden auf der *lista das legendas* gestrichen oder mit Anmerkungen versehen. Nicht erkennbar ist, ob der Zensor oder der Übersetzer die Umformulierungen vornahm. Gerade bei längeren Passagen wäre denkbar, dass der Übersetzer, um lange Sequenzen ohne Untertitel zu vermeiden, den Dialog umgeschrieben hat. Möglich ist auch, dass sich die Zensoren selbst diese Mühe machten. Tatsache jedenfalls ist, dass Veränderungen im Text der Untertitel vorgenommen wurden und der Sinn, bewusst und unbewusst, verfälscht wurde.

Filme mit einer Vielzahl von Schnitten konnten derart verstümmelt werden, dass die Verleiher das Interesse an ihnen verloren. Die Filmrechte wurden an Länder mit strengen Zensurauflagen unter Vorbehalt verkauft und der Film konnte im Falle eines Verbots an die Produktionsfirma zurückgegeben werden. Dies hatte zur Folge, dass der Verleih in solchen Fällen die Zensur darum ersuchte, den Film ganz zu verbieten. Ein verbotener Film konnte einen geringeren finanziellen Aufwand darstellen als ein zerstückelter Film, der wegen der schlechten Qualität keine Zuschauer in die Kinos gelockt und ein finanzielles Risiko bedeutet hätte. Durch ein Verbot entstanden lediglich die vergleichsweise geringen Kosten für den Transport der Kopien und für die Übersetzung. (Vgl. António 2001:35.)

Internationale Regisseure wie Stanley Kubrick oder auch Federico Fellini wollten verhindern, dass ihre Werke in zensierter Form gezeigt werden. Das Zensieren einzelner Szenen wurde verboten. Das bedeutete in der Praxis, dass diese Filme, die vielleicht in gekürzter Version in Portugal hätten laufen können, nicht importiert wurden und gar nicht erst in die portugiesischen Kinos gelangten. Das Werk des Regisseurs aber war geschützt und dessen Rechte gewahrt (Quelle 1).

---

20 António geht nicht auf den Fall ein, dass keine Dialogliste mitgeliefert wurde. Doch im Film HUNDE, WOLLT IHR EWIG LEBEN ist beispielsweise davon auszugehen, dass den Übersetzern kein schriftlich fixierter Dialog zur Verfügung stand, da einige Hörverständnisfehler auftreten.

Die vorangegangenen Ausführungen machen deutlich, dass die Filmzensur zu drei grundlegenden Methoden griff: das Verbot des gesamten Films, das Schneiden bestimmter Szenen und das bewusst falsche Übersetzen. Zu letzterem zählt auch das Bearbeiten und Eliminieren von Dialogteilen.

7 Analyse der Übersetzung

7.1 Die Rezeption des Films

7.1.1 Deutschland

Der Film HUNDE WOLLT IHR EWIG LEBEN erhielt in Deutschland den Filmpreis in Gold für den besten Film und Silber für die beste Regie und Ausstattung (vgl. Webseite 1d). Er wird heute noch als einer der wichtigsten Nachkriegsfilme angesehen, als Film der auf eindrucksvolle Weise das Grauen von Stalingrad darstellt und Emotionen weckt. Auch heute noch findet man im Internet Sätze wie:

> Das ist der beste Stalingrad-Film, den ich je gesehen habe. Der Film zeigt auch, dass nur Deutsche gute und wirklich realistische Filme zum Zweiten Weltkrieg machen konnen [sic!]. Warum? Weil sie nichts zu verherrlichen haben.

oder

> Worte vermögen nicht auszudrücken, wie sehr die Wiedergabe des menschlichen Leidens und Mitleidens den Zuschauer in diesem Epos anrührt [...]. Wer immer Interesse für dieses Genre zeigt, sollte sich diesen Film ansehen. Aber auch jeder andere, der sensibel ist für das Leiden in der Welt, wie es sich im Krieg exemplarisch offenbart, wird sich für „Hunde, wollt ihr ewig leben?" begeistern können. (Vgl. Webseite 5.)

Solche Zitate belegen, dass dieses Thema immer noch die Gemüter bewegt und der Mythos Stalingrad weiterhin Bestand hat.

Der deutsche Rezipient der Nachkriegszeit hatte einen direkten Bezug zum Zweiten Weltkrieg. Die Erinnerungen an das nationalsozialistische Regime waren im Jahre 1959 noch relativ frisch und dennoch hatten die Menschen schon einen gewissen Abstand zur Vergangenheit, so dass sie nach Aufarbeitungsmustern suchten, die in diesem Film angeboten wurden. Sicherlich haben den Film viele ehemalige Soldaten gesehen, die selbst am Russlandfeldzug beteiligt waren oder sogar in Stalingrad gekämpft hatten. Das bedeutet, dass die Rezipienten mit dem historischen Ablauf der Schlacht bestens vertraut waren und ihre eigenen Erfahrungen mit der Handlung des Films verglichen. Sie wurden durch diesen Film in ihrer Opferrolle bestätigt. Die Szenen erhalten dadurch geradezu symbolischen Wert.

Mit der Schlacht von Stalingrad verknüpfte sich von Anfang an ein Opfermythos. Die Nazipropaganda selbst hatte der Angriffsarmee den Nimbus heldenhafter Verteidiger verliehen, ein Mythos, der bereitwillig angenommen wurde. Nach dem Krieg wurde er durch die Argumentation der Massenverführung noch vertieft. Sogar die Nürnberger Prozesse bestätigten die These, dass Bevölkerung und Soldaten von einer verbrecherischen Regierung und Militärführung in die Irre geleitet und verraten worden waren. Der Mythos Stalingrad hatte also eine Entlastungsfunktion, die der Film HUNDE WOLLT IHR EWIG LEBEN bekräftigte. Die Rezipienten sahen ihre Erfahrungen, ihre Interpretation und ihre Emotionen bestätigt und der Film reiht sich in das Schema der Vergangenheitsbewältigung in der Nachkriegszeit ein. Da die Wehrmacht „sauber" bleibt, werden die Erwartungen des AK-Rezipienten erfüllt und der Film fügt sich reibungslos in das Polysystem des deutschen Nachkriegsfilms ein, insbesondere in das Subsystem der (Anti-)Kriegsfilme.

7.1.2 Portugal

Informationen über die Rezeption des Films in Portugal sind äußerst dünn gesät. Der Film HUNDE WOLLT IHR EWIG LEBEN wurde international vermarktet und in verschiedene Sprachen übersetzt, was vielleicht auch erklärt, warum er überhaupt in die portugiesischen Kinos kam. Die Frage, wie lange der Film in Portugal gezeigt wurde, konnte nicht geklärt werden.

In den zwei großen Tageszeitungen *O Século* und *Diário de Notícias* waren über mehrere Tage hinweg Filmankündigungen erschienen, sowohl im bebilderten Anzeigenteil für Theater- und Filmveranstaltungen, als auch unter der Rubrik *Vida Artística* (*Diário de Notícias*) bzw. *Cinema* (*O Século*). Der Film wurde intensiv beworben, was darauf hinweist, dass er daraufhin von relativ vielen Zuschauern gesehen wurde und dass das Vorführen dieses Films nicht das Missfallen des Regimes erregte. Drei Wochen war O INFERNO DE ESTALINEGRADO schon erfolgreich in Porto gelaufen und in Lissabon fand die Premiere immerhin im *Coliseu* statt, einer der größten Spielstätten der Hauptstadt. Hier einige Auszüge aus *O Século* und *Diário de Notícias*:

> A SUPERPRODUÇÃO DE CINEMA – NÃO É SÓ UM FILME É UM DOCUMENTO PARA A HISTÓRIA DA ÚLTIMA GUERRA MUNDIAL – RUSSOS E ALEMÃES DOIS EXÉRCITOS PODEROSOS NA MAIOR BATALHA DA HISTÓRIA – UMA EPOPEIA DE SANGUE, SUOR E LÁGRIMAS [...] (O Século, 15. März 1961).

> O INFERNO DE ESTALINEGRADO – um filme que é um documento vivo para a história da ultima guerra mundial – LUTA DE GIGANTES! O EMBATE ENTRE DOIS GRANDES EXÉRCITOS DA ALEMANHA E DA RÚSSIA – A MAIOR BATALHA DA HISTÓRIA, NO MAIOR «ÉCRAN» PANORÂMICO [...] (Diário de Notícias, 15. März 1961).

> COLISEU – Hoje, sensacional estreia da gigantesca superprodução de grande espectáculo «O Inferno de Estalinegrado». O mais realista documento da última guerra na frente russa. Verdadeiramente assombroso –
>
> O Coliseu vai ter hoje a honra de apresentar ao publico [sic!] de Lisboa, no seu gigantesco «écran» panoramico [sic!], uma das maiores superproduções do cinema germanico [sic!], que além dum filme de classe exepcional, é também um documento real, vivo, impressionante, da ultima [sic!] guerra mundial. Trata-se da colossal obra de cinema «O Inferno de Estalinegrado», que nos revela, em imagens de uma [sic!] realismo impressionante, o embate dos exércitos nazi e russo na frente oriental, verdadeira epopeia de heroísmos e de sacrifício que excede todas as expectativas.
>
> Lisboa nunca viu um filme tão emocionante e de tanta verdade humana.
>
> Sábados e domingos, tarde ás [sic!] 16 horas (Diário de Notícias, 15. März 1961).

Es handelt sich bei diesen Auszügen um Filmwerbung bzw. –ankündigungen, keinesfalls um ausführliche Rezensionen. Der Film wird in den höchsten Tönen gelobt und angepriesen. Adjektive wie *emocionante, sensacional, impressionante,* oder *assombroso* vermitteln das Bild eines beeindruckenden Werkes. Noch nie gesehene Bilder, die ganze Wahrheit über die Schlacht der Giganten, ein Epos des Heldentums werden hier versprochen.

In den diversen Filmzeitschriften aber erschienen weder Rezensionen noch Ankündigungen. Allerdings druckte die Zeitschrift *Celulóide* einen allgemeinen Artikel von Fernando Duarte über die deutschen Kriegs- und Antikriegsfilme ab. Dieser lässt den Schluss zu, dass sie in Portugal bekannt waren und wahrscheinlich mehrere Filme dieses Genres gezeigt wurden, beispielsweise DIE BRÜCKE (1959) von Bernhard Wicki, ein Film, der noch eindeutiger als HUNDE WOLLT IHR EWIG LEBEN das bewusste Opfern von Soldaten im Nationalsozialismus verurteilt. Hier ein Auszug aus dem Artikel von Fernando Duarte:

> O anti-militarismo é uma constante temática do novo cinema alemão. [...]
>
> De Frank Wisbar estreou-se agora em Portugal «Hunde Wollt Ihr Ewig Leben» com o título expressivo de «O Inferno de Estalinegrado», um dos mais pungentes e impressionante [sic!] filmes sobre a guerra, contra à [sic!] guerra. [...]
>
> Mas há na Alemanha uma profunda consciência dos erros do regime anterior, dos crimes e dos excessos, que levaram o país à guerra e à derrota. O povo alemão não esconde os crimes praticados nos campos de extermínio, dos quais nada sabia, mas evita abordar em conversa esse período negro.
>
> Filmes, como o «Mein Kampf» do sueco Erwin Leiser ou como «Das Leben Adolf Hitlers» que o inglês Paul Rotha concluiu agora na Alemanha pelo mesmo processo da montagem de velhas actualidades, servem para mostrar bem claro a brutalidade e a violência, com as quais nenhum espírito esclarecido poderá jamais concordar.
>
> Por isso, com muita satisfação constatei que o anti-militarismo como tema de muitos filmes, oferece-nos dolorosas mas admiráveis lições. (Duarte 1961:3)

Voller Bewunderung schildert Duarte seine Erlebnisse, vermeidet aber den direkten Vergleich mit Portugal, bis auf Parallelen zwischen dem „Departamento da Imprensa em Bona“ (Duarte 1961:2) und dem SNI, was einigermaßen erstaunlich ist. Er betont, das nationalsozialistische Regime habe Fehler gemacht und sei mit Brutalität und Gewalt vorgegangen und überlässt es der Interpretation des Lesers, einzuschätzen, ob das portugiesische Regime dasselbe tut. Allerdings distanzierte sich ja auch Salazar von den deutschen Nationalsozialisten und erntete Dank und Lob für die Neutralität Portugals während des Zweiten Weltkrieges. Insofern liegt Duarte mit seiner Einschätzung im Rahmen der offiziellen Meinung.

Insgesamt ist der Artikel distanziert gehalten und die Kriegs- und Antikriegsfilme werden für sich als interessantes Phänomen behandelt. Zwar werden die Vergangenheit Deutschlands und der Umgang mit dem Nazi-Regime angesprochen, es wird jedoch als rein deutsches Problem angesehen, das nichts mit dem portugiesischen zu tun hat.

Jedes gedruckte Wort wurde überwacht. Es verwundert also nicht, dass Duarte den Vergleich zum portugiesischen Regime nicht ausführt, denn sonst hätte dieser Artikel unmöglich erscheinen können. Nur dem kritischen Leser bleibt es überlassen, seine Schlüsse zu ziehen. Lauro António bestätigt die unkritische Haltung der portugiesischen Filmrezensionen:

> No domínio da crítica de cinema, por exemplo, e apesar do seu reduzido significado, nunca as autoridades concederam as mais pequenas tréguas, perseguindo não só as ideias como as pessoas, por vezes os factos. Falar de filmes, como falar de tudo o mais neste País, era tarefa não diremos arriscada, mas disciplinanda até à minúcia pelo poder central, de forma a tornar difícil, ou impossível, a exposição clara do «permitido». (António 2001:28)

Im Portugal vor und nach 1945 war man weit entfernt von einer Auseinandersetzung mit Kriegserlebnissen- oder schuld. Nationalsozialismus ist ein typisch deutsches Thema und wird auch in Portugal als solches gesehen – das Regime Salazars wird von offizieller Seite nicht als faschistisch begriffen und entzieht sich daher dem Vergleich mit Deutschland vor 1945. Nur auf diese Weise war es möglich, diesen Film in Portugal zu zeigen: als etwas Fremdes nämlich, das nichts mit dem eigenen Land zu tun hat. Jede andere Deutung hätte mit der eigenen Staatsideologie kollidiert.

Da das Genre der (Anti-)Kriegsfilme in Portugal nicht existierte, rückte der Film in die Nähe der Kategorie Historienfilme. Der portugiesische Rezipient sah die „Schlacht der Giganten“ als ein Ereignis der Vergangenheit, zu dem er keinen persönlichen Bezug hatte. Durch verschiedene Verfahren auf inhaltlicher sowie auf Textebene und durch direkte Eingriffe der Zensur wurde der Film an das portugiesische Polysystem angepasst. Vieles für die zensurgewohnten Sehgewohnheiten des Zuschauers un-erwartet und außergewöhnlich wirkende, wurde eliminiert. Der „gesäuberte“ Film und entsprach somit den Erwartungen des ZK-Rezipienten. In den folgenden Kapiteln wird nun näher auf diese Verfahren eingegangen.

7.2 Veränderungen auf Textebene

7.2.1 Begriffsklärung

Bevor im nächsten Kapitel die Analyse einzelner Veränderungen auf der Textebene folgt, soll zunächst auf die verwendeten Begriffe eingegangen werden. Diese wurden in Anlehnung an Wotjak (1985:24-34), Schreiber (1993:218-232) und Henschelmann (1993:30f.) gewählt:

	Möglichst weitgehende Invarianz des Textsinns	Varianz des Textsinns
Invarianzforderung	**Übersetzung**	**Fehler**
	Kulturell oder sprachlich bedingte Veränderungen Transformation, Modulation, Expansion,	Hörverstehensfehler Verständnisfehler Ungerechtfertigte Komprimierung oder Reduktion Sonstige

	Ersatz von Kulturspezifika Technisch-formale Adaptation Reduktion, Komprimierung	
Varianzforderung	X	**Bearbeitung** Ideologische Bearbeitung Mehrvertextung Übertextung, Eliminierung Purifizierung (moralische Gründe) Mehrvertextung Übertextung, Eliminierung
		Geschnittene Szenen

Die erste Kategorie sind *kulturell und sprachlich bedingte Veränderungen* (in der Transkription grün markiert). Diese zählen zu den legitimen Übersetzungsverfahren und liegen vor, wenn in der ZS keine wörtliche Entsprechung möglich ist und daher vom AT abgewichen werden musste. Sie können in jeder Textsorte vorkommen, d. h. sie sind keine spezielle Charakteristik der Untertitelung. Der Sinn des AT bleibt weitestgehend erhalten. Hierzu zählen Transformationen, Modulationen, Expansionen und der Ersatz von Kulturspezifika.

Die *technisch-formale Adaptation* (in der Transkription grün markiert) dagegen ist ein spezifisches Verfahren der Untertitelung. Durch die technischen Einschränkungen des Mediums Film im Allgemeinen und der Untertitelung im Besonderen sind größere sprachliche Abweichungen oftmals notwendig und legitim. Inhaltliche Verschiebungen werden in Kauf genommen, angestrebt ist jedoch die weitgehende Invarianz des Textsinns. Dazu zählen die Verfahren der *Komprimierung* und der *Reduktion.*

Ein *Übersetzungsfehler* (in der Transkription blau markiert) liegt vor, wenn eine Abweichung vom AT nicht auf eine kulturelle oder technisch-formale Adaptation oder auf eine Bearbeitung zurückzuführen ist. Das bedeutet, dass es eine äquivalente Lösung gäbe, diese nicht mehr Zeichen beanspruchten, der Sinn des AT jedoch nicht bewusst *verändert wurde.* Dazu zählen Hörverstehensfehler, das Überschreiten der tolerierbaren Abweichung, Verständnisfehler und sonstige Fehler.

Eine *Bearbeitung* (in der Transkription rot markiert) liegt vor, wenn die Aussage des AT vermutlich bewusst verändert wurde und somit Varianzforderung besteht. Dazu zählen die Verfahren der *Mehrvertextung, Übertextung* und *Eliminierung*, im Gegensatz zu den legitimen Verfahren Expansion, Transformation oder Modulation und Reduktion, die zwar formal denselben Effekt haben wie die legitimen Verfahren, aber aus ideologischen (*ideologische Bearbeitung*), moralischen (*Purifizierung*) oder aus sonstigen Gründen angewandt wurden.

Eingriffe der Zensur (der deutsche Text wurde in der Transkription rot markiert) fanden nicht durch den Übersetzer, sondern durch die Zensurbehörde statt. Aus dem bereits untertitelten Filmmaterial wurden die entsprechenden Szenen herausgeschnitten. Somit stellen diese Eingriffe sowohl eine Veränderung auf der Text- als auch auf der visuellen Ebene dar.

Obwohl zur Unterscheidung der einzelnen Verfahren zuweilen Rückübersetzungen und alternative Übersetzungslösungen hilfreich waren, wurden bewusst meist keine Übersetzungsvorschläge formuliert, da es sich hierbei um die Analyse im Sinne einer Beschreibung der Verfahren und nicht im Sinne einer Korrektur handelt.

7.2.2 Übersetzungsfehler

7.2.2.1 Hörverstehensfehler

Auf Grund des Auftretens einiger solcher Hörverstehensfehler ist davon auszugehen, dass dem Übersetzer bei seiner Arbeit kein Dialogbuch vorlag.

Beispiel 1:

OBERSTLEUTNANT KESSELBACH: Matka, ist noch Tee für uns übrig?	*Magda, ainda há chá para nós?// (A 9)*

Der Übersetzer ging offensichtlich davon aus, es handle sich um einen Namen und setzte den im Portugiesischen existierenden Namen Magda ein. Er war in seiner Wahrnehmung durch seine Ausgangskultur beschränkt. Auf Grund mangelnder Russischkenntnisse (*Matka* heißt übersetzt „Mütterchen") und der vordergründigen Assoziation mit dem portugiesischen Namen, ist ihm dieser Fehler vermutlich nicht bewusst unterlaufen.

Beispiel 2:

PFARRER BUSCH: Große Familie haben Sie.	*Tem uma grande família.//*
MATKA: Viele Kinder.	*Quatro filhos.// (A 10)*

Hier tritt ebenfalls ein Hörverstehensfehler auf, der zustande kam, da eine phonetische Ähnlichkeit zwischen dem im Film gesagten Wort (*viele*) und der deutschen Entsprechung der Rückübersetzung (*vier*) besteht.

7.2.2.2 Überschreiten der tolerablen Abweichung

Weniger eindeutig sind Fehler, bei denen vermutlich eine Transformation oder Komprimierung angestrebt war, der Übersetzer jedoch so weit vom Ausgangstext abwich, dass der Sinn zu sehr verändert wurde. Die Grenze zwischen tolerabler (technisch oder sprachlich bedingter) und fehlerhafter Abweichung ist schwer zu definieren. Um zu einer Einschätzung zu gelangen, kann man sich folgende Fragen stellen: Gibt es eine Übersetzungslösung, die in nicht wesentlich mehr Worten (oder Zeichen) den AT korrekt wiedergeben würde? Wäre eine äquivalente Lösung zu lang? Gibt es überhaupt einen äquivalenten Ausdruck in der Zielsprache? Wie groß ist die Abweichung? Ist der Inhalt des Gesagten vielleicht redundant? Handelt es sich vielleicht um eine legitime Generalisierung?

Beispiel 1:

KUNOWSKI: Das hätte aber leicht ins Auge gehen können. Das ist eine Sauerei von diesem Linkmann, nicht einen Schuss zu bewilligen.	*Uma indecência, esse Linkmann:: não nos dar munições!// (A 38f)*

Der Ausdruck nicht einen Schuss bewilligen wurde mit *não nos dar munições* übersetzt. „Keine Munition geben" ist nicht dasselbe wie „die Erlaubnis verweigern, dass vorhandene Munition genutzt wird". Bei *não nos dar munições* könnte man meinen, Major Linkmann verfüge über ausreichend Munition und möchte diese aber nicht herausgeben, vielleicht weil er sie für sich behalten möchte. Der Ausdruck *nicht einen Schuss bewilligen* richtet den Fokus auf die militärische Hierarchie und auf die Tatsache, dass Linkmann eigentlich die Erlaubnis zur Nutzung von Munition geben müsste und anscheinend in der schwierigen Lage nicht angemessen reagiert, den Willen seiner Soldaten missachtet und Fehlentscheidungen trifft.

Beispiel 2:

OBERSTLEUTNANT KESSELBACH: Haben wir etwa wieder dieselbe Marschrichtung?	*As ordens de marcha são as mesmas?//*
PFARRER BUSCH: Ja, ich glaube schon. Stalingrad.	*Sim. Estalinegrado.// (A 6)*

Hier ist ebenfalls der Sinn verschoben. *As ordens de marcha são as mesmas* bedeutet, dass sich der Marschbefehl nicht geändert hat und zwar im Vergleich zu vorherigen Marschbefehlen. Gemeint ist jedoch, dass Oberstleutnant Kesselbach und Pfarrer Busch wieder denselben Weg haben und deshalb im selben Zugabteil fahren. Der Satz im AT isoliert betrachtet ist zweideutig und die Übersetzung scheint äquivalent zu sein, im Kontext wird jedoch deutlich, dass die gewählte Lösung nicht korrekt sein kann, da jeder einzelne Protagonist durchaus seine Marschrichtung kennt, sie jedoch voneinander nicht wussten, dass sie in dieselbe Richtung fahren würden. *Ja, ich glaube schon* mit *sim* zu übersetzen ist demnach ebenfalls keine legitime Verkürzung mehr.

7.2.2.3 Verständnisfehler

Eine andere Fehlersorte sind Verständnisfehler, die höchstwahrscheinlich auf dem Nicht-Verstehen einzelner Worte oder Wendungen beruhen. Häufig handelt es sich dabei um umgangssprachliche Ausdrücke oder phraseologische Wendungen, die dem Übersetzer offensichtlich unbekannt waren. Der AT birgt hier besondere Schwierigkeiten und das Missverständnis lässt sich eindeutig feststellen.

Beispiel 1:

KRÄMER: Du nimmst das Ding und hältst die Schnauze. Das Gehuste geht mir schon auf die Nerven.	*Toma e cala a boca.:: Complicas-me com os nervos!// (A 33)*

Krämer bietet Böse seinen Schal an, der bereits an den ersten Anzeichen einer Lungenentzündung leidet. Hier bereitete das Wort *Gehuste* Schwierigkeiten.

Beispiel 2:

GERD: Böse, Sie springen in den Funkwagen, sobald der Befehl kommt.	*Böse, você faz saltar o emissor:: logo que se ataque.// (A 27)*

Der Ausdruck *in den Funkwagen springen* wurde missverstanden und führte zu einer stark abweichenden Aussage.

Beispiel 3:

OBERSTLEUTNANT KESSELBACH: Ja, ist gut, aber	*Mas a carga fica mais pesada!//*
jetzt machen Sie den Laden dicht. Meine Panzer können den Russen nicht länger als fünfzehn Minuten aufhalten.	*Olhe que os meus tanques não aguentam:: os Russos por mais de 15 minutos.// (A 21)*

Der Übersetzer kannte scheinbar den umgangssprachlichen Ausdruck *den Laden dicht machen* nicht. Um die Lücke zu füllen, erfand er eine Aussage, die im Original nicht vorkommt. Streng genommen fand hier eine Bearbeitung bzw. eine Übertextung statt, doch lässt sich diese auf einen Verständnisfehler zurückführen und ist daher als ein Versuch zu deuten, die missverstandene Information zu ersetzen.

Beispiel 4:

MAJOR LINKMANN: [...]	
Da gibt's jetzt nur eins, Augen und Ohren offen und Ruhe bewahren.	*Só há uma coisa a fazer...// ...abrir os olhos e os ouvidos e estar calado.//*
Und sollte der Laden hier schief gehen, nichts wie rein in den Kübel und ab.	*Se isto aqui correr mal,:: refugiamo-nos no abrigo.// (A 17)*

Zum einen verwechselte der Übersetzer *Ruhe bewahren* mit „nichts sagen", „also ruhig sein" und zum anderen verstand er offensichtlich das Wort *Kübel* nicht. Dieses stammt aus dem Militärjargon und bedeutet „Militärfahrzeug". Seine Lösung führte zu einer gegensätzlichen Aussage. Anstatt mit dem Fahrzeug zu fliehen, schlägt Major Linkmann in der portugiesischen Version vor, sich „irgendwo zu verstecken". Dadurch wird einer der darauf folgenden Dialoge unverständlich:

MAJOR LINKMANN: Sind Sie verrückt geworden sich hier draußen rumzutreiben, anstatt auf Ihrem Posten zu bleiben?	*Você endoideceu? Porque abandonou:: o seu posto?//*
GERD: Ich war am Divisionsgefechtstand.	*Estive na frente de combate.//*
MAJOR LINKMANN: Dieser Feldwebel hier hat sich geweigert, mir den Wagen zu geben um zum	*O seu sargento recusou-se a dar-me o carro.// Tínhamos combinado que eu levaria o carro.//*

Korps zu fahren. Das war zwischen uns abgesprochen, dass ich den Wagen bekomme.	
GERD: Das ist ein Missverständnis. Ich habe Ihre Worte ganz anders aufgefasst.	*Compreendi então mal as suas palavras.//*
MAJOR LINKMANN: Sie, was wollen Sie mir denn da unterstellen, hm? Ich habe mich ganz klar ausgedrückt. Ich werde Sie zur Meldung bringen, mein Lieber.	*Pois eu exprimi-me bem.// Hei-de apresentar queixa.// (A 19)*

Der portugiesische Rezipient kann nicht nachvollziehen, dass Major Linkmann hier versucht, seinen Versuch der Desertion und seine Feigheit zu vertuschen. Daher wurde auch der Satz *Sie, was wollen Sie mir denn da unterstellen, hm?* nicht übersetzt.

7.2.2.4 Sonstige Fehler

Der Großteil der Fehler sind solche, bei denen anhand des AT keine eindeutige Erklärung für das Missverständnis seitens des Übersetzers gegeben werden kann. Es kann sich um Flüchtigkeitsfehler handeln, um Fehler aus Zeitmangel oder auch durch mangelhafte Sprachkenntnisse des Übersetzers zustande gekommen sein.

Beispiel 1:

OBERSTLEUTNANT KESSELBACH: Zum Kotzen. Goebbels feiert den Sieg in Stalingrad und wir haben es noch gar nicht.	*Goebbels festeja a tomada:: de Estalinegrado...// ...e nós ainda não a fizemos.//*
GERD: Aber es kann sich doch nur noch um Tage handeln, Herr Oberstleutnant.	*Está apenas por um dia, meu tenente-coronel.// (A 7)*

Aber es kann sich doch nur noch um Tage handeln wurde mit *está apenas por um dia* übersetzt. Es ist nicht nachvollziehbar, weshalb die Anzahl der Tage reduziert wurde.

Beispiel 2:

GENERAL VON SEYDLITZ: Ich habe es satt zu warten.	*Estou farto de esperar.::*
Ich werde den Brüdern da oben das Gesetz des Handelns aufzwingen und den Stein ins Rollen bringen, alle anderen müssen dann folgen.	*Tenho de pôr a primeira pedra a rolar.//*
Geben Sie meinen Divisionen den Befehl, nur Waffen, Munition, Verpflegung und Sprit mitzunehmen. Alles andere ist zu vernichten.	*Dê ordem às minhas divisões para levarem:: consigo apenas armas...// ...munições, medicamentos e gasolina.// Que destruam tudo o mais.// (A 23)*

Hier wurde Verpflegung fälschlicherweise mit *medicamentos* übersetzt. Da dieses Wort aber in einer Aufzählung auftritt, ist der Fehler nicht gravierend.

Beispiel 3:

GERD: Ich bin als Verbindungsoffizier zu den Rumänen kommandiert.	*Fui nomeado oficial de ligação,:: para a Roménia.// (A 8)*

Dieser Fehler ist schon gravierender, denn er führt zu Verständnisschwierigkeiten. Es ist nicht logisch, dass Gerd nach Rumänien fährt und im Zug Richtung Stalingrad sitzt. In Wahrheit ist er auf dem Weg zu einer rumänischen Division, die an der Seite der Deutschen um Stalingrad kämpft.

Beispiel 4:

GENERAL CODREANU: [AM TELEFON]	
[...]	
Der russische Großangriff ist auf heute früh sechs Uhr festgesetzt worden. Natürlich können wir nicht voraussahnen, wo der Hauptstoß erfolgen wird, wenn es aber in meinem Abschnitt sein sollte, kann ich für nichts garantieren.	*A grande ofensiva russa está marcada...// ...para as 6 horas da manhã de hoje.:: Não sabemos por onde começarão...// ...mas se for pelas nossas tropas,:: não posso garantir nada.// (A 16)*

Im zweiten Teil des Satzes liegt eine entscheidende Veränderung vor: General Codreanu spricht von seinem Frontabschnitt, den er mit seiner Division zu halten versucht. Im Original sind die Russen die Angreifer, während in der portugiesischen Version der Angriff von rumänischer Seite ausgeht (*pelas nossas tropas*). Die Aussage des Satzes wird dadurch grundlegend verändert.

7.2.3 Kulturell und sprachlich bedingte Veränderungen

7.2.3.1 Transformation

Die Transformation ist eine häufig auftretende Abweichung vom AT. Der Sinn des AT bleibt erhalten, lediglich die sprachlichen Ausdrucksmittel verändern sich auf grammatikalischer Ebene und es liegt keine Reduzierung der Textmasse vor. Das Grundverfahren Transformation lässt sich in Subverfahren untergliedern (vgl. Wotjak 1985:29-33), doch wird in diesem Zusammenhang auf eine eingehendere Analyse verzichtet. Wenige Beispiele sollen genügen, da der Schwerpunkt dieser Analyse auf der Veränderung des Inhalts und nicht auf dessen Invarianz liegt.

Beispiel 1:

RUMÄNISCHER SOLDAT AM FELDTELEFON: Die russischen Panzer nähern sich unseren Batteriestellungen. Die dritte und vierte Batterie im schweren Abwehrkampf. Pionierbataillon eingeschlossen. Leistet Widerstand.	*Os tanques russos aproximam-se:: das nossas baterias.// A terceira e a quarta bateria:: defendem-se arduamente.// O batalhão de sapadores está cercado.// (A 18)*

Hier liegt eine Entsubstantivierung des Ausdrucks *schwerer Abwehrkampf* vor.

Beispiel 2:

CLAUSIUS: Ja, man möchte keinen Hund vor die Tür jagen.	*Este tempo nem para cães!// (A 23)*

Dies ist ein Beispiel für eine intraphraseologische Transformation.

Beispiel 3:

GERD: Jetzt spielen sie mal nicht verrückt, Böse. Ihr schiebt doch eine ruhige Kugel hier.	*Não diga disparates, Böse.:: Isto aqui é sossegado.// (A 13)*

Der phraseologische Ausdruck *eine ruhige Kugel schieben* wurde mit *isto aqui é sossegado* übersetzt, es wurde also eine Entphraseologisierung angewandt.

7.2.3.2 Modulation

Ein weiteres häufiges Verfahren ist die Modulation. Im Gegensatz zur Transformation finden bei der Modulation auf Veränderungen auf lexikalischer Ebene statt. Dabei wird ebenfalls Invarianz des Inhalts angestrebt. Auch wenn die wörtliche Bedeutung einzelner Worte von der des AT abweicht, so bleibt doch die Aussage erhalten.

Beispiel 1:

OBERSTLEUTNANT KESSELBACH: Alle mal herkommen. – Ja, Sie auch. Oder wollen Sie nicht zu Weihnachten aus diesem Dreckskessel raus sein?	*Também gostaria de passar Natal:: longe desta ratoeira?// (A 26)*

Dreckskessel wurde mit *ratoeira* übersetzt, eine völlig legitime Lösung, da die Expressivität erhalten bleibt.

Beispiel 2:

KUNOWSKI: Herr Oberleutnant, bleiben Sie hier. Die Gegend wimmelt hier nur so von Scharfschützen.	*Meu tenente, fique aqui. Há por aí bons:: atiradores como o de há pouco.// (A 38)*

Scharfschützen im Sinne von „besonders gute Schützen“ wurde aufgelöst zu *atiradores como o de há pouco.* (Allerdings wurde nicht übersetzt, dass es von Scharfschützen *wimmelt*).

7.2.3.3 Expansion

Trotz der vorherrschenden Tendenz, die Textmasse zu reduzieren, sind in der Übersetzung vereinzelt Expansionen, meist im Zusammenhang mit einer Explikation, zu finden.

Beispiel:

OBERSTLEUTNANT KESSELBACH: Beinahe so gemütlich wie in der [.../?]hütte.	*Está quase tão quentinho como a cabana:: onde nos encontrámos.// (A 55)*

Im Deutschen wird vorausgesetzt, dass der Rezipient den Hinweis auf die Szene im Haus der russischen Bäuerin zu Beginn des Films versteht. Der Übersetzer wollte sicher gehen und drückte den Bezug explizit aus: *a cabana onde nos encontrámos*. Allerdings hatten sich Oberstleutnant Kesselbach, Pfarrer Busch und Gerd bereits auf der Zugfahrt kennen gelernt. Dennoch ist es eine der Eingangsszenen, in der sich diese Protagonisten näher bekannt machten.

7.2.3.4 Kulturspezifika

Der Ersatz von Kulturspezifika ist eine Form der kulturellen Adaptation. Da bestimmte Produkte, Institutionen, Strukturen usw. in der Zielkultur nicht bekannt sind, muss ein Begriff gefunden werden, der etwas Vergleichbares bezeichnet oder ähnliche Assoziationen beim Rezipienten auslöst.

Beispiel 1:

OBERSTLEUTNANT KESSELBACH: Oberleutnant, holen Sie mir doch mal was aus meinem Rucksack, zwei Mettwürste.	*Tenente, vá buscar ao meu saco:: dois enchidos de porco.// (A 9)*

Mettwürste existieren in Portugal nicht, es ist eine typisch deutsche Spezialität. Der Übersetzer suchte nach einem vergleichbaren Produkt und fand *enchidos de porco*. Zu bemängeln ist jedoch, dass er damit einen Oberbegriff gewählt hat, „choriço" wäre hier treffender gewesen.

Beispiel 2:

KUNOWSKI: [...] Hoho, nun sieh dir das an hier. Was die Ivans alles mit nach vorne in den Brotbeutel kriegen.	*Olha só o que os russos recebem para comer!//*
Kuck dir das an hier. Bückling und Brot, Schmalz und da, gepresste Hirse.	*Arenque defumado, pão, banha de porco:: e pacotes de milho!//*
Das sind ja Delikatessen sind das. Und was haben wir? Kohldampf.	*E nós que temos? Fome!// (A 39)*

Vermutlich fand der Übersetzer *gepresste Hirse* zu exotisch oder konnte sich darunter nichts Konkretes vorstellen und setzte stattdessen *pacotes de milho* ein. Die Abweichung erscheint nicht allzu groß, denn das Wort für Hirse im Portugiesischen ist „milho miúdo". Doch während gepresste Hirse ein rechteckiger, aus Körnern bestehender Riegel ist, also etwas Nahrhaftes, reich an Kohlenhydraten, besteht ein Päckchen Mais aus losen Körnern und erscheint weniger gehaltvoll. Außerdem stellt sich die Frage, wie ein Soldat im Einsatz die harten Maiskörner knabbern soll (frischer Mais würde schimmeln und wäre sicherlich nicht in Päckchen abgepackt). Hier wäre entweder die wörtliche Übersetzung oder ein anderer Ersatz für gepresste Hirse angebrachter gewesen.

Beispiel 3:

KINDER: [BEKREUZIGEN SICH VOR HAUSALTAR]
GERD: Ich denke, das hat Moskau längst abgeschafft?
PFARRER BUSCH: Das haben sie bei uns in Deutschland auch versucht. Es ist ihnen nicht gelungen. Trotz Ordensburg und Hitlerjugend. Sie sehen, Herr Wisse, alles vergeht, aber das bleibt, darauf kann man sich verlassen.

Julgava que Moscovo tinha suprimido::
as rezas há muito tempo.//
Também tentaram na Alemanha,::
mas não conseguiram.//
[...]
Como vê, Wisse, tudo passa,::
mas a religião permanece.// (A 10)

Pfarrer Busch spielt auf das nationalsozialistische Erziehungssystem an, auf die Hitlerjugend als Jugendorganisation und die Ordensburgen als Schulungslagerstätten für das Heranziehen von NSDAP-Führernachwuchs. Diese sind Instanzen des deutschen Nationalsozialismus und in der Zielkultur vielleicht bei dem ein oder anderen Rezipienten bekannt, es existiert jedoch keine portugiesische Bezeichnung dafür. Eine Erklärung oder Umschreibung wäre vermutlich zu lang geworden und so hat der Übersetzer entschieden, den Satz auszulassen.

7.2.4 Technisch-formale Adaptation

7.2.4.1 Komprimierung

Die Komprimierung ist ein bei der Untertitelung übliches und unerlässliches Verfahren zur Reduzierung der Textmasse, da in den Untertiteln nur eine begrenzte Zeichenzahl zur Verfügung steht. Dabei werden keine Streichungen vorgenommen, sondern die Zeichenzahl durch Abweichung von der Satzstruktur des Ausgangstextes verringert.

Beispiel 1:

HAUPTMANN SCHERER: Da werden Sie kaum zu kommen. Da sind Gerüchte, Meldungen, Vermutungen. Beim Ivan kocht was, sieht mulmig aus.

Pouco tempo aqui estará//
Correm boatos de que os russos::
preparam alguma coisa.// (A 12)

Hier wurden mehrere Wörter mit ähnlicher Bedeutung zusammengefasst. Gerüchte, Meldungen, Vermutungen finden sich in dem Wort *boatos* wieder.

Beispiel 2:

GENERAL PAULUS: Ich frage mich, Schmidt, haben wir alles Menschenmögliche getan?	*Pergunto a mim mesmo, Schmidt, se fizemos::*
	tudo quanto era humanamente possível.//
GENERALLEUTNANT SCHMIDT: Alles Menschenmögliche schon, Herr General. Aber ob's ausreichen wird, das ist eine andere Frage.	*Isso fizemos. Só resta saber se será suficiente.// (A 17)*

Hier wurde darauf verzichtet, dass der zweite Sprecher *alles Menschenmögliche* wiederholt. Der Sinn bleibt erhalten, der Rezipient kann problemlos den Bezug herstellen.

Beispiel 3:

GERD: Der Russe greift an. Heute sechs Uhr.	*Os Russos atacam hoje às 6.// (A 16)*

Die Syntax wurde vereinfacht, indem aus zwei Sätzen einer gemacht wurde. Ansonsten ist es eine korrekte Wort-für-Wort-Übersetzung.

Beispiel 4:

MAJOR LINKMANN: Ach, nun reden Sie mal nicht so überheblich. Verantwortung, ha.	*Que petulância! Responsabilidade!// (A 19)*

Dies ist ein Fall von Entverbalisierung. Obwohl im Allgemeinen in der portugiesischen Sprache Verben vorherrschen, während das Deutsche mehr Substantive aufweist und eine Substantivierung im umgekehrten Falle (portugiesischer AT, deutscher ZT) wahrscheinlicher wäre, ist es hier gelungen, die Aussage *ach, nun reden Sie mal nicht so überheblich* durch ein Substantiv zu komprimieren.

Beispiel 5:

OBERSTLEUTNANT KESSELBACH: Na, also los. Das Gepäck lassen wir uns nachbringen.	*Está bem. A bagagem vai depois.// (A 8)*

Die Passivkonstruktion *das Gepäck nachbringen lassen* wurde umgewandelt in eine Aktivkonstruktion *a bagagem vai depois*.

Beispiel 6:

FUHRMANN: Bei Tage wirst Du nicht lebend hinkommen. Jeder Quadratmeter liegt unter russischem Feuer. Aber ich kann Dich gerne hinführen, nach Einbruch der Dunkelheit.	*De dia? Não sairias vivo.// Os russos têm tudo debaixo de fogo.// Poderei lá levar-te ao cair da noite.// (A 35)*

Dies ist ein Beispiel für eine Paraphrasierung im Zusammenhang mit einer Vereinfachung der Syntax. Dadurch erscheinen die Sätze übersichtlicher, jeder Satz erhält eine Aussage, das erleichtert das Lesen der Untertitel.

7.2.4.2 Reduktion

Die Reduktion oder das Tilgen von Dialogteilen ist das zweite Grundverfahren bei der Untertitelung. Dieses Verfahren ist dann angebracht, wenn durch das ersatzlose Streichen von Sätzen und Satzteilen keine Verständnisschwierigkeiten auftreten.

Beispiel 1:

KUNOWSKI: Ach das ist doch endlich mal ein Wort, Herr Oberleutnant. Endlich mal richtig satt fressen können, endlich den Bauch richtig voll hauen.	*Até que enfim oiço palavras acertadas [...]!// Lá, sim, poderei encher a barriga até fartar.// (A 42)*

Die Anrede *Herr Oberleutnant* ist überflüssig, es ist in diesem Kontext eindeutig, an wen sich der Satz richtet.

Beispiel 2:

BÖSE: Dann muss ich verhungern. GERD: Was?	*Então morrerei de fome.// [...] (A 43)*

Der Ausruf *was?* als Ausdruck der Verwunderung wird verstanden. Es ist nicht notwendig, ihn zu übersetzen, denn auch durch das Heben der Stimme wird das Entsetzen Gerds über das zuvor Gesagte deutlich.

Beispiel 3:

GERD: Auch Sie können sich doch der Wahrheit nicht verschließen, dass der Russe stark genug war, den Kessel in mehrere Teile zu zerfetzen. Und sogar unseren letzten großen Flughafen Pitomnik hat er genommen.	*Nem mesmo o senhor pode:: esconder a verdade!// Os russos tinham forças suficientes:: para romper a frente...// ...em muitos sítios. Até conquistaram:: o nosso último aeroporto [...]!// (A 41)*

An dieser Stelle wurde auf die Bezeichnung des Flughafens *Pitomnik* verzichtet. Wichtiger ist die Aussage, dass es sich um den *letzten* Flughafen in der Hand der Deutschen handelt.

Beispiel 4:

KUNOWSKI: Ihr seid doch wohl blöde, wenn ihr glaubt, dass es ohne dem geht, ihr seid doch blöde.	*Sois idiotas, se pensais que funciona:: sem elas [...].// (A45)*

Die Wiederholung von *ihr seid doch blöde* wäre unnötig gewesen.

Beispiel 5:

GENERALLEUTNANT SCHMIDT: Herr Generaloberst. Herr Pfarrer Busch. Er sagt er sei angemeldet.	*[...] O Padre Busch. Diz que marcou:: uma entrevista.//*
GENERALOBERST PAULUS: Ja, ja stimmt. Er soll reinkommen.	*[...]*
GENERALLEUTNANT SCHMIDT: Jawohl, Herr Generaloberst. – Herr Pfarrer. Bitte.	*[...]*
GENERALOBERST PAULUS: Sie sagten am Telefon, es sei dringend. Was gibt's?	*Disse-me ao telefone que era urgente. [...]// (A 43)*

Dieses Beispiel belegt, dass sogar eine Reihe von Auslassungen keinen Einfluss auf das Verständnis der Situation hat. In dieser Szene wird auch ohne Untertitel deutlich, dass es sich um eine Begrüßung, um militärische Formalitäten und Anreden handelt.

Beispiel 6:

GERD: [...]	
[HEBT KOFFER AN] Donnerwetter, der ist aber wirklich schwer.	*Diabo! É realmente pesada!//*
OBERSTLEUTNANT KESSELBACH: Da sind Sie überrascht, was? Dreißig Kilo Fressalien von Muttern.	*[...] Trinta quilos de comestiveis da mamã.// (A 7)*

Der Kommentar Kesselbachs *Da sind Sie überrascht, was?* zu Gerds Bemühungen, den Koffer anzuheben, hat wenig informativen Wert.

Beispiel 7:

[KAMPFHANDLUNGEN, FALLENDE SOLDATEN, AUFREGUNG IM SCHÜTZENGRABEN]	
[.../STIMMENGEWIRR]	*[...]*
GERD: Panzer! Her mit der geballten Ladung.	
SOLDATEN: [.../RUMÄNISCH: Stai, stai, stai.]	
[.../STIMMENGEWIRR]	*[...]*
GERD: Behaltet die Nerven, es sind nur ein paar vereinzelte Panzer. Los [.../?] ran.	*(A 18)*

Diese Szene stellt eine Kampfhandlung dar in der alle durcheinander rufen und nur vereinzelt ein paar Worte verständlich sind. Der Hauptinformationsgehalt liegt im Bild, der Zuschauer würde von Untertiteln eventuell sogar unnötigerweise abgelenkt werden. Des Weiteren wurden im gesamten Film die russischen und rumänischen Dialoge nicht übersetzt. Auch für den deutschen Zuschauer sind diese unverständlich. Es ist ein bewusst eingesetztes Stilmittel des Regisseurs, welches die Fremdartigkeit der Gegner unterstreicht. Das erklärt auch, wieso die meisten Rumänen (vor allem General Codreanu) akzentfreies Deutsch sprechen, diese gehören zu den Verbündeten.

7.2.5 Bearbeitung

7.2.5.1 Mehrvertextung

Diese Form der Bearbeitung ist in der Untertitelung eher selten. Die in der vorliegenden Übersetzung vorgefundenen Fälle von Mehrvertextung lassen sich nicht auf ideologische oder moralische Gründe zurückführen. Dennoch liegt hier eine bewusste Änderung (Hinzufügung) vor.

Beispiel 1:

OBERSTLEUTNANT KESSELBACH: [...] *Von vierhundert Kilometer Entfernung ist er losmarschiert und hat sich bis auf hundertfünfzig Kilometer [MALT LINIE ZWISCHEN KREUZ UND KREIS] zu uns durchgeschlagen. Wenn er nahe genug ran ist...*	*Encontra-se neste momento a 150 km:: de distância.//* *Logo que esteja suficientemente perto,:: rompemos o cerco.// (A 26)*

Im Original werden die Ausführungen Kesselbachs ausgeblendet, der Satz wird nicht zu Ende geführt. Der Übersetzer war scheinbar der Meinung, dass dieser beendet werden sollte und fügte *rompemos o cerco* hinzu.

Beispiel 2:

[STIMMENGEWIRR]	
VERWUNDETER (4): Mach das Ding aus.	*Desliga isso. Queremos água!//*
FELDWEBEL AM RADIO: Haltet das Maul, ich habe Auftrag.	*Calai a boca. Cumpro ordens!// (A 48)*

In dieser Szene rufen einige Verwundeten nach Hilfe, schreien oder verlangen nach dem Arzt. Gleichzeitig wird eine Rede Görings im Radio übertragen und die Verwundeten fordern, dass das Gerät abgeschaltet wird, was der Soldat am Radio verweigert. Die wenigsten Rufe aus dem Stimmengewirr werden überhaupt übersetzt (teilweise aus ideologischen Gründen, siehe Eliminierung), doch an dieser Stelle wurde *queremos água* hinzugefügt, vermutlich um den offensichtlichen Mangel an Vertextung auszugleichen. Erst später (A 49) verlangt ein Soldat mehr Wasser, doch steht dies nicht mehr im Zusammenhang zu der oben zitierten Szene.

7.2.5.2 Übertextung

Eine Übertextung liegt vor, wenn der Sinn einer Aussage bewusst verändert, d. h. durch eine andere ersetzt wurde. Dies kann wiederum aus ideologischen (ideologische Bearbeitung), moralischen (Purifizierung) oder sonstigen Gründen erfolgt sein. Interessant sind in diesem Zusammenhang vor allem die ideologische Bearbeitung und die Purifizierung (Abschwächung von Kraftausdrücken).

7.2.5.2.1 Ideologische Bearbeitung:

Beispiel 1:

GENERALFELDMARSCHALL PAULUS: *[...]* *Ich habe ihren felsenfesten Zusagen auf Hilfe für die sechste Armee vertraut.* *Man hat uns belogen, Schmidt.*	*Prometeram-me que socorriam o::* *6. exército ...//* *... mas faltaram.// (A 53)*

Die Übersetzung *mas faltaram* ist eine Abschwächung der Aussage, dass die Generäle der 6. Armee *belogen* worden waren. Der Unterschied besteht in dem bewussten Riskieren der Niederlage und der Täuschung der Soldaten und dem unbewussten Versagen, dem Begehen von Fehlern. Das Bild der Wehrmachtsführung wird dadurch verändert.

Beispiel 2:

OBERST MARKWART: Im Zivilberuf bin ich Naturwissenschaftler, Botaniker, ein Mensch, der Blumen, Pflanzen und ihr Wachstum studiert. War ein bitterer Scherz des Schicksals, der mich hierher an die Wolga verschlagen hat.	*Na vida civil eu era botânico.//* *Estudava o crescimento das flores::* *e das plantas.//* *Por ironia do destino, vim parar::* *às margens do Volga...// (A 32)*

Durch eine einfache Veränderung der Zeitform ist bekommt die Charakterisierung von Oberst Markwart eine andere Nuance. Im Deutschen *ist* er Naturwissenschaftler, im Portugiesischen *war* er es. Im Deutschen fühlt er sich nicht für den Krieg bestimmt, er würde lieber etwas anderes tun, sich mit lebendigen Dingen beschäftigen, anstatt mit Tod und Verwesung. In der portugiesischen Version rückt die Leidenschaft Markwarts in die Vergangenheit und er wird zum „Vollblutmilitär", der sich nun wichtigeren Aufgaben zuwenden kann.

Beispiel 3:

PFARRER BUSCH: Die verlorenen Haufen deutscher Soldaten irren durch diese Christnacht und wissen nicht, wohin sie gehören.	*Os soldados alemães, perdidos,::* *erram nesta noite de Natal...//* *...sem saberem a que unidade pertencem.//* *(A 30)*

Dies ist der Beginn der Weihnachtsandacht Pfarrer Buschs. Auch hier wird dem Satz durch eine kleine Veränderung eine andere Nuance gegeben. Pfarrer Busch drückt im Deutschen aus, dass die Soldaten nicht wissen wohin sie gehören, also Zweifel an Glauben und Weltanschauung haben oder eine ideologische Krise durchlaufen und vom Leid und den Entbehrungen im Krieg gezeichnet sind. Im

Portugiesischen fällt diese Komponente durch eine Spezifizierung weg. Die Soldaten suchen nicht mehr nach einem allgemeinen Sinn, sondern nach ihrer „militärischen Einheit".

Beispiel 4:

GERD: Mensch, was haben die sich bloß dabei gedacht?	*Que estarão eles a preparar?// (A 35)*

Gerd bezieht sich hier auf die Zerstörung von Stalingrad und die vielen Menschen, die dabei umgekommen sind. Er fragt sich also, was sich die Wehrmachtsführung oder *die* dabei gedacht haben und kritisiert damit den Sinn der vielen Opfer. Wenn im Portugiesischen gefragt wird, was wohl die Pläne der Wehrmachtsführung sind, entfällt die Kritik an deren Entscheidungen und es bleibt die neugierige Frage eines einfachen Soldaten, der nicht in alle Pläne eingeweiht ist, was ja in einer Armee völlig normal ist.

Beispiel 5:

GERD: Ich bin auch auf der Ordensburg erzogen worden. Wir haben gelernt, uns auf uns selbst zu verlassen und sind damit recht gut gefahren.	*Eu fui educado a contar só comigo...// ...e não me tenho dado mal.//*
OBERSTLEUNTANT KESSELBACH: Bis euch mal der Reifen platzt.	*Até que alguém lhe abra os olhos.// (A 10)*

Mit der Aussage bis euch mal der Reifen platzt greift Kesselbach das Bild Gerds (*recht gut gefahren*) auf und meint, dass irgendwann etwas schief gehen könnte und sich dann selbst die überzeugten Nationalsozialisten wundern werden. Er drückt damit seine Zweifel am System aus. *Até que alguém lhe abra os olhos* kann alles bedeuten z. B. dass man nicht nur auf sich allein bauen sollte (*contar só comigo*), dass ihm einmal „die Augen geöffnet würden", er also „unerfahren und jung" sei. Auch der Bezug ist verändert, während sich die deutsche Aussage auf den Führungsnachwuchs der Ordensburgen bezieht, wird dieser Punkt in der Übersetzung nicht genannt, sondern nur allgemein Gerds Erziehung angesprochen.

Am Ende des Films wird dieses Bild noch einmal aufgegriffen:

GERD: Ja, damals haben Sie mir prophezeit, dass der Reifen mal platzen würde.	*Nesta altura profetizámos:: que o «pneu» rebentaria.//*
OBERSTLEUTNANT KESSELBACH: Genauso ist's ja auch gekommen, laut und mit einem Knall.	*E rebentou.// (A 55)*

Hier übernimmt der Übersetzer das Bild des platzenden Reifens. Den Bezug zur oben zitierten Szene kann der portugiesische Rezipient jedoch nicht herstellen, doch ohne ihn wird unverständlich, was *damals prophezeit* wurde. Dieses Bild funktioniert wie eine Klammer, die um die Handlung gespannt ist, als Einleitung und Resümee der Ereignisse. Dieses Stilmittel bleibt dem portugiesischen Zuschauer vorenthalten und die Übersetzung *nesta altura profetizámos* ist streng genommen ein Übersetzungsfehler. Außerdem steht das Subjekt in der Übersetzung plötzlich in der 1. Person Plural, was ebenfalls eine Sinnverschiebung darstellt.

Beispiel 6:

GERD: Partisanen hatten bei Kalatsch die Schienen gesprengt.	*Os russos fizeram saltar a linha em Kalatsch.// (A 11)*

und

GENERALLEUTNANT SCHMIDT: Die Rote Armee macht rapide Fortschritte und ist nicht mehr aufzuhalten. Es wurde mit großer Erbitterung gekämpft, aber jetzt ergeben sich ganze Einheiten mit ihren Kommandeuren an der Spitze. Viele unserer Offiziere haben es vorgezogen, sich zu erschießen. Unsere Befehle erreichen niemanden mehr.	*O aniquilamento do exército é inevitável.//* *Lutou-se encarniçadamente, mas agora co-::* *meçaram a render-se unidades inteiras...//* *Com os próprios comandantes à frente.//* *Muitos dos nossos oficiais preferiam:: suicidar-se.// (A 53)*

Im Film werden sowohl das Wort „Partisan", als auch „Rote Armee" konsequent ausgeklammert (siehe auch A 8). Partisanen sind zwar auch Russen, doch liegt im ersten Fall keine Generalisierung vor. Vielmehr ist zu vermuten, dass man den Film weitgehend entpolitisieren wollte und daher Hinweise auf den Kommunismus und die organisierte Verteidigung Russlands durch die Zivilbevölkerung eliminierte.

Beispiel 7:

GERD: Alle mal herkommen. Der Kampf ist vorbei. Die Division hat kapituliert. Unser Regimentskommandeur Oberst Markwart hat sich erschossen. Ich führ Euch jetzt zum Sammelplatz. Schmeißt die Waffen weg, ihr habt Eure Pflicht getan und ein bisschen mehr als das. Ob man Euch jemals dafür danken wird, weiß ich nicht. Ist auch gar nicht so wichtig.	*A luta cessou. A nossa divisão capitulou.//* *O comandante do nosso regimento,::* *coronel von Marquardt...//* *... morreu.//* *Abandonai as armas. Cumpristes::* *para além do vosso dever.//* *Se alguém virá a agradecer-vo-lo, não sei.::* *Nem interessa.// (A 54)*

Zwar gab es zuvor den allgemeinen Hinweis, dass einige Offiziere es vorgezogen hatten, sich zu erschießen (siehe Beispiel 1), doch dass einer der Protagonisten Selbstmord begangen haben soll, war anscheinend zu viel. Wie den allgemeinen Richtlinien für zu zensierende Themen zu entnehmen war (vgl. Kapitel

6.2), gehörte Suizid zu den Themen, die nach Möglichkeit nicht in die Öffentlichkeit getragen werden sollten.

Beispiel 8:

GENERALSTABSCHEF ZEITZLER: In Stalingrad keine Kampftätigkeiten mehr. Über der Stadt liegt Nebel und roter Dunst. Generalfeldmarschall Paulus hat sich den Russen ergeben. Mit ihm sind sechsundzwanzig Generale und über neunzigtausend Soldaten in Gefangenschaft geraten. Die sechste Armee ist tot, mein Führer.	*Em Estalinegrado já não se luta.// Por sobre a cidade paira:: um fumo vermelho...// O marchal de campo Paulus:: rendeu-se aos Russos.// Com ele, foram feitos prisioneiros:: mais 26 generais...// ... e mais de 9.000 Soldados.// O 6. exército deixou de existir, meu «Führer». (A 55)*

und

PFARRER BUSCH: Das bedeutet, dass etwa fünfzigtausend Verwundete in den Kellern von Stalingrad zum Tode durch Verhungern verurteilt sind.	*Isso significa que os 5.000 feridos instalados:: nas caves de Estalinegrado...// ficarão em pessima situação.// (A 43)*

Obwohl andere Zahlenangaben korrekt wiedergegeben wurden, wurden an diesen beiden Stellen sowie auf den Seiten A 54 und A 43 die Mengen verringert. Es handelt sich dabei um Angaben der Anzahl von Kriegsopfern (Verwundete, Gefallene, Gefangene). Es scheint, als ob man das katastrophale Ausmaß des Krieges nicht so deutlich werden lassen wollte. Durch das Streichen einer Ziffer wird dem portugiesischen Rezipienten nur ein Zehntel der Opferzahlen genannt.

Beispiel 9:

PFARRER BUSCH: Herr Generaloberst, es handelt sich um den Befehl, wonach Verpflegung nur noch an die kämpfende Truppe ausgegeben werden darf. GENERALOBERST PAULUS: Ja.	*Meu major-general, é por causa:: duma ordem que determina...// ...que as tropas combatentes passarão a ter:: preferência na distribuição de mantimentos.//*
PFARRER BUSCH: Das bedeutet, dass etwa fünfzigtausend Verwundete in den Kellern von Stalingrad zum Tode durch Verhungern verurteilt sind.	*Isso significa que os 5.000 feridos instalados:: nas caves de Estalinegrado...// ficarão em pessima situação.//*
GENERALOBERST PAULUS: Warum kommen Sie zu mir? Ich kenne einen derartigen Befehl nicht und ich würde ihn auch niemals unterschrieben haben.	*E porque veio ter comigo?:: Eu não conheço uma tal ordem...// ...nem a assinaria nunca.//*
PFARRER BUSCH: Ich bin von Stelle zu Stelle gelaufen und keiner will damit etwas zu tun haben. Aber einer muss doch für diesen	*Ninguém se declara responsável...// ...mas alguém deu essa ordem!//*

unmenschlichen Befehl verantwortlich sein.
GENERALOBERST PAULUS: Ich weiß nicht wer ihn gegeben hat. Doch lassen Sie mich auch das andere sagen: Kein Krieg ist human. Aber wir sind Soldaten. Auch Sie tragen die Uniform.
PFARRER BUSCH: Es ist unmöglich, diese Leiden länger mit anzusehen.
GENERALOBERST PAULUS: Ich wundere mich über Sie, Herr Pfarrer. Die Kirche betet für den Sieg unserer Waffen, aber wenn dieser Sieg seine unerbittlichen Opfer fordert, dann sagen sie, es darf nicht sein. Wo liegt da der Sinn?
PFARRER BUSCH: Die Kirche betet für den Frieden und für den Sieg der gerechten Sache. Aber dieser Krieg ist ein Unrecht.
GENERALOBERST PAULUS: Seien Sie vorsichtig mit Ihren Äußerungen. Sie könnten Ihnen als Hochverrat ausgelegt werden.
PFARRER BUSCH: Die Menschen hier sterben für nichts, ihr Opfer ist völlig sinnlos.
GENERALOBERST PAULUS: Pfarrer Busch! Erst eine spätere Zeit wird darüber befinden, wer von uns beiden Recht hat. Unser Opfergang nach Stalingrad ist eine militärische Notwendigkeit. Wie könnte ich leben, ohne diese Überzeugung?

Não fui eu, mas deixe-me lembrar-lhe...//
...que somos ambos soldados.//

O que me confrange é tanto sofrimento.//

As coisas são como são, padre.//
A luta e a vitória não se realizam sem vítimas.//

Devemos rezar pela nossa vitória.::
Mas esta guerra é feroz!//

Veja bem o que diz! O derrotismo nesta::
ocasião equivale a alta traição!//

Mas a nossa marcha para Estalinegrado::
será precisa?//

Não nos compete a nós julgar...//
os planos e decisões do Estado Maior.//
(A 43f)

Beinahe der gesamte Dialog wurde übertextet und erhält einen anderen Sinn. Zunächst einmal wurde die Tatsache, dass *keine Verpflegung* mehr an Verwundete und nicht-kämpfende Soldaten ausgegeben wurde verfälscht, indem übersetzt wurde, die kämpfende Truppe würde *bevorzugt* (*passarão a ter preferência na distribuição de mantimentos*). Nach der Übersetzung sterben die Verwundeten nicht vor Hunger, sondern ihre Situation verschlechtert sich lediglich (*ficarão em pessima situação*). Eine historische Tatsache wurde hier verändert.

Des Weiteren wurde die Kritik an der Unmenschlichkeit des Krieges und am sinnlosen Opfer Zehntausender Menschen eliminiert bzw. übertextet. Die Übertextung *mas a nossa marcha para Estalinegrado será precisa?* beinhaltet außerdem einen Fehler, denn die 6. Armee ist schon längst in Stalingrad.

Auch die grundlegende Kritik an der Rolle der Kirche, die für den Sieg betet aber die Augen vor der Unmenschlichkeit verschließt, wird durch Aussagen wie *as coisas são como são* oder *a luta e a avitória não se realizam sem vítimas* ersetzt. Pfarrer Buschs Einwand, die Kirche bete für den Sieg der gerechten Sache, doch dieser Krieg sei Unrecht, wird ersetzt durch einen Aufruf zum Beten und die Feststellung, der Krieg sei grausam (*devemos rezar* und *esta guerra é feroz*).

Paulus' Selbstzweifel und Verweis auf Erkenntnisse in einer späteren Zeit, wurden übertextet mit einem Hinweis auf die Entscheidungen des Wehrmachtsführung, die nicht in Frage gestellt werden dürfen.

An Stelle von Kritik und der Infragestellung der Umstände und des Sinns des Krieges rücken Schicksalsergebenheit, Gehorsam und Glaube.

Beispiel 10:

GERD: Was wird werden, Herr Pfarrer? PFARRER BUSCH: Ich weiß es nicht, aber wir werden viel Zeit haben, es herauszufinden.	*O que será de nós, meu capelão?// O nosso destino está nas mãos de Deus.// (A 56)*

Hier handelt es sich um eine entscheidende Bearbeitung, um die letzten Sätze des Filmes, die noch einmal die Aussage des Films auf den Punkt bringen. In der portugiesischen Version wird Pfarrer Busch in den Mund gelegt: *O nosso destino está nas mãos de Deus*. Wieder wird der Sinn dahingehend verändert, dass an Stelle einer kritischen Antwort eine religiöse steht, ein Hinweis auf den Glauben, die Aufforderung, sich dem Schicksal zu ergeben und die Dinge geschehen zu lassen.

7.2.5.2.2 Purifizierung:

Beispiel 1:

GERD: He, Knautsch, stellen Sie das verdammte Ding ab.	*Knautsch, desligue isso! (A 15)*

An dieser Stelle wurde der derbe Ausdruck *das verdammte Ding* ersetzt durch *isso*. Es handelt sich dabei um das Radiogerät, der Bezug ist eindeutig, es fällt lediglich die pejorative Konnotation weg.

Beispiel 2:

KRÄMER: Du nimmst das Ding und hältst die Schnauze. Das Gehuste geht mir schon auf die Nerven.	*Toma e cala a boca.:: Complicas-me com os nervos!// (A 33)*

Calar a boca ist eine zu schwache Entsprechung von *Schnauze halten*. Es gibt auch im Portugiesischen pejorative Varianten von *Mund*.

Beispiel 3:

KRÄMER: Kunowski, bist du wahnsinnig? Hör zu, ich heb dir das auf und dann wirst du es fressen.	*Kunowski! Estás doido? Vou apanhar-te:: isto do chão e vais comer!// (A 42)*

Relativ häufig wird im Deutschen das Verb *fressen* verwandt (siehe auch A 33, A 44 und A 47), als Ausdruck der schlechten Versorgung. Es schwingt die Konnotation mit, dass die Soldaten wie die Tiere leben und dass das, was sie zu essen bekommen nicht mehr die Bezeichnung verdient. Es wird kein einziges Mal mit einer vergleichbaren Entsprechung übersetzt. Auch wenn im Portugiesischen das Verb *devorar* weniger passend wäre, hätte es andere Mittel gegeben, Expressivität und Konnotationen zu erhalten.

Beispiel 4:

ARZT: Machen Sie sich doch nicht lächerlich. Sehen Sie sich doch mal um. Und in achthundert Kellern von Stalingrad dasselbe. Ohne Hilfe verrecken sie hier. Wir sind machtlos.	*Não seja ridículo! Olhe à sua volta...// e vá ver as 800 caves de Estalinegrado...// É tudo o mesmo. Morrem por falta:: de socorros.// (A 47)*

Auch hier geht Expressivität verloren, *morrer* entspricht nicht dem Verb *verrecken*, sondern ist ein zu neutraler Ausdruck. *Verrecken* bedeutet elend und unwürdig sterben.

Beispiel 5:

KUNOWSKI: [...] *Eines schönen Morgens komme ich an, sitzt da ein Ivan drauf. Und mit dem bisschen Russisch was ich kann, sag ich: „Mensch, Junge los, hau ab hier" und noch im Weggehen dreht der sich um und sagt: „Nicht mal in Ruhe scheißen lassen einen die Preußen!"*	*Uma manhã cheguei e encontrei lá um russo.// Com o pouco que arranho a língua,:: mandei-o desaparecer dali...// ...e ele, já no caminho da saída,:: voltou-se e disse...// ...Estes prussianos nem «aqui»:: nos deixam em paz» [sic!].// (A 37)*

Kunowski erzählt hier von seiner Begegnung mit einem Russen auf dem *Lokus*. Der Sinn des Satzes *nicht mal in Ruhe scheißen lassen einen die Preußen!* ist durch *nem «aqui» nos deixam em paz* annähernd wiedergegeben, doch leidet wieder die Expressivität unter der Bearbeitung. Der Übersetzer wollte offensichtlich die Übersetzung des vulgären Wortes *scheißen* vermeiden.

7.2.5.3 Eliminierung

Unter Eliminierung wird das Auslassen von Dialogteilen aus ideologischen oder moralischen Gründen verstanden.

7.2.5.3.1 Ideologische Bearbeitung:

Beispiel 1:

KATJA: Wenn ich [.../FEHLT: bis morgen nicht] eine Arbeit nachweisen kann, werde ich nach Deutschland deportiert. Verschleppt.	*Se não encontrar trabalho até amanhã...// ...serei deportada para a Alemanha.// [...]*
GERD: Ach, so ist das. Und die da	*[...] Eles não têm trabalho?//*

haben nichts für Sie gehabt? *KATJA: Ihre Landsleute behandeln uns wie Dreck.*	*[...] (A 5)*

Hier sind es nur einzelne Worte die fehlen, aber es sind solche, die dem Gespräch eine kritische Nuance geben. Durch das Eliminieren von *verschleppt* und *ihre Landsleute behandeln uns wie Dreck*, wird Katja, die die Ereignisse skeptisch beurteilt, zu einer eher eindimensionalen Figur.

Beispiel 2:

GENERAL VON SEYDLITZ: Das ist Irrsinn!	*É um disparate!//*
GENERALOBERST PAULUS: Das ist ein Führerbefehl!	*[...]*
GENERAL VON SEYDLITZ: Eine Katastrophe ist es! Meine Leute liegen in der offenen Steppe, ohne Unterstände, ohne Schutz gegen die mörderische Kälte.	*É uma catástrofe.//* *Os meus soldados encontram-se na estepe,::* *num espaço aberto...//* *... e sem protecção contra um frio de morte.//* *(A 23)*

Der Hinweis Paulus', dass es sich um einen Führerbefehl handelt, veranlasst von Seydlitz zu dem Einwand, dass dieser Befehl eine Katastrophe sei. Im Portugiesischen fehlt dieser Bezug. Übrig bleibt, dass zwar über die Umstände geschimpft, aber niemand dafür verantwortlich gemacht wird.

Beispiel 3:

GERD: Ich bin nicht mehr ganz sicher, Herr Pfarrer. Das alles hier ist schwer zu verstehen. Man fragt sich nach dem Sinn.	*Já não estou tão certo disso, meu padre.//* *[...]*
PFARRER BUSCH: Na ja, eine verstandesmäßige Antwort darauf gibt es nicht. Da bleibt nur der Glaube an Gott. [MACHT KERZEN AUS] Aber das ist wohl kein Trost für Sie.	*[...]* *Resta-nos a crença em Deus...//* *...mas isso não é uma consolação para si.//* *(A 31)*

Hier wird wieder der Sinnfrage aus dem Weg gegangen und auf den Glauben an Gott verwiesen.

Beispiel 4:

KATJA: Das musst du nicht tun. Wir dürfen nicht Freund sein.	*Não faças isso. Não podemos ser amigos.//*
[.../FEHLT: Wir müssen Feind sein.]	*[...]*
Was hat dieser Krieg aus uns gemacht? Jetzt geh, jede Sekunde kann zu spät sein. Geh!	*Agora vai. Cada segundo pode ser-te fatal.//* *[...] (A 51)*

Am Filmmaterial war an dieser Stelle ein Schnitt festzustellen, ein Indiz dafür, dass sich die Zensoren nach dem Eingravieren der Untertitel die Mühe gemacht haben, einen einzelnen Untertitel heraus zu schneiden (es könnte auch ein Materialfehler sein, doch ausgerechnet an dieser Stelle ist ein Zufall unwahrscheinlich). Wieder handelt es sich um eine Kritik am Krieg.

Beispiel 5:

SOLDAT: [LACHT] So was	*Deve ter endoidecido! Que munições?//*
Komisches. Ihr seid wohl	*Há semanas que não nos lançam*
vollkommen wahnsinnig geworden.	*nenhumas.::*
Munition wollt ihr haben. Schon seit	*Sabe o que lhe podemos dar?//*
Wochen nichts mehr eingeflogen	*Livros de cânticos, sacos cheios de*
worden. Wisst ihr, was ihr von uns	*pimenta...//*
haben könnt? Gesangbücher, Säcke	
voll Pfeffer, zweitausend	
Führerbilder, leider ohne Rahmen,	*[...] (A 44)*
weil wir die inzwischen verheizt	
haben.	

Der Übersetzer beschränkte sich hier auf die ersten beiden Punkte der Aufzählung, auf den prekäreren Teil, nämlich den Umgang mit den Führerbildern, hat er lieber verzichtet.

Beispiel 6:

SPRECHER: Nur wenige kamen zurück,	*[...] (A 4)*
um vom Leben und Sterben der sechsten	
Armee zu erzählen und ein Mahnmal	
aufzurichten, ohne es zu verleugnen.	

Dies ist Teil der Einleitung des Films, eine Ankündigung der Tragödie. Einer der Aspekte des Films ist der Aufruf zur Reflexion über das Vergangene und zur Vermeidung neuer Kriege. Dieses *Mahnmal* sollte in der portugiesischen Fassung nicht errichtet werden.

Beispiel 7:

VERWUNDETER (1): ...endlich	*[...]*
Hilfe.	*[...]*
GERD: Das ist ja Mord!	*[...]*
HERMANN GÖRING: [RADIO]	
...Führer hat's getan, er, der als der	
größte Deutsche aller Zeiten in	
unsere Geschichte eingehen wird.	*[...]*
VERWUNDETER (2): Sani.	*[...]*
VERWUNDETER (3): Doktor.	
Hierher. Doktor.	*[...]*
HERMANN GÖRING: [RADIO] Er	
hat mit seiner Kraft die Ostfront	
allein gehalten.	*Desliga isso. Queremos água!//*
[STIMMENGEWIRR]	*Calai a boca. Cumpro ordens!//*
VERWUNDETER (4): Mach das	
Ding aus.	*[...]*
FELDWEBEL AM RADIO: Haltet	*(A 47)*
das Maul, ich habe Auftrag.	
VERWUNDETER (5): Die leben	
und wir verrecken.	

Zwar ist es legitim, ein Stimmengewirr nicht zu übersetzen, wenn auch in der AS kaum etwas zu verstehen ist, doch sind hier die Rufe der Verwundeten und die Worte Görings aus dem Radio durchaus von Bedeutung. Auch das Entsetzen Gerds (*Das ist ja Mord!*) über die üblen Zustände im Lazarett ist von Belang. Hier wurde dem portugiesischen Rezipienten bewusst über eine lange Passage hinweg keine Information angeboten.

7.2.5.3.2 Purifizierung:

Beispiel 1:

OBERSTLEUTNANT KESSELBACH: Zum Kotzen. Goebbels feiert den Sieg in Stalingrad und wir haben es noch gar nicht.	*[...] Goebbels festeja a tomada:: de Estalinegrado...// ...e nós ainda não a fizemos.// (A 7)*

Hier überschneiden sich die Gründe für die Bearbeitung. Der Kraftausdruck *zum Kotzen* ist sowohl vulgär, als auch eine kritische Wertung des Geschehens.

Beispiel 2:

SOLDAT: So was Blödes habe ich doch noch nie gehört. Es gibt nichts zu fressen, wir sind hier am Arsch der Welt. Und da drüben, meine Herren, fliegt gleich die letzte Kiste aus diesem gottverdammten Kessel. In einer Stunde sind die Russen hier, wir sind alle im Eimer.	*Tenha juízo! Não há aqui nada que se coma!/// [...] Olhe, ali vai o último avião:: fugido deste inferno.// Daqui a uma hora os russos estão aqui...// [...] (A 44)*

Obwohl es im Portugiesischen einen entsprechenden Phraseologismus für *am Arsch der Welt* gibt (*no cu de Judas*), wurde von einer Übersetzung abgesehen. Auch der Ausdruck *wir sind alle im Eimer*, obwohl er nicht ganz so vulgär ist, wurde eliminiert.

Beispiel 3:

KUNOWSKI: Mensch, das halt ich nicht mehr aus. Das mach ich nicht mehr mit hier [WIRFT BROT UND WURST AUF DEN BODEN UND TRAMPELT DARAUF HERUM]. Schei...	*Não suporto mais isto!/// [...] (A 42)*

An dieser Stelle wäre es möglich gewesen, auch in der Untertitelung nur die Hälfte des Kraftausdruckes anzubringen.

7.2.6 Eingriffe der Zensur

Die Zensoren hatten, trotz der Vorarbeit durch den Übersetzer, noch einiges zu beanstanden und ließen insgesamt dreizehn, am vorliegenden Material nachvollziehbare Schnitte unterschiedlich langer Szenen durchführen. So kam es, dass die portugiesische Version des Films 12 Minuten kürzer ist als das deutsche Original. Teilweise handelt es sich um Szenen, die mehrere Seiten der Transkription füllen, daher wird im Folgenden auf die jeweiligen Seiten im Anhang verwiesen und sind nur einzelne Sätze werden zitiert.

Beispiel 1 (A 13f.): In dieser Szene spricht Major Linkmann über die Rumänen und schätzt diese als schlechte Soldaten, als einen Sauhaufen und hysterisch ein. Außerdem spielt er auf den Werdegang Wisses an, der seine Ausbildung auf der Ordensburg genoss. Linkmann sieht ihn als einen seiner Sorte an, als einen, der auch schon lange dabei ist. Dieser Dialog dient unter anderem der Charakterisierung Linkmanns. Dem deutschen Rezipienten wird klar, dass er einer der ersten Nazis ist. Die Figur Linkmanns ist so angelegt, dass man ihm gegenüber eine kritische Haltung einnimmt. Der erste unangenehme Eindruck von Linkmann bleibt dem portugiesischen Zuschauer vorenthalten.Wichtiger ist jedoch die Abwertung der Rumänen, die Tatsache, dass Rumänien als „kleines“ Land an der Seite des „großen” Deutschlands in den Krieg zieht und dann auch noch von den Deutschen als *Sauhafen* betitelt wird. Die Portugiesen als Bürger eines ebenfalls „kleinen“ Landes könnten sich mit den Rumänen identifizieren und Parallelen zu ihrer Beziehung zum „großen“, ebenfalls faschistischen Spanien ziehen.

Im Anschluss findet ein Abendessen der Offiziere statt. Da diese Stelle am Beginn einer Filmrolle steht, könnte es unter Umständen sein, dass das Fehlen auf den Materialverschleiß beim Einlegen des Films zurückzuführen ist. Dennoch ist von Bedeutung, dass in dieser Szene eine Einschätzung der Lage geschieht. Es wird deutlich, dass ein Angriff der Russen bevorsteht und die Wehrmachtsführung diese Information und Gesuche um Unterstützung ignoriert. Auch einige Sätze danach fehlt die Aussage: *die oberste Führung kennt die Lage genau*. Hier wurden also Hinweise darauf gestrichen, dass es möglich gewesen wäre, das Sterben Tausender Soldaten in Stalingrad zu verhindern. Der Verlauf der Schlacht wird somit eher dem Schicksal zugeschrieben als dem Versagen der Wehrmachtsführung.

Beispiel 2 (A 24-26): Gerd, Krämer und Böse sprechen über die Lage und befürchten, dass eine Konfrontation mit den Russen *diesmal schief* geht und Krämer schimpft auf Hitler. Linkmann kommt hinzu und weist Gerd zurecht, weil er mit seinen Untergebenen so vertraulich über die Situation spricht und ihnen gestattet, *Meinungen zu bilden*. Er kündigt an, Gerd *auf Vordermann zu bringen*, wenn er ihn mal wieder in *seine Finger* bekommt. Später erzählt Böse, dass er gesehen hatte, wie Linkmann einmal *türmen* wollte. Auch Erklärungen des Sprechers zum Versorgungsnotstand fallen weg. Die Handlung der portugiesischen Version setzt erst wieder ein, als Oberstleutnant Kesselbach den Plan zum Ausbruch aus dem Kessel erläutert. Wieder entgehen dem portugiesischen Rezipienten die negative Darstellung der Person Linkmanns und heftige Kritik an der Wehrmachtsführung. Auch Informationen über den historischen Ablauf der Schlacht und somit über die Rahmenhandlung des Films werden ihm nicht vermittelt, die Handlung verliert dadurch an Kontur.

Beispiel 3 (A 30): An dieser Stelle fehlt eine kurze aber schockierende Szene. Ein blutüberströmter Soldat öffnet die Tür zum Quartier Gerds, Krämers und Böses und erliegt dort seinen Verletzungen. Das Gesicht des Soldaten mit weit aufgerissenen Augen wird in Großaufnahme gezeigt, ein eindrucksvolles Bild, das einen Schreckmoment auslöst. Scheinbar war den Zensoren dieses Bild zu extrem. Ausgeklammert wird auch die Tatsache, dass der Krieg Todesopfer in den eigenen Reihen fordert.

Beispiel 4 (A 39): Wieder ist es nur eine kurze Sequenz, die der Schere zum Opfer fiel. Gerd stellt sich die Frage: Was tun wir bloß hier in diesem Teil der Welt? Fuhrmann antwortet: Dass der Russe uns raus haben will, verstehe ich. Dafür kämpfen sogar die Fabrikarbeiter, die Frauen und die Kinder. Wir haben hier nichts verloren.

Zwar war der Kolonialkrieg noch nicht ausgebrochen, doch befand sich Portugal bereits in der Kolonialkrise. Die Portugiesen hätten sich also ebenso berechtigt fragen können „was tun wir in diesem Teil der Welt". Dieser Frage wollte die Zensur Einhalt gebieten.

Beispiel 5 (A 45): In dieser Szene stirbt Wachtmeister Kunowski auf tragische Weise bei dem Versuch, in das letzte Flugzeug, das aus dem Kessel fliegt, zu gelangen. Deutlich wird die Verzweiflung, die ihn dazu veranlasst, er ist völlig außer sich und wird vom Leitwerk des Flugzeuges erschlagen. Es ist der zweite Todesfall im Film, und auch dieser wurde zensiert.

Beispiel 6 (A 46f): Diese Szene ist ein Streitgespräch zwischen Linkmann und Gerd. Linkmann schickt Gerd in die Lazarette, um nach *Drückebergern* zu suchen. Gerd widerspricht ihm zwar, folgt aber dem Befehl. Linkmann hält an Gehorsam und Bewährung fest und wirkt dabei immer lächerlicher.

Hier wird die militärische Hierarchie in Frage gestellt und Gehorsam gefordert, wo es nach gesundem Menschenverstand unangebracht ist. Das Infragestellen von Ordnung und Hierarchie war den Zensoren offensichtlich zu heikel.

Im Anschluss sind außerdem Originalaufnahmen aus dem Reichsluftfahrtsministerium herausgeschnitten. Vermutlich sollte der direkte Bezug zum nationalsozialistischen System nicht hergestellt werden, die Schlacht von Stalingrad bleibt dadurch abstrakter, nicht an eine bestimmte Ideologie gebunden. Es geschieht eine Entpolitisierung der Handlung.

Beispiel 7 (A 48f): Die zweite lange Szene, die geschnitten wurde, ist die im Lazarett. Gerd findet Fuhrmann wieder, der in seinen Armen stirbt. Hier konzentriert sich das Elend, Verwundete mit abgetrennten Gliedmaßen schreien um Hilfe und aus dem Radio ertönt die Rede Göring. Die Worte Görings vermischen sich mit den Schreien. Er spricht von *wahrem Heldentum* und von Soldaten, die *ihre Treue zum Führer mit dem Tod besiegelten*. Währenddessen ringen die Verwundeten noch mit dem Leben und hören bereits ihre eigene Totenrede. Durch den offensichtlichen Widerspruch zwischen den Worten aus dem Radio und dem Anblick der Verwundeten, entsteht eine eindrucksvolle und emotionale Verurteilung des Krieges und des nationalsozialistischen Systems.

Fuhrmann ist der dritte Sterbende und auch sein Tod wird in der portugiesischen Version nicht gezeigt. Die Protagonisten Kunowski und Fuhrmann „verschwinden" einfach aus dem Geschehen und der aufmerksame Rezipient muss sich fragen, was aus ihnen geworden ist.

Beispiel 8 (A 55): Gegen Ende des Films, nach der Kapitulation der Deutschen, wird noch einmal die Schuldfrage aufgerollt: *schuld ist jeder, der diesen Mist hätte verhindern können und trotzdem mitgemacht hat.* Gemeint sind die hohen Offiziere, die Wehrmachtsführung. Auch hier wird wieder die Hierarchie in Frage gestellt, eine Tatsache, deren Verbreitung im totalitären, hierarchisch strukturierten Staat Portugal unter Salazar nicht geduldet und zensiert wurde.

7.3 Veränderungen auf inhaltlicher Ebene

Bei der Analyse der Veränderungen auf Textebene im letzten Kapitel wurde bereits vereinzelt auf inhaltliche Aspekte eingegangen. In diesem Kapitel werden nun die Bereiche beleuchtet und zusammengefasst, in denen die Aussage des Films bewusst verändert wurde.

7.3.1 Grausamkeit des Krieges

Insgesamt lässt sich die Tendenz feststellen, dass die Grausamkeit des Krieges verharmlost wurde. Drei Sterbeszenen wurden eliminiert. Übrig blieben nur anonyme fallende Soldaten in den Schlachtszenen und der Soldat zu Beginn des Films, der noch die letzten Worte *Tausend Panzer an der Wolga* hervorbringt. Der Tod von Protagonisten, zu denen der Zuschauer einen Bezug herstellt, und die erschreckende Szene des blutüberströmten Soldaten wurden gestrichen, Szenen also, in denen der Tod in emotionaler Weise dargestellt ist. Das Leiden der Soldaten, beispielsweise in der Szene im Lazarett, die Zahl der Todesopfer oder der Hinweis auf das Verschleppen von Zivilisten wurden beschönigt oder eliminiert. Übrig blieb der Ablauf des Krieges, das „Kriegsübliche" und die Handlung wurde um eine emotionale Komponente beraubt.

Doch in jedem Krieg sterben Menschen – *kein Krieg ist human.* Die Absicht des Regisseurs war die Kritik an der Unmenschlichkeit Krieges, unter anderem mittels der Darstellung von Gewalt und Leid. Dieser Ansatz passte nicht in die Zensurkriterien im *Estado Novo,* nach denen Filme mit pazifistischen Tendenzen die Zensur nicht passierten (vgl. Kapitel 6.2.1.1).

Gerade in der Einleitung wird diese Tendenz im Sprechertext deutlich. Es heißt, dass nur wenige Soldaten zurückkehrten, um ein *Mahnmal* zu errichten, und auch die beiden letzten Sätze des Films: *vielleicht werden wir lernen aus all diesem – oder auch nicht,* konnten in einem Land, das selbst an der Schwelle zu einem Kolonialkrieg stand, nicht geduldet werden.

7.3.2 Profil der Protagonisten

Die ohnehin schon stereotypen Protagonisten büßten durch das Streichen von einigen Dialogen und Dialogteilen sowie durch das Abschwächen von Kraftausdrücken an Charakter ein. General Paulus zum Beispiel, der als nachdenklicher Führer der 6. Armee in den Konflikt zwischen Gehorsam und Eigenverantwortung gerät, verliert an Vielschichtigkeit. Er wird reduziert auf seine Rolle als militärische Respektsperson, die den verzweifelten Pfarrer Busch zum Gehorsam ermahnt.

Auch der Stellvertreter des nationalsozialistischen Systems, Major Linkmann, eine der widersprüchlichsten Personen im Film, büßt durch die Bearbeitung an Facetten ein. Er steht im deutschen Original für die Unmenschlichkeit und Feigheit der Nazis und verkörpert die Unsinnigkeit von gewissen Befehlen. Im Laufe des Films wird dessen wahrer Charakter immer deutlicher. Durch das Streichen der Konflikte zwischen ihm und Gerd Wisse bekommt der portugiesische Rezipient die Entwicklung dieser Beziehung nicht vermittelt. Er kann die Eskalation des Streits zwischen den beiden nicht vollständig nachvollziehen, da ihm die Vorgeschichte verborgen bleibt. Die Figur des Pfarrers Busch, der den Krieg kritisch reflektiert und das nationalsozialistische Wertesystem dem religiösen gegenüberstellt, wird durch die Bearbeitung am gravierendsten reduziert. Er wird zu einem Gläubigen, der in allen Lebenslagen zum Beten auffordert.

7.3.3 Historische Tatsachen

Durch das Zensieren längerer Passagen wurde des Öfteren auch die Sprecherstimme eliminiert. Die Funktion des Sprechers ist, durch die Handlung zu führen und immer wieder Informationen über die historischen Hintergründe einfließen zu lassen. Die Handlung orientiert sich am historischen Ablauf der Schlacht. Durch das Fehlen des „roten Fadens" wird teilweise unverständlich, weshalb sich die Protagonisten plötzlich an einem anderen Ort befinden.

Beispielsweise sind das Einfliegen von Verpflegung, Munition und Medikamenten und die zunehmende Versorgungsknappheit (A 25) oder die Rede Hermann Görings (A 47ff.) oder die Zersprengung der rumänischen Truppen und die Gründe für deren Niederlage (A 14) historische Tatsachen. Durch deren Zensur bekommt der portugiesische Rezipient nur ein unvollständiges Bild vermittelt.

7.3.4 Entpolitisierung

War Portugal im Zweiten Weltkrieg neutral geblieben und hatte Handelsbeziehungen mit Deutschland gepflegt, so konnte das nationalsozialistische System, mit dem man zuvor sympathisiert hatte, nicht als ungerecht dargestellt werden. Dementsprechend wurde eine Vielzahl von Hinweisen auf die Politik der Nationalsozialisten gestrichen.

Doch abgesehen von der Tatsache, dass es Verbindungen zwischen den beiden (pro-)faschistischen Ländern gab, dürften auch die eindeutigen Parallelen zwischen dem im Film kritisierten Staatssystem und dem Regime in Portugal zur Entpolitisierung des Films geführt haben. Gerade in einer Phase der politischen Krise, der Unterdrückung der Opposition und der Zuspitzung des Konflikts in den Kolonien, war jede Kritik am Totalitarismus ein Dorn im Auge der Regierung. Im Film wird genau die Staatsideologie entthront, an der Portugal mit allen Kräften festhielt. Im internationalen Kontext einer zumindest in Ansätzen stattfindenden Vergangenheitsbewältigung, der Umstrukturierung von Staatsformen, der Entkolonialisierung und des Kalten Krieges, ist Portugal bemüht, die alten Strukturen zu erhalten. So gesehen ist der Film in Portugal seiner Zeit voraus, hat also innovativen Einfluss auf die Zielkultur, ein Einfluss, dem die Zensoren Einhalt gebieten wollten, indem sie den Kontext der Ausgangskultur verwischten. Die Schlacht in Stalingrad wird zu einem unpolitischen Ereignis, das losgelöst von Staatsformen und Ideologie zu existieren scheint.

In diesem Sinne wurden die Originalaufnahmen Görings nicht nur als historisches Ereignis gestrichen. Auch die Frage, *was tun wir bloß hier in diesem Teil der Welt?* konnte nicht stehen gelassen werden, da der Zuschauer Parallelen zur portugiesischen Kolonialpolitik hätte ziehen können. Ebenso die Tatsache, dass weder Partisanen noch die Rote Armee beim Namen genannt werden, ist ein Beleg für das Bemühen um eine Eliminierung des politischen Hintergrundes, insbesondere des „Bolschewismus", wie es den Zensurkriterien entsprach.

Nach der Einschätzung Lauro António hätte der Film HUNDE WOLLT IHR EWIG LEBEN einige Zeit später, nach dem Ausbruch des Kolonialkrieges, wahrscheinlich nicht einmal mit Kürzungen eine Chance gehabt, in portugaiesische Kinos zu gelangen. Doch auch in den Jahren vor 1961 schwelte bereits der Konflikt in Afrika und die Eskalation war absehbar. Pazifistische Tendenzen konnten zum Verbot von Filmen führen, und so ist es nicht verwunderlich, dass diese auch in diesem Fall zensiert wurden.

7.3.5 Hierarchie

Auch im deutschen Original gehorchen die Soldaten bis zum Schluss den Befehlen und akzeptieren damit die militärische Hierarchie. Sie äußern Kritik, doch bleibt diese wirkungslos. Sie sind eingebunden in das System und können sich diesem nicht entziehen. In der portugiesischen Fassung wird die geäußerte Kritik größtenteils gestrichen, so dass kaum mehr als angepasste Soldaten übrig bleiben, die ihre Situation hinnehmen.

Major Linkmann ist derjenige, der trotz gegenteiliger Vorzeichen den Glauben an den Sieg und an den „Führer" nicht verliert. Die Auseinandersetzung zwischen Gerd und Linkmann ist der Konflikt zwischen realistischer Einsicht und verbohrtem Ideal. Das Widersprechen Gerds ist bereits ein Fall von Gehorsamsverweigerung. Durch das Aufeinanderprallen der beiden unterschiedlichen Auffassungen wird Linkmanns Regimetreue zudem negativ dargestellt, denn Gerd ist der Sympathieträger und mit ihm identifiziert sich der Zuschauer. Das portugiesische Regime verlangte von seinen Bürgern ebenfalls Regimetreue und versuchte, in Form von Repressionen jede Kritik im Keim zu ersticken. Die Zensur ließ es daher nicht zu, dass ein Protagonist, der nach der offiziellen Ideologie mit Tugenden ausgestattet ist, negativ gezeigt wird.

Vom portugiesischen Staatsbürger wurden Gehorsam, Anpassung und die Akzeptanz der militärischen bzw. gesellschaftlichen Ordnung und Hierarchie verlangt. So wurden in einem Film, in dem gemeine Soldaten eigene Meinungen bildeten, ihren Vorgesetzten widersprachen, die Hierarchie aufweichten und in Frage stellten, eben diese Tendenzen zensiert, da sie einen schlechten Einfluss auf den „braven" portugiesischen Bürger hätten ausüben können (*não nos compete a nós julgar os planos e decisões do Estado Maior*). Das Bemühen des Staates, den Bürger so uninformiert wie möglich zu halten und nicht an aufrührerischen Ideen teilhaben zu lassen, wurde in diesem Film durch die Zensur vollzogen.

7.3.6 Schuld

Eine wichtige Frage im Film ist die nach der Schuld an der Niederlage. Die Frage wird im deutschen Original eindeutig der Wehrmachtsführung, bzw. Hitler persönlich zugesprochen. In der portugiesischen Version wird diese Schuldzuweisung entschärft. Das Infragestellen der Situation, Warnungen vor einer möglichen Niederlage (*warum wird nichts getan?*), Kritik an Hitler, der Wehrmachtsführung und an widersinnigen Befehlen, am bewussten Riskieren Tausender Menschenleben – all das sind Aspekte, die in der Übersetzung ausgeklammert wurden.

Der totalitäre Staat Portugal, mit einem Diktator an oberster Stelle, hat nicht nur ein Interesse daran, die Hierarchie aufrecht zu erhalten, sondern auch die Unantastbarkeit des Staatschefs zu bewahren. Die Parallelen zwischen Hitler und Salazar sind eindeutig, und werden nun Hitlers Fehlentscheidungen als solche aufgedeckt, wird auch Salazars Vollkommenheit in Frage gestellt.

Die Schuld wird von der Wehrmachtsführung (*Fehler wurden begangen – man hat uns belogen*) abgewendet und allgemein dem Schicksal zugesprochen, an dem nicht einmal Hitler etwas ändern könne (*nem mesmo o «Führer» poderá já fazer seja o que for*). Alle Protagonisten im Film werden somit zu Opfern des Schicksals statt eines faschistischen Diktators.

7.3.7 Religion

Mit dem Schicksal hat auch ein weiterer wichtiger Aspekt zu tun: die Religion. Pfarrer Busch, der in der deutschen Fassung immer wieder Widersprüche anspricht und mit den unterschiedlichsten Protagonisten über Glaubens- und Sinnfragen diskutiert, hat in der portugiesischen Version die Aufgabe, zum Glauben und zum Beten aufzufordern. Unter anderem durch das Bearbeiten des langen Dialoges zwischen Pfarrer Busch und Generaloberst Paulus wird die Kritik am Krieg allgemein und an der Wehrmachtsführung im Besonderen völlig entstellt und zu einem Aufruf zu Gehorsam und Schicksalsergebenheit umgemünzt.

Immer wieder wird herausgestellt: trotz widriger Umstände – *resta-nos a crença em Deus*. Dies ist eine Polarisierung, wie sie im Original nicht vorliegt. Durch das Eliminieren der kritischen Aspekte erhält die Religion einen ganz neuen Stellenwert, der die Aussage des gesamten Filmes beeinflusst. Der letzte und damit bedeutsame Satz des Films wurde dementsprechend übertextet: *O nosso destino está nas mãos de Deus*. Statt der Aussage des deutschen Films: „der Krieg ist grausam, fordert viele sinnlose Opfer und Hitler ist größenwahnsinnig" vermittelt die portugiesische Version die Botschaft: „unser Schicksal liegt in Gottes Händen". Damit geschah ein grundlegender Eingriff in Inhalt und Tenor des Films, der ganz im Sinne der Ideologie des Staates war. Die Religion, die im *Estado Novo* die Funktion hatte, Werte wie Schicksalsergebenheit und Obrigkeitsgläubigkeit zu vermittelten, wurde betont und avancierte zum Leitmotiv des Films.

8 Schluss

Der Film HUNDE WOLLT IHR EWIG LEBEN verdeutlicht auf eindrucksvolle Weise, wie Filminhalte durch die Übersetzung verändert werden können. Damit zählt dieser Film zu einer Reihe von bekannten Beispielen, wie die Bearbeitung des Films CASABLANCA oder der spanischen Version von MOGAMBO, bei denen ebenfalls mit Mitteln von Zensur und Übersetzung in Filminhalte eingegriffen wurde. Die Besonderheit dieses Beispiels liegt im Nachweis, dass diese Form der Bearbeitung auch bei der Untertitelung angewandt wurde.

Das Thema Zensur wurde in Portugal kaum erforscht. Die wenigen vorhandenen Werke zur Zensur in Portugal betrachten diese aus medien- oder sozialwissenschaftlicher Perspektive, nicht jedoch nach Aspekten der Übersetzungswissenschaft. Doch auch in der Forschung zur Audiovisuellen Übersetzung wurde Zensur als ein Randphänomen behandelt. Die *descriptive translation studies* betrachten die Zensur als einen von vielen gesellschaftlichen Faktoren, die auf die Entstehung einer Übersetzung einwirken. Diese Faktoren bilden jeweils den Kontext der Ausgangs- bzw. Zielkultur.

In dieser Arbeit wurde großer Wert auf den gesellschaftlich-kulturellen Kontext gelegt. Sowohl die Ausgangskultur als auch die Zielkultur wurden detailliert beleuchtet, um ein möglichst umfassendes Bild des Polysystems zu zeichnen, in dem der Film in der jeweiligen Version auftrat. Die Kontextualisierung fungierte als informative Basis für die Analyse des Originals sowie der untertitelten Fassung.

Die ideologische Bearbeitung steht im Kontext der portugiesischen Gesellschaftsstruktur, der Staatsideologie und der Zensur als totalitärer Instanz. Die Analyse der Übersetzung ergab, dass auf textueller und inhaltlicher Ebene eine Reihe von Veränderungen legitimer Art sowie aus ideologischen Gründen stattfand. Es konnten sowohl Veränderungen, die auf einen Akt der Selbstzensur des Übersetzers schließen lassen, als auch Eingriffe der Zensoren festgestellt werden.

In einer von Repressionen und Zensurauflagen geprägten Situation wurden selbst einzelne Worte bearbeitet, Feinheiten geglättet, einzelne Ausdrücke verfälscht, sowie ganze Dialoge bearbeitet und geschnitten. Dabei ist bemerkenswert, dass aus einer Vielzahl minimaler Veränderungen ein neues Gesamtbild entsteht. Aus ideologischen Gründen erfolgte eine Veränderung der Aussage und damit eine Anpassung an die Zielkultur.

Trotzdem blieb der Film insgesamt weitgehend kohärent, lediglich die Handlung wurde dünner, weniger facettenreich und die Protagonisten wurden in ihrer Persönlichkeit eindimensionaler. Übersetzung wurde als Mittel der Zensur eingesetzt.

9 Bibliografie

Agost, Rosa (1999): *Traducción y doblaje: palabras, voces e imágenes*. Barcelona: Editorial Ariel.

Alexandre, Valentim (1997): „Der *Estado Novo* und das Kolonialreich" in: Rosas, Fernando (Hrsg.): *Vom Ständestaat zur Demokratie*. Deutsche Übersetzung. München: Oldenbourg Verlag, Schriftenreihe der Vierteljahreshefte für Zeitgeschichte.

António, Lauro (2001): *Cinema e Censura em Portugal*. Lisboa: Biblioteca Museu República e Resistência.

Azevedo, Candido de (1999): *A Censura de Salazar e Marcelo Caetano*. Lisboa: Editorial Caminho.

Ballester, Ana (2001): „Doblaje y Nacionalismo. El caso de *Sangre y Arena*" in: Agost, Rosa / Chaume Varela, Frederic (Hrsg.): *La traducción en los medios audiovisuales*. Castelló de la Plana: Universitat Jaume I.

Bartov, Omer (1991): „Von unten betrachtet: Überleben, Zusammenhalt und Brutalität an der Ostfront" in: Wegner, Bernd (Hrsg.): *Zwei Wege nach Moskau*. München: Piper Verlag.

Beese, Dieter (1995): „Kirche im Krieg. Evangelische Wehrmachtspfarrer und die Kriegsführung der deutschen Wehrmacht" in: Heer, Hannes (Hrsg.): *Wehrmacht. Mythos und Realität*. Hamburg: Hamburger Edition.

Bernecker, Walther L. / Pietschmann, Horst (2001): *Geschichte Portugals vom Spätmittelalter bis zur Gegenwart*. München: Beck Verlag.

Boberach, Heinz / Thommes, Rolf / Weiß, Hermann (1997): *Ämter, Abkürzungen, Aktionen des NS-Staates*. München: Institut für Zeitgeschichte. Saur Verlag.

Boll, Bernd / Safrian, Hans (1995): „Auf dem Weg nach Stalingrad" in: Heer, Hannes (Hrsg.): *Vernichtungskrieg. Verbrechen der Wehrmacht 1941-1944*. Hamburg: Hamburger Edition.

Brito, José Maria Brandão de (1997): „Die wirtschaftliche Entwicklung des *Estado Novo*" in: Rosas, Fernando (Hrsg.): *Vom Ständestaat zur Demokratie*. Deutsche Übersetzung. München: Oldenbourg Verlag, Schriftenreihe der Vierteljahreshefte für Zeitgeschichte.

Brockhaus (1999): *Brockhaus. Die Enzyklopädie*, Band 27. Leipzig, Mannheim: F.A. Brockhaus Verlag.

Cardoso, Miguel (2002): „Crise e consagração" in: *História do Cinema Português*. Dossier in der Zeitschrift *História*. Ausgabe 47, Juli/August 2002.

Chaume Varela, Frederic (2001): „La pretendida oralidad de los textos audiovisuales y sus implicaciones en traducción." In: Agost, Rosa / Chaume Varela, Frederic (Hrsg.): *La traducción en los medios audiovisuales*. Castelló de la Plana: Universitat Jaume I.

Costa, João Bénard da (1991): *Histórias do Cinema*. Lisboa: Editorial Europália.

Costa, João Bénard da (1997): *Portugiesische Filmgeschichte(n)*. Deutsche Übersetzung. Originaltitel: *Histórias do Cinema*. Rodenbach: Avinus Verlag.

Delabastita, Dirk(1990): „Translation and the Mass Media" in: Bassnett, Susan / Lefevere, André (Hrsg.): *Translation, History, Culture*. London: Pinters Publishers Limited.

Delabastita, Dirk (1991): „A False Opposition in Translation Studies: Theoretical versus/and Historical Approaches“ in: *Target*. Amsterdam, Philadelphia: John Benjamins Publishing Company.

Delabastita, Dirk (2003): „Translation Studies for The 21st Century: Trends and Perspectives“ in: Génesis – Revista de Tradução e Interpretação do ISAI_2003_n°3:7-24.

Díaz Cintas, Jorge (2004): „In search of a theoretical framework for the study of audiovisual translation“ in: Orero, Pilar (Hrsg.): *Topics in Audiovisual Translation*. Amsterdam, Philadelphia: John Benjamins Publishing Company.

Diercke Weltatlas (1981): Braunschweig: Westermann Verlag.

Duarte, Fernando (1961): „Impressões da Alemanha - Filmes e anti-militarismo“ in: Celulóide, monatliche Filmzeitschrift, April 1961, Lisboa.

Entschließung des Deutschen Bundestages, Protokoll der 175. Sitzung am 15. Mai 1997.

Faulstich, Werner (2005): *Filmgeschichte*. Paderborn: Fink Verlag.

Förster, Jürgen (1991): „Hitlers Wendung nach Osten. Die deutsche Kriegspolitik 1940-1941“ in: Wegner, Bernd (Hrsg.): *Zwei Wege nach Moskau*. München: Piper Verlag.

Gomes, Maria Eugénia Reis / Matos, Margarida Mendes de / Faria, Ana Maria Leal de / Pereira, Joaquina Mendes (1990): *História de Portugal*. Lisboa: Texto Editora, Lehrbuch der 11. Klasse.

Göttler, Fritz (2004): „Westdeutscher Nachkriegsfilm. Land der Väter“ in: Jacobsen, Wolfgang / Kaes, Anton / Prinzler, Hans Helmut (Hrsg.): *Geschichte des Deutschen Films*. Stuttgart, Weimar: Metzler Verlag.

Gottlieb, Henrik (2002): „Untertitel: Das Visualisieren des filmischen Dialogs“ in: Friedrich / Jung, Hans-Edwin (Hrsg.): *Schrift und Bild im Film*. Bielefeld: Aisthesis Verlag.

Granja, Paulo Jorge (2000): „A comédia à portuguesa ou a maquina dos sonhos a preto e branco do Estado Novo“ in: Torgal, Luís Reis (Hrsg.): *O Cinema sob o Olhar de Salazar*. Lisboa: Círculo de Leitores.

Granja, Paulo Jorge (2002): „Dos filmes sonoros ao Cine-Clubismo“ in: *História do cinema português*. Dossier in der Zeitschrift *História*. Ausgabe 47, Juli/August 2002.

Gruchmann, Lothar (1991): *Totaler Krieg. Vom Blitzkrieg bis zur bedingungslosen Kapitulation*. München: Deutscher Taschenbuchverlag.

Güsgen, Johannes (1995): „Die Bedeutung der katholischen Militärseelsorge in Deutschland von 1933-1945“ in: Heer, Hannes (Hrsg.): *Wehrmacht. Mythos und Realität*. Hamburg: Hamburger Edition.

Harris, Marvin (1989): *Kulturanthropologie. Ein Lehrbuch*. Aus dem Amerikanischen von Sylvia M. Schomburg-Scherff. Frankfurt a. M., New York: Campus Verlag.

Heer, Hannes (1999): *Tote Zonen. Die deutsche Wehrmacht an der Ostfront*. Hamburg: Hamburger Edition.

Heer, Hannes (Hrsg.) (1995): *„Stets zu erschießen sind Frauen, die in der Roten Armee dienen“. Geständnisse deutscher Kriegsgefangener über ihren Einsatz an der Ostfront*. Hamburg: Hamburger Edition.

Henschelmann, Käthe (1993): *Zur Beschreibung und Klassifizierung von Übersetzungsverfahren.* Lausanne: Centre de traduction littéraire.

Herbst, Thomas (1994): *Linguistische Aspekte der Synchronisation von Fernsehserien.* Tübingen: Niemeyer Verlag.

Hickethier, Knut (1990): „Militär und Krieg: 08/15 (1954)" in: Faulstich, Werner / Korte, Helmut (Hrsg.): *Fischer Filmgeschichte. Auf der Suche nach Werten 1945-1960*, Band 3. Frankfurt a. M.: Fischer Taschenbuch Verlag.

Institut für Sozialforschung (2002): *Verbrechen der Wehrmacht. Dimensionen des Vernichtungskrieges 1941-1944.* Hamburg: Hamburger Edition. Ausstellungskatalog.

Instituto da Comunicação Social (1999): *Imprensa, Censura e Liberdade: 5 séculos de história.* Porto: Instituto da Communicação Social e Museu Nacional da Imprensa.

Ivarsson, Jan/ Caroll, Mary (1998): *Subtiteling.* Gimrishamn: TransEdit.

Karamitroglou, Fotios (2000): *Towards a Methodology for the Investigation of Norms in Audiovisual Translation. The Choice between Subtiteling and Revoicing in Greece.* Amsterdam, Atlanta: Editions Rodopi.

Karimi, Kian-Harald (1991): *Das portugiesische Gegenwartsdrama unter der politischen Zensur (1960-1974).* Frankfurt a. M.: Peter Lang Verlag.

Knopp, Guido (1992): *Entscheidung Stalingrad.* München: Bertelsmann Verlag.

Koller, Werner (1992): *Einführung in die Übersetzungswissenschaft.* Heidelberg/Wiesbaden: Quelle & Meyer Verlag.

Kühne, Thomas (2002): „Der Judenretter und seine Kameraden. Gemeinschaftsmoral und Gemeinschaftsterror in der Wehrmacht" in: Wette, Wolfram: *Retter in Uniform. Handlungsspielräume im Vernichtungskrieg der Wehrmacht.* Frankfurt a. M.: Fischer Verlag.

Kujamäki, Pekka (1998): *Deutsche Stimmen der* Sieben Brüder. *Ideologie, Poetik und Funktionen literarischer Übersetzung.* Frankfurt a. M.: Peter Lang Verlag.

Lefevere, André (1992): *Translation, Rewriting, and the Manipulation of Literary Fame.* London, New York: Routledge.

Lemhöfer, Lutz (1984): „Gegen den gottlosen Bolschewismus. Zur Stellung der Kirchen zum Krieg gegen die Sowjetunion" in: Ueberschär, Gerd R. / Wette, Wolfram (Hrsg.): *„Unternehmen Barbarossa". Der deutsche Überfall auf die Sowjetunion 1941.* Paderborn: Schöningh Verlag.

Loiperdinger, Martin (2004): „Filmzensur und Selbstkontrolle. Politische Reifeprüfung" in: Jacobsen, Wolfgang / Kaes, Anton / Prinzler, Hans Helmut (Hrsg.): *Geschichte des deutschen Films.* Stuttgart: Metzler und Poeschel Verlag.

Lourenço, Eduardo (1997): *Portugal – Europa, Mythos und Melancholie. Essays.* Frankfurt a. M.: TFM Verlag.

Luyken, Georg-Michael (1991): *Overcoming language barriers in television: dubbing and subtiteling for the European audience.* Manchester: European Institute for the Media.

Maier, Wolfgang (1997): *Spielfilmsynchronisation*, Frankfurt a. M.: Reihe Forum Anglikum, Peter Lang Verlag.

Marques, A.H. de Oliveira (1981): *História de Portugal*. Lisboa: palas editores.

Marques, A.H. de Oliveira (2001): *Geschichte Portugals und des portugiesischen Weltreichs*. Stuttgart: Alfred Köser Verlag.

Matos-Cruz, José de (2000): „Breve dicionário tipológico do cinema no Estado Novo" in: Torgal, Luís Reis (Hrsg.): *O Cinema sob o Olhar de Salazar*. Lisboa: Círculo de Leitores.

Maier, Wolfgang (1997): *Spielfilmsynchronisation*. Frankfurt a. M.: Peter Lang Verlag, (Reihe Forum Anglikum).

Meyer (1981): *Meyers Enzyklopädisches Lexikon*, Band 25. Mannheim, Wien, Zürich: Bibliographisches Institut, Lexikonverlag.

Munday, Jeremy (2001): *Introducing Translation Studies. Theories and Applications*. London, New York: Routledge.

Nord, Christiane (1989): „Loyalität statt Treue. Vorschläge zu einer funktionalen Übersetzungstypologie" in: Lebende Sprachen, Heft 3/1989.

Nord, Christiane (1997): „Übersetzen – Spagat zwischen den Kulturen?" in: Ammann, Margret / Vermeer, Hans J. (Hrsg.): TextconText. Translation - Theorie - Didaktik - Praxis, Band 11. Heidelberg: TextconText Verlag.

Ó, Jorge Ramos do (1999): *Os anos de Ferro. O dispositivo cultural durante a „Política do Espírito" 1933-1949*. Lisboa: Editorial Estampa.

Pina, Luís de (1978): *Panorama do Cinema Português. Das Origens à Actualidade*. Lisboa: Terra Livre.

Reinhard, Sylvia (2004): „Zu Theorie und Praxis von Untertitelung und Synchronisation" in: Kohlmayer, Rainer / Pöckl, Wolfgang (Hrsg.): *Literarisches und mediales Übersetzen*. Frankfurt a. M.: Peter Lang Verlag.

Reiß, Katharina (1976): *Texttyp und Übersetzungsmethode. Der operative Text*. Heidelberg: Julius Groos Verlag.

Reiß, Katharina (1986): *Möglichkeiten und Grenzen der Übersetzungskritik. Kategorien und Kriterien für eine sachgerechte Beurteilung von Übersetzungen*. München: Max Hueber Verlag.

Reiß, Katharina / Vermeer, Hans J. (1991): *Grundlegung einer allgemeinen Translationstheorie*. Tübingen: Max Niemeyer Verlag.

Ribeiro, M. Félix (1983): *Filmes, Figuras e Factos da História do Cinema Português 1896-1949*. Lisboa: Cinemateca Portuguesa.

Rodrigues, Graça Almeida (1980): *Breve História da Censura Literária em Portugal*. Lisboa: Instituto de Cultura e Língua Portuguesa, Ministério da Educação e Ciência.

Rosas, Fernando (1994): „O Estado Novo" in: Mattoso, José (Hrsg.): *História de Portugal*, Band 7. Lisboa: Círculo de Leitores.

Rosas, Fernando (Hrsg.) (1997): „Salazarismus oder die Kunst des Überdauerns" in: *Vom Ständestaat zur Demokratie*. Deutsche Übersetzung. München: Oldenbourg Verlag, Schriftenreihe der Vierteljahreshefte für Zeitgeschichte.

Santamaria, Laura (2001): „Culture and translation. The referential and expressive value of cultural references“ in: Agost, Rosa / Chaume Varela, Frederic (Hrsg.): *La traducción en los medios audiovisuales*. Castelló de la Plana: Universitat Jaume I.

Schenk, Irmbert (Hrsg.) (2000): „‘Derealisierung‘ oder ‚aufregende Modernisierung‘? Film und Kino der 50er Jahre in der Bundesrepublik“ in: *Erlebnisort Kino*. Marburg: Schüren Verlag.

Schildt, Axel (2002): „Modernisierung im Wiederaufbau. Die Westdeutsche Gesellschaft der fünfziger Jahre“ in: Faulstich, Werner (Hrsg.): *Die Kultur der fünfziger Jahre*. München: Wilhelm Fink Verlag.

Schornstheimer, Michael (1989): *Bombenstimmung und Katzenjammer. Vergangenheitsbewältigung. Quick und Stern in den 50er Jahren*. Köln: Pahl-Rugenstein Verlag.

Schreiber, Gerhard (2004): *Der Zweite Weltkrieg*. München: Beck Verlag, 2. Auflage

Schreiber, Michael (1993): *Übersetzung und Bearbeitung*: zur Differenzierung und Abgrenzung des Übersetzungsbegriffs. Tübingen: Gunter Narr Verlag

Schröder, Hans-Joachim (1991): „Erfahrungen deutscher Mannschaftssoldaten während der ersten Phase des Russlandkrieges“ in: Wegner, Bernd (Hrsg.): *Zwei Wege nach Moskau*. München: Piper Verlag.

Seidler, Franz W. (1993) „Fahnenflucht“ in: Heer, Hannes (Hrsg.): *Vernichtungskrieg. Verbrechen der Wehrmacht 1941-1944*. Hamburg: Hamburger Edition.

Seim, Roland (1998): „Zur Geschichte der Zensur – Entwicklung und ausgewählte Beispiele“ in: Seim, Roland, Spiegel, Josef (Hrsg.): *"Ab 18" – zensiert, diskutiert, unterschlagen: Beispiel aus der Kulturgeschichte der Bundesrepublik Deutschland*, Band 1. Münster: Verlag für Kulturwissenschaft.

Snell-Hornby, Mary / Hönig, Hans G. / Kußmaul, Paul / Schmitt, Peter A. (Hrsg.) (1999): *Handbuch Translation*. Tübingen: Stauffenberg Verlag Brigitte Narr.

Stolze, Radegundis (1994): *Übersetzungstheorien. Eine Einführung*. Tübingen: Gunter Narr Verlag.

Texto Editora (2000): *Dicionário Universal da Língua Portuguesa*. Lisboa: Texto Editora.

Torgal, Luís Reis (Hrsg.) (20001): „Introdução“ in: *O Cinema sob o Olhar de Salazar*. Lisboa: Círculo de Leitores.

Torgal, Luís Reis (Hrsg.) (20002): „Propaganda, ideologia e cinema no Estado Novo. A «conversão dos descrentes »“ in: *O Cinema sob o Olhar de Salazar*. Lisboa: Círculo de Leitores.

Toury, Gideon (1995): *Descriptive Translation Studies and beyond*. Amsterdam, Philadelphia: John Benjamins Publishing Company.

Ueberschär, Gerd R. (1984): „Das Scheitern des Unternehmens ‚Barbarossa‘. Der deutsch-sowjetische Krieg vom Überfall bis zur Wende vor Moskau im Winter 1941/42“ in: Ueberschär, Gerd R. / Wette, Wolfram (Hrsg.): *„Unternehmen Barbarossa“. Der deutsche Überfall auf die Sowjetunion 1941*. Paderborn: Schöningh Verlag.

Uka, Walter (2002): „Modernisierung im Wiederaufbau oder Restauration? Der bundesdeutsche Film der fünfziger Jahre" in: Faulstich, Werner (Hrsg.): *Die Kultur der fünfziger Jahre*. München: Wilhelm Fink Verlag.

Venuti, Lawrence (Hrsg.) (1992): „Introduction" in: *Rethinking Translation. Discourse, Subjectivity, Ideology*. London, New York: Routledge.

Venuti, Lawrence (1995): *The Scandals of Translation. Towards an ethics of difference*. London, New York: Routledge.

Vermeer, Hans J. (1990): *Skopos und Translationsauftrag – Aufsätze*. Heidelberg: Schriftenreihe th – translatorisches handeln, Institut für Übersetzen und Dolmetschen, Universität Heidelberg.

Vermeer, Hans J. (1994): „Übersetzen als kultureller Transfer" in: Snell-Hornby, Mary (Hrsg.): *Übersetzungswissenschaft – eine Neuorientierung*. Tübingen, Basel: A. Francke Verlag.

Wette, Wolfram (2002_1): *Die Wehrmacht. Feindbilder, Vernichtungskrieg, Legenden*. Frankfurt a. M.: Wissenschaftliche Buchgesellschaft, Fischer Verlag.

Wette, Wolfram (2002_2): „Helfer und Retter in der Wehrmacht als Problem der historischen Forschung" in: *Retter in Uniform. Handlungsspielräume im Vernichtungskrieg der Wehrmacht*. Frankfurt a. M.: Fischer Verlag.

Whitman, Candace (2001): „Cloning cultures: The return of the movie mutants" in: Agost, Rosa / Chaume Varela, Frederic (Hrsg.): *La traducción en los medios audiovisuales*. Castelló de la Plana: Universitat Jaume I.

Witte, Heidrun (2000): *Die Kulturkompetenz des Translators. Begriffliche Grundlegung und Didaktisierung*. Tübingen: Stauffenberg Verlag Brigitte Narr.

Wotjak, Gerd (1982): „Äquivalenz, Entsprechungstypen und Techniken der Übersetzung" in: Jäger, Gerd / Neubert, Albrecht (Hrsg.): *Äquivalenz bei der Translation. Leipzig.*

Wotjak, Gerd (1985): „Techniken der Übersetzung" in: *Fremdsprachen 1*.

Zeidler, Manfred (1991): „Deutsch-Sowjetische Wirtschaftsbeziehungen im Zeichen des Hitler-Stalin-Paktes" in: Wegner, Bernd (Hrsg.): *Zwei Wege nach Moskau*. München: Piper Verlag.

Zlateva, Palma (1990): „Translation: Text an Pre-Text ‚Adequacy' ans ‚Acceptability' in Crosscultural Communication" in: Bassnett, Susan / Lefevere, André (Hrsg.): *Translation, History, Culture*. London: Pinters Publishers Limited.

Webseite 1 (Deutsches Historisches Museum)
a) http://www.dhm.de/lemo/html/DasGeteilteDeutschland/DieZuspitzungDesKaltenKrieges/DieMauer/index.html (7.12.2005)
b) http://www.dhm.de/lemo/html/DasGeteilteDeutschland/DieZuspitzungDesKaltenKrieges/index.html (8.12.2005)
c) http://www.dhm.de/lemo/html/Nachkriegsjahre/WiederaufbauUndWirtschaft/Marshallplan.html (8.12.2005)
d) http://www.dhm.de/lemo/html/1959/index.html (Stand 5.12.2005)

Webseite 2 (Filmgeschichte)
http://de.wikipedia.org/wiki/Oberhausener_Manifest (Stand 10.12.2005)

Webseite 3 (Zensur im *Estado Novo*)
O Estado Novo e o Cinema
http://www.amordeperdicao.pt/especiais_agrup_solo.asp?artigoid=34
(Stand 20.09.2003)

Uma Lei sem Papel http://www.amordeperdicao.pt/especiais_solo.asp?artigoid=207 (Stand 22.09.2003)

A Visão de Ferro http://www.amordeperdicao.pt/especiais_solo.asp?artigoid=202 (Stand 22.09.2003)

Leitura Obrigatória http://www.amordeperdicao.pt/especiais_solo.asp?artigoid=206 (Stand 22.09.2003)

O Ditador que Adorava o Cinema
http://www.amordeperdicao.pt/especiais_solo.asp?artigoid=203 (Stand 22.09.2003)

Censura: Ver para Cortar http://www.amordeperdicao.pt/especiais_solo.asp?artigoid=198 (Stand 20.09.2003)

O Secretário da Imagem http://www.amordeperdicao.pt/especiais_solo.asp?artigoid=200 (Stand 22.09.2003)

Depoimentos sobre a Censura http://www.amordeperdicao.pt/especiais_solo.asp?artigoid=199 (Stand 22.09.2003)

A Criação de uma Realidade http://www.amordeperdicao.pt/especiais_solo.asp?artigoid=204 (Stand 22.09.2003)

Mensagem Ambulante http://www.amordeperdicao.pt/especiais_solo.asp?artigoid=205 (Stand 22.09.2003)

Webseite 4 (ZDF)
http://www.zdf.de/ZDFde/inhalt/7/0,1872,1016967,00,html
(Stand Januar 2006)

Webseite 5 (amazon)
http://www.airvideo.de/amazon/show_details.php?asin=B00005NOWM
(Stand 27. Mai 2006)

Quelle 1:
Telefonat mit Dr. Lauro António, Autor des Buches *Cinema e Censura em Portugal* am 10. März 2006.

Quelle 2:
Extras zum Film HUNDE WOLLT IHR EWIG LEBEN auf DVD, Interview Frank Wisbar.
© Kinowelt Home Entertainment GmbH.

Quelle 3:
Extras zum Film HUNDE WOLLT IHR EWIG LEBEN auf DVD, Interview Joachim Hansen.
© Kinowelt Home Entertainment GmbH.

Leipziger Studien zur angewandten Linguistik und Translatologie

Diese Reihe hat ihre Wurzeln zum einen in der von Prof. Dr. Rosemarie Gläser gegründeten Reihe "Leipziger Fachsprachen-Studien" (LFS), die nicht fortgeführt wird, zum andern in der "Leipziger Schule der Übersetzungswissenschaft" und der seit 1956 an der Universität Leipzig bestehenden Übersetzer- und Dolmetscherausbildung. Im Gegensatz zu der explizit auf Fachsprachen fokussierten bisherigen LFS-Reihe bietet diese Reihe ein Forum für das erheblich größere Themenspektrum, das charakteristisch ist für die Forschung und Lehre am Institut für Angewandte Linguistik und Translatologie (IALT) seit der Wende. Die Analogie des Reihentitels zum Namen des Instituts ist insofern Programm. Gleichwohl bedeutet dies und die Nennung von Leipzig im Titel nicht, dass hier ausschließlich Arbeiten von Personen publiziert werden, die in Leipzig im Allgemeinen und am IALT im Besonderen arbeiten. Es soll lediglich signalisieren, dass die Reihe in Leipzig angesiedelt ist und dass die Schriften dieser Reihe den inhaltlichen und wissenschaftlichen Kriterien des IALT entsprechen: Arbeiten von hochrangiger Qualität in Inhalt, Form und Sprache, die einen jeweils relevanten Beitrag zur Wissenschaft, Forschung, Lehre und Praxis im Bereich des Übersetzens und Dolmetschens leisten. Ein Aspekt dieses Konzepts ist es, dass hier nicht nur bereits bekannte Personen vertreten sein sollen, sondern dass auch herausragende Nachwuchswissenschaftler und Nachwuchswissenschaftlerinnen ihr Debut in der Forschungsgemeinschaft geben können.

Leipziger Studien zur angewandten Linguistik und Translatologie

Herausgegeben von Peter A. Schmitt

Band 1 Gerd Wotjak (Hrsg.): 50 Jahre Leipziger Übersetzungswissenschaftliche Schule. 2006.

Band 2 Elvira Mertin: Prozessorientiertes Qualitätsmanagement im Dienstleistungsbereich Übersetzen. 2006.

Band 3 Eberhard Fleischmann: Postsowjetisches Russisch. Eine Studie unter translatorischem Aspekt. 2007.

Band 4 Brigitte Horn-Helf: Kulturdifferenz in Fachtextsortenkonventionen. Analyse und Translation. Ein Lehr- und Arbeitsbuch. 2007.

Band 5 Peter A. Schmitt / Heike E. Jüngst (Hrsg.): Translationsqualität. 2007.

Band 6 Silke Nagel / Susanne Hezel / Katharina Hinderer / Katrin Pieper: Audiovisuelle Übersetzung. Filmuntertitelung in Deutschland, Portugal und Tschechien. 2009.

www.peterlang.de

Peter Lang · Internationaler Verlag der Wissenschaften

Peter A. Schmitt / Heike E. Jüngst (Hrsg.)

Translationsqualität

Frankfurt am Main, Berlin, Bern, Bruxelles, New York, Oxford, Wien, 2007.
679 S., zahlr. Abb., Tab. und Graf., mit CD
Leipziger Studien zur angewandten Linguistik und Translatologie.
Herausgegeben von Peter A. Schmitt. Bd. 5
ISBN 978-3-631-57187-3 · br. € 91.20*

Noch nie wurde so viel übersetzt und gedolmetscht wie heute. Noch nie waren Zeit-, Kosten- und Konkurrenzdruck so hoch. Es gibt weltweit mehr Ausbildungsstätten für Übersetzer und Dolmetscher als je zuvor. Vor diesem Hintergrund ist die alte Frage „was ist eine gute Übersetzung?", ergänzt um „wie bildet man gute Übersetzer und Dolmetscher aus?", von größter Aktualität. Mit diesem Band liegt erstmals eine umfangreiche Sammlung von Aufsätzen zum Thema Translationsqualität vor. Rund 60 Experten aus Translationswissenschaft und -praxis betrachten so unterschiedliche Facetten wie: der Einfluss der Europäischen Hochschulreform auf die Übersetzer-/Dolmetscherausbildung; die Rolle von Normen, Terminologie und IT-Tools; Methoden zur Qualitätslenkung und -beurteilung in Lehre und Praxis; Qualitätsaspekte bestimmter Textsorten und Kommunikationssituationen; Qualitätssicherung durch Projektmanagement; Top-down- und Bottom-up-Überprüfung. Die Bibliographien liefern eine Fülle weiterführender Informationen. Die Beiträge basieren mehrheitlich auf den Vorträgen der LICTRA 2006, der VIII. Internationalen Leipziger Konferenz zu Grundfragen der Translationswissenschaft. Alle Beiträge finden sich auch auf der dem Buch beiliegenden CD.

Aus dem Inhalt: Translationsdidaktik · Übersetzungsqualität · Dolmetschqualität · Translation Quality Assessment · Übersetzungsfehler · Fehlerkriterien · Qualitätsnormen · Qualitätssicherung · Bologna-Prozess · Übersetzungskorrektur · Dolmetschleistungen · Terminologie · Wörterbücher · Projektmanagement · Übersetzungswerkzeuge · Automatische Übersetzung · Fachtextübersetzung ·

Frankfurt am Main · Berlin · Bern · Bruxelles · New York · Oxford · Wien
Auslieferung: Verlag Peter Lang AG
Moosstr. 1, CH-2542 Pieterlen
Telefax 00 41 (0) 32 / 376 17 27

*inklusive der in Deutschland gültigen Mehrwertsteuer
Preisänderungen vorbehalten

Homepage http://www.peterlang.de